1848: Das Europa der Bilder

Michels März

1848: Das Europa der Bilder

Michels März

Band I:
Der Völker Frühling

Band II:
Michels März

GERMANISCHES NATIONAL MUSEUM

8. 10. 1998
bis
10. 1. 1999

Ausstellungskataloge des
Germanischen Nationalmuseums, Nürnberg

Herausgeber	Germanisches Nationalmuseum, Nürnberg Generaldirektor G. Ulrich Großmann
Ausstellung und Katalog	Yasmin Doosry, Rainer Schoch
Autoren	Susanne Aschka (S.A.), Yasmin Doosry (Y.D.), Renate Eikelmann (R.E.), Thomas Eser (T.E.), Frank Matthias Kammel (F.K.), David Klemm (D.K.), Martin Kügler (M.K.), Ursula Mende (U.M.), Heidi Müller (H.M.), Ursula Peters (U.P.), Ansgar Reiß (A.R.), Uwe Schmidt (U.S.), Rainer Schoch (R.S.), Johannes Willers (J.W.), Jutta Zander-Seidel (J.Z.S.)
Redaktionelle Mitarbeit	Christine Kupper, Ingrid Wambsganz
Fotoarbeiten	Jürgen Musolf, Irene Patermann
Restauratorische Betreuung	Arnulf von Ulmann, Ada Hinkel, Sabine Martius, Günter Hofmann, Martin Meyer, Josef Pröll, Alexandra Scheld, Roland Schewe, Anneliese Streiter, Mira von Wicht
Aufbau	Horst Gollwitzer, Rolf Kochmann, Jürgen Bahlack, Anita Hammer, Konrad Held, Rainer Hopf, Kurt Jakob, Michael Kraft, Manfred Lobenstein, Helmut Müller, Karl Pöhlmann, Thomas Reichel, Werner Rößner, Wolfgang Schanderl, Klaus Schmidt, Reinhold Teichmann
Ausstellungsreferat:	Petra Krutisch, Liselotte Mirle
CIP-Titelaufnahme der Deutschen Bibliothek	Die Deutsche Bibliothek - CIP-Einheitsaufnahme 1848: Das Europa der Bilder / Germanisches Nationalmuseum. - Nürnberg : Germanisches Nationalmuseum Ausstellungskataloge des Germanischen Nationalmuseums, Nürnberg) Bd. 2. Michels März : Germanisches Nationalmuseum, 8.10.1998 bis 10.1.1999 / [Ausstellung und Katalog: Yasmin Doosry ; Rainer Schoch]. - 1998 ISBN 3-926982-57-8
Graphische Gestaltung	Regina Schüle
Herstellung	⚓ Verlagsdruckerei Schmidt GmbH, 91413 Neustadt an der Aisch
©	Verlag des Germanischen Nationalmuseums, Nürnberg 1998

Inhalt

Vorwort

Ausgelöst durch den Pariser Aufstand vom Februar 1848 und eingebunden in einen großen europäischen »Völkerfrühling«, besaß die Revolution von 1848 sowohl eine internationale als auch eine nationale Dimension. Neben den übergreifenden freiheitlichen und sozialen Zielen – Volkssouveränität, allgemeines (Männer-) Wahlrecht, Menschen- und Bürgerrechte, Gleichheit und soziale Gerechtigkeit – hatte sie ihre spezifisch deutschen Inhalte. Als 1848 für die Bürger der 39 im Deutschen Bund vertretenen Einzelstaaten das Ziel einer staatlich geeinten Nation in greifbare Nähe gerückt war, wurde am politischen Horizont bereits eine größere Vision sichtbar: die Idee der »Vereinigten Staaten von Europa«.

150 Jahre danach erinnert das Germanische Nationalmuseum an das Revolutionsjahr mit einer zweiteiligen Ausstellung. Sie möchte dem europäischen und dem nationalen Aspekt der Revolutionen von 1848 gerecht werden sowie dazu beitragen, die eigenen historischen Wurzeln zu reflektieren: Die Gründung des Germanischen Nationalmuseums ist eng mit der deutschen Einheitsbewegung von 1848 und mit deren Scheitern verbunden. In einem vordergründigen Sinn darf sich das Museum gar als »Erbe« der Revolution betrachten: Ihm wurden 1867 von der Bundesliquidationskommission einige »Gegenstände von geschichtlichem Interesse aus der Ausstattung der Paulskirche« anvertraut, darunter Philipp Veits monumentales Transparent der »Germania«. Nach seiner gründlichen Restaurierung, die

durch eine großzügige Spende der Deutschen Bank A.G. ermöglicht wurde, steht dieses Gemälde zusammen mit den wenigen erhaltenen »historischen Reliquien« aus der Frankfurter Paulskirche im Zentrum der Ausstellung.

Wie der Titel – »1848: Das Europa der Bilder« – sagt, sind die bildlichen Darstellungen der Revolution in der europäischen Bildpublizistik das Thema der Ausstellung – nicht die politische Geschichte selbst. Kein politisches Ereignis zuvor war von einer solchen Flut von Bildern begleitet: von Presseillustrationen, Bilderbogen, Ereignisblättern, Allegorien, Satiren und Karikaturen. Die Aufhebung der Presse- und Bilderzensur im Jahr 1848 löste eine »publizistische Revolution« aus, die – im Gegensatz zur politischen – irreversibel und folgenschwer war. Neben der Entstehung der modernen Massenpresse gehört auch die Omnipräsenz des massenhaft reproduzierten Bildes zu den Ergebnissen des Jahres 1848. Von einem medienspezifischen Ansatz möchte die Ausstellung die neue Rolle und die Macht des Bildes im öffentlichen politischen Diskurs untersuchen.

Sie gliedert sich in einen europäischen und einen deutschen Teil – jeweils von einem eigenen Katalog begleitet. Den europäischen Aspekt behandelt ein Ausstellungsteil, der unter dem Titel »1848: L'Europe des Images« in Zusammenarbeit mit französischen, italienischen, englischen, schweizerischen und osteuropäischen Kollegen erarbeitet wurde und der als Wanderausstellung zuvor in der Assemblée Nationale in Paris, im Museo Nazionale del Risorgimento in Turin und im Musée National Suisse in Prangins zu sehen war. Mit Beispielen französischer, deutscher, österreichischer, italienischer, ungarischer und tschechischer, sowie englischer und schweizerischer Bildpublizistik werden die zentralen Ereignisse und großen Ideen der europäischen Revolution vorgestellt. Zum ersten Mal wird dabei ein gesamteuropäisches Panorama der Bildpublizistik mit seinen vielseitigen Wechselbeziehungen und Abhängigkeiten beispielhaft ausgebreitet. Jenseits der nationalen Bilderkämpfe wird ein dichtes Netz europäischer Kommunikation erkennbar.

Konzeption und Realisierung des zweiten – deutschen – Teils der Ausstellung lagen allein beim Germanischen Nationalmuseum. In der Konfrontation der gegensätzlichen Bildwelten der liberalen, demokratischen und monarchischen Politik wird hier der Symbolreichtum der deutschen Revolution von 1848 – zugleich sichtbarer Beweis ihres Scheiterns – vor Augen geführt: Dynastische Ikonen, historische Leitbilder, nationale Mythen und politische Gesinnungszeichen aus unterschiedlichen »Symbolmilieus« bestimmten den revolutionären Bilderkampf von 1848 und trugen wesentlich zur politischen Mobilisierung der Bevölkerung bei. Die parlamentarischen Debatten der Paulskirche wurden fortgesetzt und kritisch kommentiert durch einen öffentlichen Bilddiskurs, in dem sich eine neue politische Öffentlichkeit mit neuen Wirkungsmechanismen konstituierte.

Im Vergleich mit den beiden großen Ausstellungen zum Revolutions-Jubiläum in Karlsruhe und Frankfurt wird sich unsere Ausstellung, für die nur ein kleiner Etat zur Verfügung stand, bescheidener ausnehmen. Wenn sie trotzdem einen eigenen und unüberhörbaren Part im vielstimmigen Konzert der Jubiläumsveranstaltungen spielen kann, so verdankt sie das einerseits ihren speziellen Fragestellungen, andererseits – und vor allem – aber auch dem reichen Materialfundus der Sammlungen des Germanischen Nationalmuseums. Weit über 80% der Exponate stammen aus eigenen Beständen – zum größten Teil aus denen der Graphischen Sammlung, die über eine der bedeutendsten Sammlungen zur deutschen Bildpublizistik des Jahres 1848 verfügt. Ihr Leiter, Rainer Schoch, hat zusammen mit Yasmin Doosry die Ausstellung konzipiert und realisiert. Beteiligt waren jedoch auch weitere Abteilungen und Mitarbeiter des Hauses, die als Katalogautoren, bei der Organisation und bei der technischen Realisierung zum Gelingen der Ausstellung beigetragen haben. Ihnen allen – ganz besonders aber den auswärtigen Mitveranstaltern, Mitarbeitern und Leihgebern – sei an dieser Stelle herzlich gedankt. Dieser Dank gilt namentlich auch dem Leiter des Technischen Büros, Horst Gollwitzer, und seinen Mitarbeitern in den Werkstätten.

G. Ulrich Großmann
Rainer Schoch

Leihgeber

Stadtarchiv Ansbach (Werner Bürger)

Staatsbibliothek Bamberg (Dr. Bernhard Schemmel)

Öffentliche Bibliothek der Universität Basel
(Dr. Martin Steinmann)

Staatliche Museen zu Berlin – Preußischer Kulturbesitz:

Alte Nationalgalerie (Dr. Bernhard Maaz)

Kupferstichkabinett (Prof. Dr. Alexander Dückers,
Marie Ursula Riemann-Reyer)

Museum für Volkskunde (Dr. Erika Karasek,
Dr. Konrad Vanja)

Deutsches Historisches Museum, Berlin
(Dr. Dieter Vorsteher)

Museum und Stadtarchiv der Stadt Butzbach
(Dieter Wolf, Antje Sauerbier)

Lippisches Landesmuseum Detmold
(Prof. Dr. Rainer Springhorn, Henrike Hampe)

Sammlung Schwarzkopf im Deutschen Hygiene-
Museum, Dresden (Susanne Roeßiger, Silke Dohms)

Kunstmuseum Düsseldorf im Ehrenhof
(Dr. Martina Sitt)

Historisches Museum, Frankfurt
(Prof. Dr. Rainer Koch, Dr. Kurt Wettengl)

Städelsches Kunstinstitut und Städtische Galerie,
Frankfurt
(Dr. Sabine Schulze, Dr. Margret Stuffmann)

Museum für Kunst und Gewerbe, Hamburg
(Dr. Jürgen Döring)

Badische Landesbibliothek, Karlsruhe
(Dr. Ute Obhof)

Badisches Landesmuseum, Karlsruhe
(Dr. Jutta Dresch, Dr. Katharina Siefert)

Staatliche Kunsthalle Karlsruhe
(Dr. Rudolf Theilmann)

Pfinzgaumuseum, Schloß Karlsberg, Durlach
(Dr. Heinz Schmitt)

Schleswig-Holsteinische Landesbibliothek,
Landesgeschichtliche Sammlung, Kiel
(Prof. Dr. Dieter Lohmeier)

Universitäts- und Stadtbibliothek Köln
(Michael Osieka)

Museum der bildenden Künste Leipzig
(Dr. Dietulf Sander, Claudia Klugmann)

Landesmuseum Mainz (Dr. Norbert Suhr)

Gutenberg-Museum Mainz (Dr. Eva Hanebutt-Benz)

Dr. Michael D. Grünwald, München

Bayerisches Nationalmuseum, München
(Dr. Nina Gockerell)

Bayerische Staatsbibliothek München
(Dr. Edith Schipper)

Museen der Stadt Nürnberg
(Dr. Ursula Kubach-Reutter, Matthias Mende)

Assemblée Nationale, Paris (Nicole Moulonguet)

Karl Weberpals, Planegg

Wehrgeschichtliches Museum Rastatt GmbH
(Dr. Joachim Niemeyer)

Bibliothèque Nationale et Universitaire de
Strasbourg (George Frechet)

Württembergische Landesbibliothek Stuttgart
(Dr. Karl Konrad Finke)

Stadt Ulm, Stadtbibliothek (Bernhard Appenzeller)

Kunstsammlungen zu Weimar
(Prof. Dr. Rolf Bothe, Dr. Hermann Mildenberger)

Museen der Stadt Wien (Hofrat Dr. Günter Düriegl)

Sammlung Schmidgall und Sammlung des
Verbandes Alter Corpsstudenten im Institut für
Hochschulkunde Würzburg (Ulrich Becker)

Erklärung der Rechte des Menschen und des Bürgers.

Da die Stellvertreter der französischen Nation, welche die National-Versammlung ausmachen, in Erwägung zogen, daß Unwissenheit, Vergessenheit und Verachtung der Menschenrechte die einzigen Ursachen des allgemeinen Unheils, und des Verderbnisses der Regierungen sind; so beschloßen sie, die natürlichen, unveräusserlichen und heiligen Rechte des Menschen, mittelst einer feyerlichen Erklärung, in deutliches Licht zu setzen: damit diese Erklärung allen und jeden Gliedern des Staatskörpers immer vor Augen liege, und sie an ihre Rechte und Pflichten unablässig erinnere; damit man die verschiedenen Handlungen der gesetzgebenden und der ausführenden Macht, mit dem Zweck aller und jeder Staatseinrichtungen stets vergleichen könne, und daher mit destomehr Ehrfurcht für dieselbe erfüllet werde; damit künftighin des Reichsbürgers Berufungen auf Rechte in dieser Erklärung so einfache als unumstößliche Gründe finden, und demnach selbst sein Widerstand zu Erhaltung unserer Reichs-Verfassung und zu allgemeiner Wohlfahrt, gedeihen möge.

Zufolge dessen erkennt und erkläret die National-Versammlung, in Gegenwart und unter Obwaltung des Höchsten, folgende Rechte des Menschen und des Bürgers.

I.

Von ihrer Geburt an sind und bleiben die Menschen frey und an Rechten einander gleich. Bürgerliche Unterscheidungen können nur auf gemeinen Nutzen gegründet seyn.

II.

Jede Bildung politischer Gesellschaften hat die Erhaltung der natürlichen und unverjährlichen Rechte des Menschen zu ihrem Zwecke. Dieser Rechte Gegenstände sind Freyheit, Eigenthum, Sicherheit und Widerstand gegen Unterdrückung.

III.

Die höchste Machthabung jedes Staates gründet sich wesentlich auf die Nation. Weder einzelne Personen, noch Körperschaften, können je irgend eine Macht ausüben, die nicht ausdrücklich aus dieser Quelle fließe.

IV.

Die Freyheit besteht darin, daß jeder alles thun darf, was keinen andern schadet. In Ausübung natürlicher Rechte sind demnach keinem Menschen andere Grenzen gesetzt, als die, welche den Genuß gleicher Rechte anderen Gliedern der Gesellschaft sichern. Das Gesetz allein kann diese Grenzen bestimmen.

V.

Das Gesetz darf Handlungen nur in so fern verbiethen, als sie der Gesellschaft schädlich sind. Was das Gesetz nicht verbiethet, darf niemand hindern; und niemand darf gezwungen werden, zu thun, was das Gesetz nicht befiehlt.

VI.

Das Gesetz ist der Ausdruck des allgemeinen Willens. Zu Bildung desselben haben alle Bürger gleiches Recht, persönlich, oder durch Stellvertreter, Theil zu nehmen. Das Gesetz muß für alle und jede, es seye zum Schutze oder zur Strafe, Ein und dasselbe Gesetz seyn. Vor ihm sind alle Bürger gleich, haben alle zu allen öffentlichen Würden, Stellen und Aemtern, nach Maaßgab ihrer Fähigkeiten, gleiche Ansprüche. Es läßt keinen andern Unterschied zu, als den, welchen Tugenden und Talente machen.

VII.

Kein Mensch darf gerichtlich angeklagt, in Verhaft genommen, oder sonst in persönlicher Freyheit gestöret werden; es seye dann in Fällen, die das Gesetz bestimmt, und nach der Form, die es vorschreibt. Alle die, welche willkührliche Befehle bewirken, ausfertigen, ausüben, oder vollstrecken lassen, sind der Strafe unterworfen. Hingegen ist jeder Bürger, der in Kraft des Gesetzes vorgeladen oder gegriffen wird, augenblicklichen Gehorsam schuldig. Durch Widerstand wird er straffällig.

VIII.

Das Gesetz soll nur Strafen verordnen, die unumgänglich und einleuchtend nothwendig sind. Niemand kann je gestraft werden, als nur in Kraft eines verordneten Gesetzes, welches vorher ausgekündt, und nachher auf das Verbrechen gesetzmäßig angewendet worden.

IX.

Da kein Mensch eher für schuldig angesehen werden kann, als bis er nach dem Gesetze dafür erklärt wird; so folget daraus, daß jeder, den man in Verhaft zu nehmen unumgänglich nöthig findet, gegen alle Strenge, die dazu nicht nöthig ist, durch das Gesetz ernstlich geschützt werden muß.

X.

Wegen Meinungen, selbst in Religionssachen, darf niemand beunruhiget werden, wenn er nur durch derselben Aeusserung öffentliche Ordnung, welche das Gesetz eingeführt hat, nicht störet.

XI.

Die freye Mittheilung der Gedanken und Meinungen ist eines der schätzbarsten Rechte des Menschen. Jeder Bürger darf demnach frey reden, schreiben und drucken lassen, was er will. Nur in den, vom Gesetze bestimmten, Fällen hat er den Mißbrauch dieser Freyheit zu verantworten.

XII.

Zur Gewährleistung der Rechte des Menschen und des Bürgers wird öffentliche Gewalt erfordert. Folglich dienet die Einführung dieser Gewalt zu gemeiner Wohlfahrt aller und jeder, und nicht zu besonderm Nutzen derer, denen sie anvertrauet wird.

XIII.

Zu Unterhaltung öffentlicher Gewalt, und zu Bestreitung der Verwaltungskosten, wird allgemeiner Beytrag unumgänglich erfordert. An diesem müssen alle Bürger, nach Maaßgab ihres Vermögens, gleichen Antheil nehmen.

XIV.

Die Bürger haben das Recht, die Nothwendigkeit des öffentlichen Beytrages zu untersuchen, und ihn durch sich selbst, oder durch ihre Stellvertreter, frey zu genehmigen, zu bestätigen, dessen Verwendung zu wissen, und die Summe, die Quellen, woraus sie bezogen wird, die Art der Erhebung, und die Dauer zu bestimmen.

XV.

Die Gesellschaft hat das Recht, von jedem öffentlichen Geschäftsträger, wegen seiner Verwaltung, Rechenschaft zu fordern.

XVI.

Ein Staat, worin der Rechte Gewährleistung nicht gesichert ist, worin die Grenzen verschiedener Machthabungen nicht bestimmt sind, hat keine Verfassung.

XVII.

Da das Eigenthum ein unverletzbares und heiliges Recht ist; so kann niemand desselben beraubt werden: es seye dann, daß öffentliche und gesetzmäßig bewährte Noth solches Opfer augenscheinlich erheische. Aber auch dann darf dieß nur unter Bedingung gerechter und vorläufiger Schadloshaltung geschehen.

In deutscher Sprache herausgegeben von Andreas Meyer, Sohn, französischen Staats-Bürger zu Straßburg; und bey ihm um 12 Sous zu haben, in der Kronenburgerstrasse N°. 60.

Uwe Schmidt

Deutsche Verfassungsdokumente (1789-1849)

Mit den Grundrechten des deutschen Volkes und der Reichsverfassung von 1848/49 beginnt der herrschenden Lehrmeinung nach die liberaldemokratische Verfassungstradition in Deutschland. In der Weimarer Verfassung und vor allem im Grundgesetz der Bundesrepublik Deutschland finden die Grundprinzipien der bürgerlichen Demokratie – Volkssouveränität, Menschenrechte und Gewaltenteilung – ihre verfassungsrechtliche Lösung. Die Wurzeln des modernen deutschen Verfassungsstaates reichen jedoch mehr als ein halbes Jahrhundert vor die Revolution von 1848 zurück. Im ausgehenden 18. Jahrhundert fand in Deutschland ein lebhafter Diskurs über die revolutionären Verfassungsideen aus Nordamerika und Frankreich statt.

Der *pouvoir constituant* – das revolutionäre Verfassungsverständnis

Die Unabhängigkeitserklärung der englischen Kolonien in Nordamerika vom 4. Juli 1776 und die Große Revolution der Franzosen von 1789 bedeuten einen Bruch mit der angestammten monarchischen, auf dem Gottesgnadentum beruhenden Staatsgewalt und begründen politische Herrschaft auf der Basis der Volkssouveränität neu. »Wenn immer«, wie wir in der amerikanischen Unabhängigkeitserklärung lesen, »eine Staatsform sich anschickt, diese Ziele [nämlich die Rechte und Freiheiten eines Volkes] zu zerstören, ist es das Recht des Volkes, sie zu verändern und abzuschaffen und eine neue staatliche Ordnung einzusetzen, deren Grundlagen auf solchen Prinzipien beruhen und deren Macht in der Weise geregelt ist, wie es ihm zur Bewirkung seiner Sicherheit und seines Glücks am angemessensten erscheint.«[1]

Der revolutionären Praxis in den Vereinigten Staaten verschaffte im Frühjahr 1789 der Abbé Emanuel Joseph Sieyès in seiner Flugschrift *Was ist der Dritte Stand?* die theoretische Grundlage vom *pouvoir constituant* des Volkes, von der Gewalt des

Volkes, sich eine Verfassung und Gesetze zu geben[2]. Diese Schrift, die zum zündenden Fanal der Französischen Revolution wurde, gab der Legitimation von Verfassung und staatlicher Ordnung einen neuen, revolutionären Inhalt und bestimmte, wie kaum eine andere Losung der Französischen Revolution, bis in die heutige Zeit die Verfassungsdiskussion in Europa. Verfassung bedeutete von nun an, daß die Macht im Staat auf verschiedene, von einander getrennte Institutionen, die ihre Legitimation allein aus dem Volk und seiner Souveränität ableiten, organisiert, begrenzt und verteilt wird. Der berühmte Artikel 16 der Menschen- und Bürgerrechtserklärung vom 26. August 1789 brachte dieses neue, revolutionäre Verständnis von Verfassung zum Ausdruck: »Jede Gesellschaft, in der die Garantie der Rechte nicht sichergestellt noch die Trennung der Gewalten verwirklicht ist, hat keine Verfassung.« Die Verfassungen von 1791, 1793 und 1795 entwickelten die Prinzipien der Volkssouveränität, der Gewaltenteilung und der politischen Gleichheit weiter.

Das neue Verfassungsverständnis stellte sich in scharfen Gegensatz zum traditionellen Verfassungsbegriff. Dieser definierte Verfassung im staatlichen Bereich als die Summe der allgemeinen Gesetze, die der Verwaltung eines Staates als Regeln dienen, und legitimierte den historisch gewachsenen Zustand einer vorgegebenen politischen Ordnung. Genau aus diesem traditionellen Verständnis von Verfassung entzündete sich die konservative, respektive konterrevolutionäre Kritik an der Französischen Revolution. Edmund Burke, ein englischer Staatstheoretiker, dessen 1790 erschienenen *Reflections on the Revolution in France* zur Bibel aller Konterrevolutionäre wurde, setzte sein Verdammungsurteil gegen die Revolution am besagten *pouvoir constituant* an. Die Revolution habe die Verfassung als die kostbare Summe der *entailed inheritance* – des gewachsenen, nach und nach entstandenen Erbes – zerschlagen und statt dessen den wahnwitzigen

Plan verfolgt, eine völlig neue Verfassung künstlich erschaffen zu wollen. »Fools rush in where angels fear to tread« (Verrückte rennen dorthin, wo Engel einzutreten sich fürchten), so sein polemisches Urteil. Auch Wilhelm von Humboldt zweifelte daran, ob eine Verfassung »nach dem Plane der bloßen Vernunft« entworfen werden könne. Seiner Meinung nach widerspach dies der menschlichen Natur und jeder geschichtlichen Erfahrung.

Während die amerikanische Revolution in der öffentlichen Diskussion breiten Widerhall fand – Zeitungen berichteten nahezu täglich, Hunderte von Büchern erschienen, so daß der Zeitgenosse sich ein genaues Bild von der neuartigen Praxis staatlicher Ordnung, politischer Legitimität und bürgerlicher Rechte und Freiheiten machen konnte –, blieb die Französische Revolution zunächst ohne Auswirkung auf das Verfassungsdenken. Zu sehr standen die revolutionären Ereignisse im Vordergrund, überspielte der Enthusiasmus für die Revolution die tiefergehende Bedeutung der Menschen- und Bürgerrechte vom 26. August 1789. Erst nach der Verabschiedung der ersten französischen Verfassung am 3. September 1791 begann in Deutschland die Auseinandersetzung mit den neuen Verfassungsideen, die sich bald polarisierte, zwischen Gegnern und Anhängern eine klare Grenze zog und von kritisch-skeptischen und ablehnenden Stimmen dominiert wurde. Hierbei führten die Beispiele der antiken Demokratien zur Gleichsetzung von Demokratie und Volksherrschaft mit Pöbelherrschaft, ohne daß die Weiterentwicklung der traditionalen altständischen Repräsentationslehre zum modernen Repräsentationsmodell nachvollzogen wurde. Auch sahen manche in der bestehenden Reichsverfassung ein politisches System, das jede Revolution verhindere und die Freiheiten und Rechte des Bürgers schütze[3].

Nur eine Minderheit stellte sich auf die Seite der neuen Ideen, wie der Nürnberger Arzt und Kantschüler Johann Benjamin Erhard (1766–827), der 1794 mit der Veröffentlichung seiner revolutionstheoretischen Schrift *Das Recht des Volkes auf eine Revolution* in scharfer Form den Gegensatz zu den konservativen Kritikern der neuen Verfassungsideen formulierte und die Philosophie der Aufklärung unter den Primat der Staatsverfassung stellte. Nicht die Aufklärung müsse sich vor der Staatsverfassung rechtfertigen, sondern umgekehrt die Staatsverfassung vor der Vernunft. Diesen Primat sah Erhard in den Menschenrechten und der Souveränität des Volkes begründet und setzte als Ziel einer Verfassung, daß »die Staatsverfassung nicht Glückseligkeit, sondern Gerechtigkeit hervorbringen [soll].«[4]

Die Diskussion über die französischen Verfassungen beschränkte sich nicht auf einen Kreis gelehrter Leute. Auch dem »gemeinen Mann« blieben die neuen Verfassungsideen nicht verborgen. Geheimagenten, Wandergesellen und Fuhrleute brachten sie unter die Bürger, Handwerker und Bauern. An verschiedenen Orten Süddeutschlands wurde die Verfassung von 1791 aufgefunden. So verteilte ein in den Diensten von Thurn und Taxis stehender Postkutscher auf seiner Fahrt von Straßburg nach Ulm neben zahlreichen Flugschriften auch die französische Konstitution[5]. Die republikanisch gesinnte Wirtin des Gasthauses »Zum Adler« in Kehl, die nur Sympathisanten der Revolution bewirtete, übergab jedem Gast unentgeltlich ein Exemplar der Verfassung oder der Menschenrechte[6].

Die Ideen der Französische Revolution fielen in Deutschland auf fruchtbaren Boden und riefen zahlreiche soziale Protestbewegungen hervor. Bauern erhoben sich gegen die drückende Last der Frondienste und Abgaben, Handwerker protestierten gegen die Verschlechterung ihrer Arbeits- und Lebensverhältnisse. In den schwäbischen Reichsstädten Esslingen, Reutlingen und Ulm formierten sich bürgerliche Oppositionsbewegungen gegen ihre Stadtobrigkeiten. Die Besetzung der rechtsrheinischen Gebiete brachten die Mainzer Republik 1792/93 und die Cisrhenanische Republik 1797 hervor und schließlich bereiteten badische und schwäbische Republikaner 1796 und in den folgenden Jahren den revolutionären Aufstand in Südwestdeutschland vor, um einen deutschen Einheitsstaat nach französischem Muster zu gründen[7].

Deutsche Verfassungsentwürfe aus der Zeit der Französischen Revolution

Im Kontext dieser politischen Bewegungen entstanden Verfassungsentwürfe, die in inhaltlich unterschiedlicher Weise die französischen Verfassungsideen aufnahmen, um die bestehenden Verhältnisse revolutionär neu zu gestalten. Gemeinsam ist diesen Entwürfen, daß sie auf den modernen Verfassungsbegriff der amerikanischen, vor allem aber der Französischen Revolution und die Lehre von der verfassunggebenden Gewalt des souveränen Volkes zurückgriffen, wesentliche, noch heute verbindliche und sich von den zeitgenössischen Verfassungsmodellen unterscheidende Grundelemente des modernen Konstitutionalismus enthielten und mit ihren in die Zukunft weisenden Vorstellungen auf die Verfassungsdiskussionen des 19. und 20. Jahrhunderts verweisen[8].

Als zu Beginn des 1. Koalitionskrieges die Kanonade von Valmy am 20. September 1790 die preußischen und österreichischen Truppen zum Rückzug zwang, rückte General Custine, die günstige militärische Lage ausnutzend, von Landau aus auf der linken Rheinseite vor und besetzte bis Ende Oktober Speyer, Worms, Mainz und Frankfurt. In Mainz begann die *Gesellschaft der Freunde der Freiheit und Gleichheit* ihre Propagandatätigkeit, mit dem Ziel, die erzbischöfliche Residenzstadt und ihr Gebiet nach französischem Vorbild neu zu ordnen. Der Mainzer Handelsstand arbeitete Ende Oktober/Anfang November 1792 seine *Constitutions-Vorschläge* aus, die mit 81 von 97 Stimmen angenommen wurde – 13 Mitglieder traten sogar für eine Übernahme der französischen Verfassung ein[9].

Joseph Rendler, ein radikaler Josephiner und Anhänger revolutionärer Grundsätze, der bis 1785 als weltlicher Priester tätig war, wirkte 1794 im südlichen Schwarzwald als Propagandist. Er verteilte seine vermutlich 1793/94 verfaßte *Erklär- und Erläuterung der Rechte und Pflichten des Menschen, zur Gründung des bürgerlichen Glücksstandes* unter der Bevölkerung, bei der er offensichtlich Sympathien genoß und deren Unterstützung er fand, da er sich den ständigen Verfolgungen der vorderösterreichischen Behörden entziehen konnte[10].

Im Sommer 1797 entwickelte sich in den linksrheinischen deutschen Gebieten die cisrhenanische Bewegung, eine Volksbewegung mit sozialen und republikanischen Zielen. Im September wurde in Koblenz, Köln und Bonn die Cisrhenanische Republik ausgerufen, ohne daß es gelang, eine breitere Basis zu gewinnen und alle antiabsolutistischen Kräfte zu vereinen. Der Kölner Advokat Christian Sommer legte am 24. September 1797 eine *Konstitution für die Stadt Köln* vor, um sie von der stadtkölnischen Bevölkerung prüfen zu lassen[11].

Die *Grundlinien zu einer allgemeinen deutschen Republik, gezeichnet von einem Märtyrer der Wahrheit*, die 1797 anonym in Altona erschienen, wurden vermutlich von Wilhelm Traugott Krug, dem späteren Professor und Rektor der Universität Leipzig und sächsischen Landtagsabgeordneten, geschrieben[12].

Ebenfalls 1797 brachte Erdmann Weber *Teutschlands neue Konstituzion* zu Papier und Druck. Über den Verfasser ist wenig bekannt. Vermutlich handelt es sich um ein Pseudonym, hinter dem sich ein Professor der Universität Erlangen verbergen könnte, da das Buch in Nürnberg und Sulzbach erschien[13].

In der Reichsstadt Ulm bündelte von August 1794 an ein aus Vertretern der Zünfte bestehender Bürgerausschuß die Beschwerden und Forderungen der Bürgerschaft. Nachdem im Sommer 1796 die Bürgerrepräsentanten die Erfolglosigkeit ihres bisherigen Weges einer liberalen Reformpolitik erkannt hatten, schlossen sie sich den republikanischen Bestrebungen in Südwestdeutschland an. Ihre nunmehr auf die revolutionäre Umgestaltung gerichteten Ziele führten 1798 zur Ausarbeitung der *Allgemeinen Grundsätze einer zu entwerfenden Konstitution für die Reichsstadt Ulm und ihrem Gebiet*[14].

1799 folgte der *Entwurf einer republikanischen Verfassungsurkunde, wie sie für Deutschland taugen möchte*, die die Bildung einer deutschen Einheitsrepublik zum gemeinsamen und zentralen Ziel aller deutschen Republikaner erhob. Vermutlich ist die Verfassungsurkunde ein Gemeinschaftswerk badischer und schwäbischer revolutionärer Demokraten, die nach dem Scheitern des gemeinsam mit den Basler Republikanern geplanten Aufstandsversuchs im Januar 1798 in den badischen Oberrheingebieten in die Schweiz, wo die Revolution mit der Ausrufung der Helvetischen Republik am 12. April 1798 siegte, flüchteten. Wie aus einem österreichischen Bericht hervorgeht, verfaßten drei Männer aus Schwaben bereits im Sommer 1798 die Verfassungsurkunde, die sie dem französischen Oberbefehlshaber in der Schweiz übergeben haben sollen[15]. Die Verfasser konnten bisher noch nicht eindeutig bestimmt werden. Verschiedene Quellen weisen auf die badischen Revolutionäre Karl Fahrländer, Ernst Alexander Jägerschmid oder Georg List, eine weitere Spur führt nach Stuttgart. Von den drei in dem österreichischen Bericht genannten Personen ist nur der Tabakfabrikant Johann Gottlieb Bärstecher aus Ulm, den der dortige Bürgerausschuß im Februar 1798 nach Paris und in die Schweiz entsandt hatte, mit großer Wahrscheinlichkeit identifizierbar[16].

Der Staatsstreich Napoleons vom 18. Brumaire VIII (9. November 1799) beendete faktisch die erste Phase des modernen Konstitutionalismus in Deutschland. Die Auflösung des Heiligen Römischen Reiches Deutscher Nation im Jahre 1806, die als Fremdherrschaft empfundene Hegemonie Frankreichs und schließlich auch die Befreiungskriege 1813/15 bewirkten eine strikte Ablehnung aller Gedanken der Französischen Revolution, ja selbst ihrer Wurzeln in der Philosophie der Aufklärung. Die Verfassungsentwicklung des 19. Jahrhunderts wurde weder durch den Druck eines Bürgertums, das nach politischer Gleichstellung strebte, noch durch eine bürgerliche Revolution bestimmt. Die Verfassungen des frühen 19. Jahrhunderts entstanden durch die Initiative des monarchischen Staates.

Frühe moderne Repräsentationsverfassungen

Die Deutsche Bundesakte, die die 39 Mitglieder des Deutschen Bundes im Juni 1815 in Wien beschlossen und die keine Garantien und Institutionen für eine Verfassung im Sinne des modernen Konstitutionalismus enthielt, legte in Artikel 13 fest, daß in allen Bundesstaaten landständische Verfassungen eingeführt werden sollen. Innerhalb von etwa fünf Jahren gaben sich 29 Bundesstaaten eine geschriebene Verfassung. Der vieldeutig auslegbare Begriff »landständische Verfassung« umfaßte die unterschiedlichsten Formen. Zahlreiche Staaten erhoben staatsrechtliche Bestimmungen, Erbvergleiche und Landtagsabschiede aus dem 17. und 18. Jahrhundert zu Verfassungen oder führten neue, nach altständischen Prinzipien gestaltete Verfassungen ein. Nur die süddeutschen Staaten Bayern, Württemberg, Baden und Hessen-Darmstadt gaben sich Verfassungen mit grundrechtlichen Garantien und gewählten Volksvertretungen[17].

Die Beweggründe der süddeutschen Fürsten, ihren Ländern vergleichsweise moderne Verfassungen zu geben, liegen ursächlich in der umfassenden Modernisierung von Staat und Gesellschaft während der napoleonischen Ära. Angestrebt wurde eine Rationalisierung von Regierung und Verwaltung sowie die Umwandlung der ständischen Feudalgesellschaft in eine bürgerliche Erwerbsgesellschaft. Die badischen und bayerischen Reformbeamten konnten auch nach dem Ende der Rheinbundzeit den begonnenen Modernisierungsprozeß fortsetzen. Eine moderne Verfassung ermöglichte es, sowohl die neuen Landesteile (Baden, Bayern und Württemberg waren seit 1803 erheblich gewachsen) in einen zentralisierten Staatsverband zu integrieren und eine für alle Untertanen verbindliche Rechtsnorm zu schaffen,

als auch den mediatisierten Adel trotz der in der Bundesakte zugesicherten Privilegien in seiner politischen Vormachtstellung einzugrenzen, indem in der Zusammensetzung der Landtage das Bürgertum verstärkt repräsentiert und der Bauernstand berücksichtigt werden sollten. So konnte durch eine grundsätzliche Nivellierung der Standesunterschiede eine Gesamtrepräsentation des Volkes, wie sie in fast allen Verfassungen des Vormärz gefordert wurde, geschaffen und die Überwindung des überkommenen Feudalstaates am wirksamsten begonnen werden. Auch die vor allem durch die Napoleonischen Kriege bedingte Finanzkrise der süddeutschen Staaten lieferte ein weiteres Motiv für die Einrichtung von Volksvertretungen, denen die Kontrolle über Steuererhebung und Staatsschuld eingeräumt wurde, um das Vertrauen des Volkes in die Staatsverwaltung und Kreditwürdigkeit des Staates wiederherzustellen. Auch hierbei mußte die veränderte soziale und wirtschaftliche Bedeutung der Stände in der Zusammensetzung der Landtage berücksichtigt werden. Ein altständisch strukturierter, von Adel und Geistlichkeit dominierter Landtag konnte kaum das Vertrauen bürgerlicher Gläubiger gewinnen[18]. Zuletzt sollte der allerdings durch das monarchische Prinzip erheblich eingeschränkte Einfluß des Landtages auf die Gesetzgebung revolutionären Unruhen vorbeugen.

Das Repräsentativsystem wurde in Deutschland erstmals in der bayerischen Verfassung vom 26. Mai 1818 verwirklicht[19]. Das 1806 zum Königreich erhobene Kurfürstentum Bayern hatte bereits 1808 eine Verfassung nach westfälischem Vorbild erhalten, doch die neugeschaffene gesamtstaatliche »Nationalrepräsentation«, die die zur Bedeutungslosigkeit herabgesunkene altbayerische »Landschaftsverordnung« ersetzte und die allein auf Grundbesitz basieren sollte, stellte keine wirkliche Volksvertretung, sondern lediglich einen erweiterten Kreis königlicher Berater dar (im übrigen trat die »Nationalrepräsentation« niemals zusammen)[20]. Noch während des Wiener Kongresses beriet eine Kommission einen Verfassungsentwurf, der allerdings von König Maximilian Joseph I. im März abgewiesen wurde. Erst ein drohender Staatsbankrott 1817/18 machte den Weg frei für eine neue Verfassung.

In Baden erforderten die Vergrößerung des Staatsgebietes und die konfessionelle Teilung eine territoriale und staatsrechtliche Integration. Wie in Bayern wurde auch in Baden 1808 über eine

Rheinbundverfassung beraten, die jedoch über das Stadium eines Entwurfs nicht hinauskam. Erst im Januar 1815 beauftragte Großherzog Karl Ludwig eine Regierungskommission mit der Ausarbeitung einer neuen Verfassung. Der von Marschall von Bieberstein vorgelegte Entwurf stieß auf erheblichen Widerspruch der Kommission, die fortschrittlicher als Marschall dachte und etliche Verbesserungen vorschlug. Der entscheidungsschwache und eigentlich regierungsunfähige Großherzog verschob am 29. Juli 1815 die Entscheidung auf unbestimmte Zeit, bis sich die deutschen Einzelstaaten auf Richtlinien für die Einführung landständischer Verfassungen einigten. Als zu Jahresbeginn 1818 abzusehen war, daß im Deutschen Bund keine Einigung erzielt werden konnte, nahm eine Ende April 1818 eingesetzte Kommission die Ausarbeitung einer Verfassung wieder auf. Am 22. August 1818 unterzeichnete Großherzog Karl Ludwig die badische Verfassungsurkunde[21].

Ungleich schwieriger verlief die Konstitutionalisierung des Königreichs Württemberg. Im Gegensatz zu Baden und Bayern besaß Württemberg eine funktionierende altständische Verfassung, die sich bis zur gewaltsamen Auflösung des Landtags 1805 gegen den Machtanspruch der Herzöge behauptet hatte. Als Garant der politischen Freiheit genoß sie noch 1815 in weiten Kreisen der Bevölkerung große Sympathien. Fast einstimmig lehnte daher eine auf den 15. März 1815 einberufene Ständeversammlung die von König Friedrich I. vorgelegte Verfassung unter Berufung auf das »gute, alte Recht« ab, da sie nicht als ein Vertrag zwischen König und Ständen ausgehandelt worden war, und forderte am 28. Juni 1815, daß die altwürttembergische Verfassung als Grundlage für einen neuen Verfassungsvertrag verwendet werde. Auch in Württemberg kamen nun die Verfassungsverhandlungen ins Stocken. Zahlreiche Flugschriften forderten die Wiedereinführung der alten Verfassung. Mit seinem Vorschlag, in Altwürttemberg die alte »Korporationsverfassung« wieder einzusetzen und in Neuwürttemberg eine moderne Repräsentativverfassung einzuführen, spaltete König Friedrich I. die Opposition. Im Juni 1817 lehnte der Landtag einen Vorschlag seines Nachfolgers König Wilhelm I. ab, der zwar den Altrechtlern entgegenkam, aber die Einführung eines Zweikammersystems vorsah und zwei zentrale Forderungen der Opposition – ständische Steuerverwaltung und einen permanenten Landtagsausschuß – nicht

berücksichtigte. Nach der Auflösung des Landtags am 4. Juni 1817 wurden die Verfassungsverhandlungen im Juli 1819 wieder aufgenommen, die am 25. September 1819 zur Annahme der neuen Verfassung durch den Landtag führten. Trotz zahlreicher ständischer Relikte gehört die württembergische Verfassung in die Reihe der modernen Repräsentativverfassungen (Zweikammersystem, relativ liberales Wahlrecht). Ihre Besonderheit liegt darin, daß sie das erste paktierte Staatsgrundgesetz Süddeutschlands darstellt[22].

Die zweite deutsche Verfassungswelle setzte nach der Julirevolution von 1830 in Frankreich ein. Nach Unruhen und Aufständen wurden Verfassungen in Kurhessen (1831), Sachsen-Altenburg (1831), Sachsen (1831), Braunschweig (1832), Hannover (1833) und Hohenzollern-Sigmaringen (1833) gewährt. Sie gehörten zu den fortschrittlichsten Konstitutionen des Vormärz, da sie die konstitutionelle Beschränkung des Monarchen im Vergleich zu den süddeutschen Verfassungen verstärkten, ohne jedoch das monarchische Prinzip aufzuheben[23].

Grundrechte und Reichsverfassung 1848/49

Die Nationalversammlung in der Frankfurter Paulskirche nahm nur wenige Tage nach ihrer Konstituierung am 18. Mai 1848 das Werk einer deutschen Reichsverfassung in Angriff. Ein am 24. Mai eingesetzter Verfassungsausschuß, dem die bedeutendsten, mehrheitlich zu den rechten Liberalen zählenden Vertreter des Konstitutionalismus angehörten, legte den Abgeordneten am 19. Juni 1848 den Entwurf für einen Grundrechtekatalog vor. Die Beratungen begannen dann am 3. Juli und zogen sich bis in den Herbst hin, vor allem weil unterschiedliche, weit auseinanderklaffende Auffassungen über die rechtlichen Grundlagen des Wirtschaftslebens (Eigentumsverfassung, soziale Ansprüche der unteren Klassen) sowie des Kirchen- und Schulwesens, aber auch die erstarkende Gegenrevolution eine zügige Debatte hemmten. Schließlich wurden *Die Grundrechte des deutschen Volkes* noch vor der Ausarbeitung der Reichsverfassung nach 99 Sitzungen am 20. Dezember 1848 verabschiedet, am folgenden Tag in Kraft gesetzt und am 28. des Monats im Reichsgesetzblatt veröffentlicht. Die Beratung der Reichsverfassung begann am 19. Oktober und dauerte bis Ende März 1849. Am 27. März 1849 nahmen die Abgeordneten den Verfassungsentwurf an und wählten am folgenden Tage den preußischen König Friedrich Wilhelm IV. zum deutschen Kaiser. Mit seiner Abscheu vor einer Verfassung, die von der souveränen Nation geschaffen war, lehnte er Ende April die Kaiserkrone definitiv ab. 28 deutsche Staaten erkannten zwar die Reichsverfassung in einer Kollektivnote vom 14. April, der am 24. April Württemberg beitrat, an, nicht jedoch die Vormächte Preußen und Österreich sowie die Mittelstaaten Bayern, Sachsen und Hannover. Das Ziel der Revolution, einen nationalen Einheitsstaat zu schaffen, war damit gescheitert. Die preußische Ablehnung rief in den Staaten, deren Oberhäupter die Reichsverfassung abgelehnt hatten, revolutionäre Aufstandsbewegungen hervor. In blutigen Bürgerkriegen in Sachsen, in der Pfalz und zuletzt in Baden besiegten preußische und Reichstruppen die Revolution endgültig.

Im folgenden sollen die Verfassungsentwürfe und Verfassungen nach ausgewählten grundlegenden Verfassungsprinzipien betrachtet werden: Menschen- und Bürgerrechte (Grundrechte), Volkssouveränität und Gewaltenteilung.

Grundrechte

Die Grundrechte des Menschen, wie sie erstmals auf europäischem Boden mit der Erklärung der unveräußerlichen Menschen- und Bürgerrechte am 23. August 1789 formuliert wurden, erfüllten die Aufgabe, die Freiheit des Individuums vor den Übergriffen des Staates zu schützen bzw. die Staatsgewalt auf den individuellen Freiheitsschutz zu beschränken. In den gesellschaftlichen Bereichen, wo der Wille des Einzelnen entscheidend sein sollte, wurde die staatliche Gewalt ausgeschlossen. Grundrechte waren vom Staat aus betrachtet Handlungsschranken, von der Gesellschaft aus gesehen Abwehrrechte. Allerdings mußte die Freiheit des Einzeln im Interesse der gleichen Freiheit der anderen staatlich eingeschränkt werden, da eine grenzenlose individuelle Freiheit einer Anarchie gleichbedeutend wäre[24].

Die Verfassungsentwürfe aus der Zeit der Französischen Revolution greifen das Prinzip unveräußerlicher Menschenrechte auf, unterscheiden sich jedoch in ihrer inhaltlichen Bestimmung erheblich. Neben der allgemeinen Auffassung, daß der Mensch neben Rechten auch Pflichten habe, wie bereits in der Menschenrechtserklärung von 1789 angedeutet, stimmten die Verfassungsentwürfe dem

Kanon der fundamentalen Menschenrechte der französischen Direktorialverfassung von 1795 zu: Freiheit, Gleichheit, Sicherheit und Eigentum. Im Kölner Verfassungsentwurf werden Freiheit, Gleichheit und Eigentum formal als die Rechte des Menschen und des Bürgers außer- und innerhalb der bürgerlichen Gesellschaft genannt (Art. 22), während das Grundrecht Sicherheit als der Zweck der bürgerlichen Gesellschaft formuliert, nämlich die »Erhaltung der inneren und äußeren Ruhe und die Handhabung der Freiheit, der Gleichheit und des Eigentums eines jeden Bürgers« (Art. 23). Auch Weber verfährt in *Teutschlands neuer Konstitution* auf die gleiche Weise, auch ihm gilt »das Recht des Menschen, sein Eigentum gegen jeden willkürlichen Eingriff sicher gestellt zu sehen«, als unveräußerliches Grundrecht. Die *Republikanische Verfassungsurkunde* kennt wie der Ulmer Verfassungsentwurf keine explizite Aufzählung der fundamentalen Menschenrechte; die Verfasser ersterer begründeten ihren Verzicht damit, »weil sie auf die ewige Natur des Menschen und seine Freiheit gegründet sind«, und, da diese auch Veränderungen unterliegen können, versicherten sie, »daß das Volk, dem diese Urkunde wird, immer ein freies Volk bleiben werde, wenn andere Nationen mit ihrer Form auch die nicht besonders hervorgehobenen Menschenrechte umgeschmolzen und – verhunzt haben.«[25] Über die zielgerichtete Bestimmung hinaus nennt die *Verfassungsurkunde* aber ein verbrieftes Jagd- und Fischrecht, Gewerbefreiheit, Meinungsfreiheit oder Unverletzlichkeit der Person[26]. *Die Grundlinien zu einer allgemeinen deutschen Republik* führen als einziger der Verfassungsentwürfe die genannten Grundrechte auf.

Der Umstand, daß die Verfassungen des frühen 19. Jahrhunderts nicht dem Willen eines um seine politische Teilhabe kämpfenden Bürgertums entsprangen, sondern aus Gründen der dynastischen Selbsterhaltung geschaffen wurden, bestimmte die inhaltliche Ausgestaltung der grundrechtlichen Freiheiten. Während die amerikanischen und französischen Grundrechteerklärungen revolutionär erkämpft und naturrechtlich begründet wurden und damit den Charakter von Menschenrechten annahmen, wurden die Grundrechte der frühen deutschen Verfassungen als Staatsbürgerrechte definiert und erschienen als freiwillige Selbstbeschränkung einer unabhängig von ihnen legitimierten Staatsgewalt. Die individuelle Freiheit, wie sie in den Vereinigten Staaten und

Frankreich als ordnungsleitendes Prinzip verfassungsrechtlich gesichert wurde, lag nicht im Interesse des Staates. Die landesherrlichen Bestrebungen zielten auf den Aufbau einer modernen Gesellschaft, der einen Abbau der Standesschranken und adeligen Vorrechte sowie der feudalen und korporativen Bindungen von Person, Eigentum und Erwerbstätigkeit bedeutete. Ein charakteristisches Kennzeichen dieser Verfassungen ist eine auch den Grundrechtekatalog prägenden Mischung aus feudalen und bürgerlichen Rechten[27].

Die Aufnahme bürgerlicher Grundrechtevorstellungen in die frühen deutschen Verfassungen fand ihren prägnantesten Ausdruck in der Gleichheit der staatsbürgerlichen Rechte und Pflichten: »Alle Württemberger haben gleiche staatsbürgerliche Rechte, und eben so sind sie zu gleichen staatsbürgerlichen Pflichten und gleicher Teilnahme an den Staatslasten verbunden.« Der Staat sicherte dem Staatsbürger persönliche Freiheit – die Leibeigenschaft wurde umgehend abgeschafft – und Gewissens- bzw. Religionsfreiheit zu. Mit der Aufnahme der Freiheit der Presse, die sich während der Befreiungskriege faktisch durchgesetzt hatte und durchaus wegen der in ihr entfachten patriotischen Begeisterung im Kampf gegen Napoleon im Interesse der Monarchen lag, wurde die wichtigste Grundrechteforderung in allen süddeutschen Verfassungen erfüllt – ohne sie hätte sie kaum Akzeptanz unter dem Bürgertum gefunden. Allerdings war dieses Grundrecht wie kaum ein anderes unter Mißbrauchsvorbehalt gestellt, wie sich bald mit den Karlsbader Beschlüssen von 1819 herausstellen sollte. Die süddeutschen Verfassungen konnten den uneingeschränkten Eigentumsgebrauch nicht garantieren – dies war nicht möglich, solange noch Eigentum an feudale und korporative Strukturen gebunden war –, sondern sicherten Eigentum nur gegen staatliche Übergriffe; Enteignungen waren nur im Interesse des öffentlichen Wohls und gegen Entschädigung möglich[28].

Die Grundrechte des deutschen Volkes von 1848 sicherten die individuellen Grundrechte: Alle Deutschen genossen Freizügigkeit und gleiche Rechte in allen Staaten. Die persönliche Freiheit und der Schutz der Privatsphäre wurden verstärkt gesichert (Schutz vor willkürlicher Verhaftung, Unverletzbarkeit der Wohnung). Die letzten feudalen Reste wurden beseitigt (Aufhebung des Adels als Stand, Abschaffung der adeligen Hoheitsrechte wie Patrimonialge-

richtsbarkeit und der grundherrlichen Polizei, Ablösung der Grundlasten) und staatsbürgerliche Gleichheit hergestellt. Als Antwort auf die bitteren Erfahrungen mit dem Polizeistaat des Vormärz wurden vor allem diejenigen Freiheitsrechte, die den öffentlich-politischen Bereich berührten, über den bisher erreichten Rechtszustand erheblich ausgeweitet. So wurden alle staatlichen Maßnahmen, die unvereinbar mit der Pressefreiheit waren, strikt untersagt, wie der § 147 detailliert ausführte: »Zensur, Konzessionen, Sicherheitsbestellungen, Staatsauflagen, Beschränkungen der Druckereien oder des Buchhandels, Postverbote oder andere Hemmungen des freien Verkehrs.« Versammlungs- und Vereinigungsfreiheit, Freiheit von Lehre und Wissenschaft ergänzten den Grundrechtekatalog. Im Gerichtswesen sahen die Grundrechte die Öffentlichkeit und Mündlichkeit, die Trennung von Ermittlung und Verurteilung sowie Schwurgerichtsverfahren bei schweren und politischen Vergehen und die Abschaffung der Todesstrafe vor. Die Grundrechte nahmen keine Bestimmungen über die »soziale Frage« auf, doch enthielten sie in zahlreichen Paragraphen sozialstaatliche Komponenten, wie das Recht auf freie Berufswahl und kostenlosen Unterricht in öffentlichen Schulen für Unbemittelte sowie das Vereinigungsrecht für gewerkschaftliche Koalitionen[29].

Volkssouveränität

Das Prinzip der Volkssouveränität – die Lehre von der verfassunggebenden Gewalt des Volkes – und der Gewaltenteilung stellen neben den Grundrechten das Fundament des modernen Konstitutionalismus dar. Die Verfassungsentwürfe aus dem Jahrzehnt der Französischen Revolution behandelten explizit das Problem der Volkssouveränität, das Wahlrecht, die Organisation des Gesetzgebungsverfahrens und die Bestimmungen über die Exekutive, wobei Artikel 16 der französischen Menschenrechtserklärung als Leitbild diente[30].

In vier der frühen Verfassungsentwürfe findet das Prinzip der Volkssouveränität seinen expliziten Ausdruck. Für Joseph Rendler erhielt das »Majestätsrecht« des Volkes »den höchsten Rang«, demzufolge nahm dieses »Majestätsrecht« mit der damit verbundenen Teilhabe des Volkes an der Gesetzgebung die Qualität eines unveräußerlichen Menschenrechts an: »..weil zum ganzen Volke jedes Mitglied gehöret, [ist] auch jedes bei der Gesetzgebung mitzuwirken befugt.«[31] Die *Republikanische Verfassungsurkunde* definierte die Souveränität des Volkes ausführlich. Der erste Grundartikel der Verfassung des deutschen Freistaates lautete: »Die deutsche Völkerschaft ist ihr einziger Oberherr. Sie verfasset und vollziehet ihre Gesetze und bestrafet die Übertreter derselben.« Die Souveränität des Volkes trat in den ausführenden Bestimmungen auch mit Formulierungen wie »Das Volk sorgt dafür«, »Das Volk untersucht« oder »Das Volk bestimmt« sichtbar in Erscheinung[32]. Der Ulmer Verfassungsentwurf bestimmte in § 1 die gesamte Bürgerschaft zum Souverän. Staatsbürger waren allgemeinen, von der Bürgerschaft selbst entworfenen Gesetzen den »heiligsten Gehorsam« schuldig. Nur nach diesen konnte der Ungehorsam gerichtet und gestraft werden (§ 8)[33]. Die *Grundlinien* erklärten die Bürger zu »gleiche[n] Teilnehmer[n] an der Souveränität«[34]. Einen Sonderfall stellt der Kölner Verfassungsentwurf dar, in dem die Volkssouveränität nicht erwähnt und zudem die verfassungsrechtlich verankerte Kontrolle der faktisch lebenslang gewählten Regierung durch das Volk außerordentlichen restriktiven Bestimmungen unterworfen wurde. Ein Kläger, der eine beachtliche Kaution von 2000 Gulden aufzubringen hatte, setzte sich einem erheblichen Risiko aus, denn bei einer Ablehnung seiner Klage drohten ihm ohne Gerichtsverfahren sieben Jahre Zuchthaus[35].

Gewaltenteilung

Die Gewaltenteilung, ein unabdingbares Element und unverzichtbare Basis des modernen Konstitutionalismus, behandelten alle Verfassungsentwürfe. Dabei galt es, das Verhältnis zwischen den Gewalten als auch die Position der Legislative innerhalb dieses Gefüges zu klären. Wie sehr der *pouvoir constituant* des Volkes die Verfassungsdiskussion bestimmte, zeigt der Versuch, direkte und repräsentative Demokratie miteinander zu verbinden. Der Ulmer Verfassungsentwurf, in dem das Prinzip der Gewaltenteilung weitgehend verwirklicht wurde, sah vor, daß die Bürgerschaft bei den allgemeinen Landesgesetzen mitwirkten und diese erst nach der Zustimmung der Bürger und Landesangehörigen Gesetzeskraft erhielten. Außerdem sollten sie in einer verständlichen deutschen Sprache verfaßt und jedem Bürger gedruckt überreicht werden (§ 7)[36]. Auch der Kölner Verfassungsentwurf sah die Mitwirkung der Bürger an der Gesetzgebung vor, allerdings

ließ Sommer offen, ob das Gesetzgebungsverfahren unmittelbar durch die Bürger oder mittelbar durch ihre Stellvertreter durchgeführt werden sollte (Art. 33 und 35), und beschnitt die Rechte der Legislative; sie konnte nur durch die Regierung, bei der die ausschließliche Gesetzesinitiative lag, einberufen werden. Diese griff der Praxis späterer napoleonischer und frühkonstitutioneller Legislativen vor[37]. Wesentlich eindeutiger erklärte Weber die Mitwirkung des Menschen an der Gesetzgebung zum unveräußerlichen Recht, »denn der Zwang, Gesetzen zu gehorchen, an denen man keinen Teil hat, die bloß die Willkür eines Einzelnen diktierte, ist barer Unsinn.«[38] Ebenso knapp nannte Krug das Volk als Quelle aller Staatsgewalt und Gesetzgebung, das das Recht besaß, die Konstitution »von Zeit zu Zeit nach seinen Einsichten« zu verändern, »und wenn es die Not erfordert«, sogar aufzuheben[39]. Die *Republikanische Verfassungsurkunde* folgte konsequent der französischen Direktorialverfassung. Ein Erstrat entwarf die Gesetze, die von einem Zweitrat geprüft, angenommen oder verworfen wurden. Eine unmittelbare Beteiligung des Volkes an der Gesetzgebung war nicht vorgesehen[40].

Das monarchische Prinzip schloß per definitionem das Prinzip der Volkssouveränität aus; Gottesgnadentum und die Gewalt des Volkes standen sich unvereinbar gegenüber. In den frühen Verfassungsdokumenten lagen die wichtigsten Kompetenzen der Volksvertretungen in den Bereichen der Gesetzgebung und der Haushaltsfeststellung. Von einer demokratischen Legislative kann jedoch nicht die Rede sein, denn die Stellung des Parlaments war begrenzt. Die württembergische Ständeversammlung besaß zwar das Recht, »bei Ausübung der Gesetzgebungsgewalt durch ihre Einwilligung mitzuwirken« (§ 124), aber nicht das Recht auf Gesetzesinitiative. Erforderlich war lediglich die Zustimmung der Volksvertretungen, ohne die »kein allgemeines Gesetz ... erlassen, noch ein schon bestehendes abgeändert, authentisch erläutert oder aufgehoben werden« konnte, wie § VII, 2 der bayerischen Verfassung festlegte. Die Volksvertretungen konnten kein Gesetz gegen den Willen des Monarchen verabschieden; erst durch die monarchische Sanktion erhielten ihre Beschlüsse Gesetzeskraft. Nach wie vor blieb der Monarch alleiniger Gesetzgeber, die Aufgabe der Volksvertretungen beschränkte sich auf die Teilnahme an der Formulierung des Gesetzesinhalts. Der Monarch behielt sich das Initiativrecht vor, die badische Ständeversammlung beispielsweise durfte nur »unter Angabe der Gründe um den Vorschlag eines Gesetzes bitten« (§ 67)[41].

Die Reichsverfassung von 1849 stellt einen Kompromiß zwischen liberalen und demokratischen Verfassungsvorstellungen dar[42]. Reichsoberhaupt war der Kaiser, ein Monarch von Volkes Gnaden, der seine Legitimation und Kompetenzen durch die Verfassung erhielt. Dies betrachteten die konservativen Kräfte als Verrat am monarchischen Prinzip. Als Verrat am demokratischen Prinzip empfand dagegen die Linke, daß die Kaiserwürde erblich war und ihr Träger wichtige Hoheitsrechte erhielt. Damit war das Volk nur bei der Einsetzung des ersten Kaisers beteiligt, auf die weitere Besetzung des Amtes und die Ausfüllung des Kompetenzrahmens besaß es weder direkten noch indirekten Einfluß.

Der Reichstag bestand aus zwei Kammern: dem Staatenhaus, dem die Vertreter der Einzelstaaten angehörten, und dem Volkshaus, das aus den gewählten Abgeordneten der gesamten Nation gebildet wurde. Die Eigenständigkeit des Reichstages wurde im Vergleich zu den vormärzlichen Verfassungen erweitert, doch die Prinzipien der Volkssouveränität und Gewaltenteilung wurden nicht konsequent durchgeführt. Das Reichsoberhaupt besaß innerhalb des Verfassungsgefüges eine starke Position. Es übte in allen Angelegenheiten, die nicht dem Reichstag übertragen waren, die Regierungsgewalt aus, die er an von ihm berufene Minister übertrug. Nur mittels der Interpellation und der Ministerklage besaß das Parlament eine gewisse Kontrolle über die Regierung. Dem Reichsoberhaupt oblag die Einberufung des Reichstages, wobei er zur regelmäßigen Einberufung verpflichtet war, und es besaß auch das Recht, den Reichstag aufzulösen. Der Reichstag besaß in der Gesetzgebung und in der Etatfestellung seine wichtigsten Kompetenzen. Allerdings war er nicht alleiniger Gesetzgeber. Der Kaiser besaß ebenfalls das Initiativrecht, verfügte über ein Vetorecht bei Gesetzen und Haushalt, völkerrechtlichen Verträgen und anderen Angelegenheiten, das der Reichstag durch Beharrungsbeschlüsse überwinden konnte, und hatte ein eigenständiges Verordnungs-

recht, das Verordnungen Gesetzeskraft verlieh.

Die Diskussion über den modernen Konstitutionalismus in Deutschland am Ende des 18. Jahrhunderts, die über die abstrakt-theoretische Ebene hinausgehend in den vorgestellten Verfassungsentwürfen zu ersten Versuchen führte, die grundlegenden demokratischen Prinzipien – Grundrechte, Volkssouveränität und Gewaltenteilung – zu konkretisieren, brach zu Beginn des neuen Jahrhunderts ab. Die Ablehnung allen französischen Gedankenguts, damit auch der Ideen und Prinzipien der Aufklärung und der Revolution von 1789, im Gefolge der napoleonischen Fremdherrschafft und der Befreiungskriege, die politische Schwäche des Bürgertums und letztlich das rückwärtsgewandte Geschichtsbild der Romantik, das im deutschen Mittelalter das ideale Gesellschaftsmodell suchte, ermöglichten die Durchsetzung des monarchischen Prinzips in den deutschen Verfassungen des 19. Jahrhunderts. Die historische Leistung dieser Verfassungen, deren Grundmuster bis zur Revolution von 1918 erhalten blieb, liegt darin, daß sie, obwohl als Präventivmaßnahme gegen mögliche revolutionäre Veränderungen gedacht, den Weg in die bürgerlich-kapitalistische Gesellschaftsordnung und zu den demokratischen Verfassungen des 20. Jahrhunderts öffneten. Aber jeder Versuch einer grundlegenden Demokratisierung scheiterte. *Die Grundrechte des deutschen Volkes* und die Reichsverfassung von 1848/49 stellen einen Kompromiß zwischen konservativen, liberalen und demokratischen Auffassungen dar. Während der deutsche Grundrechtekatalog auf die französische Menschen- und Bürgerrechtserklärung von 1789 zurückgriff, wurden in der Reichsverfassung die Prinzipien der Volkssouveränität und Gewaltenteilung nicht konsequent verwirklicht – ihnen standen die Erbmonarchie und die Gesetzesinitiative des Reichsoberhauptes entgegen. Erst die Weimarer Verfassung von 1919 und das Grundgesetz der Bundesrepublik Deutschland von 1949 knüpfen wieder an die demokratischen Grundprinzipien an, wie sie in den Verfassungsentwürfen aus dem Jahrzehnt der Französischen Revolution proklamiert worden waren.

1 Zitiert bei Horst Dippel (Hrsg.), Die Anfänge des Konstitutionalismus in Deutschland. Texte deutscher Verfassungsentwürfe am Ende des 18. Jahrhunderts, Frankfurt a. M. 1991, S. 10.

2 Vgl., auch i. f., ebd. S. 10f.

3 Vgl. ebd., S. 12f.

4 Zitiert ebd., S. 12; zu Erhard s. Johann Benjamin Erhard, Über das Recht des Volkes zu einer Revolution und andere Schriften, hrsg. von Hellmut G. Haasis, München 1970, S. 203ff.

5 Fürst von Thurn und Taxis Zentralarchiv Regensburg, Postakten 1986, Akte Dufner.

6 Generallandesarchiv Karlsruhe, 74/6288, Bericht aus Bühl v. 29.8.1791, Protokoll des Geheimen Rats v. 1.9.1791.

7 Vgl. hierzu einführend Helmut Berding (Hrsg.), Soziale Unruhen in Deutschland während der Französischen Revolution (Geschichte und Gesellschaft, Sonderheft 12), Göttingen 1988; Franz Dumont, Die Mainzer Republik von 1792/93. Studien zur Revolutionierung in Rheinhessen und der Pfalz, Alzey 1982; Axel Kuhn, Jakobiner im Rheinland (Stuttgarter Beiträge zur Geschichte und Politik, Bd. 10), Stuttgart 1976; Heinrich Scheel, Süddeutsche Jakobiner. Klassenkämpfe und republikanische Bestrebungen im deutschen Süden Ende des 18. Jahrhunderts, 2. Aufl. Vaduz 1980; Uwe Schmidt, Südwestdeutschland im Zeichen der Französischen Revolution. Bürgeropposition in Ulm, Reutlingen und Esslingen (Forschungen zur Geschichte der Stadt Ulm, Bd. 23), Ulm 1993.

8 Vgl. Dippel (wie Anm. 1), S. 14 und 16.

9 Vgl. ebd., S. 17.

10 Vgl. Arthur Allgeier, Joseph Rendler, ein schwankender Priester aus der letzten Zeit von St. Blasien, in: Freiburger Diözesanarchiv 312 (1950), S. 13ff.; Dippel (wie Anm. 1), S. 16, Anm. 48; ders., Die französische Revolution und die ersten deutschen Verfassungsprojekte, in: »Sie, und nicht wir«. Die Französische Revolution und ihre Wirkung auf Norddeutschland und das Reich, Bd. 2, Hamburg 1989, S. 676f.; Helmut Reinalter, Der Jakobinerpriester Joseph Rendler. Versuch einer Biographie, in: Mitteilungen des Instituts für österreichische Geschichte 82 (1974), S. 392ff.; Scheel (wie Anm. 7), S. 91f.; abgedruckt bei Dippel (wie Anm. 1), S. 51ff.

11 Vgl. Dippel (wie Anm. 10), S. 678f.; Kuhn (wie Anm. 7), S. 123f.; Waltraut Trilsbach, Der Kölner Demokrat Christian Sommer (1767–1835), in: Jahrbuch des Kölnischen Geschichtsvereins 45 (1974), S. 63ff.; Abdruck des Textes bei Dippel (wie Anm. 1), S. 68ff.

12 Vgl. Dippel (wie Anm. 10), S. 683; Walter Grab, Demokratische Strömungen in Hamburg und Schleswig-Holstein zur Zeit der ersten französischen Republik (Veröffentlichungen des Vereins für hamburgische Geschichte 21), Hamburg 1966, S. 168; Abdruck des Textes bei Dippel (wie Anm. 1), S. 114ff.

13 Vgl. Dippel (wie Anm. 10), S. 681f.; ders. (wie Anm. 1), S. 17; dort auch Abdruck des Textes S. 147ff.

14 Vgl. Schmidt (wie Anm. 7), S. 116f.; dort auch Abdruck des Textes S. 321ff.

15 Haus-, Hof- und Staatsarchiv Wien, Reichskrieg gegen Frankreich F 65b, Nachrichten aus Hohenems v. 13.2.1799 = Beilage zum Schreiben Staaders an Colloredo v. 19.2.1799.

16 Vgl. Erwin Dittler, Jakobiner am Oberrhein, Kehl 1976, S. 51 f.; Dippel (wie Anm. 10), S. 684f.; Scheel (wie Anm. 7), S. 486; Schmidt (wie Anm. 7), S. 259 und 271; Abdruck des Textes bei Heinrich Scheel (Hrsg.), Jakobinische Flugschriften aus dem deutschen Süden Ende des 18. Jahrhunderts, Berlin/DDR 1965, S. 130ff.; Dippel (wie Anm. 1), S. 177ff.

17 Vgl., auch i. f., Dieter Grimm, Deutsche Verfassungsgeschichte 1776–1866, Frankfurt a. M. 1988, S. 71ff.

18 Vgl. Peter Michael Ehrle, Volksvertretung im Vormärz. Studien zur Zusammensetzung, Wahl und Funktion der deutschen Landtage im Spannungsfeld zwischen monarchischem Prinzip und ständischer Repräsentation, Frankfurt a. M./Bern/Cirencester 1979, S. 46f.

19 Zur bayerischen Verfassungsgeschichte s. Karl Otmar von Aretin, Bayerns Weg zum souveränen Staat. Landstände und konstitutionelle Monarchie 1714–1818, München 1976; Michael Doeberl, Ein Jahrhundert bayerischen Verfassungslebens, 2. Aufl. München 1818; Eberhard Weis, Zur Entstehungsgeschichte der bayerischen Verfassung von 1818. Die Debatten in der Verfassungskommission von 1814/15, in: Historische Studien zu Politik, Verfassung und Gesellschaft, Festschrift Richard Dietrich, München 1976, S. 235ff.

20 Vgl., auch i. f., Ehrle (wie Anm. 18), S. 66ff.; Peter Wegelin, Die Bayerische Konstitution von 1808, in: Schweizer Beiträge zur Allgemeinen Geschichte 16 (1958), S. 172f.

21 Vgl. Hans Fenske, 175 Jahre badische Verfassung, Karlsruhe 1993, S. 10ff.

22 Vgl. Günter Cordes, Württembergischer Landtag bis 1918, in: Von der Ständeversammlung zum demokratischen Parlament. Die Geschichte der Volksvertretungen in Baden-Württemberg, hrsg. von der Landeszentrale für politische Bildung Baden-Württemberg, Stuttgart 1982, S. 123ff.; Ehrle (wie Anm. 18), S. 83ff.; Eugen Schneider, König Wilhelm I. und die Entstehung der württembergischen Verfassung, in: Württembergische Vierteljahreshefte für Landesgeschichte, N. F. 25 (1916), S. 120ff.

23 Vgl. Ehrle (wie Anm. 18), S. 142ff.; Grimm (wie Anm. 17), S. 161ff.

24 Vgl. Grimm (wie Anm. 17), S. 30f.

25 Zitiert bei Dippel (wie Anm. 1), S. 180.

26 Vgl. ebd., S. 19.

27 Vgl. Grimm (wie Anm. 17), S. 129f.; Wolfgang von Rimscha, Die Grundrechte im süddeutschen Konstitutionalismus. Zur Entstehung und Bedeutung der Grundrechtsartikel in den ersten Verfassungsurkunden von Bayern, Baden und Württemberg (=Erlanger Juristische Verhandlungen, Bd. 12), Köln/Berlin/Bonn/München '73.

28 Vgl. Grimm (wie Anm. 17), S. 130f.

29 Vgl. ebd., S. 194f.

30 Vgl., auch i. f., Dippel (wie Anm. 1), 20f.

31 Zitiert ebd., S. 54f.

32 Zitiert ebd., S. 184, 190.

33 Vgl. Schmidt (wie Anm. 7), S. 116.

34 Vgl. Dippel (wie Anm. 1), S. 21.

35 Vgl. ebd., S. 21f.

36 Vgl. Schmidt (wie Anm. 7), S. 321.

37 Vgl. Dippel (wie Anm. 1), S. 23f. u. 76.

38 Zitiert ebd., S. 173.

39 Vgl. ebd., S. 125.

40 Vgl. ebd., S. 184f.; Scheel (wie Anm. 7), S. 491.

41 Vgl. Grimm (wie Anm. 17), S. 116; Cordes (wie Anm. 22), S. 128.

42 Vgl. Grimm (wie Anm. 17), S. 201f.

Die grousse Menagerie in der Baulsbude,

oder

wie Leibche seiner Ische e gut Stund macht.

E Doppelgeschmuhs vun unsere Lait.

Leib. Do henkese all.
Jüt. Wer?
Leib. Die Volksvertreter.
Jüt. Nu — worum henkese?
Leib. Weil se net stehn.
Jüt. Was sein das vor Männer mit de grousse Schlaf-kappe ohne Gesichter und in die Schlafröck mit de Schlappe?

Leib. Das sain drei gelerrte Professauren, die rechne aus, wie viel Balmachomes mer braucht, vor taub se schiesse die Napyleblikaner.
Jüt. Und das Vöggelche mit des rauhe Gesicht?

Leib. Ist e gut Bheme. Es traht e Brill und macht Waffestillstand uff e halb Stund.
Jüt. Do guzt abner doch sei Bah.

Leib. Der betracht die Welt von unte ruff, hat Bart und Deufel, Händ und Füß beisamme. Der merkt's net, wann der Himmel einfällt. Häste des Ceilem!
Jüt. Nu — was gibt's do ze achele?

Leib. Das ist en Schoute, er frett Franzose vun Marzipan, und asen die rouhte Bure drücke im Magen, lößt er timme de Nuß mit der Knut, der gebt em Wakes, bis er sich übergibt.
Jüt. Was macht der mit des schwarze Käppche?

Leib. Der alte Brummbär? Das will ich der sage. As mer drin kimme dorch die Welt, muß man schnurre (betteln) und gute Wort gibe. Er hat so lang geschnurrt, bis er's habe bezahlt zu sein Haus, dann hat er gute Wort gibe, bis se en habe uffgenumme in die grouss Menagerie. Jetz schlaht er e Rad, brummt un macht de Schoube, daß die Farste lache.
Jüt. Do hockt Ahner unterm Bahm; was denkt der!

Leib. Denke? Schlorem! So weit haiß der deutsche Michel noch net gebracht, as er denkt. Hot er doch ein Gefalle an des Kunzert vun Domvfaffe, Zaunkönig, Rabe und Stinkvögel. Dem Teufel ist der Gesang zu schlecht, drum weiße se dem Michel den Deufel. Nu was hilft's — er hot halt en schlechte Geschmack.
Jüt. Was giebts dou? E grauß mächtig Kamel hot ahn nun unsre Lait am Schwanz.

Leib. Wart e Wohl, des muß ich der sare. Das is e Dhir aus dem Schwobeland. Die Schwobe werre in ihrem Lewe nor ahmol geschad, wann se 40 Johr alt sinn. Des Kamel hot die Zeit verbaßt, jetz frett's Jude un Baroune. Es wert doch net kouchem.

Jüt. Was will dann der Laabfrosch mit dem Dicklopp un der Schell?

Leib. Des is der Frizepresedent vun Sauren. Wie die Linke gerufe hot: mer wolle Immestie! (Amnestie) do hot er gesaht: na — mer wolle im Nest die Andere. Er hot so lang gekwakt, bis die Kaplerie klahner worre is. Dadorch is die Geschäftsuuordning verbroche worre, drum is brouchte worre der Presedent un hot'm gerve Mackes mit der Hand uffm Deufel, dann hot er gesaht: Frizche, folg mer schön un bleib bei die Rechte.

Jüt. Nu, was is des vor en Kerl, wo trunner stieht: "ein kühler Griff?"

Leib. Kannste lache? (lese) En kühner Griff haaßt's, 's is der Presedent; im Juni hot er geschrice wie e Buchmarder: ich will kuhn en kühne Griff! Hot er gedahn e kühne Griff in sein Sack un hot erauß geholt den Reichsverwechsler.
Jüt. Was ist das, en Reichsverwechsler?
Leib. En Farst wu's Reich verwechselt.
Jüt. Do steckt er'n aber ach wieder in den Sack.
Leib. Jou — weil un der Reichsverwechsler vum Presedenten in en Minister vuns Reich verwechselt hat, jetz braucht er ihn net mehr, drum tuht er en Mißgriff und steckt en wieder in den Sack.
Jüt. Was schmuse die zwa Haase, mit die lange Leffel mitenander?

Leib. Zwa Haase? — zwa Kalte, willste sage. Die habes gemacht wie der Jonas, wie er is worde geschickt nach Ninive. Die sein geschickt worde nach Wien, sie sind aber nicht hinein geholcht, worum? Weil der Wüthrich-Kreg und der Scheelagig mit die Krawatte (Kroaten) un Kanone davor gestande sind. Sie haben gemacht en Kapebuckel und ergriffen das Hasepanier und sain gemacht e lafe in den grousse Stall zu die Andre in Frankfort. Wie sie wieder drin waren in der Menagerie, habe gemacht en grousse Spektakel und geschmißt vun die merkwerdige Wunner, daß sie der Haiffisch net hat verschlunge. — Do uff des grousse Bild kannste seh, wie es is zugegangen in Wien.
Jüt. Nu — was seh ich do?

Leib. Sehste net die rouhe Mensche, wu der Wolf do frißt? Des sain Napyleblikaner, die sind gange beiern (sterben) vor die gute Sach. Der Wolf is die schlechte Sach. Das bös Ceilem wert en fahren in's Gnick! Do sichst ten Scheelagig mit de lange Schnorrbart und die korze Bure, er krabbelt einer Prinzessin um's Kinn, die verklaad is, als Markedenterin und der Wüthrich-Kreg sagt zu der deutsche Reichshaase:
Wer seyd Ihr, und was wollt Ihr hier
Unter Tigern oder Affen?
Welchen Plan habt Ihr mit mir,
Und wozu seyd ihr geschaffen?
Jüt. Leibche, du bist en Kouchem; ich muß dir bezeigen meine Achtung. Du kennst den ganzen Klopstock auswendig.
Leib. Das macht die Preßfreiheit, mer muß fort geih mit dem Zeitgeist. En Jeder muß jetz lerne kenne de Klopstock; wie lang werd's daure, sain die Ruße hie.
Jüt. Nu — was sießt de weiter uff dem Bild?
Leib. Im Hintergrund schimmert der jung Kaiser, der Melach vun Oestrich, vun's deutsche Reich will er nix wisse.

Abb. 3   Die grousse Menagerie in der Baulsbude. Lithographie (Kat. 116, Ausschnitt).

Das politische Sonnenmicroscop.
vergrößert 1,600000 mal.

Aufgepaßt meine Herrn und Damen! — Ein klein wenig Salz, und alle diese Confusionsthierchen verschwinden,
sie lösen sich auf, sie werden zu nichts. —

114b

Yasmin Doosry

„... im Parla - Parla - Parlament ... das Reden nimmt kein End'!"
Die Paulskirche: Schauplatz der Politik, Gegenstand der Karikatur

Die Konstituierung eines Nationalparlaments durch freie Volkswahl gehörte zu den gewichtigsten März-forderungen: Die Bildung des deutschen National-staates sollte nicht den einzelstaatlichen Regierun-gen überlassen, sondern durch die Nation selbst vorgenommen werden. Mit dem Auftrag zur Bera-tung und Verabschiedung einer Verfassung, die auch die Modalitäten der Reichsgründung regeln sollte, trat die deutsche Nationalversammlung am 18. Mai 1848 in Frankfurt am Main zusammen. Die Bevölkerung nahm regen Anteil an der politi-schen Tätigkeit ihrer 585 in freier und allgemeiner Wahl gewählten Volksvertreter. Dieses große öffent-liche Interesse spiegelt die Bildpublizistik von 1848/49, die den Schauplatz des Geschehens und die einzelnen Abgeordneten in einer Reihe von Bildtypen aus verschiedenen Blickwinkeln themati-siert: In zahlreichen Prospekten bildet die Architek-tur der Paulskirche die Kulisse für reportageartige Schilderungen des politischen Wirkens der Parla-mentarier. Wie bei manchen Gruppenporträts der Abgeordneten, die der Öffentlichkeit auch durch Einzelbildnisse präsent waren, hat hier das Histori-enbild Pate gestanden.[1] Eigens für das Thema ›Par-lament‹ geschaffene Bildprägungen hält hingegen das Medium der Karikatur und Bildsatire sowie der Bildergeschichte bereit. Allegorien, Ereignisbilder und Gedenkblätter wiederum vergegenwärtigen die Nationalversammlung mittels tradierter Bildmuster.[2]

Theater und Kirche als Vorbilder parlamentarischer Selbstinszenierung

Nachdem das Vorparlament zur Vorbereitung der Wahlen zur Nationalversammlung zunächst im Kaisersaal des Römers seine Beratungen aufgenom-men hatte, zog es nach der Wahl seines Präsiden-ten in die Paulskirche (Kat. 146). Dieser zwischen 1789 und 1833 errichtete größte Versammlungsort der Stadt war durch Beschluß des Frankfurter Senats der Nationalversammlung als Sitzungssaal überlas-

sen worden.[3] Trotz Mängeln wie schlechter Akustik, kaltem Raumklima, fehlenden Sitzungszimmern für Ausschüsse und Fraktionen[4] bot sich der Kirchen-raum der evangelischen Paulus-Gemeinde nicht nur wegen seiner großen Anzahl an Sitzplätzen als Ple-narsaal an. Seine auf die Erfordernisse des prote-stantischen Gottesdienstes abgestimmte Architektur kam der parlamentarischen Arbeit und Selbstdarstel-lung entgegen.[5] Andreas Liebhardt, von dem übri-gens auch der Entwurf für das Frankfurter Schau-spielhaus stammt, hatte für die Paulskirche einen quergelagerten elliptischen Grundriß mit einer über-kuppelten Rotunde mit Säulenumgang und Emporen gewählt (Kat. 92, 93, 95).[6] Ein breiter Mittelgang und zwei schmale Seitengänge teilten den durch keinerlei Einbauten verstellten Zentralraum in vier ra-diale Blöcke und richteten ihn auf den Kanzelaltar aus; ähnlich die Sitzplätze auf den Emporen. Dies schuf ideale Sichtverhältnisse für einen großen Teil der Gemeinde, deren Aufmerksamkeit auf die Kan-zel als Ort der Predigt, dem Kristallisationspunkt des protestantischen Ritus, gerichtet war.

Es bedurfte nur weniger Eingriffe, um die prote-stantische Kirche den Anforderungen eines Parla-ments anzupassen[7]: Ein mit Tisch und Rednerpult ausgestattetes Präsidium, das sich auf einem dreistu-figen, halbkreisförmigen Podest in den Zentralraum schob, ersetzte den Kanzelaltar. Über ihm verdeck-te das Transparent der Germania mit seinen beiden Inschriftentondi die Orgel auf der Empore. Der schlichte Kirchenraum erhielt so, seiner ursprüng-lichen Funktion beraubt, im nachhinein gewisser-maßen ein Altarbild. Es kennzeichnete zusammen mit der Häufung von schwarz-rot-goldenen Fahnen und Stoffbahnen am Präsidium und auf den Zu-schauertribünen das erste deutsche Parlament als geheiligte nationale Stätte. Diese geringfügigen Ver-änderungen, insbesondere die bühnenartige Kon-struktion des Präsidiums verlieh dem Kircheninneren darüber hinaus ein theaterartiges Gepräge. Die Nationalversammlung hatte so die beiden wichtigsten Typen öffentlicher Versammlungsstätten adaptiert: Kirche und Theater.

Die Analogie von Nationalversammlung und Theater korrespondierte mit der für Deutschland neuen Erfahrung einer parlamentarischen Öffentlichkeit. Die Ereignisse des Revolutionsjahres 1848 hatten breite Schichten der deutschen Bevölkerung politisiert. Sie nahmen ihr Recht auf freie Meinungsäußerung und Meinungsbildung ernst: Die öffentliche Meinung entwickelte sich zu einer einflußreichen Instanz. Sie blieb nicht ohne Wirkung auf die verschiedenen politischen Interessengruppen, die sie ihrerseits zu gewinnen und zu beeinflussen suchten.

Faßbar wird dies in Aussagen von Zeitgenossen und bildlichen Wiedergaben der Interaktion von Parlamentariern und Publikum der Paulskirche. Friedrich Pecht, ein regelmäßiger und wacher Besucher der Nationalversammlung, schildert mit theatralischen Bildern in seinen »Lebenserinnerungen« die Energie, mit der die Öffentlichkeit ihre Beteiligung an der politischen Willensbildung einforderte: »Bei heftigen Diskussionen glich dann diese hier zusammengedrängte Menschenmasse oft umso eher einem wildaufgeregten Meer, als sich regelmäßig das Publikum der viel zu großen Tribünen beifallspendend oder schimpfend und brüllend in die Verhandlungen mischte, so daß selbst das mächtige Organ Gagerns den Lärm oft nicht mehr zu beherrschen vermochte, der dem Toben eines Sturmes und dem Donner der an Felsen brandenden Wogen glich. – Der elementarischen Gewalt solcher Szenen vermochte auch das ruhigste Temperament nicht zu widerstehen.«[8] Das Publikum in der Paulskirche verharrte demnach nicht in der passiven Rolle eines Zuhörers, es trat als Partner oder Gegenpol der Volksvertreter auf. In dieser Rolle erscheint es als integraler Bestandteil der Parlamentsdarstellungen in Form von Prospekten: Die Eröffnung der Nationalversammlung (Kat. 94b) und die Einführung des Reichsverwesers begrüßt es enthusiastisch; Verhandlungen wie die vom 16. September 1848, die die Volksvertreter aufgrund ihrer Annahme des Malmöer Waffenstillstands ihr öffentliches Ansehen kostete, begleitet es mit erregter Spannung (Abb. 1). Auch in den Sitzungspausen sind die Abgeordneten der kritischen Beobachtung des Publikums ausgesetzt (Kat. 96).

Die Aufmerksamkeit, das Interesse und die Sympathie des Publikums müssen die Deputierten ihrerseits durch kalkulierte Inszenierungen gewinnen.

Die für die Bildzeugnisse charakteristische formelhafte Wiederholung der immer gleichen Posen und Haltungen (Kat. 94c, 96, 99), die keine Rücksicht auf inhaltliche Unterschiede nimmt, läßt auf die Einübung eines allgemeinverständlichen Rollenrepertoires in der parlamentarischen Realität schließen (Abb. 1). Daß das Publikum die Bedeutungsgehalte dieser besonders theatralischen Auftritte ohne Mühe decodieren konnte, bestätigen humoristische Beschreibungen der Parlamentsdebatten: »Acht Uhr. Itzstein sitzt allein im Saale. Die Gallerien füllen sich unter heftigen Quetschungen. Man bemerkt den greisen Demokraten. Bravo! und Beifallklatschen … Gagern erstürmt die Tribüne, beugt sich vor sittlicher Entrüstung über diesen Landesverrath so sehr zurück, daß allein das Sekretariat seinen Umschlag … zu verhindern vermag. Nachdem er die gehörige imponierende Haltung glücklich errungen hat, thut er einen kühnen Griff in die Lüfte und ruft: … Wir müssen die Mittel finden, das Vaterland von solchen Rothwürsten zu befreien. (Die Linke streift die Rockärmel zurück und nimmt eine drohende Physiognomie an…)[9] … Jahn (rennt im Dauerlauf vor die Tribüne und setzt im Halbschnurschwebesprung hinüber …)«.[10]

In der effektvollen Selbstdarstellung einzelner Deputierter, in deren Zusammenspiel und schließlich in ihrem Dialog mit den Zuhörern auf den Emporen wirkt die parlamentarische Arbeit wie eine Theaterinszenierung. Die Wechselwirkung von Parlament und Öffentlichkeit, die der von Schauspielern und Publikum gleicht, findet in vielen Prospekten ihre Entsprechung in der Blickführung: Das szenische Geschehen in der Paulskirche wird aus der Perspektive der Besucher erfaßt (Kat. 94c). Lenkt die Blickachse hingegen die Aufmerksamkeit des Bildbetrachters direkt auf das Präsidium, so nimmt er das Parlament als ›Gemeinderaum‹, das Präsidium als ›Altar‹ wahr (Abb. 2): Er erfährt sich selbst sozusagen als Teil einer Gemeinschaft, die die Paulskirche als quasi-religiösen Ort nationaler Identität feiert (Kat. 94b). Die Pathosformel christlicher Symbole war 1848/49 anscheinend dem hohen Ziel nationaler Identitätsfindung vorbehalten: Erst durch Rückgriffe auf Bildformulierungen christlichen Ursprungs wird der Abgeordnete Robert Blum zum ›Märtyrer der Freiheit‹ und damit zur nationalen Identitätsfigur (Kat. 102). Aufschlußreich in diesem Zusammenhang ist Dieter Langewiesches Hinweis auf die »säkularreligiösen Heilserwartungen« der Demokraten. Diese stellten

Abb. 1   Le Parlement allemand de Francfort, 1848. Holzstich.

Die deutsche National-Versammlung.

Eröffnung des deutschen Parlaments in der Paulskirche zu Frankfurt a. d. 18. Mai 1848

Abb. 2   Die deutsche Nationalversammlung, 1848. Lithographie.

»das ›rothe Republikanergeschlecht‹ sprachlich in die Nachfolge der Passion Christi … : beladen mit den ›Sünden der Bourgeoisie‹ und gezeichnet durch die ›Dornengeißel‹ dem Sühnetod entgegengehend«.[11] In der Parlamentskarikatur und in satirischen Darstellungen wie »Nabuchodonsor, der Minister der Zukunft« (Kat. 112), »Das Politische Sonnenmikroskop« (Kat. 114), »Wir sind das Salz der Erde« oder »Volksversammlung in Heidelberg« sind christliche Motivübernahmen eher selten. Sie stammen fast ohne Ausnahme aus dem religiös geprägten Umkreis der Frankfurter Künstlergruppe der Nazarener und sind gegen linke Parlamentarier gerichtet.[12]

Der kritische Blick von außen: Parlament und Parlamentarier

Die intensive Beschäftigung des politisch aktivierten Publikums mit der neuartigen Erscheinung einer demokratisch gewählten Volksvertretung wird besonders im Ausmaß und in der Formenvielfalt der Parlamentskarikatur und Bildsatire sichtbar. Diese schenkten keinem anderen Thema 1848/49 soviel Aufmerksamkeit wie dem Parlament mit seinen Debatten, den politischen Entscheidungen und dem Auftreten seiner Abgeordneten.[13] In diesen Darstellungen wird sowohl die Tagespolitik der Nationalversammlung als auch die Institution selbst zum Gegenstand öffentlicher Kritik: Man stellt bloß, argumentiert, formuliert Alternativen und Forderungen. Die satirische Präsentation des Parlaments in den Bildmedien entwickelte sich zu einem der wichtigsten und wirksamsten Informations- und Kommunikationsmittel. Neben eine harmlos biedermeierlich-humoristische Bildsprache treten zugespitzt-aggressive Formulierungen. Traditionelle Bildmuster werden den veränderten gesellschaftlichen Verhältnissen angepaßt, mit neuen Bildfindungen kombiniert oder durch diese ersetzt.

Bei der Beschreibung parlamentarischer Erscheinungsformen und Rhetorik schöpften die Karikaturisten 1848/49 in vielfältiger Weise aus dem traditionellen Fundus von Motiven, Vergleichen und Sinnbildern: Sie nutzten das Stilmittel der physiognomischen Überzeichnung wie auch des Gegensatzes von Groß und Klein, arbeiteten mit dem Kunstgriff der vertauschten Rollen.[14] Sie zogen Parallelen zwischen Parlament und Schule, Spiel und Essen, verwendeten Metaphern wie Waage (Kat. 129), Wippe (Kat. 55), Mühle (Kat. 127), Hexenküche (Kat. 125), Blindheit (Kat. 83), Flicken und Zerschneiden von Landkarten, Kehraus, Begräbnis und verzichteten auch nicht auf die nationalen Symbolfiguren Michel (Kat. 59) und Germania (Kat. 169).[15] Auffallend ist ihr Rückgriff auf den Mensch-Tier-Vergleich, das älteste Bildreservoir zur Beschreibung menschlicher Schwächen und gesellschaftlicher Defizite. Bereits im Vormärz setzten Künstler in Serien und Einzelblättern, oft beeinflußt durch Grandvilles Lithographie-Folge »Les Métamorphoses du Jour« von 1829, extensiv diese populäre Bildsprache ein: im Gefolge von Franz Burchhard Dörbecks »Berliner Metamorphosen«, erschienen um 1830, Ludwig Löfflers »Metamorphosen« von 1842 sowie 1846 Wilhelm Kaulbachs Illustrationen zu »Reinecke Fuchs«. 1848 setzte schließlich Johann Mathias Ranftl das satirische ›Revolutionsdrama‹ »Die Republik der Thiere« Eduard von Braunfelds ins Bild.

Der Vergleich der Paulskirche mit einer »Menagerie« (Abb. 3) gehört zu den Stereotypen der Bildpublizistik von 1848/49. Einzelne Abgeordnete werden ebenso wie die Paulskirche als Institution mittels der Tierallegorie demaskiert und der Lächerlichkeit preisgegeben. Während im Vormärz im Hinblick auf die allgegenwärtige Zensur Personen des öffentlichen Lebens im Bild als Tierfiguren ohne Anzeichen einer menschlichen Physiognomie auftreten, trägt 1848/49 die Darstellung der vom Volk gewählten Parlamentarier als identifizierbare zoomorphe Mischwesen der neuen politischen Situation Rechnung. Alphons von Boddien, selbst Deputierter in Frankfurt, karikierte eine ganze Reihe Abgeordneter von links bis rechts am Rednerpult durch die Kombination ihrer Köpfe mit Tierkörpern. Die große Akzeptanz seiner Bildfindungen – z. B. Gustav Adolf Rösler als »Reichskanarienvogel«, Alexander von Soiron als »Der umgekehrte Laubfrosch« oder Gustav Adolf Schlöffel als »Hyäna Parlamentaris« – wird erkennbar an ihrer Verwendung als Zitat in komplexeren Karikaturen wie an ihrer Übernahme als Motiv durch anonyme Zeichner, aber auch durch bekannte Künstler wie Ernst Schalck.[16] Bei der Wiedergabe der Nationalversammlung als »Menagerie« (Abb. 3) werden Volksvertreter einzeln oder als Gruppe in Gestalt von Mischwesen ›normalen‹ Abgeordneten gegenübergestellt, seltener agiert die gesamte Belegschaft der Paulskirche in Tierkörpern mit Menschenköpfen. Der Auftritt der Deputierten in einer Menagerie – Schauplatz sensa-

National - Theater.

Die schlechte Aufführung. I. Act.   darauf folgt   Die Versöhnung.

Musick   War denn je ein Mensch so frech als wie _

Fürst von Haggern. _ Das ist frech _
Gutsbesitzer Ölz _ Selbst frech
Bedienter Stöffelhagen _ wie frech hinaus mit ihm.
Chor _ frech, frech, frech, hinaus mit Euch.
Publ. Bravo.

F. v. H. Jch nehme zurück
G. Ölz. Du nimmst zurück?
Bed. wir nehmen zurück
Chor. zurück, zurück
Publ. Macht, daſs ihrendlich einmal vorwärts kommt.

Abb. 4   Ernst Schalck, National-Theater, 1848. Lithographie.

tioneller Darbietungen – gehört in den Zusammen-hang von Schaustellungen.

Bei allen Mensch-Tier-Vergleichen gilt das Interes-se an Übereinstimmungen zwischen Volksvertretern und Tieren nicht körperlichen Merkmalen, sondern Charaktereigenschaften und Verhaltensweisen. Da-bei wird stets ein Individuum, nicht ein bestimmter Menschentypus verspottet und kritisiert. Diese Perso-nenbezogenheit der Mensch-Tier-Karikatur zeigt den neuen, selbstbewußten Umgang der Öffentlichkeit mit ihren politischen Repräsentanten: Der sakrosank-te Status politischer Würdenträger und Souveräne des Vormärz ist ihnen verwehrt. Als Teil der ange-strebten offenen Gesamtgesellschaft stehen den De-putierten der Paulskirche keine Sonderrechte zu. Im Gegenteil: Als gewählte Volksvertreter sind sie der Souveränität des Volkes unterworfen, jeder einzelne wie auch das Parlament als interaktives Gefüge muß sich vor ihr verantworten. Diese Abhängigkeit

der Deputierten von der öffentlichen Kritik verringert deren Hemmschwellen und verleiht der politischen Bildpublizistik eine neue Qualität: Mit dem »Politi-schen Sonnenmikroskop«, das linke Politiker auf ei-ne Stufe mit amöbenhaften Krankheitserregern stellt und deren physische Vernichtung einfordert, steigert Philipp Veit die Aggressivität der Parlamentskarika-tur bis zur Menschenverachtung (Kat. 114). Die An-nahme dieser Botschaft versucht Veit der Öffentlich-keit durch seinen Rückgriff auf das vertraute Bild-repertoire der Tiersymbolik schmackhaft zu machen. Die Einkleidung neuer Inhalte in alte Bildmuster wird hier zur Manipulation des Betrachters eingesetzt.

Eine weitere Möglichkeit populärer Motivüber-nahmen zur Kennzeichnung parlamentarischer Handlungsmuster fanden die Karikaturisten 1848/49 im Theater als einem traditionellen Spie-gelbild der Gesellschaft. Während die Prospekte der Paulskirche die öffentliche Selbstinszenierung der Deputierten der Nationalversammlung deskriptiv zu erfassen suchen, geht es in den Karikaturen um deren Entlarvung (Abb. 4): Die Abgeordneten erscheinen in unterschiedlichen Rollen mit vielfältigen Kostümen und Attributen ausgestattet im Parlament als Einzelpersönlichkeiten und als Ensemble oder als Akteure außerparlamentarischer Vorführungen (Kat. 117, 120, 123). Lächerliches Pathos, Selbstüberschätzung, getrübter Realitätssinn und fehlende Ernsthaftigkeit einzelner Deputierter, scharfe Gegensätze oder fragwürdige Koalitionen im Kampf um politische Positionen werden bloßgestellt und angeprangert: sei es in ihrem Zusammenspiel, sei es in ihrer Auseinandersetzung mit Außenstehenden. Für diese Charakterisierung des Parlaments als Ort von Täuschungen und Illusionen – ihre Aufdeckung wird wiederholt auch durch Aufnahme der Reaktionen eines imaginären Publikums im Bild suggeriert (Kat. 119) – bietet das von Anspielungen, ambivalenten Botschaften, spannungsreichen Verwicklungen und szenischen Verdichtungen lebende Theater eine treffende Analogie.

Die allegorische Verfremdung der Paulskirche als ›politische Bühne‹ dient jedoch nicht nur der Selbstdarstellung der Deputierten oder der Erhellung parlamentarischer Verhaltensmuster und Wirkungsmechanismen als Spiel oder Farce. Sie legt ebenso die Abhängigkeit der Abgeordneten von ihren Wählern offen. Das politisch räsonnierende Publikum beobachtet und beurteilt mit Argwohn und kritischem Spott das Schauspiel in der Paulskirche, treibt aber auch selbst sein Spiel mit den Volksvertretern. Parlamentsdebatten werden in satirischen Zeitschriften nach dem Vorbild von Dramen oder Komödien in Dialogform mit verteilten Rollen wiedergegeben und mit in Klammern gesetzten Anmerkungen zu den Reaktionen der Deputierten und der Besucher versehen, die sich wie Regieanweisungen ausnehmen: »(Die Mehrzahl der Rechten und sämtliche Linke: Ja, ja!..)«; »(ab!)«; »(Links: Oho!)«; »(Allgemeine Heiterkeit)«; »(Tumult)«; »(Leidenschaftliches Bravo der Rechten und des Zentrums)«; »(Seufzer auf der Damengallerie)«, »(Man lacht. Vogt desgleichen)«; »(Gallerie zückt die Messer)«; »(Das Haus beruhigt sich)«.[17] Zum Spielobjekt werden die Abgeordneten in den bildlichen Medien vorwiegend auf Kasperlebühnen. Dort läßt das Volk ›die Puppen tanzen‹, sobald es seine Interessen gefährdet sieht (Kat. 120). Besonders deutlich wird dies am Beispiel des »Spielzeugs von rechts u. links für Alt u.

Jung« (Kat. 123), in dem der Phantasie der Öffentlichkeit keine Grenzen gesetzt sind und mit den Deputierten in Form von Ziehpuppen nach Lust und Laune verfahren werden kann: Konfrontiert mit reaktionären Kräften pocht das Volk auf sein politisches Mitspracherecht. Mit dieser Betonung der Volkssouveränität erhält die Gleichsetzung von Theater und Parlament ein utopisches Moment.

Wirkungsmittel des Theaters nutzen auch Adolph Schrödter und Johann Hermann Detmold in ihrer Bilderfolge »Thaten und Meinungen des Herrn Piepmeyer«. In sechs Heften führen sie den politischen Werdegang eines fiktiven Abgeordneten der Nationalversammlung als typische Karriere eines windschlüpfrigen Opportunisten ohne politische Moral vor: Mehrheitsverhältnisse und Machtkonstellationen sind Motor seiner Entscheidungen und Handlungen (Kat. 99). Die Serie lebt von ihrem effektvollen Aufbau: Mit kurzen und nervösen Strichen und variierenden Bildsequenzen – diese sind durch unterschiedliche Breiten der einzelnen Illustrationen auf ein- und demselben Blatt angegeben – suggeriert Schrödter ein dynamisches Tempo. Durch den Gegensatz öffentlicher und privater Szenen erzeugt er ebenso Spannung wie durch den Wechsel szenisch dichter Darstellungen mit solchen, die sich auf das Notwendigste konzentrieren. Die Handlung der Geschichte enfaltet sich im Ensemblespiel, in der Interaktion von zwei bis drei Personen oder im Monolog eines Darstellers. Erst der Spielzusammenhang enthüllt Piepmeyers Charakter und bringt seine pathetische Selbstinszenierung zur vollen Wirkung, wie er auch implizit die Erwartungen der Öffentlichkeit gegenüber ihren Volksvertretern anspricht. Bilder von Piepmeyers einsamen Proben zuhause vor dem Spiegel, in denen er seine geheimen Gedanken und Wünsche formuliert und seine öffentlichen Auftritte vorbereitet, machen den Betrachter zum überlegen-schadenfrohen Mitwisser: Der Blick hinter die Fassade offenbart Piepmeyers Kalkül, mit der Einübung bestimmter Gesten und Posen die Öffentlichkeit zu beeindrucken.

Mit den »Thaten und Meinungen des Herrn Piepmeyer« schufen Adolph Schrödter und Hermann Detmold die innovativste bildpublizistische Form der Parlamentskritik von 1848/49. Auch für Schrödters Bildfindungen war das Theater impulsgebend. Doch an die Stelle eines einzelnen Bildes, das auf einer mehr oder weniger komplizierten Symbolsprache beruht, setzt er als Antwort auf die neue Institution der Nationalversammlung eine handlungsreiche und psychologisch argumentierende Geschichte, die er mit den dramaturgischen Mitteln eines Theaterregisseurs inszeniert. Er enttarnt kritikwürdige individuelle und gesellschaftliche Verhaltensnormen durch Rollenspiele seiner Protagonisten. Dank ihrer ausgeprägten Körpersprache, Gestik und Mimik sowie ihrer Einbindung in einen Spielverlauf kann er auf Bühnenausschnitte, Theaterkostüme und Theaterrequisiten zur vordergründigen Kennzeichnung bestimmter Rollen verzichten. Diese Befreiung der parlamentarischen Bildsprache von analogieüberladenen Motivübernahmen schafft Raum für Bild- und Wortwitz: In Schrödters und Detmolds Serie kann er sich voll entfalten und in seiner ungefilterten Direktheit von jedermann verstanden werden. Zur Beliebtheit der Folge beim Publikum und bei den Parlamentariern trug sicherlich auch ihre Tendenz zur politischen Verallgemeinerung bei: So wie sie keinen bestimmten Abgeordneten, sondern den neuen Typus des Berufspolitikers karikiert, so nimmt sie keine bestimmte Partei, sondern das gesamte politische Spektrum der Paulskirche aufs Korn.

Parlamentarische Diskussion in Bildern

Das neue Medium der parlamentarischen Bildpublizistik bot 1848/49 den Deputierten ein Forum zur öffentlichen Selbstdarstellung und zahlreichen gesellschaftlichen Gruppen und Schichten Zugang zu Informationen über die Paulskirche als Zentrum politischer Ereignisse. Mit ihren vielfältigen Ausdrucksmöglichkeiten entwickelten überdies vor allem Satire und Karikatur ein Instrumentarium zur kritischen Anteilnahme am politischen Geschehen und damit zur Einübung demokratischer Meinungs- und Willensbildung. Sie kamen dem öffentlichen Bedürfnis nach Parteinahme, Austausch von Argumenten, Austragung von Konflikten, Aufdeckung von Widersprüchen und Abhängigkeitsverhältnissen, Formulierung von Forderungen, Kritik, aber auch Bewunderung von Politikern entgegen. Diese veränderten Wahrnehmungsmuster politischen Lebens beantwortet, wie wir sahen, die satirische Bildpublizistik 1848/49 vereinzelt mit Ansätzen neuartiger bildlicher Verkörperungen parlamentarischer Verhaltens- und Wirkungsweisen. Vornehmlich arbeitet sie jedoch mit tradierten Analogien, die sie den gewandelten Inhalten entsprechend in neue Bildformen einbindet. Unabhängig von den benutzten Bildmustern

zeigt die Parlamentskarikatur, bedingt durch die von tagespolitischen Ereignissen bestimmte Arbeit der Nationalversammlung und die Bedeutung der öffentlichen Meinung, einige durchgängige Strukturen.

Aktualität und Allgemeinverständlichkeit bzw. Offenheit gegenüber heterogenen Adressatengruppen erforderten eine leicht lesbare und alltagsbezogene Sprache. Hierdurch mag sich das nahezu vollständige Fehlen sakraler und antiker Anspielungen erklären sowie der Verzicht auf ideologisch-pathetische zugunsten tagespolitisch zugespitzter Ausdrucksformen. Die in der Karikatur verwendeten Analogien entstammen hauptsächlich der vertrauten Alltagswelt des Volkes und spiegeln dessen Sichtweisen. Zeichenhafte prägnante Bildcodes, die pars pro toto stehen, erleichtern eine schnelle und wirkungsvolle Produktion unmittelbar verständlicher Kommentare zu aktuellen Ereignissen: Versatzstücke wie das Transparent der Germania, die Zuschauergalerie, die Säulen des Umgangs, das Rednerpult oder die Sitzungsglocke genügen, um die Paulskirche als Ort der Handlung zu kennzeichnen (Kat. 86, 108). Bruchstücke populärer satirischer Blätter werden auf verschiedenen Karikaturen in neuen Zusammenhängen als Zitat verwendet. So begegnet der Betrachter allein in der »groussen Menagerie der Baulsbude« (Abb. 3) einer eindrucksvollen Reihe populärer bildlicher Verspottungen von Abgeordneten der Paulskirche: »Drei deutsche Professoren entwerfen den Entwurf eines Entwurfs...«, »Der Reichskanarien-Vogel«, »Der Franzosenfresser«, »Auch eine Weltanschauung«, »Insolitus Parlamenti camelus«, »Ein umgekehrter Laubfrosch«, »Ein kühner Griff«, »Das Bravourstück« sowie »Deutsche Reichs-Wappen-Spinne«.[18] Mit der Collage der »Reichs-Wappen-Spinne« (Abb. 5), die ihrerseits mit 22 Motivübernahmen aus bekannten Karikaturen arbeitet, warb der Frankfurter Verlag H. Umpfenbach für seine graphischen Blätter, auch wenn sie nicht aus seinem eigenem Programm stammten (Kat. 115).[19]

Die ursprüngliche politische Stoßrichtung der zitierten Satiren scheint ohne Bedeutung für ihre Weiterverwendung zu sein: Die von der Rechten zur Verunglimpfung der Linken entwickelten Bildstrategien nimmt diese auf und wendet sie gegen das Lager ihrer Erfinder. Besonders augenfällig ist dies bei Philipp Veits Mikroben aus seinem »Politischen Sonnenmikroskop«, die unter anderem bei der »Reichs=

Abb. 5   Adolf Schrödter, *Deutsche Reichs-Wappen Spinne, 1848/49. Lithographie (Kat. 115).*

Fege=Mühle« mit ihrem radikaldemokratischen Inhalt als Bildzeichen eingesetzt werden (Kat. 127).[20]
Dies spricht zum einen für politisches Geschick,
zum anderen für die inhaltliche Anpassungsfähigkeit
der Bildprägungen von 1848/49. Die intensive Zi-
tierpraxis der Karikaturisten zeugt ferner von der
Vertrautheit des politisch interessierten Publikums mit
dem neuen Medium der parlamentarischen Bildpublizistik und von deren Bedeutung im öffentlichen
politischen Diskurs: Mit der Ausbildung einer zupackenden, allgemeinverständlichen Sprache konnten sich alle sozialen Schichten eine bildhafte Vorstellung vom Wesen des Parlaments und ihrer Volksvertreter machen. Dies kam dem Wunsch der Deputierten entgegen, die als gewählte Abgeordnete mit
der Notwendigkeit einer intensiven Imagepflege
konfrontiert waren.

Die faszinierende Wirkung der parlamentarischen
Bildwelt auf die Öffentlichkeit[21] und deren reflektier-
ter Umgang mit dem neuen visuellen Vokabular verdeutlicht wiederum »Die grousse Menagerie der
Baulsbude« (Abb. 3). Der Frankfurter Jude Leibche
besucht mit seiner Frau Jütche die Zuschauerempore
in der Paulskirche. Auf ihren Einwand, sie verstünde
kein Wort von den Vorgängen im Parterre, entspinnt
sich folgender Dialog: » Leib. … komm ich will dich
führe hin, wo de Alles versteihst. Siehste dort drunte
das Erkerfensterche? Jüt. Jou, meiner Schmume, es
is en Bilderlade. Leib. Nu wolle mer begucke die
Bilder. Du worst gleich sehn die Mitglieder der Menagerie in ihrer wahre Gestalt. In der Boude hastese geseihn wiese s c h e i n e n, hier siehstese
wie sie sind.« Dem Bild wird wie dem Theater die
Fähigkeit unterstellt, das Parlament als Scheinwelt
bloßzustellen. Trotz dieser enthüllenden Aufgabe
der Bildmedien geht ihnen ihre fiktionale und utopische Dimension nicht verloren: Prospekte der Paulskirche verbildlichen das Ziel einer geeinten Nation

ebenso wie die Forderung nach Volkssouveränität, der wir auch in der auf die Nationalversammlung bezogenen Bildsatire und Karikatur immer wieder begegnen. Ohnehin tritt der politisch mündige ›Demos‹ als treibende Kraft bei der Entwicklung einer unverdeckt argumentierenden parlamentarischen

Bildsprache als Waffe gegen Täuschungsmanöver und Illusionsbeschwörungen seiner politischen Elite auf: »Zu Frankfurt an dem Main, ist alles Trug und Schein; … im Parla – Parla – Parlament, das Reden nimmt kein End'!«[22]

1   D. Hoffmann / U. Wrocklage: Die daguerreo-typisierten Männer der Paulskirche. Parlamentarierportraits der ersten deutschen Nationalversammlung in Frankfurt 1848/49, in: B. von Drewitz / R. Matz (Hrsg.): Silber und Salz. Zur Frühzeit der Photographie im deutschen Sprachraum 1839 – 1860. Ausst.-Kat. Köln u. a.1989/90, S. 404ff.; A. Reiter: Die Sammlung A. W. Heil. Politische Druckgraphik des Vormärz und der Revolution 1848/49, Stuttgart 1994, S. 118.

2   Hinweise zur parlamentarischen Bildpublizistik von 1848/49 u. a. bei W. A. Coupe: The German Cartoon and the Revolution, in: Comparative Studies in Society and History, Bd. IX., Nr. 2, Jan. 1967, S. 155ff; W. Klötzer: Wandlungen der öffentlichen Meinung am Beispiel der Frankfurter Gesellschaft, in: Archiv für Frankfurts Geschichte und Kunst, 1974, Heft 54, S. 170ff.; Reiter (Anm. 1), S. 110ff.; G. Lammel, Deutsche Karikaturen. Vom Mittelalter bis heute, Stuttgart und Weimar 1995, S. 178f.

3   Zur Wahl der Paulskirche als Sitzungssaal der Nationalversammlung s. Protokolle der Bundesversammlung, 28. Sitzung (4. April 1848), S. 34, §227; 34. Sitzung (14. April 1848), S. 401f., §279; 41. Sitzung (26. April 1848), S. 474, §352.

4   Zu den architektonischen Mängeln der Paulskirche vgl. Protokolle der Bundesversammlung, 34. Sitzung (14. April 1848), S. 402, §279; C. Wolf / R. Jung: Die Baudenkmäler in Frankfurt am Main, Bd. I, Frankfurt 1896, S. 288. Zum Problem der Sitzungszimmer s. Protokoll ebd., 43. Sitzung (29. April 1848), S. 501f., § 371.

5   Vgl. Vereinigung Berliner Architekten (Hrsg.): Der Kirchenbau des Protestantismus von der Reformation bis zur Gegenwart, Berlin 1893, S. 149; O. Sommer: Der Dombau zu Berlin und der protestantische Kirchenbau überhaupt, Teil I u. II, in: Westermanns Illustrierte Deutsche Monatshefte, April – September 1890, Bd. 68, S. 351ff., S. 486ff.

6   Zur Baugeschichte der Paulskirche und ihrer Umwandlung zum Sitzungssaal der Nationalversammlung s. Wolf/Jung (Anm. 4), S. 285ff. Vgl. auch D. Bartetzko: Ein Symbol der Republik. Geschichte und Gestalt der Frankfurter Paulskirche, in: I. Flagge / W. J. Stock (Hrsg.): Architektur und Demokratie. Bauen für die Politik von der amerikanischen Revolution bis zur Gegenwart, Stuttgart 1992, S. 120ff.

7   Bundesarchiv, Außenstelle Frankfurt: DB 51/14; DB 1/74; Wolf / Jung (Anm. 4), S. 289.

8   F. Pecht: Aus meiner Zeit. Lebenserinnerungen, Bd. I, München 1894, S. 336f.

9   Der Satyr. Lose Blaetter aus dem deutschen Reiche, 1848, Bd. I, Nr. 5, S. 19f.

10   Satyr (Anm. 9), 1848, Bd. I, Nr. 7, S. 26.

11   D. Langewiesche: Die deutsche Revolution 1848/49, in: Mit Zorn und Eifer. Karikatur aus der Revolution 1848/49, Katalog Reiss-Museum Mannheim 1998, S. 14.

12   Zu den Karikaturen »Wir sind das Salz in der Erde« und »Volksversammlung in Heidelberg« vgl. u. a. N. Suhr: Christian Lotsch, Philipp Veit und Eduard von Steinle. Zur Künstlerkarikatur des 19. Jahrhunderts, Worms 1985, S. 153f., S. 310, Nr. 79; Reiter (Anm.1), Nr. 431, 547.

13   W. Gassen / K.–L. Hofmann: Liberalnichtofsky und der deutsche Michel. Die Karikatur in der Revolution von 1848/49, Katalog zu den Beständen des Stadtmuseums Ludwigshafen, Heidelberg 1988, S. 27f.

14   Vgl. E. Gombrich: Das Arsenal der Karikaturisten, in: ders.: Meditationen über ein Steckenpferd. Von den Wurzeln und Grenzen der Kunst, Wien 1973, S. 195ff.; G. Unverfehrt u. a. (Hrsg.): Bild als Waffe: Mittel und Motive der Karikatur in fünf Jahrhunderten, Ausst.-Kat. Hannover u. a. 1985.

15   Vergleichsbeispiele bei Reiter (Anm. 1), Nr. 496 (Schule), Nr. 345 u. 454 (Essen), Nr. 511 u. 513 (Landkarte), Nr. 505 (Begräbnis); 1848: Das Europa der Bilder. Bd. I: Der Völker Frühling, Ausst.-Kat. Paris u. a.1998, S. 169, Nr. 87 (Kehraus); Satyr (Anm. 9), S. 11 (Spiel).

16   s. Reiter (Anm. 1), Nr. 435, 436, 440, 450, 341 u. 785.

17   Satyr (Anm. 9), 1848, Bd. I, Nr. 7, S. 21ff.

18   Abbildungen einiger Bildzitate bei Reiter (Anm. 1), Nr. 337, 345, 348, 425, 435, 439, 450, 479.

19   s. H. Hartwig / K. Riha: Politische Ästhetik und Öffentlichkeit. 1848 im Spaltungsprozeß des historischen Bewußtseins, Steinbach und Wißmar 1974, S. 78.

20   Auf dem satirischen Blatt »Der Erlkönig« wird Dahlmann von linken Politikern in Gestalt von Mikroben verfolgt: Hier wird Veits Bildfindung in seinem Sinne zur Verunglimpfung der Linken eingesetzt, vgl. Reiter (Anm. 1), Nr. 518.

21   W. Gassen / K.–L. Hofmann (Anm. 13), S. 26f.

22   Gedicht von Georg Herwegh abgedruckt in: Christian Petzet: Die Blütezeit der deutschen politischen Lyrik von 1840–1850. Ein Beitrag zur deutschen Literatur- und Nationalgeschichte, München 1903, S.159.

Jutta Zander-Seidel

»Er trug – denkt euch – 'ne rote Feder!«

Vestimentäre Gesinnungszeichen der Revolution von 1848/49

Seitdem die Französische Revolution der Kleidung mit Jakobinermützen, Pantalons und trikoloren Kokarden ein dezidiert politisches Vokabular hinzugefügt hatte, gewannen politisch definierte Kleidungszeichen auch für die freiheitlichen Bewegungen des 19. Jahrhunderts an Bedeutung. Vielerorts in Europa wurde die revolutionäre Staatenbildung von dem Bemühen um die Einführung einer Nationaltracht begleitet. Auch wenn diese Versuche scheiterten, übernahmen in Kleidung und Haartracht ausgebildete Gesinnungsstile eine zentrale Rolle im öffentlichen Diskurs der politischen Lager, die sich der vestimentären Symbolik in realer und publizistischer Aneignung bedienten.

Die »Politisierung« der Kleidung erfolgte auf vielfältige Weise. Neben Abzeichen und Farbsymbolen, die als Schärpen, Kokarden, Bänder und Schleifen der Kleidung hinzugefügt wurden und dieser Bekenntnischarakter verliehen, wurden andere Kleidungsstücke selbst zum politischen Symbol. Weit mehr in bestehende Kleidungsgewohnheiten eingreifend und zweifellos auch von daher am wenigsten erfolgreich zeigten sich Entwürfe patriotischer Nationalkleidungen, die an die Stelle fremdbestimmter Moden treten sollten. Als »bäuerische Nationalkleidung«[1] kamen vor allem im Habsburgerreich regional bestimmte Kleidungsformen und Trachten hinzu.[2] Selbst Trageweisen der Kleidung wurden politisch interpretiert, wenn die körperliche »Freiheit« beeinträchtigende Hilfsmittel wie Korsett, Hosenträger und Hosenstege dem Reaktionär, natürliche Weite und Nachlässigkeit dem freiheitlich Gesinnten zugeordnet wurden. Die Kleidung im engeren Sinn ergänzten Haartracht und Bärte als Gesinnungszeichen, während Frauen in Männerkleidung und rauchende Frauen die durch die politischen Veränderungen »verkehrte«, revolutionäre, Welt symbolisierten.

Im Gegensatz zum Vormärz, als die oppositionellen Botschaften einer freiheitlichen und nationalen Gesinnungskleidung der Verfolgung seitens der Obrigkeit ausgesetzt waren, konnte sich die vestimentäre Symbolsprache nach der Liberalisierung des Jahres 1848 erstmals ungehindert in der Öffentlichkeit artikulieren und entwickeln. Eine bislang ungekannte Verbreitung revolutionärer Hüte, Bärte und Kleidungsstücke im täglichen Leben wie in den Wort- und Bildmedien war die Folge, ehe nach dem Scheitern der Revolution im Sommer 1849 eine Kehrtwendung einsetzte und die Überwachungsorgane erneut angewiesen wurden, »von Hüten, Kleidungsstücken, langen Hosen und Bärten abgesehen, […] auch auf revolutionäre Sacktücher, auf Studentenstöcke und Pfeifenköpfe, auf lange Pfeifenrohre, die gerüchterweise als Versteck für Dolche dienten, auf Bilder und Gipsfiguren revolutionärer Männer zu achten«[3]. Als »äußere Erscheinungen der Opposition« kennzeichneten sie nun jene »Individuen, welche auf irgendeine Weise […] als Feinde der Regierungen; der Ruhe und Ordnung, wie als Träger der Leidenschaften der Revolution sich auszeichneten.«[4] Ihre Verfolgung durch die Polizeibehörden aber macht wie in den Jahrzehnten davor deutlich, daß Kleidung und Haartracht sehr bewußt in ihrer politischen Symbolhaftigkeit wahrgenommen wurden, während die in den Fahndungslisten explizit benannten Bestandteile eines verdächtigen »Signalement« der heutigen Bewertung einen in der eigenen Zeit geschaffenen Maßstab zugrunde legen.

Gleichwohl bleibt das Verhältnis von tatsächlich getragener Gesinnungskleidung und deren publizistischer Instrumentalisierung vorerst schwer zu beurteilen. Die Auswertung zeitgenössischer Quellen, wie sie anhand von Karikaturen, Presse- und Augenzeugenberichten soeben für die Kleidung der Revolution von 1848/49 vorgenommen wurde, schafft hier unverzichtbare Grundlagen.[5] Für den »Hecker-Kult« ist zudem auf die auch für den Aspekt der Gesinnungskleidung ergiebigen Arbeiten von Peter Assion hinzuweisen.[6] Darüber hinaus fehlen jedoch

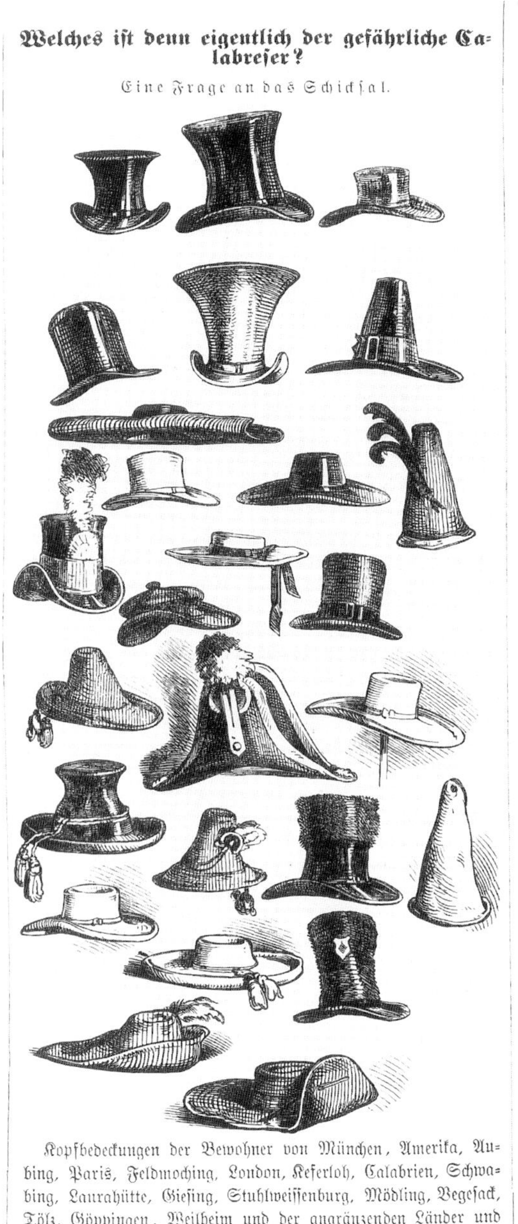
Welches ist denn eigentlich der gefährliche Calabreser?
Eine Frage an das Schicksal.
Kopfbedeckungen der Bewohner von München, Amerika, Aubing, Paris, Feldmoching, London, Keferloh, Calabrien, Schwabing, Laurahütte, Giesing, Stuhlweissenburg, Mödling, Vegesack, Tölz, Göppingen, Weilheim und der angränzenden Länder und Provinzen.

Abb. 2 Anonym, Welches ist denn eigentlich der gefährliche Calabreser. Holzstich aus: Fliegende Blätter, 16, 1852, S. 172.

kleidungshistorische Untersuchungen, die verläßliche Aussagen über Hersteller, Käufer und Tragegewohnheiten von Gesinnungskleidungen zulassen. Auch die Definition einzelner Kleidungsstücke als Gesinnungszeichen zeigt sich in der Regel stark von deren publizistischer Indienstnahme geprägt, während die entsprechenden Kleidungsstücke selbst in ihrer konkreten Gestalt weit weniger scharfe Konturen gewinnen.

Vor diesem Hintergrund lassen sich für die politischen Kleidungszeichen von 1848/49 zwei Symbolstränge unterscheiden. Die erste Gruppe folgt mit Nationalkostümen, Pantalons, Zylinder, Kokarden, Schärpen und schwarz-rot-goldenen Kleidungsstücken den in der Französischen Revolution geschaffenen Mustern.[7] In Abgrenzung zu den bürgerlichen Revolutionszielen kamen rote Farbzeichen, »blaue« Blusen, Vollbärte und Schirmmützen hinzu, die ihre Vorbilder in der zeitgenössischen Kleidung der Handwerker und Arbeiter fanden. Die kulturhistorische Symbolforschung hat bereits auf die Bedeutung des Jahres 1848 für die Durchsetzung roter Fahnen als Symbol der Arbeiterbewegung verwiesen.[8] Ein entsprechender Vorgang ist für die zweite Gruppe der Kleidungszeichen festzustellen, die in der Folgezeit gleichfalls zu Symbolen der Arbeiterbewegung wurden, wenngleich ihre Symbolkraft niemals die Eindeutigkeit und Massenwirksamkeit roter Fahnen erreichte.[9]

Kopfbedeckungen

Die hohe Signifikanz, die Kopfbedeckungen seit jeher im Zeichensystem der Kleidung besaßen, ließ sie auch für die politische Symbolik des 19. Jahrhunderts zum zentralen Bedeutungsträger werden. Mit Zylinder und Jakobinermütze hatten die bürgerlichen Freiheitsbewegungen des ausgehenden 18. Jahrhunderts die Vorbilder geschaffen. Bis zur Jahrhundertmitte war der Zylinder vom Symbol der bürgerlichen Revolution zum Modehut und Sinnbild konservativer Beharrung geworden, während die mittlerweile vom Gebrauch völlig losgelöste Jakobinermütze als Freiheitssymbol fortbestand.[10] 1848/49 folgten die Kategorien politisch definierter Kopfbedeckungen einem grob typisierten Schema von Obrigkeit, Bürger und Revolutionär (Abb. 2). Für die erste Gruppe standen der Zweispitz als »Staatshut« (Kat. 74) und die militärischen Kopfbedeckungen seiner ausführenden Organe wie Tschako (Kat. 72),

Pickelhaube (Kat. 71) und Grenadiermütze (Kat. 73). Zylinder (Kat. 75) und Zipfelmütze (Kat. 78) repräsentierten den zwischen Wohlverhalten und Reaktion angesiedelten Bürger, während die revolutionären Kopfbedeckungen vom Demokraten- und Parlamentarierhut über den federgeschmückten Hecker- oder Freischärlerhut bis zur proletarischen Schirmmütze reichten. Der politisch konnotierten Steifheit und »Unbeugsamkeit« des Zylinders, die gleichsam zum Gradmesser konservativer Bürgerlichkeit wurde, setzten sie »nachgiebigen Filz«[11], den aus dem Bild des »guten Räubers« übernommenen Federschmuck und die Arbeitermütze als Symbol der auf sozialen Ausgleich drängenden Unterschichten entgegen (Abb. 3). Der roten Feder des Freischärlerhutes kam dabei eine besondere Symbolik zu, die das diesem Beitrag als Titel vorangestellte Zitat umschreibt, indem das Tragen der roten

Abb. 4   Friedrich Pecht, Die politischen Parteien nach dem Charakter der Bärte. Radierung, 1848 (Kat. 85).

Feder zum Synonym sämtlicher »Verbrechen« des auf der dazugehörigen Karikatur in schweren Ketten abgeführten Revolutionärs wird.[12] Nach dem Scheitern der Revolution häuften sich Berichte über arglose, von der Polizei in Gewahrsam genommene Träger von Kalabresern und Heckerhüten[13], während Meyer's Conversationslexikon bereits 1850 unter dem Stichwort Hut verzeichnete: »Die bei den revolutionären Bewegungen in der ersten Hälfte des 19. Jahrhunderts aufgekommenen breitkrämpigen und niedrigen, [...] anfangs mißliebigen Hüte sind mit mannigfachen Modifikationen in Form und Farbe wegen ihrer Zweckmäßigkeit in allgemeinen Gebrauch gekommen.«[14]

Bärte

Wie bei den Kopfbedeckungen wurde auch bei den Bärten der politisch motivierte Wandel zum gängigen Schema der revolutionären Bildwelt (Abb. 4). Zwischen bartlosem »Heuler« und vollbärtigem »Wühler« als den zeitgenössischen Identifikationsfiguren der extremen Rechten und Linken[15], kennzeichneten vielfältig modifizierte Haar- und Barttrachten die unterschiedlichen politischen Standorte (Kat. 85). Die Verbindung von Haarwuchs und (revolutionärer) Kraft konnte dabei auf Vorbilder vom biblischen Samson über die Abkehr von Perücke und Zopf im ausgehenden 18. Jahrhundert

Die Communisten.

Jch sage Dir, die Gesellschaft muß unsere Principien einsehen, die Lage der Dinge muß sich ändern!
Hm! wenn sich nun aber dennoch nichts ändert? —
Dann ändern wir uns: — etwas muß geschehen.

Abb. 3   A. Trunz, Die Communisten (Kat. 68).

und das lange Haar patriotischer Studenten und Burschenschaftler bis zu den als »Hambacher Bärte« bezeichneten breiten Backenbärten der 1830er Jahre zurückblicken.[16] Im Gegenzug wurde 1846 preußischen Referendaren und Postbeamten als Repräsentanten des Staates das Tragen selbst eines Schnurrbartes verboten.[17] Noch 1848 berichtete das Würzburger »Fränkische Bürgerblatt« über einen »neuerlichen Befehl des Kammerdirektors von Voss daselbst an seine Untergebenen«, mit dem er diesen »namentlich das Stehenlassen eines Schnurrbartes oder resp. Kinnbartes« untersagte.[18]

Einen anderen Zensurbeleg für Bärte aus dem Jahr 1847 überliefert eine im Historischen Museum in Wien erhaltene Karikatur eines vollbärtigen Kornwucherers, deren Publikation nur »mit Hinweglassung des auffallenden Bartes« gestattet wurde.[19] Hingegen ist die in einschlägigen Schriften häufig wiederkehrende Klage der Friseure, denen durch die politischen Haarmoden der Broterwerb entzogen würde, ebenso als Topos der Gesinnungsliteratur zu werten, wie die verbreitete Darstellung des revolutionären Bartwuchses als Krankheit, die erste Anzeichen einer Genesung erkennen läßt, wenn die Patienten »nach einem Barbier verlangen, um sich ihrer langen Bärte zu entledigen«.[20] In Zeitungen in die Form reportagehafter Berichte gekleidet, verfälschten derartige Quellen lange Zeit gerade auch in der kostümkundlichen Literatur das Bild, während man insgesamt wohl auch hier davon ausgehen muß, daß die Grenze zwischen Bart und Bartlosigkeit im täglichen Leben keineswegs so klar gezogen war, wie es die parteiliche Sicht der Bildpublizistik glauben machen möchte.

Farbsymbole

Die Anerkennung von Schwarz-Rot-Gold als deutsche Nationalfarben im März 1848 führte auch in der Kleidung zu ihrer verstärkten Nutzung als Gesinnungszeichen. Die bis dahin oppositionellen Farbsymbole, deren Gebrauch und Verfolgung vor allem im Umkreis des Hambacher Festes dokumentiert ist[21], wurden der Kleidung ganz offiziell als Kokarden, Schleifen, Schärpen und Armbinden hinzugefügt (Kat. 90). Wie in der Französischen Revolution bildete sich daneben eine nunmehr von schwarz-rot-goldenen Stoffen, Besätzen und Accessoires geprägte revolutionäre Gesinnungsmode heraus, deren tatsächliche Verbreitung jedoch noch nicht genügend erforscht erscheint.[22] Für die französischen »Revolutionsmoden« haben Untersuchungen

Abb. 5
Ferdinand Schröder,
»Es erfrechen sich junge Leute …«
Lithographie aus:
Düsseldorfer Monatshefte,
1849.

gezeigt, daß Aussagen über die Allgegenwärtigkeit trikolorer Kleidungszeichen jene Quellen entgegenzustellen sind, die berichten, daß die Spekulationen der Händler für blau-weiß-rote Stoffe nicht aufgegangen waren, nachdem die meisten Damen die »Farbcomposition mit recht zu schreyend hart und geschmacklos fänden«.[23] Entsprechende Differenzierungen zwischen Angebot und Nachfrage, aber auch Untersuchungen zur tatsächlichen Akzeptanz schwarz-rot-goldener Gesinnungszeichen wären auch für die Jahre 1848/49 anzustellen, zumal sowohl durch die massenhafte Bildpropaganda als auch durch oftmals im Abstand mehrerer Jahrzehnte niedergeschriebener Zeitzeugenberichte die Gefahr von Verzeichnungen nahe liegt. Wenn Heinrich von Gagern als Mitglied des Paulskirchenparlaments und Vizepräsident des Verfassungsausschusses dem englischen Prinzgemahl Albert Taschentücher in den deutschen Farben aus Frankfurt mitbrachte, damit sich dieser »mit Vergnügen in die deutsche Einheit schneuzen« konnte[24], erfahren wir aus dieser Nachricht nicht nur, daß derartige Artikel in Frankfurt angeboten, sondern auch, daß sie nicht immer einer ernstzunehmend bekenntnishaften Nutzung zugeführt wurden. In die gleiche Richtung weist die Aussage eines Chronisten, der sich als Kind mit seinen damaligen Kameraden das Angebot eines Berliner Tabakgeschäftes »redlich zu nutze machte«, in dem man beim Kauf von Zigarren für einen Groschen eine schwarz-rot-goldene Papierkokarde als Dreingabe erhielt.[25]

Neben schwarz-rot-goldenen Gesinnungszeichen fanden 1848/49 auch rote Farbsymbole in die Kleidung Eingang. Den radikalen Revolutionär und Freischärler kennzeichnete die rote Feder auf dem Hut und das rote Halstuch (Kat. 86). In einem von dem badischen Revolutionsführer Gustav von Struve angeführten Freischarenzug bemerkte ein freilich auch sonst mit allen der politischen Linken zugedachten Negativsymbolen ausgeschmückter Zeitzeugenbericht rote Fahnen, rote Schärpen und rote Armbinden.[26] In Karikaturen gegen antirevolutionäre Überreaktionen des Staates wurde das rote oder vermeintlich rote Halstuch zum bevorzugten Ziel polizeilicher Angriffe auf unbescholtene Passanten (Abb. 5), und auch der »rote Heckerbart« verband den umstürzlerischen Vollbart mit der als Wegzeichen einer sozialdemokratischen oder kommunistischen »rothen Republik« gedeuteten Gesinnungsfarbe.

Abb. 6 Anonym, Der junge Deutsche und sein alter Vater, Lithographie, 1848.

Kleidungsstücke

Unter den Kleidungsstücken, die in der Revolution von 1848/49 zum Gesinnungssymbol wurden, steht an erster Stelle die »blaue Bluse«. Vom weiten halblangen Kittel der städtischen und ländlichen Arbeitskleidung abgeleitet, setzt das häufig, jedoch nicht ausschließlich aus blauem Leinen gearbeitete Oberteil dem im politischen Kleidungsvokabular zur »Zwangsjacke«[27] gewordenen bürgerlichen Frack die Freiheit und das neue Standesbewußtsein der revolutionären Schichten entgegen. Ihr uniformähnlicher Gebrauch bei Freischärlern und den entsprechenden Gruppierungen der Bürgerwehren machte diese im zeitgenössischen Jargon zu »Blusenmännern«, während die Bluse selbst dank der Popularität des badischen Revolutionsführers Friedrich Hecker zur »Heckerbluse« wurde (Kat. 28). Mit dem Verzicht auf jegliche Historisierung und dem Bezug auf gemeinsame Traditionen mit den Zielen und Trägern der Pariser Julirevolution[28] beruhte ihre nationale Symbolik auf völlig anderen Grundlagen als die des 1848 bereits als veraltet empfundenen altdeutschen Rockes der Befreiungskriege.[29] Nicht ohne Ironie wurde Friedrich Ludwig Jahn, als er 1848 im altdeutschen Rock in der Nationalver-

sammlung erschien, zum Repräsentanten einer »unverwüstlichen« Gesinnung.[30] Auf die Distanz zu
den politischen Zielen von 1848/49 verwiesen
auch Karikaturen, die den Turnvater im altdeutschen
Rock dem »jungen Deutschen« mit republikanischem
Federhut gegenüberstellten (Abb. 6). Nach dem
Scheitern der Revolution wurde die »blaue« Bluse
zum Symbol der internationalen Arbeiterbewegung,
wozu sie sowohl ihre übernationale Tradition als
auch ihre Herkunft aus der Arbeiterkleidung präde-
stinierten.[31]

Die bürgerliche Kleidung der Jahrhundertmitte
wurde demgegenüber weitgehend unabhängig von
ihrem tatsächlichen Gebrauch über die revolutionäre Wort- und Bildpropaganda in die politische Ge-
sinnungssymbolik aufgenommen. Der Männeranzug
aus Frack, Stegpantalons, Vatermörder und hoher
Halsbinde wurde dank seiner die körperliche Freiheit beeinträchtigenden Elemente zum Zeichen politischen Zwangs und obrigkeitlicher Unterdrückung
(Kat. 63). Die mit Korsett und Krinoline nicht minder einengende und der »Natur« entgegengesetzte
Frauenkleidung wurde 1848 hingegen noch nicht
zum Abbild einer verbesserungsbedürftigen Situation der Frauen, die im Gegenteil erst zur Kritik standen, wenn sie aus der ihnen zugedachten Rolle ausbrachen und sich in Männerkleidung am revolutionären Geschehen beteiligten.[32]

Nationalkleidung

Deutsche Nationalkostüme, wie sie nach den Befreiungskriegen im zweiten Jahrzehnt des 19. Jahrhunderts zum zentralen Thema einer patriotischen
Gesinnungskleidung wurden[33], spielten in der Revolution von 1848/49 kaum noch eine Rolle. Das
nationale Element war nach der Anerkennung von
Schwarz-Rot-Gold als Nationalfarben durch deren
Aufnahme in die Gesinnungskleidung abgedeckt.
Altdeutsche Röcke und mit historisierend geschlitz-
ten Armpuffen und Halskrausen versehene patriotische »Feierkleider« wurden dagegen als ebenso un-
zeitgemäß empfunden wie Forderungen nach deutschen Stoffen und Materialien, so daß dennoch vorhandene Versuche zur Einführung neuer National-
trachten mehr denn je belächelte Anekdoten blieben.

1843 veröffentlichte Heinrich Laube als Redak-
teur der »Zeitung für die Elegante Welt« eine »Deutsche Männertracht«, die mit durchgeknöpftem

Heinr. Laubes Deutsche Männertracht. (»Zeitung für die elegante Welt« 1843.)

Abb. 7   Laube, Deutsche Nationaltracht 1843.

halblangen Rock mit weitem Schoßteil, engen Pantalons und breitkrempigem Hut den altdeutschen
Rock vorsichtig mit den demokratischen Gesinnungszeichen der eigenen Zeit in Verbindung zu
bringen schien (Abb. 7).[34] In dieselbe Richtung ziel-
te ein 1848 bereits mit deutlich ironischem Unterton
in der Zeitung »Der Parlamentssaal« veröffentlichter
Vorschlag einer deutschen Nationaltracht »zum Be-
huf eines uniformirten Costüms der Mitglieder der
constituirten Nationalversammlung in Frankfurt
a.M.«, der den altdeutschen Rock mit einem roten
Kragen versah, das Samtbarett mit Kokarde und
schwarz-rot-goldenen Federn und dazu »einen leichten (…) gestickten spanischen Mantel als Ueber-
wurf« empfahl[35], der seinerseits den Umhang der
»Heckerkluft« in Erinnerung ruft. Auch der für die ältere Nationalkleidbewegung charakteristische Rückgriff auf inländische Materialien fehlte nicht in einem von Max von Boehn mitgeteilten Aufruf der
Elberfelder Frauen 1848 »an ihre deutschen Mit-
schwestern, sie sollten doch in Zukunft nur noch
deutsche Fabrikate tragen«.[36] In Wien veröffentlichte die von Franz Beilschütz herausgegebene »Deutsche National-Modenzeitung« 1848 einen »Natio-
nalüberpaletot« aus moosgrünem Tuch mit Umlege-
kragen, Taschen und sechs schwarzen Knöpfen.[37]
Eine italienische Nationaltracht mit Federhut, Schul-
termantel, schwarzer Hose und hochgeschlossenem
Leibrock wurde 1848 von der »Leipziger Illustrirten
Zeitung« im Gegenüber mit dem in der Kleidung
deutlich verwandten Bildnis Friedrich Heckers als
Anführer der Republikaner (Kat. 32) vorgestellt.[38]

1   Angelos Bas: Zur sozialen und politischen Funktion der Kleidung im Slowenien des Vormärz und der Revolution 1848. In: Klaus Beitl (Hrsg.): Kleidung-Mode-Tracht. Referate der Österreichischen Volkskundetagung 1986 in Lienz. Wien 1987, S. 141–157.

2   Zu den wenigen erhaltenen Zeugnissen: Damenoberteil nach einem Entwurf von Josef Mánes, 1848 (Prag, Umeleckoprumyslové muzeum/Kunstgewerbemuseum), dazu Eva Uchalová: Ceska Móda 1780–1870. Umeleckoprumyslové muzeum v Praze. Prag 1989, S. 44 und Nr. 38 (mit Abb.); Fächer mit Darstellungen slawischer Trachten, 1848 (Prag, Národni muzeum), dazu Kat. Ausst. 1848 Aufbruch zur Freiheit. Frankfurt 1998, Nr. 101.

3   Hermann-Josef Rupieper: Die Polizei und die Fahndungen anläßlich der deutschen Revolution von 1848/49. In: Vierteljahresschrift für Sozial- und Wirtschaftsgeschichte, hrsg. von Otto Brunner u.a., 1977, S. 328–355, bes. 342.

4   Anzeiger für die Politische Polizei 1854, zitiert nach Rupieper (Anm. 3), S. 340.

5   Isabella Belting: Mode und Revolution. Deutschland 1848/49. Hildesheim, Zürich, New York 1997.

6   Peter Assion: Der Heckerkult. Ein Volksheld von 1848 im Wandel seiner geschichtlichen Präsenz. In: Zeitschrift für Volkskunde 87, 1991, S. 53–76. – Ders.: »Es lebe Hecker! Stoßet an!«. Die Popularität und Verehrung Friedrich Heckers von 1848/49 bis zur Gegenwart. In: Alfred G. Frei (Hrsg.): Friedrich Hecker in den USA. Ein deutsch-amerikanischer Seitensprung. Konstanz 1993, S. 117–134.

7   Aileen Ribeiro: Fashion in the French Revolution. London 1988. – Kat. Ausst. The Age of Napoleon. Costume from Revolution to Empire 1789–1815. Metropolitan Museum of Art. New York 1989. – Kat. Ausst. Modes & Révolutions 1780–1804. Musée de la Mode et du Costume, Palais Galliera. Paris 1989.

8   Gottfried Korff: Rote Fahnen und Tableaux Vivants. Zum Symbolverständnis der deutschen Arbeiterbewegung im 19. Jahrhundert. In: Studien zur Arbeiterkultur. Beiträge zur Volkskultur in Nordwestdeutschland, Heft 44, Münster 1984, S. 103–140, bes. 108–110.

9   Robert Michels: Psychologie der antikapitalistischen Massenbewegungen, Teil 7,4: Das Bedürfnis nach Symbolik. In: Grundriß der Sozialökonomik, 9. Abteilung, 1. Teil, Tübingen 1926, S. 343–348, bes. 344/45. – Zur Ballonmütze: Nicola Lepp: Revoluzzer und Randalierer. Ausschnitte aus einer Kleidergeschichte des Protests. In: Kat. Ausst. Kleider und Leute. Vorarlberger Landesausstellung 1991. Bregenz 1991, S. 256–282, bes. 272–276.

10   vgl. Anm. 7. – Zum Zylinder: N. Lepp (Anm. 9), S. 260–263.

11   Heinrich Laube: Das erste deutsche Parlament. Bd. 2, Leipzig 1849, zitiert nach I. Belting (Anm. 5), S. 91.

12   I. Belting (Anm. 5), S. 84.

13   Z.B. Max von Boehn: Polizei und Mode. Berlin 1926, S. 116.

14   Roswitha Mattausch-Schirmbeck: Gut behütet. Begleitschrift zur ständigen Ausstellung des Hutmuseums im Museum der Stadt Bad Homburg v.d.Höhe. Bad Homburg 1985, S. 14.

15   I. Belting (Anm. 5), S. 87.

16   Hans Trümpy: Haar- und Barttrachten als Ausdruck der Weltanschauungen. In: Sandoz Bulletin 14, 1978, Nr. 48. – P. Assion 1991(Anm. 6), S. 62, Anm. 51.

17   M. von Boehn (Anm. 13), S. 116.

18   I. Belting (Anm. 5), S. 98.

19   Kat. Ausst. 200 Jahre Mode in Wien. Aus den Modesammlungen des Historischen Museums der Stadt Wien. Wien 1976, S. 14.

20   Max von Boehn: Die Mode. Menschen und Moden im 19. Jahrhundert 1843–1878. 2. Auflage München 1963, S. 128.

21   Kat. Ausst. Hambacher Fest 1832–1982. Freiheit und Einheit. Deutschland und Europa. Neustadt a.d.Weinstraße 1982, Nr. 353, 376. – Jutta Zander-Seidel: Politik als Dekor. Zeitgeschichtliche Motive auf Stoffdrucken des 18. und 19. Jahrhunderts. In: Anzeiger des GNM 1989, S. 309–340, bes. 311.

22   Vgl. 1. Seite dieses Beitrags.

23   Annemarie Kleinert, Gretel Wagner: Mode und Politik. Die Vermarktung der französischen Revolution in Frankreich und Deutschland (1789 bis 1793). In: Waffen- und Kostümkunde 31, 1989, S. 24–38, bes. 35.

24   Max von Boehn: Modespiegel. Braunschweig 1919, S. 82/83.

25   Christina Klausmann: Bekenntnisse zur Revolution. In: Kat. Ausst. 1848 Aufbruch zur Freiheit. Frankfurt 1998, S. 361–371, bes. 362.

26   I. Belting (Anm. 5), S. 83.

27   I. Belting (Anm. 5), S. 33.

28   Das ganzfigurige Porträt »Der Februarposten« von J.A.Gérard Séguin von 1848 (Valence, Musée de Valence) zeigt diesen in der blauen Arbeiterbluse gewissermaßen als Nachfolger des programmatischen Porträts des Schauspielers Chénard in Sansculottenkleidung von 1792 (Paris, Musée Carnavalet); dazu Kat. Ausst. 1848 Aufbruch zur Freiheit. Frankfurt 1998, Nr. 82.

29   Dazu Bernward Deneke: Beiträge zur Geschichte nationaler Tendenzen in der Mode 1770–1815. Eine Studie zur deutschen Volkstracht von 1814/15. In: Schriften des Historischen Museums Frankfurt am Main 12, 1966, S. 211–252. – Ders.: Kronprinz Ludwig und der altdeutsche Rock. In: Kat. Ausst. »Vorwärts, vorwärts sollst du schauen ...« Geschichte, Politik und Kunst unter Ludwig I. Bd. 9, München 1986, S. 153–169 (mit weiterer Lit.).

30   I. Belting (Anm. 5), S. 147.

31   Gottfried Korff: Rote Fahnen und Tableaux Vivants. Zum Symbolverständnis der deutschen Arbeiterbewegung im 19. Jahrhundert. In: Studien zur Arbeiterkultur. Beiträge zur Volkskultur in Nordwestdeutschland 44, 1984, S. 103–140, bes. 104.

32   Susanne Asche: Hinter schwarz-rot-gelben Tüchern – Die Bedeutung der Frauen in der Revolution 1848/49. In: 1848/49. Revolution der deutschen Demokraten in Baden. Badisches Landesmuseum Karlsruhe. Baden-Baden 1998, S. 332–334.

33   Max von Boehn: Freiheitskrieg und Mode. In: Modespiegel (Anm. 24), S. 63–96, bes. 63–79. – B. Deneke (Anm. 29).

34   M. von Boehn (Anm. 33), S. 80–82 und Abb. S. 91. – Gretel Wagner: Reformversuche in der Männerkleidung. In: Waffen- und Kostümkunde 26, 1984, S. 17–36, bes. 17.

35   I. Belting (Anm. 5), S. 146.

36   M. von Boehn (Anm. 33), S. 83.

37   Leopoldine Springschitz: Wiener Mode im Wandel der Zeit. Wien 1949, S. 15. – Kat. Ausst. 200 Jahre Mode in Wien (Anm. 19), S. 15.

38   M. von Boehn (Anm. 33), S. 92/93.

Druck v. C. Knatz in Frankfurt a/M.

Sollst mein Deutschland lieben!

Piepmeyer

Abgeordneter zur deutschen Nationalversammlung in Frankfurt a/M.

Detlef Hoffmann

Herrn Piepmeyers Leben für die Galerie

Adolph Schrödters und Johann Hermann Detmolds Abgeordneten-Satire

Im Frühjahr 1849 erschien eine bittere Bilanz des Paulskirchenparlaments: »Thaten und Meinungen des Herrn Piepmeyer, Abgeordneten zur constituirenden Nationalversammlung zu Frankfurt am Main«. In Bildern und begleitenden Texten erzählen der Maler Adolph Schrödter und der Schriftsteller Johann Hermann Detmold die Geschichte des Herrn Piepmeyer vom Wahlkampf im April 1848 bis zum April 1849, als Piepmeyer sich entschließt, in Berlin eine Karriere zu beginnen. Am 1. April verläßt er Frankfurt, damit endet seine Geschichte. Am 3. April trägt eine Abordnung des Parlaments dem preußischen König die Kaiserkrone an. Dieser lehnt ab. Doch zu diesem Zeitpunkt ist Piepmeyer schon nicht mehr mit von der Partie; auch als die einzelnen Staaten die Reichsverfassung ablehnen, das Rumpfparlament aufgelöst wird und der Bürgerkrieg in Baden und der Pfalz den Sieg der alten Gewalten besiegelt, ist Piepmeyer schon für neue Herren tätig. Er erscheint auf der Bildfläche als die Revolution von der allgemeinen Stimmung getragen wird, und er verschwindet, als die Niederlage nicht mehr zu übersehen ist.

Autoren der Bildergeschichte sind der Düsseldorfer Maler Adolph Schrödter und Johann Hermann Detmold, Abgeordneter für Hannover in der Nationalversammlung und seit 1849 Reichsjustizminister. Zeichner und Textautor gehören dem konservativen Spektrum an. In einzelnen Fragen, wie der des Erbkaisertums, sollen sie lange miteinander gestritten haben.[1] Der 1805 geborene Schrödter war in Berlin zum Kupferstecher ausgebildet worden und 1829 an die Düsseldorfer Akademie zu Wilhelm Schadow übergewechselt. Der liberale Akademiedirektor förderte die unterschiedlichsten Temperamente, so daß seine Schüler eine besondere Lust zur Spezialisierung entwickeln konnten. In der Malerei konzentrierte sich Schrödter auf das humoristische bis schrullige Genre; er wurde zum Künstler der rheinischen Weinseligkeit. 1831 hatte er großen Erfolg mit zwei Radierungen, dem »Traum

von der Flasche« und dem »Pfropfenzieher«. Den Korkenzieher verwendete Schrödter seitdem als Markenzeichen. Er findet sich auch auf dem Titelblatt der Geschichte des Herrn Piepmeyer (Kat. 99).

Es kann bei Schrödters Spezialisierung auf Weinseligkeit nicht verwundern, daß Herr Piepmeyer in seiner Funktion als Abgeordneter sich diesem Thema widmet. Von »seinem Freunde, dem Journalisten« wird er aufgefordert, über die »Idee eines allgemeinen deutschen National-Getränkes weiter nachzudenken«. Der Abgeordnete befolgt den Rat. Auf der nächsten Seite sehen wir ihn inmitten eines Laboratoriums voll geistiger Getränke träumend, wie ihm der Kaiser, der auf einem Weinfaß thront, den Lorbeerkranz reicht (Abb. 1). Der Text zu diesem Bild verrät die Erfahrung des Abgeordneten im Aushandeln von Kompromissen: »Piepmeyer geht ernstlich an die Ausführung der Idee eines allgemeinen deutschen Nationalgetränkes. Die Aufgabe ist, ein Getränk herzustellen, das die richtige Mitte zwischen Wein, Bier u. Brantwein hält, u. dadurch sowohl einerseits den Neigungen u. Richtungen der verschiedenen deutschen Stämme, als anderseits auch der Idee der deutschen Einheit entspricht. Die Aufgabe hat ihre Schwierigkeiten, aber ihre Lösung verheißt ewigen Ruhm bei Mit- u. Nachwelt.«

Der im Lehnstuhl träumend versunkene Piepmeyer – die Beschäftigung mit so geistigen Dingen schläfert ein – erinnert an den Helden, auf den Adolph Schrödter sich neben dem Wein spezialisiert hatte: Don Quichotte. Wie der Ritter von der traurigen Gestalt zwischen mittelalterlichem Gerümpel, in alten Folianten schmökert, so träumt Piepmeyer zwischen Flaschen, Gläsern und einem Trinkhorn. Schrödter hat sein satirisches Talent immer dann zur Vollendung geführt, wenn er auf biedermännische Rührseligkeit stieß. Trauer und brütende Melancholie, die so viele Düsseldorfer Künstler (und ihre Käufer) liebten, kennzeichne auch Schrödters Gemälde »Die trauernden Lohgerber«, denen alle Felle wegschwimmen.[2]

Kunst geht nach Brot. Deswegen zog der schlecht verdienende Schrödter 1848 nach Frankfurt, da ein Medienereignis wie das Zusammentreten der ersten deutschen Nationalversammlung auch den Künsten günstige Verhältnisse verhieß. Es galt, Porträts der Abgeordneten zu fertigen, Karikaturen und repräsentative Blätter. Familiäre Beziehungen hatten den Entschluß der Schrödters erleichtert. Adolphs Frau, Alwine Heuser, eine Blumen- und Arabeskenmalerin, war die Nichte des Frankfurter Verlagsbuchhändlers Carl Christian Jügel[3], eines einflußreichen Mannes in Frankfurt, der auch den Kontakt zu Johann Hermann Detmold herstellte.[4]

Der aus Hannover stammende konservative Jurist Detmold pflegte seine Neigung zu Kunst und Satire. 1833 war seine satirische »Anleitung zur Kunstkennerschaft« erschienen.[5] Am bekanntesten wurden seine »Randzeichnungen«, ebenfalls eine liebenswürdige Satire.[6] Detmold stand den revolutionären Bewegungen des Jahres 1848 reserviert gegenüber; er war ein engagierter Gegner des allgemeinen (Männer-) Wahlrechts. Als ihn die Provinz Osnabrück im Mai 1848 in die Deutsche Nationalversammlung wählte, schloß er sich anfangs der Gruppe um Gagern, Bassermann und Dahlmann, dem späteren Zentrum an. Beeindruckt durch die Freignisse des 18. September – die das Parteienspektrum nachhaltig beeinflußten – ordnete er sich der kleinen Fraktion um Radowitz und Vincke zu, die damals die »äußerste Rechte« genannt wurde. Detmold war Mitglied des Verfassungsausschusses. Hier widersetzte er sich engagiert den Grundrechten, die Adolph Schrödter in einem Schmuckblatt (Kat. 10) feierte, und dem Verfassungsentwurf. Eine solche Gegnerschaft schloß die Ablehnung des Erbkaisertums ein.

Die Abstimmung über diese Frage am 28. März 1849 beschließt Piepmeyers Zeit in der Paulskirche; er begibt sich nach Berlin. Vorher hatte er Propaganda für den Erbkaiser gemacht, einen Landsmann dafür gewonnen und ihm zur Belohnung »seine Protection« versprochen. Johann Hermann Detmold hingegen ist ein Mann von Prinzipien. Nach Gagerns Rücktritt beauftragt ihn der Reichsverweser mit der Bildung des Justizministeriums; etwas später übernimmt er auch das des Inneren. Als das Zentrum und die Linke mit einem Mißtrauensvotum das Ministerium Detmold zu stürzen versuchen, erklärt er seinen Gegnern mit allen sprachlichen Mitteln des Satirikers, daß er auf seinem Posten ausharren werde. Er tritt erst am 21. Dezember 1849 zurück, als der Reichsverweser die Gewalt in die Hände der Bundeszentralkommission legt. Detmold geht nach Hannover zurück; der König ernennt ihn zum Gesandten beim Bundestag.

Detmold ist – im Gegensatz zu manchen Abgeordneten – ein Profi des politischen Geschäfts. Sein distanzierter Blick auf das Treiben der Parlamentarier, ihr soziales Leben, ihre Eitelkeiten und Nöte ist durch seine grundsätzliche Ablehnung der Nationalversammlung geschärft. Mit Piepmeyer karikiert er nicht seinesgleichen, sondern einen Typus von Menschen, wie er durch das von ihm abgelehnte allgemeine Wahlrecht geschaffen wurde. Seine Alternative sind prinzipientreue, gut ausgebildete administrative Eliten. Wie in seinen »Randzeichnungen« wendet sich Detmold auch in der Bildergeschichte gegen die Ängstlichkeit und Unentschlossenheit des Philisterliberalismus. Hier urteilt er nicht anders als Friedrich Engels, der im deutschen Kleinbürger das Grundübel des politischen Lebens sieht. Der Name »Piepmeyer« mag deshalb nicht nur an den braven Herrn Biedermeier, sondern gleichermaßen an den Abgeordneten Karl Joseph Anton Mittermaier erinnern, den bekannten Rechtsgelehrten und Professor der Universität Heidelberg. Mittermaier war maßgeblich an den Diskussionen um die Reform der Verwaltung in Baden beteiligt. Er plädierte für die Trennung von Justiz und Verwaltung, für einen von allen Staatsangehörigen zu leistenden Verfassungseid, für eine Reform des Gefängniswesens, humane Strafen und Abschaffung der Todesstrafe. Er wollte eine neue Zivilprozeßordnung einführen, Öffentlichkeit und Mündlichkeit des Verfahrens sollten gewährleistet sein. Schließlich setzte er sich für Pressefreiheit und Geschworenengerichte ein. 1848 war Mittermaier Präsident des Vorparlaments. »In der Nationalversammlung gehörte Mittermaier zum linken Zentrum und war Mitglied des Verfassungsausschusses. Auf Ausgleich bedacht, wollte er stets für alle Parteien akzeptable Kompromisse aushandeln. Dabei soll er abrupt seine Meinung geändert haben, was ihm als mangelnde Charakterstärke ausgelegt wurde.«[7] Im Verfassungsausschuß kann man sich keine deutlicheren Antipoden als Detmold und Mittermaier vorstellen. Doch wie so oft in der Piepmeyer-Geschichte wird der Alltag des Abgeordneten mit den Traditionen der Literatur und der Bilder verknüpft. Den Namen Piepmeyer entlehnte Schrödter dem Roman »Münchhausen« seines Freundes Karl

*Piepmeyer überlegt, ob es in Anbe=
tracht der allerneuesten Zeitereig=
nisse nicht zweckmäßiger sei, mit
seiner politischen Ueberzeugung et=
was weiter rechts zu rücken.*

*Piepmeyer geht ernstlich an die Ausführung der Idee
eines allgemeinen deutschen Nationalgetränks. Die Aufgabe ist,
ein Getränk herzustellen, das die richtige Mitte zwischen Wein, Bier
u. Brantwein hält, u. dadurch sowohl einerseits den Neigungen u.
Richtungen der verschiedenen deutschen Stämme, als andererseits
auch der Idee der deutschen Einheit entspricht. Die Aufgabe hat ihre
Schwierigkeiten, aber ihre Lösung verheißt ewigen Ruhm bei Mit- u. Nachwelt.*

Abb. 1   *Schrödter/Detmold, Thaten und Meinungen des Herrn Piepmeyer. Lithographie 1849.*

Immermann[8], der großen Einfluß auf die Düsseldorfer Malerei hatte. Piepmeyer ist ein Produkt aus Dichtung und Wahrheit. Das gibt ihm eine Aktualität, die bis heute andauert.

Während die literarischen Vorläufer leicht zu benennen sind, gibt es über die bildlichen unterschiedliche Meinungen. Werner Kruse bestritt entschieden die Abhängigkeit der Piepmeyer-Geschichte von den komischen Bilderromanen Rodolphe Toepffers. Hier dominiere Dilettantismus, bei Schrödter Professionalität.[9] Der Vergleich mit Toepffers »Geschichte des Monsieur Jabot« zeigt jedoch deutlich den Zusammenhang – nicht nur im Zeichenstil, sondern vor allem in der Erzählstruktur und einzelnen Motiven.[10]

Rodolphe Toepffer war der Sohn des Genfer Kupferstechers und Genremalers Adam Toepffer, eines Bewunderers von William Hogarth. Diese Vorliebe übernahm der Sohn[11], der ebenfalls Maler werden wollte; ein Augenleiden verhinderte die Realisation dieser Pläne. So studierte er alte Sprachen und wur-

de Lehrer. Gemeinsam mit seiner Frau eröffnete er ein Pensionat für ausländische Studenten. 1832 wurde er zum Professor für Rhetorik und schöne Literatur in Genf ernannt. In zahlreichen kulturkritischen Arbeiten polemisierte er gegen die »materialistischen Strömungen der Zeit«. Der konservative Toepffer war ein Gegner jeden Fortschritts. In den Kämpfen zwischen Liberalen und Konservativen in der Schweiz vor dem Sonderbundskrieg plädierte er für den Erhalt des Status quo. Seit 1834 war Toepffer Mitglied des Parlaments des Kantons Genf. Er verteidigte die aristokratische Verfassung von 1814, die bis 1846 in Kraft war. Seine politische Auffassung wird in der »Histoire d'Albert« sichtbar, während seine anderen Romane sich mit allgemeiner Kulturkritik begnügen. Wie Detmold ist er ein prinzipientreuer Mann, der die Oberflächlichkeit der modischen Welt und der gesellschaftlichen Events verachtet. Der Protagonist dieser Welt ist Monsieur Jabot. Die Geschichte zeigt auf dem ersten Bild den Helden von rückwärts. Der Text dazu:

Abb. 2 Rodolphe Toepffer, Histoire de Monsieur Jabot. Lithographie 1847.

»Monsieur Jabot schickt sich an, sein Glück in der Welt zu machen, und besucht die öffentlichen Promenaden.« Nachdem er ein Eis im ersten Café des Ortes zu sich genommen, wendet er uns wieder den Rücken zu – der Text: »Nachdem Monsieur Jabot sein Eis genossen hat, setzt er sich wieder in Positur.« – »Il se remet en position.« Wie ein »basso ostinato« wird diese Formel wiederholt. Welchen Unsinn auch immer Monsieur Jabot von sich gibt – und er läßt es daran nicht mangeln –, er rappelt sich auf, »il se remet en position« (Abb. 2). Dieses Leitmotiv übernehmen Detmold und Schrödter für ihren Piepmeyer. Wie auch immer die Ereignisse des Parlamentarierlebens ihn beuteln, immer gönnt er sich eine Stunde der Besinnung. Er liest die Zeitung und überlegt: »ob es in Anbetracht der neuesten Zeitereignisse nicht zweckmäßiger sei, mit seinen politischen Ueberzeugungen etwas weiter links zu rücken.« (Abb. 3). Natürlich kann auch ein Ruck »etwas weiter nach rechts« in Erwägung stehen. Mit ähnlichen Wiederholungen wird anfangs das Wachsen von Piepmeyers Revolutionsattribut, seines Bartes, vorgeführt. Wie Jabot bewegt sich Piepmeyer mit feinsinnig angewinkelten Armen durch die mondäne Gesellschaft. In seinen Bildern sammelt Toepffer – wie später Schrödter – Gesten und Haltungen; sie werden zu den Motiven, die die Handlung voranbringen, die aber in ihrer Summe die Banalität des »monde à la mode« ausmachen.

Auf viele Details der Toepfferschen Bilderzählung greift Schrödter zurück: Die seitenhohen Bildfelder, ganz, halb, gedrittelt oder unregelmäßig in der Breite geteilt, hat Toepffer in seinen Romanen entwickelt. Die handschriftlichen Bilduntertitel finden

sich hier ebenfalls. Beides ist jedoch ohne Vorstufen aus England undenkbar.[12] Auch die Unterteilung eines seitengroßen Bildes in viele gedachte (und vorsichtig angedeutete) senkrechte Streifen, die je einen anderen Text bekommen, konnte Schrödter (Abb. 4) von Toepffer übernehmen.

Adolph Schrödter arbeitete – nach einer von Kruse zitierten Quelle – »in einer Weise, als würde von einem obskuren Dilettanten mit der Feder gezeichnet.«[13] Während Kruse versucht, Schrödter vom Vorwurf des Dilettantismus loszusprechen, dürfte sich dieser mit dem Hinweis auf die scheinbar wenig routinierte Zeichenweise bewußt in die – durchaus ehrenhafte – Tradition der Toepfferschen Romane gestellt haben, die im Kontext der französischen Karikaturen – z. B. von Cham – gesehen werden müssen. In Deutschland hatte der Dilettant Heinrich Hoffmann mit seinem »Struwwelpeter« 1845 großen Erfolg.[14] Henry Ritter, der wie Adolph Schrödter Karikaturen für die »Düsseldorfer Monatshefte« lieferte, brachte 1849 einen »Politischen Struwwelpeter« heraus.[15] Wenn Schrödter vorgibt, sein Piepmeyer sei in der Art eines »obscuren Dilettanten« gezeichnet, so ordnet er ihn der von Toepffer begründeten Literatur der »Bildromane« zu.

Bleibt die Nähe zu den politischen Motiven der »Histoire d'Albert« von 1846.[16] Wie Herr Piepmeyer macht sich auch Monsieur Albert mit einem Journalisten gemein, der ihm Ratschläge erteilt, die nur Albert für besonders gelungen hält. Wie Herr Piepmeyer sich ein wildes, linkes Outfit verpaßt und mit den »Freunden von der Gallerie« fraternisiert (Abb. 5), so trifft auch Albert auf Geheimbündler, die alle Forderungen europäischer Revolutionäre vertreten. Sie nehmen ihn in ihre Bruderschaft auf. Alberts Geschichte endet – wie die von Monsieur Jabot – erfreulich. Er hat ausgesorgt, weil eine reiche Dame ihn heiratet. Mit einem Pferdegespann – so das letzte Bild – fährt er ins Glück. Mit den Damen hat es Piepmeyer nicht so leicht. Seine Liebe gilt der Karriere. Aber auch er besteigt zu Ende der Geschichte eine Kutsche nach Berlin, »um etwas zu werden«.

Rodolphe Toepffer hat in seinem erwähnten »Essay sur la physiognomie« seinen Zeichenstil und seine Weise der Reduktion des Geschehens auf agierende Figuren theoretisch begründet. Er ist der Überzeugung, daß es möglich ist, eine Bildsprache zu entwickeln, die vor allem auf der Kenntnis der Physiognomie und des menschlichen Ausdrucks, der

Abb. 3   Schrödter/Detmold, Thaten und Meinungen des Herrn Piepmeyer. Lithographie 1849.

Abb. 4   Schrödter/Detmold, Thaten und Meinungen des Herrn Piepmeyer. Lithographie 1849.

Körpersprache, beruhe. Dafür sei es nicht notwendig, nach der Natur zu zeichnen, vielmehr stünden die notwendigen Modelle in der Kunst bereit. Mit etwas Ausdauer und Zeichenpapier schaffe man es schon. Die in der Konvention erprobten Zeichen, die Formen körperlichen Ausdrucks, müssen durch Umrißzeichnungen fixiert und so eingeübt werden. Gute Bildergeschichten leben von überzeugenden, das heißt schnell einleuchtenden, in einem Kulturkreis präsenten gestischen Formeln. Ernst Gombrich, der als einer der ersten wieder auf Toepffers Essay aufmerksam gemacht hat[17], fühlt sich in seiner These bestätigt, daß die Nachahmung der Natur eine von den Griechen im 6. Jahrhundert entwickelte Ausnahmeerscheinung in der Weltgeschichte der Kunst sei. Alle anderen Kulturen sähen in den künstlerischen Bildern Zeichen, die auf die Sache selbst verweisen. Nur im westlichen Kulturkreis sei die Bestrebung nachweisbar, das Bild der Sache, die es darstellt, zum Verwechseln ähnlich zu gestalten. Toepffer – und nach ihm auch Schröder im »Piepmeyer« – entwickelt dezidiert und offensichtlich Zeichen, die in einem ironischen Bezug zu dem zu sehen sind, was sie vorstellen. Die gestischen Formeln sind in der Piepmeyer-Geschichte bis zur Kenntlichkeit entstellt.

Toepffer kann in seinen Überlegungen auf viele Arbeiten zur Physiognomik und zur Mimik zurückgreifen. Thomas Kirchner hat die Entwicklung entsprechender Regeln und Gesetze in der französischen Kunstliteratur im Umkreis der Akademie nachgewiesen.[18] Der Hintergrund, vor dem Toepffer argumentiert, ist der gleiche: der Wettstreit und die Verwandtschaft von Literatur und Malerei, von erzählter Geschichte und dargestelltem Moment. Diese wurden entweder mit dem Horaz-Zitat »ut pictura poesis« beschrieben oder mit dem Hinweis, die Malerei sei eine »poésie muette« und die Poesie eine »peinture parlante!«[19] Dabei – und das gilt bis in das 19. Jahrhundert und die heutige Zeit – interessieren die Affekte und deren Ausdruck nicht nur die Malerei, sondern auch die Medizin, die Philosophie und die sich entwickelnde Psychologie. Es geht vor allem um die Mimik, den Gesichtsausdruck. Zwei unterschiedliche Auffassungen bestimmen die Debatte: Die einen wenden sich an vernunftbegabte und kunsttheoretisch gebildete Betrachter, die den durch Theorie und Kunstpraxis entwickelten Zeichenvorrat beherrschen. Das Publikum liest die Chiffren des Künstlers. Die anderen wollen

den Betrachter bewegen, nicht an seine »raison« appellieren, sondern an sein »sentiment«. Ausgetüftelte Theorien seien abzulehnen, statt dessen solle der Künstler: »parler la langue des passions qui est commune à tout les hommes.«[20] Ziel ist es, eine Bildsprache zu entwickeln, die alle Menschen verstehen – die Sprache der Leidenschaften.

Auch Johann Jacob Engel weist in seinen »Ideen zu einer Mimik« aus dem Jahre 1785 darauf hin, daß viele Haltungen und Gesten auf der gesamten Welt verbreitet sind. Er belegt das am Gestus der Verehrung. »Ziehen Sie die Unterschiede ab; vergessen Sie die Anspielung des Europäers und den größeren Enthusiasmus des Orientalers: und es bleibt das Natürliche, das wesentliche Zeichen der Gesinnung übrig: die Erniedrigung, die Verkürzung des Körpers. Am stärksten ist dieser Ausdruck, wo der Mensch seine ganze Länge zur Erde streckt und auf sein Angesicht fällt; am schwächsten, wo er nur eine bloße Beugung des Hauptes macht, oder wohl gar die Beugung des Körpers, die nicht wirklich erfolgt, durch ein Niederbewegen der Hand andeutet. Ich schliesse, daß dieses Zeichen natürlich, wesentlich seyn muß, weil es allgemein ist …«[21]

Diese allgemeinen Gesten und Haltungen werden nicht nur überall benutzt, sie werden auch überall verstanden. Wie die französischen Kunsttheoretiker geht Toepffer von Aristoteles aus, der in seiner »Poetik« annimmt, die Fähigkeit nachzuahmen sei Bestandteil der menschlichen Natur. In seinem »Essay« erforscht Toepffer diese Eigenschaft. »Er sucht systematisch nach dem Mindestmaß an Kennzeichen, die notwendig sind, damit wir, sei es im Leben oder auf Bildern, einen Ausdruck verstehen und auf ihn ansprechen … Das merkwürdigste an der Sache ist aber wohl, daß diese Ausdruckszeichen imstande sind, beinahe jede beliebige Gestalt zu etwas Lebendigem zu machen.«[22] Während Toepffer den Reichtum an Ausdruckszeichen mit Lust an der schöpferischen Produktion untersucht, sind Bücher wie die »Mimik« Johann Jacob Engels auf den praktischen Gebrauch vor allem auf der Bühne ausgerichtet. Sie versuchen, systematisch »reine« und »zusammengesetzte« Gesten zu sammeln und vorzustellen, sei es, daß sie sich dabei auf die Natur, sei es, daß sie sich auf die Konvention berufen, auf die nur in einem spezifischen Kulturkreis üblichen und damit verständlichen Gesten. Adolph Schrödters Piepmeyer-Geschichte stellt den Ausdrucksvorrat der politischen Klasse vor, an deren Genese die Paulskirche

Nach der Rede verständigt er sich mit seinen Freunden von der Gallerie, und dankt ihnen für den gespendeten Beifall.

Er sucht für den Abdruck seiner Rede in den stenographischen Berichten um eine angemessene Anzahl "Bravo's" und "allgemeinen Beifall" nach.

Abb. 5   Schrödter/Detmold, Thaten und Meinungen des Herrn Piepmeyer. Lithographie 1849.

Cavaignac.

C. v. Wrangel.

Jellacic.

Fürst Windisch-Graetz.

— — — — — — !

— und beschließt etwas weiter nichts zu rücken.

Abb. 6   Schrödter/Detmold, Thaten und Meinungen des Herrn Piepmeyer. Lithographie 1849.

Abb. 7   Schrödter/Detmold, Thaten und Meinungen des Herrn Piepmeyer. Lithographie 1849.

intensiv beteiligt ist. Die Nähe zur Bühne im besonderen, zum Theater im allgemeinen, ist von großer Bedeutung.

Nur mit wenigen Beispielen kann die Omnipräsenz des Piepmeyerschen Ausdrucksvorrats hier vorgestellt werden. Mit zwei Lehrtafeln thematisieren Schrödter und Detmold, wie sich der Abgeordnete auf die virtuelle Realität, die in Bildern zeitgleich publizierte Paulskirche, bezieht (Abb. 6). Zu Beginn der zweiten Lieferung kauft sich unser Held »die Bildniße verschiedener Mitglieder des Parlaments«. Außer Vogt, Zitz und Blum auf der einen, Gagern, Bassermann und Radowitz auf der anderen Seite, ist neben Mittermaier unser Johann Hermann Detmold zu finden. Die nach Frankfurt geeilten Herren nahmen sich sehr ernst, sie ließen sich photographieren, Bildverleger publizierten ihre Porträts mit Originalunterschriften. Porträts wurden in Mappenwerken zusammengefaßt, zur Subskription ausgeschrieben.[23] Manche Abgeordnete waren 1848 schon selbst Denkmale und Museumsstücke der deutschen Einigungsbewegung, allen voran der Turnvater Jahn, dessen Bart auf Schrödters Übersicht aus dem Rahmen fällt.

Der mit Schrödter verwandte Carl Jügel war auch in diesem Geschäft engagiert. Am 5. Oktober 1848 kündigte er und der Photograph Jacob Seib die Veröffentlichung eines »Albums der deutschen National-Versammlung« an. Zeichner und Lithograph dieser Unternehmung war vor allem Heinrich Hasselhorst.[24] Die Selbstinszenierungen der Abgeordneten, ihre Gesinnungszeichen – etwa Bärte, mit denen Piepmeyer intensiv befaßt ist (Abb. 15) – und ihre Gewohnheiten waren Stadtgespräch. Selten hatte man so viele bedeutende Männer auf einem Haufen gesehen. So heißt es 1849 in einem satirischen Text: »Ich bin kein großer Mann. Ich habe weder das Talent des Wuchses und die majestätische Würde des Edeln von Gagern, noch so viel grobkörniges Salz wie Professor Vogt. Ich bin weder so bescheiden wie Herr von Vincke, noch so reich an romantischen Blumen wie Herr Beckerath. Ich habe kein demokratenfressendes Genie wie der Vater Jahn, noch habe ich den Scharfsinn des Professors Biedermann. Ich bin auch kein großer Redner ...«[25] Solchen Hinterbänklern priesen angereiste Rednerschulen Nachhilfeunterricht an. In der »Oberpostamtszeitung« etwa offerierte Dr. Knispel, Lehrer des Redevortrags, Stunden in Mimik und Rhetorik.[26] Herr Piepmeyer übt allein in seinem Quartier vor

Abb. 8 Anonym, Wie der Fürst Schnatteratowski seine politische Toilette ... macht. Lithographie 1848.

dem Spiegel (Abb. 7). Hierin ist er keine Ausnahme, unterstellt doch Friedrich Hart dem gewandten Parlamentspräsidenten ähnliches: »Ueberhaupt ist Gagerns Auftreten durchaus dramatisch, man möchte fast sagen auf den Effect einstudirt. Und es fällt meiner Phantasie durchaus nicht schwer, mir den athletischen Mann zu denken, wie er vor dem Pfeilerspiegel steht und die gekrümmte Rechte auf die marmorne Konsole stützend, die Attitüden probirt, welche ihm einen Theil seines Erfolges, seiner Macht sichern sollen. In allen Zeiten haben die Großen und Mächtigen schauspielern müssen ...«[27] So lernt auch Piepmeyer schauspielern. Daumier hat mehrfach die Übung der Abgeordneten vor dem Spiegel vorgestellt. Im »Charivari« vom 20. April 1869 erschien ein eifriger Volksvertreter, der sein Lächeln übt, bevor er sich seinen Wählern zeigt. Im Kerzenlicht, das die dämonische Erscheinung des Komödianten erhöht, sehen wir im »Journal Amusant« vom 27. April 1878 wieder einen Mann vor dem Spiegel, nun in welthistorischer Pose. Der Text »Mon vieux Talma, tu peux te fouiller!« signalisiert dem großen Talma – dem Schauspieler, der Napoleon unterrichtet hat – daß er sich verdrücken könne. Den Fürsten Lichnowsky, eine der extrovertierte-

Abb. 9 Monogrammist M, Deutsche Parlamentsschattierungen. Lithographie 1848.

Abb. 10 J.T.C. Hartmann, Das liederliche Kleeblatt. Lithographie 1834.

sten Gestalten der Paulskirche, zeigt eine Karikatur aus der »Lithographischen Anstalt von Ed. Gust. May« gar zwischen zwei Spiegeln (Abb. 8). Ihm steht ein Kakadu zur Seite. Die Zeichnung thematisiert die changierenden, unberechenbaren Auftritte des eitlen Fürsten. In unserem Kontext verweist sie auf die Allgegenwart gestellter, virtueller Bilder. Das Ziel von Piepmeyers nächtlichen Übungen ist es, in die Welt dieser Bilder einzutreten, die er für die Realität seines Politikerberufes hält. Daß er erfolgreich ist, dokumentiert ein Porträt (Abb. S. 42), das zwar keinen Platz in einem Mappenwerk gefunden hat, das aber belegt, daß er einer Gagernschen Pose fähig ist (Abb. 9). Wie Piepmeyer die Bildwelt herstellt, nimmt er sie auch für bare Münze. Eine Besichtigung von Porträts der Militärs der Gegenrevolution – Cavaignac, Wrangel, Jellacic und Windischgrätz – verbunden mit dem Bilderbogen der Beschießung von Wien oder einer anderen Stadt führt dazu, daß Piepmeyer »beschliesst etwas weiter rechts zu rücken« (Abb. 6).

Sucht man nach Belegen für die Positionen, die Herr Piepmeyer bei seinen diversen Auftritten einnimmt, so stößt man immer wieder auf Vergleiche aus der Welt des Theaters. Mit seinen »Freunden von der Gallerie« (Abb. 5) erscheint der Abgeordnete der Linken wie ein Mitglied des »liederlichen Kleeblatts« aus »Lumpazi Vagabundus« in einem Druck aus dem Jahre 1834 (Abb. 10).

Piepmeyer bleibt nicht bei einfachen gestischen Übungen stehen, die eher formale Interpretationen unterstreichen; er geht mit raumgreifenden Gebärden aufs Ganze (Abb. 11). Er übt für sein Verhalten in großen historischen Augenblicken, er arbeitet nicht mehr an seinem Bild im Kontext der Paulskirchenversammlung, sondern der Geschichte: »In einsamen Stunden übt Piepmeyer sich in mimischen Darstellungen, die namentlich den Fall beziehen, wenn einmal Soldaten in das Sitzungs-Lokal der National-Versammlung eindrängen.« In diesem Fall wäre der Abgeordnete bereit, den Gewehrkugeln seine entblößte Brust darzubieten. Mit dieser Pose reiht sich unser Held einer großen Tradition und einer großen Zukunft ein. Auf Giottos Fresko »Jesus vor Kaiphas« in der Arenakapelle zerreißt der Hohepriester sein Gewand, um seine Verzweiflung über die Gotteslästerung auszudrücken (Abb. 12). Verzweiflung führt die Hand der Engel, die das Kreuz Jesu umgeben, zu diesem Gestus, auf dem drittnächsten Fresko. In guter christlicher Tradition

In einsamen Stunden übt Piepmeyer sich, in mimischen Darstellungen, die namentlich den Fall begielen, wenn einmal Soldaten in das Sitzungs Lokal der National Versammlung eindrängen.

In welcher Weise Piepmeyer sich die Statue denkt, welche ihm das Vaterland einst errichten wird.

Abb. 11 Schrödter/Detmold, Thaten und Meinungen des Herrn Piepmeyer. Lithographie 1849.

Abb. 13 Honoré Daumier, Mon pare-balle, le voilà! Lithographie 1870.

Abb. 12 Giotto, Christus vor Kaiphas. Padua, Arenakapelle, um 1305.

Abb. 14 Carl Barks, Uncle Scrooge, 1959.

Abb. 15 Anonym, Friedrich Hecker. Lithographie 1848.

konfrontiert Giotto so den geheuchelten dem wahren Schmerz. Schon in diesem frühen Beispiel, das den biblischen Bericht ins Bild setzt, zielt die Pose des Priesters auf Wirkung. Die graphischen Blätter, auf denen Robert Blum den Gewehrkugeln seine Brust weist (Kat. 102b), wenden diesen Gestus. Einerseits bleibt es der Gerechte, der seine Kleider zerreißt, weil er die Ungerechtigkeit gestisch markieren will. Andererseits kommt bei Blum wie bei Piepmeyer noch eine funktionale Konnotierung hinzu – sie lassen sich nicht meuchlings erschießen, sondern gehen offenen Auges, unschuldig und gerecht, einstehend für ihre Sache, dem Tod entgegen. Diesen Gestus finden wir bei einem Soldaten, der im »Charivari« vom 3. Dezember 1870 seine Brust als Kugelfang darbietet: »Mon pare-balle, le voilà!«. Hinter ihm sind viele Kugelschutzschilde aufgestellt, deren der tapfere Gerechte nicht bedarf (Abb. 13). Unsere Reihe endet mit Carl Barks, dem liebevollen Zeichner des Donald Duck und anderer Enten. Der Geizhals »Uncle Scrooge« (Dagobert Duck) hat sich die Nummer seines Tresors auf die Brust tätowieren lassen und damit die Unterwelt die Zahlen nicht lesen kann, hat er von einem Sonderangebot des Tätowierers Gebrauch gemacht. Das Bild mit dem geöffnetem Wams zeigt die heroische Geste, die in Verzweiflung umkippt, weil Dagobert selbst nun auch nicht mehr die Nummer erinnert (Abb. 14). Es wäre durchaus möglich, alle Piepmeyer-Posen in Entenhausen nachzuweisen[28], ein Zusammenhang, auf den schon Ernst Gombrich verweist.[29]

Kommen wir noch einmal auf Herrn Piepmeyers dramatischen, geschichtsträchtigen Augenblick vor dem heimischen Spiegel zurück. Nach dem erregenden Moment, in dem er seine Brust der Soldateska darbietet, bleibt ihm nur noch das Leben nach dem Tode: Er posiert für sein Denkmal (Abb. 11). So tritt er abermals in die Welt der Bilder ein – eine Darstellung Friedrich Heckers bietet sich zum Vergleich an (Abb. 15). Der weite Umhang war als Kleidungsstück in Frankfurter Paulskirchenkreisen durchaus beliebt. Er führt uns wieder zum Theater zurück.

Gilbert Austin versucht, für Gesten und mimischen Ausdruck ein Zeichensystem zu entwickeln. »Die Zeichensprache für die Gesticulation hat mehr Verwandtschaft mit der Bezeichnung der Musik, als mit denen der allgemeinen Begriffe. So wie die Notierung der musikalischen Töne die Melodie und die Harmonie ihrer natürlichen Vergänglichkeit entzieht, so bewahrt die Notierung der Gesten uns den mimischen Ausdruck in Reden und theatralischen Scenen auf.«[30] Austin will die Formen der Gestikulation systematisch bearbeiten, damit sie jedermann als Lehrbuch zur Verfügung stehen: »Eine solche Bezeichnung der Gesticulation wird nicht nur dem Redner, sondern besonders auch dem Mahler nützlich seyn, der durch sie in Stand kommt, seinen Figuren mehr Wahrheit und Genauigkeit des Charakters zu geben.«[31]

Schauspielerei und Politik verlangen Professionalität im Umgang mit Gesten und mimischer Artikulation beim öffentlichen Auftritt. Gefühl, Empfindsamkeit und Überzeugung stehen hintan. Denis Diderot hat diese Auffassung in seinem »Paradox über den Schauspieler« aus den Jahren 1770 bis 1773 sorgfältig ausgearbeitet.[32] In einem Brief vom 14. November 1769 schreibt er an seinen Freund Grimm über den – noch nicht fertiggestellten – Text: »Es ist ein schönes Paradox. Ich behaupte, daß es die Empfindsamkeit ist, die die mittelmäßigen Schauspieler macht; die extreme Empfindsamkeit die bornierten Schauspieler; der kalte Sinn und der Kopf die großartigen Schauspieler.«[33] In dem Dialog heißt es: »Spielt dagegen ein Schauspieler aus der Überlegung heraus, auf Grund des Studiums der menschlichen Natur, in beharrlicher Nachahmung eines ideellen Modells, aus der Einbildungskraft und aus dem Gedächtnis, so wird er aus einem Guß, in allen Vorstellungen ein und derselbe und immer gleich vollkommen sein.«[34] Und später: »Die Abbilder der Leidenschaft, die das Theater bietet, sind also keine wahren Abbilder. Sie sind nur übertriebene Porträts, nur große Karikaturen, die den Regeln der Konvention unterliegen.«[35] Diderot überträgt das Modell des kalten Auftritts des Schauspielers auf die Gesellschaft, die Öffentlichkeit: »Vor Gericht, in Versammlungen und an allen Orten, an denen man Herr über andere Geister werden will, täuscht man bald Zorn, bald Furcht, bald Mitleid vor, um die anderen zu diesen Gefühlen zu bringen. Was die Leidenschaft selbst nicht leistet: die gut nachgeahmte Leidenschaft bringt es zuwege …«[36] Dabei sei die Rolle des Mannes im öffentlichen Auftritt noch viel schwieriger als die des Schauspielers, »denn ein solcher Mensch hat auch noch Reden zu erfinden, hat also zwei Aufgaben zu erfüllen – die des Dichters und die des Schauspielers.«[37]

Wie der Schauspieler braucht der Politiker keine Gefühle zu haben, er muß Gefühle erzeugen; er muß keine Meinung haben, er muß sie erzeugen, er muß Mehrheiten schaffen. Piepmeyer tritt in eine Welt ein, in der Politik ein Berufsfeld ist. Er versucht, diesen Beruf zu erlernen, stellt sich dabei so ungeschickt an, daß wir, Betrachter und Betrachterinnen, unser Vergnügen daran haben. Aber durch seine Ungeschicklichkeit bringt er erst das zum Vorschein, was die Paulskirche von den Kammern der Vormärzzeit unterscheidet: hier agieren Männer, die Wählern Rechenschaft geben müssen, deren Aufgabe es ist, öffentlich akzeptiert zu werden. Mit Augenzwinkern plädieren Adolph Schrödter und Johann Hermann Detmold in gleicher Weise wie Denis Diderot: Der parlamentarische Schauspieler überlebt. Der Abgeordnete Blum jedoch, der Herrn Piepmeyer ins Stammbuch »Ueb' immer Treu und Redlichkeit!« schreibt, ist empfindsam: Er geht nach Wien und wird dort standrechtlich erschossen.

1   Siehe Werner Kruse, Adolph Schroedter als Graphiker, in: Wallraf-Richartz Jahrbuch II 1925, S. 122-157, bes. S. 144

2   Zu Adolph Schrödters Stellung in der Düsseldorfer Malerschule vgl. Wolfgang Hütt, Die Düsseldorfer Malerschule, 1819-1869. Neuaufl. Leipzig 1984, S. 92ff.; zu Schrödters kalligraphischen Schnörkeln vgl. Detlef Hoffmann: Immer ein Stiefkind der großen Künstl. Malerei, Buchillustration und Kinderbuch im 19. Jahrhundert, in: Detlef Hoffmann, Jens Thiele (Hg.): Künstler illustrieren Bilderbücher, Oldenburg 1986, S. 17–33.

3   Kruse 1925 (wie Anm. 1), S. 142.

4   Ebenda S. 143.

5   Johann Hermann Detmold, Anleitung zur Kunstkennerschaft, Hannover 1833, 2. Aufl. 1845.

6   Johann Hermann Detmold, Randzeichnungen, Braunschweig 1843.

7   Ausst.-Kat. »1848/49. Revolution der deutschen Demokraten in Baden«, Badisches Landesmuseum Karlsruhe, Baden-Baden 1998, S. 220; vgl. auch dort Kat. Nrn. 168, 169.

8   Karl Immermann, Münchhausen, eine Geschichte in Arabesken, Düsseldorf 1839. Der Roman war ein großer Erfolg, die 2. Auflage 1841, die 3. Berlin 1854.

9   Kruse 1925 (wie Anm. 1) S. 145.

10   Ich lege meinen Ausführungen zugrunde: Rodolphe Toepffer, Komische Bilderrromane, 2 Bde., Leipzig (Insel) 1967. »Die Geschichte des Monsieur Jabot« ist im 1. Band wiedergegeben. Sie erschien erstmalig 1833.

11   Er spricht dies deutlich in seinem »Essay sur la physiognomie« aus. Siehe Rodolphe Toepffer, Essay zur Physiognomie, aus dem Französischen übertragen von Wolfgang und Dorothea Drost, mit einem Nachwort von Karl Riha, Siegen 1982, etwa S. 6.

12   Vgl. David Kunzle, The history of the comic strip. 2 Bde. Berkeley 1973/1990, S. 357-388.

13   Kruse 1925 (wie Anm. 1), S. 145.

14   Siehe Torsten Kaufmann, Der Struwwelpeter – Vorläufer einer künstlerischen Avantgarde oder dilettantische Spielerei?, in: Hoffmann/Thiele 1986 (wie Anm. 2), S. 51-63.

15   Henry Ritter, Der Politische Struwwelpeter, Düsseldorf 1849, Reprint mit einem Nachwort von Karl Riha, Köln 1984.

16   Collection des Histoires en Estampes de R. Toepffer, 5me Volume, Mr. Albert, Genf 1846.

17   Ernst Gombrich, Kunst und Illusion, Köln 1967, S. 374-380; die erste Auflage erschien in London, 1959.

18   Thomas Kirchner, L'expression des passions. Ausdruck als Darstellungsproblem in der französischen Kunst und Kunsttheorie des 17. und 18. Jahrhunderts, Mainz 1991, S. 29.

19   Ebenda S. 24.

20   Ebenda S. 64.

21   Johann Jacob Engel, Ideen zu einer Mimik, Teil 1 Berlin 1785, Teil 2 Berlin 1786, bes. Teil 1, S. 34f.

22   Gombrich 1967 (wie Anm. 17), S. 379.

23   Ausführlich dazu Detlef Hoffmann, Ute Wrocklage: Die daguerreo-typisierten Männer der Paulskirche. Parlamentarierporträts der ersten deutschen Nationalversammlung in Frankfurt 1849/49, in: Bodo von Dewitz, Reinhard Matz (Hrsg.), Silber und Salz. Zur Frühzeit der Photographie im deutschen Sprachraum 1839-1860, Köln und Heidelberg 1989, S. 404-432, zu den Porträt-Galerien S. 407-414.

24   Ebenda S. 411.

25   Brief an einen Kunsthändler, in: Alfred Estermann (Hrsg.), Der Satyr, Bd. 1, 1848/49, Nachdruck Vaduz 1981, S. 3, ausführlich wiedergegeben ebenda S. 420f.

26   Ebenda S. 424.

27   Friedrich Hart, Ein Tag in der Paulskirche, Leipzig 1848, S. 12, ausführlicher wiedergegeben ebenda, S. 424.

28   Den Hinweis auf die Dagobert Geschichte erhielt ich von dem Donaldisten Klaus »The Index« Harms. Sie wurde erstmalig abgedruckt in: Disneyland Birthday Party 1, 1958/9, dt. Der Fortismiumbehälter, Micky Maus, Winter 1959.

29   Gombrich 1967 (wie Anm. 19), S. 374: »Auch Walt Disney hätte uns niemals so entzücken können, wenn er und seine Mitarbeiter nicht so tief in die Geheimnisse von Ausdruck und Physiognomik eingedrungen wären, ...«

30   Gilbert Austin, Die Kunst der rednerischen und theatralischen Declamation, in der deutschen Übertragung von Chr. Friedrich Michaelis, Leipzig 1818, Reprint Leipzig 1969, S. 72f.

31   Ebenda S. 73.

32   Über den Stand der Diskussion zu diesem Text informiert knapp Gunter Gebauer, Christoph Wulf, Mimesis. Kultur – Kunst – Gesellschaft. Reinbek bei Hamburg 1992, S. 247-261.

33   Ebenda S. 246.

34   Denis Diderot, Ästhetische Schriften, 2 Bände, Frankfurt am Main 1968, Band 2, S. 481-538, bes. S. 485.

35   Ebenda S. 521.

36   Ebenda S. 538.

37   Ebenda.

P. P.   Frankfurt a. M., im October 1848.

Seitdem in den Märztagen dieses Jahres die Stimme des Volkes nach langer Stille wieder mit gewaltigem Tone sich erhob und die Unterdrücker seiner Freiheiten vor das Gericht der öffentlichen Meinung rief, seitdem die entwürdigenden Fesseln der Censur gefallen sind, und Freiheit in Rede und Schrift an ihre Stelle trat, ist die Kritik des Volkes, d. h. sein Urtheil über öffentliche Zustände und Personen, zu einer bedeutsamen Macht herangewachsen, vor deren Scharfblick kein diplomatischer Schleier mehr schützt. Neben dem Haupt-Organ dieser Kritik, den Zeitungen und anderen öffentlichen Blättern, besteht aber ein zweites, nicht minder wirksames: die Carricatur. Mit unerbittlicher Geißel verfolgt diese die Lächerlichkeiten und Thorheiten der handelnden Personen auf der Schaubühne des Tages; sie deckt die Blößen auf, welche die öffentlichen Blätter oft kaum andeuten. An keinem Orte Deutschlands hat diese Kunst des Spottes und des Humors einen so ergiebigen Boden gefunden, als gerade in unsern Tagen hier in Frankfurt, wo sich in der zahlreichen Versammlung in der Paulskirche eine große Auswahl der originellsten Persönlichkeiten darbietet, deren hervorstechende Eigenheiten und Schwächen, deren Fehlgriffe in der Debatte, Versündigungen gegen die parlamentarische Geschäftsordnung u. u. zumeist mit der treffendsten Portrait-Aehnlichkeit und mit köstlichem Witze abkonterfeyet und gegeißelt werden. Die Zahl dieser hauptsächlich auf die Parlamentsmitglieder und zumeist auf in ganz Deutschland bekannte Namen bezüglicher Carricaturen wächst mit jedem Tage; der Debit derselben auf hiesigem Platze und der Umgegend hat eine kaum geahnte Ausdehnung erhalten; sehr viele Käufer, namentlich unter den Herren Deputirten selbst, haben vollständige Collektionen angelegt, die mit jedem neu erscheinenden Blatt ergänzt werden. Als Beweis des Interesses und der historischen Bedeutsamkeit, den diese Carrikaturen haben, diene die Bemerkung, daß viele Besitzer der stenographischen Berichte dieselben an den betreffenden Stellen einheften lassen und auf diese Weise eine fortlaufende Gallerie komischer Illustrationen zu den Verhandlungen in der Paulskirche erhalten. Von einzelnen frappanten Zeichnungen ist der Bedarf so groß, daß doppelte und mehrfache Steine dazu hergerichtet werden müssen.

Durch den außerordentlichen Aufschwung dieses Zweigs der Tageslitteratur veranlaßt, erlaubt sich der Unterzeichnete, welcher von den bekanntesten Verlegern hiesiger Stadt zum alleinigen Debit nach auswärts bestellt und berechtigt ist und bereits selbst eine Anzahl der trefflichsten Carricaturen (nach Art der hier beigefügten) herausgegeben hat, den auswärtigen Herren Buchhändlern seine Vermittelung zum Bezug derselben hiermit anzubieten.

Er hat stets ein vollständig assortirtes Lager aller bis jetzt erschienenen Blätter; die hauptsächlichsten derselben finden Sie nach beiliegendem Verzeichniß mit kurzer Erklärung der Darstellung zusammengestellt; von den angegebenen Preisen gestatte ich Ihnen 33⅓ %. Der Bezug versteht sich nur gegen baare Zahlung, weshalb Sie ihren hiesigen Commissionär zur Einlösung der betr. Packete beauftragen wollen. Nach Wunsch werde ich Ihnen wöchentliche Zusendungen der neu erschienenen Blätter machen und darauf bedacht sein, nur die besten und treffendsten Zeichnungen für Sie auszusuchen.

In der Ueberzeugung, daß Sie bei einiger Verwendung für diese für manche Gegenden noch ganz neuen Erzeugnisse der Kunst (die vielfach zur Ausschmückung der Zimmer, besonders in Wirthshäusern und Gasthöfen und zu andern Zwecken verwendet werden) einen überraschenden und lohnenden Erfolg erhalten werden, gebe ich mich der Hoffnung hin, daß sie meine hiermit gemachte Offerte benutzen und mich baldigst mit einer recht ansehnlichen Bestellung erfreuen werden. Ihre gefälligen Aufträge werden stets aufs prompteste ausgeführt werden.

Ich habe die Ehre hochachtungsvoll zu zeichnen

Ihr ergebenster

H. Umpfenbach.

Remigius Brückmann

Nationalpinsel, Satyr und Reichskolporteur

Bildsatiren auf Zeichner, Verleger und Vertriebsarten der Frankfurter Karikatur von 1848/49

Zieht man anläßlich des 150jährigen Jubiläums der Revolutionsereignisse und der Frankfurter Nationalversammlung eine Bilanz der Erforschung der deutschen Achtundvierziger-Karikatur, so wird man feststellen, wie wenig systematisch dieses Gebiet bisher bearbeitet worden ist.[1] Es ist bemerkenswert, daß gerade die grundlegenden Strukturen dieses historischen Phänomens, die Art und Beschaffenheit der Karikaturen und der sie tragenden Medien, noch nie planmäßig untersucht wurden. Daher sind zuverlässige, detaillierte Erkenntnisse über die meisten der Publikationsformen dieser politisch-satirischen Druckgraphik und über die mit deren Herstellung und Vertrieb verbundenen örtlichen Bedingungen, Arbeitsvorgänge, Berufe, Personen, Unternehmen usw. immer noch zu lückenhaft, um sich zu einem klaren Gesamtbild zusammenzufügen. Ebenfalls noch weitgehend unerforscht sind auch die Funktionen dieser Karikaturen und ihre Rezeption in der zeitgenössischen Öffentlichkeit.

Inzwischen deutet der schleppende Fortgang – wenn nicht sogar eine gewisse Stagnation – der Achtundvierziger-Karikaturforschung darauf hin, daß sie mit ihrer bisherigen, auf das Einzelbild konzentrierten Sichtweise, an Grenzen gestoßen ist. Es scheint somit die Zeit für eine Neuorientierung gekommen, unter einer stärkeren Einbeziehung der medialen Aspekte dieser Karikatur.

Die verschiedenen Trägermedien der Karikaturen legen eine Einteilung nach Form und Erscheinungsweise nahe.[2] So finden sich Karikaturen in gesammelter Form und als Einzelblatt, in periodischer und in unregelmäßiger Erscheinungsweise. In zusammenhängender Form erschienen in den beiden Revolutions- und Parlamentsjahren in Deutschland Karikaturen in satirisch-politischen Zeitschriften, als Hefte, in Mappen und in Büchern. Mit Ausnahme der periodischen Zeitschriften handelt es sich bei allen übrigen Publikationsformen um unregelmäßig erscheinende.[3] Den umfangreichsten und historisch bedeutendsten Komplex innerhalb der deutschen Karikatur von 1848/49 bilden die sogenannten Einblattdrucke[4]; sie werden auch als Karikaturen- oder Bildflugblätter bezeichnet und bestehen aus nur einem, einzeln erschienenen Blatt.[5] Bei diesen Einblatt-Karikaturen finden sich Zwischenformen: Einzelblätter, die eine als solche kenntlich gemachte Serie ergeben und solche, die als Mappenwerke erschienen sind, sowie einzeln gehandelte Loseblatt-Beilagen zu satirisch-politischen Periodika. Die Frage, ob ein in Sammlungen einzeln vorkommendes Blatt auch in dieser Form veröffentlicht worden ist, läßt sich gelegentlich schwer beantworten, da die ursprünglichen Mappen und Hefte später nicht selten aufgelöst oder zerlegt worden sind.[6] Einige der Mappen, Heftumschläge oder Titelblätter haben sich jedoch glücklicherweise erhalten, wie auch wenige unversehrte Hefte.

Das wichtigste Druck- und Verlagszentrum der deutschen Achtundvierziger-Karikatur war zweifellos der Sitz der Nationalversammlung, die Stadt Frankfurt am Main mit ihrer unmittelbaren Umgebung; nicht nur in Bezug auf den Umfang der Produktion von Karikaturen und anderer politischer Graphik, sondern auch hinsichtlich der Anzahl der beteiligten, miteinander konkurrierenden oder zusammenarbeitenden Unternehmen und Personen. Im Sinne eines Produktionszentrums sind zur Freien Stadt Frankfurt noch die beiden nordwestlich gelegenen, damals großherzoglich-hessischen Orte Rödelheim[7] und Bockenheim[8] sowie die zu jener Zeit ebenfalls hessen-darmstädtische Kreisstadt Offenbach am Main, im Südosten zu zählen. Diese in den Impressen genannten Druck- oder Verlagsorte gehören, bis auf das unmittelbar daran angrenzende Offenbach, heute zum Frankfurter Stadtgebiet.

Das Phänomen der Frankfurter Parlamentskarikatur erschien auch den daran Beteiligten so bemerkenswert, daß es von ihnen selbst in Bild und Text aufgegriffen wurde. Unter den lithographierten Einblattkarikaturen aus Frankfurt und Umgebung[9] fanden sich ungefähr fünfundzwanzig Blätter, die sich auf verschiedene Weise mit dem eigenen Medium befassen: mit den Zeichnern, Verlegern, dem Vertrieb und der Funktion, ja sogar mit dem rechtlichen Umfeld dieser satirisch-politischen Graphik. Zwar sind die meisten dieser Darstellungen nicht unbekannt, jedoch sind sie bisher nicht zu einem Komplex der Selbstbetrachtung der Frankfurter Achtundvierziger-Karikatur zusammengefaßt und als eine mögliche Quelle für Erkenntnisse über deren Strukturen und Protagonisten[10] erkannt worden.

Die Zeichner, das erste Glied in der Kette der Karikaturenherstellung, sind mehrfach selbst zum Bildthema geworden. »Der Nationalpinsel« (Abb. 1) ist eine kleinformatige[11] Federlithographie betitelt, die unter dem Bild den Text trägt: »Spricht sehr wenig, sitzt rechts und pinselt links«. Die Darstellung ist einfach: eine Malerpalette, aus deren Griffloch drei Pinsel ragen; der mittlere Pinsel ist zu einem männlichen Kopf mit Schnurrbart umgewandelt. Links unten im Bild befindet sich ein seitenverkehrtes Monogramm »Mz.« (kursiv) und unten rechts das Impressum »Herausgegeben u. zu haben bei S Stern in Offenbach«. An handschriftlichen Zusätzen trägt das abgebildete Exemplar noch oben rechts eine alte Inventarnummer (in brauner Tinte) und unten rechts die Preisangabe »6x«[12] (in Bleistift).

Dieses, wie sein häufiges Vorkommen in Sammlungen[13] vermuten läßt, erfolgreiche[14] Blatt enthält viele charakteristische Elemente der Frankfurter Einblattkarikatur und eine Vielzahl entschlüsselbarer Hinweise und Informationen. Stilistisch überaus geschickt und einprägsam ist die horizontale und vertikale Dreiteilung des Blattes, die auch im Inhalt der Bildunterschrift (»spricht« – »sitzt« – »pinselt«, »wenig« – »rechts«-»links«) enthalten ist. Diese innige Verbindung von Bild und Text entspricht der – gleichfalls dreiteiligen – Struktur der Embleme[15] seit dem 16. Jahrhundert, aus Motto (Lemma), Bild (Icon) und Unterschrift (Epigramm); sie, wie die dem damaligen Betrachter aus der christlichen Religion vertraute Dreizahl findet sich vielfach in den Frankfurter Einblattkarikaturen.[16] Wie schon die übereinstimmenden Beischriften auf verschiedenen Exemplaren nahelegen, stellt der mittlere Pinsel den Abgeordneten der Rechten der Frankfurter Nationalversammlung, Alphons[17] von Boddien[18] dar. Diese Deutung läßt sich durch den Vergleich mit mehreren Porträts[19] bestätigen: Auf den meisten sind sowohl Boddiens langgezwirbelter Schnurrbart, als auch seine charakteristische Haartolle – auf der Karikatur die Spitze des »Nationalpinsels« – deutlich sichtbar (Abb. 2). Mit Boddien befinden wir uns bereits im Zentrum der Frankfurter Achtundvierziger-Karikatur. Kaum bestreitbar ist er der populärste Karikaturist des Paulskirchen-Parlaments, dem er als Vertreter des Wahlkreises Pleß (Preußisch Schlesien) angehörte.[20] Boddien war von Beruf Offizier, 1848 preußischer Rittmeister[21] und als Zeichner »Dilettant«, dafür aber ein ausgesprochenes Talent, mit einem höchst trockenen, distanzierten, jedoch gutmütigen Humor.[22] Obwohl nur vierzehn[23] nach seinen Entwürfen lithographierte und mit seinem Monogramm (»AvB«, kursiv in Ligatur)[24] versehene Achtundvierziger-Karikaturen überliefert sind[25], ist sein Ruhm[26] weitaus größer als der anderer, zahlenmäßig produktiverer Karikaturenzeichner jener Zeit.[27]

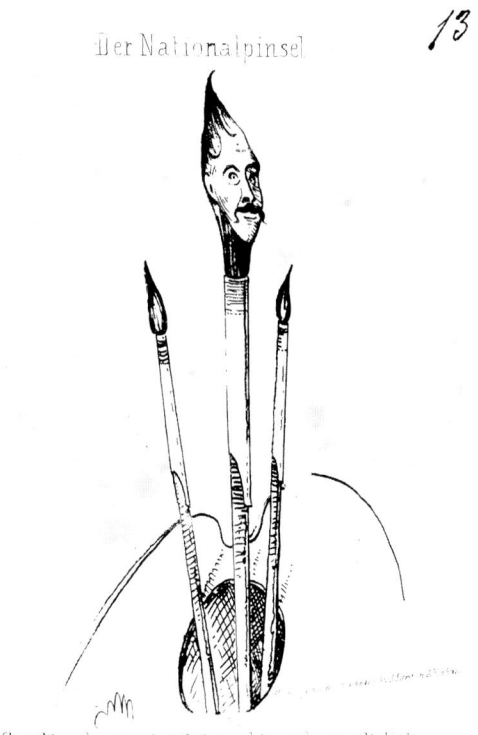

Abb. 1   Gerhard Malß, Der Nationalpinsel, Lithographie 1848.

Es seien hier nur drei Zeitzeugen zitiert: Der hamburgische Gesandte bei der Provisorischen Zentralgewalt, Gustav Heinrich Kirchenpauer, berichtete
am 30. Juli 1848 seiner Frau nach Hamburg: »[...]
und Herr von Boddien zeichnet Karikaturen, die zum
Teil sehr gut sind«[28] ; Hans Christoph von Gagern
schrieb am 11. August 1848 an seinen Sohn Heinrich, den Parlamentspräsidenten in Frankfurt, daß
von einer ihm zugegangenen »Last Karikaturen«, die
»Weltanschauung« (ein bekanntes, den Abgeordneten der Linken, Arnold Ruge darstellendes Blatt Boddiens[29])»besonders die Damen ergötzt«.[30] Der
Schriftsteller und Abgeordnete des linken Zentrums
Heinrich Laube [31] schließlich bemerkte 1849:
»Während dem eigentlichen Drange jener Revolution [d. i. die französische von 1789] war es keinem
Adligen beigekommen, die Redner des Berges[32]
durch Zeichnungen populär zu machen, wie Herr
von Boddien, ein hoch gewachsener und tapfrer
preußischer Reiteroffizier, zu tun begann an seinen
Kollegen in der Paulskirche. Er saß auf der Rechten,

und hielt die Herren auf der Linken selbst damals
schon für so wenig gefährlich, daß er einen ihrer
grimmigsten Adelstödter, welcher mit Abschaffung
aller Standesvorrechte noch lange nicht zufrieden
war, daß er [den Abgeordneten] Herrn Rösler[33],
einen Schullehrer aus Oels, als Kanarienvogel
herausgab.«[34]

Die – auch im Laube-Zitat anklingende – Bildunterschrift des Blattes der »Nationalpinsel« nimmt auf
geistreiche Weise Bezug auf Boddien, indem sie
den Text eines seiner erfolgreichsten[35] Blätter, »Der
Reichs-Kanarienvogel«[36] (»Singt wenig – spricht viel
– und lebt von Diäten«[37]), aufnimmt und abwandelt.
Auch der Blatt-Titel »Der Nationalpinsel« zeugt von
Boddiens Prominenz als Karikaturist: Mehr noch als
dieser, wurde der Titel »Reichspinsel«[38] der allgemein geläufige Spitzname[39] Boddiens. Er erhielt ihn
mit der Schaffung satirischer Reichs-, National- und
Parlamentsämter[40] und entsprechender Titel für Abgeordnete, Tiere, Institutionen, Maschinen und anderes mehr, im Zuge der nationalen Einigungs- und
Parlamentseuphorie. Wie gesagt, beteiligte sich
auch Boddien selbst an diesen satirischen Erfindungen, deren erste in der langen Kette wohl sein er-
wähnter »Reichs-Kanarienvogel« ist.[41] So entstanden mehr als vierzig derartige Frankfurter Blätter
verschiedener Zeichner, bis hin zum – aus gutem
Grund kaum bekannt gewordenen – »Parlaments-
Priapus«.[42]

Der bedeutungsvollste Beweis für Boddiens herausragende Stellung als Karikaturist der Nationalversammlung ist jedoch nicht diese spöttisch-aner-
kennende Titelverleihung, sondern, daß er als Zeichner Gegenstand von Karikaturen wurde. Insgesamt
sieben karikierende Darstellungen Boddiens haben
sich finden lassen; darunter eine, in der sich Boddien selbst – als kleine Nebenfigur – karikiert hat.[43]

Die verhältnismäßig geringe Anzahl Boddienscher
Blätter dürfte auf die Kürze seiner Tätigkeit als Karikaturist zurückzuführen sein, denn diese währte nur
um die fünf Wochen; alle mit seinem Monogramm
versehenen Blätter beziehen sich auf Ereignisse zwischen dem 7. Juli und dem 12./13. August[44] 1848
oder lassen sich mit einiger Wahrscheinlichkeit in
diesen Zeitraum datieren.[45] Boddiens Erfolg ist auch
– indirekt – Ursache für einen sich hartnäckig hal-
tenden Irrtum, der anscheinend im Jahre 1903 vom
Kulturhistoriker Eduard Fuchs[46] in die Welt gesetzt
wurde, daß nämlich »die Frankfurter Parlaments-
karikaturen in ihrer großen Mehrzahl der National-

versammlung selbst [entstammten].«[47] Laut Fuchs handelte es sich bei den Karikaturen: »um ein systematisch betriebenes Geschäft, eröffnet von dem der Rechten angehörigen Abgeordneten von Boddien und fortgesetzt und erweitert von verschiedenen andern Abgeordneten auf allen Seiten des Hauses«.

Fuchs kommt zu dem Schluß: Die Nationalversammlung habe sich »selbst nicht ernst [genommen]«, sich »zur komischen Figur [gemacht]« und »wollüstig mit eigenen Händen ihr Ansehen [zerfetzt]«.[48] Tatsächlich läßt sich jedoch nur e i n Paulskirchen-Abgeordneter mit Sicherheit als Zeichner identifizieren: Alphons von Boddien! Dem häufig in diesem Zusammenhang genannten Abgeordneten der Rechten Ferdinand Haubenschmidt[49] wird bisher nur ein einziges Blatt[50] zugeschrieben[51], und der gleichfalls der Rechten zugehörige Abgeordnete und zeitweilige Reichsjustizminister Johann Hermann Detmold[52] hat – im Gegensatz zu mancher Behauptung – nicht gezeichnet, sondern literarische Satiren verfaßt.[53]

Das erwähnte Monogramm »Mz«[54] auf dem Blatt »Der Nationalpinsel«, weist auf den Frankfurter Maler Gerhard Malß[55] als Zeichner hin. Malß, ein Städel-Schüler, teilte als Karikaturist nicht den Rang Boddiens, für den er offensichtlich Bewunderung hegte; denn nicht nur ist Malß' »Nationalpinsel«, als größter von drei Pinseln (hier als Symbol für Zeichner), überwiegend positiv zu verstehen, sondern mehrere unveröffentlichte Entwürfe[56] von Malß sind offensichtliche Repliken auf Boddiensche Karikaturen[57] oder deren gedankliche Fortsetzungen.

Es sind insgesamt elf mit Sicherheit von Malß stammende – und wohl auch eigenhändig[58] lithographierte – Karikaturen nachweisbar. Wie Boddien, der nicht nur »links pinsele«, karikierte auch Malß Abgeordnete beider politischen Richtungen. Gelten bei Boddien 9 seiner 14 Blätter (ca. 64%) der Linken, 3 der Rechten (ca. 22%) und 1 Blatt beiden Fraktionen (ca. 14%), so ist das Verhältnis bei Malß nicht wesentlich anders: Malß widmete sich der Linken in 6 von 11 Karikaturen (55%), der Rechten in 4 (36%) und beiden zugleich in 1 (9%). Dieser statistische Vergleich täuscht jedoch insofern, als Malß, in seinen Karikaturen etwas weniger humorvoll und gelassen als der vom Skurrilen auf beiden Seiten des Parlaments faszinierte Boddien, seine »rechten« Sympathien nicht verbarg und gegen dessen linke Mitglieder bisweilen recht giftig und gehässig agitierte, wovon besonders einige seiner Karikaturen

auf den Abgeordneten Robert Blum[59] zeugen; auch vor Derbheiten[60] schreckte Malß nicht zurück.

Etwas Weiteres verbindet beide Zeichner: Boddien zeichnete, ebenso wie Malß, für die »Lithographische Anstalt E. G. May in Frankfurt a. M.«. Während jedoch alle vierzehn Blätter Boddiens deren Druckvermerk tragen, sind nur sechs der elf Karikaturen von Malß nachweislich bei May gedruckt worden.

Das Impressum des »Nationalpinsel« vermerkt, daß dieser von »S. Stern in Offenbach« »herausgegeben« und dort auch »zu haben« sei.[61] Über den Drucker des Blattes gibt es hier also keine Angaben, lediglich über den Unternehmer, der den Verlag und Einzelvertrieb besorgte. Der Grund für die Verschiedenartigkeit der Impressen auf den Frankfurter Karikaturen liegt noch im Dunkel. Es gibt solche, die den Drucker, den Verleger oder den Vertreiber des Blattes nennen, allein oder in wechselnden Verbindungen; auf fast hundert Einzelblättern hingegen fehlt jegliche Angabe. Der Frage, welche gesetzliche Vorschrift nach der Einführung der (relativen) »Preßfreiheit« (durch Bundesbeschluß vom 3. März 1848)[62] in der Freien Stadt Frankfurt und im Großherzogtum Hessen für Urhebervermerke auf Karikaturen galt, scheint noch niemand nachgegangen zu sein. Im genannten Bundesbeschluß heißt es:

»1) Jedem deutschen Bundesstaate wird freigestellt, die Censur aufzuheben und die Preßfreiheit einzuführen.

2) Dieß darf jedoch nur unter Garantieen geschehen, welche die anderen deutschen Bundesstaaten und den ganzen Bund gegen den Mißbrauch der Preßfreiheit möglichst sicherstellen.«

Das hierauf folgende preußische »Gesetz über die Presse« (vom 17. März 1848)[63] erklärt:

»Nachdem inzwischen der Bundesbeschluß vom 3. März d. J. ergangen, ein für alle deutschen Bundesstaaten gemeinsames Preßgesetz aber, wie Wir es im Interesse deutscher Einheit gewünscht hätten, für jetzt nicht zu erzielen gewesen ist [...]«

und verfügt:

»§. 1. Die Censur wird hiermit aufgehoben. [...]

§. 3. Auf jeder Druckschrift muß am Schluß der Name und Wohnort des Druckers, auf jedem mechanisch vervielfältigten Bildwerk am Fuß die Name und Wohnort Desjenigen, der die Vervielfältigung bewirkt hat, angegeben werden. Außerdem muß auf [...] dem Bildwerk, wenn [es], es sei mit

Anfrage des Eduard Gustav Satyr der sich mit seiner Sippschaft der Vernichtung preıfs gegeben sieht:
„Gedenkt das Ministerium daſs das Gesetz vom 30 Sept:den Schutz der Abgeordneten betr:nach Art der k.k.Regierüng
in Wien so fort gehandhabt werde ??? _._._.

Verlag v. R Baist in Rödelheim.

Abb. 3   Ludwig Kohlbacher, Anfrage des Eduard Gusiav Satyr..., Lithographie 1848.

oder ohne Übertragung des Verlagsrechts, durch den Buch= oder Kunsthandel verbreitet werden soll, der Name und Wohnort der mit der Verbreitung beauftragten Handlung genannt sein.«

Auf lithographierten Karikaturen, als unter diese Bestimmung fallenden »Bildwerken«, mußte also nach dem 17. März 1848 in Preußen der Herausgeber und die Vertriebshandlung genannt werden; die Angabe des Druckers war (zumindest auf schriftlosen Bildwerken) nicht vorgeschrieben. Die verwirrende Artenvielfalt der Impressen auf den Frankfurter Einzelblättern scheint ein Indiz für eine 1848 dort herrschende, unsichere Gesetzeslage zu sein. Zur Feststellung der tatsächlichen Tätigkeitsbereiche der an der Karikaturenherstellung beteiligten Unternehmer reichen die Impressen jedenfalls nicht aus.

Über den Offenbacher Verleger S. Stern hat sich nur wenig in Erfahrung bringen lassen[64], obwohl er mit der Herausgabe von über vierzig Einzelblättern nach E. G. May der zweitgrößte Karikaturenverleger im Frankfurter Raum war. Lediglich eine ungedruckte Würzburger Dissertation von 1923 enthält einige Hinweise:

»Im Revolutionsjahr 1848 zeichnete er [d. i. Leopold Nickelsberg, 1821 – 1903] Karikaturen auf das Frankfurter Parlament, die von S. Stern in Offenbach herausgegeben wurden. Dieser Samuel [!] Stern wohnte täglich den Verhandlungen in der Paulskirche [...] bei. Sofort nach der Sitzung suchte er seinen Freund Nickelsberg auf, schilderte ihm die Szenen, die persifliert werden sollten und Nickelsberg zeichnete sie sogleich auf den Stein; in den Abend= und Nachtstunden wurden sie sodann gedruckt und bereits am andern Morgen kolportiert.«[65]

Ob der Verleger Samuel Stern selbst eine lithographische Presse besaß oder Karikaturen im Lohndruck, beim Lithographen Nickelsberg, herstellen ließ, bleibt weiterhin ungewiß.

Geradezu ein Schlüsselblatt unter den Selbstdarstellungen des Mediums Karikatur stellt das fünffigurige, szenische Blatt mit der Unterschrift: »Anfrage

Abb. 4 Anonym, Bildnis Alphons von Boddien, Holzstich 1848.

1848 an Reichsinnenminister und vom 24. September bis zum 15. Dezember desselben Jahres zusätzlich Reichsministerpräsident und Außenminister. Vor ihm kniet der bekannteste Frankfurter Hersteller und Verleger von politischer Graphik aller Art, Eduard Gustav May.[70] Die Deutung dieser beiden Figuren ist durch Porträtvergleiche gesichert; der Bezug auf May wird zudem in der Bildunterschrift offenkundig: die Verwendung des »Satyr« als Synonym für May, geht auf dessen gleichnamige satirische Zeitschrift *DER SATYR* zurück. Bisher unendeckt geblieben ist, daß in der Loseblatt-Beilage »zu Satyr No. 2a«, betitelt »Reichs Lichter«, E. G. May ebenfalls dargestellt ist – diesmal als bocksohriger Satyr im Narrenkleid, der unter einem riesigen Kronleuchter schwebt.[71]

Die von Cornill[72] vorgenommene Deutung[73] der beiden Schleppenträger als »G. Wirsing«[74] und »Gerh. Malß« hält einer genaueren Betrachtung nicht Stand.[75] Der »lange Kerl« in Uniform mit dem Attribut eines riesigen Pinsels unter dem Arm ist unschwer als der »Nationalpinsel« Boddien zu identifizieren, auch wenn sein Kopf hier auf einer anderen Vorlage beruht, nämlich auf einem Profilbild (Abb. 4) mit – in der Karikatur nur schwach erkennbarem –

des Eduard Gustav Satyr der sich mit seiner Sippschaft der Vernichtung preiß gegeben sieht: [...]«[66] (Abb. 3) dar; es erschien im »Verlag v. R. Baist in Rödelheim[67]« und ist links unten mit »L. Kohlb.«[68] bezeichnet. Von links nach rechts zeigt die Darstellung: einen erhöht auf einem Podest stehenden, vogelartigen Mann in Uniform (ihr Frackschoß endet in einer Pfauenfeder), mit Zweispitz und Degen, davor eine devot kniende, männliche Gestalt in einem Umhang, welche dem Würdenträger ein Schriftblatt (»Gese[tz] / vom 27 /Septem[ber] /1848 /Art. /1 & 2«) entgegenstreckt. Die Schleppe des langen Umhangs des Bittstellers wird von zwei stehenden Männern gehalten, von denen der linke klein und untersetzt, der rechte hingegen groß und schlank ist. Am rechten Bildrand verläßt ein Pfeife rauchender, bebrillter Mann die Szene; er hält eine Zeichenmappe unter dem Arm. Bei der Figur am linken Bildrand handelt es sich eindeutig um den Abgeordneten Anton von Schmerling[69], vom 15. Juli

Leo v. Elliot.

Abb. 5 Anonym, Bildnis Leo von Elliot, Holzstich 1848.

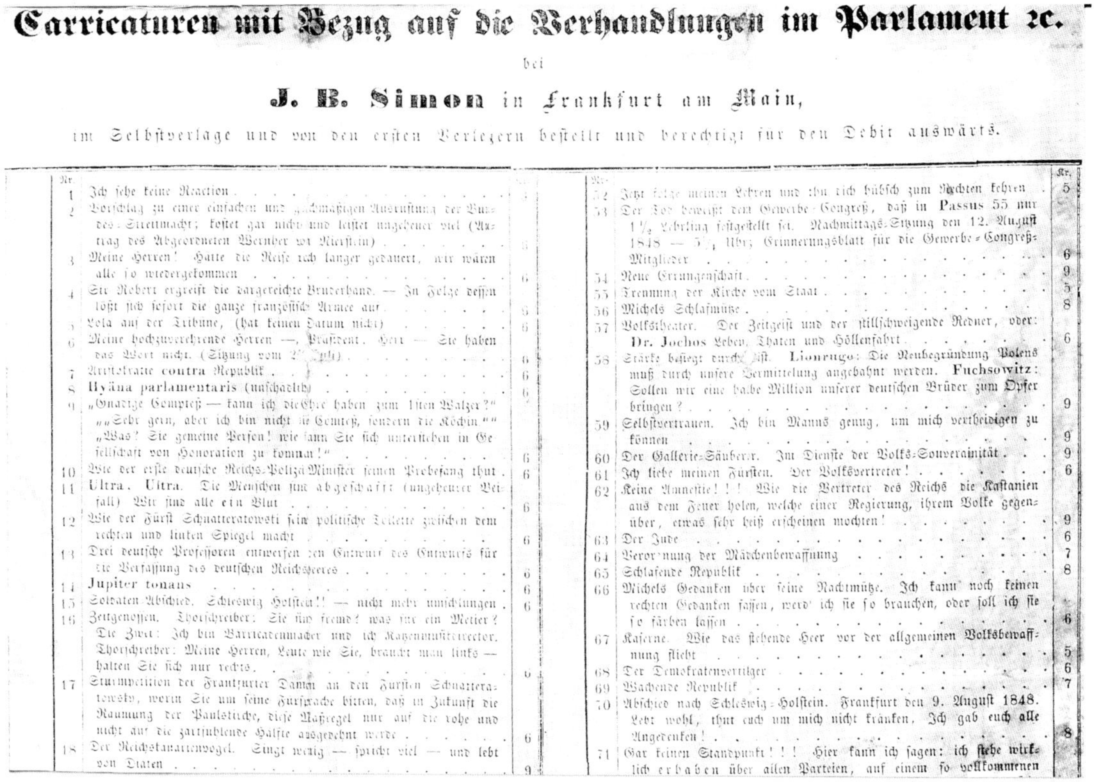

Carricaturen mit Bezug auf die Verhandlungen im Parlament ꝛc.

bei

J. B. Simon in Frankfurt am Main,

im Selbstverlage und von den ersten Verlegern bestellt und berechtigt für den Debit auswärts.

Nr.		Kr.
1	Ich sehe keine Reaction	[illegible]
2	Vorschlag zu einer einfachen und zweckmäßigen Ausrüstung der Bundes-Streitmacht; kostet gar nichts und leistet ungeheuer viel (Antrag des Abgeordneten Wernher von Nierstein)	6
3	Meine Herren! Hätte die Reise noch langer gedauert, wir wären alle so wiedergekommen	6
4	Sir Robert ergreift die dargereichte Bruderhand. — In Folge dessen löst sich sofort die ganze französische Armee auf	6
5	Lola auf der Tribune, (hat keinen Datum nicht)	6
6	Meine hochzuverehrende Herren —, Präsident. Herr — Sie haben das Wort nicht. (Sitzung vom 2[illegible] Juli)	6
7	Aristokratie **contra** Republik	6
8	**Hyäna parlamentaris** (unschädlich)	6
9	„Gnädige Comteß — kann ich die Ehre haben zum 1sten Walzer?" „„Sehr gern, aber ich bin nicht die Comteß, sondern die Köchin."" „Was? Sie gemeine Person! wie kann Sie sich unterstehen in Gesellschaft von Honoration zu kommen!"	6
10	Wie der erste deutsche Reichs-Polizei-Minister seinen Probefang thut	6
11	**Ultra. Ultra.** Die Menschen sind abgeschafft (ungeheurer Beifall) Wir sind alle ein Blut	6
12	Wie der Fürst Schnatteratowski sein politische Toilette zwischen dem rechten und linken Spiegel macht	6
13	Drei deutsche Professoren entwerfen den Entwurf des Entwurfs für die Verfassung des deutschen Reichsheeres	6
14	**Jupiter tonans**	6
15	Soldaten Abschied. Schleswig Holstein!! — nicht mehr umschlungen	6
16	Zeitgenossen. Thorschreiber: Sie sind fremd? was für ein Metier? Die Zwei: Ich bin Barricadenmacher und ich Katzenmusikdirector. Thorschreiber: Meine Herren, Leute wie Sie, braucht man links — halten Sie sich nur rechts.	6
17	Sturmpetition der Frankfurter Damen an den Fürsten Schnatteratowsky, worin Sie um seine Fürsprache bitten, daß in Zukunft die Räumung der Paulskirche, diese Maßregel nur auf die rohe und nicht auf die zartfühlende Hälfte ausgedehnt werde	6
18	Der Reichskanarienvogel. Singt wenig — spricht viel — und lebt von Diäten	9
52	Jetzt folge meinen Lehren und thu dich hübsch zum Rechten kehren	5
53	Der Tod beweist dem Gewerbe-Congreß, daß in **Passus 55** nur 1½ Lehrling festgestellt sei. Nachmittags-Sitzung den 12. August 1848 — 5¼ Uhr; Erinnerungsblatt für die Gewerbe-Congreß-Mitglieder	6
54	Neue Errungenschaft	9
55	Trennung der Kirche vom Staat	5
56	Michels Schlafmütze	8
57	Volkstheater. Der Zeitgeist und der stillschweigende Redner, oder: **Dr. Jochos** Leben, Thaten und Höllenfahrt	6
58	Stärke besiegt durch List. **Lionrugo**: Die Neubegründung Polens muß durch unsere Vermittelung angebahnt werden. **Fuchsowitz**: Sollen wir eine halbe Million unserer deutschen Brüder zum Opfer bringen?	9
59	Selbstvertrauen. Ich bin Manns genug, um mich vertheidigen zu können	9
60	Der Gallerie-Säuberer. Im Dienste der Volks-Souverainität	9
61	Ich liebe meinen Fürsten. Der Volksvertreter!	6
62	Keine Amnestie!!! Wie die Vertreter des Reichs die Kastanien aus dem Feuer holen, welche einer Regierung, ihrem Volke gegenüber, etwas sehr heiß erscheinen mochten!	9
63	Der Jude	6
64	Verordnung der Mädchenbewaffnung	7
65	Schlafende Republik	8
66	Michels Gedanken über seine Nachtmütze. Ich kann noch keinen rechten Gedanken fassen, werd' ich sie so brauchen, oder soll ich sie so färben lassen	6
67	Kaserne. Wie das stehende Heer vor der allgemeinen Volksbewaffnung flieht	5
68	Der Demokratenvertilger	6
69	Wachende Republik	7
70	Abschied nach Schleswig-Holstein. Frankfurt den 9. August 1848. Lebt wohl, thut euch um mich nicht kränken. Ich gab euch alle Angedenken!	8
71	Gar keinen Standpunkt!!! Hier kann ich sagen: ich stehe wirklich erhaben über allen Parteien, auf einem so vollkommenen	

Abb. 6 Werbedrucksache des Verlegers J. B. Simon, Typendruck 1848 (Ausschnitt).

Schnurrbart und deutlichem Kinnbart, erschienen in der Illustrirten Zeitung[76] im Oktober 1848, kurz vor der Zeit, in die das Blatt »Anfrage ...« zu datieren ist.

Die Benennung des neben Boddien stehenden kleinen, bärtigen Mannes im Malerkittel war ungleich schwieriger. Erst die langwierige Suche nach Bildnissen der wichtigsten für May tätigen Zeichner, denn um solche mußte es sich bei den Schleppenträgern aus seiner »Sippschaft« handeln, führte zu einer neuen Deutung: es könnte sich hier um den, bisher nur an Hand von diversen Monogrammen[77] und Signaturen nachweisbaren, Zeichner Leo von Elliot[78] (Abb. 5) handeln. Aus seinem Nachruf verlautet, daß er Zeichentalent und »einen unverwüstlichen kaustischen Humor« besessen habe und – trotz seiner Londoner Geburt – »ein biederer Rheinhesse und ein echter Deutscher«, mit »[deutscher] künstlerische[r] Ausbildung« gewesen sei.[79] Elliots Achtundvierziger-Karikaturen werden dort nicht erwähnt, zwischen den Zeilen ist jedoch zu entnehmen, daß er nach dem Scheitern der Revolution, um 1850, nach Brüssel emigrierte, wo er bis zu seinem Tode blieb und für die Illustrirte Zeitung Illustrationen zeichnete. In Frankfurt war Elliot einer der produktivsten Zeichner überhaupt. Er zeichnete Einblattkarikaturen und politisch-satirische Bildergeschichten (in Heften erschienen) sowie politische Ereignis- und Schmuckblätter für die Frankfurter Firmen E. G. May, C. Knatz und für R. Baist in Rödelheim. Die Tendenz der Elliot'schen Graphik aller Sparten ist durchgängig eine mit der Revolution sympathisierende.

Die Figur ganz rechts in der »Anfrage« schließlich stellt den gelernten Lithographen, 1848/49 in Frankfurt nur als »Verlag«[80] firmierenden, Johann Bernhard Simon[81] dar.[82] Simon war ein wichtiger Mann im Geflecht der Frankfurter Achtundvierziger-Graphik. Nicht nur gab er mindestens dreißig Karikaturen selbst heraus, er war auch noch für den auswärtigen Vertrieb (»Debit für Auswärts«) für mindestens acht weitere Verlage »bestellt«; hiervon

zeugt die erhaltene Verlagsliste[83] (Abb. 6), die Ende August oder Anfang September 1848 zu datieren ist und hundert Blätter, sowohl des eigenen Verlags, als auch der Frankfurter Firmen May, Mittenzwey, Wagner, Knatz und Müller, sowie der Offenbacher Verleger Stern und Reuss, mit Titeln und Preisen aufführt.[84] Die auf einer Beischrift[85] beruhende,
überzeugende Identifizierung Simons führt zu einer
anderen Karikatur[86], auf der ebenfalls ein Mann mit
Vollbart, Pfeife und Brille[87], im Gehrock, diesmal jedoch in seinem Graphikladen (zusammen mit dem
Abgeordneten Felix Fürst von Lichnowsky) erscheint;
das Blatt trägt Elliots Monogramm und ist bei
C. Knatz in Frankfurt gedruckt (Abb. 7).

Der Inhalt der »Anfrage des Eduard Gustav Satyr«
schließlich bezieht sich auf zwei Reichsgesetze:
das Immunitätsgesetz für Abgeordnete vom 30. September 1848, das diese vor Strafverfolgung und
Verhaftung schützt und das die Verkündung von
Reichsgesetzen betreffende vom 27. September
1848. [88] Satirisch ist hier gemeint, daß May und
seiner »Sippschaft«, also seinen Zeichnern und
Wiederverkäufern im speziellen, sowie den Her-

Reichs = Colporteur.

Abb. 8   Wilhelm Völker (?), Reichs=Colporteur,
Lithographie 1848.

stellern, Verlegern und Vertreibern von Parlaments-
karikaturen allgemein, durch die Verfolgung und
Verhaftung von Abgeordneten die Existenzvernich-
tung drohe.[89]

Der reale Hintergrund war die umstrittene Verhaftung der beiden linken Abgeordneten Robert Blum
und Julius Fröbel[90] in Wien, von der die Nachricht
am 8. November in Frankfurt eintraf. Da Blums Hinrichtung am 14. November in Frankfurt bekannt
wurde, kann diese Karikatur nur zwischen diesen
beiden Terminen entstanden sein.

Als letztes sei ein kurzer Blick auf eine weitere
einfigurige Karikatur aus der Gattung der »Reichs-
ämter« geworfen. Mit »Reichs=Colporteur« (Abb. 8)
ist ein unbezeichnetes Blatt[91] ohne Impressum unter-
titelt. Stilmerkmale lassen auf den Maler Wilhelm
Völker[92] als Zeichner schließen; der Verlag des
Blattes ist vermutlich der von E. G. May. Die Darstellung zeigt den Abgeordneten Johann Hermann
Detmold[93] (»J. H. D.«), der das erste Heft des von

Schnapphansky : Keine neue Caricatur auf mich nach der gestrigen Katzenmusik?

Abb. 7   Schnapphansky: Keine neue Caricatur auf
mich..., Lithographie 1848.

ihm und dem Maler Adolph Schroedter[94], der die Karikaturen lieferte, verfaßten Werkes »Thaten und Meinungen des Herrn Piepmeyer [...]« als Kolporteur feilbietet. Diese berühmte Parlamentssatire, ab Herbst 1848 in Frankfurt erschienen, war von Anfang an ein großer Erfolg. Wie das Signum auf den Hefttiteln beweist, arbeitete auch Boddien anfänglich daran mit. Detmold soll ebenfalls die Texte zu Boddiens Karikaturen verfaßt haben, wofür allerdings die Beweise noch ausstehen. Außer Detmold verfaßten noch zwei weitere Abgeordnete Parla-

mentssatiren: einer der Linken, Moritz Hartmann[95], die »Reimchronik des Pfaffen Maurizius« (1849) und einer der Rechten, Gustav Schwetschke[96], die »Novae epistolae obscurorum virorum« (Neue Dunkelmännerbriefe, 1849).

Mit Detmold, dem herausragenden Verfasser von Karikaturen-Texten, als »Reichs-Colporteur« und seiner für die Bildsatire werbenden Geste, soll dieser erste Einblick in die Darstellung von Zeichnern, Textern, Druckern, Verlegern und Vertreibern der Frankfurter Karikatur von 1848/49 schließen.

1   Vgl. dazu u. a. die Literaturübersicht (Bearb.: D. Dümas) in: Ausst. Kat. »Mit Zorn und Eifer«, Mannheim 1998, S. 204–212.

2   Reiter, A.: Die Sammlung A. W. Heil [Museum Butzbach] / Politische Graphik des Vormärz und der Revolution 1848/49, Stuttgart 1994, folgt z. T. einer solchen Gliederung.

3   Der Frankfurter Verlag Umpfenbach bietet in seinem Prospekt (s. Anm. 84) zwar ein wöchentliches Abonnement an, jedoch beinhaltet dieses nur eine Auswahl von unregelmäßig erschienenen Blättern.

4   Diese ungenaue Bezeichnung hat sich – in Ermangelung einer besseren – eingebürgert.

5   Die Definition: »einseitig bedruckte[r] Bogen«, in Kat. Mannheim 1998, (s. o. Anm. 1), S. 51, ist unzureichend.

6   Aus Zeitschriften stammende Karikaturen lassen sich dagegen an der Drucktechnik (meist Holzschnitt oder Holzstich), am Druckbild der Schrift und gelegentlich an beidseitigem Druck erkennen.

7   Im Jahre 1910 nach Frankfurt a.M. eingemeindet.

8   Stadt seit 1819, im Jahre 1895 nach Frankfurt a.M. eingemeindet.

9   Im Folgenden ist mit Frankfurter Karikatur generell jene des Frankfurter Produktionsgebietes gemeint.

10   Das Karikiert-Werden deutet stets auf eine gewisse Prominenz oder Bedeutung hin.

11   18 x 11,5 cm.

12   »X« ist das Zeichen für Kreuzer.

13   Das Blatt hat sich in 10 öffentlichen und privaten Sammlungen nachweisen lassen.

14   Die von William A. Coupe (Political und Religious Cartoons of the Thirty Years War, in: Warburg-Journal, 25 [1962] 68, Anm. 8) vertretene »theory of proportional survival«, nach der die erhaltenen Bestände einer Graphik direkt proportional zu deren Auflagenhöhe sind, ist überzeugend.

15   Vgl. Lexikon der christlichen Ikonographie (LCI), 1 (1968), Sp. 618, s.v.: »Emblem«.

16   Es haben sich 44 solcher Frankfurter Blätter mit Betonung der Dreizahl finden lassen.

17   Dies ist die richtige, von Boddien selbst benutzte Schreibweise seines Vornamens, wie erhaltene Autographen und faksimilierte Signaturen unter zwei Porträts belegen.

18   Ludwigslust 20.2.1802 – Gleiwitz 31.1.1857. Vgl. den ausführlichen Nachruf in: BERLINER REVUE, 8 (1857) 474–476: »Johanniter-Orden/ Nekrolog/ Der Ehrenritter von Boddien«. Best, H. /Weege, W.,: Biographisches Handbuch der Abgeordneten der Frankfurter Nationalversammlung 1848/49, Düsseldorf 1996 (Taschenbuch-Ausg., ebd. 1998), S. 103, s.v.: »Boddien«, gibt 1801 als Geburtsjahr an; ebenso: Gothaisches Genealogisches Taschenbuch der briefadeligen Häuser, 10. Jg. (1916), S. 59 (Boddien, II. Linie: Söhne: 1. Alfons [!]). Für verschiedene freundliche Hinweise und liebenswürdige Unterstützung meiner Nachforschungen, in den Jahren 1977/78, bin ich der Familie von Boddien, besonders Frau Alexandra Siegert, geb. von Boddien und Herrn Hans Albrecht von Boddien zu Dank verpflichtet.

19   Es sind mindestens fünf Alphons von Boddien in den Jahren 1848/49 darstellende Bildnisse nachweisbar: darunter zwei Lithographien als Abgeordneter (in Zivil) von Philipp Winterwerb (1827–1873) bzw. Fritz Hickmann (1820–1900); ein anonymer Holzschnitt (in ILLUSTRIRTE ZEITUNG von 21.10. 1848); eine Handzeichnung (Brustbild in Uniform): »Bodien [!] (Reichspinsel)«, von Wilhelm Hensel (1794–1861), sowie ein Gruppen- oder Ereignisbild lithographiert nach Paul Bürde (1819–1874), auf dem Boddien in der Paulskirche zeichnend zu sehen ist.

20   (vom 19.5.1848 – 21.5.1849); vgl. Best/Weege (1998), a.a.O. (s. Anm. 18).

21   Boddien wurde im Oktober 1848 zum Flügeladjutant von Friedrich Wilhelm IV. ernannt und im Oktober 1856 zum Oberst befördert (s. BERLINER REVUE [1857], [s. Anm. 18]; vgl. ferner den Artikel: »Alfons von Boddien« (Verf.: Oswald Völkel) in: DER OBERSCHLESISCHE WANDERER (Gleiwitz) vom 13.1.1944; abweichende Jahreszahlen bei Best/Weege [s. Anm. 18]).

22   Vgl. hierzu auch die Anekdoten im Artikel von O. Völkel (1944; s. vorst. Anm.).

23   Vgl. bei Reiter (s. Anm. 2) die Kat.-Nr. 272, 350, 353, 382, 404, 426, 435, 439, 440, 450, 461, 466, 488, 509. Bei Kat.-Nr. 483 handelt es sich um eine unsichere Zuschreibung.

24   Vgl. Nagler (Nagler, G. K.: Die Monogrammisten, Bd. 1-5 und Gen. Index., München o. J. [1858–79]; Ndr. 1920], Bd. I,

S. 73f., Nr. 163 und Goldstein (Goldstein, F.: Monogrammlexikon, Berlin 1964), S. 73. Das Monogramm wird oft fälschlich als »AB« gelesen.

25 Weitere monogrammierte Blätter haben sich bisher nicht nachweisen lassen.

26 In Quellen und Sekundärliteratur ließen sich bisher 29 überwiegend positive Erwähnungen Boddiens zwischen 1848 und 1998 nachweisen, es dürften jedoch noch mehr sein.

27 Ähnlich häufig wie Boddien werden lediglich die 1848 in Frankfurt tätigen Berufszeichner und Maler Adolph Schroedter (1805–1875) und Friedrich Pecht (1814–1903) genannt.

28 Melle, W. v.: G. H. Kirchenpauer, Hamburg 1888, S. 286f; (zit. n. Weimar, W.: Die Daguerreotypie in Hamburg, Hamburg 1915, S. 24).

29 Vgl. Kat. Mannheim 1998 (s. Anm. 1): Nr. 92, Abb. S. 136.

30 Vgl. Koch-Gontard, Clotilde: Briefe und Erinnerungen (Bearb.: W. Klötzer), Frankfurt a. M. 1969, S. 68, Anm. 2.

31 (1806–1884); vgl. Best/Weege (s. Anm. 18), S. 216.

32 Bezieht sich auf die »Montagnards« (Leute vom Berg), die radikalste Gruppe in der französischen Revolution.

33 Adolph Rösler (1818–1855), Abgeordneter für Oels (Schlesien), Mitglied des linken Zentrums; vgl. Best/Weege (s. Anm. 18), S. 284.

34 Laube, H.: Das erste deutsche Parlament, (3 Bde.) Leipzig 1849, Bd. II, S. 95.

35 Bereits Veit Valentin (Frankfurt a. M. und die Revolution von 1848/49, Frankfurt a.M. 1908, S. 267) bezeichnet dieses als Boddiens berühmtestes Blatt.

36 In verschiedenen Varianten, auch als »Reichs-Kanarienvogel« erschienen, dazu in Abwandlungen anderer Zeichner.

37 Vgl. auch den Hinweis bei: Reiter, a.a.O. (s. Anm. 2), S. 208 (Nr. 358), sowie die Abb. in: Kat. Mannheim 1998 (s. Anm. 1), S. 115 (Kat.-Nr. 73).

38 Ein Blatt, »Der Reichspinsel«, erschien bei S. Stern in Offenbach; das Porträt Hensels (s. Anm. 19) ist ebenso betitelt.

39 Die (auf Karikaturen beruhenden?) Spitznamen setzten sich in manchen Fällen derart durch, daß Boddien noch in einem Brief an seine Frau – unter dem starken Eindruck des Frankfurter Septemberaufstands – schrieb: »Brav haben sich genommen: Der Reichskanarienvogel [...]«, um den Abgeordneten Rösler zu bezeichnen (masch.-schriftl. Abschrift eines 1934 in Familienbesitz befindlichen – jetzt verschollenen – Briefs von 19. Sept. 1848, im Bundesarchiv, AS Frankfurt a.M. [N 76].

40 Vgl. auch Valentin (s. Anm. 35), S. 267: »Boddien mußte sich den Namen 'Reichspinsel' gefallen lassen [...]«.

41 Laube, a.a.O., (s. Anm. 34), S. 95f. und diesem – gelegentlich wörtlich – folgend, der Abgeordnete Wilhelm Wichmann (1820–1888): Denkwürdigkeiten aus der Paulskirche, Hannover 1888, S. 532f., halten anscheinend dieses Blatt für Boddiens erstes in der Reihe, obwohl seine »Hyäna Parlamentaris« (s. Ausst.-Kat.: Liberalnichtoftsky und der deutsche Michel, Ludwigshafen 1988, Nr. 23, Abb. S. 75) eine niedrigere Vertriebsnummer (No. 8, gegenüber der No. 19 des »Reichs-Kanarienvogel«) aufweist; (s. auch Anm. 45).

42 Das äußerst seltene, von Gerhard Malß (s. Anm. 55) gezeichnete Blatt stellt den Abgeordneten Arnold Ruge als Herme des ithyphallischen Priap dar und erschien, wie alle derb erotischen Blätter, ohne Impressum.

43 »Fortlaufender Beifall« (vgl. Kat. Ludwigshafen [s. Anm. 41], Nr. 28, Abb. S. 87; Reiter, a.a.O. [s. Anm. 2], Nr. 488): Boddien ist in der unteren rechten Ecke zu sehen (mit Spitzbart).

44 Vgl. auch den Hinweis bei Preißmann, F.: Die satirische Publizistik in der Freien Stadt Frankfurt a. M., Würzburg 1939, S. 51: »[Boddien zeichnete nur] den Sommer über«.

45 Ein ungefähres chronologisches Gerüst stellen die aufgedruckten Vertriebsnummern auf einigen Exemplaren sämtlicher Boddien-Blätter dar.

46 Fuchs, E.: Die Karikatur der Europäischen Völker, Bd. 2, Berlin 1903, S. 70.

47 Fuchs, a.a.O. (s. Anm. 46).

48 Vgl. die Fuchs-Zitate a.a.O. (s. Anm. 46).

49 (1808–1890; auch: Haubenschmi[e]d); vgl. Best/Weege (s. Anm. 18), S. 170.

50 »Freies Associations=Recht! /den 27ten Juli 1848«, gedruckt bei E. G. May in Frankfurt; vgl. Kat. Ludwigshafen (s. Anm. 41), Nr. 41, Abb. S. 111.

51 Beischrift auf dem Exemplar im Historischen Museum Frankfurt (C 4754): »gez. von Haubenschmid [!] Abgeordneter«.

52 (1807–1856); vgl. Best/Weege (s. Anm. 18), S. 122f.

53 Vgl. die irrige Angabe u. a. in Kat. Ludwigshafen 1988 (s. Anm. 41), S. 27.

54 Das Monogramm nicht bei Nagler und nicht bei Goldstein (vgl. Anm. 24). Philipp Otto Cornill (1824–1907), seit 1877 Konservator des Frankfurter Historischen Museums, vermutet in einer seiner vielen (signierten) Zuschreibungen auf Achtundvierziger-Karikaturen in dessen Graph. Sammlung, bei diesem Monogramm, daß »der Schnörkel vielleicht ein Signum von Malß« sei; dem ist – auf Grund stilistischer Vergleiche mit sicher von Malß stammenden Entwürfen (im Historischen Museum Frankfurt) – zuzustimmen!

55 (Frankfurt a. M. 1819 – ebd. 1885); vgl. Weizsäcker, H./ Dessoff, A.: Kunst und Künstler in Frankfurt a. M. im neunzehnten Jahrhundert, Frankfurt 1907, 1909; Bd. II (Biographisches Lexikon der Frankfurter Künstler), S. 90f.

56 In der Graphischen Sammlung des Historischen Museums Frankfurt.

57 Vgl. auch den Hinweis bei N. Suhr (Chr. Lotsch, Ph. Veit und Ed. v. Steinle, Worms 1985), S. 211, der den Bezug jedoch als »gegenseitig[es]« Voneinanderlernen interpretiert; dazu ebd. S. 278: Anm. 773 u. S. 277: Anm. 764.

58 Bei Boddien ist anzunehmen, daß seine Entwürfe von Lithographen auf den Stein übertragen wurden; der Vergleich mit einem erhaltenen Entwurf und mit seinem eigenhändigen Monogramm stützt diese Vermutung.

59 (1807–1848), Mitglied der Linken; vgl. Best/Weege (s. Anm. 18), S. 99–101.

60 Vgl. seinen »Priapus« (s. Anm. 42).

61 Wie noch zwei weitere Blätter von Malß.

62 Vgl. den Text bei: Huber, E. R., Dokumente zur deutschen Verfassungsgeschichte, Bd. 1 (3. erw. A.), Stuttgart 1978, S. 329: Nr. 75.

63 Vgl. den Text in: Lasker, J./Gerhard, F.: Des deutschen Volkes Erhebung im Jahre 1848, Danzig 1848, S. 519.

64 Im Register der jüdischen Gemeinde Offenbach ließ sich für das 19. Jh. keine Familie Stern ermitteln; frdl. Mitt. des Hess. Hauptstaatsarchivs, Wiesbaden (v. 12.2.1981).

65 Kellner, O.: G. H. Hergenroeder/G. W. Bode/C. L. Riesbeck; (masch.-schriftl.) Diss., Univ. Würzburg 1923, S. 102 (Exemplar des Stadtarchivs Offenbach a. M.; das Würzburger Exemplar weist eine abweichende Paginierung auf!). Frdl. Hinweis von Herrn Ruppel vom Stadtarchiv Offenbach (v. 13.2.1981), dem ich für seine besonderen Bemühungen danke.

66 Kreidelithographie, 25 x 31 cm.

67 Vgl. Anm. 7.

68 Die Initialen fett. Es handelt sich um den Städel-Schüler Ludwig Kohlbacher (Frankfurt a. M. 1826 – ebd. 1894); von ihm gibt es noch ein weiteres bezeichnetes Blatt.

69 (1805–1893); vgl. Best/Weege (s. Anm. 18), S. 298.

70 (Groß-Umstadt 1818 – Frankfurt a. M. 1907); auf May kann hier nicht näher eingegangen werden; vgl. hierzu: Brückner, W., Trivialer Wandschmuck [...] am Beisp. einer Bilderfabrik, in: Anzeiger des Germanischen Nationalmuseums, 1967, S. 117–132; Ausst.-Kat. »Die Bilderfabrik«, Frankfurt a. M. 1973; ebd. (S. 20) eine Abb. eines – den beiden Karikaturen ähnlichen – Altersporträts des E. G. May.

71 Vgl. Kat. Mannheim 1998 (s. Anm. 1), Nr. 41, Abb. S. 92.

72 Vgl. Anm. 54.

73 Von Cornill (s. Anm. 54) signierte Beischrift auf dem Exemplar im Historischen Museum Frankfurt (C 2512).

74 Joh. Gustav Wirsing war von 1850–1863 Teilhaber von E. G. May.

75 Unzutreffende Deutung des Blatt-Inhalts und der meisten Figuren bei Suhr, a.a.O. (s. Anm. 57), S. 159 und dieser teilweise folgend, bei Reiter, a.a.O. (s. Anm. 2), S. 235f. (Nr. 446).

76 Holzstich in Nr. 277, vom 21. Oktober 1848.

77 Das Monogramm »LvE« (kursiv, ligiert; auch als Bilderschrift) nicht bei Nagler, nicht bei Goldstein (vgl. Anm. 24). Die (ausgeschriebene) Signatur stets nur »L. v. Elliot«.

78 (London 1816 [17?] – Brüssel 11.6.1890); vgl. den Nachruf in: ILLUSTRIRTE ZEITUNG v. 26. Juli 1890 (= Bd. 95, S. 98); der bisher oft angegebene Vorname »Ludwig« erwies sich als falsch. Der Nachweis einer Familie von Elliot in Deutschland ist bisher nicht gelungen.

79 Zu den Zitaten vgl. Anm. 78.

80 Vgl. Mayer-Wegelin, a.a.O. (s. Anm. 81); es besteht die berechtigte Vermutung, daß Simon, auch ohne behördliche Genehmigung, Karikaturen druckte und nicht nur als »Handelsmann« (im Frankfurter Adress-Handbuch für 1849: »Leinwandhändler«) verlegte.

81 (Hanau 1800 – Frankfurt a. M. [?] 1874, vgl. die Kurzbiographie bei: Mayer-Wegelin, E.: Frühe Photographie in Frankfurt a. M. 1839–1870, München 1982, S. 55.

82 Cornill bezeichnet die Figur in seiner Beischrift (s. Anm. 73) zutreffend als »Simon, Besitzer eines Verkaufslädchens«.

83 Im Historischen Museum Frankfurt (C 26.336).

84 Die Liste enthält auch zehn Blätter ohne Impressum, die noch keinem Hersteller sicher zugeschrieben werden konnten, sowie drei bisher nicht identifizierte Titel; vgl. auch den (Oktober 1848) datierten Prospekt des Frankfurter Verlags H. Umpfenbach (s. auch Anm. 3), in dem sich dieser, als »zum alleinigen [!] Debit nach auswärts bestellt« rühmt. Er hat hierin evtl. J. B. Simon zu diesem Zeitpunkt abgelöst.

85 Vgl. Anm. 82.

86 Unbetitelte Kreidelithographie, 31,5 x 25,5 cm (Schnapphansky /Händler), vgl. Reiter, a.a.O. (s. Anm. 2), S. 226 (Nr. 416).

87 Simon hatte eine Sehschwäche; vgl. Mayer-Wegelin, a.a.O. (s. Anm. 81).

88 Vgl. den Wortlaut bei: Huber, a.a.O. (s. Anm. 62), S. 349 (Nr. 94 u. 95).

89 Die bisherigen Deutungen des Inhalts sind unzutreffend; vgl. u. a. Reiter, a.a.O. (s. Anm. 2), S. 235f., (Nr. 446).

90 (1805–1893); vgl. Best/Weege (s. Anm. 18), S. 146f.

91 Federlithographie, 27 x 22 cm.

92 (Wertheim 1812 – St. Gallen 1873).

93 Vgl. Anm. 52.

94 Vgl. Anm. 27.

95 (1821–1872); vgl. Best/Weege (s. Anm. 18), S. 168f.

96 (1804–1881); vgl. Best/Weege (s. Anm. 18), S. 315.

199

Detlef Hoffmann

Die lebendigen Toten

Zur Genese revolutionärer Toten- und Märtyrerbilder in Deutschland 1848/49

In seiner »Geschichte der Deutschen Malerei«[1] hat Hubert Janitschek 1889 nur vernichtende Worte für die Düsseldorfer Malerschule: »Die massenhafte Produktion der Düsseldorfer« habe sich »ausschließlich nach dem Geschmack der Menge richten« müssen, »daher das Schöntun mit den rührenden Stimmungen und Empfindungen, daher jene kindelnde spielende Kloster-, Ritter- und Räuberromantik, wie sie in gleicher Weise von nachzügelnden Dutzendschriftstellern dem Publikum geboten wurde.«[2] Janitschek wirft den Düsseldorfern vor, sie seien flach. Mit dem Kunsthistoriker Heinrich Gustav Hotho formuliert er seine Ablehnung: »Der feinsinnige Hotho aber warf es ihr vor, daß ihre moderne Mattheit das Tragische mit dem Tristen, die tiefen Klagen der Menschenbrust mit dem Kläglichen, den Reiz der Süße mit dem Süßlichen verwechselt und außerdem das Gemachte für Ursprünglichkeit, flache Sentimentalität für Seele der Leidenschaft und wechselseitiges Heben und Tragen für Originalität und Begeisterung halte.«[3] Damit sei der Massengeschmack befriedigt worden, die Gründung des Kunstvereins für die Rheinlande und Westfalen bestätige den populistischen Trend.

Die großen Erfolge dieser Malerei belegen – jenseits der Diskussion um guten und schlechten Geschmack -, daß die Künstler um Wilhelm von Schadow Gefühlen, die seinerzeit allgemein waren, Ausdruck verliehen. Der Aufbruch der Befreiungskriege, der die nationale Einheit mit sozialen Vorstellungen verband, war verpufft; die alten Gewalten bestimmten den öffentlichen Diskurs, der Elan von ehedem war in Melancholie und Skepsis umgekippt. Aber gerade die Düsseldorfer Malerschule mit ihren sozial engagierten (wenn auch romantisch anrührenden) Bildern hat immer wieder versucht, die anfangs depressive Stimmung zu wenden. Neben der Klage gab es Kritik und Spott: Adolph Schrödter und Johann Peter Hasenclever mögen für viele andere Namen stehen. Die zweite Generation der Maler dieser Schule lieferte in den »Düsseldorfer Monatsheften«[4] die besten Karikaturen, die 1848 und 1849 in Deutschland gezeichnet worden sind.

Das berühmteste Bild der melancholischen Zeit war Karl Friedrich Lessings »Trauerndes Königspaar« (Abb. 1). Der Künstler malte es im Auftrag des Preußischen Kunstvereins 1828 bis 1830. Schon dieser Vorgang ist bemerkenswert. Bestellungen an Maler kommen nicht mehr allein von Individuen oder Institutionen; sie kommen vom organisierten Publikum, das so Einfluß auf die Bildproduktion nimmt. 1812 hatte Friedrich Schlegel den Entwicklungsstand beschrieben: »Nebst der Talente verleihenden Natur, und dem sie schützenden und leitenden Staat, muß aber, wenn die Kunst gedeihen soll, noch eine dritte Macht mitwirken: die des Publikums«.[5] Die Gefahren, die in dem Wechsel von einzelnen reichen Auftraggebern zum launischen Publikum liegen, hat Friedrich Schlegel durchaus gesehen: »Wenn der Flitterstaat eines veränderlichen Luxus höher bezahlt wird, als gründliche kunstreiche Arbeit; wenn der Sinn des Publikums nur auf das, was nach irgend einem Modegefühl augenblicklich gefällt, gerichtet ist, wenn der Künstler außer Porträts und Kopien nur willkürliche, verwirrende und kleinliche Aufträge und Bestellungen erhält; so werden die Künstler vergebens nach dem hohen Ziele trachten...«[6] Doch der Geschmack wie die Werteordnung des Philosophen muß nicht die des Publikums sein, und die melancholischen Bilder der Düsseldorfer wurden, um so beliebter sie bei den Käufern waren, um so heftiger von den Geschmacksrichtern befehdet. Der Erfolg des »Trauernden Königspaares« bestand in seiner Fähigkeit, einem allgemeinen Gefühl Ausdruck zu verleihen, das – wie die zeitgenössischen Texte zeigen – sprachlich schwer zu präzisieren ist[7], das aber seit dem Ende der Befreiungskriege in Deutschland verbreitet war.

»Das trauernde Königspaar«[8] ist ein großfiguriges Bild; ein König und eine Königin sitzen auf einer Stufe, fast auf dem Boden einer Kapelle, deren rückwärtiges Fenster den Blick auf eine Meeresküste und einen wolkigen Himmel freigibt. Der König hat seine Hände auf den Knien gekreuzt, er starrt vor sich auf den Boden. Die Königin lehnt an seiner rechte Seite, mit der Linken faßt sie die Rechte des Königs, den Kopf stützt sie in ihre rechte Hand. Beide Figuren sind breit auf den Boden gelagert. Das schwere Ruhen wird schon von dem Format thematisiert: einer Höhe von 2,06 m steht eine Breite von 1,89 m gegenüber. In der Breite füllen beide Figuren das Bild fast vollständig aus, während noch ein Viertel der Höhe über ihnen lastet. König und Königin verschränken sich im Spiel ihrer Hände, sie addieren sich zu einer depressiven Figur; das Sitzmotiv der Dürerschen »Melancholie« bringt der Mann ein, den gestützten Kopf die Frau. Erst beim zweiten Blick erfaßt das betrachtende Auge den Grund der Trauer, einen Katafalk auf der rechten Seite vor dem geöffneten Fenster. Mit der Betenden oben links, einer Marienstatue wahrscheinlich, ist das Inventar beschrieben. Die äußerste Kargheit des Bildes, der gezielte Einsatz der Lokalfarben Dunkelgelb und Purpurrot für die Kleidung und von Gesten, die in ihrer demonstrativen Lähmung einen appellativen Charakter entwickeln, läßt sich vom Theater herleiten. So nimmt es nicht Wunder zu erfahren, daß Wilhelm von Schadow, nachdem er am 30. November 1826 sein Direktorat an der Düsseldorfer Akademie übernommen hatte, engstens mit dem Schauspielhaus zusammenarbeitete.[9] Lessing, der mit dem Meister 1826 ins Rheinland kam, zieht in seinem fast lebensgroßen Bild die beeindruckende Konsequenz aus dieser Zusammenarbeit. Der Raum der Kapelle ist wie in einer Guckkastenbühne aufgefaßt, das Licht im Freien, das durchs Fenster sichtbar wird, erinnert an »griechische Beleuchtung«[10], das Paar an ein »lebendes Bild«, wie es die Düsseldorfer Künstler bei jeder Gelegenheit stellten.[11] Diese Charakteristika gehen in ein Urteil über die Malerei Lessings ein, das 1837 in den »Didaskalia« zu lesen war: »Seine Werke haben in Deutschland eine gerechte Berühmtheit erlangt... nicht sowohl in Beziehung des Kolorits oder der kühnen Auffassung wollen wir ihn empfehlen, als vielmehr wegen der großen Einfachheit und einer Naivität des Effekts, der in unserer ausschweifenden Zeit uns besonders merkwürdig erscheint.«[12]

Hagen schreibt zusammenfassend zu diesem Bilde: »Das trauernde Königspaar neben dem Sarge erregte ein ganz ungewöhnliches Aufsehen. Man beschaute es mit trauernder Seele und man trauerte, daß das Bildnis nicht für Berlin erhalten werden könnte und nach Petersburg ging, man trauerte bei der unbegründeten Kunde, daß es bei dem Brande eines Palastes untergegangen sein sollte. Dies trostlose Vorsichhinstarren, dies gesenkte Auge, das nicht weinen kann, diese Ruhe, die von keiner Ruhe weiß, wurde das bestimmende Vorbild für die Historienmalerei der Düsseldorfer Schule. Diese Trauernden eröffneten einen langen Zug von Trauernden und Gefangenen.«[13] Dieser Zug kann hier nicht vorgestellt werden, es soll ein Verweis auf die »trauernden Juden« und den »trauernden Jeremias« von Eduard Bendemann genügen.[14]

Die traurige, wehmütige, gelähmte Stimmung, die die Historienbilder thematisieren, basiert auf einem psychologischen Konzept, das die Affektenlehre des 17. und 18. Jahrhunderts in eine körpersprachliche Agitation überführt. Es geht dieser Schule darum, die Gefühle aufzuwühlen. Immermann formulierte die Absicht: »Ein historisches Trauerspiel entsteht und kann nur entstehen, wenn die Dichter einen Stoff der Geschichte ergreifen, welcher für das Volk Geschichte ist, wenn er von den Ereignissen der Vergangenheit begeistert wird, die in den Freuden und Schmerzen der Gegenwart, in ihren Gedanken und Gefühlen ... noch nachklingen.«[15] So erklärt Ernst Guhl 1848 die vielen Bilder, die den Kreuzzügen gewidmet sind, »wie denn das alte Kaiserreich und dessen Verhältnisse zur Kirche überhaupt für die deutschen Geschichtsmaler einen großen Reiz zu haben scheinen.«[16] Daß hier auf die Deutschkatholiken, zu denen Robert Blum gehörte, angespielt wird, ist evident.

Doch es geht nicht nur um aktuelle politische Konflikte, die im vergangenen Ereignis sichtbar werden, es geht vor allem um gegenwärtige Gefühle, die ihr geschichtliches Bild erhalten. »Daß in der Kunst ein neues Element entstanden ist, beweist schon die Verlegenheit, gewisse Bilder zu benennen. Die Ästhetiker vom alten régime verabscheuen es, Darstellungen des Gemüthslebens, ohne chronologische Anhaltspunkte, mit dem ehrwürdigen Namen Historie zu bezeichnen, wogegen es die junge Schule unrecht findet, Werke, deren Tendenz in das höchste Gebiet des Seelenlebens reicht, mit dem flachen Namen Genre zu verunehren. Das ›trauernde Königspaar‹ z. B. ist weder Genre-, noch historisches Bild, man erlaube uns, es ein charakteristisches Lebensbild zu nennen.«[17] Die Stimmung ist in

Abb. 1   Karl Friedrich Lessing, *Das trauernde Königspaar*, 1830. St. Petersburg, Eremitage.

diesen Bildern das Entscheidende; sie thematisiert, was auch im Herzen des Publikums vorgeht. Diese Atmosphäre, in der sich Trauer und Träume, Trübsinn und Lähmung, politische Perspektivlosigkeit und Sehnsucht überlagern, prägt noch 1848 die Gefühle des Publikums. Mit ihr kann die Ambivalenz beschrieben werden, die die bürgerlichen Kreise erfaßte und die noch ein so überragendes Bild wie die »Aufbahrung der Märzgefallenen« von Adolph Menzel erfüllt.

Wie intensiv es sich bei dieser Traurigkeit um eine vage Stimmung handelt, die nicht primär mit einem spezifischen historischen Ereignis verknüpft werden kann, zeigt sich an Karl Friedrich Lessings »Klosterhof im Schnee« (Abb. 2). Johann Wolfgang von Goethe hat sich zu diesem Bild ausführlich geäußert. Er geht die einzelnen Motive durch, konstatiert nur Erstarrung und Tod, um schließlich zusammenzufassen: »Das sind ja lauter Negationen des Lebens, und der freundlichen Gewohnheiten des Daseins, um mich meiner eigenen Worte zu bedienen. Zuerst also die erstorbene Natur, Winterlandschaft; den Winter statuiere ich nicht; und zuletzt, nun vollends noch ein Toter, eine Leiche; den Tod aber statuiere ich nicht.«[18]

Goethe glaubte, daß Lessings Bilder noch die alte Mahnung an den Tod als Ende thematisierten. »Ihm aber galt das ›Stirb und Werde‹, der Sinn der Vergänglichkeit war ihm der, ein Beharren alles Lebens in einem ewigen Sein zu ermöglichen. Auch Friedrich hatte im Tiefsten wohl dies in seinen Winter- und Friedhofsbildern gemeint. Die Jüngeren dagegen hatte die romantische Kulisse und ihr Stimmungszauber gelockt.«[19] Wie Hubert Janitschek betrachtet Hermann Beenken das Gefühl der »Jüngeren« als oberflächlich, als ein Verlust des »Wesentlichen«. Beenken vermißt »die Todesbeziehung persönlicher Prägung«.[20] Die Bilder Lessings – die hier stellvertretend für eine große Gruppe behandelt werden – greifen mit neuen Absichten zu neuen Mitteln. Sie lassen sich nicht auf die elementaren Gefühle ein, lassen vielmehr mit ihren Gemälden Stimmungen anwesend sein. Caspar David Friedrichs Winterbilder sind einerseits depressive Appelle, hinter denen eine politisch-weltanschauliche Hoffnung steht. Diese kann jedoch andererseits an der bestimmenden selbstbezüglichen Melancholie der Landschaften wenig ändern.[21]

Wie Lessings berühmte Bilder im Theater nachgestellt oder auf Transparenten abgebildet wurden, so

Abb. 2   Karl Friedrich Lessing, Klosterhof im Schnee, 1830. Köln, Wallraf-Richartz-Museum.

erhielten die jüngeren Schüler Gelegenheit, nach Stichen oder Zeichnungen der Meister zu studieren. Von Alfred Rethel gibt es zwei Zeichnungen, die Vorlagen Lessings vermuten lassen, obwohl beide Unterschiede zu den bekannten hier besprochenen Bildern aufweisen. Ein Klosterhof ist auf der einen Kreidezeichnung dargestellt[22] (Abb. 3), in der Mitte eine schneebedeckte Tunne, im Hintergrund ein Leichenzug. Das andere Blatt hat wohl ebenfalls der Dreizehnjährige gezeichnet, es zeigt ein trauerndes Königspaar[23] (Abb. 4), vielleicht nach einer Studie für das 1830 vollendete Bild. Der junge Schüler hat noch andere Zeichnungen nach berühmten Vorlagen gefertigt: »Mazeppa«[24] und den »Tod des Prinzen Poniatowsky«[25] sowie »Bonaparte auf der Brücke von Arcole«[26] . Diesen liegen meist französische Lithographien zugrunde. Sie zeigen Helden, die den Tod nicht fürchten. Doch das trauernde Königspaar oder der Klosterhof künden von keinem Heldentum, die Toten sind keine Märtyrer, der Tod verbreitet Depression, er gibt nicht vor, sinnvoll gewesen zu sein. Dieses heulende Elend greift Rethel immer wieder auf, am beeindruckendsten in dem kleinen Ölbild, das einen Mönch betend an der Leiche Heinrichs IV. zeigt[27] (Abb. 5). Auf alle elegisch-melancholischen wie idyllischen Möglichkeiten ist verzichtet. Rethel zeigt in seinem sperrig und verkantet aufgebauten Bild die offene Wunde. Die Klage um den toten Kaiser ist genauso schmerzlich wie hoffnungslos. Anders als Barbarossa wird dieser Heinrich nicht aus einem Grabe aufstehen. Der

Abb. 3 Alfred Rethel, Klosterhof im Schnee, 1830. Bleistift. Aachen, Suermondt-Museum.

Abb. 4 Altred Rethel, Trauerndes Königspaar, 1830. Bleistift. Aachen, Suermondt-Museum.

Künstler führt nicht den gedemütigten Helden von Canossa vor, der die Lebenden zur Revanche gegen die Ultramontanen aufruft. Die bildparallele Schichtung vermeidet – anders als das »Trauernde Königspaar« – jeden Appell, wir werden Zeugen einer intimen Szene. Wenn auch das kleine Bild am entschiedensten das Fehlen jeder Perspektive zum Thema machte, so ist »Manfreds Begräbnis« oder »Frauenlobs Begräbnis«[28] von der gleichen Auffassung geprägt. Künstlerisch gehört »Auch ein Todtentanz« (Kat. 26) in diesen Kontext; letztendlich ist der Tod der einzige Gewinner.[29] Insofern ist diese Bildsequenz von 1849 zuerst ein nihilistisches danach erst ein gegen den bewaffneten Aufstand gerichteter Zyklus.

Das Bild mit dem Mönch am Sarge Heinrichs IV. entspricht einem Typus, der alles andere als nihilistisch ist: der Klage um den toten Christus. Im Umfeld der Revolution von 1848 in Deutschland ist bei den Darstellungen des toten Robert Blum, aber auch des toten Lichnowsky dieser Topos des Märtyrers verwendet worden. Jedoch gibt es gleichermaßen die depressive Auffassung von Toten, die in Rethels »Mönch am Sarge Heinrichs IV.« besonders anschaulich zu studieren ist. Beide Auffassungen überlagern sich. Schon Hagen hat die Sinnlosigkeit in Lessings Ikone beobachtet: »Ein geschichtliches Bild ist Lessings trauerndes Königspaar, wenn uns der Dichter auch von dem König nur sagt, daß er der Besitzer eines Schlosses am Meer ist. Mit seinem Gemahl blickt er vor sich hin in die Tage der Vergangenheit, die allein mit dem geliebten Kinde, um das sie trauern, erfüllt waren, er blickt in die Tage der Zukunft, die nun leer und öde, starr und kalt sind.«[30] Daß alle Bedeutung in der Vergangenheit aufzusuchen sei, ist eine sich wiederholende Behauptung der Zeit des Vormärz und der Revolution. Sie findet häufig Widerspruch, an ihr scheiden sich die Geister.[31] Rethel erhebt die Vergangenheit zur entscheidenden Kraftquelle für die Gegenwart. In seinem 1840 entworfenen, 1847 ausgeführten Fresko im Kaisersaal des Rathauses von Aachen sehen wir den jungen Kaiser Otto III. (Kat. 202, Farbtafel, S. 118), der die Gruft Karls des Großen erbrochen hat, um den thronenden Toten zu verehren. In der Programmschrift heißt es: »In hoher Begeisterung für die Tugend seines großen Ahnen pilgert Otto III. nach Aachen, läßt sich die Gruft öffnen und stärkt sich durch inbrünstiges Gebet vor der mächtigen Leiche, zur Nacheiferung in Gesinnung und Ta-

Abb. 5 Alfred Rethel, Mönch an der Leiche Heinrichs IV., 1844. Düsseldorf, Kunstmuseum.

ten.«[32] Rethel hat der »mächtigen Leiche« eine strenge, autoritative Form gegeben, sie steht für die Betrachter des Freskenzyklus' zur Verehrung an, der junge Otto III. ist eine Marginalie. Rethel ist nicht der erste, der den Gruftbesuch dargestellt hat. Anregend war ein Holzstich in Eduard Dullers »Geschichte des deutschen Volkes« nach einer Zeichnung von Ludwig Richter (Abb. 6). Hier steht nicht die »mächtige Leiche« im Zentrum der Bilderzählung, sondern das Schaudern der Eindringlinge.[33] An das Grabräuber-Plot lehnt sich auch Wilhelm von Kaulbachs Fresko im Germanischen Nationalmuseum an (Kat. 203); wie auf Richters Holzstich blicken wir von der Seite auf das Ereignis, die Beziehung zwischen Besuchern und Leiche interessiert den Künstler mehr, als den Betrachter mit dem thronenden Kaiser zu konfrontieren. Kaulbach läßt das aufklärende Fackellicht ein übriges tun. Doch die konfrontierende Auffassung Rethels ist auch an anderer Stelle zu belegen. In Wilhelm Zimmermanns »Teutschem Kaisersaal« von 1841 findet sich der frontal thronende tote Kaiser (Abb. 7). Dargestellt ist hier nicht der Einbruch Ottos III., sondern »die Beisetzung Karls 814«: »Alles Volk zu Aachen klagte laut seinen Tod, und geleitete den einbalsamierten Leichnam in die Liebfrauenkirche, wo er noch am gleichen Tage in die längst bereitete Gruft beigesetzt wurde. Sie bekleideten ihn mit dem Kaisermantel und den anderen Zeichen der Herrschaft, und setzten ihn auf einen goldenen Thron, legten ihm ein goldenes

Evangelienbuch auf die Knie, hefteten ihm auf das Haupt ein Stück des heiligen Kreuzes, und hingen ihm an die Seite eine Pilgertasche.«[34] Während das frontale Kompositionsschema Rethels die Betrachter – wie bei Lessing – direkt mit der Vergangenheit als Gegenwart konfrontiert, machen Kaulbach und Richter das Studium der Vergangenheit für ihre Gegenwart zum Thema.

In der Form, in der der große Karl bestattet wurde, wird er immer wieder abgebildet, ein jeder Kaiser erhält bei der Krönung seine Gewänder, er wird so der Nachfolger, aber auch das »Gespenst« (Goethe) Karls des Großen. In den Krönungsinsignien stellt ihn Philipp Veit 1853 an der Stirnwand des Kaisersaales in Frankfurt dar (Abb. 8), nicht ohne auf diese Weise eine männliche Variante seiner Germania von 1836 (Kat. 151c) und 1848 (Kat. 146) zu konzipieren. Kleidung und Haltung verbindet die toten Kaiser, vor allem die »mächtige Leiche« Karls des Großen, mit der konservativen Personifikation Deutschlands. Sie unterscheidet sich damit für jedermann sichtbar von der Marianne in ihrer gänzlich anderen Erscheinung.[35]

Die Krönungsinsignien sind Realien, die besichtigt werden können. Sie bezeichnen eine alte Tradition, die wieder aufgenommen werden könnte. Die Darstellungen der Gruft Karls des Großen berichten von der dauerhaften Stiftung des Reiches, das sich in den zur Verfügung stehenden Insignien symbolisiert. Indem der erste Kaiser über seinen Tod hinaus thronend gedacht wird, ist er in der Phantasie aus der Zeit genommen, aus der Geschichte ausgeklinkt, auf Ewigkeit gestellt. Der in der Gruft thronende Kaiser verbindet sich mit einem anderen legendären Bild, dem Barbarossa im Kyffhäuser, der eines Tages wiederkehren werde, um sein Reich neu zu errichten.[36] Im Gegensatz zu Karl dem Großen verbindet diese Legende mit dem Motiv des im Berge lebenden Kaisers ein eschatologisches Versprechen. Eines Tages werde er wiederkehren, um sein Reich zu gründen, dann aber für immer. Der Trauer über die Abwesenheit entspricht die Hoffnung, daß er zurückkehren werde. »Unternehmen Barbarossa« hieß folgerichtig 1941 der Feldzug, mit dem das Deutsche Reich bis an den Ural erweitert werden sollte.

Doch in die Bildgeschichte Barbarossas im Kyffhäuser schleicht sich wiederum ein anderer Melancholiker ein, der nur vor sich hinbrüten kann, bis der Untergang aller vollendet ist: König Etzel in Pe-

Abb. 6   Nach Ludwig Richter, Otto III. in der Gruft Karls des Großen, 1840. Holzstich.

Abb. 8 Philipp Veit, Karl der Große, 1853. Frankfurt a.M., Kaisersaal im Römer.

Abb. 7   Carl Mayer nach P.C. Geißler, Beisetzung Karls des Großen, 1841. Stahlstich.

Abb. 9   Peter von Cornelius, Titelblatt zu den »Nibelungen«, 1813. Bleistift. Frankfurt a.M., Städelsches Kunstinstitut.

ter von Cornelius' Titelblatt zu seinem Zyklus »Das Nibelungenlied« (Abb. 9). Dabei sollte diese Arbeit eine Feier des nationalen Epos werden, getragen von der Aufbruchsstimmung der Befreiungskriege. »Es soll ein Werk werden, worin sich die ganze Herrlichkeit der alten Zeit, vorzüglich aber die unseres Vaterlandes, spiegeln soll« – so hat er seinem Verleger Wenner geschrieben.[37] Cornelius hat für das Titelblatt viele ikonographische Muster, die jahrhundertelang im sakralen Gebrauch waren, in den »vaterländischen« Zusammenhang überführt. Er selbst hatte den melancholisch brütenden Etzel im Zusammenhang mit der Josefsgeschichte entwickelt: Hier sinniert König Pharao über seine rätselhaften Träume. Während Pharaos Brüten ein Ende findet, weil er – mit Gottes Hilfe – eine politisch kluge Ent-

scheidung trifft, bleibt Etzel in seinem Elend. Als Wilhelm von Kaulbach 1841 seinen Barbarossa zeichnete (Kat. 198) griff er auf diese Figur zurück – aus dem depressiven Starren wurde ein tiefer Schlaf. Immer wieder schleichen sich in die Darstellungen der toten oder »scheintoten« Kaiser Züge lähmender Melancholie ein, selbst in einen Erlösungsmythos wie die Geschichte vom Kaiser Rotbart. Während die Radikaldemokraten in Bild (Kat. 200) und Text ihren Spott mit ihm treiben – am frechsten Heinrich Heine, in »Deutschland – Ein Wintermärchen« –, richten die Depressiven ihre ungläubige Hoffnung auf ihn: bei der Kaiserwahl Friedrich Wilhelms IV. und schließlich 1871, als Wilhelm I. – wie es das Wandbild von Wislicenus in der Goslarer Kaiserpfalz zeigt – als »Barba Blanca« dem Kyffhäuser entsteigt.[38] So finden die Trauernden von ehedem doch noch eine Erfüllung ihrer politischen Sehnsüchte.

Diese Abfolge von Toten und Auferstehenden finden wir auch in Frankreich. Man könnte »Napoleon überquert die Alpen« (1801) von Jacques-Louis David als sieghafte Wiedergeburt der Märtyrer Marat und Bara sehen.[39] In Théodore Géricaults »Floß der Medusa« (1817; Abb. 10) sind die Toten und Trauernden den Hoffnungsvollen und Lebensbejahenden gegenübergestellt. Das Bild ist so konstruiert, daß die Augen des Betrachters mit dem Melancholiker konfrontiert, mit der Rückfigur des engagiert winkenden Schwarzen jedoch identifiziert werden. Innerhalb des Bildes wird Lebenswillen entwickelt. Eine vergleichbare Malerei ist in Deutschland nicht nachweisbar. Nun könnte eingewandt werden, Lessing habe dem »Trauernden Königspaar« nicht nur den »Tod Friedrichs II.« zugesellt, sondern mit der »Hussitenpredigt« ein erregt agierendes Bild gemalt, das die Passivität des Paares abgeschüttelt habe, und sein »Barbarossa in der Schlacht von Ikonium« sei erfüllt von Aktion. Der Protest gegen seine Husbilder zeige zudem, daß hier eine politische Wirkung entfaltet sei, wurden doch die liberalen, modernen Kräfte vor 1848 aktiviert. Während sich in Deutschland jedoch die Gegenwart vor allem an Motiven der Vergangenheit erkannte und positionierte, behandelte Géricault einen aktuellen Stoff. Sein Geschichtsbuch ist die Tageszeitung, sein Quellenstudium sind Gespräche mit Überlebenden der Katastrophe. Die Darstellung der Geschichte lebt zwar davon, daß die Vergangenheit in der Gegenwart »nachklingt«, wie mit dem Ausspruch Immermanns dargetan. Aber die Thematisierung der Gegenwart findet in Deutschland nur im historischen Motiv statt und das Vergangene hat seine eigene Schwerkraft, die die Gegenwart oft kaum noch spürbar sein läßt.

Nicht zufällig hat Alfred Rethel auch nach dem »Floß der Medusa« gezeichnet (Abb. 11), vielleicht schon als Schüler der Düsseldorfer Akademie, vielleicht aber noch in Aachen. Es scheint ungerecht, die Zeichnung eines so jungen Künstlers auf die Goldwaage zu legen; sie ist jedoch in vielen Details sehr sorgfältig beobachtet und sie ist eine Niederschrift dessen, was der junge Alfred Rethel von dem berühmten Bild gesehen hat.[40] Besonders auffällig ist, daß die Gruppe der Winkenden und die der Melancholiker auseinanderfällt. Den großen Zug, die emphatische Bewegung von den Toten zu den Lebenden bei Géricault, nimmt die Skizze nicht zur Kenntnis. Sie konzentriert sich so sehr auf die Trauernden, daß der Ausstellungskatalog 1959 die Zeichnung mit dem Titel »Kriegergruppe, darunter einer mit Eisernem Kreuz« auflistet. Hierauf ist das Interesse des Künstlers gerichtet, während für das Tuch in der Hand des Schwarzen kein Platz ist.[41]

Die französische Revolutionsikone, Eugène Delacroix' »Die Freiheit führt das Volk« bezieht sich in

Abb. 11   Alfred Rethel, Studie nach Géricault, um 1828/29. Bleistift. Aachen, Suermondt-Museum.

Abb. 10   Théodore Géricault, Das Floß der Medusa, 1817. Paris, Louvre.

der Darstellung des Toten direkt auf Géricaults Floß, doch auch das Spannungsverhältnis von Tod und Leben ist von dem älteren Bild geprägt. Allerdings nimmt Delacroix nicht die Entwicklung von Lähmung zur vitalen Aktivität auf. Er erzeugt durch die vorausstürzende Freiheit mit ihrer bewegten Fahne für die Toten und für die Lebenden Bedeutung. Diese Frau legitimiert den Tod nicht (dafür ist die Darstellung der Leichen zu gnadenlos), ihr Auftreten vermittelt jedoch den Eindruck, daß selbst das Sterben nicht ganz unnütz war. Wie Géricaults Gemälde ist das von Delacroix bemüht, eine zielgerichtete Bedeutung visuell zu generieren.

Genau das Gegenteil leistet »Die Aufbahrung der Märzgefallenen« (Abb. 12) von Adolph Menzel.[42] Wie Géricault und Delacroix malt er ein aktuelles Geschehen, wendet sich nicht zurück in die Vergangenheit. Menzel zeigt die Särge derjenigen, die in den Barrikadenkämpfen in Berlin am 18. und 19. März 1848 getötet worden waren. »Noch in der Nacht auf den 22. März war man in Berlin mit den Vorbereitungen beschäftigt, alle Särge vor der neuen Kirche auf dem Gendarmenmarkt aufzubahren. Diesen Moment hält Menzel fest: Die Mehrzahl der Särge ist bereits vor der Kirche aufgestellt und erscheint als schwarze Masse in der Mitte des Bildes. Im Vordergrund wird... ein brauner Sarg mit einer mit weißen Tüchern ausgelegten Bahre vom rechts hereinfallenden Morgenlicht erhellt. Zu beiden Seiten dieses Sarges stehen dichtgedrängte Menschen.«[43] Im Bericht der »Vossischen Zeitung« über diesen Vorgang heißt es: »Auf den Fronttreppen beider Kirchen wimmelten die Menschenmassen. Dennoch eine Ordnung, eine Ruhe, ja fast eine tiefe Stille, die einen heiligenden [sic] Eindruck machte. Man vernahm kein lautes Wort, auf jedem Antlitz prägte sich der schwere Ernst des Tages aus, immer dichter füllte sich der Platz durch die herannahenden Züge.«[44] Menzel zeigt das Ereignis völlig anders: Keine tiefe Stille, sondern schwatzende Gruppen im Vordergrund, die keinen »heiligenden Eindruck« machen. Schwerer Ernst prägt die Gesichter auf dem Gemälde nicht, Neugierige stehen herum, gehen ihres Weges. Zwei Mädchen im Vordergrund in der Mitte unterhalten sich; das kleine hält eine schwarz-rot-goldende Fahne umgekehrt in der Hand, weiß nicht so recht, was es damit soll. Das Gemälde nimmt alles und jedermann wahr, es verweigert jede Form der interpretierenden Konzentration. Einerseits ist das Bild auf das Motiv in der Mit-

te, die aufgetürmten Särge der Gefallenen ausgerichtet, auf der anderen Seite treibt dieser Punkt aus der Mitte heraus, schwimmt aus dem kompositionellen Zentrum. Dieses schwarze Loch ist zwar der Grund, daß sich so viele Menschen auf diesem Platz versammelt haben, aber es ist nicht das Zentrum des Interesses. Wie die photographische Kamera erfaßt Menzels Auge alles, was in diesem Planquadrat zu diesem Zeitpunkt vor sich geht. Die große vaterländische Erregung scheint mit dem Chaos der visuellen Phänomene nur schwer vereinbar. Die brütende Traurigkeit ist hier einer tiefen, nüchternen Skepsis gewichen. Es trifft nicht zu, daß Menzel »den Akt der Trauer« beschreibt.[45] Der Realist zeigt, daß auch große historische Momente sich in Zufälligkeiten auflösen. Das Sonnenlicht holt aus der diffusen Menge nicht nur den braunen Sarg und seine studentischen Trauernden, es zeigt auch die Mädchen mit der Fahne, den jungen, schlanken Mann, der einem alten etwas zeigt, was weit weg von den Särgen ist, schließlich eine Gruppe mit einem Arbeiter, der seine Hände in der Tasche hat. Géricault und Delacroix nehmen jeden Körper, jeden Gestus, ja Tücher und Seile in den Dienst der zu generierenden positiven, zukunftweisenden Bedeutung. Menzel koordiniert nicht einmal, er addiert, was Licht und Schatten dem Auge als Möglichkeiten eröffnen. Es ist ein Kommen und Gehen auf einem belebten Platz, so daß die Tatsache, daß das Bild auf der linken Seite nicht fertig wurde, nur einer von vielen Zufällen ist. Hier hat Menzel auch seine Signatur angebracht: »Ad. Menzel 1848.« Helmut Börsch-Supan interpretiert den Ort der Signatur, »daß der Abbruch der Arbeit eine Demonstration des Malers« war.[46] Menzels Leistung besteht darin, daß er die theatralische Traurigkeit, die aus Berlin nach Düsseldorf kam und in allen deutschen Staaten auf große Resonanz stieß, in seinem Revolutionsbild nicht in Aktionismus umschlagen ließ. Wo andere pathetisieren, ernüchtert er. Doch mit seiner tiefen Skepsis kann er keinen großen Widerhall erwarten. Distanz ist nicht die Sache publikumswirksamer Ikonen.

Auf den Bilderbogen ist die Aufbahrung der Märzgefallenen so dargestellt, wie es der Bericht der Vossischen Zeitung vermuten läßt. Über einer riesigen gleichgestimmten Menge sehen wir den Portikus der Neuen Kirche. Auf dem Katafalk stehen die Särge ordentlich aufgereiht. Ein größerer Gegensatz zum Menzelschen Bilde ist nicht vorstellbar.[47]

Abb. 12   Adolph Menzel, *Die Aufbahrung der Märzgefallenen*, 1848. Hamburger Kunsthalle.

Spektakulär ist die feierliche Prozession, wie sie die Bilderbogen, aber auch die Leipziger »Illustrirte Zeitung« zeigen. Das vierte Bild in der Reihe »Europäische Freiheitskämpfe« der Neuruppiner Bogen ist der »Bestattung der für die Freiheit gefallenen Kämpfer, den 22. März 1848« gewidmet.[48] Im Hintergrund wird das Schloß dargestellt, auf dem Balkon steht der König, barhäuptig. Zwei Särge werden vorbeigetragen, die Männer mit Zylinder haben Trauerflor um ihr Gewehr gewunden, sie schreiten gesenkten Hauptes neben den Särgen, dahinter weinende Frauen und eine Prozessionsfahne mit der Muttergottes (Kat. 14b). Die »Illustrirte Zeitung« vom 15. April 1848 verbindet in dem hochformatigen Holzstich Nah- und Fernsicht. Im Gegensatz zu Menzel – mit dem sie die Vogelperspektive teilt – zeigt sie im Vordergrund bildparallel zwei Särge, getragen von würdig schreitenden Männern. Am linken Bildrand schwenkt der Zug in die Tiefe, um sich mehr und mehr mit der wogen-den Menge zu verbinden.[49] Immer wenn es im Verlauf der Revolution einer Seite möglich ist, ihre Märtyrer in einem großen, feierlichen Zug zu Grabe zu tragen, macht sie davon Gebrauch. Der »pompe funèbre« ist ein Vorrecht der (augenblicklichen) Sieger. Wie am 22. März 1848 der Sieg der Aufständischen gegen das Militär mit dem Trauerzug besiegelt wird, so inszenieren die alten Gewalten am 21. September 1848 die Beerdigung der ermordeten Abgeordneten von Auerswald und Lichnowsky.[50] Der Militärjustizmord am Abgeordneten Robert Blum führt zu keinem »pompe funèbre«, der Platz, an dem er füsiliert wurde, ist heute unbekannt. Doch im September und Oktober 1848 ist der Ausgang aus der Sicht der Beteiligten noch offen; sie wetteifern mit Berichten über die Abscheulichkeit der Taten um die Zustimmung des Publikums.

Das ikonographische und inhaltliche Muster, das für diesen Wettkampf der Bilder bereit steht, ist der Tod und die Aufbahrung Christi. Die Idee, die mit

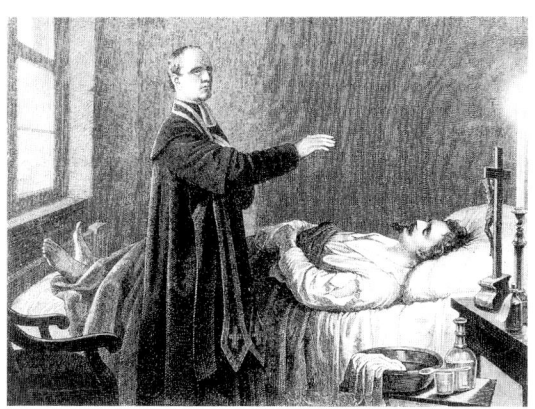

Abb. 13   Paul Bürde, Kaplan Ketteler segnet die Leiche des Fürsten Lichnowsky ein, 1873. Holzstich aus »Gartenlaube«.

der Geschichte Jesu kulturbildend eingeführt wurde, ist der freiwillige Opfertod, mit dem nicht nur die Menschen (selbst die Feinde) erlöst werden, mit dem darüber hinaus der Tod selbst besiegt werde. Mit dem Opfertod tritt der Held in die Unsterblichkeit der Geschichte ein. Rituale erinnern an seinen Tod und Sieg. Das Muster für die Darstellung der Ermordung des Fürsten Lichnowsky ist die Gefangennahme Jesu in Gethsemane. Erfinder ist Wilhelm Völker[51], ein Karikaturist, der auf der konservativen Seite stand.[52] Nach Erzählungen konstruierte er die Szene, seine Darstellung ist Grundlage des Holzstichs in der »Illustrirten Zeitung« vom 14. Oktober 1848 und dann für viele Bilder und Bilderbogen.[53] Wie Christus erschlagen, wurde er auch wie der Erlöser aufgebahrt (Abb. 13), so in einem Bild von Paul Bürde, das 1873 in der »Gartenlaube« erschien.[54] Das Schema ist das der Beweinung Christi, wie es für Alfred Rethels »Mönch an der Leiche Heinrichs IV.« (Abb. 5) verwandt wurde. Doch die Hoffnungslosigkeit und die elende Klage der mittelalterlichen Szene sind hier einer gutbürgerlichen Inszenierung, erfüllt von political correctness, gewichen. Wie schlafend liegt der Tote auf dem Bett, die Abend- (oder Morgen-) Sonne fällt durchs Fenster ein. Kreuz und brennende Kerze sowie Wasserglas mit Schale und Tuch signalisieren seelische und körperliche Versorgung, alle vier weisen auf das katholische Meßopfer. Vor dem Bett steht segnend Bischof Ketteler; in Paulskirchenzeiten noch am Anfang seiner politischen Laufbahn stehend, wurde er zu einer der einflußreichsten Vertreter des politischen Ka-

tholizismus. 1871 bis 1873 war er Zentrumsabgeordneter im Reichstag. Er trat als populärer Führer der christlich-sozialen Bewegung für eine positive Sozialpolitik ein. So fungiert Ketteler auf diesem Bild nicht nur als Geistlicher, der die Leiche des katholischen Preußen einsegnet, sondern auch als Testamentsvollstrecker des schlesischen Fürsten. Anders als Völkers Darstellung vom September 1848 ist dieses Bild nicht gegen die Linke gerichtet, sondern gegen Bismarck und seine Attacken gegen die katholische Kirche im Kulturkampf.

Robert Blum ist der Märtyrer der Linken. Mit der Erschießung eines Abgeordneten der Paulskirche hatte der Fürst Windischgrätz das gesamte Parlament provoziert, doch lediglich die Linke realisierte die existenzbedrohende Seite des Aktes. Die Lithographien, die die Erschießung Blums zeigen, die vielen Blätter und Texte mit seinen letzten Worten, die Porträts dieses vorbildlichen Bürgers sind ungezählt. Es sind die Devotionalien einer Heiligenlegende (Kat. 102). Dabei scheint es bei der Darstellung seines Todes niemanden zu irritieren, daß sich die Einzelheiten von Blatt zu Blatt unterscheiden. Wichtig ist das Bildnis des tapferen Mannes, der mit offenen Augen seine Brust der anonymen Soldateska bietet[55] (Kat. 102h) Seltener sind graphische Darstellungen des toten Robert Blum. Eine von ihnen zeigt ihn unter einem Baum – einer Eiche – liegend, während Licht aus dem Himmel bricht und ihm ein Engel Kranz und Palme der Märtyrer überreicht. In einer Apotheose schließlich erhält er die Krone dessen, der »den gerechten Kampf gekämpft hat« im Himmel, wo ihn Andreas Hofer und Arnold Winkelried willkommen heißen.[56] Die Fortführung des Kampfes mit Worten und mit der Waffe erfolgt im Namen Robert Blums. Sein Bild hing nicht nur an den Wänden der einfachen Wohnungen, sein Bild wurde auch im Saale des Gasthauses Wolfseck aufgestellt, als sich dort am 6. März 1849 die Märzvereine trafen (Kat. 22). Blum ist das Vorbild der Männer, die 1849 die in der Revolution errungenen Rechte mit der Waffe verteidigten, in Baden oder in der Pfalz oder an anderen Orten. Der Maler Carl Engel von der Rabenau stellt auf seinem Bild »Tod eines Freiheitskämpfers« (Abb. 14) eine Szene dar, wie ein Blusenmann mit Heckerhut einem Sterbenden schwört, den Kampf fortzusetzen. An die Wand sind hinter einer Lampe geheftet zwei Porträt-Graphiken zu sehen, die eine zeigt wohl Hecker, die andere sicher Robert Blum. Der Raum,

Abb. 14   Carl Engel von der Rabenau, Tod eines Freiheitskämpfers, 1849.
Frankfurt a. M., Städelsches Kunstinstitut.

in dem die Gesichter der beiden Männer vom Licht erhellt werden, ist Ort des Kampfes. Ein Freischärler zielt aus dem Fenster, ein anderer – verzweifelt – hält sich die Hand vor das Gesicht. Die Bilder an der Wand präfigurieren die revolutionäre Tat, die lediglich als Bild in die Geschichte einging. Wie Ketteler an der Leiche Lichnowskys Gegenwart prägt, so der Freiheitskämpfer, der vor den Bildern der Märtyrer dem Sterbenden die Hand reicht. Die Märtyrer fordern Todesmut, weil sie bewiesen haben, daß der Tod nichts sei. Damit treten der Deutschkatholik Robert Blum und der schlesische Katholik Lichnowsky in die Opfermetaphorik des Christentums ein, als echte Märtyrer bezeugen sie nicht nur die Gerechtigkeit ihrer Sache, Religion und Politik sind eine Einheit. Die diffuse biedermeierliche Traurigkeit der Düsseldorfer Bilder findet ihre Helden, die handelnd sterben und mit ihrem Tod Handlung fordern. Die Opfermystik der Befreiungskriege wird in den Bildern der Revolution reaktiviert.

Mit seinem Holzschnitt-Zyklus »Auch ein Todtentanz« (Kat. 26) hat Alfred Rethel dem Tod ein Denkmal gesetzt. Wie schon angedeutet, ist dieser Zyklus aus der Faszination des Künstlers vom Sterben in der Geschichte herzuleiten. Von seinen ersten

Zeichnungen in Aachen und an der Düsseldorfer Akademie bis zu seinen letzten Arbeiten spielen Tote und Sterbende die Hauptrolle. In Düsseldorf war die Faszination durch die traurigen Helden stabilisiert worden, in Frankfurt erhielten die jugendlich-diffusen Gefühle eine Richtung. Seit der Vollendung von Veits Fresko »Die Einführung der Künste durch das Christentum« am 12. November 1836 befanden sich in der alten Kaiserstadt die nazarenisch-katholische und die realistisch-protestantische Kunstauffassung, die in der Administration des Städelschen Kunstinstituts über die Mehrheit verfügte, im Kampf. Als sie hinter dem Rücken des Direktors Philipp Veit im Februar 1843 Lessings Gemälde »Hus vor dem Konzil zu Konstanz« ankaufte und gegenüber Veits Fresko aufstellen ließ, war das Maß voll. Veit legte sein Amt nieder. Mit vielen Schülern – auch mit Rethel – zog er in das Gebäude des Deutschen Ordens in Sachsenhausen, ein Haus, das im konfessionellen Hader in Frankfurt schon 1839 eine wichtige Rolle gespielt hatte. Damit standen sich zwei Parteien unversöhnlich gegenüber: In der Österreich gehörenden Kommende sammelten sich die, die kaiserlich-habsburgisch, katholisch dachten und die mittelalterliche Kunst – vor allem die des

Quattrocento – verehrten; im Städel die preußisch und protestantisch Orientierten, deren Vorbild die Kunst der Neuzeit, vor allem die der Niederländer des 17. Jahrhunderts war. Rethel – obwohl Protestant – folgte Veit, über den er lobende Worte findet. Mit seiner freundlichen Art förderte der Lehrer die jungen Künstler in Kompositionsvereinen, in denen die Lösung schwieriger Aufgaben geübt wurde – etwa die Darstellung von Abstrakta wie »Mut« oder »Faulheit«. Rethel entschied sich nur selten für die Allegorie, meist stellte er einen historischen Moment dar, in dem das gewählte Abstraktum anschaulich wurde.[57] Das ist sowohl der politisch-weltanschauliche wie der künstlerische Hintergrund, vor dem Konzept und Durchführung des »Totentanzes« gesehen werden müssen. Im Veitschen Kreis wurde 1847 wohl nicht über die Revolution gesprochen, doch war man sich einig in der Ablehnung der Ideen der Französischen Revolution von 1789. Rethel blieb nach seinem Weggang nach Aachen und Dresden mit seinen Freunden in Kontakt, mit Steinle wegen »Zunftproblemen«, Fragen der Freskomalerei, die ihn in Aachen bei seinem ersten Wandbild beschäftigten, mit Ballenberger auf der kumpelhaften Ebene zweier Künstlerfreunde. Am 6. März 1848 erhielt er einen Brief aus Frankfurt, der eindrücklich die Mentalität fixiert, mit der die Künstler des »lieben deutschen Hauses«[58] den Unruhen gegenübertraten: »An Neuigkeiten fehlt es dieses Jahr auch nicht, Gott was haben wir zu End vergangenes Jahr und dießes nicht erlebt schon das geht ja schlag auf schlag, hier in Frankfurt ist es auch etwas unruhig zugegangen. Vergangenen Samstag abends und Sontag ist die ganze Bürgergard in den Waffen gewest im Pferthurm, haben das Gesindel Sturmläuten wollen sind aber von den Metzgern düchtig durchgepleit worden. Den Sontag waren alle Thor geschlossen die Bürger hatten alle scharf geladen den [sic!] das Volk vor den Thoren hat zugleich das Neue Preßgesetz benutzen wollen um zu theilen is aber nichts drauß geworden.«[59] Was aus diesem dunklen Text spürbar wird, ist ein Mißtrauen gegen das »Volk«, »das Gesindel«. So dürfte auch abends im »Stift« geredet worden sein, als sich die Schüler »von den Zeitereignissen« unterhielten. Ballenberger nennt diese Treffen »die Montägliche Betstund«.[60] Rethel hatte zu diesen Fragen keine deutliche und begründete Meinung. So berichtet er in einem vielzitierten Brief von seiner Rheinreise 1833 über ein Treffen mit Frankfurter Demagogen: »Das war eine schöne Gesellschaft, wo jeder mit dem andern in seinen politischen Ansichten auf's Kleinste übereinstimmte… ich verstand als Maler zwar sehr wenig, indem das Gespräch sehr gelehrt war und über das höhere Staatswesen handelte.«[61] Für seine Texte oder Programmschriften hatte Rethel Berater – im Fall des Totentanz-Zyklus war es Robert Reinick.[62] Dessen Text benennt die politische Tendenz deutlicher, als es die Bilder vermögen. Rethels Holzschnitte sind gegen die Revolution gerichtet. Für Rethel wie für den Veitschen Kreis ist das Grundmuster von Revolution durch die »Terreur« gegeben. Hinzu kommt, daß Revolution immer atheistisch, antichristlich gedacht wird. Deswegen fällt auf dem dritten Blatt des Zyklus das alte Mütterchen nicht auf das Täuschungsmanöver des Todes herein.

Während dieser dem jubelnden Volk durch einen Taschenspielertrick belegt, daß Bürger und Edelmann, Pfeife und Krone gleich sind, schleicht sich die Alte mit einem ihr anvertrauten Kind davon. Ihr Geheimnis ist ihr katholisches Christentum, sie trägt einen Rosenkranz am Gürtel. Manfred Hettling hat darauf aufmerksam gemacht, daß die Parole der Französischen Revolution, »Freiheit, Gleichheit, Brüderlichkeit«, als Wandanschlag auf dem gleichen Blatt zu sehen, 1848 in Deutschland »kaum gebräuchlich« gewesen sei; »wenn es ein dominieren des Motto gab, dann das Begriffspaar ›Einheit und Freiheit‹. Rethel benutzt historisch eindeutig besetzte Zeichen und überträgt damit die Deutung von 1789 auf das Geschehen von 1848.«[63] In gleicher Weise verfährt Rethel auf einer Zeichnung, die wahrscheinlich in Vorbereitung auf den »Totentanz« gefertigt wurde[64] (Abb. 15). Dargestellt ist ein erregter Redner, der seine Zuhörer aufwiegelt. Der Tod schaut hinter ihm zur Tür hinein und freut sich über das, was geschieht. Es ist das einzige Blatt, in dem der Tod nicht selbst handelt. Alle anderen Zeichnungen, die nicht im Zyklus aufgenommen wurden, zeigen den handelnden Tod in der Rolle des Dieners, der Cholera oder als Freund des alten Glöckners.[65] In unserem Zusammenhang ist wichtig, daß die erste Zeichnung »Der Tod als Erwürger«, die auf den Ausbruch der Cholera in Paris 1831 bezug nimmt, im Winter 1847/48 entstand, also zeitgleich mit den Vorzeichnungen zum »Totentanz«. Mit dem »Tod als Diener« und dem »Tod als Freund« blieb Rethel nach Abschluß des Zyklus bei dem Thema. Der Tod und seine Taten interessierten ihn offenbar mehr als die Politik, die zwangsläufig

ment des Todes präziser zu fassen: Wie sieht der historische Augenblick aus, an dem der Tod hereinbricht? »Auch ein Todtentanz« ist deshalb zuerst eine selbstbezügliche Todesgeschichte: Der Tod arbeitet für den Tod. Auf der politischen Ebene begegnet sie der Gleichheitsforderung der Französischen Revolution mit dem Gleichheitsgedanken der spätmittelalterlichen Totentänze. Im neunzehnten Jahrhundert ist dies eine polemische Aussage: Gleichheit bedeutet Tod.[76] Die Gläubigen im Mittelalter konnten in der Gleichbehandlung der Stände eine Gerechtigkeit Gottes vermuten. In der revolutionären »danse macabre« hingeben bleibt dem gefallenen Barrikadenkämpfer nur der Tod.

Während Delacroix' Freiheit dem Sterben noch einen Sinn gab, ist Rethel in seinem »Todtentanz« gnadenloser Nihilist. An diesem Punkt berührt er sich mit der »Aufbahrung der Märzgefallenen« Adolf Menzels: Auch diese Toten sind umsonst gestorben. Die künstlerische Qualität beider Arbeiten besteht in der Reserve und der Distanz gegenüber den Versprechungen der säkularen Religion, der Politik. Menzel sieht das Tun des Volkes, das sich von dem Ereignis nicht gefangen nehmen läßt, Rethel sieht die Perspektivlosigkeit des politischen Kampfes, den er als junger Mann so fasziniert bewundert hatte. Daß der Tod auf der Barrikade nur dem Tod nütze: diesen Selbstbezug hatte er in Düsseldorf gelernt. Ihn meint er wohl, wenn er von »rein künstlerischen Ansprüchen« schreibt.

Während die Bilder von Lichnowsky und Blum als Andachtsbilder einer säkularen Religion zu verstehen sind und der Zyklus »Trost« (Kat. 24) hagiographisch die Heiligen der Menschenrechte – von Sokrates bis zum ermordeten Freiheitskämpfer – verehrt, sehen Rethel und Menzel die Ereignisse mit dem grundsätzlichen Zweifel, der später Eduard Manets »Erschießung Maximilians« oder Max Klingers drei Blätter »Märztage« prägt. Sie alle haben eine tiefe Sympathie mit den Revolutionären, mit den Erschossenen und Ermordeten. Ihre Skepsis erlaubt ihnen jedoch keine Parteinahme auf dem Gebiet der politischen Religion. Damit erhalten die Bilder eine Ambivalenz zwischen Sympathie und Distanz, die auch der künstlerischen Qualität zugute kommt.

1   Hubert Janitschek, Geschichte der Deutschen Malerei, Berlin 1889, S. 616.

2   Ebenda, S. 612.

3   Ebenda, S. 616. Gustav Heinrich Hotho kam von der Philosophie, er hatte 1818 die von Hegel gehaltenen Vorlesungen über Ästhetik herausgegeben. Vielleicht liegt seine vehemente Ablehnung der Düsseldorfer Malerei auch in einer emotionalen Verwandtschaft mit den traurigen Malern. Er schrieb: »Innerlich ausgelebt und ausgestorben, ohne Hoffnung und ohne Glauben, warf ich mich endlich der Philosophie in die Arme, und sie allein nahm mich trostspendend auf.« Zitiert nach Udo Kultermann, Geschichte der Kunstgeschichte. Der Weg einer Wissenschaft. Wien, Düsseldorf 1966, S. 179.

4   Düsseldorfer Monatshefte, redigiert von Lorenz Clasen, Düsseldorf 1847-1849, Reprint mit einem Nachwort von Karl Riha und Gerhard Rudolph, Düsseldorf 1979.

5   Friedrich Schlegel, Aussichten für die Kunst in dem Österreichischen Kaiserstaat, ursprünglich in: Deutsches Museum 1812, S. 248-287, wiederabgedruckt in: Friedrich Schlegel, Ansichten und Ideen von der Christlichen Kunst, Hrsg. von Hans Eichner, München, Paderborn, Wien 1959, S. 213-262, Zitat S. 225.

6   Ebenda, S. 227.

7   Die Literatur ist am vollständigsten zusammengestellt im Ausst.-Kat. Deutsche Romantik. Gemälde – Zeichnungen, Berlin (Nationalgalerie) 1965, S. 76, Kat. Nr. 127; hier auch alle technischen Angaben.

8   Eine Farbabbildung in Eduard Trier, Willy Weyres (Hrsg.): Kunst des 19. Jahrhunderts im Rheinland, Band 3: Malerei, Düsseldorf 1979, in Tafel 47; ausführlich Ausst.-Kat. Die Düsseldorfer Malerschule, Mainz 1979, S. 390, Kat. Nr. 155.

9   Am kürzesten dazu A. Hagen, Die Deutsche Kunst in unserem Jahrhundert, zwei Teile, Berlin 1857, 1. Teil, S. 334. Neben Schadow ist hier vor allem Karl Immermann und Felix Mendelssohn-Bartholdy zu nennen. Nach dem sich das örtliche Theater durchaus nicht imstande erwies, die Zusammenarbeit mitzutragen, eröffneten die drei 1835 eine Musterbühne, die nach der Berufung Rudolf Wiegmanns 1835 auch ein architektonisch-bühnenbildnerisches Konzept erhielt.

10   Vgl. hierzu etwa einen Theaterzettel vom 6. März 1832: »Jupiters neu errichtetes Hoftheater oder Die Generalprobe«. Am Ende wurde »ein großes mythologisches Schluß-Tableaux mit doppelter griechischer Beleuchtung gegeben«; Düsseldorf, Stadtbibliothek KW9.

11   Schaut man den Theaterspielplan in der »Düsseldorfer Zeitung« durch, so trifft man häufig auf »Lebende Bilder«. Die »Lebenden Bilder« am 19.III.1833 arrangierte Prof. Hildebrand (Düsseldorfer Zeitung Nr. 67, 1833). Am 08.XII.1834 wird Beethovens Symphonie in C-Moll aufgeführt. Anschließend zeigt man drei »Lebende Bilder mit Musikbegleitung«:
»1. Raphael und seine Geliebte von Raphael.
2. Das Trauernde Königspaar von Lessing.
3. Der Parnaß von Raphael.« (Düsseldorfer Zeitung Nr. 291, 1834).

Als Friedrich Wilhelm die Düsseldorfer Kunstakademie am 22. Oktober 1833 besuchte, erfahren wir: »Hiernach geruhten Se. Königl. Hoheit, dem Fest der Kunstakademie beizuwohnen, wo nach einem Prolog vor den Gliedern dieser Akademie, (…) mehrere überaus schöne Transparente und Chorgesang trefflich aufgestellt worden waren, woran sich, als dem weltlichen Teil der Feierlichkeit, die Darstellung einiger lebender Bilder knüpfte, die sich, in einer hier nie gesehenen glänzenden Weise, des huldreichen Beifalls des hochgefeierten fürstlichen Kunstfreundes und seiner Umgebung erfreuten«, siehe C. Simons: Reise seiner Königlichen Hoheit des Kronprinzen von Preußen durch Rheinland und Westphalen im Herbst 1833, Iserlohn 1834, S. 83.

12 Pariser Salonurteil über die Bilder der Düsseldorfer Schule, aus Lewalds Europa, in: Didaskalia 1837, Nr. 122.

13 Hagen 1857 (wie Anm. 9), S. 308; in unserem Zusammenhang ist nicht von Interesse, ob ein Gedicht Uhlands diesem Bilde zugrunde liegt. Es lohnt allerdings die Kenntnis, daß das Bild 1837 von G. Lüderitz gestochen wurde, sein Ruhm also bis weit in die dreißiger Jahre anhielt.

14 Vgl. den Ausst.-Kat. Düsseldorfer Malerschule 1979 (wie Anm. 8).

15 Zitiert nach Alfred Stern, Über die Grenzen der Geschichtsschreibung und der Poesie, in: Deutsche Vierteljahresschrift für Literaturwissenschaft und Geistesgeschichte, IV 1926, S. 240-269, Zitat S. 254.

16 Ernst Guhl, Die neuere geschichtliche Malerei, Stuttgart 1848, S. 56.

17 Hermann Püttmann, Die Düsseldorfer Malerschule und ihre Leistungen seit der Errichtung des Kunstvereins im Jahre 1829. Ein Beitrag zur modernen Kunstgeschichte. Leipzig 1839, S. 33. 1843 stellt Jakob Burckhardt die gleichen Charakteristika an K. F. Lessings »Hus auf dem Konzil zu Konstanz« 1842 fest. »Der dargestellte Moment ist das Untergeordnete und tritt vor der mächtigen Charakteristik völlig zurück«. Er nennt es – obwohl er es als eines der »größten Werke deutscher Kunst« bezeichnet – »ein bloßes Situationsbild« (in Kunstblatt Nr. 3 vom 10.1.1843).

18 Zitiert in: Ausst.-Kat. Düsseldorfer Malerschule 1979 (wie Anm. 8), S. 388.

19 Die Auseinandersetzung Goethes mit Lessings Bild ist grundlegend dargestellt bei Carl von Lorck, Goethe und Lessings ›Klosterfriedhof im Schnee‹, in: Westdeutsches Jahrbuch für Kunstgeschichte. Wallraf-Richartz-Jahrbuch, IX, 1936, S. 205ff.

20 Hermann Beenken, Das Neunzehnte Jahrhundert in der deutschen Kunst. Aufgaben und Gehalte. Versuch einer Rechenschaft. München 1944, S. 239.

21 Vgl. hierzu die Aufsätze in Werner Hofmann (Hrsg.), Caspar David Friedrich und die deutsche Nachwelt, Frankfurt a. M. 1974.

22 Kreide, weiß gehöht auf bräunlich getöntem Papier, 10,3 x 11,9 cm; Aachen, Suermondt-Museum, BK 487; siehe Ausst.-Kat. Alfred Rethel, Aachen 1959, Kat.Nr. 269. Die Benennung »Frauenlobs Begräbnis« halte ich für genauso falsch wie die Datierung »um 1850«. Die Zeichnung ist während Rethels Anfangszeit an der Düsseldorfer Akademie entstanden, also 1829. Damals war Rethel 13 Jahre alt.

23 Kreide, weiß gehöht auf bräunlich getöntem Papier, 17,3 x 18 cm; Aachen, Suermondt-Museum, BK 440; siehe Ausst.-Kat. Rethel 1959 (wie Anm. 22), Kat.Nr. 149.

24 Aachen, Suermondt-Museum, BK 235.

25 Aachen, Suermondt-Museum, BK 284.

26 Aachen, Suermondt-Museum, BK 278, BK 280, BK 281, BK 283.

27 Irene Markowitz, Die Düsseldorfer Malerschule, Düsseldorf 1967, S. 73f., Kat. Nr. 21, mit weiterführender Literatur. Vgl. auch Detlef Hoffmann, Die toten Kaiser, in: Ausst.-Kat. Trophäe oder Leichenstein? Kulturgeschichtliche Aspekte des Geschichtsbewußtseins in Frankfurt im 19. Jahrhundert, Frankfurt am Main 1978, S. 113-119, bes. S. 117. Heute nehme ich an, daß es sich bei dem Bild weniger um Heldenverehrung handelt. Die Rethelschen Totenbilder haben meist einen nihilistischen Zug.

28 Abgebildet bei Heinrich Schmidt, Alfred Rethel, Neuß 1959, S.136f. (Manfred), S. 141 (Frauenlob). Der Text zu Manfred S.124-128.

29 Der Ausst.-Kat. Alfred Rethel. Auch ein Totentanz. Todesdarstellungen von 1828 bis 1852. Düsseldorf 1956, stellt zu Recht den Totentanz in den Zusammenhang der anderen Todesdarstellungen Rethels, allerdings ohne sie zu ordnen und ohne sie ins Verhältnis zur Düsseldorfer Malerschule zu setzen. In seinem Vorwort hebt Claus Zoege von Manteuffel die Todesangst hervor, die Rethel im Zug Hannibals über die Alpen thematisiert hat.

30 Hagen 1857 (wie Anm. 9), S. 406.

31 Ausführlich behandelt in: Germania zwischen Kaisersaal und Paulskirche. Der Kampf um Vergangenheit und Gegenwart (1830-1848), in: Trophäe oder Leichenstein (wie Anm. 27), S. 85-113.

32 Detlef Hoffmann, Die Karlsfresken Alfred Rethels, Diss. Freiburg 1968, S. 87.

33 Vgl. Detlef Hoffmann, Bedeutungsvolle Momente. Bemerkungen zur deutschen Geschichtsmalerei im 19. Jahrhundert, in: Stefan Germer, Michael F. Zimmermann (Hrsg.), Bilder der Macht. Macht der Bilder. Zeitgeschichte in Darstellungen des 19. Jahrhunderts, München 1997, S. 324-351, bes. S. 330f.

34 Wilhelm Zimmermann, Der Teutsche Kaisersaal, Stuttgart 1841, S. 32.

35 Maurice Agulhon, Marianne au combat. L'imagerie et la symbolique républicaine, Paris 1979.

36 Dazu Hoffmann 1968 (wie Anm. 32), S. 80-87; siehe auch Friedrich Weigend, Bodo M. Baumunk, Thomas Brune, Keine Ruhe im Kyffhäuser, Stuttgart und Aalen 1978.

37 Hierzu ausführlich Roswitha Mattausch, Viktoria Schmidt-Linsenhoff, Vom Nationalepos zur Weltanschauungsoper – Die Rezeption des Nibelungenliedes 1800-1918, in: Trophäe oder Leichenstein 1978 (wie Anm. 27), S. 303-325, Zitat S. 304, das Folgende S. 305f.

38 Vgl. dazu Monika Arndt, Die Goslarer Kaiserpfalz als Nationaldenkmal, Hildesheim 1976.

39 Vgl. Hoffmann 1997 (wie Anm. 33), S. 327.

40 Es sei hier methodisch an die Analyse E.H. Gombrichs einer Kinderzeichnung nach Constables Gemälde »Wivenhoe Park« erinnert. Alles sei in eine Sprache aus einfacheren Symbolen übersetzt. »Die Kopie ist eine gewissenhafte Aufzählung der wichtigsten auf dem Bild dargestellten Dinge, besonders natürlich derjenigen, die ein Kind interessieren.« Ernst H. Gombrich, Kunst und Illusion, Köln 1967, S. 327.

41 Ausst.-Kat. Rethel 1959 (wie Anm. 22), Kat. Nr. 224; die Bleistiftzeichnung mißt 25,5 x 41 cm, Aachen, Suermondt-Museum, BK 295; auch im Original trägt der ergraute Melancholiker ein Ordenskreuz am Hals. Während jedoch auf Géricaults Gemälde der approbierte Tapfere gegen das vitale Naturkind ausgespielt wird, kopiert Rethel eine Gruppe trauernder Krieger.

42   Diesen Gegensatz beschreibt Manfred Hettling, Totenkult statt Revolution. 1848 und seine Opfer, Frankfurt am Main 1998, S. 136; vgl. meinen Aufsatz: Von den Bildern auf der Leinwand zu den Bildern im Kopf. Anmerkung zu Jochen Gerz' Geschichtsbildern, in: Bernhard Jussen (Hrsg.), Von der künstlerischen Produktion der Geschichte I: Jochen Gerz, Göttingen 1997, S. 81-132, bes. S. 93-95. Vgl. die sorgfältige Untersuchung des Gemäldes durch Peter Paret, Kunst als Geschichte. Kultur und Politik von Menzel bis Fontane. München 1990, S. 111-124.

43   Hettling 1997 (wie Anm. 42), S. 136f.

44   Vossische Zeitung vom 23. März 1848, zitiert nach Rüdiger Hachtmann, Berlin 1848. Eine Politik- und Gesellschaftsgeschichte der Revolution, Bonn 1997, S. 215.

45   Hettling 1998 (wie Anm. 42), S. 137.

46   Helmut Börsch-Supan, Menzel und das zeitgenössische Ereignisbild in Berlin, in: Germer, Zimmermann 1997 (wie Anm. 33), S. 499-591, bes. S. 507. Ich nehme jedoch nicht an, daß Menzel damit seiner »bitteren Enttäuschung über das Versagen Friedrich Wilhelms IV.« Ausdruck verleiht. Seine Annäherung bzw. Reserve ist grundsätzlicher.

47   Abgebildet bei Hettling 1998 (wie Anm. 42), S. 30.

48   Siehe Ausst.-Kat. »Europäische Freiheitskämpfe. Das merkwürdige Jahr 1848«, Bonn-Bad Godesberg 1994, S. 22-25, Abb. S. 23.

49   Abb. ebenda, S. 25.

50   Siehe ebenda, S. 93; vgl. auch Detlef Hoffmann, Darstellungen der Revolution in der Leipziger »Illustrirten Zeitung« 1848-49, in: Thomas Gaehtgens (Hrsg.): Künstlerischer Austausch, Akten des XXVIII. Internationalen Kongresses für Kunstgeschichte Berlin, 15.-20. Juli 1992, Berlin 1993, S. 97-108, bes. S. 99f.

51   Siehe Ausst.-Kat. »Europäische Freiheitskämpfe (wie Anm. 48), S. 22-25, Abb. S. 93; vgl. auch Hoffmann 1993: (wie Anm. 50), bes. S. 100.

52   Vgl. etwa seine Karikaturen Kat. Nr. 350 und Kat. Nr. 457 im Ausst.-Kat.: 1848/49. Revolution der deutschen Demokraten in Baden, Baden-Baden 1998, sowie Kat.Nr. 181, in Ausst.-Kat. »Aufbruch zur Freiheit«, Frankfurt 1998 sowie die Kat. Nr. 20, 24 und 49 (wo Völker die Führer der parlamentarischen Linken an Drahtzieher des Septemberaufstandes hinstellt) in: Ausst.-Kat. Liberalnichtoftsky und der deutsche Michel. Die Karikatur in der Revolution von 1848/49, Ludwigshafen 1988.

53   Siehe auch »Europäische Freiheitskämpfe« (Anm. 48), S. 94f.

54   Historisches Museum Frankfurt, Inv. Nr. C 3754; das Blatt gibt es auch als Aquatinta, ebenda Inv. Nr. C 10189; abgebildet als Abb. 9 bei Hoffmann 1993 (wie Anm. 50); vgl. auch die Sterbeszene im Kreise seiner Freunde, Kat. Nr. 447 in: »Aufbruch zur Freiheit« (wie Anm. 52).

55   Ausführlich dargestellt in Detlef Hoffmann, Die Erschießung Robert Blums, in: Geschichtsdidaktik 5, 1980, S. 357-370.

56   Ausführlich ebenda S. 368.

57   Vgl. dazu Hoffmann 1997 (wie Anm. 33), S. 334f.

58   Briefe von Alfred Rethel, hg. von Josef Ponten, Berlin 1912, Brief vom 27. September 1977 an Steinle, S. 108-111, Zitat S. 109a.

59   Brief von Karl Ballenberger an Alfred Rethel vom 6. März 1848, ebenda S. 113-115, Zitat S. 114.

60   Ebenda.

61   Ebenda, S. 28.

62   Diese Frage erörtert Karl Koetschau, Alfred Rethels Kunst vor dem Hintergrund der Historienmalerei seiner Zeit, Düsseldorf 1929, S. 221; der Verleger Georg Wigand schreibt am 14. Juli 1849 an Reinick, daß er nicht gewußt habe, daß die Idee von Reinick stamme. »Hätte ich das früher gewußt, dann würde ich hinsichtlich des Honorars mich anders verhalten haben.« Und etwas vorher: »Ich stand bisher in der Meinung, Rethel habe die Idee gefaßt und ausgeführt«. Die Frage, wer welchen Anteil an dem Werk habe, diskutiert zum ersten Mal ausführlich Josef Ponten, Studien über Alfred Rethel, Stuttgart und Berlin 1922, S. 52f.

63   Hettling 1998 (wie Anm. 42), S. 148; auf der Dresdener Vorzeichnung (Kupferstich-Kabinett, Inv. Nr. 1897-99) steht auf dem Plakat: »Freiheit, Gleichheit, Liederlichkeit«.

64   Hessisches Landesmuseum, Darmstadt, HZ 4991. 33,6 x 27,4 cm; Tinte, laviert auf braunem Papier, mit weißer Kreide gehöht. Die Zeichnung hat im Museum den Titel »Der Aufwiegler.« Auf der Rückseite u.a. beschriftet: »Außer diesem ist nur noch ein Blatt des ursprünglichen Zyklus erhalten geblieben. Vgl. Graf von Müller von Königswinter. S. Data 16. Juli 1852.« Der weitere Text nicht lesbar.

65   Alle diese Blätter sind sorgfältig zusammengestellt und stilkritisch untersucht in: Claus Zoege von Manteuffel, Alfred Rethels Spätstil, in: Raggi. Zeitschrift für Kunstgeschichte und Archäologie, Bd. 9, 1969, S. 65-90, S. 86. Der Autor kann auf seinen Katalog von 1956 (Anm. 29) zurückgreifen.

66   Wolfgang Müller von Königswinter, Alfred Rethel. Blätter der Erinnerung, Leipzig 1861, S. 152f.

67   Ebenda, S. 157.

68   Ebenda, S. 152f.

69   Abgebildet in: Alfred Josef Ponten (Hrsg.), Alfred Rethel. Des Meisters Werke in 300 Abbildungen, Stuttgart und Leipzig 1911, S. 131; die Bleistiftzeichnung befindet sich in einem Skizzenbuch, das in den Jahren 1838 bis 1849 in Gebrauch war; 14,2 x 20 cm; Aachen, Suermondt-Museum; vgl. auch Ausst.-Kat. Rethel 1959 (wie Anm. 22), Kat. Nr. 301.

70   Zuletzt diskutiert bei Hettling 1998 (wie Anm. 42), S. 145-147.

71   Zuerst Ponten 1911 (wie Anm. 69), S. 189, ausführlicher 1922 (wie Anm. 62), S. 52.

72   Die Bleistiftzeichnung befindet sich auf der Rückseite der Vorzeichnung zum Holzstich Dresden, Staatliche Kunstsammlungen, Kupferstich-Kabinett, Inv.-Nr. 1897-97.

73   Etwa bei Hettling 1998 (wie Anm. 42), S. 147.

74   Diesen Vergleich führt am ausführlichsten Ponten 1922 (wie Anm. 62), S. 54 durch.

75   Zitiert bei Koetschau 1929 (wie Anm. 62), S. 234.

76   Hierzu die Beschreibung des Totentanzes bei Paret 1990 (wie Anm. 42), S. 124-154. Paret erörtert die Gleichheitsfrage auf S. 133 und führt zudem einen ausführlichen, grundlegenden Vergleich mit Holbeins Totentanz durch.

Abb. 3 Franz Heister, Zur Erinnerung an das Vorparlament in Frankfurt a/M, 1848 (Kat. 146).

Rainer Schoch

Streit um Germania

Bemerkungen zur »Germania« aus der Paulskirche

Bei ihren Verhandlungen in der Frankfurter Paulskirche schwebte den Abgeordneten der Deutschen Nationalversammlung ein Bild vor Augen, das sie an ihre vordringlichste und, nach Ansicht der Mehrheit, vornehmste Aufgabe erinnerte: die staatliche Einheit Deutschlands.

»Walle hin du Opferbrand / Hin über Land und Meer! Und schling ein einzig Liebesband / Um alle Völker her!«, »Des Vaterlands Größe, des Vaterlands Glück / O schaff sie, o bringt sie dem Volke zurück!« Diese pathetisch-beschwörenden Verse frei nach Herwegh waren mit großen Lettern in zwei gemalte Eichenkränze eingeschrieben, die das Monumentalbild der wiedererstandenen »Germania«, der Verkörperung der staatlich geeinten deutschen Nation, flankierten (Kat. 145, Abb. 1). Das allegorische Gemälde, das die politische Vision der Abgeordneten so greifbar nahe erscheinen ließ, war als Verkleidung dem klassizistischen Orgelprospekt vorgeblendet und beherrschte – als einziger Bildschmuck – den protestantisch-kargen Ovalraum der Paulskirche. Als säkulares Altarbild überragte es das mit schwarz-rot-goldenen Fahnen, Draperien und dem Doppeladler geschmückte Präsidium, das an die Stelle der Kanzel getreten war. Wenn die Abgeordneten im Gestühl der Paulskirche Platz genommen hatten, mußte sich das Parlament durch diese sakrale Inszenierung seiner »heiligen« Aufgabe bewußt werden.

Das fünf Meter hohe Transparent ist – offenbar in großer Eile – ohne Grundierung auf ein dünnes, nesselartiges Baumwollgewebe gemalt und ganz auf Fernsicht angelegt.[1] Seine perspektivische Konstruktion ist auf einen Betrachter von der Besucherempore bezogen. Die mehr als doppelt lebensgroße Gestalt der »Germania« steht auf einem steinernen Sockel hoch über einer verschatteten Hügellandschaft, golden umstrahlt von der aufgehenden Sonne einer neuen Zeit. Sie trägt ein rotes hermelinverbrämtes Herrschergewand mit dem Doppeladler

im Brustschild, darüber einen weiten, blau gefütterten Goldbrokatmantel. Mit der Linken stützt sie sich auf eine mittelalterliche Turnierlanze, von der die schwarz-rot-goldene Fahne weht. Die schimmernde deutsche Trikolore bildet die Folie für das jugendlich blonde und mit Eichenlaub bekränzte Haupt der Germania, das im Verhältnis zu der kompakten Gewandfigur klein proportioniert ist. In der Rechten hält Germania ein erhobenes blankes Schwert und einen Ölzweig. Zu ihren Füßen liegt eine gesprengte Fessel.

Das Gemälde vereint auf plakative, leicht lesbare Weise eine Reihe geläufiger politischer Symbole und Metaphern. Dabei überwiegen Anspielungen auf das Kaisertum des untergegangenen Heiligen Römischen Reichs: die Turnierlanze, der feierliche Kaiserornat, der Doppeladler. Deren Farbigkeit korrespondiert auffällig mit dem Schwarz-Rot-Gold der Fahne – ganz im Sinne des Bundestagsbeschlusses vom 9. März 1848, der den Doppeladler aus dem »ehemaligen deutschen Reichspanier« und dessen Farben zum Wappen und zur Fahne des Deutschen Bundes erklärte. Die verbotenen Farben der vormärzlichen Einheitsbewegung erhielten durch diese monarchische »Legitimation« eine schillernde Ambivalenz. Das blanke Schwert mit dem Ölzweig – ein altes Sinnbild des »guten Regiments« – verweist auf die Staatlichkeit der deutschen Nation. Es läßt sich nicht aus der Bildsprache der deutschen Einheitsbewegung herleiten, sondern ist der politischen Emblematik des 17. Jahrhunderts entlehnt und steht für das Motto: »Rigorem clementia temperet« (Abb. 2).[2] Nationalsymbole wie der Eichenkranz und die Rheinlandschaft, die seit der Rheinkrise von 1840 zusätzlich mit antifranzösischem Pathos aufgeladen war, gehörten ebenso zum gängigen politischen Motivvokabular des Vormärz wie die Naturmetapher der aufgehenden Sonne, die das Dunkel vertreibt; sie entstammt der politischen Metaphorik der Aufklärung und beschreibt die nationale Einheit als

Abb. 1   Philipp Veit, Eduard von Steinle und andere,
Germania, 1848 (Kat. 145).

tionen erfahren.[3] Einhellig wurde auf die sehr allgemeine Beschreibung des staatlich geeinten Deutschlands hingewiesen. Dieser Umstand verleitete jedoch die einen zu sehr weitgehenden Deutungen. Für sie verkörperte die Allegorie »im Zeichen des revolutionären Aufbruchs die mit sich selbst identische Nation, sprich die Substanz, das Bleibende im Wechsel der Zeitläufte und der der politischen und sozialen Ordnungen […] Sie stand für das ›ewige Deutschland‹, das sich nicht von außen, von territorialen Grenzen, von einer bestimmten politischen Ordnung und Staatsform, auch nicht von einem gesellschaftlichen System her definierte, sondern von innen, von der Einheit der ›einen und unteilbaren Nation‹.«[4] Vorsichtigere Interpreten erklärten das Fehlen konkreterer Hinweise auf die politische Beschaffenheit des deutschen Nationalstaats aus pragmatischen Gründen, denn »…über die Verfassung sollte ja noch befunden werden.«[5] In der Tat erscheint das Unausgesprochene dieses Bildes nicht weniger interessant als das explizit Dargestellte. Man vermißt nicht nur Hinweise auf die revolutionäre Volksbewegung, die »Märzerrungenschaften«, auf Volkssouveränität, Parlament, Grundrechte und Verfassungswerk, auf Einzelstaaten und Föderalismus. Bei allem Reichspathos erstaunt es, daß die wichtigste Reichsinsignie – die mittelalterliche Kaiserkrone – fehlt. Wenn sich die Abgeordneten und die deutsche Einheitsbewegung von 1848 mehrheitlich mit dieser Allegorie identifizieren konnten, so vermutlich deshalb, weil das Gemälde die politische Aufgabe so allgemein wie möglich beschrieb. Es fällt schwer, in dieser Personifikation den »kühnen Griff« der souveränen Volksvertreter zu erkennen.

Einer historischen Interpretation sollte die Frage vorausgehen, zu welchem Zeitpunkt und in wessen Auftrag das Gemälde entstand, wessen politischer Wille sich in ihm manifestierte.[6] Doch weder in den Protokollen der Bundesversammlung, noch in denen des Vorparlaments und der Nationalversammlung wird das Transparent erwähnt, das durch graphische Reproduktion und durch die illustrierte Presse weithin bekannt war. Der Revisionsausschuß der Bundesversammlung, der seit dem 4. April 1848 im Einvernehmen mit den siebzehn »Männern des Vertrauens« und dem Senat der Stadt Frankfurt dafür zu sorgen hatte, daß die Paulskirche für die Sitzungen der Nationalversammlung hergerichtet wurde und der dazu den städtischen Baumeister Henrich

eine Hoffnung, die sich mit naturgesetzlicher Notwendigkeit verwirklichen wird. Die Vorstellung von der Einheit Deutschlands wird in erster Linie von der Erinnerung an vergangene Größe bestimmt. Die Idee der Befreiung, der individuellen oder kollektiven Freiheit, ist mit dem Motiv der gesprengten Fessel marginal und eher unspezifisch angedeutet. Neu und unerwartet ist indessen der Typus der stehenden Ganzfigur, für den es in der älteren Tradition der Germania-Darstellungen nur wenige Beispiele gibt. Die entschlossene, selbstbewußte Haltung und der in die Zukunft gerichtete Blick verleiht der Gestalt ein neues, positives Pathos.

Die »Germania« aus der Paulskirche gehört nicht nur zu den wenigen erhaltenen »Reliquien« der ersten deutschen Nationalversammlung. Ihr Bestimmungsort machte sie zu einer der prominentesten politischen Ikonen der deutschen Einheitsbewegung von 1848, die noch lange typenbildend gewirkt hat. Als solche hat sie eine Vielzahl von Interpreta-

mit notwendigen Umbaumaßnahmen beauftragte, war mit einem Gemäldeauftrag nicht befaßt.[7] Ausdrücklich muß betont werden, daß auch der Name Philipp Veits, mit dem das Gemälde traditionell und plausibel in Verbindung gebracht wird, in keiner zeitgenössischen Quelle erscheint. Weder in den biographischen Quellen noch in Veits umfangreich erhaltenem Studienmaterial finden sich Hinweise auf die »Germania« der Paulskirche.

Zuschreibungen mehren sich erst aus der Distanz der Jahrhundertwende, meist ohne Kenntnis des Originals, aber möglicherweise auf mündlicher Überlieferung basierend: In den 1894 erschienenen Lebenserinnerungen von Friedrich Pecht, eines informierten Zeitzeugen, ist von »Veiths ebenso schön gedachter als gemalter Germania« die Rede.[8] Carl Wolff und Rudolf Jung stellen 1896 in ihrem Frankfurter Denkmälerband fest, das Gemälde sei »nach einer Zeichnung Veits« entstanden.[9] Eine Bemerkung des Sohnes von Eduard von Steinle, sein Vater habe zur Wahl Erzherzog Johanns zum Reichsverweser am 29. Juni 1848 in wenigen Tagen ein Transparent der »Germania« für die Paulskirche geschaffen, begründete die Auffassung, Veit und Steinle hätten die »Germania« gemeinsam gemalt.[10] Doch schon 1851 hatte der beste Sachkenner, der Frankfurter Abgeordnete und Nachlaßverwalter der Nationalversammlung, Friedrich Siegmund Jucho, zu Protokoll gegeben, die Germania sei »von hiesigen Künstlern gemalt, und schon von dem Vorparlament in die Paulskirche gestiftet« worden.[11] Juchos Aussage hat Gewicht – sowohl was den Hinweis auf eine Gemeinschaftsproduktion als auch auf den Zeitpunkt der Entstehung betrifft. Letzterer wird von einer Lithographie »Zur Erinnerung an das Vorparlament in Frankfurt a/M – 31. März, 1., 2., 3. April 1848« bestätigt.[12] Das Sammelbild zeigt in der Mitte die »Germania«, umrahmt von den Ehrenpforten und Festdekorationen, mit denen die Stadt Frankfurt die Mitglieder des Vorparlaments begrüßt hatte. Den unteren Streifen nimmt eine Innenansicht der Paulskirche ein, Tagungsort des Vorparlaments, wo über dem Präsidium das Bild der »Germania« zu erkennen ist (Kat. 146, Abb. 3).

Offensichtlich war das Transparent also bereits Ende März fertiggestellt. In der politisch offenen Situation dieser Tage erscheint das Gemälde in einem anderen Licht als im Kontext der Eröffnung der Nationalversammlung, als sich das politische Kräfteverhältnis zwischen demokratischer Volksbewegung

Abb. 2 Peter Isselburg, »Emblemata politica«, Nürnberg 1617. Kupferstich. Germanisches Nationalmuseum.

und institutionalisierter Revolution deutlich zugunsten der letzteren verschoben hatte. Da sich die primären Quellen zur Entstehungsgeschichte weitgehend ausschweigen, muß im folgenden etwas weiter ausgeholt werden, um das künstlerische und politische Umfeld des Gemäldes und seine politische Botschaft genauer zu bestimmen.

Zum Vergleich bietet sich das Transparent an, das »von einem Theile der Künstler zu Franckfurt am Main bei der Illumination zu Ehren der Mitglieder des Vorparlaments am ersten April 1848« aufgestellt wurde (Kat. 156, Abb. 4). Der Entwurf des Malers und Bildhauers Johann Baptist Scholl beschreibt die Hoffnungen auf die Einberufung des »Deutschen Parlaments« im Bilde eines Turmbaus der Zukunft. Das Bauwerk erhebt sich über einer dunklen Gruft, wo auf Särgen die Sinnbilder der Vergangenheit ruhen: Zopf, Krone und Ketten. Im gotischen Portal begrüßt die Freiheit mit offenen Armen die Volksvertreter verschiedener Stände, die begeistert herandrängen. In den Zwickeln des Por-

Abb. 4 Angilbert Wunibald Göbel nach Johann Baptist Scholl, Transparent zu Ehren der Mitglieder des Vorparlaments, 1848 (Kat. 156).

talbogens wird mit dem Motiv der Waage der Gedanke der Gleichheit und sozialen Gerechtigkeit ausgedrückt. Ein Wappenfries symbolisiert die Vereinigung der deutschen Staaten. Zwischen Posaunenbläsern thront auf der Spitze die Gestalt der Germania, die die Trikolore schwenkt und die Rechte zum Schwur erhebt. Links und rechts von ihr stehen Bischofsmütze und Königskrone – vielleicht ein Hinweis auf die Trennung von Staat und Kirche im zukünftigen deutschen Nationalstaat. Auch Scholl, ein Anhänger der demokratischen Revolution, läßt die Frage der Staatsform offen, beschreibt aber die Einheit der Nation mit einem reicheren Vokabular als das Paulskirchen-Transparent. Er zeigt Besiegte und Sieger, die revolutionäre Masse. Mit den Gedanken der Volkssouveränität, von Freiheit, Gleichheit und sozialer Gerechtigkeit sieht er das neue

Deutschland in der Nachfolge der Französischen Revolution.

In der Gegenüberstellung lassen die beiden Transparente etwas von der Spannweite der politischen Positionen erkennen, die zur Zeit des Vorparlaments aufeinanderprallten. Das sozialrevolutionäre Programm von Hecker und Struve, die republikanischen Forderungen der Hanauer Turner und die Gerüchte um eine bevorstehende französische Intervention erschreckten damals das konstitutionelle und konservative Lager und riefen Demonstrationen gegen die Republik hervor. Im politischen Diskurs dieser Tage mußte die »Germania« der Paulskirche wie ein Appell zur »Mäßigung« erscheinen – eine konservative Wortmeldung mit dem Ziel, in dieser entscheidenden Situation einer republikanischen Entwicklung Einhalt zu gebieten. Verfassungsgeschichtlich zugespitzt, muß sich die »Germania« die Frage gefallen lassen, ob sie tatsächlich die aus der Revolution hervorgegangene souveräne Nation verkörpert oder nicht eher den Nationalbegriff, den sich der Bundestag unter dem Druck der Ereignisse zueigen gemacht hatte – kurz: ob sie die deutsche Einheit »von unten« oder »von oben« repräsentiert.

Antwort darauf geben auch die feierlichen Strophen beiderseits der »Germania«, die sich als politisch höchst signifikante Paraphrasen auf Georg Herweghs Gedicht »Der letzte Krieg« (1841) entpuppen.[13] In diesem kämpferischen Freiheitshymnus verherrlichte Herwegh den Aufstand der Polen als Fanal für die Befreiung der europäischen Völker. Den Mitgliedern des Vorparlaments dürften der ursprüngliche Wortlaut und Sinngehalt des flammenden Freiheitsappells aus den »Gedichten eines Lebendigen«, einer der meistgelesenen Sammlungen politischer Lyrik des Vormärz, bekannt gewesen sein:

»O walle hin du Opferbrand
Hin über Land und Meer
Und schling ein einig Feuerband
Um alle Völker her.

So wird er uns beschieden
der große, große Sieg
Der ewige Völker-Frieden
Frisch auf, zum heiligen Krieg.«

Für die Paulskirche wurde nicht nur das kriegerische »Feuerband« zu einem versöhnlichen »Liebesband« abgemildert. An die Stelle des kämpferischen Revolutionsaufrufs trat hier der beschwörende Einheitsappell an die Mitglieder des Vorparlaments,

Abb. 5   Philipp Veit, Germania, 1836. Aquarell. Privatbesitz

an die Stelle einer utopischen Zukunftsvision der Rückblick auf die vergangene Größe des Reiches:

»Des Vaterlands Größe,
Des Vaterlands Glück,
O, schafft sie
O, bringt sie dem Volke zurück.«

Diese sinnverändernde Umdichtung, die der Einheit Vorrang vor der Freiheit einräumte, widersprach nicht nur dem Willen des Dichters: Wenige Tage nach dem Ende des Vorparlaments sollte dieser von Paris aus mit seiner »Deutschen Legion« aufbrechen, um den Heckerschen Freischaren in Baden zu Hilfe zu kommen. Sie fügt sich ein in die beschwichtigende Politik des Bundestags, der sich in dieser Phase oppositionelle Forderungen und Symbole zueigen machte, um sie in den Dienst konservativer Politik zu stellen.

Nach Jahrzehnten der Lethargie versuchte der Bundestag am Vorabend der Märzrevolution fieberhaft, dem Radikalismus durch Zugeständnisse den Boden zu entziehen und das monarchische Prinzip zu wahren. Führende Diplomaten wie August von Dönhoff, Joseph Maria von Radowitz, Karl Fürst Leiningen und Friedrich Karl von Blittersdorf hatten in ihre Pläne zu einer Reform des Deutschen Bundes auch die Frage der deutschen Einheit einbezogen. Die »Nationalität« war für Radowitz, den engsten Berater Friedrich Wilhelms IV., die »gewaltigste Kraft der Gegenwart«, die es zugunsten der monarchischen Ordnung zu instrumentalisieren galt.[14] In diesem Sinne wandte sich der Bundestag als »gesetzliches Organ der nationalen und politischen Einheit Deutschlands« am 1. März 1848 mit einem Aufruf an die deutschen Regierungen und das deutsche Volk und mahnte zur Erhaltung der Eintracht und der gesetzlichen Ordnung. Kurz darauf, am 3. März, empfahl er den deutschen Regierungen die Aufhebung der Zensur; am 9. März folgte der schon erwähnte Bundestagsbeschluß über Wappen und Farben des Deutschen Bundes, denen Friedrich Wilhelm IV. schon im Vorjahr zugestimmt hatte. Am 10. März wurden die 17 »Männer des öffentlichen Vertrauens« zur anstehenden Revision der Bundesverfassung hinzugezogen.[15]

In diesem politischen Kontext kann die »Germania« des Vorparlaments auch als eine Beschreibung des politischen Status quo und als Ausdruck eines in letzter Minute erwachten »Bundespatriotismus« verstanden werden. Sie folgt nicht nur in der Präsentation von Wappen und Farben »aus dem alten deut-

schen Reichspanier« wörtlich der Argumentation des Bundestags – auch die übrigen Symbole fänden in diesem Zusammenhang eine plausible Erklärung: Die gesprengte Fessel stünde für die Aufhebung der Zensur und für die am 23. März beantragte Aufhebung der berüchtigten Ausnahmegesetze von 1819, der »Karlsbader Beschlüsse«. Schwert und Ölzweig, das altgelehrte Sinnbild des »guten Regiments«, das so gar nicht in die revolutionäre Bildsprache passen möchte, fügten sich in die legalistische Argumentation des Bundestags und dessen Versprechen, »für die Sicherheit Deutschlands nach außen sowie für die Förderung der nationalen Interessen und des nationalen Lebens im Innern zu sorgen.«[16] Auch der merkwürdige Verzicht auf die alte Kaiserkrone verstünde sich von selbst: Die Einsetzung eines Kaisers als Reichsoberhaupt war zu dieser Zeit unter den deutschen Regierungen durchaus strittig und schon gar nicht in die Kompetenz des Vorparlaments gelegt.

Auch wenn in keiner zeitgenössischen Quelle der Maler der »Germania« genannt wird, basiert der nazarenische Typus und die allegorische Sprache offensichtlich auf Veits 1836 vollendeter »Germania« im Städelschen Kunstinstitut (Kat. 151, Abb. 5). Als Seitenbilder zu dem großen Wandgemälde der »Einführung der Künste in Deutschland durch das Christentum« waren die allegorischen Gestalten der »Italia« und der »Germania« dort jedoch nicht als aktuell-politische Nationalallegorien konzipiert. Im Zusammenhang seiner christlich-romantischen Interpretation der abendländischen Kulturentwicklung verkörperten sie für Veit Kaiser- und Papsttum, die geistliche und die weltliche Schutzmacht der Künste im Mittelalter.[17]

Die wehmütig und gedankenversunken vor einem Eichenstamm thronende Germania in ihrem goldenen Brokatmantel gemahnt an die vergangene Größe des Heiligen Römischen Reiches im Mittelalter: Auf dessen Verfassung weisen die Wappen der sieben Kurfürsten und die aufgeschlagene »Goldene Bulle« Karls IV. hin; Reichsinsignien wie das Schwert Karls des Großen, die mittelalterliche Reichskrone und der Wappenschild mit dem kaiserlichen Doppeladler sind als Attribute demonstrativ zur Schau gestellt. Die Rheinlandschaft mit dem unvollendeten Kölner Dom und den Burgen stehen wieder für die weltliche und geistliche Macht. Sie waren aber im Vormärz für Aktualisierungen genauso offen wie die abgelegte Kaiserkrone: die Trauer

Abb. 6   Friedrich Georg Weitsch, Allegorie auf den Frieden von Lunéville, 1801 (Kat. 155).

um ihren Verlust war in ihr genauso aufgehoben wie die Verheißung einer Wiederkehr.[18] Mit ihrem schwermütigen Gefühlspathos appellierte die Gestalt – als eine Art nationales »Andachtsbild« – auch an ein aktuelles, romantisch-retrospektives Nationalbewußtsein.

Dem Typus nach steht Veits »Germania« in der Tradition trauernder Sitzfiguren, die von den römischen Münzbildern der »Germania capta« bis in die Zeit der Befreiungskriege reicht. Der preußische Hofmaler Friedrich Georg Weitsch lieferte 1801 den Entwurf zu einer Allegorie auf den Frieden von Lunéville, ein Ereignis, in dem sich bereits das nahe Ende des Reiches ankündigte (Kat. 155, Abb. 6).[19] Er stellte die matronenhafte Germania als Personifikation des Reiches mit Szepter und Krone dar, wie sie – geschwächt und erschöpft – unter einem kahlen Eichbaum sitzt. Teilnahmsvoll nähert sich Pax mit dem Ölzweig, um das geschundene und in Melancholie verfallene Deutschland wieder aufzurichten und zu trösten. Ein Regenbogen und andere Friedensboten verkünden die Segnungen des Friedens. Psychologisch interessant und mit Veits »Germania« vergleichbar ist der Gefühlsgehalt dieser Reichsallegorie: Die bedauernswerte und mitleidheischende Germania appelliert zwar in erster Linie an den alten Reichspatriotismus, trägt aber bereits den Keim eines neuen Nationalbewußtseins in sich und weist auf spätere Formulierungen, etwa die gefangene »Germania« in Weinbrenners Entwurf zu einem Denkmal auf die Leipziger Völkerschlacht (1814)[20], aber auch auf Veits »Germania« im Städel voraus.

Nach dem demonstrativen Rücktritt vom Amt des Städel-Direktors nahm Veit 1843 ein Angebot des Deutschordensmeisters Maximilian d'Este an und bezog Atelierräume im Deutschordenshaus am Sachsenhausener Ufer. Um ihn scharte sich eine ganze Gruppe von Schülern und Gleichgesinnten, darunter Karl Ballenberger, Christian Becker, Louis Grimaux, Eduard Ihlée, Alfred Rethel, Joseph Anton Settegast und Eduard von Steinle.[21] Im »Deutschen Haus« entstand noch einmal eine nazarenische Ateliergemeinschaft, die in ihrer klösterlichen Isolation an die Anfänge der nazarenischen Bewegung erinnerte. Rückhalt und Unterstützung fand diese »Künstlerkolonie« vor allem im Kreis der Bundestagsgesandten, von Diplomaten wie Radowitz, Dönhoff und Blittersdorf, die in Frankfurt »eine Art von internationaler Hofgesellschaft bildeten, um die sich die Elite der Frankfurter Gesellschaft gruppierte«.[22]

Dank dieser Protektion waren die Maler des »Deutschen Hauses« nicht nur mit bedeutenden kirchlichen Aufträgen beschäftigt, sondern wurden von den Fürsten und Regierungen des Deutschen Bundes auch mit profanen Aufgaben betraut. Sie waren maßgeblich an der 1839 begonnenen Ausstattung des Frankfurter Kaisersaals mit den Bildern der deutschen Kaiser von Karl dem Großen bis Franz II. beteiligt (Kat. 227).[23] Gerade weil diesem Projekt der offizielle Charakter fehlte, könnte man es als eine angemessene politische Selbstdarstellung des Deutschen Bundes bezeichnen. Halb Ahnengalerie regierender Dynastien, halb »Nationaldenkmal« am Ort der Kaiserkrönungen und am Sitz des Bundestags, hatte es sowohl Metternichs Zustimmung gefunden als auch bürgerlich-nationales Geschichtsbewußtsein angesprochen. Es wurde finanziert von regierenden Fürsten und Stadtstaaten des Deutschen Bundes – unterstützt von bürgerlichen Vereinigungen, z.B. Kunstvereinen, und von einzelnen Privatpersonen. Wie kaum ein anderes Beispiel – die »Walhalla« Ludwigs I. ausgenommen – spiegeln die Kaiserbilder im Frankfurter Römer Möglichkeiten und Grenzen deutschen Nationalbewußtseins unter den politischen Bedingungen der Restauration: Der Kaisersaal des Römer war nicht nur Tagungsort der ersten Germanistenversammlung 1846, hier fand 1848 auch die konstituierende Sitzung des Vorparlaments und die Eröffnung der Nationalversammlung statt. Die Erinnerung an das Kaisertum des Heiligen Römischen Reiches erwies sich hier als konsensfähiger Kompromiß zwischen restaurativ-monarchischer Ordnung und nationalliberaler Bewegung.

Durch Vermittlung des preußischen Generals Joseph Maria von Radowitz, des Beraters und Freundes Friedrich Wilhelms IV., beteiligten sich Veit und Steinle 1845–47 an den Entwürfen zum großen Altarfresko des Berliner Doms. Das vom König vorgegebene Thema – »Die Erwartung des Weltgerichts« – geriet vor allem in Veits Entwurf zu einer Verherrlichung des christlich-romantischen Königtums von Gottes Gnaden, wie es Friedrich Wilhelm verstand (Kat. 39, Abb. 7). Die irdische Standeshierarchie mit dem Königshaus an der Spitze erscheint hier als Abbild der göttlichen Ordnung und bezieht von dieser ihre Legitimität.[24] Es sollte zu denken geben, daß dieselben Künstler, die noch am Vorabend der Revolution die romantische Vorstellung des preußischen Königs vom Gottesgnadentum propagiert

Abb. 7 Philipp Veit, In Erwartung des Weltgerichts, 1847, (Kat. 39)

Abb. 8 Eduard von Steinle, Germania, 1848
(verschollen).

hatten, wenige Monate danach die »Germania«
der Paulskirche schufen. Der scheinbare Widerspruch löst sich auf, wenn man auch die »Germania« aus der konservativ-legitimistischen Warte eines Bundesreformers vom Schlage Radowitz' betrachtet. Christliches Sendungsbewußtsein, dynastische Legitimität und nationale Einheit waren in seinem Denken – wie in dem Friedrich Wilhelms IV. –
durchaus vereinbar.

Die Künstler des »Deutschen Hauses« blieben
auch im politischen Spektrum der Paulskirche dem
konservativen, äußersten rechten Flügel verbunden.
Sie standen in engstem Kontakt zu den legitimisti-
schen und klerikalen Abgeordneten des »Café Milani« und des »katholischen Vereins«. Im Mittelpunkt
stand wieder – nun in seiner Funktion als gewählter
Abgeordneter – Joseph Maria von Radowitz. Zu
ihm gesellten sich Ernst von Lasaulx, George Phil-
lips, Beda Weber, Fürstbischof Diepenbrock, der
spätere Bischof Ketteler und die Brüder Reichensperger.[25] Im Hause Veits trafen sich regelmäßig die
preußischen »Hochkonservativen« mit den Vertretern
des Münchener und des rheinischen Katholizismus.
Sie alle verband nicht nur nazarenisch-romantischer
Kunstsinn; sie waren sich auch einig in der Ablehnung der Prinzipien der Volkssouveränität und des
modernen liberalen oder demokratischen Staats.
Sie betrachteten das gewählte deutsche Parlament
nicht als politisches Organ des souveränen Volkes,
sondern als Gremium, das über eine Verfassung zu
beraten und diese mit den souveränen Regierungen
des Bundes abzustimmen hatte. Vor diesem Hintergrund sind die künstlerischen Äußerungen zu verstehen, mit denen sich die Maler des »Deutschen Hauses« in das politische Geschehen des Jahres
1848/49 einmischten: die aggressiv antirevolutio-
nären Karikaturen von Veit und Steinle (Kat. 152–
154) ebenso wie die idealistisch-konservative »Germania« der Paulskirche. Beide ergänzen sich wie
zwei Seiten derselben Medaille. Beide waren nicht
individuelle politische Meinungsäußerungen der
Künstler, sondern Ergebnisse intensiver politischer
Gespräche im Kreis der Konservativen. Es erscheint
als ein durchaus moderner Zug, daß diese kleine
Gruppe ihre Möglichkeiten politischer Einflußnahme
mit Hilfe der Kunst ganz bewußt genutzt hat. Aus
ihren politischen Diskussionen entstanden Pläne zu
Karikaturen, die von Veit und Steinle gezeichnet,
von Christian Becker lithographiert und von August
Reichensperger, Steinles Hausgenossen, unter den

Abgeordneten vertrieben wurden.[26] Trotzdem bleibt es erstaunlich, daß die kleine konservative Fraktion, die der politischen Macht des Parlaments am kritischsten gegenüberstand, das Bild der Nation so nachhaltig prägen konnte:

Denn das Paulskirchen-Transparent ist nicht die einzige »Germania«, die der katholisch-konservative Künstlerkreis des »Deutschen Hauses« 1848 hervorbrachte. Fast möchte es scheinen, als habe bei den regelmäßigen »Komponierabenden« auch dieses Thema eine Rolle gespielt, als habe hier im Kleinen und Privaten etwas stattgefunden, was in Frankreich mit dem staatlichen Wettbewerb zum Bild der Republik öffentlich ausgetragen wurde. Die ältere Literatur erwähnt zwei verschollene Entwürfe von Eduard von Steinle, von denen wenigstens einer als Abbildung überliefert ist (Abb. 8).[27] Möglicherweise handelt es sich bei der anderen, als verloren erklärten »Germania« um das Transparent der Paulskirche, das dann tatsächlich als Gemeinschaftsproduktion Veits, Steinles und anderer Deutschhaus-Künstler gelten könnte. [28]

Eine kleine, Karl Ballenberger zugeschriebene, quadrierte Handskizze gehört mit Sicherheit in diesen Zusammenhang (Kat. 158, Abb. 9).[29] Sie zeigt eine madonnenhafte Germania im rot-goldenen Königsmantel auf einem gotischen Thronsessel. Mit der Rechten deutet sie auf die Tafel der »Grundrechte des Deutschen Volkes« auf ihrem Schoß. Im Hintergrund erscheint links die Silhouette der Paulskirche, rechts die eines gotischen Doms. Zu ihren Füßen, auf einem ornamentalen Rahmen mit gotischem Stabwerk und schwarz-rot-goldenen Bändern, erscheint ein Wappenschild mit dem Doppeladler des Reiches.

Auch Steinles »Germania« ist als hieratisch thronende Baldachinfigur dargestellt, den Blick fragend in die Zukunft gerichtet, vergleichbar den Sybillen der italienischen Renaissance. Auf der Konsole zu ihren Füßen wird der Mythos von Kaiser Barbarossa im Kyffhäuser und die Wiederkunft des alten Reiches beschworen. Im hermelinbesetzten Mantel und weitem Umhang, den Eichenkranz im Haar, thront Germania frontal vor einem spitzbogigen Wandfeld. Mit ausholender Geste stützt sie sich – wie auf dem Transparent aus der Paulskirche – auf eine Lanze mit dem Reichspanier, dem habsburgischen Doppeladler. Noch deutlicher als das Paulskirchen-Transparent folgt Steinles Entwurf damit der Argumentation des alten Bundestags bei der Herleitung

Abb. 9 Karl Ballenberger, Germania, 1848 (Kat. 158).

der Nationalfarben. Auch sie hält die Tafel mit den »Grundrechten des deutschen Volkes« in ihrer Rechten. Über ihr erscheint die Inschrift »Ein einig starkes Deutschland«. Die Umschrift »Deutsche Verfassung Deutsche Reichsversammlung ... Frankfurt Erzherzog Johann von Oesterreich erwaehlter Reichsverweser« bestätigt die Angaben des Biographen, Steinle habe seine »Germania« nach der Wahl des Reichsverwesers am 29. Juni 1848 geschaffen – aus seiner konservativen Sicht ein »Wendepunkt in der deutschen Geschichte«.

Trotz der großen parlamentarischen Mehrheit wurde dieses Ereignis von den Zeitgenossen zwiespältig bewertet. Sahen die Liberalen in ihm den »kühnen Griff« der Nationalversammlung und einen wichtigen Schritt zur staatlichen Einigung, so war für die konservative Seite mit der Wahl des Habsburgers die dynastische Tradition gesichert und der

Machtverlust der Nationalversammlung eingeleitet. Lediglich bei der parlamentarischen Linken stieß die Entscheidung auf heftigen Widerspruch.

Ein Widmungsblatt der »Düsseldorfer Monatshefte« (Kat. 157, Abb. 10) verherrlicht den Reichsverweser und veranschaulicht die hochgespannten Hoffnungen, die die Liberalen an die provisorische Zentralgewalt knüpften: Ein adliger Offizier und ein Pfarrer, Bürgerwehrmann und Soldat, Bauer und Händler, Handwerker und Arbeiter – eine geeinte Gesellschaft – huldigen den allegorischen Gestalten von Germania und Libertas: Freiheit und Vaterland stehen einträchtig im Zentrum. Germania trägt nicht die alte Reichskrone, sondern eine bürgerliche Mauerkrone und führt den großdeutschen Doppeladler im Schilde: »Kein Preußen und kein Östreich mehr …« zitiert die zentrale Inschrift einen berühmten Ausspruch Erzherzog Johanns. Rechts erscheinen die Märzforderungen nach »Pressfreiheit. Volksbewaffnung. Associationsrecht«; links die Forderungen an die deutsche Zentralgewalt: »Ein Staatenbund. Eine deutsche Flotte. Ein deutsches Heer.« Diese utopische Vision eines staatlich geeinten Deutschlands unterscheidet sich durch die Betonung der Gedanken von Freiheit und Gleichheit deutlich von der nazarenischen »Germania« der Paulskirche.

Mit der Auflösung der Nationalversammlung im Juni 1849 wurde die »Germania« – mitsamt dem ganzen Inventar der Paulskirche – zu herrenlosem Gut. Die Schlacht von Königgrätz und das Ende des Deutschen Bundes machte sie vollends museumsreif. Im Januar 1867 übergab die Bundesliquidationskommission das Gemälde dem Germanischen Museum in Nürnberg, dem letzten »großdeutsch« angelegten Nationalinstitut – zusammen mit einer »Anzahl Gegenstände, die aus der Paulskirche und dem Jahr 1848 herrühren«.[30] Nur drei Jahre nach ihrer Musealisierung erlebte die »Germania« hier noch einmal einen kleinen Auftritt, der nach der Tragödie der Paulskirche aber eher einem politischen Satyrspiel glich.

Im September 1870, nach der Schlacht von Sedan, wurde die politische Ikone des Jahres 1848 noch einmal im Museum aufgespannt. Begeistert berichtet der »Anzeiger für die Kunde der deutschen Vorzeit« von dem Ereignis:

»Als die Nachricht von den deutschen Siegen hierher gelangt war und, wie alle Städte, so auch Nürnberg sein Festgewand anlegte, da schmückte sich auch das germanische Museum, und zwar glaubte es, daß die Entfaltung der seiner Zeit vom Bundestage dem Museum übergebenen historischen Erinnerungen den entsprechendsten Schmuck einer historischen Anstalt bilden müßten. Es wurden deshalb vornehmlich die von der Dekoration der Paulskirche zu Frankfurt im Jahre 1848 herrührenden Stücke dazu benützt. Die große Germania, die damals sich über dem Präsidentensitze befand, sowie der Spruch waren angebracht, welcher dort die Mahnung an die Volksvertreter bildete, jetzt aber wohl durch die Weisheit der Feldherrn und die Tapferkeit der Krieger Deutschlands eher Aussicht auf Erfüllung hat: Des Vaterlands Größe des Vaterlands Glück, O schafft sie, o bringt sie dem Volke zurück!«[31]

Es entbehrt nicht der historischen Ironie, daß der pathetische Appell zur deutschen Einheit, den das Transparent einst vergeblich an die Parlamentarier gerichtet hatte, nun an die Adresse der siegreichen Feldherren erneuert wurde. Auch wenn die Farben Schwarz-Rot-Gold in diesem Zusammenhang ebenso deplaziert wirken mußten wie der großdeutsche Reichsadler – in ihrer hehren Allgemeinheit und national-monarchischen Herkunft war die »Germania« auch für Bismarcks Reichsgründung von 1871 gerüstet.

---

1   Die maltechnischen Mängel, die von der überhasteten Herstellung des Transparents zeugen, wurden bei der jüngsten Restaurierung durch Oliver Mack offenkundig. Er wird seinen Restaurierungsbericht im »Anzeiger des Germanischen Nationalmuseums«, 1999 veröffentlichen.

2   »Milde soll die Strenge mäßigen«. Unter diesem Motto erscheint es 1613 im großen Saal des Nürnberger Rathauses. 1617 von Peter Isselburg als Stich veröffentlicht in: »Emblemata politica in aula magna curiae Noribergensis…«. Vgl. Henkel/Schöne (Hrsg.), Emblemata. Handbuch zur Sinnbildkunst des 16. und 17. Jahrhunderts. Stuttgart 1967, Sp. 215; Matthias Mende, Das alte Nürnberger Rathaus. Bd. I, Nürnberg 1979, S. 356–59.

Auch die wenig naturalistische Wiedergabe des Ölzweigs, die zu Mißverständnissen Anlaß gab, erklärt sich durch die Verwendung dieser Quelle.

3   Detlef Hoffmann in: Frankfurt 1978, S. 107, 129. – D. Hoffmann, Germania. Die vieldeutige Personifikation einer deutschen Nation. In: Ausstellung Nürnberg, 1989, S. 137–151, dort auch Nr. 606 – G. Brunn, Germania und die Entstehung des deutschen Nationalstaates. In: R. Vogt (Hrsg.), Symbole der Politik, Politik der Symbole. Opladen 1989, S. 101–122. – N. Suhr, Philipp Veit (1793–1877). Leben und Werk eines Nazareners. Weinheim 1991, S. 125, Nr. G 32 – L. Gall, Die Germania als Symbol nationaler Identität im 19./20. Jahrhundert. Göttingen 1992, S. 45f.

Abb. 10   Anonym, Kein Preußen und kein Östreich mehr..., 1848 (Kat. 157).

– Marianne und Germania 1789–1889. Ausst.-Kat. Berlin 1996, Nr. L/ 14. – Monika Wagner, Allegorie und Geschichte – Ausstattungsprogramme öffentlicher Gebäude des 19. Jahrhunderts in Deutschland. Tübingen 1989, S. 93ff.

4 Gall, a.a.O. (Anm. 3), S. 45f.

5 Detlef Hoffmann, in: Frankfurt 1978, S. 107; ähnlich Monika Wagner, a.a.O., S. 94.

6 Hoffmann hat diese Frage gestellt und »Kreise der alten Bundesversammlung« als Auftraggeber vermutet.

7 Der Revisionsausschuß erstattete der Bundesversammlung auf der 34. Sitzung vom 14. April (§ 279) Bericht über seine Vorbereitungen: Er hat mit den »Männern des Vertavens« und mit der Stadt Frankfurt befunden, »daß die gebotene Eile kein anderweitiges Auskunftsmittel übrig lasse, als einstweilen die Paulskirche zu diesen Versammlungen zu benutzen, und den Senat der freien Stadt Frankfurt, sobald sich die hohe Bundesversammlung damit einverstanden erklären sollte, zu ersuchen, die betreffende kirchliche Gemeinde zur Einräumung derselben zu dem gedachten Zwecke aufzufordern, an deren Willfährigkeit nicht gezweifelt wird.« Akustische Mängel sollten durch das Einziehen eines Schalldeckels behoben werden, für den Stadtbaumeister Henrich den Riß und eine Kostenaufstellung lieferte. Aus der Bundeskasse werden zu diesem Zweck 4500 Gulden bewilligt. Wegen der hohen Kriegsverluste des Frankfurter Stadtarchivs sind die Vorgänge im Einzelnen nicht mehr archivalisch nachweisbar.

8 Friedrich Pecht, Aus meiner Zeit. Bd. I, München 1894, S. 336.

9 Carl Wolff/Rudolf Jung, Kunstdenkmäler der Stadt Frankfurt am Main. Bd.1: Die Kirchen. Frankfurt 1896, S. 289.

10 Alphons Maria von Steinle, der Sohn des Künstlers, berichtet sowohl in dem von ihm herausgegebenen Briefwechsel (1897), als auch seinem Werkkatalog (1910) von einer »Thronenden Germania«. Er bildet ein verlorenes Aquarell aus dem Besitz Reichenspergers ab und spricht dabei fälschlicherweise von einer »Wiederholung nach dem großen, 1848 mit Veit zusammen in drei Tagen gemalten Karton, welcher in der Paulskirche über dem Präsidentenstuhle zur Feier der Wahl Erzherzog Johanns zum Reichsverweser aufgehängt wurde. Dieser Karton ist verschwunden. Steinle schenkte diese Wiederholung seinem Freunde August Reichensperger, als das Parlament aufgelöst wurde.« Vgl. Edward von Steinle, Des Meisters Gesamtwerk in Abbildungen. Hrsg. durch Alphons M. von Steinle. Kempten/München 1910, Abb. 303, Verzeichnis S.16; auch: Edward von Steinles Briefwechsel mit seinen Freunden. 2. Bde. Freiburg 1897, I, S. 56; II, S. 473 (hier werden zwei »Germanien« erwähnt).

11 Protokollerklärung des Dr. Jucho vom 3. November 1851: »... müsse er bedauern, außer Stande zu sein, Gegenstände zu überliefern, die niemals zu den der Nationalversammlung gehörigen gezählt, die ebensowenig aus »Bundesmitteln« angeschafft worden. Die Germania (vor der Orgel) sei von hiesigen Künstlern gemalt, und schon von dem Vorparlament in die Paulskirche gestiftet. Ebenso seien die Fahnen hinter dem Präsidium und über den Galerien seines Wissens nie auf Anordnung der Nationalversammlung oder aus Bundesmitteln angeschafft, sondern entweder von der Stadt bezahlt oder von Privaten geschenkt.« (Bundesarchiv; Außenstelle Frankfurt, FSg. 1/116.)
Zur kritischen Bewertung dieser Aussage muß ergänzt werden, daß Jucho im Mai 1849 vom Bureau der Nationalversammlung beauftragt wurde, das in der Paulskirche hinterlassene Eigentum der Nationalversammlung treuhänderisch zu verwahren. In jahrelangem zähem Ringen weigerte er sich standhaft gegen Eigentumsansprüche der Bundesversammlung. Es lag demnach in seinem Interesse, die fraglichen Gegenstände nicht als Bundeseigentum anzuerkennen.

12 Die Lithographie von Franz Heister (Germanisches Nationalmuseum, Inv. Nr. HB 16811) erschien bei Johann Adam Wagner, Frankfurt, dem Verleger der Karikaturen von Veit und Steinle. Sie dürfte zur Eröffnung des Vorparlaments oder kurz danach entstanden sein. Sie zeigt die Personifikation auf einem höheren Steinsockel mit der Inschrift »GERMANIA«. Die Untersuchungen von Oliver Mack bei der jüngsten Restaurierung ergaben, daß das Transparent ursprünglich wohl größer war und an seinem Bestimmungsort auf das Maß des Orgelprospektes zugeschnitten wurde. Es ist nicht auszuschließen, daß eine Inschrift auf dem Sockel dabei verloren ging.

13 Georg Herwegh, Gedichte eines Lebendigen. Mit einer Dedikation an den Verstorbenen. Zürich und Winterthur 1843, S. 24f. Die Gedichtsammlung erlebte in kürzester Zeit acht Auflagen. Sie machte Herwegh zum bekanntesten politischen Lyriker in Deutschland und erregte auch das Interesse Friedrich Wilhelms IV.

14 Joseph von Radowitz, Deutschland und Friedrich Wilhelm IV. Hamburg 1848, S. 43.

15 Ernst Rudolf Huber, Deutsche Verfassungsgeschichte seit 1789, 3 Bd., Stuttgart 1988, Bd. II, S. 595.

16 Zitiert nach Veit Valentin, Geschichte der deutschen Revolution 1848–1849. Neue Ausgabe Weinheim/Berlin 1998, Bd. I, S. 378.

17 Vgl. Suhr 1991, S. 95–101.

18 Darauf weist Monika Wagner hin (s. Anm. 3), S. 94.

19 Vgl. Anzeiger des Germanischen Nationalmuseums 1997, S. 198f.

20 Nürnberg 1989, Nr. 602.

21 Suhr 1991, S. 86–87.

22 Alphons M. v. Steinle, in: Edward von Steinle. Gesamtwerk. Kempten, München 1910, S. XI f. Zum katholisch-romantischen Freundeskreis der Frankfurter Nazarener gehörten z. B. die Frankfurter Familien Schlosser, Brentano, von Bernus, von Bethmann, von Guaita u.a.

23 Suhr 1991, S. 114–118.

24 Vgl. Förster 1874, II, S. 266f., 388; Schümann 1971, S. 93ff.; Schoch 1975, S. 132; Potsdam 1996, Nr. 4.19; Suhr 1991, S. 123-124.

25 Suhr 1991, S. 125 f.

26 Edward von Steinles Briefwechsel mit seinen Freunden. Freiburg 1897, Bd. I, S. 56.

27 Ebenda, Bd. II, Freiburg 1897, S. 473: Einen »colorierten Carton. Für die Paulskirche (verloren gegangen)« und ein Aquarell im Besitz von Levi Elkan, Köln, vemutlich identisch mit dem Blatt Abb. 8.

28 Eine Differenzierung der jeweiligen Anteile mit den Mitteln der Stilkritik scheint kaum möglich und auch wenig sinnvoll. Immerhin ähnelt der kompakte Kopf und die ausholende Armhaltung dem Entwurf Steinles. Die verschattete Flußlandschaft ist vergleichbar mit Veits »Taunuslandschaft« von 1840 im Frankfurter Städel (vgl. Suhr 1991, G 22).

29 Stadtarchiv Ansbach. Vgl. München 1986, Nr. 301.

30 »Beilage zum Anzeiger für Kunde der deutschen Vorzeit«, März 1867, Nr. 3.

31 Beilage zum Anzeiger für Kunde der Deutschen Vorzeit, Nr. 8 & 9., August & September 1870, Sp. 288.

Farbtafeln

Friedrich Wilhelm Martersteig, Pariser Barrikade, 1848 (Kat. 13).

Tuch mit schwarz-rot-goldenen Streifen, um 1848 (Kat. 91).

Moritz Daniel Oppenheim, Szene im Fenster beim Einzug des Reichsverwesers, 1852 (Kat. 88).

Henry Ritter, Politischer Struwwelpeter, 1848/49 (Kat. 23).

K. **10.** **K.**

Die Kugel wirft die Kegel um:
Der König ist des Volkes Ruhm.

P. **15** **P.**

Ein alter Pinsel malt nicht fein:
Der Preußenkönig soll Kaiser sein.

D. **4.** **D.**

Der große Dieb die Kron' erwirbt,
Der kleine Dieb am Galgen stirbt.

S. **18.** **S.**

Der Scepter ist 'ne hohe Ehr':
Das Schwein wälzt sich im Koth daher.

Politisches A.B.C. Spiel, 1849 (?) (Kat. 144).

Adolph Schrödter, Denkmal des Abgeordneten Piepmeyer, 1848/49 (Kat. 101).

Michel's Märzerrungenschaften, 1848 (Kat. 123).

Philipp Veit und Mitarbeiter, Germania, 1848 (Kat. 145).

Monogrammist VK, Da waren sie, gemacht haben sie nichts, 1849 (Kat. 169).

Das Jahr 1848, 1848/49 (Kat. 161).

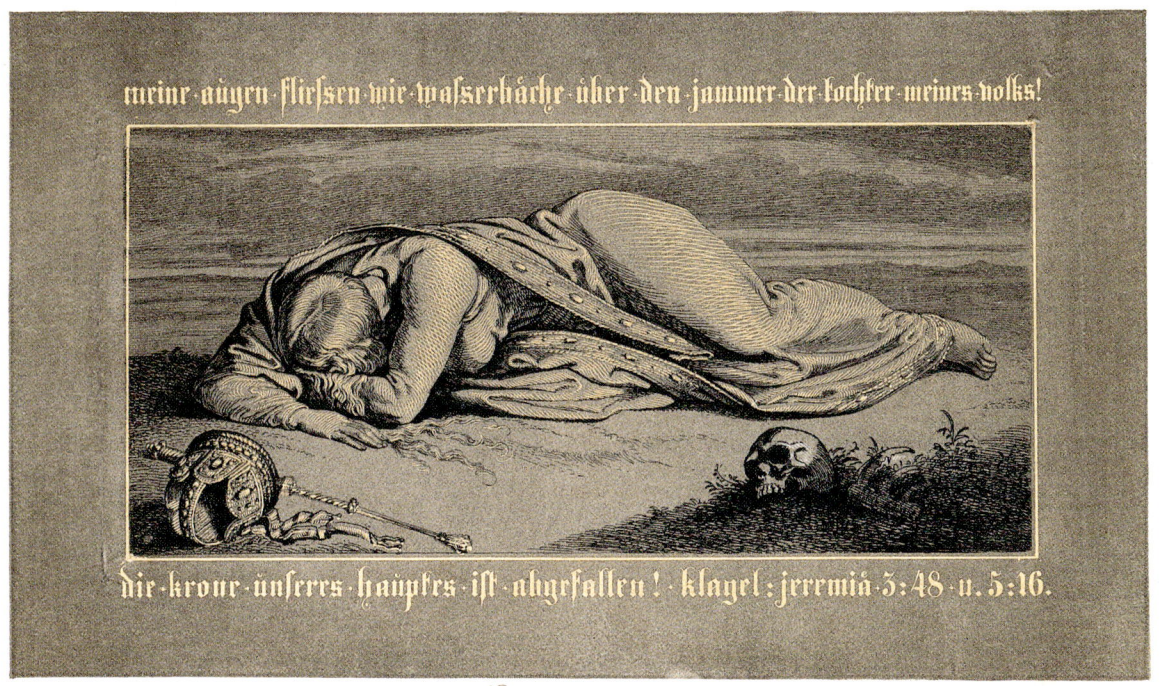

Germania
1850.

Julius Hübner, Germania 1850 (Kat. 162).

Pickelhaube, Schleswig-Holstein 1848 (Kat. 71).

Fahne der badischen Revolutionsarmee, Ortgruppe Gailingen 1849 (Kat. 30).

Alfred Rethel, Otto III. in der Gruft Karls des Großen, 1847 (Kat. 202).

Louis Braun, Ansichten aus dem Germanischen Museum, um 1868 (Kat. 251).

Eugen Napoleon Neureuther, Verleihung des Künstlerwappens an Albrecht Dürer, 1843 (Kat. 197).

Katalog

Teutschlands neue Konstituzion – Ein Bruchstück

1 (Abb. S. 12)
Erklärung der Rechte des Menschen und des Bürgers
Herausgegeben von Andreas Meyer in Straßburg 1792
Kupferstich, Typendruck; H. 43, Br. 33 cm
Strasbourg, Bibliothèque nationale et universitaire Alsatiques; Inv.Nr. M 5809

Der Straßburger Jakobiner Andreas Meyer gab 1792 die französische »Erklärung der Menschen- und Bürgerrechte« in deutscher Sprache auf einem Foliobogen heraus – geschmückt mit einem Porträt Gutenbergs, dessen Erfindung zur Ausbreitung der Vernunft und zur Mündigkeit der Bürger beitrug. Als Adjutant des Generals Custine nach Mainz berufen, übergab Meyer sein Schmuckblatt als Geschenk der Mainzer »Gesellschaft der Freunde der Freiheit und Gleichheit«, auf deren Betreiben sich 1793 – unter dem Schutz der französischen Besatzung – der Rheinisch-Deutsche Nationalkonvent und die erste Republik auf deutschem Boden konstituierte. Die französische Erklärung der Rechte des Menschen und des Bürgers von 1789 und die Verfassungen der Jahre 1791, 1793 und 1795 bedeuten den Beginn des modernen Konstitutionalismus. Menschenrechte, Volkssouveränität und Gewaltenteilung – die Grundprinzipien der Demokratie – bestimmen seither die Verfassungsdiskussion. Im Jahrzehnt der Französischen Revolution dient vor allem die Direktorialverfassung von 1795 den deutschen Demokraten als Vorbild. Die napoleonische Fremdherrschaft, die patriotische Begeisterung der Befreiungskriege und die oktroyierten Verfassungen des Vormärz verschütten diese Traditionslinie, ehe sie in der Revolution von 1848/49 wieder in Erscheinung tritt. Die Prinzipien der Volkssouveränität und Gewaltenteilung werden jedoch in der Reichsverfassung von 1849 nicht konsequent verwirklicht. Erst mit der Wei-

marer Verfassung von 1919 und dem Grundgesetz von 1949 werden die Grundprinzipen der bürgerlich-demokratischen Republik zur gesellschaftlichen und politischen Praxis. *U.S.*
Lit.: Nürnberg 1989, Nr. 138.

2
Teutschlands neue Konstituzion. Ein Bruchstück. Entworfen von einem teutschen Staatsbürger
Erdmann Weber, Frankfurt und Leipzig 1797
München, Bayerische Staatsbibliothek; Inv.Nr. J. publ. g. 8741

Der Verfassungsentwurf sieht die Schaffung eines nationalen Einheitsstaates vor, dem der Verfasser den Namen »Bunds-Republik« gibt. Als unveräußerliche Grundrechte des Menschen werden die Sicherheit seines Eigentums, die Mitwirkung des Bürgers an der Gesetzgebung und das Widerstandsrecht gegen alle Gewalt, die nicht auf dem Gesetz beruht, in einer in Deutschland bisher nicht gekannten Präzision aufgeführt. *U.S.*

Lit.: Dippel 1989, S. 681f.; Dippel 1991, S. 13 u. 147ff.

3
Grundlinien zu einer allgemeinen deutschen Republik gezeichnet von einem Märtyrer der Freiheit
Altona und Wien 1797
München, Bayerische Staatsbibliothek; Inv.Nr. Pol.g. 1021-1

Der Verfasser der anonym erschienenen Schrift ist vermutlich der spätere Professor und Rektor der Universität Leipzig, Wilhelm Traugott Krug. Eine »deutsche Republik« soll alle deutschen Länder mit Ausnahme von Preußen und Österreich umfassen. Das Volk ist die »Quelle aller Staatsgewalt und Gesetzgebung« und besitzt auch das Recht auf Verfassungsänderungen und, wenn erforderlich, auf deren Abschaffung. *U.S.*

Lit.: Dippel 1989, S. 683; Dippel 1991, S. 1, 3 u. 114 ff.; Grab 1966, S. 168.

4
Konstitution für die Stadt Köln. Den stadtkölnischen Bürgern zur Prüfung vorgelegt von Christian Sommer
Köln am Rhein 1797
Köln, Universitäts- und Staatsbibliothek; Inv.Nr. RhG 982
Als im September 1797 republikanische Bestrebungen das linksrheinische Gebiet erfassen und revolutionäre Demokraten die kurzlebige Cisrhenanische Republik ausrufen, entwirft der Advokat Christian Sommer die nur auf das kölnische Stadtgebiet begrenzte Verfassung. Die Grundrechte – Freiheit, Gleichheit, Sicherheit und Eigentum – werden zu unveräußerlichen Menschen- und Bürgerrechten erklärt, dagegen findet die Volkssouveränität keinen Eingang in den Entwurf. Auch die Kompetenz der Legislative ist erheblich beschränkt. *U.S.*

Lit.: Dippel 1989, S. 678f.; Dippel 1991, S. 68ff.; Kuhn 1976, S. 123f.

5
Entwurf einer republikanischen Verfassungs-Urkunde, wie sie in Deutschland taugen möchte. Im 7ten Jahr der Mutterrepublik
Basel [1799]
Basel, Öffentliche Bibliothek der Universität Basel; Inv.Nr. Hist.Conv. 74 Nr. 155

Revolutionäre Demokraten aus Baden und Schwaben bereiten 1796, 1798 und 1799 die Republikanisierung Südwestdeutschlands vor. Nach ihrem Scheitern im Januar 1798 versuchen sie in der revolutionären Schweiz Unterstützung für ihr Revolutionsprojekt zu finden. Die im Sommer 1798 geschriebene Verfassungsurkunde erklärt die deutsche Einheitsrepublik zum zentralen und gemeinsamen Ziel aller deutschen Republikaner. Die Flugschrift findet im März 1799 eine weite Verbreitung in ganz Südwestdeutschland und erregt großes Aufsehen. *U.S.*

Lit.: Dippel 1989, S. 684f; Dippel 1991, S.177 ff.; Scheel 1980, S. 486 ff.

6
Verfassungs-Urkunde des Königreichs Baiern 1818
Ulm, Stadtbibliothek; Inv.Nr. 18421

Als Reaktion auf die Ideen der Französischen Revolution und zur Verhinderung möglicher revolutionärer Bestrebungen legt Artikel 13 der Bundesakte von 1815 die Einführung landständischer Verfassungen fest. Ziel der Verfassungsreform ist die Rationalisierung von Regierung und Verwaltung und die Umwandlung der ständischen Feudalgesellschaft in eine bürgerliche Erwerbsgesellschaft. Nur in den süddeutschen Staaten werden die Verfassungen mit grundrechtlichen Garantien und gewählten Volksvertretungen ausgestattet, ohne jedoch das monarchische Prinzip – die Legitimation politischer Herrschaft auf das Gottesgnadentum – aufzugeben. Bayern erhält am 26. Mai 1818 als erster deutscher Staat das Repräsentativsystem. *U.S.*

Lit.: Aretin 1976; Ehrle 1979, S. 66 ff.; Grimm 1988, S. 129 ff.

7
Verfassungs-Urkunde für das Großherzogtum Baden 1818
Karlsruhe 1831 (1. Aufl. 1818)
Karlsruhe, Badische Landesbibliothek; Inv.Nr. 95 b 78722

Vor allem in Baden erfordern die Vergrößerung des Staatsgebietes und die konfessionelle Spaltung des Landes die territoriale und staatsrechtliche Integration. Kennzeichnend für die Verfassungen des Vormärz ist das Zweikammersystem: Adels- und Bürgerkammer. In Baden können nur beide Kammern zusammen und mit der Regierung ein Gesetz verabschieden, wodurch die fortschrittliche Bürgerkammer durch eine konservativ ausgerichtete Adelskammer blockiert wird. Die

liberale Opposition besitzt aber mit dem Beschwerderecht die Möglichkeit, Öffentlichkeit für ihre Forderungen und Ziele herzustellen. *U.S.*

Lit.: Fenske 1993, S. 10 ff.

8
Verfassungs-Urkunde für das Königreich Württemberg 1818
Stuttgart, Württembergische Landesbibliothek; Inv.Nr. Wirt. oct. K 1545

Die Einführung der neuen Verfassung in Württemberg stößt auf heftigen Widerstand. Die Ständeversammlung lehnt im Mai 1815 den vom König vorgelegten Entwurf unter Berufung auf das »gute, alte Recht« ab, da der Entwurf nicht zwischen Monarchen und der Ständeversammlung ausgehandelt worden ist. Erst im September 1819 nimmt der Landtag die Verfassung an. Die Besonderheit der württembergischen Verfassung liegt darin, daß sie das erste paktierte Staatsgrundgesetz Süddeutschlands darstellt. *U.S.*

Lit.: Cordes 1982, S. 123 ff.; Schneider 1916, S. 120 ff.

9
Die beiden deutschen Reichsverfassungen
Leipzig 1849
Stuttgart, Württembergische Landesbibliothek; Inv.Nr. A3/1908

Die Nationalversammlung in Frankfurt nimmt am 27. März 1849 die Reichsverfassung an. Sie wird von 28 deutschen Staaten am 14. April anerkannt, nicht jedoch von den Vormächten Preußen und Österreich sowie den Mittelstaaten Bayern, Sachsen und Hannover. In Sachsen, der bayerischen Pfalz und Baden führt die Reichsverfassungskampagne zu blutigen Bürgerkriegen, die mit der Kapitulation der Festung Rastatt am 23. Juli 1849 enden. *U.S.*

10 (Abb. S. 122)
Die Grundrechte des deutschen Volkes
Adolph Schrödter (Schwedt 1805 – 1875 Karlsruhe)

Verlag Carl Christian Jügel in Frankfurt a. M.
1849
Farblithographie, Typendruck; H. 58,4, Br. 43,6 cm
Butzbach, Stadtarchiv; Inv.Nr. Mappe 3/Bl. 86,07

Nach 99 Sitzungen, beginnend am 3. Juli 1848, verabschieden die Abgeordneten der Paulskirche *Die Grundrechte des deutschen Volkes* am 20. Dezember 1848. Am folgenden Tag werden sie in Kraft gesetzt und am 28. des Monats im Reichsgesetzblatt verkündet. Im Zentrum des Grundrechtekatalogs stehen individuelle Freiheitsrechte: Freizügigkeit, Gleichheit vor dem Gesetz, Presse- und Glaubensfreiheit, Versammlungs- und Vereinigungsfreiheit und die Unverletzbarkeit der Wohnung. Österreich, Preußen, Bayern und Hannover verweigern die Publikation. Am 23. August 1851 hebt der Bundestag die Grundrechte auf. Nach dem Vorbild der französischen »Erklärung der Menschenrechte« präsentiert das Schmuckblatt des Düsseldorfer Malers Adolph Schrödter die Grundrechte auf mosaischen Gesetzestafeln: Germania führt ihre Kinder, Gerechtigkeit und Freiheit, über den besiegten Drachen des Despotismus hinweg. Die Personifikationen der Einigkeit und der Stärke flankieren den Katalog der Grundrechte, der Bestandteil der deutschen Reichsverfassung werden sollte. *U.S.*

11
Grundrechte des deutschen Volkes
Johann Baptist Scholl (Mainz 1818 – 1881 Limburg)
Druck und Verlag von Eduard Gustav May in Frankfurt a. M.
1849
Kreidelithographie, aquarelliert und typographischer Druck in Gold; H. 45,8, Br. 61 cm
Hamburg, Museum für Kunst und Gewerbe; Inv.Nr. H 5035 (EG 1994.01,283)

Eine Gruppe junger Knaben tanzt um einen knorrigen Eichenbaum, in dessen Krone sich der Reichsadler niedergelassen hat. Er krallt sich fest in den Brustkorb des vor ihm sitzenden

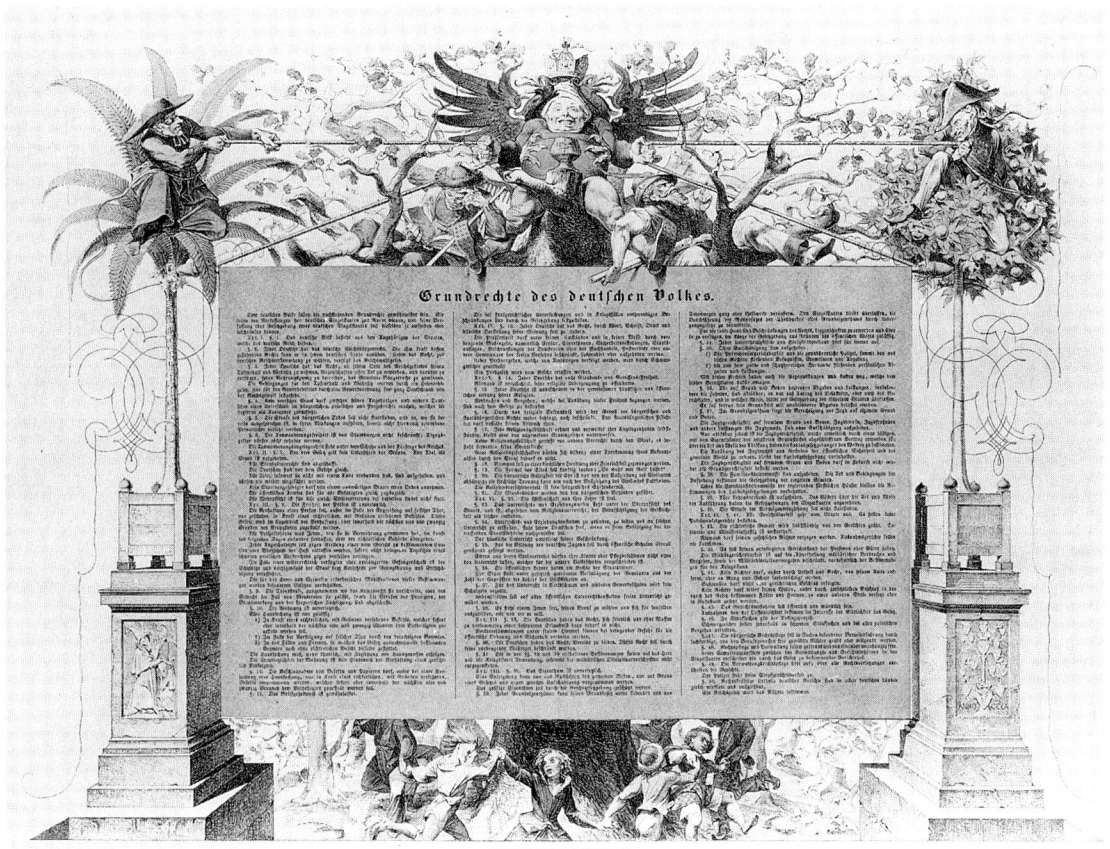

11

deutschen Michel. Dieser hält eine an zwei Seilen befestigte große Tafel mit den »Grundrechten des deutschen Volkes«. Ein Adliger zu Michels Linker und ein Jesuit zu seiner Rechten haben jedoch das äußere Ende der Taue gefaßt und versuchen, durch entschlossenes Ziehen die Schrifttafel herunterzureißen. Beide sitzen in den Wipfeln von Zierpflanzen, deren dünne Stämme einen krassen Gegensatz zu der Mächtigkeit der Eiche, dem Nationalbaum der Deutschen, darstellen. Ein Relief unterhalb des Pflanzenkübels zeigt einen Wolf im Schafspelz, womit auf die intriganten Machenschaften der Jesuiten angespielt wird. Mit aller Kraft versucht sich der Michel seiner Gegner zu erwehren. Ohne von diesem heftigen Kampf Notiz zu nehmen, haben sich zu seinen Füßen ein Bauer und ein Revolu-

tionär im Geäst niedergelassen. Die Ausarbeitung der Grundrechte war von Beginn an ein Hauptziel der Beratungen der Nationalversammlung. Aus den Erfahrungen mit dem Polizeisystem des Vormärz heraus war beabsichtigt, vor allem die individuellen Grundrechte gegenüber dem Staat zu sichern. Scholls Darstellung des kämpfenden Michel erinnert daran, daß die Vertreter von Adel und Klerus in den Verhandlungen energisch versucht hatten, den drohenden eigenen Machtverlust abzuwenden. Zwar verlor die Kirche das Recht auf die Schulaufsicht, doch gelang es dem »Katholischen Klub«, ein bereits vom Verfassungsausschuß befürwortetes Verbot der Jesuiten rückgängig zu machen. Doch Scholls Kritik richtete sich auch gegen Revolutionäre und Landarbeiter; so zeigt er diese Gruppen,

wie sie Träumereien nachhängen oder mit offensichtlicher Mühe Bildung erwerben wollen, anstatt dem Michel in seinem Kampf gegen die Reaktion beizustehen. Das Engagement Scholls ist in jedem Detail des brillant gezeichneten Blattes spürbar. Scholls Skepsis wurde bereits wenige Monate später von der politischen Entwicklung bestätigt. Obgleich die Grundrechte am 28. Dezember 1848 als selbständiges Gesetz verkündet wurden und damit de jure für das gesamte Reichsgebiet gültig waren, konnten sie in der Folgezeit aufgrund der reaktionären Haltung der Regierungen nur ansatzweise in die Praxis umgesetzt werden.   D.K.

Lit.: Nürnberg 1989, S. 650f; Reiter 1994, Nr. 223; Hamburg 1995, S. 108f.

Nur immer herein spazirt! kost nicht mehr als 3 kr. Dunkelmänner, alte Weiber u. kleine Kinder zahlen die Hälfte! Hier können Sie se[hen] eine neuerfundene Maschine, die Preßfreiheit, sie wurde ohne Licht in 2 sehr dunkeln Kamern verfertiget. Auch sehen Sie die dazu gehö rige grausame Menagerie. Obendrauf sitzt ein Geldprotzober als Preßgewicht, er ist sehr gefräßig, anmaßend u. dum,— geben's ob acht! — er beißt! — u. gehört, wie die andern Preßer zur Gattung der Säugethiere, den Saugen ist ihre einzige Nahrung. Mehr darüber zu sagen ist nicht recht schicklich, den der Neuthurm ist kein leerer Wahn! Da sehen Sie noch da drin 3 gefährliche Kerle! man heißt sie Verleger, Literat u. Drucker, sie werden so eben freigepr.ßt, damit dem einen der Schaft, dem andern der Saft, u. dem dritten die Kraft ausgehe! für jetzt ist die Vorstellung aus. Im Hintergrunde sieht man einen Polizeidiener seinen dunkelblauen Frack ausklopfen. Der Vorhang fällt mit Gefühl, das Publikum weint!

12

Die papierene Revolution

»Wir verlangen Pressfreiheit; das unveräußerliche Recht des menschlichen Geistes, seine Gedanken unverstümmelt mitzutheilen, darf uns nicht länger vorenthalten werden.« So lautete Artikel 2 der »Forderungen des Volkes«, die auf der Offenburger Versammlung vom 12. September 1847 erhoben wurden und die das politische Programm der Revolution von 1848 vorwegnahmen. Zur Erhaltung des politischen Status quo hatten die Regierungen der 39 deutschen Staaten mit den »Karlsbader Beschlüssen« von 1819 die Meinungsfreiheit radikal eingeschränkt und die Presse der schärfsten Zensur unterworfen. »Pressfreiheit« war deshalb eine der Hauptforderungen der liberalen und demokratischen Bewegung im Vormärz. Keine oppositionelle Veranstaltung – vom Hambacher Fest bis zu den Gutenberg-Feiern des Jahres 1840 – in der nicht die Abschaffung der Zensur gefordert wurde. Für die politische Opposition wurde die Schere des Zensors zum Symbol der Reaktion, Gutenberg und die Druckerpresse zu Sinnbildern der Freiheit und des Fortschritts. Doch nicht nur politisch geriet Metternichs Zensursystem unter Druck, sondern auch durch technische Entwicklungen, wie die Erfindung der Schnellpresse oder der Telegraphie.

Als der Bundestag am 3. März 1848, unter dem Druck der Ereignisse, den deutschen Bundesstaaten freistellte, die Zensur aufzuheben und die Pressefreiheit einzuführen, bedeutete dies einen entscheidenden Erfolg für die revolutionäre Bewegung und einen Dammbruch für die politische Publizistik in Deutschland. Nachdem Bayern schon im Dezember 1847 mit einem eigenen Pressegesetz die Karlsbader Beschlüsse unterlaufen, Württemberg und Baden am 1. März eine relative Pressefreiheit eingeführt hatten, beeilten sich auch die Regierungen der übrigen deutschen Einzelstaaten, der Empfehlung des Bundes nachzukommen. Mit der Abschaffung der Zensur

in Österreich am 14.3. und in Preussen am 17.3.1848 war dieser Prozeß abgeschlossen. Die Freigabe der Presse war nicht nur Ausdruck sondern zugleich auch ein wichtiger Motor der revolutionären Entwicklung.

Fast über Nacht entlud sich die aufgestaute politische Spannung in einer wahren Flut von Druckerzeugnissen aller Art: Biedere Intelligenzblätter verwandelten sich zu politischen Meinungsträgern. Das Spektrum der periodischen Presse wurde durch neugegründete Zeitungen und Zeitschriften unterschiedlicher politischer Tendenz rasant erweitert. In Österreich stieg die Zahl der Zeitungen und Zeitschriften 1848/49 sprunghaft von 79 auf 388. Neue Zeitschriftentypen, wie die illustrierten satirischen Wochenblätter, drängten mit billigen Preisen und hohen Auflagen auf den Markt. Extrablätter, aktuelle Bekanntmachungen und andere Flugschriften sorgten für rasche Information. Reden, Beschlüsse und Forderungen öffentlicher Versammlungen, z.B. die stenographischen Berichte der Frankfurter Nationalversammlung, gingen augenblicklich in Druck. Satzungen und programmatische Aufrufe politischer Vereinigungen und Klubs, Einladungen und Programme von Veranstaltungen forderten zur Teilnahme am politischen Leben auf. Mit Erklärungen und Petitionen versuchten verschiedenste Interessengruppen die öffentliche Meinung für sich zu gewinnen. Bekannte und unbekannte Autoren schalteten sich mit politischen Traktaten, Denkschriften und Sendschreiben, aber auch mit Gelegenheitspoesie und Liedern in die aktuelle politische Diskussion ein. Nicht zuletzt wuchs mit den sich überstürzenden Ereignissen auch die Zahl der amtlichen und obrigkeitlichen Bekanntmachungen, Proklamationen und Erlasse.

Die großen Städte waren voll von Maueranschlägen und Flugschriften. Vor den Schaufenstern der Buchhändler drängten sich diskutierende Grup-

pen. Zeitungsjungen, fliegende Buchhändler und Kolporteure verbreiteten die neuesten, rasch wieder überholten Informationen. In Gasthäusern, Cafés, Lesegesellschaften und Vereinen wurden die neuesten Nachrichten umgeschlagen. Auf öffentlichen Versammlungen gingen die Flugblätter von Hand zu Hand. Das politische Tagesschrifttum ließ den traditionellen Buchmarkt stagnieren. »Privatleute, welche sonst größere Summen auf Bücher verwandten, kauften nichts und lasen nur Zeitungen.« Die Erfahrung des Jahres 1848 hat entscheidend dazu beigetragen, »aus einem Volk von Nicht-Lesern ein Volk von Lesern zu machen« (Nipperdey). Nicht nur die traditionellen bürgerlichen und aristokratischen Bildungseliten hatten Teil an dieser publizistischen Revolution. Sie erreichte und mobilisierte auch neue unterbürgerliche Schichten, wie das handwerkliche Kleinbürgertum, das entstehende Industrieproletariat und die bäuerliche Landbevölkerung. Als politische Zielgruppe wurden auch die Frauen angesprochen, die sich seit 1848 für ihre politischen Rechte zu organisieren begannen.

Keinen geringen Anteil an dieser »publizistischen Revolution« hatte die politische Bildpublizistik, die, in den Jahren des Vormärz kaum existent, quasi über Nacht eine erstaunliche Formenvielfalt entwickelte und zu einem allgegenwärtigen, einflußreichen Massenmedium heranwuchs. Nachdem mit der Einführung der Pressefreiheit auch die Bilderzensur gefallen war, entdeckten bestehende Bilderverlage den Markt der aktuellen Berichterstattung. Bilderbogenverleger wie Gustav Kühn in Neuruppin beeilten sich, mit den sich überstürzenden Ereignissen Schritt zu halten und mit ihren bunt kolorierten Lithographien das Bild- und Informationsbedürfnis breiter Bevölkerungsschichten zu befriedigen. Als Vorlagen dienten meist die Holzstiche der Leipziger »Illustrirten Zeitung«. Dieses 1843 nach dem

Muster der »Illustrated London News« und der Pariser »Illustration« gegründete Massenblatt hatte sich vorgenommen, durch die »Verschmelzung von Bild und Wort eine Anschaulichkeit der Gegenwart hervorzurufen.« Nachdem es seine bürgerliche Leserschaft zuvor mit unverfänglichen Beiträgen zu verschiedensten Interessengebieten informiert und unterhalten hatte, wandte es sich 1848 verstärkt dem politischen Zeitgeschehen zu. Eigens verpflichtete Bildreporter lieferten die Vorlagen für aktuelle Bildreportagen, die freilich erst mit mehrwöchiger Verspätung auf die Ereignisse erschienen. Technische Neuerungen der Holzstichreproduktion, der Polytypie und der Klischeeherstellung ermöglichten einen lebhaften Bildtransfer zwischen den europäischen Hauptstädten, die bildhafte Vergegenwärtigung entfernter Ereignisse und eine Erweiterung des politischen Blickfeldes (vgl. Bd. 1, S. 19 ff.). Das photographische Bild, auch wenn es noch nicht als Massenmedium nutzbar war, eröffnete neue Möglichkeiten der Wahrnehmung. Das massenhaft reproduzierte graphische Bild eroberte die Öffentlichkeit. Seine Omni-

präsenz schuf ein neues Bewußtsein engagierter Zeitgenossenschaft und direkter Anteilnahme am aktuellen politischen Geschehen – aber auch neue, subtilere Möglichkeiten der politischen Beeinflussung.

Den politischen Meinungsstreit stimulierten nicht zuletzt die Karikaturen der zahlreichen, oft nur kurzlebigen illustrierten satirischen Zeitschriften, die allenthalben aus dem Boden schossen. Angeregt vom Londoner »Punch« oder vom Pariser »Charivari«, entstand in Deutschland spontan eine eigene Kultur der politischen Bildsatire. Mehr als in England oder Frankreich wurde sie in Deutschland jedoch getragen von den Einblatt-Karikaturen, die nicht an periodisches Erscheinen gebunden waren und deshalb oft schneller auf aktuelle Ereignisse reagieren konnten.

Die fast unüberschaubare und verwirrende Menge an publizistischem Material aus dem Jahr 1848/49 möchte uns heute fast den Eindruck einer »papierenen Revolution« vermitteln. Sie ist jedoch beredtes Zeugnis für das Erwachen eines so lange vermißten »öffentlichen Lebens«, für die Entstehung einer politischen Öffentlichkeit mit ei-

genen, grundlegend neuen, Kommunikations- und Wahrnehmungsstrukturen. Mit den neuen Möglichkeiten der Massenkommunikation gewinnt der Begriff der »öffentlichen Meinung« 1848 zusätzlich an politischer Bedeutung – vergleichbar dem der »volonté générale«, des quasi unfehlbaren Volkswillens. Als politische Instanz gründet sich die öffentliche Meinung unmittelbar auf die revolutionären politischen Prinzipien von Volkssouveränität und Demokratie. Hatte jedoch die Forderung nach Pressefreiheit im Vormärz die politische Opposition geeint, so trug ihre Verwirklichung zur Differenzierung und Polarisierung der politischen Meinungen bei, zur Entstehung der »Tendenzpresse«, der politischen Parteien und einer pluralistischen Gesellschaft – nicht zuletzt aber auch zur politischen Spaltung der die Revolution tragenden Interessengruppen. Doch auch nach dem Scheitern der politischen Revolution war die publizistische Revolution – als wichtiger Schritt im Prozeß der Modernisierung – nicht mehr rückgängig zu machen.
R.S.

12 (Abb. S. 126)
Pressfreiheit
Anonym
1848
Federlithographie; H. 40, Br. 50 cm
Bamberg, Staatsbibliothek; Inv. Nr. M. v. O., C. I. 79

»Preßfreiheit« und Aufhebung der Zensur gehörten zu den zentralen Forderungen der politischen Opposition im Vormärz und am Vorabend der Revolution. Der Deutsche Bund, dessen Pressegesetz von 1819 die öffentliche Meinungsäußerung radikal einschränkte, geriet zunehmend unter Druck und empfahl schließlich am 3. März 1848, die Zensur aufzuheben. Schon im Dezember 1847 hatte Bayern – unabhängig von den Reformüberlegungen des Bundestags – mit einem eigenen Pressegesetz reagiert, das die Presse jedoch mit neuen Methoden knebelte. Die ohne Druckvermerk vermutlich in

München erschienene Karikatur nimmt Bezug auf diese neue »Preßfreiheit«, die »ohne Licht in 2 sehr dunkeln Kammern« verfertigt wurde. Sie zeigt, wie die Kräfte der Reaktion – ein preußischer Offizier, ein katholischer Geistlicher, Metternich und ein russischer Kosak – eine Weinpresse betätigen, um einen Verleger, einen Literaten und einen Drucker auszupressen und damit den Begriff der Pressefreiheit ad absurdum zu führen. Der reiche Geldsack, dessen Last die Publizisten drückt, spielt auf die Abgaben, Kautionen und Bürgschaften an, mit denen die Presse nun eingeschränkt wurde. Die Einführung der Pressefreiheit in den deutschen Bundesstaaten im März 1848 löste eine wahre publizistische Flutwelle aus und führte zu einer Beschleunigung der revolutionären Entwicklung – zu einer publizistischen Revolution.
R.S.

13 (Farbtafel S. 105)
Pariser Barrikade, 1848
Friedrich Wilhelm Martersteig
(Weimar 1814 – 1899 Weimar)
Öl/Leinwand; H. 103, Br. 169 cm
Weimar, Kunstsammlungen zu Weimar; Inv. Nr. G 1132

Martersteig, Schüler der Akademien in Dresden und Düsseldorf, hielt sich von 1838 bis 1848 in Paris auf, um sich bei Paul Delaroche weiterzubilden. Als einer der wenigen deutschen Maler hat er die Pariser Revolutionsereignisse künstlerisch verarbeitet. Aus der Perspektive der Insurgenten beschreibt sein Bild vermutlich eine Episode vom Aufstand der Pariser Arbeiter, die am 23. Juni 1848 erneut Barrikaden errichteten, um gegen die Schließung der Nationalwerkstätten und für die Erhaltung der sozialen Errungenschaften zu kämpfen. Anders als in den Februartagen stehen nicht

Europäische Freiheitskämpfe.   viertes Bild.

Bestattung der für die Freiheit gefallenen Kämpfer, den 22. März 1848.

Das sind die gefallenen Freiheitshelden.

Da liegen sie kalt in bekränzten Särgen   Ihr Todten, Todten, wie liegt ihr so still;
Wir wollen sie heut in die Erde bergen.   Ist keiner der sich erheben will?

Original u. Eigenthum № 2029   Neu-Ruppin zu haben bei Gustav Kühn

14 b

mehr Bürger, Nationalgardisten, Studenten und Arbeiter gemeinsam auf den Barrikaden. Die Arbeiter sind unter sich. Die rote Fahne ist an die Stelle der Trikolore getreten. Das Gemälde schildert nicht den Kampf auf der Barrikade, sondern die Menschen in ihrem Schutz. Einziges heroisches Motiv ist die Rückenfigur eines Arbeiters, der sich siegessicher mit der roten Fahne auf der fest gemauerten Barrikade postiert hat. Diesseits des Schutzwalls stehen andere Blusenmänner gestikulierend im Gespräch; Verwundete werden versorgt und von Frauen gepflegt; ein Kanonier posiert vor seinem Geschütz. Schaulustige Bürger treten nur am Rande in Erscheinung und betrachten eher skeptisch

die Szene. Ein kleiner Junge an der Hand seiner Mutter spendet in die aufgestellte Sammelbüchse für die Verwundeten. Mit seinem statischen Situationsbericht und der Schilderung des proletarischen Milieus besitzt das Gemälde ausgesprochen reportagehafte Züge. Die Bildreportagen der illustrierten Presse scheinen auf das Medium des Historienbildes gewirkt zu haben. Obwohl die topographische Situation mit den umgebenden Häuserfassaden offenbar genau wiedergegeben ist, war eine genauere Lokalisierung der Szene bisher nicht möglich. *R.S.*

Lit.: Berlin 1972, Beilage, Nr. 57 a; Berlin 1996, Nr. 8/1.

14a – i
Das merkwürdige Jahr 1848. – Eine neue Bilderzeitung
Verlag von Gustav Kühn in Neuruppin
Lithographien, koloriert

14a
Europäische Freiheitskämpfe zweites Bild. Kampf zwischen Bürger und Soldaten in der Straße Frankfurter Linden in Berlin, am 18ten und 19ten März 1848
H. 32,6, Br. 37,8 cm
Berlin, Deutsches Historisches Museum; Inv.Nr. Gr 64/1512

Am Beispiel einer Barrikade in der Großen Frankfurter Straße werden die Berliner Kämpfe vom 18. und 19. März aus der Perspektive der Aufständischen geschildert. Deren soziale Zugehörigkeit – Bürger, Studenten, Arbeiter, aber auch Frauen und Kinder – ist deutlich erkennbar. Die Bildvorlage ist nicht bekannt.

14b
Europäische Freiheitskämpfe viertes Bild. Bestattung der für die Freiheit gefallenen Kämpfer, den 22. März 1848
H. 32,7, Br. 39,2 cm
Berlin, Deutsches Historisches Museum; Inv.Nr. 64/160

Die 183 Särge der in den Berliner Märztagen gefallenen Aufständischen wurden am 22. März in einem langen Trauerzug zur Bestattung in den Friedrichshain getragen. Die Darstellung legt Wert auf ein Detail am Rande: Vom Balkon des Schlosses erweist der König den Toten die letzte Ehre. Sie variiert seitenverkehrt einen Holzstich von J. Kirchhoff aus der »Illustrirten Zeitung« vom 15. April 1848.

14c
Europäische Freiheitskämpfe fünftes Bild. Sr. Majestät Friedrich Wilhelm IV. König von Preußen, verkündet in den Straßen seiner Hauptstadt die Einheit der deutschen Nation
H. 40,4, Br. 33,6 cm
Nürnberg, Germanisches Nationalmuseum; Inv.Nr. HB 19151, Kapsel 1213b

Nach dem erfolgreichen Berliner Aufstand folgte der preußische König Friedrich Wilhelm IV. dem Rat seiner Minister und setzte sich an die Spitze der Bewegung. In einem feierlichen Umritt zeigte er sich mit der schwarz-rot-goldenen Fahne der begeisterten Menge und ließ erklären: »Preußen geht fortan in Deutschland auf.«

14d
Europäische Freiheitskämpfe. Sechzehntes Bild. Gefecht der Bundestruppen in der Vorstadt St. Georg in Flensburg, am 24ten April 1848
H. 39,0 cm, Br. 31,5 cm

14a

Kiel, Schleswig-Holsteinische Landesbibliothek, Landesgeschichtliche Sammlung

Im Januar 1848 versuchte der dänische König Frederik VII., die dem Deutschen Bund zugehörigen Herzogtümer Schleswig und Holstein, die er in Personalunion regierte, Dänemark einzuverleiben. Nach der preußischen Intervention in Holstein erklärte der Deutsche Bund am 12. April Dänemark den Krieg, der zu einem Argument für die Schaffung einer deutschen Zentralgewalt wurde.

14e
34stes Bild: Berliner Straßen-Krawall. Angriff der Berliner Demokraten auf das Hotel des Minister-Präsidenten von Auerswald in der Wilhelmstraße zu Berlin am 21. August 1848
H. 43,4, Br. 34,2 cm
Berlin, Deutsches Historisches Museum; Inv.Nr. GR 54/ 1361

Die Berliner Unruhen vom 20. und 21. August waren die Folge wachsender Repression gegen die demokratische Bewegung. Die Darstellung des Sturms auf das Palais des preußi-

schen Ministerpräsidenten folgt wörtlich einer Illustration der »Illustrirten Zeitung« vom 16. September 1848.

14f
37stes Bild: Wüthender Angriff der Republikaner auf das in der Paulskirche zu Frankfurt versammelte deutsche National-Parlament, am 18. September 1848
H. 39,0, Br. 32,2 cm
Kiel, Schleswig-Holsteinische Landesbibliothek, Landesgeschichtliche Sammlung

Nachdem die Nationalversammlung am 16. September mit knapper Mehrheit dem preußisch-dänischen Waffenstillstand von Malmö zugestimmt hatte, kam es zu Tumulten im Parlament und zu einem Volksaufstand, bei dem die preußischen Abgeordneten Fürst Lichnowsky und von Auerswald ermordet wurden.

14g
62stes Bild: Die Preußen und die Sachsen machen Kameradschaft mit einander im Kampf wider die Dresdner Aufrührer, den 7. Mai 1849

14g

14i

H. 34,0, Br. 41,5 cm
Karlsruhe, Badisches Landesmuseum;
Inv.Nr. 80/409-348

Im Streit um die Frankfurter Reichsverfassung, die von den Länderparlamen-
ten mehrheitlich gebilligt, von den
Fürsten aber abgelehnt wurde, inter-
venierte preußisches Militär in Sachsen, Baden und der bayerischen Pfalz,
um die Volksbewegung für die Reichsverfassung blutig niederzuschlagen.

14h
*68stes Bild: Prinz Friedrich Carl von
Preußen, der junge tapfere Held an
der Spitze in dem Gefecht bei
Wiesenthal*
H. 34,3, Br. 41,5 cm
München, Bayerisches Nationalmuse-
um; Inv.Nr. 47/ 21. 691 F1876

Am 18. Juni 1849 rückten preußische
Truppen unter Führung des Kronprin-
zen Wilhelm in Baden ein und schlu-
gen die von dem polnischen General
Mieroslawski befehligte badische Re-
volutionsarmee in den Gefechten von
Ladenburg, Wiesenthal, Waghäusel,
Bruchsal und Durlach. Im Schema tra-
ditioneller Schlachtenbilder feiert das
Blatt die Tapferkeit des preußischen
Prinzen.

14i
*Neue Bilder-Zeitung. – 77stes Bild.
Entwaffnung der Insurgentenbesat-
zung von Rastatt*
1849
H. 33,8, Br. 41,5 cm
Karlsruhe, Badisches Landesmuseum;
Inv.Nr. 80/409-347

Nach schweren Verlusten zogen sich
die letzten badischen Revolutionstrup-
pen – etwa 5600 Mann – in die Bun-
desfestung Rastatt zurück und hielten
dort bis zur Kapitulation am 23. Juli
der preußischen Belagerung stand.
Der Bilderbogen zeigt die Entwaffnung der Insurgenten vor dem Prinzen
Wilhelm von Preußen. Die topographische Situation ist nach einer Illustration der »Illustrirten Zeitung« vom
23. Juni wiedergegeben.

Die 97 Blätter umfassende Bilderserie
»Das merkwürdige Jahr 1848« ist –
von den Zeitschriftenillustrationen ab-

gesehen – die umfangreichste Bilderfolge zu den deutschen Revolutionser-
eignissen der Jahre 1848/49. Auch
der 1822 gegründete Bilderbogen-
verlag von Gustav Kühn in Neuruppin, Produzent von unterhaltenden, er-
baulichen und belehrenden, bunt kolorierten Lithographien, die von Kol-
porteuren europaweit vertrieben wurden, profitierte von der Aufhebung
der Bilderzensur und widmete sich
1848 verstärkt dem aktuellen politischen Zeitgeschehen. Von Anfang an
war klar, daß das Jahr 1848 »merkwürdig«, d.h. denkwürdig sein würde. Der Untertitel – »Eine neue Bilder-
zeitung« – beruft sich auf die »Neuen
Zeitungen« des 16. Jahrhunderts – eine Vorform der modernen Massenpresse. Die bunten »Dreipfennigbo-
gen« wandten sich an die breitesten
Bevölkerungsschichten und waren
»der dünne Faden, durch den weite
Strecken unseres eigenen Landes, li-
tauische Dörfer und masurische Hüt-
ten, mit der Welt zusammenhängen«
(Fontane). Ihr Erfolg beruhte auf einem allgemeinen Bildbedürfnis, das –
nicht nur unter den Vorzeichen des An-
alphabetismus – den aktuellen Bildbericht als Beweis bewußter Zeitgenossenschaft verstand. Der geschäftli-
che Erfolg des Verlages beruhte darauf, »In jedem Augenblicke zu wissen, was obenauf schwimmt, was das
eigentliche Tagesinteresse bildet«
(Fontane). Die Neuruppiner Bilderbogen wirkten, weit über die bürgerlichen Bildungseliten hinaus, auf die
Unterschichten und zeugen von der
breiten Basis der Revolution von
1848. Typisch für die Bildberichte ist
die freie Kompilation der Darstellungen aus topographischen, historischen und kostümlichen Informationen. Sie benutzen in der Regel Bild-
vorlagen aus der illustrierten Presse,
die ihrerseits mit einer Verzögerung
von ca. 3 Wochen erschienen. Die
»neue Bilderzeitung« kam deshalb
frühestens 4-5 Wochen nach dem jeweiligen Ereignis in Umlauf. In ihrer
Tendenz bekunden die Blätter – nach
einer ersten euphorischen Phase – immer deutlicher legitimistisch-konserva-
tive, königstreue Positionen. Politisch
weniger verfängliche Berichte von

15

16

ausländischen Ereignissen verfolgen dagegen eine fortschrittlichere Tendenz. *R.S.*

Lit: Iwitzki 1994.

15

Die merkwürdigen Männer des Jahres 1848/ The most Remarkable Men of the jear 1848
Anonym
nach 1848
Pappschachtel mit kolorierter Lithographie beklebt, 28 Dominokarten, 12 Marken, 2 Würfel und ein Personenverzeichnis: H. 14,5, Br. 10,5, T. 1,7 cm (Schachtel)
Nürnberg, Germanisches Nationalmuseum; Inv.Nr. HG 5620 a-c

Das lehrhafte, für ein jugendliches Publikum entworfene Gesellschaftsspiel stellt die Porträts der »merkwürdigen«, d.h. denkwürdigen Männer des Jahres 1848 auf 28 Dominokarten in Porträts vor. Ihrer Rangordnung entsprechend werden diese im beigefügten Personenverzeichnis in Fürsten, Militärs, Revolutionäre und Abgeordnete unterschieden. Neben den regierenden Häuptern stehen die Vertreter der Revolution und Abgeordneten der Nationalversammlung im Vordergrund, darunter Robert Blum, Friedrich Hecker, Heinrich von Gagern, Ernst Moritz Arndt oder Johannes Ronge. Während die Porträts auf den Spielkarten ein neutrales Bild ohne erkennbare Tendenz vermitteln, formuliert der Begleittext ein didaktisches Ziel, das deutlich Position für die fortschrittlichen Kräfte bezieht: »Wem sollte es nicht interessant sein, durch ein einfaches Dominospiel Portraits deutscher Männer, die bei den Ereignissen theils fördernd, theils hindernd wirken, bildlich dargestellt zu sehen und nachfolgend deren Stand und Wohnung etc. etc. zu finden...«. Diese Aussage wird auf dem Schachteldeckel bildlich umgesetzt: Eingerahmt von gekreuzten Fahnen in den Farben schwarz-rot-gold und zwei großen Kandelabern zeigt das Mittelfeld die wichtigsten Beteiligten an den Ereignissen von 1848, die beim Dominospiel über die politischen Geschicke Deutschlands entscheiden. Entspre-

chend der parlamentarischen Sitzordnung sind auf der linken Seite als Protagonisten der Revolution Robert Blum und Friedrich Hecker zu sehen, die sich als Vertreter der Linken die Karten zuspielen. Auf der rechten Seite sind die beiden für das Scheitern der Revolution verantwortlichen Vertreter des konservativen Lagers, der preußische König Friedrich Wilhelm IV. mit Pickelhaube und der Österreicher Fürst Windischgrätz in Generalsuniform, zu sehen. Zwischen den beiden Gruppen steht unentschlossen, wie er seine eigene Karte im Spiel plazieren soll, der Reichsverweser Erzherzog Johann in ordengeschmückter Jacke. *H.M.*

Lit.: Nürnberg 1985, Nr. 86; Karlsruhe 1998, Nr. 475.

16

Deutschland's Barometer/ The Barometer of Germany
Anonym
1849
Holzschachtel, Deckel mit kolorierter Lithographie beklebt; darin 12 Karten mit kolorierten Lithographien auf Pappe kaschiert, 12 Marken, Spielregeln in deutsch, englisch und französisch: H. 8,2, Br. 10,5, T. 2,7 cm (Schachtel)
Nürnberg, Germanisches Nationalmuseum; Inv.Nr. HG 7862

Das Spiel kommentiert in einer Titelillustration und Bildern auf zwölf Spielkarten den wechselvollen Verlauf der Revolution von 1848. Das Bild auf dem Schachteldeckel folgt dem im 19. Jahrhundert weit verbreiteten Schema der Stufenleiter, das in Anlehnung an Lebensalterdarstellungen und die Ständetreppe Beginn, Höhepunkt und Scheitern der Revolution als Auf- und Abstieg interpretiert. Die Szene auf der linken Seite zeigt einen Freischärler bei der Verfolgung eines Zensors mit seiner Schere und weist auf den Kampf gegen die Pressezensur hin. Auf der obersten Stufe schwingt der siegreicher Revolutionär in Freikorpsuniform die schwarz-rot-goldene Fahne. Gesprengte Fesseln und die Schere der Zensur unter seinen Füßen sind Zeichen für die neu gewonnene Frei-

heit. Der über die Stufen hinabeilende Mann auf der rechten Seite steckt sein Schwert in die Scheide zurück und markiert damit das Ende der Revolution. Eine resignative Haltung vermitteln die zwölf Kartenbilder, die, ergänzt durch kurze Textzeilen, den Verlauf der Revolution von der Vertreibung der alten Mächte bis zur Wiederherstellung der alten Ordnung in sarkastischer Weise kommentieren. In ihrer Metaphorik knüpfen sie eng an die Bildpublizistik des Jahres 1848 und deren Vorliebe für Tierfabeln an. Kritisch wird hier auch das Volk und seine Rolle in der Revolution beleuchtet, wenn es mit einer Herde von Schafen, aufgescheuchten Vögeln oder in einem Göpel laufenden Gäulen mit Scheuklappen verglichen wird. Die verschlüsselte Metaphorik der Bilder in dieser Rückschau legt nahe, daß das Spiel unmittelbar nach dem Scheitern der Revolution erschien und vorwiegend für Erwachsene bestimmt war. Die englischen Übersetzungen neben den deutschen Bildunterschriften und die Darstellung des Auswandererschiffes verdeutlichen, daß das Spiel nicht nur in Deutschland, sondern auch in Amerika angeboten wurde, dem Land, das zahlreichen Revolutionsteilnehmern Zuflucht bot. *H. M.*

17

Revolutionsspiel »Deutsche Turnerkarte«
Georg Pommer ? (1815 – 1871)
Verlag von Johann Conrad Jegel in Nürnberg, um 1848/1850
zwei unzerschnittene Bögen mit insgesamt 36 Blatt
Kupferstich mit Radierung; Spielkarten ca. H. 9,8, Br. 5,6 cm
Nürnberg, Germanisches Nationalmuseum; Inv.Nr. Sp 8244, 8245, Kapsel 532

Ausgehend von der französischen Spielkartenikonographie des späten 18. Jahrhunderts hielten politische Ereignisse zunehmend Einzug in die Motivik des populären gebrauchsgraphischen Mediums der Spielkarte. Das streng hierarchisch gegliederte Kartenbild eignete sich dabei hervorragend zur Strukturierung politischer

Ereignisse nach Handlungsträgern, Schauplätzen und visualisierbaren politischen Topoi. Vor allem die Figurenkarten mit ihrem traditionell ständisch gegliederten Kanon von Unter, Ober und König boten sich zur Besetzung mit historischen Persönlichkeiten an, gegliedert nach ihrem sozialen oder institutionellen Status. Im Revolutionsspiel lassen sich die Ober als Mitglieder der Frankfurter Nationalversammlung identifizieren: Robert Blum als Schellen-Ober, der Homburger Abgeordnete Jacob Venedey als Laub-Ober, der Abgeordnete G. J. (H.?) Compes als Eichel-Ober. Als Vorlagen dienten lithographische Porträts, die wiederum auf Fotografien Hermann Biows beruhen. Die Unter-Karten zeigen stärker typisierte Vertreter der Revolution. Eichel- und Schellen-Unter entsprechen dem Typus des Hecker-Bildnisses, der vollbärtig mit Hecker-Hut und Schußwaffen im Gestus des Freischärlerführers zum Kampf aufruft. Die drei Asse formulieren in personifizierten Sinnbildern die Ziele der Revolution: Einigkeit (Eichel) und Recht (Herz) und Freiheit (Laub). Auf dem Schellen-As steuert Germa-

nia das Staatsschiff. Einzig die König-Karten scheren aus der deutlich republikanischen Motivik aus. Sie sind mit deutschen Kaiserbildern besetzt, darunter Kaiser Otto II. nach dem Frankfurter Kaisersaal-Bildnis (Eichel) und Kaiser Karl d. Gr. (Herz) in Anlehnung an Dürers Idealbildnis von 1513 (GNM, Inv.Nr. Gm 167). Pommer signierte 1850 ein stilistisch nahestehendes und ebenfalls aus dem Verlag Jegels stammendes »vaterländisches« Spiel mit »Deutschen Geschichtskarten«. *T.E.*

Lit.: Stuttgart 1987, Nr. 109; Köln 1989, Abb. von Nr. 515, 519, 571, 576; Radau 1991, Nr. 97.

18a
Skizzen aus den Barrikaden von Paris
Holzstich aus: Illustrirte Zeitung, Bd. 10, 25. 3. 1848
Nürnberg, Germanisches Nationalmuseum; Sign. 2° L 2723

18b
Eine Barricade
Verlag von Eduard Gustav May in Frankfurt a. M.
1848

Lithographie; H. 33,0, Br. 25,0 cm Nürnberg, Germanisches Nationalmuseum; Inv.Nr. HB 15737, Kapsel 1330

An der heroischen Barrikadenszene läßt sich die Bedeutung der illustrierten Presse für den europäischen Bildtransfer exemplarisch aufzeigen: Sie erschien zuerst als kleine Holzstichvignette in der Pariser »Illustration«. Dem dekorativen und sinnbildlichen Charakter einer Vignette entsprechend, sind die Barrikadenkämpfer frontal dargestellt und unter der wehenden Trikolore zu einer symmetrischen Gruppe zusammengefaßt, die zugleich das Bündnis der Arbeiter, Bürger und Studenten symbolisiert. Die pathetische Haltung der Hauptfiguren ist dem Typenrepertoire der revolutionären Historienmalerei entlehnt: Die Pathosfigur des bewaffneten Bürgers mit seinem Zylinder scheint in Delacroix' »Freiheit auf den Barrikaden« vorgebildet. Am 25. 3. 1848 wurde die Holzstichillustration wörtlich in einem Bericht der »Illustrirten Zeitung« über die Pariser Februarereignisse reproduziert – nun mit dem Anspruch der authentischen Bildreportage eines Augenzeugen. Der Frankfurter Bildverleger E. G. May erkannte die sinnbildlichen Qualitäten der pathetischen Szene und ließ sie zu einer großformatigen Lithographie umzeichnen und als Einzelblatt mit dem allgemeinen Titel »Eine Barricade« vertreiben. Der versierte Lithograph kopierte die Vorlage aber nicht wörtlich, sondern nahm gravierende inhaltliche Veränderungen vor: Er verwandelte die Figur des Studenten rechts in einen Arbeiter. Die französische Trikolore mit der Aufschrift »Vive la République« wurde durch eine quergestreifte ersetzt, d.h. eingedeutscht. Nicht zuletzt verlieh er den Hauptfiguren durchweg finster-verbissene Züge und verkehrte damit die Revolutionsbegeisterung des Urbildes ins Gegenteil: Die Barrikadenkämpfer wurden dem deutschen Publikum als durchaus bedrohliche Gestalten präsentiert. *R.S.*

Lit.: Berlin 1972, S. 95; Europa der Bilder I, Kat. 65, Abb. S. 27.

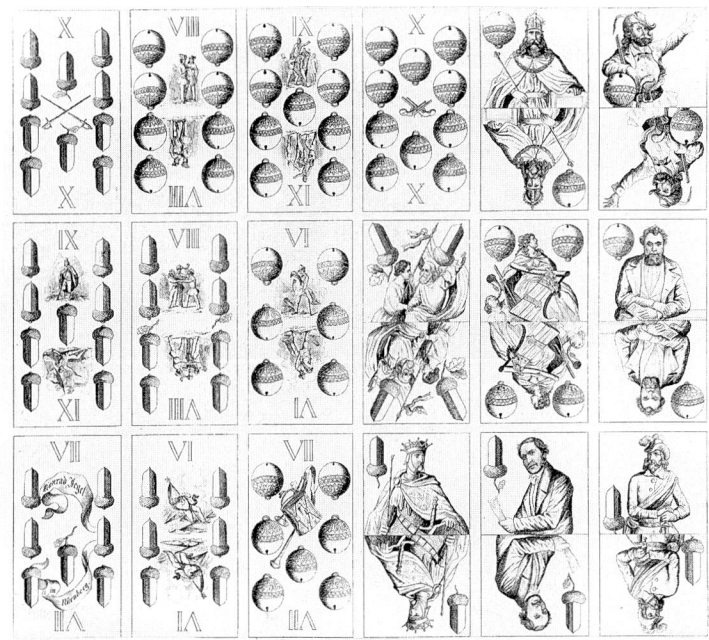

17

Barrikaden von Paris.

18a

FINK BARRICADE.

18b

Défenseurs de la barricade (cat. 152)

19a

Mourir pour la Patrie

19b

MODES PARISIENNES — LONGCHAMPS PROCHAIN.

20a

20b

1848 die dämonische Szene mit den Halbfiguren eines Nationalgardisten, eines Bürgers und eines Arbeiters hinter ihrer Barrikade. Mit seiner psychologischen Eindringlichkeit erweckt der technisch virtuos ausgeführte Holzstich den Eindruck eines unmittelbaren Augenzeugenberichts – auch wenn die Entstehungsumstände das ausschließen. Nur zwei Wochen später veröffentlichte die »Illustrirte Zeitung« einen Nachstich als Titelvignette zu den Noten der französischen Revolutionshymne »Mourir pour la patrie« von Alphonse Varney: »Par la voix du canon d'alarme, La France appelle ses enfants...« Auf dem Umweg über London gelangte die Pariser Barrikadenszene in kürzester Zeit nach Leipzig, wo sie – in einem eher dekorativen Zusammenhang – französisches Revolutionspathos illustrieren sollte. *R.S.*

Lit.: Goncourt, Bd. 2, S. 17f.; Europa der Bilder I, S. 66, Kat. 152.

20a
Modes Parisiennes
Federlithographie aus: Le Journal de Rire, 13, 29.4.1848
Nürnberg, Germanisches Nationalmuseum; Inv.Nr. HB 23933, Kapsel 1319

20b
Republikanische Moden
Holzstich aus: Illustrirte Zeitung, 20.1.1849
(Teilwiedergabe, rechtes Drittel fehlt)
Nürnberg, Germanisches Nationalmuseum; Inv.Nr. HB 15618

Die Karikatur »Modes Parisiennes« erschien zuerst im März 1848 als Holzstich im Londoner Witzblatt »Punch«: eine Satire sowohl auf die regelmäßigen Pariser Modeberichte der illustrierten Presse als auch auf die Modetorheiten der zweiten Französischen Republik: Nach der Februarrevolution erinnerte man sich in Paris an die Revolution von 1789 und ihren Antikenkult, die römischen Togen, die phrygischen Mützen und die »Incroyables«. Mit Angabe der Quelle (caricature imitée du journal anglais Punch) druckte das von Charles Philipon herausgegebene Satireblatt »Le journal

19a
Defenders of the Barricade
Paul Gavarni (Paris 1804 – 1866 Auteuil)
Holzstich aus: Illustrated London News XII, 11.3.1848
Stuttgart, Württembergische Landesbibliothek; Misc. folg. 71–7, 1 (1848)

19b
Mourir pour la Patrie
nach Paul Gavarni
Holzstich aus: Illustrirte Zeitung, Bd. 10, 25.3.1848

Nürnberg, Germanisches Nationalmuseum; Sign. 2° L 2723

Paul Gavarni, der gefeierte Pariser Modezeichner und Lithograph, der den revolutionären Ereignissen kritisch gegenüberstand, arbeitete seit 1847 in London, u.a. als Illustrator für die renommierte »Illustrated London News«. Für dieses Blatt lieferte er einige Holzstichillustrationen zur Revolution in Paris. Er mußte sich dabei auf Skizzen stützen, die ihm seine Freunde Chandellier und Guy aus Paris zukommen ließen. So entstand Anfang März

21a

21b

Feſtlicher Aufzug zur Eröffnung der Volksabgeordneten-Verſammlung in der Paulskirche zu Frankfurt a. M. am 30. März.

pour rire« die Karikatur Ende April als Lithographie nach. Fast ein Jahr später – in der Karnevalszeit des Jahres 1849 – erschien in der Leipziger »Illustrirten Zeitung« eine Teilwiedergabe der Karikatur mit dem Titel »Republikanische Moden« – nun unter gänzlich veränderten politischen Bedingungen. Louis Napoleon war am 20. Dezember zum Präsidenten der französischen Republik gewählt worden. Dem zeitgenössischen Leser mußte der aufgeputzte Mann in Frack und Spitzbart als Karikatur auf Louis Napoleon erscheinen und die antikische Maskerade wie eine Karikatur auf den Antikenkult Napoleons I., den sein Neffe, der spätere Napoleon III. imitierte. *R.S.*

21a
Zug der Abgeordneten des Vorparlaments zur Paulskirche, 30. März 1848
W. A. Beer
Bleistift, Feder, grau laviert; H. 18,9, Br. 26,1 cm
Frankfurt a. M., Historisches Museum; Inv.Nr. C 30 247

Vom 30. März bis 3. April 1848 tagte in Frankfurt das Vorparlament, jene »revolutionäre Notablenversammlung«, die die Wahlen zur Nationalversammlung vorzubereiten hatte. Nach der konstituierenden Sitzung im Kaisersaal des Römers zogen die 574 Volksvertreter, vorbei an festlich geschmückten Häusern und einem Spalier von Bürgermilitär, in feierlicher Prozession hinüber zur Paulskirche, ihrem eigentlichen Tagungsort. Vom Südportal aus hat der unbekannte »Bildreporter« die topographische Situation genau wiedergegeben und das Ereignis selbst als wohlgeordnetes Zeremoniell, ohne jeden revolutionären Überschwang, dargestellt. Die steife Ordnung der militärischen Formationen dominiert die Szene. Nur ein kleines Grüppchen hüteschwenkender Zuschauer bringt die revolutionäre Begeisterung zum Ausdruck.

21b
Zug der Abgeordneten des Vorparlaments zur Paulskirche, 30. März 1848
Holzstich nach W. A. Beer
Aus: Illustrirte Zeitung, Bd. 10, 29.4.1848
Nürnberg, Germanisches Nationalmuseum; Signatur 2° L 2723

Der Holzstich gibt die lavierte Federzeichnung, bis auf einen kleinen Beschnitt am rechten Rand, genau wieder. Er erschien einen Monat nach dem Ereignis in der »Illustrirten Zeitung«. Diese Zeitverzögerung war in der Berichterstattung der illustrierten Presse üblich, steht hier jedoch sicher auch im aktuellen Zusammenhang mit den Wahlen zur deutschen Nationalversammlung, die auf den 1. Mai 1848 festgesetzt waren.

21c
Scene aus Frankfurt am 31. März 1848
Adam Ernst Schalck (Frankfurt 1827 – 1865 Frankfurt)
Bleistift, Feder, laviert; H. 15,7, Br. 23,1 cm (Reproduktion)
Frankfurt a. M., Historisches Museum; Inv.Nr. C 30307

»Eigene Anschauung« notierte der Zeichner zur Beglaubigung der Authentizität unter die Darstellung eines Straßenkampfs zwischen Republikanern und Konstitutionellen in den Tagen des Frankfurter Vorparlaments: Auf dem Roßmarkt hatten am 30. März republikanische Turner unter ihrem Anführer Germain Metternich eine Fahne mit der Aufschrift »Deutsches Parlament / Keine Republik« zerrissen, die von Frankfurter und Darmstädter Bürgern mitgeführt wurde. Die Republikaner mußten bei diesem Zusammenstoß Prügel einstecken. Der Zeichner hat den »Kampf um die Fahne« bei aller Skizzenhaftigkeit in einer friesartigen Komposition wie ein historisches Schlachtenbild behandelt.

21d
Kampf der Republikaner und der Parlamentarier zu Frankfurt a. M., am 30. März
nach Adam Ernst Schalck (Frankfurt 1827 – 1865 Frankfurt)
Holzstich aus: Illustrirte Zeitung, Bd. 10, 29.4.1848
Nürnberg, Germanisches Nationalmuseum; Signatur 2° L 2723

Mit leichten Abwandlungen, vor allem zur besseren Unterscheidung der Parteien, wurde »Kampf um die Fahne« als Holzstich in der »Illustrirten Zeitung« veröffentlicht und mit eindeutig anti-republikanischen Kommentaren begleitet.

Unmittelbar vor den Wahlen zur Nationalversammlung bringt die »Illustrirte Zeitung« auf einer Doppelseite zwei Bildberichte von Frankfurter Ereignissen zur Zeit des Vorparlaments, die sich schon vom Bildtypus grundsätzlich unterschieden: zeremonieller Einzug und revolutionäre Kampfszene. Auch wenn sich beide – Zeremonien- und Schlachtenbild – als authentische Augenzeugenberichte ausgeben, steht das eine für den geordneten parlamentarischen Weg, das andere für die gewaltsame Volksrevolution, die Ende April mit dem Kampf der republikanischen Freischaren Heckers höchst aktuell geworden war. Sicher nicht absichtslos führen die Bildreportagen dem Leser (d.h. dem Wähler) die politische Alternative drastisch vor Augen. Der abschreckende Bericht aus einem französischen Revolutionsclub auf derselben Seite macht die politische Tendenz vollends evident. Mit der Gegenüberstellung von Ordnung und Chaos, Institution und Anarchie, betreibt die bürgerliche »Illustrirte Zeitung« offen anti-republikanische Wahlpropaganda. *R.S.*

Lit.: Hoffmann in Histoire et critique des arts 1980, S. 116ff.

21c

Kampf der Republikaner und der Parlamentarier zu Frankfurt a. M. am 30. März.

21d

General-Versammlung der deutschen März-Vereine mit dem Central-März-Verein im Saale zum Wolfseck in Frankfurt, 5ten May 1849.

22a

Märzvereinsversammlung im Gasthause zum Wolfeck in Frankfurt a./M.

22b

22a
General-Versammlung der deutschen
März-Vereine...6. Mai 1849
Anonym
Feder in Schwarz, grau laviert;
H. 19,0, Br. 24,0 cm
Frankfurt a. M., Historisches Museum;
Inv.Nr. C 29 556

22b
General-Versammlung der deutschen
März-Vereine...6. Mai 1849
Holzstich aus: Illustrirte Zeitung,
Bd. 12, 9. 6. 1849
Nürnberg, Germanisches National-
museum; Signatur 2° L 2723

Anfang Mai 1849 schritt preußisches
Militär in Sachsen gegen die verfas-
sungstreuen Aufständischen ein. Das
Scheitern vor Augen unternahm die
demokratische Linke einen letzten Versuch zur Durchsetzung der Reichsverfassung. Die Generalverammlung der
Märzvereine, die am 6. Mai im Frankfurter Gasthaus »Zum Wolfseck« tagte, richtete einen beschwörenden Aufruf an Volk und Heer: »Deutsche Männer! Der Augenblick ist gekommen,
wo es gilt für die Freiheit, für die Einheit des gesammten deutschen Vaterlands Gut und Blut einzusetzen...«
Die Zeichnung des anonymen Bildre-
porters zeigt die Versammlung in dem
reich dekorierten Ballsaal, der rechts
mit einem »Siegesaltar« für den Märtyrer Robert Blum geschmückt ist. Der
Holzstecher hat sich bemüht, einzelne
Teilnehmer porträtgetreu hervorzuhe-
ben: den Vorsitzenden Julius Fröbel
auf dem Podium und Jacob Venedey
am Rednerpult. Die Figuren im Vordergrund tragen aber nicht nur individuelle, sondern auch karikierende Züge: Die Gestalt ganz links zitiert mit
ihrer Pose die berühmte Karikatur des
»Abgeordneten Piepmeyer« von Adolf
Schrödter und signalisiert die politische Distanz der Zeitung zu den Demokraten. (Kat. 100) *R.S.*

Begnadet zu Pulver und Blei 1849.

„Er behauptete eine natürliche Gleichberechtigung aller Menschen, und sprach von Rechten, welche Jeder auf seines Leibes und Lebens Nothdurft habe. Durch solche verderbliche Lehren reizte er die niedern Stände, die Unglücklichen und Armen zur Unzufriedenheit mit der bestehenden Ordnung und zur Empörung gegen die von Gott eingesetzte Obrigkeit.“

24

Moritat und Heldenepos

23 (Farbtafel S. 108)
Der politische Struwwelpeter. Ein Versuch zu Deutschlands Einigung
Henry Ritter (Montreal 1816 – 1853 Düsseldorf)
Verlag von Julius Buddeus in Düsseldorf
1848/49
Kreidelithographien, Typendruck;
H. 28,5, Br. 21,7 cm
Bamberg, Staatsbibliothek; Inv.Nr. M.v.O., C.I. 130-136

Henry Ritter, Schüler der Düsseldorfer Akademie, begleitete als Zeichner und Mitherausgeber der Düsseldorfer Monatshefte die Revolution von 1848 mit zahlreichen Karikaturen.
1849 erschien sein »Politischer Struwwelpeter«, eine Folge von 13 Lithographien, die mit ihren Negativhelden und bunt kolorierten Illustrationen an das erfolgreiche Kinderbuch von Heinrich Hoffmann (1845) anknüpft. Aus der Sicht eines Liberalen persifliert der Künstler mit seinen lehrhaft-satirischen Versen den enttäuschenden Verlauf der Revolution und macht die unterschiedlichen Interessengruppen für das Scheitern von Einheit und Freiheit verantwortlich: Die Geschichten von Friedrich dem Terroristen (Hecker), Jakob dem Heuler (Konservativer), Peter dem Wühler (Demokrat), vom Sonder-Ernst (Landesfürst) und Alfred dem Schlächter (Fürst Windischgrätz) karikieren die widersprüchlichen Interessen, Parteien und Charaktere, gelegentlich mit Anspielungen auf konkrete historische Personen. In den dekorativ arrangierten szenischen Randzeichnungen werden Bildstereotypen und Symbole sowohl aus dem konservativen als auch aus dem revolutionärern Repertoire eingesetzt. Das Titelblatt resümiert die politische Botschaft: Eine siebenköpfige Gestalt in einem Uniformrock aus den Wappen der deutschen Staaten verkörpert die Unvereinbarkeit der Interessen. Katholiken und Lutheraner, Heuler und Wühler, Königstreue und Terroristen sind zu einem grotesken Monstrum zusammengefügt. Der Bildgedanke geht auf den reformatorischen Bilderkampf des frühen 16. Jahrhunderts zurück und wurde sowohl von altkirchlicher Seite gegen Luther als auch von reformatorischer Seite gegen den siebenköpfigen Drachen des Papsttums eingesetzt. *R.S.*

Lit.: Bamberg 1911, Bd. II, Nr. C I, 130-136; Münster 1983, Nr. 158; Riha 1984; Reiter 1994, Nr. 653, 1-13.

23a

23c

Socrates.

„Er leugnete die Götter und verführte die Jugend."

Jesus.

„Er lästerte Gott; hatte Umgang mit den Armen, den Sündern und Zöllnern, und empörte sich gegen
die Obrigkeit, um selbst der Juden König zu werden."

Huß.

„Er verbreitete Irrlehren; widersprach den Satzungen der geistlichen Obrigkeit und
untergrub die Heiligkeit der bestehenden Ordnung."

Begnadet zu Pulver und Blei 1849.

„Er behauptete eine natürliche Gleichberechtigung aller Menschen, und sprach von Rechten, welche Jeder auf seines Leibes und
Lebens Nothdurft habe. Durch solche verderbliche Lehren reizte er die niedern Stände, die Unglücklichen und Armen zur Unzufriedenheit mit der bestehenden Ordnung und zur Empörung gegen die von Gott eingesetzte Obrigkeit."

24a-d

144

24

Trost für 1849. Mit vier Holzschnitten
Johann Heinrich Schulz, Düsseldorf
1850
Holzstich, Typendruck; H. 28,1,
Br. 37,7 cm
Hamburg, Museum für Kunst und Ge-
werbe; Inv.Nr. H 3153 – 3157

Schmerz und Enttäuschung über das
Scheitern der Revolution versuchten
die Anhänger der demokratischen Bewegung zu verarbeiten, indem sie ihre militärische Niederlage als morali-
schen Sieg interpretierten und der politischen Tragödie einen historischen
Sinn unterstellten. Diesen »Trost« aus
der Geschichte sucht auch die viertei-
lige Holzstichfolge, die den Heldentod eines Freischärlers in eine typolo-
gische Reihe mit dem Tod des Sokrates, der Kreuzigung Christi und der
Verbrennung von Jan Hus stellt. In archetypischen Bildern wird der Revolutionsmärtyrer mit den großen Lehrern
der Menschheit gleichgesetzt, die unschuldig ihr Leben für ihre Idee opfer-
ten und die mit ihrem Tod für das
Weiterleben ihrer Ideale sorgten. Der
Leichnam des füsilierten, namenlosen
Revolutionärs, »begnadet zu Pulver
und Blei 1849«, liegt in der Haltung
des toten Christus im Licht der aufgehenden Sonne, während im Hintergrund das Erschießungskommando
abrückt. Seine Schuld: »Er behauptete eine natürliche Gleichberechtigung
aller Menschen...«. Der Opfer- und
Totenkult der Revolution, der sich
schon an den Berliner Märzgefallenen und an Robert Blum entzündet
hatte, wird in diesem pathetischen
Bild verallgemeinert und sakral über-
höht. Der Holzstich steht in einer revolutionären Bildtradition, die von Davids »Tod des Marat« (1793) über
Käthe Kollwitz' »Gedenkblatt auf Karl
Liebknecht« (1920) bis zum Presse-
foto des toten Che Guevara reicht.
R.S.

Lit.: Hanau 1980, S. 58 (m. Abb.);
Vollmer 1983, S. 446f., Abb. 380;
Nürnberg 1989, Nr. 662; Frankfurt
1998, Nr. 658.

STATUS QUO ANTE.

REVOLUTION.

25

*Lebens-Bilder. Eine Frühlingsgabe für
das deutsche Volk*
Johann Baptist Scholl d. J. (Mainz
1818 – 1881 Limburg)
Text: Dornroder; Verlag von Eduard
Gustav May u. Wirsing in Frankfurt
a. M.
1850

Federlithographien, Typendruck;
H. 34,9, Br. 44,1 cm
Bamberg, Staatsbibliothek; Inv.Nr.
M.v.O., C.I. 154 – 159

Der in Frankfurt ansässige Maler und
Bildhauer Johann Baptist Scholl d. J.,
der von Anfang an mit der radikalen
Revolution sympathisierte, zog mit sei-

REACTION.

JDEAL.

(»Staatsverband«) bringt die »Revolution« den Triumph der Freiheit. Diese wird flankiert von Luther, der gegen die weltliche Macht der Kirche protestiert und Hecker, der auf den brennenden französischen Thron und die Republik hinweist. Zu ihren Füßen steht – umlagert von gewinnsüchtigen Bürgern – Heinrich von Gagern mit der Kaiserkrone, aus der Skorpione kriechen. Als Sinnbild der »Reaction« erscheint ein Galgen: Während sich die Freiheit schmerzerfüllt über die Toten der Revolution beugt, feiern im Hintergrund die alten Machthaber und der satte Bürger ihren Sieg. Das Schlußbild (»Ideal«) beschwört die Ideale von Gleichheit und Brüderlichkeit: Die Freiheit führt den griechischen Philosophen und den nackten »Wilden« brüderlich zusammen. Statt des Nationalismus soll Nächstenliebe die Erziehung bestimmen und den Fortschritt der »Menschheitsidee« herbeiführen. Groteske Satire und utopischer Idealismus verbinden sich in Scholls Zyklus zu »surrealistisch« verfremdeten Denk-Bildern. Die teleologische Geschichtsphilosophie von Hegel, Proudhon oder Comte dient dem enttäuschten Demokraten als Hilfsmittel, um dem Scheitern der Revolution einen historischen Sinn zu geben.
R.S.

Lit.: Bamberg 1911, Nr. C I,154-159; Thiemann-Stoedtner 1965, S. 76; Hamburg 1983, Nr. 401 A, S. 526f.

26
Ein Todtentanz aus dem Jahre 1848
Alfred Rethel (Diepenbend 1816 – 1859 Düsseldorf)
Verlag von Georg Wigand in Leipzig 1849
Sechs Holzschnitte, Typendruck;
H. 71,0, Br. 116, 3 cm
Nürnberg, Germanisches Nationalmuseum; Inv.Nr. H 1388, Kapsel 1056a

Rethels Holzschnittfolge hat das Bild der Deutschen von der Revolution 1848/49 nachhaltiger geprägt als jedes andere Werk. Die sechs Holzschnitte sind in der Volksausgabe zu einem großen Bilderbogen vereint

ner allegorischen Bilderfolge eine abgeklärt-philosophische Bilanz der gescheiterten Revolution, indem er Hoffnung und Tragik des Jahres 1848/49 in den Mittelpunkt weltgeschichtlicher Betrachtungen stellte. Wie die bedeutungsschweren Hexameter des Begleittextes, so illustrieren auch die symmetrisch gebauten, mit allegorischen,

metaphorischen und satirischen Anspielungen überfrachteten Bilder ein geschichtsphilosophisches Gedankengebäude, das den Fortschritt der »Menschheits-Idee« zum Inhalt der Geschichte erklärt. Nach der sklavischen Ausbeutung des Volkes durch Kaiser und Papst im Mittelalter (»status quo ante«) und im Absolutismus

26

und lesen sich wie die moralisch belehrende Moritat eines Bänkelsängers. Das Motiv des Totentanzes und die stilistischen Rückgriffe auf Dürers »Apokalypse« und Holbeins »Totentanz« unterstreichen den moralisierend didaktischen Charakter der Folge. Das politische Geschehen ist aus dem historischen Zusammenhang gelöst und auf eine zeitlose Ebene transponiert – als abschreckendes politisches Memento an Zeitgenossen und Nachwelt. Nicht die Menschen, sondern der Tod als Herr der Welt bestimmt den Gang der Geschichte: Nachdem die Laster – List, Lüge, Eitelkeit, Tollheit und Blutgier – der Gerechtigkeit das Schwert geraubt und den Tod ausgerüstet haben, reitet dieser aus, um als Verführer und »agent provocateur« das Volk mit den Parolen von Freiheit, Gleichheit und Brüderlichkeit zum Kampf für die Republik aufzuwiegeln. In der Tracht eines Freischärlers mit »Heckerhut« übergibt er das

Schwert dem fanatisierten Volk, das sich im blutigen Bürgerkrieg zerfleischt. Aus dem Barrikadenkampf geht nur der Tod als Sieger hervor. Triumphierend reitet er über Leichen und hat sein Versprechen eingelöst, alle Menschen gleich zu machen. Die Holzschnittfolge erlebte nicht nur zahlreiche Neuauflagen, sondern wurde im Juni 1849 auch in der Pariser »Illustration« reproduziert und von Baudelaire als »poème réactionnaire« besprochen. Rethels Briefwechsel mit Robert Reinick, dem Textautor, und dem Leipziger Verleger Wigand spricht gegen die Annahme, der »Totentanz« sei unter dem Eindruck des Dresdener Aufstands vom 3.-9. Mai 1849 entstanden. Vielmehr müssen die Zeichnungen vor Ende März und die Holzstöcke von Hugo Bürkner vor Ende April fertiggestellt worden sein. In einem Brief an seine Mutter bringt Rethel, als Zeuge des Dresdener Aufstands, seine Hochachtung vor den

Zielen der Revolution und die Grundlosigkeit seiner Angst vor der »rothen Republik« und dem »Communismus« zum Ausdruck. Seine Revolutionskritik muß sich deshalb schon auf die Kämpfe im Herbst 1848 beziehen. Versuche, den Zyklus differenzierter zu interpretieren – etwa als Kritik am Toten- und Märtyrerkult der Revolution – können nicht darüber hinwegtäuschen, daß die Darstellung der radikalen demokratischen Revolution als große Verführung und historische Schuld das konservative Geschichtsurteil über die Revolution mit geprägt hat. *R.S.*

Lit.: Ponten 1912, S. 116–121; Ponten 1922, S. 49ff.; Koetschau 1929, S. 220ff.; Heuss 1957, passim; Düsseldorf 1965, Nr. 99; Hamburg 1983, Nr. 401 A, S. 526f.; Groll 1989, passim; Baudelaire 1962, S. 506f.; Hettling 1988; Paret 1988; Bern 1991, Nr. 364.

Erstes Blatt.

Zweites Blatt.

Drittes Blatt.

Viertes Blatt.

Fünftes Blatt.

Sechstes Blatt.

27

Noch ein Todtentanz.
Sechs Blätter mit erklärendem Text
Verlag von Emil Roller in München
[1849]
Lithographien; H. 28,5, Br. 37,0 cm
Nürnberg, Germanisches National-
museum; Inv.Nr. HB 12691 –
12696, Kapsel 1317

Die Folge von sechs Federlithographi-
en, deren Zeichner unbekannt ist, erschien – wohl noch im Sommer 1849
– als Antwort auf Rethels populären
Bilderzyklus. Im Titel, im Format, in
der äußeren Aufmachung und im holz-
schnittartigen Zeichenstil paraphra-
siert sie das Rethelsche Vorbild. Politisch bezieht der Zeichner die Gegenposition: Zwar läßt auch er den Tod
als Provokateur auftreten und das Pro-
letariat mit kommunistischen Parolen
aufwiegeln. Der Tod, »der Menschheit
Urdespot«, entpuppt sich jedoch als
Verbündeter der Obrigkeit. Im jesuitischen Gewand schmeichelt er dem
Fürsten und stachelt ihn zum Bürgerkrieg an. Im Kampf gegen die Soldateska werden die Aufständischen besiegt, dem königstreuen Tod bleibt
der Triumph versagt. Die Freiheit bleibt
trotz der blutigen Opfer Siegerin und
wirkt über den Tod hinaus. Preußische
Kürasse, Pickelhauben, Preußenadler
und andere Details – nicht zuletzt das
badische Wappen im Schild der Freiheit – machen deutlich, daß das heroische Scheitern der Revolution in
Baden und der (bayerischen) Pfalz im
Sommer 1849 die Münchener Replik
auf Rethels »Totentanz« inspiriert hat.
Durch die Tendenz zum konventionell
Illustrativen einerseits und zur allegorischen Blässe andererseits erreicht der
Zyklus nicht den künstlerischen Rigo-
rismus Rethels. Er ist Beweis für dessen rasche Verbreitung und gegenre-
volutionäre Wirkung, die von demokratischer Seite nicht unbeantwortet
bleiben durfte. Der Verleger Emil Roller war Mitglied des Demokratischen
Vereins in München. *R.S.*

Lit.: München 1987, Nr. 12.5.2.14.

28

Sog. Heckerbluse
Baden, 1848/49
Naturfarbenes Leinen, roter Woll-
köper; L. 85 cm
Rastatt, Wehrgeschichtliches
Museum; Inv.Nr. 008 173

Die »Bluse« gehörte 1848/49 zu
den herausragenden Symbolen der
revolutionären Gesinnungskleidung.
Dem Typus des halblangen, weit geschnittenen Kittels der unterschichtlichen Arbeitskleidung folgend, wurde
sie in der Pariser Februarrevolution
zum Gegenbild des bürgerlichen
Rockes. Aus dem Französischen wurde auch die Bezeichnung »Blouse«
oder »Bluse« für das in Deutschland
üblicherweise als Kittel bezeichnete
Kleidungsstück übernommen. Die häufig blaue Farbe der Arbeiterkleidung
machte das Symbol der republikanischen Linken zur »blauen Bluse«, auch
wenn diese ebenso aus naturfarbenem oder bräunlichem Leinen gefertigt war. Dank der Popularität des badischen Revolutionsführers Friedrich
Hecker wurde die von ihm und seinen Anhängern bereits auf den vorrevolutionären Volksversammlungen
als Gesinnungskleidung genutzte Bluse
zur »Heckerbluse«. Als Kleidung der

28

Freischärler und mit den Bürgerwehren fand sie in das revolutionäre Geschehen Eingang, so daß ihre Träger
in der zeitgenössischen Terminologie
zu »Blusenmännern« wurden.
Die 1939 aus badischem Adelsbesitz
in das spätere Wehrgeschichtliche
Museum in Rastatt gelangte »Heckerbluse« ist aus naturfarbenem Leinen.
Nicht mehr vorhanden sind der dazu-
gehörige »Heckerhut« (Kat. 77) und
der Taillengurt, der auf zeitgenössischen Darstellungen entweder als Le-
dergürtel mit eingesteckten Pistolen erscheint oder als schwarz-rot-goldene
oder rote Schärpe. Weiteres Kennzeichen der »Blusenmänner« war ein farbiges, bei den Revolutionären rotes
Halstuch, das, wie die Bluse selbst
aus der Arbeitskleidung stammend,
locker geknotet die bürgerliche Krawatte ersetzte (Kat. 63). Bei der Ra-
statter Bluse entspricht dem roten
Halstuch ein roter Stehkragen, der
wie die roten Ärmelaufschläge der
wohl von dem Mitglied einer badischen Bürgerwehr getragenen Bluse
uniformähnlichen Charakter gibt.
Nach dem Scheitern der Revolution
ging die »blaue Bluse« in die Symbolwelt der internationalen Arbeiterbewegung ein, während sie als Heckerbluse bis ins 20. Jahrhundert Bestandteil einer zunehmend polit-folkloristi-
schen Heckerverehrung blieb. *J.Z.-S*

Lit.: Steigelmann 1974, S. 159ff.,
bes. 159/160; Berlin 1990, Nr.
3b/76; Assion 1991, S. 53ff., bes.
63; Karlsruhe 1998, Nr. 548.

29

*Pfeifenkopf mit dem Bildnis Friedrich
Heckers*
Deutschland, um 1848
Porzellan, bemalt; H. ca. 13 cm
Würzburg, Sammlung Schmidgall im
Institut für Hochschulkunde; Inv.Nr.
367

Als Vorbild für die Darstellung des auf
dem Pfeifenkopf nicht benannten
Friedrich Hecker hat sein Porträt von
Bernhard Neher gedient. Die nicht
datierte Vorlage dürfte wie auch ein
seitenverkehrter Nachstich von
Nehers Gemälde und der Pfeifenkopf
in der Zeit zwischen 1842 und

1848 entstanden sein, in der Hecker
als Abgeordneter der Badischen
Zweiten Kammer und Mitglied des
Gemeinderates in Mannheim auf par-
lamentarischem Wege versuchte, seine freiheitlichen Forderungen durchzu-
setzen. Das überwiegend in Brauntö-
nen gehaltene, partiell auch polychrom bemalte Porträt zeigt Hecker
als Halbfigur in seinen Ämtern und
seinem Beruf als Anwalt entsprechender bürgerlich-ziviler Kleidung. Lediglich der strenge Gesichtsausdruck,
der fest auf einen Punkt ausgerichtete
Blick und der offenen Knopf seiner
Weste verraten etwas von seinem un-
gestümen Charakter. Auf sein politisches Engagement verweisen die –
allerdings sorgfältig gekämmte – reiche Haarpracht und der Vollbart wie
auch die kleine schwarz-rot-goldene
Schleife im Knopfloch seines Jacketts.
Der Gebrauch von Pfeifen mit Darstellungen politischer Symbole oder Persönlichkeiten des öffentlichen Lebens
kann bis in das 17. Jahrhundert
zurückverfolgt werden. Als Ausdrucks-
mittel der politischen Gesinnung des
Rauchers erfreuten sich seit dem Beginn des 19. Jahrhunderts besonders
Pfeifenköpfe aus Porzellan großer Beliebtheit, die von Porzellanmalern
häufig nach den individuellen Vorstellungen des Besitzers bemalt wurden.
Stellte die Hinwegsetzung über das
bis 1848 in vielen deutschen Städten
noch aufrechterhaltene Verbot des
Rauchens in der Öffentlichkeit bereits
eine Provokation der konservativ-reak-
tionären Obrigkeit dar, so bot das
Rauchen aus einer Pfeife mit dem Porträt fortschrittlicher Politiker eine zusätzliche Möglichkeit, für deren Ziele
zu werben und sich als Raucher damit zu identifizieren. Wiederholte Ver-
bote solcher Pfeifen vor und nach der
Revolution von 1848/49 und ihre
Beschlagnahmung zeigen, daß diese
Form der politischen Meinungsäußerung von der Obrigkeit ernstgenom-
men wurde. *M.Kü.*

Lit.: Frankfurt 1998, S. 201; Karlsruhe 1998, S. 224f., vgl. auch Nr.
489, Nr. 495 u. Nr. 502; Sandgruber 1986, S. 146ff.; Ludwigshafen
1988, S. 12; Kügler 1991, S. 17f.

30 (Farbtafel S. 117)
Fahne der Gailinger Freischärler
Baden (?), 1849
Seidentaft, Metallborten, Schablonen-
malerei; H. 122, Br. 94 cm
1. Seite: »FREIHEIT/GLEICHHEIT/BRU-
DERLIEBE«, 2. Seite: »FÜR/DEUTSCH-
LAND/ALLES/GAILINGEN/1849«,
links unten handschriftliche Aufschrift:
»Diese Fahne wurde von meinem On-
kel Sal. Bloch vor seiner Flucht nach
Amerika meiner e.sel.Mutter überge-
ben S.A.Pollag Zeh«.
Nürnberg, Germanisches National-
museum; Inv.Nr. Gew 4986
Leihgabe aus Privatbesitz

Die schwarz-rot-goldene Fahne wurde
im Sommer 1849 durch ihren Träger

29

Elias Bloch aus den letzten Kämpfen
der badischen Revolutionsarmee gerettet. Mit seinem Bruder Salomon
gehörte Elias Bloch zu den Mitgliedern der Gailinger Freischärler-Grup-
pe. Ein nach der Niederschlagung
des Hecker-Zuges im Frühjahr 1848
unter dem Titel »Wiedersehen deutscher Republikaner in Schaffhausen
am 4ten Juni 1848« publiziertes Gedenkblatt zeigt ihn inmitten einer
23köpfigen, von Friedrich Hecker angeführten Gruppe badischer Gesin-
nungsgenossen. Nach dem Sieg der
preußischen Armee über die Revolutionäre flüchtete Elias Bloch mit der
Fahne in die Schweiz nach Diessen-
hofen, wo sie nach seiner Verhaftung
von Familienmitgliedern gerettet wurde. Im Zweiten Weltkrieg erfuhr die
Fahne durch einen Vetter Elias Blochs
eine erneute Rettung im amerikanische Exil, ehe sie 1989 als Leihgabe
der Familie in das Germanische
Nationalmuseum gelangte.
Während der Deutsche Bund am
9. März 1848 Schwarz-Rot-Gold zur
deutschen Nationalfarbe erklärte und
somit den oppositionellen »Dreifarb«
des Vormärz – vorübergehend – von
Zensur und Verfolgung befreite, blieben schwarz-rot-goldene Fahnen auch
das Zeichen der radikalen, von den
Regierungstruppen bekämpften Revolutionäre. Häufig verbanden sie nach
dem Vorbild französischer Revolutionsfahnen die nationalen Farben mit revolutionären Devisen. Auf Darstellungen und unter den erhaltenen Origi-
nalfahnen überwiegen querrecktecki-
ge Fahnen mit seitlicher Befestigung,
so daß die Fahne der Gailinger Freischärler möglicherweise nicht mehr
ihre ursprüngliche Größe aufweist.
Beide Seiten sind mit schablonierten
Goldbuchstaben in einem grünen Ei-
chenlaubkranz besetzt. Stickereien,
wie sie besonders von Frauen als patriotische Fahnenspenden gefertigte
Revolutionsfahnen kennzeichnen, fehlen. Die Devise der Vorderseite stellt
die badischen Freischärler in die frei-
heitlich-egalitären Traditionen der
Französischen Revolution. Die Rückseite verbindet das Bekenntnis zur
deutschen Einheit mit dem Hinweis
auf die Herkunft der Fahne. *J.Z.-S.*

Friedrich Hecker,
Anführer der Republikaner, 1848

31   32

Lit.: Bloch 1971, S. 19f. (mit Abb.
Vorder- und Rückseite); Nürnberg
1989, Nr. 555; Karlsruhe 1998,
Nr. 547.

31
*Dr. Friedrich Hecker auf der Redner-
bühne der Grosherz. Bad. IIten Kam-
mer*
Druck und Verlag von H. Straub in
Karlsruhe
um 1848
Kreidelithographie, aufgewalztes
Chinapapier; H. 35,1, Br. 28,0 cm
Nürnberg, Germanisches National-
museum; Inv.Nr. P 23158, Kapsel
794

Die Darstellung des bereits vor seinem erfolglosen Umsturzversuch im
April 1848 im südwestdeutschen
Raum sehr populären Rechtsanwaltes
Friedrich Hecker zeigt ihn wie auf
dem Pfeifenkopf (Kat. 29) als Abgeordneten der Badischen Zweiten
Kammer, der er von 1842 bis 1848
angehörte. Den Blick fest in die Ferne
gerichtet, liegt eine Hand zur Faust
geballt auf dem Rednerpult, die andere ist im Zeigegestus erhoben. Seine
bürgerliche Kleidung entspricht der in
seiner Zeit als badischer Abgeordneter gehegten Hoffnung, politische und
soziale Veränderungen auf parlamen-
tarisch-demokratischem Wege herbeiführen zu können. Die Popularität
Heckers in der breiten Bevölkerung
gründet sich vor 1848 auf seine politischen Aktivitäten, wird aber auch
auf seine gepflegte Erscheinung, persönliche Ausstrahlung, die überzeugende Redekunst und sein soziales
Engagement zurückgeführt. Zur Verbreitung dieses Bildes trugen der
Nachstich dieses Blattes durch den
Verlag Jean-Frédéric Wentzel im el-
sässischen Weissenburg (Heidelberg,
Kurpfälzisches Museum), hier allerdings ohne Hinweis auf den Ort der
Darstellung und Heckers Status als Abgeordneter, ebenso bei wie weitere
Porträts, die ihn in ähnlicher Weise
zeigen. Hierzu gehört auch die von
Valentin Schertle gezeichnete und
ebenfalls im Verlag H. Straub in Karlsruhe schon 1846 erschienene Lithographie (Mannheim, Städtisches Reiss-
Museum, Inv.Nr. E 63), der ein Aus-
zug aus dem politischen Programm
Heckers beigegeben ist. Die Porträts
Heckers in bürgerlichem Habitus stehen in direktem Gegensatz zu den
Darstellungen ab 1848, in denen
sich die Radikalisierung seines politischen Handelns auch in der völlig
veränderten Kleidung (Kat. 32) aus-
drückt. *M.Kü.*

Lit.: Frankfurt 1998, Nr. 276; Vollmer
1983, S. 81, Abb. 57 u. S. 101,
Abb. 77; Lankheit 1972, S. 359 u.
S. 364, Nr. 13; Arnscheidt 1978,
Nr. 13; Reiter 1994, Nr. 235 u.
236; Assion 1991, S. 53ff.

32
*Friedrich Hecker, Anführer der Repu-
blikaner*
Lithographische Anstalt von J. Breyer
in Löbau
1848
Kreidelithographie, koloriert;
H. 26,3, Br. 20,2 cm
Nürnberg, Germanisches Nationalmuseum; Inv.Nr. HB 31185, Kapsel
1330

Unter dem Einfluß Gustav von Struves wandelte sich 1847/48 die politische Haltung Heckers vom entschiedenen Liberalen zum Demokraten und Republikaner, der zur Durchsetzung seiner Forderungen militärische Mittel nicht ausschloß (Kat. 33). Die politische Radikalisierung zeigt sich in dem gänzlich veränderten Erscheinungsbild Heckers: Er steht vor einer nur schemenhaft angedeuteten Landschaft mit schneebedeckten Bergen an einem Abgrund und weist in die Ferne, während er den Kopf nach links wendet und die nicht dargestellte Schar der von ihm angeführten Republikaner in den Blick nimmt. Er weist alle Attribute auf, die ihn als Revolutionär kennzeichnen: Schwarze Stulpenstiefel, lange beige Bluse, rot-goldener Gürtel, schwarzes Halstuch und wehender hellblauer Umhang, der von zwei Schließen und einem roten Band gehalten wird. Auf dem Kopf mit der für Hecker charakteristischen Haar- und Barttracht trägt er einen breitkrempigen Hut aus weichem, hellblauen Filz mit einer buschigen langen schwarzen Feder. Mit zwei Pistolen im Gürtel, Säbel und Gewehr ist Hecker schwer bewaffnet, womit keine Zweifel bleiben, wie er seine republikanischen Forderungen durchsetzen will. Diese Art der Darstellung des badischen Revolutionärs wurde 1848 rasch populär. Hecker selbst sorgte für ihre Verbreitung, indem er seiner unmittelbar nach dem fehlgeschlagenen Aufstand noch im Frühjahr 1848 im Exil in Muttenz verfaßten und in Basel erschienenen Schrift sein ganzfiguriges Porträt in der sogenannten »Heckerkluft« voranstellte. Abgewandelt fand es u.a. Eingang in die Illustrirte Zeitung (Nr. 262 vom 8. Juli 1848) und ist in zahlreichen Blättern weiter variiert worden. Ähnlich wie in Einzeldarstellungen anderer bedeutender Verfechter politischer Freiheit und nationaler Einheit in Italien (Garibaldi) und Ungarn (Kossuth), aber auch auf gemeinsamen Darstellungen der drei wird Hecker in romantisierender Weise als Volksheld in phantasievoller, an einen Räuberhauptmann erinnernder Kleidung gezeigt. Damit ist das Motiv in seiner

politischen Funktion ambivalent: Von der konservativen und reaktionären Presse wurde es zur Diskreditierung der revolutionären Demokraten als wilde Räuber und Gesetzlose benutzt und Hecker als »Guerilla-Chef« gezeichnet (Kat. 34). *M.Kü.*

Lit.: Karlsruhe 1998, Nr. 287 u. 288; Reiter 1994, Nr. 237 u. 238; Frankfurt 1998, Nr. 147; Hecker 1848; Belting 1997, S. 71ff.; Europa der Bilder I, Nr. 78.

33
Dr. Friedrich Hecker auf der Anhöhe bei Kandern
Anonym
Deutschland, 1848
Kreidelithographie; H. 28,0, Br. 42,5 cm
Bamberg, Staatsbibliothek; Inv.Nr. M.v.O., C.I. 446

Nachdem es Hecker nach seiner Teilnahme am Frankfurter Vorparlament nicht gelungen war, in den Fünfzigerausschuß gewählt zu werden, proklamierte er in Konstanz die Republik und versuchte von dort aus durch einen bewaffneten Aufstand eine demokratische Republik in Deutschland herbeizuführen. Die von ihm am 12. April verkündete allgemeine Volksbewaffnung blieb jedoch trotz der großen Sympathie innerhalb breiter Bevölkerungsteile für seine Ziele weitgehend ungehört, so daß ihm nur eine kleine, schlecht ausgerüstete Schar folgte, die bereits bei dem ersten Treffen mit regulären Truppen bei Kandern rasch aufgerieben wurde. Die Schlacht zwischen den republikanischen Freischärlern unter Führung von Hecker und württembergischen, badischen und hessischen Truppen unter General Friedrich von Gagern am 20. April 1848 bei Kandern stellte den Höhepunkt, aber auch die Niederlage des badischen Aufstandes unter der Führung Heckers dar. Obwohl Hecker in die Schweiz fliehen mußte und seither keinen aktiven Einfluß mehr auf die Entwicklung der Revolution in Deutschland nehmen konnte, trug die Niederlage entscheidend zu der Popularität und Verehrung seiner Person bei. In kämpferischer Heldenpose steht

Hecker auf der Anhöhe im Vordergrund. Bekleidet ist er mit der für ihn charakteristischen »Uniform«, die den im Hintergrund kämpfenden und die schwarz-rot-goldene Fahne schwingenden Freischärlern als Vorbild diente. Während die beiden feindlichen Gruppen sich noch mitten im Kampf befinden, liegt am rechten Bildrand der gleich zu Beginn tödlich verwundete General von Gagern. Das Treffen bei Kandern ist in mehreren Darstellungen aufgegriffen worden: Sie geben entweder das dem Kampf direkt vorausgehende Gespräch Heckers mit von Gagern wieder oder zeigen den Tod von Gagerns. In der vorliegenden Druckgraphik erscheint Hecker, obwohl der negative Ausgang der Schlacht bekannt war, als erfolgreicher, dem Anführer der gegnerischen Truppen überlegener Heerführer. Eindeutiger als bei anderen Darstellungen liegt diesem Blatt die Absicht einer Glorifizierung des badischen Revolutionärs zugrunde. *M.Kü.*

Lit.: Karlsruhe 1998, Nr. 298, vgl. auch Nr. 295ff. u. Nr. 299ff.; Arnscheidt 1978, Nr. 1; Lankheit 1972, Nr. 1; Reiter 1994, Nr. 20.

34
Das Guckkasten-Lied vom großen Hecker
Anonym
Deutschland, 1848/49
Federlithographie, teilkoloriert, Typendruck; H. 43,0, Br. 34,3 cm
Nürnberg, Germanisches Nationalmuseum; Inv.Nr. HB 27106, Kapsel 1212

Das Blatt schildert den revolutionären Zug der badischen Freischärler im April 1848 von Konstanz über Kandern bis nach Freiburg in siebzehn Strophen und zwölf kleinen szenischen Darstellungen mit Heckers Bild als zentralem Motiv. Die Darstellung gehört zu den populären Bilderbogen, die aktuelle Ereignisse als Druckgraphiken publik machten und auf Märkten und durch Hausierer vertrieben wurden. Solche Drucke mit farbigen Bildreihen und unterlegtem Text entsprechen häufig den von Bänkelsängern zur Illustration der besunge-

Dr Friedrich Hecker auf der Anhöhe bei Kandern.

nen aktuellen Ereignisse verwendeten Bilderfolgen. Charakteristisch ist auch der spöttische und zugleich moralisierende Grundton der Geschichte. Als Verfasser des Liedes, der sich in der letzten Strophe als »ein Spielmann aus Hessen, ... der den Feldzug mitgemacht« ausgibt, ist der Heidelberger Volksdichter Karl Gottfried Nadler (1809–1849) identifiziert worden, von dem auch das Pendant »Ein schönes neues Lied von dem weltberühmten Struwwel-Putsch« (Reiter 1994, S. 168, Nr. 269) stammt. Zentrales Bild ist die Figur Heckers in seiner charakteristischen »Heckerkluft« (Kat. 28). Hecker ist hier nicht als jugendlicher Held wie in der Schlacht bei Kandern (Kat. 33), sondern als alter, grimmiger Räuberhauptmann dargestellt. Der in ähnlichen Darstellungen positiv konnotierte Typus des »edlen Räubers«, »der den Reichen nimmt und den Armen gibt und so für soziale Gerechtigkeit sorgt wie angeblich

einst der Schinderhannes« (Assion), wird hier zu einer bedrohlichen Gestalt für alle »braven Bürger«. Auch die zwölf kleineren Bilder machen sich über Hecker und seine Mitstreiter lustig, ziehen den Aufstand ins Lächerliche und diffamieren die badischen Revolutionäre als gewissenlose politische Abenteurer, die bei Gefahr nur an den eigenen Vorteil wie das Exil in der Schweiz (Hecker) oder die heimliche Flucht (Herwegh) denken. Die regierungstreue und antirevolutionäre Tendenz des Blattes führte zwar zu einem lebensbedrohlichen Übergriff von Sympathisanten Heckers gegen den Verfasser, doch verfehlte diese Druckgraphik weitgehend ihre Absicht: Das mehrfach nachgedruckte »Guckkasten-Lied« trug letztlich entschieden zur Popularität Heckers und seiner revolutionären Mitstreiter bei. Parallel entstanden dazu zahlreiche Lieder, in denen Hecker gefeiert wurde. *M.Kü.*

Lit.: Mannheim 1998, Nr. 129; Karlsruhe 1998, Nr. 511; Reiter 1994, Nr. 21; vgl. zum Lied Assion 1991, S. 67ff.

35
Zeitgenossen
Alphons von Boddien (Ludwigslust 1802 – 1857 Gleiwitz)
Verlag von Eduard Gustav May in Frankfurt a. M.
1848
Federlithographie; H. 34,5, Br. 26,7 cm
Bamberg, Staatsbibliothek; Inv.Nr. M.v.O., C.I. 221

Das Blatt des Abgeordneten Alphons von Boddien mit der nächtlichen Szene wird durch den Dialog unter dem Bild erläutert. Der vorsichtig hinter einem Fensterladen hervorschauende »Thorschreiber« fragt mißtrauisch die beiden dunklen Gestalten: »Sie sind fremd? was für ein Metier?« Die bei-

Zeitgenoſſen

Thorſchreiber: Sie ſind fremd.? was für ein Metier?_
Die Zwei : Ich bin Barricadenmacher u. ich Katzenmuſickdirector.
Thorſchreiber: Herein meine Herren,Leute wie Sie braucht man links . . . .

35

den, sich kaum von dem Torschreiber aufhalten lassend, antworten wahrheitsgemäß »Ich bin Barricadenmacher u. ich Katzenmusickdirector«, woraufhin der Torschreiber sie freundlich einlädt: »Herein, meine Herren, Leute wie Sie braucht man links. Halten Sie sich nur rechts.« Der »Katzenmusickdirector« ist in einen weiten Umhang gehüllt und verbirgt seine Absicht, eine ihm mißliebige Person durch ein Ständchen (sog. Katzenmusik oder Charivari) oder Zerschlagen von Fensterscheiben zu verhöhnen, wozu der unter dem Umhang versteckte Stock dienen dürfte. Der »Barricadenbauer« ist auch ohne Baumstamm und Axt durch seine äußere Erscheinung als militanter Revolutionär

zu erkennen: Die abgewetzte Kleidung, der breite Vollbart, der düstere Blick und der Heckerhut mit der Feder weisen ihn als eine aus bürgerlicher Sicht suspekte Person aus. Der Torschreiber mit Zipfelmütze und Brille, ängstlich die Hand vor die Kerze haltend, verletzt feige seine Pflicht, den beiden Gestalten mit ihrer offenkundigen Absicht den Zugang zur Stadt zu verwehren. Statt dessen weist er ihnen den Weg zu ihrem politischen Gegner in der Hoffnung, daß sie dort durch ihre Aktionen Unruhe stiften. Seine Bemerkung, solche Leute brauche man links, setzt die republikanischen Abgeordneten der Nationalversammlung und ihre politischen Anhänger mit Anarchisten gleich, die mit

Gewalt ihre Forderungen durchsetzen. Der politische Gegner wird, wie bereits beim »Guckkasten-Lied vom großen Hecker« (Kat. 34) als rechtloser Räuber und Bandit diffamiert. Vermutlich hat Alphons von Boddien die Karikatur im Zusammenhang mit den Unruhen vom 18. September in Frankfurt am Main gezeichet. *M.Kü.*

Lit.: Karlsruhe 1998, Nr. 161; Coupe 1993, Nr. I, S. 444; Reiter 1994, Nr. 281; Wolf 1982, S. 71 u. S. 98.

36
Friedr. Hecker‹s Abschied in Strasburg auf seiner Reise nach Amerika
Wilhelm Völker (Wertheim 1812 – 1873 St. Gallen)
Verlag von Eduard Gustav May in Frankfurt a. M.
1848
Kreidelithographie; H. 42, Br. 30 cm
Nürnberg, Germanisches Nationalmuseum; Inv.Nr. HB 14115, Kapsel 1330

Nachdem die Frankfurter Nationalversammlung im August 1848 eine Amnestie für Teilnehmer des April-Aufstandes verweigert und Heckers Wahl in die Paulskirche für ungültig erklärt hatte, reiste er aus seinem Schweizer Exil über Straßburg nach England, wo er sich am 20. September nach Amerika einschiffte. Das Blatt, dessen kolorierte Variante mit »W.V. 1848« von Wilhelm Völker monogrammiert ist (Karlsruhe, Badisches Landesmuseum, Inv.Nr. 80/409-337), zeigt Hecker beim rührenden Abschied von Familie und Freunden in Straßburg. Umringt von bürgerlich gekleideten, ihre Zylinder schwenkenden Männern – nur am rechten Bildrand treten zwei ehemalige Mitstreiter in revolutionärer Aufmachung auf – ergreift Hecker die Hand eines Mannes zum Abschied. Links steht Johann Adam von Itzstein, der »Patriarch des süddeutschen Liberalismus«, als einziger in der Runde mit einem Orden geschmückt (ADB, Bd. 14, S. 650). Von Heckers äußerem revolutionären Habitus sind nur die schon vor 1848 getragene Haartracht und der Vollbart sowie der

Das Guckkasten-Lied vom großen Hecker.

(Nach bekannter Melodei zu singen.)

1.

Seht, da steht der große Hecker,
Eine Feder auf dem Hut,
Seht, da steht der Volkserwecker,
Lechzend nach Tyrannenblut!
Wasserstiefeln, dicke Sohlen,
Säbeln trägt er und Pistolen,
Und zum Peter sagte er:
„Peter sei du Statthalter!"

2.

„Peter", sprach er, „du regiere
„Constanz und den Bodensee,
„Ich zieh' aus und commandire
„Unsre tapfre Armée;
„Mit Polacken und Franzosen
„Wird der Herwegh zu mir stoßen,
„Und der stirbt lebendig eh'r,
„Als daß er ein Hundsfott wär'."

3.

Pflästerer und Schieferdecker,
Alles, niedrig und hoch,
Alles jauchzte unserm Hecker,
Als er aus zum Kampfe zog.
Handwerksburschen, Literaten,
Tailleurs, Bauern, Advokaten,
Alles folgte rasch dem Zug,
Als er seine Trommel schlug.

4.

Rumbidibum, so hört' man's schlagen,
Rumbidibum Dumdumdumdum,
Und bei Straf' ließ Weißhaar sagen
Rings im ganzen Land herum:
„Thut euch schnell zusammenraffen,
„Gebt mir Mannschaft, Pferde, Waffen,
„Oder ich bring' Alles um;
„Rumbidibum Dumdumdumdum."

5.

Durch die Baar that man jetzt wandern,
Und hernach in's Wiesenthal,
Und daselbst stieß man den Zandern
Auf Soldaten ohne Zahl.
Edler Gagern, wackre Hessen,
Wollt ihr euch mit Hecker messen?
Gagern, du kommst nicht zurück,
Bivat hoch die Republik!

6.

Gagern wollt' parlamentiren,
Doch das ist nicht Hecker's Art;
„Ich, sprach er, „soll retiriren,
„Ich mit meinem rothen Bart?" —
Ach! nun hört' man Schüsse knallen,
General Gagern sah man fallen —
Und der tapf're Hinckeldey
Saß zu Pferde auch dabei.

7.

Und als Gagern war gefallen,
Ging man leider auf den Rhein,
Zur Bekümmerniß von Allen,
Unsern edeln Struwel ein;
Man that ihn in Eisen legen,
Aber von des Hecker's wegen
Ließ der Oberamtmann Schey
Den Gefang'nen wieder frei.

8.

Kaiser, Weißhaar, Struwel, Peter,
Alle trieb man allbereits
Gleichsam als wie Uebelthäter
In die schöne, freie Schweiz.
Doch der Peter, der kam wieder,
Legt die Statthalterschaft nieder,
„Denn, sprach er, „ich werde alt,
„Und verlier' sonst mein' Gehalt."

Hecker, sag, wo bist du, Hecker?
Legst die Hände in den Schooß?
Auf nun, du Tyrannenschrecker,
Jetzt geht es auf Freiburg los.
Badner, Hessen und Nassauer
Stehen dorten auf der Lauer.
Doch wir kommen schon hinein,
Denn neutral will Freiburg sein.

10.

All die schönen Stadtkanonen,
Großer Hecker, sie sind dein;
Und man ladet blaue Bohnen
Nebst Kartätschen schnell hinein.
Langsdorf will recognosciren,
Läßt sich auf den Münster führen,
Und guckt durch ein Perspektiv,
Ob es gut geht oder schief.

11.

Oben her vom Güniersthale,
Hinter Wald und Hecken vor,
Kam im Sturm mit einem Male,
Siegel's wildes, tapf'res Corps.
Aber uns're Hessenschützen
Ließen ihre Büchsen blitzen,
Und das Corps zog sich zurück,
Aus war's mit der Republik!

12.

Denn hinein zu allen Thoren
Stürmte jetzt das Militär,
Und die Freischaar war verloren
Trotz der tapfern Gegenwehr;
Alle die sich blicken ließen,
That das Militär erschießen;
Alle Führer gingen durch,
Und erobert war Freiburg.

13.

Doch nun kamen Herwegh's Schaaren,
Er und seine Frau kam nach,
Kamen in der Chais gefahren
Auf dem Weg nach Dossenbach.
Doch zu ihrem großen Aerger
Sah man dort die Würtemberger;
Miller, dieser grobe Schwab,
Kam von einem Berg herab.

14.

Hecker's Geist und Schimmelpfennig
Machten da den Schwaben warm:
Herwegh sah's, er fuhr einspännig,
Und es fuhr ihm in den Darm.
Unter seinem Spitzenleder
Forcht' er sich vor'm Donnerwetter;
Heiß fiel es dem Herwegh bei,
Daß der Hinweg besser sei.

15.

„Ach, Madämchen, that er sagen,
„Aus ist's mit der Republik!
„Soll ich Narr mein Leben wagen?
„Nein! für jetzt nur schnell zurück!
„Laß für meinen Kopf uns sorgen,
„Komm' ich heut nicht, komm' ich morgen;
„Ach, wie kneipt's mich in den Leib,
„Wende um, mein liebes Weib!"

16.

Und Madam hieß ihn verkriechen
Sich in ihren treuen Schooß,
Denn er konnt' kein Pulver riechen,
Und es ging erschrecklich los;
Schimmelpfennig ward erstochen,
Manche Sense ward zerbrochen,
Und erschossen mancher Mann,
Die ich nicht all nennen kann.

17.

Also ist's in Baden gangen;
Was nicht fiel und nicht entfloh,
Ward vom Militär gefangen,
Liegt zu Bruchsal auf dem Stroh —
Ich, ein Spielmann bei den Hessen,
Der vom Baden nicht vergessen,
Der den Feldzug mitgemacht,
Habe dieses Lied erdacht.

34

Heckerhut geblieben, den er mit der rechten Hand über dem Kopf schwenkt. Seine Kleidung entspricht hier seinem Erscheinungsbild vor der Revolution (Kat. 29). Während im Hintergrund schon die mit schwarz-rot-goldenen Fahnen und Girlanden geschmückte Postkutsche wartet, nehmen zwei Frauen und Kinder tränenreichen Abschied. In der Bildunterschrift wird Hecker eine kurze Ansprache in den Mund gelegt, in der er den Kult um seine Person vorsichtig zurückweist und den Zurückbleibenden Mut machen will, den politischen Kampf fortzusetzen. Gleichzeitig werden aber seine großen persönlichen Opfer betont. So tragen Bild und Text dazu bei, Hecker als Märtyrer zu glorifizieren. Tatsächlich hat er sich vor seiner Abreise in dem Flugblatt »Hecker's Abschied vom deutschen Volke« noch einmal öffentlich geäußert und seine politische Forderung nach der deutschen Republik erneuert. *M.Kü.*

Lit.: Frankfurt 1998, Nr. 197; Karlsruhe 1998, S. 247, Nr. 323; Vollmer 1983, S. 152, Abb. 117.

37
Friedr. Hecker's Ankunft in Nord-Amerika
Wilhelm Völker (Wertheim 1812 – 1873 St. Gallen)
Druck und Verlag von Eduard Gustav May in Frankfurt a. M.
1848
Kreidelithographie; H. 42, Br. 30 cm
Nürnberg, Germanisches Nationalmuseum; Inv.Nr. HB 14116, Kapsel 1330

Bei seiner Ankunft in New York Anfang Oktober 1848 wurde Friedrich Hecker von einer Gruppe deutscher Auswanderer und einer Abordnung der Stadt empfangen. Dem »edlen Republikaner« wird auf dem »freien Boden Amerika's ... ein Empfang bereitet, wie wenige gekrönte Häupter dessen sich rühmen können.« Wie auf dem Bild seiner Abreise (Kat. 36) trägt Hecker bürgerliche Kleidung. Nur der Heckerhut und der Vollbart verweisen äußerlich noch auf seine revolutionäre Vergangenheit. Ein mo-

FRIEDR. HECKER'S ABSCHIED IN STRASBURG
auf seiner Reise nach Amerika

Setzt Eure Hoffnung nicht auf mich allein, einen sterblichen Mann, sondern auf Euer gutes Recht u. Euren eigenen Muth, auch ich verzweifle nicht an dem Gelingen der großen Volkssache, ungeachtet ich Vaterland, Frau u. Kinder verlassen muß, ungeachtet mir mein mühesam erworbenes Gut genommen, u. die Fürstenknechte mit ihrem aussaugenden Gefolge mich noch täglich vor der Welt mit Schmähungen überfließen ... nie ist eine große Sache ohne Opfer errungen worden!

36

disch gekleideter Mann hält in der linken Hand eine Urkunde, in der Hecker zum Ehrengast der Vereinigten Staaten erklärt wird, was die umstehenden Tücher und Zylinder schwenkenden Frauen und Männer freudig begrüßen. Der auf einem Ballen sitzende, aus einer türkischen Gesteckpfeife rauchende Schwarze in orientalischer Kleidung wirkt zunächst befremdlich. Doch er dient dem Zeichner Wilhelm Völker offenbar als Symbol für die Neue Welt. In der vierzeiligen Bildunterschrift wird die Hoffnung geäußert, daß Hecker in den USA »freiere Staatseinrichtungen be-

obachten, und einst in sein bedrängtes Vaterland zurückgekehrt, verwirklichen [werde], was von so vielen als unerreichbar dargestellt wird.« Damit ist Hecker eine messianische Rolle zugewiesen, der er durch seine Rückkehr nach Europa im Frühjahr 1849 zur Unterstützung des badischen Aufstandes gerecht zu werden suchte. Obwohl er nicht aktiv in das Geschehen eingreifen konnte und unverrichteter Dinge auf seine Farm in Illinois zurückkehrte, verstärkte diese Reise die Verehrung seiner Person bei seinen in Deutschland zurückgebliebenen Anhängern, die auch in den dar-

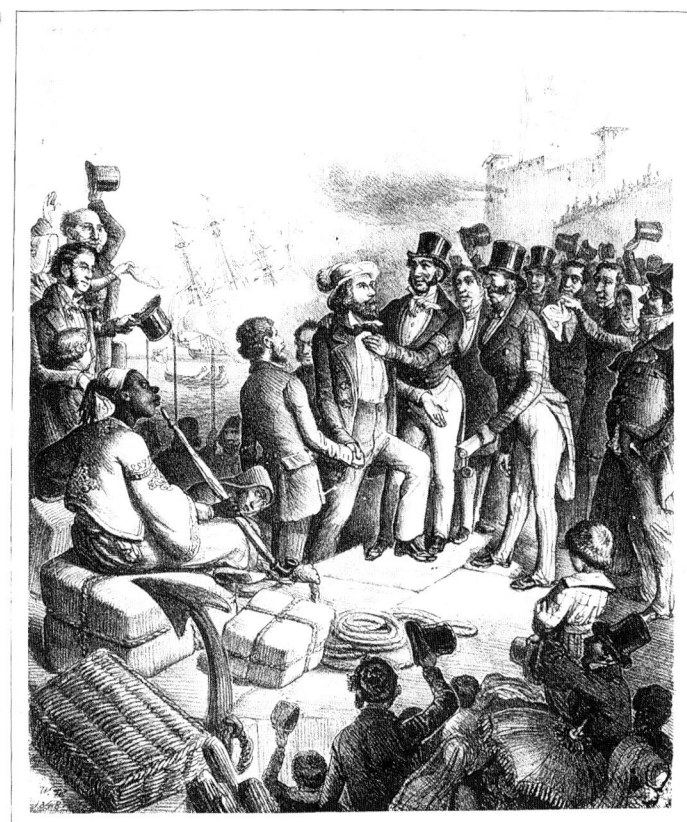

FRIEDR. HECKER'S ANKUNFT IN NORD-AMERIKA.

Nach 14 tägiger Seereise betrat der edle Republikaner mit seinem Freunde Schimmer den Freunden Amerikas.
Dort wurde ihm von seinen unzähligen Freunden ein Empfang bereitet, wie wenige gekrönte Häupter dessen sich rühmen
können. Durch die oberste Behörde persönlich bewillkomt, wurde er Ehrengast der gesamten Freistaaten. Dort wird er freier Staatsbürger ...
... beobachten, und einst in sein bedrängtes Vaterland zurückgekehrt, verwirklichen, was er so vielen als unerreichbar ...

37

auffolgenden Jahren durch druckgraphische Blätter und Berichte über das
weitere Schicksal Heckers unterrichtet
wurden und ihm 1873 bei seinem
letzten Besuch in Deutschland einen
begeisterten Empfang bereiteten.
M.Kü.

Lit.: Frankfurt 1998, S. 152f., Nr.
198; Karlsruhe 1998, Nr. 325, vgl.
auch S. 435ff.; Europa der Bilder I,
Kat. 74; Assion 1991, S. 53ff.; Assion in Frei 1993, S. 117ff.

38
Würfelspiel »Der Barricadenheld.
(Schneider Fipps von Cöln.)«
Braunschweig, 1848 oder später
neun Spielkarten, Spielanleitung, Lei-
nenetui mit Titelblatt;
bez.: Dr. von F.R. Lange in Brschw. /
Verlag der Grüneberg'schen Kunsth. in
Braunschweig
Federlithographien, koloriert; Karten
H. 11,7, Br. 8,1 cm
Privatbesitz

Schneider »Fipps der Barricadenheld«
ist die Jokerfigur in einem heiteren
Karten- und Würfelspiel, das zwischen
zwei gegnerischen Parteien, Militär
und Bürgerwehr, ausgetragen wird.
Mit Federhut und Stulpenstiefeln entspricht sein Äußeres dem Klischee
des radikaldemokratischen Revolu-
tionshelden, das wesentlich von den
Heckerschen Freischaren geprägt und
von der Bildpublizistik als bürgerliches
Feindbild verbreitet wurde. Auf acht
Bildkarten wird das Heldenleben des
kleinbürgerlichen Revolutionärs persifliert: vom Kugelgießen über den Bar-
rikadenbau bis zum Heldentod. Auf
der achten Karte schießt ein »Vier-
und Zwanzig-Pfünder...zu Muss...den
armen Sünder.« Die satirische Gestalt
des »Schneiders Fipps von Cöln« wur-
zelt einerseits in der Lustspieltradition
des 18. Jahrhunderts. Mit dem Hinweis auf »Cöln« wird andererseits auf
die blutigen Barrikadenkämpfe Bezug
genommen, die sich am 18. und 19.
März 1848 im Berliner Vorort Cöln
abspielten. Allein aus dem Rathaus
wurden 97 Leichen geborgen. In den
Berliner Märztagen wurden rund 900
Aufständische getötet, verletzt oder
verhaftet. Über die Hälfte waren
Handwerker, Schneider und Tischler
waren überdurchschnittlich vertreten.
T.E.

38

Der Barricadenheld.
(Schneider Fipps von Cöln.)

Heisa juchheisa dudeldumdei,
Der Teufel hole die Schaukelei.
Wo bleibt da die parlamentarische Sitte?
Hierher noch ein Dutzend, zu mir, in die Mitte!
Glaub's wohl, so herauf und herab Euch zu schwenken,
Das behagt Euch besser, als fein zu bedenken,
Ob nicht über all' dem Gedrück und Gehocke
Wir zum Gukuk gehen mit Bret und mit Bocke.

So stattliche Bursche von Leib und von Jahren,
Und so toll und so wild auseinanderzufahren,
Dass vor lauter Eifer Ihr wahrlich zuletzt
In die blauen Lüfte den Hinteren setzt,
Oder gar, zu schwer an den Enden bepackt,
In der Mitte das Bret auseinanderknackt!
Dann ist's mit dem ganzen Gerutsche vorbei.
Der Teufel hole die Schaukelei!

55

Michel am Scheideweg

39 (Abb. S. 97)
In Erwartung des Weltgerichts
Philipp Veit (Berlin 1793 – 1877
Mainz)
1847
Kohle, Aquarell, Deckfarben;
H. 195, Br. 118 cm
Berlin, SMPK, Nationalgalerie;
Inv.Nr. SZ Veit, Nr. 87

Die Nazarener Friedrich Overbeck,
Peter Cornelius, Philipp Veit und
Eduard von Steinle wurden 1845 eingeladen, Entwürfe für das 30 m hohe
Altarfesko des geplanten Berliner
Doms einzureichen. Als Thema hatte
Friedrich Wilhelm IV. »Das Harren
der Creatur auf den Moment des
Weltgerichts« vorgegeben, d.h. nicht
das Jüngste Gericht selbst, in dem
Herr und Knecht gleichermaßen gerichtet werden, sondern einen »Moment ahndungsvollen apokalyptischen
Charakters«, in dem die himmlische
und die irdische Hierarchie bedeu-
tungsvoll aufeinander bezogen erscheinen. Veits Entwurf von 1847
bringt den politischen Inhalt am deutlichsten zum Ausdruck. Er verherrlicht
Friedrich Wilhelms romantische Vorstellung eines christlichen Königtums
von Gottes Gnaden. In der Bogenrun-
dung thront Christus inmitten der Heiligen, Propheten und himmlischen Heer-
scharen. Als Abbild dieser göttlichen
Ordnung erscheint darunter die irdische Hierarchie, »die streitende Kirche«: im Zentrum das preußische Königspaar auf seinem Thron, umgeben
von den Angehörigen des Königshau-
ses, der katholischen und protestantischen Geistlichkeit sowie des preußischen Heeres. Zu Füßen des Thrones
sitzen die weltlichen Ratgeber, die
Männer der Kunst und der Wissenschaft, während im Vordergrund das
Leben des Volkes als organischer
Kreislauf von der Wiege bis zur Bahre dargestellt ist. Mit dem Sämann,
der über frische Furchen geht, wird
der Gedanke der Auferstehung gleichnishaft angesprochen.
Am Vorabend der Revolution wurde

40

das »wunderliche Ideengemisch«, mit
dem Veit das monarchische Prinzip,
das Gottesgnadentum, den konservativen Ständestaat und die Verbindung
von Thron und Altar verherrlichte,
nicht als Zeugnis christlicher Demut,
sondern als anachronistisches Dokument fürstlicher Hybris aufgenommen.
Auch der König selbst distanzierte
sich später von Veits Entwurf. *R.S.*

Lit.: Förster 1874, II, S. 266f., 388;
Schümann 1971, S. 93ff.; Schoch
1975, S. 132ff.; Potsdam 1995,
Nr. 4.19.

40
*Die Armee als Garant der Sicherheit
Preußens*
Anonym
um 1854
Lithographie; H. 34,5, Br. 25,8 cm
(Darstellung)
Hamburg, Museum für Kunst und Ge-
werbe; Inv.Nr. H 3177

Die preußische Armee hatte sich vor
allem in der Endphase der deutschen
Revolution von 1848/49 als besonderer Garant der alten Herrschafts-
ordnung bewährt. Nicht nur in Bres-

42

die sich demonstrativ umgreifenden Hände sollen auf die enge Verbundenheit von Monarchie und Armee hinweisen.

Zusätzlich finden sich auf dem unteren Teil des Blattes Episoden aus dem Soldatenleben. Eine Szene am oberen Bildrand zeigt drei Engel im Kampf gegen den in Drachengestalt auftretenden revolutionären Aufruhr. Die ursprüngliche Funktionsbestimmung der Lithographie ist aufgrund des Fehlens jeglicher Beschriftung schwierig. Die auf dem Blatt dominierenden soldatischen Motive lassen auf einen Auftraggeber aus militärischen Kreisen schließen. Für eine Datierung um 1854 spricht das am oberen rechten Bildrand im Ausschnitt erkennbare, erst 1854 eingeweihte »National-Krieger-Denkmal« im Berliner Invalidenpark (vgl. Frankfurt/Main 1998, S. 405 mit Abb). *D.K.*

41
»An mein Volk« – Proklamation Friedrich Wilhelms IV. vom 15. Mai 1849
B. Brunckow (Lebensdaten unbekannt)
Verlag von B. Brunckow; Druck von L. Kraatz
1849
Lithographie; H. 54,3, Br. 44 cm
Hamburg, Museum für Kunst und Gewerbe; Inv.Nr. H 2746

Mit der am 15. Mai 1849 veröffentlichten Bekanntmachung »An mein Volk« begründete der preußische König Friedrich Wilhelm IV. die Ablehnung der ihm von der Frankfurter Nationalversammlung angetragenen Kaiserkrone und stellte die Ausarbeitung einer neuen Verfassung in Aussicht. Kernstück der Proklamation ist jedoch die Legitimierung und Propagierung der preußischen Militäraktionen gegen die aufständischen Revolutionäre in Süddeutschland. Der Aufstand in Baden war bereits nach wenigen Wochen durch preußische Truppen unter der Führung des Prinzen Wilhelm – des späteren deutschen Kaisers Wilhelm I. – brutal niedergeschlagen worden. Der Text wird seitlich durch korinthische Säulen begrenzt, an denen die Porträts des Königs und seines Bruders Wilhelm so-

lau und Dresden, sondern auch in Baden hatten die Truppen durch ihr zum Teil brutales Eingreifen die Volksaufstände niedergeschlagen. Das seitdem besonders enge und für die weitere deutsche Geschichte so verhängnisvolle Bündnis zwischen Thron und Armee verdeutlicht auch die vorliegende Lithographie. Zahlreiche Militärs haben einen Schutzring um ein kreisförmiges Monument gebildet. Dessen Aufbau weist im unteren Teil Porträts von Friedrich Wilhelm IV. und anderen Hohenzollern auf. Darüber ist der Spruch »Die Welt ruht nicht so sicher auf den Schultern des Atlas als der preußische Staat auf den Schultern seiner Armee« angebracht. Nach

den oberhalb davon befestigten Wappen der preußischen Provinzen bildet ein Adlerpodest mit dem darauf abgelegten Dankesschreiben des Königs an seine Truppen vom 1. Januar 1849 die Bekrönung des Aufbaus. Um diese zentrale Szenerie sind die Wappen zahlreicher Bundesstaaten und Militaria zu einem kunstvollen Ornament angeordnet. In dessen unterem Mittelfeld ist der 1851 gestiftete Königliche Hausorden der Hohenzollern herausgehoben. Eine beigefügte Inschrift verweist bekenntnishaft auf die Treue gegenüber dem angestammten Kriegsherrn, Aufrechterhaltung der strengsten Disziplin sowie Liebe zum deutschen Vaterland. Auch

160

wie Adler und Wappen der preußischen Provinzen angebracht sind. Umrahmt von Bildnissen des preußischen Ministerpräsidenten von Brandenburg und des Innenministers von Manteuffel bilden die wehrhaft gekleidete Borussia und zwei Allegorien der Justitia sowie der ausführenden Gewalt den unteren Abschluß des Blattes. Die obere Bildmitte zieren Krone und Szepter als Zeichen herrschaftlicher Macht. All diese Bildsegmente dienen der Unterstützung der konservativen Grundaussage des Textes. Der Aufruf »An mein Volk« vom 15. Mai 1849 gehört zu einer Gruppe von Bekanntmachungen und Armee-Befehlen, mit denen Friedrich Wilhelm IV. und seine Regierung versuchten, ihre politisch umstrittenen Handlungen vor den Bürgern und der Armee zu rechtfertigen. Diese geschickten ideologischen Veröffentlichungen erschienen der Tagesaktualität gehorchend zunächst als Flugblätter, später häufig ein zweites Mal als künstlerisch ausgestaltete Schmuckblätter. Auch vom Aufruf »An mein Volk« ist eine einfache Schriftversion bekannt (vgl. Frankfurt/Main 1998, S. 397). *D.K.*

42
Titelblatt zu Lommel/Bauer,
Das Königreich Bayern in seinen acht
Kreisen
Johann Philipp Walther (?)
Nürnberg 1836
Radierung, koloriert; H. 39,5,
Br. 29,0 cm
Nürnberg, Germanisches Nationalmuseum; Inv.Nr. HB 26843, Kapsel 1316

Als ihr »Vaterland« bezeichneten loyale Untertanen im Vormärz einen der 39 deutschen Einzelstaaten: Preußen, Bayern, Sachsen etc. Vor allem die deutschen Staaten, die – wie Bayern – beim Wiener Kongreß großen territorialen Zuwachs erhalten hatten, waren bemüht, ein eigenes Staatsbewußtsein zu begründen. Der Propagierung bayerischer Identität und »vaterländischen« Bewußtseins diente auch das 1834-36 veröffentlichte Prachtwerk von Lommel und Bauer mit den Dar-

LUDWIG I KOENIG VON BAYERN.

43

stellungen der Trachten, Wappen, Städte und historischen Baustile der acht Regierungsbezirke. Auf dem dekorativen, hierarchisch geordneten Titelblatt erscheint im Strahlenkranz die thronende Bavaria als Personifikation des Königreichs Bayern, umrahmt von den Wappen der bayerischen Kreise. Ausgestattet mit den königlichen Insignien, hält sie ein Füllhorn und den Schild mit dem Monogramm Ludwigs I. Huldigend schart sich zu ihren Füßen die »bayerische Nation«, eine streng gegliederte Ständegesellschaft in historischen Gewändern. Im Hintergrund erscheint links die Silhouette

Nürnbergs und rechts die Walhalla. Der deutsche Nationalstolz, den Ludwig I. mit diesem Denkmal wecken wollte, bleibt so gegenüber dem bayerischen Staatsbewußtsein sekundär und auf die Idee einer deutschen Kulturnation beschränkt. *R.S.*

Lit.: München 1986, Nr. 260.

43
Ludwig I., König von Bayern
Gottlieb Bodmer (Hombrechtikon 1804 – 1837 München)
um 1835
Lithographie; H. 76,8, Br. 55,0 cm

Nürnberg, Germanisches Nationalmuseum; Inv.Nr. L 3699, Kapsel
1022

Hierarchische Ordnung und allegorische Bildsprache kennzeichnen die
Apotheose König Ludwigs I. von Bayern, die vermutlich aus Anlaß des
zehnjährigen Regierungsjubiläums
entstand. Die Personifikationen der
Gerechtigkeit und der Beharrlichkeit,
Tugenden aus der Regierungsdevise
Ludwigs I., heben das übergroße,
von einem Eichenkranz umrahmte Porträt des Königs zu den Sternen. Diese
Verherrlichung gründet sich zum einen
auf die Souveränität und Legitimität
des Landesfürsten, dessen Insignien
vom bayerischen Löwen bewacht
werden. Zum anderen werden die Ta-

ten und Verdienste des Königs gewürdigt: Fahnen und Trophäen erinnern
an die bayerischen Kriegstaten an
der Seite Napoleons und an die Sie-
ge gegen den Korsen. Darüber erscheint im Glanz der aufgehenden
Sonne die Vision einer idealen Stadt:
Die Bautätigkeit Ludwigs I., das neue
München, überragt von der Tempel-
front der Walhalla, steht für die Frie-
densleistungen des Königs. Auch in
den Eichenkranz sind Hinweise auf
Ludwigs Verdienste eingewoben: Die
Pflege von Kunst und Wissenschaft,
der Ludwigskanal, Zollverein, Mild-
tätigkeit, Landesverteidigung und die
Erwerbung der griechischen Krone
begründen den unsterblichen Ruhm
des Königs.   *R.S.*

Lit.: München 1986, Nr. 5.

44
*Allegorie auf die revolutionäre Bedro-
hung der Kirche*
Carl Alexander Heideloff (Stuttgart
1789 – 1865 Haßfurt)
Carl Mayers Kunstanstalt zu Nürnberg
um 1848
Stahlstich; H. 56,3, Br. 45,5 cm
Nürnberg, Germanisches Nationalmuseum; Inv.Nr. HB 14587, Kapsel
1337a

Nicht nur die Monarchien sondern
auch die Kirchen fühlten sich von der
Revolution in ihren Grundfesten bedroht. Die radikale demokratische Bewegung des Jahres 1848 war wesentlich von der materialistischen Reli-
gionskritik des Junghegelianismus beeinflußt. In der Auseinandersetzung
mit der materialistischen Philosophie
Ludwig Feuerbachs und der politischen Publizistik von Arnold Ruge, Julius Fröbel, Karl Marx, Friedrich Engels u.a. spitzt sich der politische
Kampf zu einem ideologischen Konflikt zwischen unvereinbaren Weltanschauungen zu. Der konservative Katholik und militante Revolutionsgegner
Heideloff, Konservator mittelalterlicher
Kunst- und Baudenkmale in Nürnberg, beschreibt diesen Konflikt mit
einem archetypischen Bild: In ihrer
Strahlenglorie thront die Gestalt der
Kirche auf einem massiven Felsen,
gegen den die Wellen der stürmi-
schen See branden. Vergeblich versuchen wilde, bärtige Gestalten mit
Fahnen und Freiheitsmützen in ihren
Booten diese unerschütterliche Basti-
on zu entern. Die hierarchische Komposition ist gespickt mit Bibelzitaten,
die auf die Grundfesten des Glau-
bens und auf das Strafgericht hinweisen, das die Gottlosen trifft: Jesaia
57, 20: »Aber die Gottlosen sind
wie ein ungstümes Meer, das nicht
still sein kann und dessen Wellen Kot
und Unflat auswerfen.«; Jeremia
23,19: »Siehe, es wird ein Wetter
des Herrn mit Grimm kommen und
ein schreckliches Ungewitter den
Gottlosen auf den Kopf fallen.«   *R.S.*

44

45

46

45
Die Republik
Hyppolyte Jean Flandrin (Lyon 1809
– 1864 Rom)
Skizze zum staatlichen Wettbewerb,
1848
Öl auf Leinwand; H. 75,0,
Br. 50,0 cm
Paris, Assemblée nationale

Es kennzeichnet das politische Kräfteverhältnis, daß die deutschen Demokraten 1848 kein eigenständiges Bild
der Republik hervorgebracht haben.
Die seltenen Beispiele in der allegorischen und satirischen Graphik beziehen sich ganz auf die Freiheitsallego-
rien der Französischen Revolution, deren Attribute – phrygische Mütze, gesprengte Ketten, Fasces, Fackel, Men-
schenrechtstafeln – zum geläufigen
Motivrepertoire gehörten. In Frankreich hatte die provisorische Regierung politisch engagierte Künstler in
die neue »Direction des Beaux-Arts«
berufen und am 14. März für Maler,
Bildhauer und Medailleure einen
Wettbewerb zur allegorischen Dar-

stellung der neuen Republik ausgeschrieben. Zu den 400 eingereichten
Gemälden gehörte auch die Skizze
Flandrins, eines Schülers von Ingres,
bekannt vor allem durch seine religiö-
se Malerei. Seine geflügelte weibli-
che Gewandfigur, die in der Linken
die Attribute der Stärke – Fasces,
Schwert und Schild – sowie die Trikolore hält, in der Rechten aber den
Ölzweig der Friedfertigkeit, entspricht
im Typus der antiken Siegesgöttin. Sie
hat die Schlange der Zwietracht zer-
treten und steht auf dem Fundament
der Brüderlichkeit triumphierend über
dem Globus. Antike und christliche
Züge, nationale und übernationale
Bedeutung verbinden sich im kühlen
Pathos der allegorischen Figur. *R.S.*

Lit.: Chaudonneret 1987, Nr. P 14,
Abb. 43; Agulhon 1979, passim;
Das Europa der Bilder I ,1998, Kat.
25.

46
Die Republik
Skizze zum staatlichen Wettbewerb,
1848
Thomas Couture (Senlis 1815 –
1879 Villers-le-Bel)
Öl auf Leinwand; H. 75,0 cm,
Br. 55,0 cm
Paris, Assemblée nationale

Coutures skizzenhaft angelegter Entwurf greift mit seinen drei Figuren auf
die revolutionäre Tradition des Stän-
debündnisses von 1789 zurück. Seine Republik, eine fast nackte Frei-
heitsgöttin mit phrygischer Mütze und
Strahlenkrone, führt zwei Jünglinge
zusammen, die sich brüderlich die
Hand reichen: einen Bürger und einen athletischen Jüngling, der durch
sein Attribut, den Hammer, als Vertreter des Arbeiterstandes gekennzeichnet ist. Trotz der antikisierenden Bildsprache und dem sinnlichen Appell
eignen auch der hierarchischen Drei-
ergruppe sakrale Züge. *R.S.*

Lit.: Chaudonneret 1987, passim;
Agulhon 1979, passim.

47
Die Zukunft der Völker
F. Lentze (Lebensdaten unbekannt)
1848
Lithographie; H. 21,0, Br. 44,5 cm
Würzburg, Sammlung des Verbandes
Alter Corpsstudenten im Institut für
Hochschulkunde; Inv.Nr. VAC, V-14

Die vielfigurige Komposition kopiert
fast wörtlich eine französische Lithographie von Frédéric Sorrieu mit dem
Titel: »République universelle, dé-
mocratique et sociale« (vgl. Europa
der Bilder 1, Kat. 159). In sakraler
Bildsprache verkündet sie den Glauben an den Fortschritt der Menschheit, den »Völkerfrühling« und die demokratische Weltrepublik – die Zukunftsvision der Pariser Februarrevolution. In einem endlosen Zug pilgern
die Völker – Männer, Frauen und Kinder, Bürger, Studenten, Arbeiter und
Bauern – mit ihren Fahnen zur Statue

der Freiheit. In der Reihenfolge der
politischen Befreiung wird der Zug
von Amerika angeführt, gefolgt von
Frankreich, Deutschland, Österreich,
den italienischen Staaten, Polen
u.s.w. Im Vordergrund liegen die Insignien der Monarchien zerstört am
Boden. Bezeichnend für die französische Bildsprache erscheint in den
Wolken die Gestalt Christi mit dem
Kreuz und verkündet die Botschaft der
Brüderlichkeit an die Menschen aller
Nationen. Sie ist umgeben von den
Freiheitsmärtyrern. Zu ihren Füßen
wacht der Löwe, das Symbol der
Stärke. Das Blatt ist nicht nur ein Zeugnis für den europäischen Ideen- und
Bildtransfer, sondern auch für die Uto-
pien des Jahres 1848. Sowohl der In-
ternationalismus der Arbeiterbewe-
gung als auch der Gedanke der »Vereinten Nationen« ist hier vorgebildet.
Der Künstler, F. Lentze, von dessen Leben und Werk sonst nichts bekannt

ist, hat zwei Blätter zur Revolution
von 1848 hinterlassen (vgl. Kat.
160) – beide mit ausgesprochen eu-
phorisch-kämpferischer Tendenz. *R.S.*

Lit.: Würzburg 1985, Nr. 212; Paris
1983, Nr. 171; Nürnberg 1989,
Nr. 638.

48
Michel's Nachtmütze
Anonym
Verlag von J. B. Simon in Frankfurt a. M.
1848
Lithographie, koloriert; H. 36,6,
Br. 26,6 cm
Nürnberg, Germanisches National-
museum; Inv.Nr. HB 12547, Kapsel
1318

Der deutsche Michel hockt mit
schmerzverzerrtem Gesicht am Boden. Drei Abgeordnete der Rechten
der Frankfurter Nationalversammlung
– General Joseph Maria von Rado-

witz, Felix Fürst von Lichnowsky und Friedrich Daniel Bassermann – haben dem wild gestikulierenden und schreienden Michel mit vereinten Kräften seine mit der revolutionären Kokarde versehene Mütze bereits so weit übers Gesicht gezogen, daß Augen und Ohren verdeckt sind. In dieser wenig hoffnungsvollen Lage kommt ihm der radikale Volksführer Friedrich Hecker, auf einem Doppeladler schwebend, zu Hilfe. Er reißt am Zipfel der Mütze und versucht, Michel wieder aufzurichten.

Der numerischen Übermacht der konservativen Kräfte steht der wie ein »Deus ex machina«, als göttlicher Retter, erscheinende Hecker scheinbar aussichtslos gegenüber. Auffallend ist, daß er hier nicht wie gewöhnlich als Freischärler mit Säbel und dem von ihm getragenen Heckerhut dargestellt wird. Einzig der phrygische Mützen tragende Doppeladler deutet auf seinen legendären revolutionären Elan. Die spannungsvolle Bildkompo-

sition dokumentiert ein Wunschbild der im Sommer 1848 zunehmend vom Verlauf der Revolution enttäuschten Linken. Tatsächlich lebte Hecker seit dem gescheiterten badischen Aprilaufstand im Schweizer Exil und war bis zu seiner Auswanderung nach Amerika im September 1848 kaum noch in der Lage, politische Impulse zu geben. Der anonyme Zeichner greift auf das herausragende Symbol der Zipfelmütze zurück. Dieses Attribut des deutschen Michel wurde von der bäuerlichen Mütze abgeleitet und taucht seit dem Vormärz auf Karikaturen auf. Je nach Intention ist sie mal als Schlafmütze mal – wie auf dem vorliegenden Blatt – als Haube der Revolution zu deuten.

Das Blatt erschien auch in einer Raubkopie – ohne Verlagsangabe – unter dem Titel »Michel's Schlafmütze«. D.K.

Lit.: Karlsruhe 1984, Nr. 77; Reiter 1994, Nr. 533.

49
Der Wanderer am Scheideweg
Anonym
1848
Lithographie, koloriert; H. 32,2, Br. 24,6 cm
Nürnberg, Germanisches Nationalmuseum; Inv.Nr. HB 15633, Kapsel 1318

Nach komplizierten Verhandlungen beschloß das Frankfurter Parlament Ende Juni 1848, die Zentralgewalt an einen Reichsverweser zu übertragen. Die liberale Mehrheit trug dem habsburgischen Erzherzog Johann (1782 – 1859) dieses Amt an. Der damals 66jährige Österreicher war durch seine Heirat mit der Postmeistertochter Anna Plochl und durch seine liberale Haltung in breiten Bevölkerungskreisen populär. Die Wahl eines Mitgliedes des amtierenden Kaiserhauses wurde vor allem von den Demokraten und Republikanern kritisiert. Diese Vorbehalte spiegelt auch

Michel's Nachtmütze.

Verlag von J. B. Sonne in Frankfurt a/M.

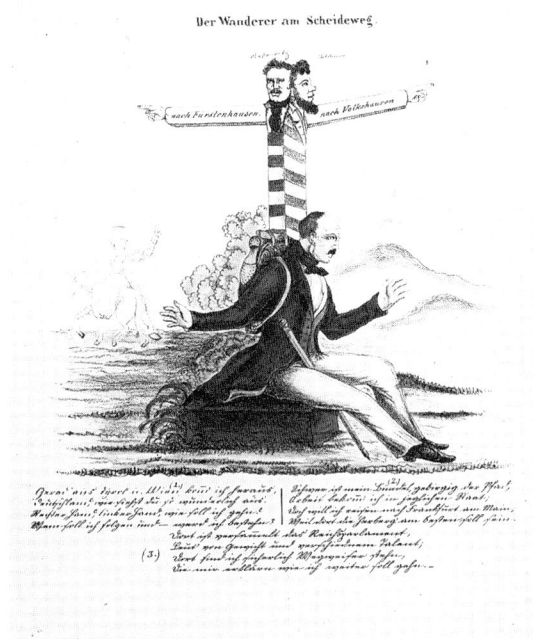

Der Wanderer am Scheideweg

48

49

Die letzte freie Wahl.

Wähl' ich die Eine, werd' ich gerufhet,
Wähl' ich die Andre, so werd' ich geknutet;
Da hol' der Teufel das Wählen _
Man will uns ja doch nur quälen.

50

Die Wahl-Candidaten.

51

die Karikatur »Der Wanderer am Scheideweg«. Auf seinem Weg nach Frankfurt hat sich Johann von Österreich mit Rucksack und Wanderstab an einer Weggabelung niedergelassen. Hinter ihm erhebt sich ein Wegweiser, dessen Spitze zwei Politikerköpfe bilden. Von dem Haupt des Monarchisten Joseph Maria von Radowitz weist ein Schild nach »Fürstenhausen«, vom Kopf des Republikaners Robert Blum führt der Weg in Richtung »Volkshausen«. Der unsichere Johann kann sich für keinen der beiden Wege entscheiden. Ratlos hebt er die Arme und denkt »Deutschland; wie siehst Du so wunderlich aus! / Rechter Hand, linker Hand, wie soll ich gehen? / Wem soll ich folgen und – werd ich bestehn?«. Die Situation erinnert an den Mythos des Herakles am Scheideweg. Während sich der Sagenheld einst für den mühevollen, aber tugendreichen Pfad entschied, bleibt Johann schwankend. Er beschließt, abzuwarten und zunächst nach Frankfurt zu gehen, denn »Dort

find ich sicherlich Wegweiser stehn, / Die mir erklärn wie ich weiter soll gehn.«

Der Vorbehalt gegenüber der demokratischen Gesinnung Johanns sollte sich im Verlauf der Revolution bewahrheiten. Denn der Erzherzog war als Reichsverweser vor allem darum bemüht, im Sinne aller Revolutionsgegner »Ruhe und Ordnung« wiederherzustellen. Die politische Linke titulierte ihn daher verbittert als »Reichsvermoderer« und verspottete ihn als »Johann ohne Land«. Mit ihrem umfangreichen Textteil gehört diese Karikatur noch zu einem älteren Typus der politischen Bildsatire, der im weiteren Verlauf des 19. Jahrhundert kaum noch gefragt war. *D.K.*

50
Die letzte freie Wahl
Anonym
Druck und Verlag von Arnz u. Co. in Düsseldorf
1849

Federlithographie, teilweise geschabt; H. 30, Br. 23 cm
Aus: Düsseldorfer Monatshefte, Bd. II
Nürnberg, Germanisches Nationalmuseum; Inv.Nr. HB 31169, Kapsel 1316a

Der sich im Frühsommer des Jahres 1849 endgültig abzeichnende Sieg der Konterrevolution führte bei den Anhängern der Linken zu tiefer Resignation. Einen Eindruck dieser Verbitterung spiegelt die Lithographie aus einer der späten Ausgaben der »Düsseldorfer Monatshefte«. In der deklamatorischen Pose eines Schauspielers klagt ein Bürger über seine eingeschränkten Wahlmöglichkeiten. Ihm ist nur die Wahl zwischen Rute und Knute geblieben. Diese in eigenartiger Gestalt auftretenden Wesen bedrängen den Verzweifelten, der einen Bart als Zeichen seiner freiheitlichen Gesinnung trägt. Im Hintergrund erscheint schemenhaft ein Reaktionär mit Zopf und Löschhütchen. *D.K.*

Lit.: Reiter 1994, S. 357ff.

51

Die Wahl-Candidaten
J. Böhmer (Lebensdaten unbekannt)
Druck von H. Delius; Verlag von W. Zawitz
Berlin, 1848
Lithographie, koloriert; H. 33,9, Br. 26,9 cm
Nürnberg, Germanisches Nationalmuseum; Inv.Nr. HB 12687, Kapsel 1318

In Preußen wurde am 1. Mai 1848 gleichzeitig die deutsche und die preußische Nationalversammlung gewählt. In einem lebhaft geführten Wahlkampf kam es zum Wettstreit der Komitees und der Klubs, zu Kundgebungen der Stadtverordneten, des Polizeipräsidenten, des Ministeriums und der Bürgerwehr. Auch die Karikaturisten fachten mit ihren Spottblättern das Wahlfieber an. Auf dem vorliegenden Blatt gibt J. Böhmer einen indiskreten Bericht von den großen Schwierigkeiten eines Demokraten, eines Bürokraten und eines Aristokraten, in einem Toilettenhäuschen »ihr Geschäft zu verrichten«. Während der mit Ritterhelm und Sporen als Vertreter veralteter Zustände gekennzeichnete Aristokrat und der mit einem Orden dekorierte Bürokrat sich trotz großer Anstrengung kaum auf der Sitzfläche halten können, ist der Demokrat bereits in das Plumpsklo hineingefallen; einzig seine Beine schauen heraus. An den Rückwänden sind die »Programme« dieser drei »Wahl-Candidaten« befestigt. Sie tragen in der geschickten Textauswahl zur Verhöhnung und Verunglimpfung der Dargestellten bei. So proklamiert der Demokrat, einzig durch Mord und Totschlag sei die Freiheit zu erringen; der Bürokrat betont seinen selbstlosen Einsatz für die Wohlfahrt des »glorreichen Volkes«; der Aristokrat verweist auf seinen achthundertjährigen Stammbaum. Die witzige, gut gezeichnete Lithographie, die in ihrem Grundmotiv auf französische und englische Vorbilder zurückgeht, enthält neben den allgemeinen Charakterisierungen politischer Gruppierungen auch eine markante Anspielung auf das Schicksal Gustav Adolf

52

Schlöffels (man beachte das Rebus: Sch und ein Löffel oberhalb des Wortes Demokrat). Dieser radikale Kämpfer der Arbeiterbewegung war am 19. April 1848 aufgrund seiner publizistischen Tätigkeit verhaftet worden. Da er sich nun nicht mehr zur Wahl stellen konnte, läßt ihn Böhmer despektierlich im Plumpsklo verschwinden. *D.K.*

Lit.: Valentin 1930/31, Bd. II, S. 55.

52

Wie soll man's machen?
Johann Baptist Sonderland (Düsseldorf 1805 – 1878 Düsseldorf)
Verlag von Arnz & Co. in Düsseldorf 1848
Lithographie, koloriert; H. 23,2, Br. 30 cm
Aus: Düsseldorfer Monatshefte, Bd. I
Nürnberg, Germanisches Nationalmuseum; Inv.Nr. HB 31178, Kapsel 1316a

Die Folgen der Revolution im Alltag eines Handwerkers schildert ein humoristisches, in den Düsseldorfer Monatsheften veröffentlichtes Blatt. Im linken Bildfeld sieht man, wie ein Schuhmacher auf dem Markte bedrängt wird, weil er keine Kokarde an sei

nem Hut hat. Um sich vor weiteren Übergriffen zu schützen, kauft er sich dieses Zeichen der Revolution. Wenig später – so zeigt es das rechte Bildfeld – wird er in einer Kaserne von aufgebrachten preußischen Soldaten geschlagen und bedrängt, gerade weil er die Kokarde trägt. Das Blatt verdeutlicht die aufgewühlte politische Stimmung in Deutschland im Frühjahr 1848, in der öffentliches Bekennen einer politischen Meinung zu Gewalttätigkeiten führen konnte. Johann Baptist Sonderland war bereits vor 1848 als bedeutender Graphiker hervorgetreten. Aufgrund der veränderten Absatzbedingungen im Zuge der Revolutionsunruhen wandte er sich wie zahlreiche seiner Kollegen der politischen Graphik zu. Seinen Blättern fehlen jedoch die karikierende Zuspitzung und deutliche Stellungnahme, Charakteristika, die in den Düsseldorfer Monatsheften vor allem die Arbeiten Andreas Achenbachs oder Ferdinand Schröders aufweisen. *D.K.*

53

Wahlumtriebe
Henry Ritter (Montreal 1816 – 1853
Düsseldorf)
Verlag von Arnz & Co. in Düsseldorf
1848
Lithographie; H. 21,1, Br. 30,0 cm
Aus: Düsseldorfer Monatshefte, Bd. II
Nürnberg, Germanisches National-
museum; Inv.Nr. HB 31173, Kapsel
1316a

Die politischen Vereine, die sich seit
den Märztagen gebildet hatten, betrieben eine rege Wahlvorbereitung.
Dort, wo die politische Differenzierung bereits ausgeprägt war, traten
sich die Gruppierungen – Demokraten, Liberale und konservative Kräfte
– in einem lebhaften Wahlkampf gegenüber. Das Spottblatt »Wahlumtriebe« erinnert daran, daß dabei um
die begehrten Sitze in der Frankfurter
Paulskirche nicht immer mit erlaubten
Mitteln gekämpft wurde. Im linken
Bildfeld sieht man, wie ein als »Democrat« bezeichneter Herr in Frack
und Zylinder einem mit Mütze und Le-
derschürze bekleideten Handwerker
heimlich Geld zusteckt. Intensiv redet
er auf den skeptisch Blickenden ein,
um ihn als Wähler für die Demokra-

ten zu gewinnen. Im rechten Bildfeld
spielt sich eine fast identische Szene
ab. Diesmal spricht ein Anhänger der
»Constitutionellen« mit dem Handwerker. Er versucht ebenfalls seine Argumente mit einer Geldmünze zu untermauern. Auch in diesem Fall ergreift
der Handwerker das Geld, ohne seine skeptische Miene zu verändern.
Unterhalb der Zeichnungen sind die
Schlagworte der Wahlmänner in Auszügen zu lesen: Der »Democrat«
weist auf drohende Frondienste, Militärherrschaft und die Wiederkehr
der Jesuiten hin; der Anhänger der
Konstitutionellen erinnert mit der von
ihm beschworenen Anarchie und mit
Schlagworten wie Königsmord und
Pöbelherrschaft an tief im Bürgertum
verwurzelte Ängste. Der Düsseldorfer
Lithograph Henry Ritter ergreift nicht
eindeutig Partei für eine der hier dargestellten politischen Gruppen. Ihm
geht es um die Verspottung der damals üblichen Wahlkampfpraktiken.
Tatsächlich lassen sich im Vorfeld der
Wahlen für die Nationalversammlung
skandalöse Bestechungsversuche der
Urwähler durch die Wahlmänner
nachweisen. *D.K.*

Lit.: Münster 1983, Nr. 160.

54
(Abb. Europa der Bilder I, S. 170,
Kat. 88)
*Der deutsche Michel ist uneinig mit
sich auseinander gegangen, wird sich
aber bald wieder zusammenfügen*
Wilhelm Storck (Bad Kreuznach
1808 – 1850 Leipzig)
Verlag von C. W. B. Naumburg in
Leipzig
1848
Lithographie; H. 46,0, Br. 25,5 cm
Berlin, SMPK Staatsbibliothek; Inv.Nr.
YB 16262

Der deutsche Michel steht, in zwei
Hälften geteilt, in einer weiten Landschaft. Seine linke Körperhälfte zeigt
einen dunkelhaarigen, bärtigen und
mit einem großen Säbel bewaffneten
Mann. Sie verkörpert das südwestli-
che Deutschland, das entschlossen für
Freiheit und Demokratie eintritt; hierauf verweisen auch die dunkle Jako-
biner-Mütze sowie ein im Hintergrund
fliegender Putto, der das Wort »Republik« auf seine Fahne geschrieben
hat. Die rechte Körperhälfte gehört
dem norddeutschen Michel; sie trägt
gänzlich andere Züge. Hier erblickt
der Betrachter einen blonden, friedlie-
bend schauenden Jüngling, dessen
Harmlosigkeit durch den von ihm gehaltenen Palmenzweig und die Schlafmütze auf seinem Kopf unterstrichen
wird. Er ist durch eine Schrifttafel als
Anhänger der Monarchie gekennzeichnet. Dieser »uneinig mit sich auseinander gegangen(e)« deutsche Michel, dessen formale Grundidee von
Karikaturen des Engländers George
Cruikshank angeregt worden ist, spiegelt die Ereignisse um die badische
Erhebung im April 1848. Die dorti-
gen Kämpfe und die Ausrufung einer
Republik blieben im Norden Deutschlands nahezu unbeachtet. Weitgehend auf sich allein gestellt, mußten
sich die Aufständischen bereits nach
wenigen Wochen den militärisch
überlegenen Regierungstruppen beu-
gen. Hinzu kam, daß sich die Revolution in Preußen bereits in eine
gemäßigte Richtung entwickelte. Die
im Titel ausgedrückte Hoffnung, daß
sich der Michel »bald wieder zusammenfügen« wird, findet im Bildhinter-
grund Unterstützung. Ein Grenzstein

Wahlumtriebe.

Lith. Inst. v. Arnz & C⁰. in Düsseldorf

Democrat.

Constitution heißt Zwangsarbeit, Constitutionelle Monarchie
heißt: Einführung der Jesuiten, Militärherrschaft, Volksunter-
drückung, Sclaverei, Frohndienst. Stimmen Sie mit den Demokraten!—

Constitutioneller.

Democratie heißt Königsmord, Aufhebung der Gesetze, Pöbelherrschaft, Mord, Tod und Vernichtung. Stimmen Sie mit den
Constitutionellen!—

53

Vor den Wählern. Sie fragen mich nach meiner Meinung über die künftige Verfassung Deutschlands, Sie verlangen, und mit Recht, meine bestimmte Erklärung in Betreff der Republik. Meine Herren, wer in Deutschland könnte so thöricht sein, den Einzelstaaten eine republikanische Regierungsform aufdringen zu wollen? Die constitutionelle Monarchie hat die Stimmen der überwiegenden Mehrheit für sich, das Volk will sie aufrecht erhalten sehen. Für den Ausbau der constitutionellen Monarchie auf breitester volksthümlicher Grundlage werde ich jeder Zeit und mit allen meinen Kräften zu wirken bemüht sein. Sie ist auch nach meiner Überzeugung die einzige Verfassung, von der das Vaterland das Glück und Heil seiner Zukunft zu erwarten hat. Es lebe die constitutionelle Monarchie! Es lebe Deutschland!

In der Paulskirche. Meine Meinung über die künftige Verfassung Deutschlands erfreut sich allerdings nicht der Zustimmung der tyrannischen Mehrheit dieses Hauses, welcher wir täglich erliegen. Aber sie erfreut sich des Beifalls des Volks, welches uns gewählt und hierher gesendet hat in der Erwartung, dass wir ihm in einer republikanischen Verfassung das Glück und Heil seiner Zukunft begründen. Hören Sie auf diese Stimme, die millionenfach zu Ihren Ohren dringt. Der Name „Hecker" lebt in Aller Herzen und von jeder Seite her ertönt der Ruf: „Es lebe die Republik. Es leben die Märtyrer des badischen Aufstandes!"

56

mit dem – ungeteilten – Doppeladler weist auf die Einheit im alten Reich hin. Die erkennbare Sympathie des Zeichners für die Republik wirkt allerdings angesichts der blutigen Niederschlagung der Erhebung in Baden als reiner Zweckoptimismus. *D.K.*

Lit.: Karlsruhe 1984, Nr. 75; Nürnberg 1989, Nr. 620; Europa der Bilder I, S.169f., Kat. 88.

55 (Abb. S. 158)
Die Parlamentsschaukel
Friedrich Pecht (Konstanz 1814 – 1903 München)
Verlag von Louis Rocca in Leipzig; Druck von Breitkopf & Härtel 1848
Radierung, Typendruck; H. 27,8, Br. 38,4 cm
Aus der Reihe »Aetz-Bilder aus Frankfurt a. M.«

Nürnberg, Germanisches Natiional-museum; Inv.Nr. HB 15318, Kapsel 1318

Bei den Verhandlungen der deutschen Nationalversammlung entstanden erstmals Fraktionen in fest organisierter Form. Der politische Gegensatz zwischen »Links« und »Rechts« wurde zum gesuchten Gegenstand der Karikaturisten. Eines der künstlerisch herausragenden Beispiele stammt von Friedrich Pecht, der es in seiner Serie »Aetz-Bilder aus Frankfurt am Main« publizierte (vgl. Kat. 122). Entsprechend ihrer politischen Gesinnung stehen zahlreiche Abgeordnete der Nationalversammlung auf einer Wippe. Die beiden äußeren Enden sind voll besetzt. Auf der linken Seite sind prominente Vertreter wie Blum, Itzstein, Rösler und Vogt zu erkennen. Auf der gegenüberliegenden Seite

stemmen sich u. a. Bassermann, Radowitz, Peucker, Vincke und von Bodien mit aller Macht gegen das Übergewicht der politischen Gegner. In der Mitte versuchen der Parlamentspräsident von Gagern, unterstützt von seinen beiden Stellvertretern Friedrich von Hermann und Alexander von Soiron, vergeblich, die Wippe – und damit die sich bekämpfenden Gruppierungen – im Gleichgewicht zu halten. Die Schaukel hat sich bedrohlich zur linken Seite geneigt. Einige Abgeordnete halten sich krampfhaft an einer hinter der Wippe aufgespannten Deutschlandkarte fest. Dabei reißt der Abgeordnete Itzstein das linke Rheinufer aus der Karte heraus; andere Parlamentarier wie Detmold rechts sowie Ruge und Zimmermann links stürzen bereits in die Tiefe. Die Karikatur verdeutlicht treffend das Scheitern der

»Schaukelpolitik« von Gagerns, dessen beabsichtigte Stärkung der politischen Mitte fehlgeschlagen war. Das Blatt enthält zudem eine mahnende Botschaft an die politische Linke; ist es doch unverkennbar, daß alle Mitglieder dieser Fraktion bei einer weiteren Belastung der linken Hälfte der Wippe in den Abgrund stürzen. Die witzige Bildidee, die differenzierte Charakterisierung der Politiker sowie die hohe zeichnerische Fertigkeit bestätigen den künstlerischen Rang Friedrich Pechts. Der gebürtige Konstanzer hatte an den Akademien in München und Dresden sowie bei Paul Delaroche in Paris studiert und war in der 2. Hälfte des 19. Jahrhunderts vorwiegend als bedeutender Kunstkritiker tätig. Während der Revolution von 1848/49 trat er mit der Serie »Aetz-Bilder aus Frankfurt« hervor, die er heftweise in Leipzig – zunächst bei Rocca, später bei Wigand – veröffentlichte. Die Folge zählt zu den besten Leistungen der Bildsatire der Jahre 1848/49. Als einziger Künstler bediente er sich mit großer Fertigkeit der aufwendigen Radiertechnik, womit er vor allem ein kennerhaftes Publikum ansprechen wollte. *D.K.*

Lit.: Münster 1983, Nr. 163; Karlsruhe 1998, S. 88.

56
Vor den Wählern / In der Paulskirche
Friedrich Pecht (Konstanz 1814 – 1903 München)
Verlag von Louis Rocca in Leipzig
1848
Radierung, Typendruck; H. 27,9, Br. 38,4 cm
Aus der Reihe »Aetz-Bilder aus Frankfurt a. M.«
Nürnberg, Germanisches Nationalmuseum; Inv.Nr. HB 15321, Kapsel 1318a

Trotz einfacher Herkunft gelang Robert Blum der Aufstieg zum Führer der radikalliberalen Fraktion der Nationalversammlung. Seine Anerkennung beruhte auf seinem großen Organisationstalent; vor allem vermochte er, dank seiner außerordentlichen Rednergabe und geschickten Publizi-

stik, breite Kreise der Wähler hinter sich zu bringen. Auch im Parlament genoß er als Mitglied zahlreicher wichtiger Ausschüsse hohe Achtung. Es verwundert kaum, daß diese schillernde Persönlichkeit binnen Kürze zu einem der meistkarikierten Parlamentarier der Frankfurter Nationalversammlung avancierte. Friedrich Pecht versuchte in seinem sorgfältig ausgearbeiteten Spottblatt Blum als wortbrüchigen Abgeordneten zu diffamieren. Auf der linken Bildhälfte zeigt er den Abgeordneten bei seiner am 30. Juli 1848 in Heidelberg gehaltenen Rede, in der er sich für die »constitutionelle Monarchie« ausgesprochen hatte. In der rechten Bildhälfte agiert Blum dann als Abgeordneter in der Paulskirche. Dort – so verdeutlicht der beigefügte Text – zeigt er sein wahres Gesicht als entschiedener Befürworter einer republikanischen Verfassung. Pechts mit viel Text beladenes Spottblatt läßt bei aller zeichnerischen Feinheit den zupackenden karikierenden Witz vermissen. Ungleich wirkungsvoller ging fast zeitgleich der als Zeichner dilettierende preußische Rittmeister Alphons von Boddien gegen Blum vor. Anders als Pecht scheute er in seinem Blatt »Genius der Wahrheit« nicht davor zurück, Blums unvorteilhafte Physiognomie und Statur durch grobe Überzeichnung der Lächerlichkeit preiszugeben (vgl. Hamburg 1995, S. 90). *D.K.*

Lit.: Reiter 1994, Nr. 615; Mannheim 1998, S. 105.

57
Michel am Scheidewege 1848
Anonym
1848
Lithographie; H. 27,1, Br. 39,3 cm
Nürnberg, Germanisches Nationalmuseum; Inv.Nr. HB 12688, Kapsel 1318

Von Beginn der Verfassungsdebatte an war umstritten, welche Territorien dem neu zu schaffenden Reich zugehören sollten. Vor allem wurde der mögliche Beitritt des österreichischen Vielvölkerstaates im Parlament heftig diskutiert; auch die Karikaturisten bezogen Stellung. Der barfüßige deutsche Michel,

der die schwarz-rot-goldene Fahne der Revolution sowie die Kaiserkrone mit sich führt, ist auf seiner Suche nach dem einigen freien Deutschland an einer Weggabelung angelangt. Dort kommt ihm von Wien aus eine von Kaiser Ferdinand I. angeführte Gruppe entgegen. Ihr gehören Vertreter der Kirche, der slawischen Völker sowie reaktionäre Höflinge an. Da der Michel keine slawischen Völker in seinem Reich wünscht, reicht ihm Kaiser Ferdinand eine Schrift über die Befreiung dieser Volksgruppen. Vom Michel noch unbemerkt, ist gleichzeitig mit den Österreichern auch Friedrich Wilhelm IV. an der Weggabelung angelangt. Er bringt die preußische Verfassung sowie Zusagen für eine Zollunion, für einheitliche Maße und die deutsche Flotte mit. In dichtem Abstand folgt ihm ein Geistlicher, der eine aufgeschlagene, von Martin Luther übersetzte Bibel vor sich her trägt. Der anonyme Entwerfer des schlicht gezeichneten Blattes macht keinen Hehl aus seiner Sympathie für Preußen, verkörpern für ihn doch Friedrich Wilhelm IV. und der Geistliche Gesetz, Tugend und Recht. Dagegen werden die »Staatsbürger Oesterreichs« denkbar unvorteilhaft dargestellt. Die vehemente Ablehnung des Katholizismus kommt nicht nur in der Karikatur des jesuitischen Geistlichen im Kaisergefolge zum Ausdruck; selbst die im Hintergrund dargestellte, bereits vier Jahre zurückliegende Wallfahrt zum Heiligen Rock in Trier wird mit der Bezeichnung »Heerschau der Dummheit« heftig attackiert. *D.K.*

58
Halt! Halt! Sonst geht die ganze Geschichte auseinander
Verlag von J. A. Wagner in Frankfurt a. M.
1849
Lithographie; H. 26,4, Br. 33,3 cm
Frankfurt a. M. , Historisches Museum; Inv.Nr. C 2895

Ein österreichischer und ein preußischer Militär versuchen die mit der Germania besetzte Staatskutsche des deutschen Reiches in entgegengesetzte Richtungen zu lenken. Mit Peit-

Michel am Scheidewege 1848.
Trier.
Heerschau der Dummheit
Ein einiges freies Deutschland!!
Willst Du die Kaiserkrone so trenne Dich vom Slaventhum.
Preussische Constitution 1848
Ein Zoll! Maass Gewicht deutsche Flotte & Marine.
nach Berlin
nach Wien
1521
Slavanska lipa
Das befreite Slaventhum
Hurra nach Deutschland
Die stille Reformation
Ecclesiæ militans
Die Streiter der allein seligmachenden Kirche.
Gesetz, Tugend und Recht.
Die Staatsbürger Oesterreichs und Metternichs Politik.

57

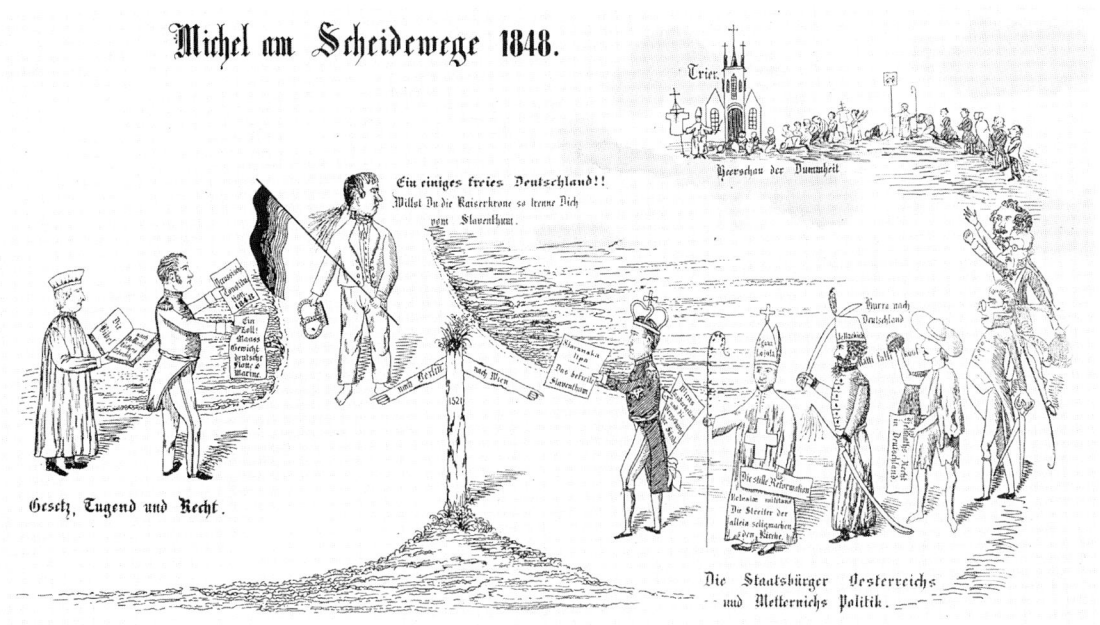

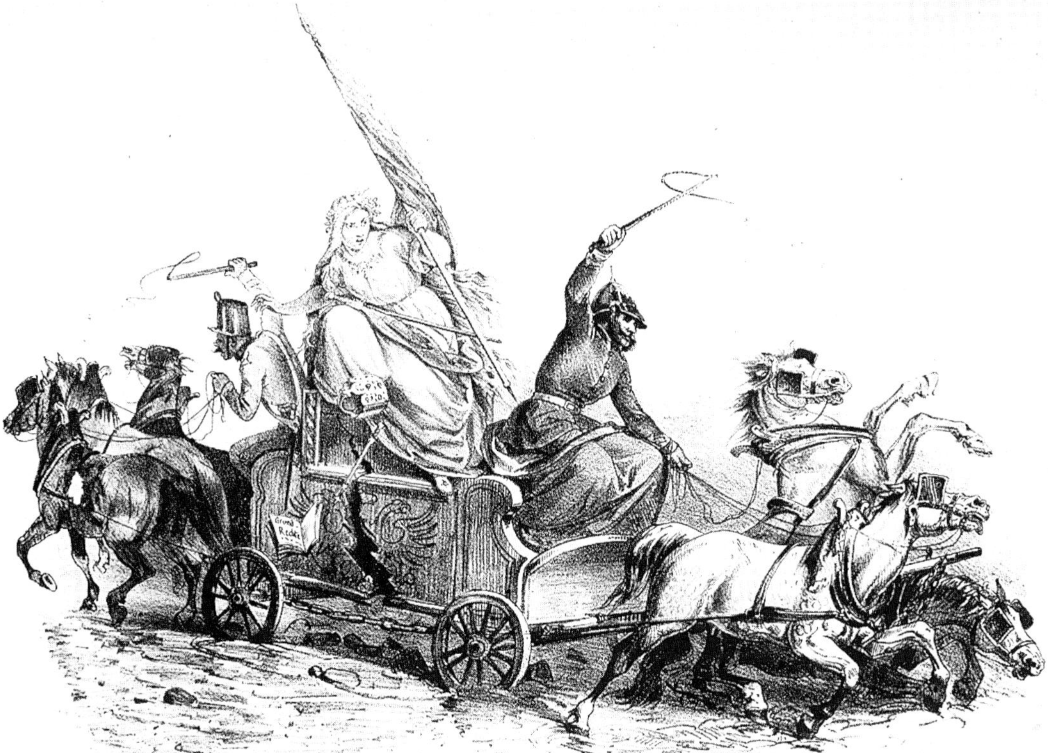
Halt! halt! sonst geht die ganz' Geschicht auseinander.

58

Wie der deutsche Michel Alles wieder von sich gibt.

59

60

schenhieben treiben sie ihr Dreierge-
spann an. Der Preuße schlägt mit der-
artiger Heftigkeit auf die Pferde ein,
daß bereits zwei seiner Tiere gestürzt
sind und ein drittes sich vor Schmerz
aufbäumt. Die Kraftanstrengung der
sechs Pferde hat bereits die Kutsche
und damit einen auf den Wagen-
schlag gemalten Doppeladler genau
in der Mitte zerbrochen. Eine unterhalb der Kutsche gespannte Kette ver-
hindert ein vollständiges Auseinander-
fallen des Gefährts. Germania ist von
ihrem Sitz aufgeschreckt: Kaiserkrone,
Szepter und die Grundrechte ent-
gleiten ihr und fallen zu Boden, einzig Fahne und Schwert sind ihr als
Herrschaftszeichen verblieben. Sie
versucht verzweifelt die Kutscher zur
Räson zu bringen: »Halt! Halt! Sonst
geht die ganz' Geschicht auseinander« ruft sie den Kontrahenten zu.
Doch beide Militärs nehmen keine
Notiz von ihr. Mit großer Eindringlichkeit veranschaulicht die Lithographie
die fatale Konstellation des Dualismus

der beiden deutschen Großmächte
Preußen und Österreich. Das Blatt entstand wohl Ende 1848, kurz nach
den Erfolgen der Reaktion in Wien
und Berlin. Auffallend ist die physiognomische Ähnlichkeit des preußischen Kutschers mit dem erzkonser-
vativen Prinzen Wilhelm. Der anonyme Zeichner griff motivisch auf das
seit dem 16. Jahrhundert in der politischen Bildsprache häufig verwendete
Motiv des beiderseitig bespannten
Wagens zurück. Das Blatt zählt in
Komposition, Bildwitz und Figuren-
handlung zu den vorzüglichsten Leistungen der deutschen Bildsatire in
den Jahren 1848/49.   *D.K.*

59
*Wie der deutsche Michel Alles wie-
der von sich gibt*
Ernst Schalck (Frankfurt 1827 –
1865 Frankfurt)
Frankfurt a. M., 1849
Lithographie; H. 34,0, Br. 26,2 cm
Nürnberg, Germanisches National-
museum; Inv.Nr. HB 15773, Kapsel
1318a

Dem deutschen Michel ist schlecht
geworden. Er hat die Meerschaum-
pfeife »Deutscher Kaiser« – mit dem
Bildnis des preußischen Königs Friedrich Wilhelm IV. geraucht. Nun lehnt
er sich vor den Toren Frankfurts an
ein nach Berlin weisendes Wegzeichen an. Vor lauter Übelkeit gibt er
all seine »Märzerrungenschaften«,
Volkssouveränität, Presse- und Ver-
sammlungsfreiheit sowie Volksbewaffnung, wieder von sich. Schalcks Blatt
ist die deprimierende Bestandsaufnahme der Revolution im Frühjahr
1849. Der einst kämpferische und

aufrührerische Michel hat seine Keule unter den Arm geklemmt und ist zutiefst niedergeschlagen: Er trägt die Verantwortung für die Volksvertreter, die trotz der revolutionären Erfolge wiederum einen Fürsten zum Staatsoberhaupt gewählt haben. Und dies, obwohl Friedrich Wilhelm IV. seine demokratischen Zugeständnisse in Preußen nicht einhielt. So war absehbar, daß er auch die vom Parlament erarbeitete Verfassung sowie die Grundrechte des Deutschen Volkes ebenfalls mit Füßen treten würde.
D.K.

Lit.: Karlsruhe 1984, Nr. 78; Reiter 1994, Nr. 332; Das Europa der Bilder I, S. 170, Kat. 89.

60
Bilder aus Frankfurt No. 11 (Friedrich Jucho im preußischen Wind)
Ernst Schalck (Frankfurt 1827 – 1865 Frankfurt)
Verlag von Eduard Gustav May in Frankfurt a. M.
1849/50
Lithographie; H. 48,5, Br. 36,3 cm
Nürnberg, Germanisches Nationalmuseum; Inv.Nr. HB 26881, Kapsel 1318a
Der Frankfurter Notar Friedrich Siegmund Jucho steht auf einem Hügel oberhalb der alten Reichsstadt. Im Hintergrund sind die Türme des Doms und der Paulskirche zu erkennen. Mit einem aufgespannten Regenschirm schützt sich Jucho gegen kräftige Windstöße, die ihn von hinten bedrängen. Es ist der preußische König, der in Gestalt eines Wegweisers mit aller Kraft diese Turbulenzen verursacht. Mit einem Arm weist der König auf eine der Rocktaschen des Notars, in der ein Papier mit der Aufschrift Genève (Genf) steckt. Während Jucho von diesen Winden und auch von dem vor ihm am Boden kriechenden Krebs, dem Symbol der Reaktion, unbeeindruckt bleibt, fliehen seine Parteifreunde der Frankfurter Konstituante in einem Ballon, dessen Gondel aus einer umgekehrten Jakobinermütze besteht. Friedrich Jucho (1805 – 1884) hatte als überzeugter Liberaler an wichtigen Entscheidungsprozessen des Vorparlaments wie auch der Nationalversammlung mitgewirkt. Aufgrund seiner umfassenden Tätigkeit als Schriftführer erhielt er am 30. Mai 1849, dem letzten offiziellen Sitzungstag in Frankfurt, von dem verbleibenden Vorstand die Vollmacht, alle Urkunden, Akten und Schriftstücke der Versammlung zu übernehmen und aufzubewahren. Dieser ehrenvolle Auftrag erwies sich als besondere Bewährungsprobe, denn Jucho wurde fortan vom deutschen Bund und der Stadt Frankfurt massiv bedrängt, das Archiv der Nationalversammlung herauszugeben. Wie das Schriftstück in seiner Rocktasche verdeutlicht, hatte Jucho jedoch einen Teil der Akten in der Schweiz deponiert. Das kostbarste Dokument – die Originalurkunde der Reichsverfassung – wurde sogar bis 1870 in einem Banksafe in Manchester verwahrt. Juchos Beharrlichkeit ist um so erstaunlicher, als er im März 1849 – entgegen seinen früheren Idealen, aber in Übereinstimmung mit seiner kleindeutschen Haltung – für das preußische Erbkaisertum votiert hatte. Der Lithograph Ernst Schalck hebt dagegen mit offensichtlicher Genugtuung das Verantwortungsbewußtsein Juchos gegenüber den verfassungsrechtlichen Errungenschaften der Nationalversammlung hervor. Wie ein Fels in der Brandung trotzt er den Begehrlichkeiten der in der Revolution siegreichen Konservativen. Das Blatt zählt zu einer Serie von 12 großformatigen Karikaturen auf Honoratioren der Stadt, die unter dem Titel »Bilder aus Frankfurt« Ende 1849 / Anfang 1850 bei Eduard Gustav May in Frankfurt erschienen ist. Es stellt sicher eine der letzten satirischen Stellungnahmen zu Ereignissen der deutschen Revolution dar. *D.K.*

Lit.: Koch 1989, S. 232f.; Reiter 1994, Nr. 637.

Pickelhaube oder Jakobinermütze

61

Es lebe die Bürgergarde zum Schutz der deutschen Verfassung!
Druck und Verlag von A. Weingärtner in Mainz
1849
Kreidelithographie; H. 32,5, Br. 23,9 cm
Hamburg, Museum für Kunst und Gewerbe; Inv.Nr. H 3161

Unter einer deutschen Eiche stehen zwei bärtige, bewaffnete Männer in Bürgerwehr-Uniformen. Der rechte tritt auf den Kopf einer Schlange als Verkörperung der Reaktion und knüpft damit an Darstellungen des Heiligen Georg an. Sein Hut erinnert mit seiner aufgeschlagenen Krempe und eichenlaubverzierten Kokarde an den »Heckerhut«. Er hält eine Lanze mit großer schwarz-rot-goldener Fahne, die in der Mitte einen Kranz aus Eichenblättern und ein Bündel mit sieben Pfeilen zeigt. Das Pfeilbündel, hier als Symbol der republikanischen Staatsform verwendet, war seit dem 17. Jahrhundert das Zeichen der 1648 gegründeten Generalstaaten, der sieben unabhängigen niederländischen Provinzen. Auf der an der Eiche hängenden Schriftrolle wird an die Märzforderungen erinnert; ein unter den Bürgergardisten verlaufendes Schriftband fordert den Betrachter mit den Worten »Michel! sei wachsam« und »Einigkeit macht stark!« auf, das bereits Erreichte zu verteidigen. Im Geäst des Baumes sitzt eine schwarze Eule mit gespreizten Schwingen und schwarzem Bäffchen, rechts fliegt eine Fledermaus. Als Tiere der Nacht und Sinnbild der Reaktion werden sie von den Strahlen der hinter der Eiche aufgehenden Sonne vertrieben. Das mit »No. 5« bezeichnete Blatt aus einer unbekannten Serie dürfte aus der Zeit der Reichsverfassungskampagne (April bis Juli 1849) stammen, die die Annahme der von der Frankfurter Nationalversammlung verabschiedeten Verfassung durch Bayern, Hannover, Preußen und Sachsen zum Ziel hatte.

61

Der Vormarsch der Reaktion ließ sie jedoch zum Überlebenskampf aller demokratisch-republikanischen wie auch der gemäßigteren politischen Kräfte werden. *M.Kü.*

62

Die Begründer der Freiheit. Erinnerung an den 18. und 19. März 1848

Gustav Bartsch (Gleiwitz 1821 – nach 1896)
Lithographie von Jab; Druck von W. Ammon
1848
Kreidelithographie; H. 36,1, Br. 51,4 cm
Hamburg, Museum für Kunst und Gewerbe; Inv.Nr. H 3159

63

schenschaft, rechts ein Bürger mit kokardengeschmücktem Zylinder und Gewehr, in der Mitte ein Offizier in preußischer Uniform, der seinen Arm mit dem schwarz-rot-goldenen Band zur Bekräftigung des Dreierbundes zum Schwur hebt. Auf deren gemäßigte politische Forderungen verweist das Schwarz-Rot-Gold der einen, auf ihre Treue zum Staat und ihr Bekenntnis zur Monarchie Doppeladler und Krone der anderen Fahne. Die am Boden liegenden Kanonen sprechen ebenso wie das mit dem Lauf nach unten geschulterte Gewehr des Militärs für den Wunsch, in Zukunft auf Gewalt zu verzichten. Das Erinnerungsbild greift formal die von Johann Heinrich Füssli 1780 in seinem Bild »Schwur auf dem Rütli« geschaffene pathetische Darstellung von Einheit und Solidarität auf und kennzeichnet die hier dargestellten Gesellschaftsgruppen als Garanten der Freiheit und Einheit Deutschlands.   M.Kü.

Das Blatt von Gustav Bartsch bezieht sich wie eine gleichartige Darstellung Ferdinand Hübners (Berlin, Deutsches Historisches Museum, Inv.Nr. Gr 96/11) auf die Berliner Barrikadenkämpfe am 18. und 19. März 1848. Während Proletarier, Studenten und Bürger gemeinsam gegen das Militär kämpften, arrangierten sich die liberalen Kräfte nach den Zugeständnissen Friedrich Wilhelms IV. mit den alten Machthabern und schlossen sich gegen die Unterschichten zusammen. Symbolisch reichen sich Vertreter verschiedener sozialer und politischer Gruppen die Hand und geloben gegenseitige Treue und Einigkeit: Links ein Student mit Degen als Zeichen seiner Mitgliedschaft in einer Bur-

63
Frackanzug mit Pantalons, Weste und Halsbinde
um 1840
a) Frack: Schwarzes Wolltuch, Knöpfe bezogen, zweireihig; L. 99 cm
b) Pantalons: Weißer Baumwollrips, Stege Baumwollband mit eingewebten Gummifäden, Beinknöpfe;
L. 116 cm
c) Weste: Cremefarbenes Seidengewebe, Rücken weißes Leinen, Knöpfe bezogen; L. 53 cm
d) Krawatte: Schwarzer Seidenatlas, Baumwollfutter, Leder, Metallschließe;
L. 52 cm
Nürnberg, Germanisches Nationalmuseum; Inv.Nr. T 1751(a), T 3741(b), T 7353(c), T 4853(d)

Der Anzug aus Frack oder Gehrock, Pantalons, Weste, Hemd und Krawatte repräsentiert die bürgerliche Männerkleidung um die Mitte des 19. Jahrhunderts. Noch überwogen Kombinationen mit hellen oder gemusterten Pantalons, die ihre in der Französischen Revolution als Gegenbild zur höfischen Culotte gewonnene politische Symbolik inzwischen an eine für alle Schichten gültige Mode verloren

hatten. Auch die unter dem meist offen getragenen Frack sichtbare ein- oder zweireihige Weste zeigt sich noch bis in die 1860er Jahre als heller oder farblicher Akzent der allmählich dunkler und einförmiger werdenden männlichen Tageskleidung. Beim Hemd und besonders für dessen Kragen sind mit angeknöpften steifen Stehkrägen, die bezeichnenderweise den Beinamen Vatermörder erhielten, und weich fallenden Umlegekrägen eine förmliche und eine ungezwungenere Variante zu beobachten, die in fast ebenso hohen, den Kragen eng umschließenden Halsbinden oder legeren Schleifen ihre Entsprechung fanden. Als Kopfbedeckung vervollständigte der Zylinder (Kat. 75) den bürgerlichen Anzug, dessen politische Konnotationen wie schon bei den Pantalons im Kleideralltag jedoch kaum noch eine Rolle spielten. Wenn man den Einzel- und Gruppen-

64

65

66

porträts linker und rechter Abgeordneter und Darstellungen aus dem Inneren der Paulskirche glauben darf, waren Anzug und Krawatte auch in der
Nationalversammlung die übliche
Kleidung, wobei am ehesten Hemd-
kragen und Krawatte auf den politischen Abstand ihres Trägers zum bür-
gerlich-konservativen Lager schießen
lassen. Selbst Friedrich Hecker als
Symbolfigur und Protagonist vieler
deutscher »Blusenmänner« (Kat. 28)
trägt auf individuellen Bildnissen mit
Porträtanspruch die beschriebene bürgerliche Kleidung, während der revolutionäre Habit aus blauer Bluse und
Federhut der symbolisch aufgeladenen Ikonographie agitatorischer
Bilddrucke und politischer Schriften
vorbehalten blieb. *J.Z.-S.*

64
Hosenträger
Deutschland, um 1830
Seidenkanevas, mit Wolle, Seide und
Metallfäden bestickt. Leder, Metall-
spiralen, Metallschnallen; L. 93 cm
Nürnberg, Germanisches National-
museum; Inv.Nr. T 4049

In der revolutionären Symbolik wurde
die bürgerliche Kleidung karikierend
überzeichnet zum Sinnbild obrigkeitlicher Unterdrückung und willfähriger
Spießbürgerlichkeit. Zumal jene Elemente, die wie steife Hemdkrägen,
hohe Halsbinden und der als Zwangsjacke diffamierte Frack die körperliche Freiheit beeinträchtigten, wurden
entsprechend interpretiert. Auch Hosenträger und Hosenstege wurden zu

sinnfälligen Zeichen einer derart ideo-
logisierten Kleidung. Im täglichen Gebrauch sorgten die zum Teil aufwendig bestickten Hosenträger, in den
Bund eingeknöpft und mit bezogenen
Metallspiralen oder gummierten Zwi-
schenstücken versehen, für den elasti-
schen Halt der Pantalons. Am unteren
Rand der Hosenbeine angebrachte
Stege, die im Schuh oder darüber getragen wurden, verhinderten ein
Hochrutschen der engen und langen
Hosenbeine. Schon in den 30er Jahren des 19. Jahrhunderts spottete der
Modekritiker Hermann Hauff über die
eleganten Herren, die »der haltende
Steg unten, der straff spannende Hosenträger oben« jeden Augenblick
daran erinnerten, daß sie gut gekleidet
sind. Mit unverkennbar politischem

Nebensinn griff die Wiener Modezeitschrift »Spiegel« unter dem Titel »Deutschland erhält die Freiheit – von den Schneidern« im März 1845 das Thema der Hosenstege auf, indem sie den »liberalen Männern« den »Fort-Schnitt« versprach: »Noch einige Monate und wir sind auf freiem Fuße. (...) Wir werden laufen lernen, und das ist viel werth«. Im Januar 1848 widmete sich das Wochenblatt »Eulenspiegel« dem Thema des von Hosenträgern und Hosenstegen eingesperrten Bürgers, indem es der revolutionäre Eulenspiegel ablehnte, seine Füße »in diese Röhren, wo unten Steigbügel angenäht sind« zu stecken und sich als »ein ehrlicher Mensch« von Hosenträgern »zusammenschüren« zu lassen. Das im gleichen Jahr von dem Struwwelpeter-Autor Heinrich Hoffmann unter dem Pseudonym Peter Struwwel, Demagog, verfaßte »Handbüchlein für Wühler oder kurzgefaßte Anleitung in wenigen Tagen ein Volksmann zu werden« stellte den Zwang der Hosenträger der vermeintlichen Freiheit der »Blusenmänner« gegenüber: »Ein ächter Freund des eiligen Fortschritts trägt keine Hosenträger, sondern einen Riemen um den Leib; grobes Rindsleder mit derber Schnalle. (...) Frei muß die Brust sein, unbeengt, selbst ohne Elastik. Elastisch soll überhaupt Nichts am Volksfreund sein, sondern Alles spröd, starr, unnachgiebig. Pfui, Hosenträger!«. J.Z.-S.

Lit.: Hauff 1840, S. 33/34; Thiel 1980, S. 314; Belting 1997, S. 30f.

65
Damenkleid
Deutschland, um 1845
Seidentaft, rote Seidenborten, Kragen und Unterärmel Baumwolle, Weißstickerei; L. 153 cm
Nürnberg, Germanisches Nationalmuseum; Inv.Nr. T 4214, T 6117 (Kragen), T 6114 (Unterärmel)

Das Kleid aus einem leichten, grün-rot changierenden Seidentaft entspricht der Mode zwischen ausklingendem Biedermeier und Zweitem Rokoko. Kennzeichnend ist das wenig über-

längt auf den Körper gearbeitete Oberteil, das in der vorderen Mitte in einer flachen Schneppe ausläuft. Die dreiviertellangen Ärmel verbreitern sich nach unten zum sog. Pagodenärmel, während die weit ausgespannte Rock bereits die nach der Jahrhundertmitte noch voluminöser werdenden Silhouetten der Krinolinen ankündigt. Die Motive der auf Ärmeln und Rock applizierten Bordüren entsprechen dem um die Jahrhundertmitte auch bei Webmustern verbreiteten Geschmack geometrischer Formen. Weiße Kragengarnituren und Unterärmel, die hier durch zeitgleiche Beispiele ergänzt sind, hellten die dunkler und intensiver werdenden Farben der Kleider auf.
Das durch die Mode der Jahrhundertmitte repräsentierte Frauenbild zeigt sich im Widerspruch zur aktiven Teilnahme der Frauen am politischen Geschehen. Auch äußerlich schlüpften emanzipierte und revolutionäre Frauen daher für ihre Ziele in Männerkleidung, wie es Darstellungen der in Hosen, blauer Bluse und Federhut an der Seite ihrer Männer kämpfenden »Amazonen« Elise Blenker, Emma Herwegh oder Mathilde Franziska Anneke zeigen. Zur Frau in Männerkleidung, wie sie bereits im späten Mittelalter die »verkehrte Welt« der Weiberherrschaft bezeichnete, trat um die Mitte des 19. Jahrhunderts das Bild der rauchenden Frau, die im politischen Damenclub Strickzeug und Erbauungsbuch mit der Pfeife vertauscht und in einer Zeit, in der selbst für Männer die Aufhebung des öffentlichen Rauchverbotes vielerorts zu den revolutionären Errungenschaften zählte, zum »Barrikadenstrohhut« Zigarre raucht (Kat. 69e). J.Z.-S.

Lit.: Belting 1997, S. 122ff.; Karlsruhe 1998, Nr. 457 (»Politischer Damenclub«).

66
Puppe mit zeitgenössischer Kleidung
Deutschland, um 1845
Kopf mit Büste aus Papiermaché, Glasaugen, Echthaarperücke, Lederbalg; L. 68 cm
Nürnberg, Germanisches Nationalmuseum; Inv.Nr. HG 10286

Während der bemalte Puppenkopf aus Papiermaché kindliche Züge trägt, entspricht die Kleidung der Puppe der einer Dame der 1840er Jahre. Papiermachépuppenköpfe insbesondere aus thüringischer Produktion hatten in der 1. Hälfte des 19. Jahrhunderts Konjunktur, ehe sie in den folgenden Jahrzehnten von Puppen aus Porzellan verdrängt wurden. Über weißer Unterkleidung – bestehend aus langen Beinkleidern, Hemd und weitem Unterrock aus einem Baumwoll-Leinengewebe – trägt die Puppe ein Kattunkleid mit farbigem Würfelmuster, dessen Schnitt dem der Damenmode des Spätbiedermeier entspricht. Das körperbetont geschnittene Oberteil ist mit einer tiefen Taille versehen, die in einer spitz zulaufenden Schneppe endet. Ebenfalls einem modischen Attribut der Damenmode nachgebildet sind die glockenförmigen Halbärmel über langen schmalen Unterärmeln. Ähnliches gilt für den weitgeschnittenen Rock, der bereits die Krinolinenmode der 1850er und 60er Jahre vorbereitet. Das im Rücken spitz zulaufende Schultertuch aus dem Kleiderstoff dient als feste und paßgerechte Unterlage für das darüber getragene Tuch mit Volants aus leichter weißer Tüllspitze, dessen beide Enden in der vorderen Taille zusammenlaufen. Es erinnert an die weißen Kragen- und Manschettengarnituren von Damenkleidern, die die gedeckten Stoffe aufhellen und die Trägerin schmücken sollten. Auf dem Kopf trägt die Puppe einen Schutenhut aus cremefarbigem Seidenrips, der mit künstlichen Blumen in Form von Rosen und Vergißmeinnicht garniert ist. Seitlich angebrachte Seitenbänder sind unter dem Kinn geschlungen. Weniger für das Tageskleid aus Kattun als für eine festliche Garderobe scheint der beigefügte schwarze Seidenumhang mit violettem Futter und Fransenbesatz bestimmt zu sein. Er ist einem Kleidungsstück nachgeschneidert, das zum Ausgehen über den weiten Kleiderröcken getragen wurde und dessen Material dem Anlaß entsprechend variierte. H. M.

Lit.: Nürnberg 1985, Nr. 108; Gräfnitz 1994.

MITGLIED DES DEMOKRATISCHEN FRAUEN.VEREINES.

67d

179

67a   67b

67
*Erinnerungs-Bilder aus Wiens Octo-
ber-Tagen 1848*
Anton Zampis (1820 – 1883 Wien)
Verlag von A. O. Witzendorf in
Wien; Druck J. Höfelich in Wien
1848
Sechs Kreidelithographien; H. ca.
55,0, Br. ca. 35,2 cm
Hamburg, Museum für Kunst und Ge-
werbe; Inv.Nr. 3223, 3228, 3230,
3238, 3233, 3240

a) *Ich sehe noch immer keine Ungarn*
b) *Ein Mobilegarde*
c) *Leichtes Corps*
d) *Mitglied des Demokratischen
Frauen.Vereines*
e) *Ein besorgter Vater sieht seinen
Sohn als Mobilegarden.Führer*
f) *National.garde*

In einer Folge von insgesamt 18 Blättern karikiert der Wiener Zeichner Anton Zampis Situationen und Typen aus
der Zeit der Wiener Oktoberrevoluti-
on, als das revolutionäre Oberkom-
mando die allgemeine Volksbewaffnung anordnete und die Stadt einen
Monat lang hielt. Erst am 31. Oktober kapitulierte das revolutionäre
Wien vor der Belagerung und dem
Bombardement der kaiserlichen Truppen des Fürsten Windischgrätz. Das
abenteuerlich bunte Erscheinungsbild
der rund 100 000 Mann starken,
meist waffenungeübten Truppe aus Arbeitern, Bürgern und Studenten regte
den Zeichner zu satirischen Situati-
onsbildern an, die jedoch eine heimliche Sympathie mit der Revolution verraten: Ein theatralisch aufgeputzter,
bärtiger Angehöriger eines bürgerlichen oder studentischen Freicorps mit
federgeschmücktem Kalabreserhut
und einem Kurzschwert an der Seite
hält auf dem Dach mit einem Fernrohr
Ausschau nach der ungarischen Armee, von deren solidarischem Eingreifen man sich das Ende der Belagerung versprach. Nicht weniger
abenteuerlich erscheint der Vertreter
des bewaffneten Proletariats in der
improvisierten, aus Versatzstücken zu-
sammengestellten »Uniform« der neugegründeten Mobilgarde. In ganz un-
militärischer Haltung – Zigarre rau-
chend, die Hand in der Hosentasche,
eine Blume an der Mütze – stützt er
sich auf sein Gewehr. Zwei bürgerliche Nationalgardisten, die vor der
brasilianischen Botschaft Wache halten, tragen zwar reguläre Uniformen,
doch ist die Hose des einen mit an-
dersfarbigem Stoff geflickt, und ihr
angeregtes Gespräch zeugt nicht von
militärischer Disziplin. Ein furchtsamer
Kleinbürger mit Zipfelmütze und roter
Nase schaut besorgt durch seine Fensterscheiben und ängstigt sich gleichermaßen um seinen bescheidenen
Besitzstand wie um seinen Sohn, der
als Mobilgardist vorbeizieht. Eine Reihe von Karikaturen gilt der Beteiligung der Frauen an der Wiener Revolution. Als »Leichte Garde« wird
die Bürgerstochter mit ihrem geschul-
terten Gewehr und der Kokarde am
Federhut abgetan. Bei aller Sympa-

LEICHTES CORPS

EIN DEBORSTER VATER SIEHT SEINEN SOHN
ALS MOBILEGARDEN-FÜHRER.

thie für die Revolution kann der Zeichner die Frauen in der ungewohnten
Rolle der politischen oder gar militärischen Kämpferin nicht ernst nehmen.
Überall in Europa entstanden 1848
emanzipatorische Frauenorganisationen, die jedoch – wie in Edouard de
Beaumonts »Vesuviennes« (Europa der
Bilder I, S. 138, Kat. 10) – auf
männliches Unverständnis und sexistische Kritik stießen. So wird auch der
Verteterin des »demokratischen
Frauenvereins«, die ihr Gewehr an
die Wand lehnt, um sich auf anzügliche Weise den Strumpf zu binden,
ein besonderes Demokratieverständnis unterstellt. M.Kü.

Lit.: Witzmann 1987; Karlsruhe
1998; Strumingher in Rütten 1991,
S. 260ff.; Czyba in Rütten 1991,
S. 277ff.

NATIONAL-GARDE.

68 (Abb. S. 37)
Die Communisten
A. Trunz (Lebensdaten unbekannt)
Steindruck von F. Gröber
1848
Federlithographie; H. 19,8;
Br. 14,2 cm
Hamburg, Museum für Kunst und Ge-
werbe; Inv.Nr. H 31135

Das aus einer Serie stammende Blatt
diffamiert die beiden Sympathisanten
der 1847/48 noch jungen Kommuni-
stische Partei als prinzipienlose Ge-
sellen, deren schäbiges Äußeres mit
wildem Haar, Bart, Zigarre und Kno-
tenstock wenig Vertrauen erweckt.
Mit Bluse, abgerissenem Gehrock, einer an eine phrygische Mütze erin-
nernden Kopfbedeckung sowie einem
kalabreserähnlichen Hut scheint einer
dem Arbeiter-, der andere dem Klein-
bürgermilieu zu entstammen, das in
Gefahr war, in die Unterschicht ab-
zugleiten. Auf ähnliche Weise wurden schon 1846 in den Fliegenden
Blättern in der »Gallerie der berühm-
testen deutschen Communistenchefs
der Jetztzeit« sechs Individuen dargestellt. Auch Wilhelm Völker hat das
Motiv und insbesondere die beiden
Figuren übernommen und in seinem
Blatt »Parlament der Zukunft« verwendet. Das sich rasch verfestigende Klischee widersprach insofern der Wirklichkeit, als die führenden und in der
Öffentlichkeit bekannten Personen der
sich in den Revolutionsjahren in ra-
scher Folge mehrfach umorganisieren-
den Kommunisten, allen voran Karl
Marx und Friedrich Engels, aus gut-
situierten Kreisen stammten und zeitgenössischen Abbildungen zufolge in
ihrer Kleidung bürgerlichen Vorstellungen folgten. Das in der Bildunterschrift wiedergegebene Gespräch
der beiden läßt auf Aktionismus ohne
durchdachtes Programm schließen.
Die Kommunisten waren mit der Publikation des kommunistischen Manife-
stes Anfang 1848 jedoch eine der
ersten politischen Gruppen, die ihr
Programm in einer verbindlichen Form
festlegten und publizierten. *M.Kü.*

Lit.: Fliegende Blätter 1846, Bd. 5,
Nr. 117, S. 168 u. Nr. 118, S. 174;
Der Satyr. Lose Blätter aus dem Rei-
che, 1848/49, Bd. I. , Nr. 5.

Staatshut.   Schlafhaube.

69a

Bürger-Czako.   Studenten-Hut.

69b

Hut mit Einreihungs-Karte   Calabreser.
für die National-Garde.

69c

Pikelhaube.   Bürger-Grenadier Mütze.

69d

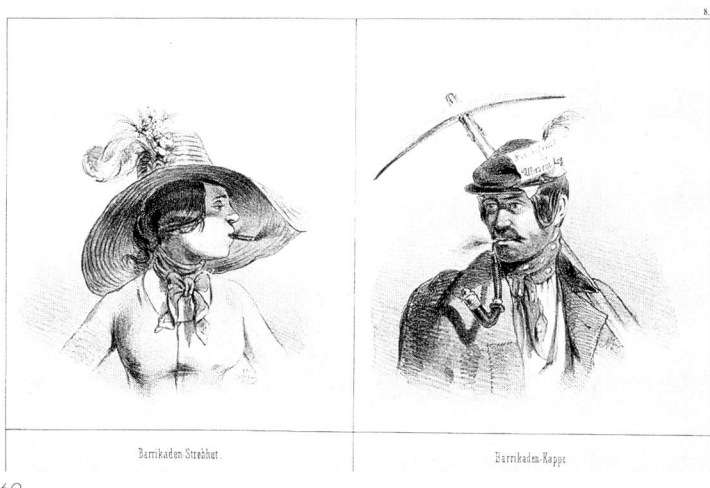

Barrikaden-Strohhut.   Barrikaden-Kappe.

69e

69
Chronologie der Kopfbedeckungen
in dem denkwürdigsten aller Jahre:
1848
Anton Zampis (1820-1883 Wien)
Verlag von L. T. Neumann in Wien
1848
Kreidelithographien
Wien, Museen der Stadt Wien
a) Staatshut. – Schlafhaube.
H. 31,7, Br. 48,7 cm; Inv.Nr.
88.259/1
b) Bürger-Czako. – Studenten-Hut im
März.
H. 31,7, Br. 48,8 cm; Inv. Nr.
88.259/3

c) Hut mit Einreihungs-Karte für die
National-Garde. – Calabreser.
H. 32,7, Br. 48,8 cm; Inv.Nr.
88.259/4
d) Pikelhaube. – Bürger-Grenadier
Mütze.
H. 32,4, Br. 48,7 cm; Inv.Nr.
88.259/7
e) Barrikaden-Strohhut. – Barrikaden-
Kappe.
H. 32,3, Br. 48,6 cm; Inv.Nr.
88.259/8
f) Malcontenten-Hut. – Republikaner-
Mütze.
H. 31,9, Br. 48,7 cm; Inv.Nr.
88.259/12

g) Generals-Hut. – Cilinder (vulgo
Angströhrn.)
H. 31,9, Br. 48,6 cm; Inv.Nr.
88.259/16

Die »Chronologie der Kopfbedeckungen« des Wiener Zeichners und Lithographen Anton Zampis charakterisiert
in einer Folge von 32, einander
paarweise gegenübergestellten Brust-
bildern das Spektrum der politischen
Standorte des Revolutionsjahres 1848.
Die verschiedenen Kopfbedeckungen
sind Symbole der politischen Gesinnung und stehen für die Teilhabe am
revolutionären Geschehen. Die Aussage der Kleidungszeichen wird von
den Physiognomien und dem Bilddia-
log zwischen den trotz politischer Ty-
pisierung als Individuen aufgefaßten
Personen unterstützt.
Das erste Bildnispaar symbolisiert mit
dem militärischen Zweispitz als
»Staatshut« und dem schlafenden Bür-
ger-Michel in Hausrock und Zipfelmütze die vorrevolutionäre Gesellschaft,
in der Staatsmacht und Volk in ihren
gewohnten Rollen verharren (a). Mit
»Bürger-Czako« und »Studenten-Hut
im März«, der als heller breitkrempi-
ger Filzhut dem Typus des Demokra-
tenhutes entspricht, treten Bürgerwehr
und Studenten als einander verschwo-
ren in die Augen blickende Akteure
der Wiener Märzrevolution an ihre
Stelle (b). Der selbstgefällige Träger
des »Hut(es) mit Einreihungs-Karte für
die National-Garde« und sein Gegenüber mit »Calabreser« stehen wie
der durch den breiten Schild der »Pikelhaube« blinde Soldat und der
ängstlich blickende Zivilist mit riesiger
»Bürger-Grenadier Mütze« (d) für die
unterschiedlichen, in ihren Zielen und
Motiven heterogenen Träger der Revolution und scheinen somit bereits
deren Scheitern anzukündigen. Wenig Zutrauen in den Sieg verkörpern
auch die Repräsentanten der radikalen Revolutionäre, unter denen die
rauchende Frau im »Barrikadenstrohhut«, der Arbeiter mit geschultertem
Pickel und »Barrikaden-Kappe« (e),
der heruntergekommene Kommunist
im »Malcontenten-Hut« und der Student mit »Republikaner-Mütze« (f) die
gängigen, der politischen Linken zu-

geordneten Negativmuster aufgreifen. Am Ende der Folge stehen einander erneut Staatsmacht und Bürger gegenüber (g), letzterer jedoch nicht mehr teilnahmslos schlafend, sondern mit »Cilinder (vulgo Angströhre)« nunmehr unzweideutig als gefügiger Verbündeter der Gegenrevolution gekennzeichnet. *J.Z.-S.*

Lit.: München 1987, Nr. 12.5.2.5; Witzmann 1987, S. 30/31.

70
Durch Einheit, – Freiheit
Anonym
1848
Federlithographie; H. 43,3,
Br. 29,0 cm
Bamberg, Staatsbibliothek; Inv.Nr. M.v.O., C.I. 398

Das im März/April 1848 entstandene Gedenkblatt verbildlicht die Aufbruchstimmung der ersten Revolutionsmonate: »Der deutsche Michel ist erwacht, u. hat sich auch schon – gewaschen! Februar et März 1848« ist das Motto des Blattes. Im Rahmen eines arabesken Rahmenwerks sitzt Michel an einem reich gedeckten Tisch mit Spruchbändern und Geschirr, auf dem die Märzforderungen »Ministerverantwortlichkeit, Preßfreiheit, Oeffentlichkeit mit Schwurgericht/Deutsches Parlament und Neue Wahlordnung« zu lesen sind. Im Bewußtsein seiner neuen Freiheit überreicht er seine »Schlaf-Haube« an das reaktionäre Rußland mit seinen leidenden Bauern, die ihre Scheuklappen und Fesseln noch nicht abgelegt haben. In Deutschland hingegen haben sich Angehörige aller Schichten verbrüdert: Freischärler und Bürgerwehrmänner hoffen »Durch Einheit, – Freiheit« zu erlangen. Ihr Kampf richtet sich nicht nur gegen innere, sondern auch gegen äußere Feinde: Eine Flotte deutet die Auseinandersetzungen um Schleswig-Holstein an. Die angestrebte nationale Einheit steht im Zeichen des doppelköpfigen Reichsadlers, der mit Krone und Zepter noch an monarchischen Prinzipien festhält. Vestimentäre Bedeutungsträger sind die wesentlichen Elemente der bildlichen Formulierung von »Einheit« und »Freiheit«: Die kampfbe-

69f

69g

reiten Männer repräsentieren mit Tschako, Grenadiermütze, Zweispitz, Zylinder, Schirmmütze sowie Hecker- und Freischärlerhut einen sozialen und politischen Querschnitt durch die revolutionäre Bewegung; die Übergabe der Zipfelmütze an Rußland symbolisiert Michels Mündigkeit. *Y.D.*

Lit.: Bamberg 1911, S. 1305, Nr. 398; Wolf 1982, S. 84, Nr. 186 u. S. 123; München 1987, Nr. 12.2.2. (mit Abbildung).

71 (Farbtafel S. 116)
Pickelhaube eines Infanterieoffiziers
Schleswig-Holstein, 1848 – 1850
Leder, Messing, geprägt, vergoldet und teilweise versilbert, Seidenfutter; H. 33,0, Dm. 20,5, T. 28,2 cm
Nürnberg, Germanisches Nationalmuseum; Inv.Nr. W 251

Im Jahre 1842 wurde in der preußischen Armee eine Bekleidungsreform durchgeführt, die für eine ganze Epoche der deutschen Geschichte symbolträchtige Wirkung haben sollte. Als markantestes Detail wurde die

»Pickelhaube« eingeführt. Dieser Helm mit einer Spitze auf dem Scheitel, gab der Silhouette des Soldaten eine bedrohliche, gewissermaßen stechende Form. Bereits als Folge der blutig niedergeschlagenen demokratischen Revolution von 1848 wurde dieser Helm der königstreuen Truppen zum Symbol von politischer Reaktion und Militarismus in Deutschland, verstärkt durch die anti-deutsche Propaganda der Alliierten im 1. Weltkrieg, bis hin zu heutigen Filmproduktionen. Dabei darf aber nicht vergessen werden, daß dieser Helmtyp von Friedrich Engels wegen seiner, im Vergleich zu den Vorgängermodellen bequemeren Tragweise gerühmt, außerhalb Preußens von zahlreichen anderen Staaten in Europa, Nord- und Südamerika getragen wurde. Das vorliegende Stück stammt von einer schleswig-holsteinischen Einheit, die diesen Helm im nationalen Kampf gegen Dänemark ab 1848 trug. Der Helm trägt deshalb den doppelköpfigen Reichsadler ohne Krone, das Reichssymbol des republikanischen Deutschland und die schwarz-rot-goldene Kokarde von 1848. *J.W.*

Lit.: Müller / Kunter, Berlin (Ost) 1971; Engels 1958, Bd. 1, S. 434.

72
Tschako eines bayerischen Landwehrinfanteristen
Bayern, um 1830/40
Pappmaché mit Filzbezug und Lederteilen, Messing geprägt und versilbert, ergänzte Fangschnur; H. 21,0, Dm. oben 28,0, Dm. unten 22,5 cm
Leihgabe aus Nürnberger Privatbesitz

Seit Beginn des 19. Jahrhunderts setzte sich aus uniformkundlich nicht ganz klaren Anfängen als militärische Kopfbedeckung von Frankreich ausgehend der Tschako durch, vielleicht, wie einige Militärhistoriker meinen, als formales militärisches Seitenstück zum zivilen Zylinder. Durch den ursprünglich aus Leder, später auch aus Filz, Rohrgeflecht mit Bezug und sogar Pappe bestehenden Tschako wurde der Kopf des Trägers durch den weit außen liegenden Schwerpunkt der Kopfbedeckung recht unangenehm belastet.

Dazu trugen noch bei, der der Kennzeichnung der Einheit des Trägers dienende Puschel, Huppen oder (franz.) Pompon an der Stirn- oder Schläfenseite der Kopfbedeckung, sowie geflochtene Schnüre, zum Ornament gewordene Reste einer ursprünglich funktionalen Fangschnur, die beim Herabfallen das schnelle Greifbarmachen des Tschakos ermöglichen sollte. Trotz seiner offenkundigen Unbequemlichkeit für den Träger bot der Tschako ursprünglich immerhin einen gewissen Schutz gegen Hiebe auf den Kopf, was bei den Pappmaché-Ausführungen natürlich nicht mehr der Fall war. Der Tschako, um 1848 schon zur Kopfbedeckung der Bürgerwehren geworden, wurde in den zahlreichen satirischen Darstellungen der Zeit als Symbol der schlafmützigen, obrigkeitsgläubigen Spießbürger verwendet (vgl. »Kräwinkler Landsturm«). *J.W.*

Lit.: Transfeldt 1945, S. 138f.

73
Bärenfellmütze der Grenadiereinheiten der bayerischen Landwehr
Bayern, um 1830/40
Mützenkörper Leder und Pappe, Bärenfellbezug, Tuch, Borte, Wollgewirk. Messing, geprägt und versilbert; H. max. 34, Dm. max. 38 cm
Nürnberg, Germanisches Nationalmuseum; Inv.Nr. W 205

Im Verlauf des 30jährigen Krieges entstand eine Spezialtruppe, die der Grenadiere. Sie bestand aus Männern, die in großen, an einem Riemen über die Schulter getragenen Taschen kugelige Granaten aus Gußeisen oder Glas mit eingesteckten Lunten trugen. In Wurfweite vor dem Feind entzündeten sie die Granaten mit einer glühenden Lunte und warfen sie unter die feindlichen Truppen. Für dieses riskante Geschäft nahm man besonders große und kräftige Männer. Da sie der übliche breitkrempige Hut am Werfen behindert hätte, trugen sie zunächst die sog. Lager- oder Zeltmützen, eine zipfelmützenartige Kopfbedeckung. Aus ihr entwickelte sich zum einen die sog. Grenadiermütze mit einem, die gesamte Vorderseite in et-

wa dreieckiger Form ausfüllenden metallenen Stirnschild, wie sie einige preußische (auch russische) Grenadierregimenter bis 1914 zur Parade trugen, zum anderen die Bärenfellmütze, wie sie dänische und britische Garderegimenter noch heute sehr photogen (und sinnlos) tragen. Die vorliegende Bärenfellmütze der bayerischen Landwehr war die letzte Kopfbedeckung dieser Art, die, von einer norddeutschen Ausnahme abgesehen, in Deutschland getragen worden ist. Auch sie wurde, wie der Tschako, in den 1840er Jahren zu einer beliebten Zielscheibe satirischer Darstellungen. Wie der Tschako war sie zum Symbol reaktionärer, rückständiger Gesinnung geworden. *J.W.*

74
Zweispitz
um 1848
Schwarzer Wollfilz mit Angora(?)-Flor, Seidenfutter, Schweißband, Metallstickerei, weiß-blaue Kokarde, Federbusch; H. 19,5 cm
Nürnberg, Germanisches Nationalmuseum; Inv.Nr. T 3707

Als »Polizeihut« oder »Staatshut« verkörperte der militärische Zweispitz im revolutionären Gesinnungsspektrum die Staatsmacht und mit ihr obrigkeitliche Unterdrückung und Zensur. Seit dem ausgehenden 18. Jahrhundert war er aus dem älteren Dreispitz hervorgegangen und im 19. Jahrhundert zur rein militärischen Kopfbedeckung geworden. Die zeitgenössische Bezeichnung Schiffhut ist von der Form abgeleitet. Beim Militär war der Zweispitz als »Generalshut« den oberen Rängen zugeordnet, und auch im davon abhängigen Polizeiwesen der 1. Hälfte des 19. Jahrhunderts blieb er höheren Beamten vorbehalten. Auf Karikaturen der Revolutionszeit erscheint der Zweispitz als Kopfbedeckung fürstlicher Souveräne und damit als Symbol der überholten Ordnung (Kat. 69a), oder er wird auf dem Kopf eines Polizeikommissars assoziiert mit staatlichen Übergriffen gegen unbescholtene Bürger, Demokraten und radikale Revolutionäre. Bei dem 1930 aus Nürnberger Privatbe-

sitz an das Germanische Nationalmuseum abgegebenen Zweispitz handelt es sich laut Inventareintrag um einen bayerischen Adjutantenhut des
Jahres 1848. Dem hohen Rang des
Trägers entsprechen der weiß-blaue
Federbusch, die aus blauer Seide
und silbernen Metallfäden gewebte
Kokarde sowie die silberne, in auf-
wendiger Metallstickerei ausgeführte
Agraffe. Mit dem Hut hat sich das
originale, die Form des Hutes aufneh-
mende Etui aus schwarz kaschierter
Pappe erhalten. *J.Z.-S.*

Lit.: Boehn 1926; Foltin, 1963,
S. 253, 287.

75
Zylinder
Nürnberg, Hersteller Chr. Fr. Maurer
um 1840
Seidenplüsch, Seidenband, Leder,
Leinenfutter; H. 21,5 cm
Nürnberg, Germanisches National-
museum; Inv.Nr. T 2418

Der »hohe Hut«, für den sich erst um
die Jahrhundertmitte die Bezeichnung
Zylinder einbürgerte, war die männliche Kopfbedeckung des Biedermeier
schlechthin. Im 18. Jahrhundert war
er als Hut der amerikanischen Freiheitskämpfer nach Europa gekommen.
In der Französischen Revolution trugen ihn die Vertreter des Dritten Standes, um sich vom Dreispitz des Ancien
Régime zu distanzieren. Im 19. Jahrhundert wurde die politische Bedeutung des Zylinders frühzeitig von dessen modischem Aufstieg überlagert.
Höhe, Ausformung und Materialien
waren einem raschen Geschmacks-
wandel unterworfen. Neben schwarzen Zylindern aus langflorigem seidenen »Zylinderplüsch«, dem erst der
gleichmäßige »Strich« das gewünsch-
te Aussehen gab, gehörten helle Filz-
zylinder und leichte Sommerhüte aus
Stroh- oder Roßhaargeflecht zum modischen Repertoire. Auch Bauern,
Handwerker und Arbeiter trugen zum
festtäglichen Anzug den Zylinder,
während er über den Tschako in die
Militärkleidung Eingang fand.
Erst im Gesinnungsvokabular der Revolution von 1848/49 wurde der Zylinder als konservativer Gegenpart zu

Demokraten- und Freischärlerhut, Arbeitermütze und Studentenkappe erneut zum politischen Bedeutungsträger. Ausschlaggebend dafür war die
mittlerweile in allen Schichten vollzo-
gene Akzeptanz des Zylinders als Hut
einer offiziellen Repräsentationsklei-
dung ebenso wie seine gegenüber allen revolutionären Kopfbedeckungen
»unbeugsam« steife Machart. Der
ehemals fortschrittliche Gehalt als bürgerlicher Gesinnungsträger spielte
1848 hingegen keine Rolle mehr. Bemerkenswert gegenüber der eindeutigen Klassifizierung als Gesinnungszeichen sind zeitgenössische Darstellungen, die den Zylinder auch im revolutionären Umfeld zeigen. Auf einem 1848 gedruckten Bilderbogen
mit dem Abschied Heckers nach
Amerika schwenkt lediglich der Abrei-
sende selbst den federgeschmückten
Heckerhut, während die Umstehenden zum Gruß ihre Zylinder abge-
nommen haben (Kat. 36). Das gleiche Bild bietet sich beim nachfolgen-
den Empfang des Revolutionärs in
Amerika (Kat. 37), während auf einer
1848 entstandenen Daguerreotypie
fünf badischer Revolutionäre einer der
Dargestellten den Zylinder sogar zur
Heckerbluse trägt. *J.Z.-S.*

Lit.: Hohenems 1991, S. 260ff.;
Karlsruhe 1998, Nr. 473 (Daguerreotypie).

76
Schirmmütze
um 1840
Baumwollsamt, Leder, Messing, Papier, Seidenfutter; Kopfumfang 56 cm
Nürnberg, Germanisches Nationalmuseum; Inv.Nr. T 2101

Wie die »blaue Bluse« (Kat. 28)
gehörte auch die Schirmmütze zu den
1848 aus der Handwerker- und Arbeiterkleidung in die revolutionäre
Gesinnungskleidung übernommenen
Symbolen. Als Teil der Berufskleidung
bot sie Schutz gegen Kälte, Nässe,
Sonne und Staub. In einer Zeit, als
Rock und Zylinder auch für Arbeiter
und Bauern zur Fest- und Sonntags-
kleidung geworden waren, markiert
die Übernahme der unterschichtlichen
Arbeitskleidung als Standeszeichen

ein neues Selbstbewußtsein der arbei-
tenden Schichten. In diesem Sinne erscheint die »Ballonmütze« 1848 auf
ersten Arbeiterporträts und als Kopfbedeckung des Arbeiters auf programmatischen Verbrüderungsdarstel-
lungen der revolutionären Lager. In
der Folgezeit wurde sie aus bürgerlicher Sicht zum Negativsymbol des
Proletariers, das in Karikaturen und
Spottbildern, aber auch als Ausstat-
tungsrequisit von Polzeifotografen So-
zialisten und Kommunisten kennzeichnete und kriminalisierte.
Die Schirmmütze aus Baumwollsamt
ist eines der wenigen erhaltenen
Zeugnissen der Alltagskleidung des
19. Jahrhunderts. Über dem von einem Messingreif eingefaßten lede-
rnen Stirnschild, der auf der Außensei-
te schwarz beschichtet, innen grün
lackiert ist, gibt ein den Kopf um-
schließendes, mit mehreren Lagen Papier verstärktes Rundstück die notwendige Paßform. Darüber setzt unver-
steift der voluminöse Ballon an, dessen Weite am Oberkopf von einem
samtbezogenen Knopf zusammen-
gehalten wird. *J.Z.-S.*

Lit.: Jaacks 1986, S. 49ff., bes.
Abb. 9-12, 14; Lepp in Hohenems
1991, S. 256ff.

77
Hecker- oder Freischärlerhut
Süddeutschland, um 1848
Filz, Federn, schwarz-rot-goldene Ko-
karde; H. 14 cm
Karlsruhe, Pfinzgaumuseum Durlach;
Inv.Nr. MA – 083

Der breitkrempige Filzhut mit schwarz-
rot-goldener Kokarde und Federschmuck war die Kopfbedeckung der
Freischärler und radikalen Revolutionäre. Wie die »blaue Bluse« (Kat.
28) wurde er bereits in den vorrevolutionären, von Friedrich Hecker domi-
nierten badischen Volksversammlungen zur Gesinnungskleidung linker
Gruppen und Republikaner. Als
»Heckerhut«, »Freischarenhut« oder
»Turnerhut« unterschied er sich durch
die helle Farbe vom schwarzen
»Calabreser« oder »Carbonari-Hut«,
der über die italienische Unabhängig-
keitsbewegung in die revolutionäre

72

74

73

76

75

77

78

Gesinnungskleidung Eingang gefunden hatte. Bereits in der zeitgenössischen Terminologie vermengten sich jedoch die Begriffe, während der Federschmuck, für den zeitgenössische Quellen auch rote Wollfedern aus der Walldürner Kunstblumenfabrikation überliefern, das gemeinsame Kennzeichen der Freischärlerhüte blieb.

Als revolutionäres Symbol leitet sich der federgeschmückte Freischärlerhut von dem bereits im Vormärz politisch interpretierten Bild des guten, für soziale Gerechtigkeit kämpfenden Räubers ab. In diesem Sinne trugen schon vorher Karl Moor in Friedrich Schillers Drama »Die Räuber« und der populäre Räuberhauptmann Johannes Bückler alias Schinderhannes Federhüte. In Carl Maria von Webers 1821 uraufgeführter Oper »Der Freischütz« erscheint der ebenfalls zum guten Zweck mit dem Bösen verbündete Jägerbursche Max im Federhut, um mit seinem »Wilden Heer« wenig später von der Obrigkeit als abschreckende Metapher der 1832 auf dem Hambacher Fest vereinigten Demokraten vereinnahmt zu werden. Auf dem Hambacher Fest trugen Oppositionelle erstmals auch ganz real in Gegenposition zum etablierten Zylinder weiche Filzhüte, die danach als »Hambacher Hüte« der Verfolgung anheim fielen und damit das gleiche Schicksal erlitten wie nach dem Scheitern der Revolution von 1848/49 die als Banditenhut diffamierten Freischärlerhüte und ihre als Räuberbande bezeichneten Träger. *J.Z.-S.*

Lit.: Neustadt 1982, Nr. 348; Hohenems 1991, Nr. 12/15; Karlsruhe 1995, Nr. 115; Karlsruhe 1998, Nr. 286.

78
Zipfelmütze
Hessen, um 1850
Baumwolle-Leinengemisch, naturfarben, hellblau, gestrickt; H. 37 cm, Kopfweite 52 cm
Nürnberg, Germanisches Nationalmuseum; Inv.Nr. Kl. 7931

Die politische Symbolik der Zipfelmütze stellt sich wie bei anderen Gesinnungskleidungen als plakative Zuspitzung ihres tatsächlichen Gebrauchs dar. Als Teil der Alltagskleidung wurde die den Kopf umschließende, in einer überhängenden, meist mit Quaste versehenen Spitze endende Haube vornehmlich im Haus getragen. Vor allem aber ihr Gebrauch als Schlafhaube machte die Zipfelmütze zur symbolischen Kopfbedeckung des politisch (noch) nicht erwachten, in Privatheit und Lethargie verharrenden Bürgers, der auf diese Weise für alle sichtbar das Zeichen der Zeit verschläft (Kat. 69a). Als Kopfbedeckung des deutschen Michels verband sich die Zipfelmütze darüber hinaus formal und inhaltlich mit der Jakobinermütze. Die kegelförmige phrygische Mütze und die Zipfelmütze gingen dabei vexierbildartige Verbindungen ein oder wurden, nach dem »Erwachen« Michels, einfach ausgetauscht. Als Bedeutungsträger ermöglichten beide Kopfbedeckungen und ihre vielfältigen Mischformen ein differenziertes Psychogramm der deutschen Symbolfigur zwischen unmündigem Schlaf und revolutionärem Aufbruch.

Als Gegenstück zum repräsentativen Hut und Teil der Werktagskleidung begegnen Zipfelmützen auch in ländlichen Trachten des 19. Jahrhunderts, wo sich zudem mehr Exemplare erhalten haben als aus der bürgerlichen Kleidung. Meist mehrfarbig gestrickt und mit standardisierten Mustern versehen, wurden sie auch außerhalb des Hauses getragen. Das Beispiel aus der Trachtensammlung des Germanischen Nationalmuseums stammt aus der Wetterau in Hessen. *J.Z.-S.*

Lit.: Nürnberg 1989, Nr. 620; Johann 1995, S. 157.

79 (Abb. S. 34)
»Hüte – vor dem 18. September. 1848. nach dem 18. September«
Leo von Elliot (London 1816 – 1890 Brüssel)
Verlag von Eduard Gustav May in Frankfurt a. M.

1848
Federlithographie, koloriert; H. 19, Br. 29,7 cm
Nürnberg, Germanisches Nationalmuseum; Inv.Nr. HB 14140, Kapsel 1318

Am Wandel der Kopfbedeckungen beschreibt Leo von Elliot den Stimmungswandel, der in weiten Kreisen nach der Ermordung der Abgeordneten Hans Jakob von Auerswald und Fürst Felix von Lichnowsky am 18. September 1848 gegenüber den revolutionären Aktivitäten eingetreten war. Eine bewaffnete Volksversammlung, mit der die linken Gruppierungen am gleichen Tag gegen die Annahme des Waffenstillstandes von Malmö protestierten, hatte in Frankfurt zu heftigen Straßenkämpfen geführt, denen neben den beiden Politikern auch zahlreiche Aufständische zum Opfer fielen.

Das Blatt stellt zwei Gruppen von je fünf Männern gegenüber, die sich »vor dem 18. September« durch Kleidung und Haartracht als Revolutionäre zu erkennen geben, während sie »nach dem 18. September« mit Zylindern und hohen Krägen als – nicht minder furchterregende – Bürger erscheinen. Gewissermaßen als Anführer beider Gruppen entsprechen einander im Vordergrund links der finsterkampfbereite Revolutionär mit Vollbart und Helm und rechts der feiste Zylinderträger. Auch die Physiognomien der ihnen folgenden Personen lassen keinen Wandel in der Sympathie des Künstlers für die eine oder andere Seite erkennen, deren Repräsentanten die Gesinnung wechseln wie die Kleider und bei denen Opportunismus an die Stelle politischer Überzeugung tritt. Als Vorlage einzelner Köpfe der rechten Gruppe diente Elliot eine »Chapeaux civils« titulierte Lithographie des französischen Zeichners Grandville von 1834, auf der dieser die bürgerliche Gesellschaft seiner Zeit als groteske Versammlung von Zylinderträgern karikiert. *J.Z.-S.*

Lit.: Vollmer 1983, S. 236.; Hohenems 1991, Nr. 12/17; Ludwigshafen 1988, Nr. 51.

Wie sich die Profesoren aus Schleswig-Holstein u. Erlangen zum leztenmale, aber verpeblich bemühen, den deutschen Michel in den Schlamm zu stürzen.

Ein Volkstribun anno 1848.

80   82

80
Wie sich die deutschen Professoren aus Schleswig-Holstein u. Erlangen zum letztenmahle aber vergeblich bemühen, den deutschen Michel in den Schlamm zu stürzen
Anonym
Druck von Eduard Gustav May in Frankfurt a. M.
1848/49
Federlithographie; H. 34,0, Br. 26,0 cm
Nürnberg, Germanisches Nationalmuseum; Inv.Nr. HB 15781, Kapsel 1318a

Das Blatt gibt der Hoffnung Ausdruck, der Verfassungsentwurf mit der kleindeutsch-erbkaiserlichen Lösung werde in der Nationalversammlung keine Mehrheit finden und ignoriert damit das sich längst abzeichnende Ergebnis. Auf einer Pickelhaube, die für die preußische Reaktion steht und mit ihrer Spitze im Boden steckt, ist ein gekrönter Adler mit einem Reichszepter

zu erkennen. Auf dem Rand der mit einer Brühe gefüllten Haube steht der deutsche Michel und wehrt sich mit seiner Peitsche gegen eine Gruppe von Abgeordneten, die ihn zu sich ziehen wollen. Ein nicht zu identifizierender Mann in blau-weißer Kleidung mit der Schriftrolle »Recept für eine Geschichte Bayerns« packt ihn an seinem Bein. Sein Kampf scheint vergeblich, hat er doch bereits die Zipfelmütze verloren und kann, auf einem Bein stehend, nur noch mühsam die Balance halten. Dennoch tritt er nach Friedrich Christoph Dahlmann. Der Wortführer des kleindeutsch-erbkaiserlichen Lagers weicht mit erhobenen Händen zurück und läßt vor Schreck sein Buch über die Französische Revolution von 1789 fallen. Im Schlamm steckt unter anderen Abgeordneten der Vizepräsident der Nationalversammlung, der einen mit Orden gefüllten Korb fallen läßt. Friedrich von Hermann setzte sich für eine großdeutsche Lösung ein und stimmte

gegen die Wahl König Friedrich Wilhelms IV. von Preußen zum deutschen Kaiser. Die Ausschüttung der Orden »Pour le merite« ist wohl als hilfloser Versuch zu verstehen, sich gegen alles Preußische zu erwehren. Als letzte Hoffnung, die drohende Entscheidung des Parlaments zu verhindern, bleibt die Erhebung des deutschen Michel.
M.Kü.

Lit.: Reiter 1994, S. 265; Wolf 1982, S. 70 u. S. 96.

81
Bärenfell und Pickelhaube
Anonym
1848
Kreidelithographie, teilweise geschabt; H. 31,2, Br. 45,1 cm
Bamberg, Staatsbibliothek; Inv.Nr. M.v.O., C.I. 96

Anhand besonders charakteristischer Kopfbedeckungen einzelner Truppenteile karikiert das Blatt militärische Formationen und deren unheitliche

81

Drei deutsche Professoren entwerfen den Entwurf des Entwurfs für die Verfassung des deutschen Reichsheeres.

83

ner riesigen kokardengeschmückten Pickelhaube auf, die 1842 zuerst in Berlin eingeführt und als Bestandteil einer modernen Militärkleidung vielfach von anderen deutschen Staaten übernommen wurde. Sie avancierte rasch zum Kennzeichen Preußens und der reaktionären Politik Friedrich Wilhelms IV. Auf der Karikatur steht die Charakterisierung ihres Trägers als Revolutionär mit Bart und üppigem Haarwuchs im Widerspruch zum Symbolgehalt der Pickelhaube. Die Bildunterschrift – die auch mit dem Antagonismus zwischen Preußen und Bayern spielt – kommentiert ironisch: »Zu München an der Isar-Strand / Ein heisser blut'ger Kampf entstand / Geschlagen wurde diese Schlacht / Achtzen hundert vierzig & acht!«. Das Ergebnis der Auseinandersetzung ist in der zweiten Szene zu sehen: Der schlafende Landwehrmann ist erwacht und hat einen Kompromiß gefunden: »Der Vermittler bringt das Heil / Trägt von jeder Art ein Theil; Und wie die Kopfeier er erdacht, War schnell dem Kampf ein End' gemacht.« Er steht nun stramm in Wachstellung mit Gewehr und Palmzweig und hat, unter Beibehaltung der bisherigen Uniform, eine Kopfbedeckung aus Tschako, Bärenfellmütze und Pickelhaube, der zu allem Überfluß noch eine Wetterfahne aufgesetzt ist. *M.Kü.*

Lit.: Ueber die Volksbewaffnung in Bayern. In: Illustrirte Zeitung Nr. 258 vom 10. Juni 1848, S. 386f.; Rattelmüller 1969; Radecke 1993; Berlin 1981, S. 270f. und S. 284f.

82
Ein Volkstribun anno 1848
Anonym
1848
Kreidelithographie; H. 36,1,
Br. 27,5 cm
Nürnberg, Germanisches Nationalmuseum; Inv.Nr. HB 17281,
Kapsel 1318

Auf einem Tisch, auf dessen Zarge der Titel des Blattes geschrieben ist, steht ein dickbäuchiger Mann vor einem überproportionierten, halbgefüllten Bierkrug. Er trägt bürgerlich-konservative Kleidung. Hierzu zählt der

Uniformen, die in Bayern als Folge der allgemeinen Bürgerbewaffnung entstanden sind. In der linken Szene verteidigen sich althergebrachte, vorrevolutionäre Vorstellungen gegen Modernisierungsversuche. Am Boden liegt ein schlafender Landwehrmann in der 1826 eingeführten bayerischen Uniform. Er trägt einen überdimensionierten Tschako mit großem Puschel und zwei langen Quasten. Sein

langer Zopf kennzeichnet ihn trotz der beiden Kokarden mit den bayrischen Landesfarben Blau-Weiß und den neuen Bundesfarben Schwarz-Rot-Gold als Reaktionär. Ein Grenadier der bayerischen Landwehr, ebenfalls mit Zopf und riesiger Bärenfellmütze mit zwei Kokarden, wehrt sich mit Gewehr und aufgepflanztem Bajonett gegen die bevorstehenden Veränderungen. Diese tritt in Gestalt ei-

überhöhte Zylinder mit einer in ihren Farben nicht näher zu identifizierenden Kokarde. Der »Volkstribun« läutet eine Handglocke, die Vorsitzende von (politischen) Versammlungen benutzen. Nach Maillinger zeigt das Blatt den »kleine(n) Vogt auf einem Tische stehend«. Doch scheint der anonyme Künstler hier nicht Vogt als Person, sondern als ein Vertreter bierseliger politischer Sonntagsredner zu karikieren. M.Kü.

Lit.: Maillinger 1876, Nr. 533; vgl. ein zweites Blatt mit der Darstellung von Vogt ebd., Nr. 534.

83
Drei deutsche Professoren entwerfen den Entwurf des Entwurfs für die Verfassung des deutschen Reichsheeres
Alphons von Boddien (Ludwigslust 1801 – 1857 Gleiwitz)
Druck von Eduard Gustav May in Frankfurt a. M.
1848
Federlithographie; H. 26,9, Br. 33,5 cm
Nürnberg, Germanisches Nationalmuseum, Inv.Nr. HB 15639, Kapsel 1318

Eine der bekanntesten und bis heute populärsten Karikaturen aus den Revolutionsjahren 1848/49 stammt von dem konservativen Alphons von Boddien, der als Mitglied der Nationalversammlung und des Ausschusses für Volksbewaffnung und Heerwesen den schleppenden Fortgang wichtiger Beratungen und Entscheidungen direkt miterlebte. Treffend schildert er das Bemühen von drei Professoren, den idealen Entwurf einer Verfassung des zu schaffenden deutschen Reichsheeres zu erarbeiten. Die Szene zeigt biedermeierliche Gemütlichkeit: In komfortablen Ohrensesseln sitzen drei Männer in Pantoffeln und Schlafröcken mit bis zum Kinn heruntergezogenen Schlafmützen an einem Tisch. Sie schreiben ihre Gedanken nieder, ohne miteinander zu kommunizieren, wie es die Beratung eines grundlegenden Gesetzeswerkes erfordern würde. Sie lassen sich auch von dem zur Tür hereinblickenden linken Abgeordneten Robert Blum nicht zu effekti-

Verlag von A. Schepeler in Berlin

Schreckliche Folgen der Unvorsichtigkeit eines Kindes, das mit der Haarwuchs-Pomade gespielt hat.

84

verer Arbeit bewegen. Der kritische Beobachter von Boddien gibt der allgemeinen Unzufriedenheit über die langsame Arbeit der Frankfurter Nationalversammlung Ausdruck, die aufgrund ihrer Zusammensetzung als »Professorenparlament« oder »Quasselbude« abqualifiziert wurde. Die bisherigen Vorschläge, die Dargestellten als Beseler, Dahlmann und Droysen bzw. Gervinus zu identifizieren, können nicht bestätigt werden. Keiner der Genannten gehörte dem Ausschuß für die Volksbewaffnung an. M.Kü.

Lit.: Coupe 1993, Nr. I, S. 406; Reiter 1994, Nr. 509; Wolf 1982, S. 71 u. S. 97; Mannheim 1998, S. 90, Nr. 39.

84
Schreckliche Folgen der Unvorsichtigkeit eines Kindes, das mit der Haarwuchs-Pomade gespielt hat.
Ludwig Löffler (Frankfurt a. d. O. 1819 – 1876 Berlin)
Verlag von A. Schepeler in Berlin
1842

Kreidelithographie, koloriert; H. 22,4, Br. 19 cm
Dresden, Die Sammlung Schwarzkopf im deutschen Hygiene-Museum; Inv. Nr. SK 1986

Langes ungebändigtes Haar, das schon im ausgehenden 18. Jahrhundert zum Gegenbild des aristokratischen Zopfes wurde, kennzeichnete 1848/49 wie kaum ein anderes Gesinnungsmal den Revolutionär. Bereits im Dezember 1845 nahm sich der »Der Spiegel für Eleganz, Kunst und Mode« der »wild bemähnten und rauh bebärteten Jünglinge« an, um zu fragen, ob diese nicht vielleicht »mit den Urwäldern auf dem Kopf und im Gesicht symbolisch andeuten wollen, daß sie jeder Scheere, sie möge Haare oder haarscharfe Gedanken schneiden, ewige Feindschaft geweiht haben?«. Wenige Monate zuvor hatte die Wiener Modezeitschrift »Der Spiegel« die politische Botschaft der Hosenstege im Bild des unverfänglichen Modeberichtes thematisiert (Kat. 64) und auch Ludwig Löfflers Lithographie eines unfolgsamen, nach

Die politischen Parteien nach dem Charakter der Bärte

85

Beilage zur Reichs Curiositäten Sammlung.

Märzerrungenschaften.

86

dem Spiel mit einer Haarwuchspomade nicht nur am Kopf, sondern auch
auf den Handflächen wild behaarten
Kindes ist im politisch aufgeladenen
Klima des Vormärz nicht ohne gesell-
schaftskritischen Nebensinn zu verstehen. Wie andere Zeichner der Zeit
(Kat. 79) griff Löffler für Thema und
Ausführung auf französische Muster
zurück. Als Anregung diente ihm Paul
Gavarnis 1840 in der Zeitschrift »La
Caricature Provisoire« erschienene
Darstellung »Un enfant terrible, qu‹on
a eu l‹imprudence de laisser jouer
avec un pot de Pommade de Lion«,
die als gegengleiche Kopie 1843
von August Kneisel ein weiteres Mal
in einem deutschen Druck aufgenommen wurde, ehe sie 1844 in Heinrich Hoffmanns Struwwelpeter ihre
bekannteste und eigenständige Rezeption fand. *J.Z.-S.*

Lit.: Krempel 1935, S. 114; Brückmann 1977, S. 17ff.; Frankfurt
1983, S. 10/11; Jedding-Gesterling
1988, S. 184.

85
*Die politischen Parteien nach dem
Charakter der Bärte*
August Friedrich Pecht (Konstanz
1814 – 1903 München)
1848
Verlag von Georg Wigand in Leipzig
Aus: Aetz-Bilder aus Frankfurt a. M.
Radierung; H. 19, Br. 27,9 cm
Bamberg, Staatsbibliothek; Inv.Nr.
M.v.O., C.l. 305

August Friedrich Pechts Darstellung einer Versammlung von sechs Vertretern
der politischen Richtungen seiner Zeit
erschien am 7. Dezember 1848 in
der Zeitschrift »Europa«. Eine Beischrift erläuterte die personifizierten
»Parteien« als »zwei Centren, eine
Linke, eine rechte und zwei Extreme
beider Seiten«. Die entscheidenden
Anhaltspunkte zur politischen Identifizierung der einzelnen Personen lieferten neben der Sitzordnung auf linken,
rechten und mittleren Plätzen Haartracht, Kleidungsstücke und Zeitungs-
lektüre. So beginnt die Runde links
außen mit dem »extremen« Revolu-

tionär im langen Vollbart, mit Zigarre,
Demokratenhut und Neuer Rheini-
scher Zeitung, dem der neben ihm
stehende, durch seinen geschnittenen
Vollbart als Vertreter einer gemäßig-
ten Linken gekennzeichnete Gesin-
nungsgenosse die Hand auf die
Schulter legt. Zurückgesetzt folgen
die »zwei Centren«, deren linker Vertreter noch immer einen dichten Kinnbart trägt, während den stehenden
Mann mit Pfeife vom rechten Zentrum
nur noch ein sorgfältig gezwirbelter
Schnurrbart kennzeichnet. Der »Rechte« neben ihm wirkt trotz Schnurrbart
und winzigem Kinnbart glattrasiert,
und erst recht gilt dies für den als einziger völlig bartlosen Vertreter der
äußersten Rechten, der konzentriert
die Frankfurter Ober-Postamts Zeitung
liest. Sämtliche Personen der rechten
Tischhälfte tragen überdies als Zeichen ihrer konservativen Gesinnung
hohe Halsbinden, über denen bei
den beiden Äußeren der Vatermörder-
kragen deutlich sichtbar wird. Die
Pechtschen Charaktere übernehmen

teilweise die ebenso mit Bärten und Kleidungszeichen operierenden Klassifizierungen in Heinrich Hoffmanns »Handbüchlein für Wühler«. *J.Z.-S.*

Lit.: München 1987, Nr. 12.5.2.6.; Nürnberg 1989, Nr. 547; Belting 1997, S. 102ff.

86
Beilage zur Reichs Curiositäten Sammlung.
Märzerrungenschaften
Druck von Carl Knatz in
Frankfurt a. M.
1848
Kreidelithographie, teilkoloriert; H. 33,9, Br. 26,4 cm
Nürnberg, Germanisches Nationalmuseum; Inv.Nr. HB 15709, Kapsel 1317

Das satirische Blatt »Märzerrungenschaften« schildert die labile politische Situation in Frankfurt nach Verhängung des Belagerungzustandes, Verkündigung des Kriegsrechts und des Versammlungsverbots am 19. September 1848. Militär und Aufständische haben sich in ihren Unterkünften verschanzt, die einen in Barracken mit davor aufgereihten Gewehren, die anderen in einem als »Social-comunistischer Revolutions-Herd« bezeichneten Haus. Vor dem angedeuteten Säulenumgang der Paulskirche und den zeichenhaft wiedergegebenen Inschriftentondi des Transparentes der Germania (Kat. 145) mit ihrer Beschwörung der nationalen Einheit steht ein behäbiger Bürger. Er beobachtet, die Turmspitze des Frankfurter Domes im Blickfeld, die Entwicklung in der Stadt. Noch weht die im Vormärz verbotene und am 9. März 1848 vom Bundestag zum offiziellen Hoheitsemblem erhobene schwarz-rot-goldene Fahne auf dem Thurn- und Taxis-Palais, dem Tagungsort des Deutschen Bundes. Der Bürger trägt an seinem Zylinder schwarz-rot-goldene Kokarden und rote Federn als Zeichen republikanischer Gesinnung. Hinter seinem Rücken hält er jedoch einen Stock bereit, um die Revolution und die Märzerrungenschaften niederzuknüppeln. Dieser opportunistische Gebrauch

EINZUG DES ERZHERZOG-REICHSVERWESERS JOHANN VON OESTREICH
in Frankfurt a. M. den 11. July 1848.

87

von Gesinnungszeichen gehörte, wie die »Thaten und Meinungen des Herrn Piepmeyer« zeigen (Kat. 101), 1848/49 zum Alltagsbild. Gleichwohl erregte sie wie im Falle Karl von Blittersdorf, um den es sich bei dem hier dargestellten Bürger handeln könnte, öffentliches Aufsehen: Im Widerspruch zu seiner allgemein bekannten reaktionären Haltung versah er im März 1848 seinen Zylinder mit der Kokarde der Revolutionäre. *Y.D.*

Lit.: Vollmer 1983, S. 254f.; Wolf 1982, S. 67, Nr. 3; Reiter 1994, Nr. 608; Mannheim 1998, Nr. 115.

87
Einzug des Erzherzog-Reichsverwesers Johann von Oestreich in Frankfurt a. M. den 11. July 1848
Leo von Elliot (London 1816 – 1890 Brüssel)
Druck und Verlag von Eduard Gustav May in Frankfurt a. M.
1848
Kreide- und Schablithographie; H. 52,5, Br. 37,1 cm
Nürnberg, Germanisches Nationalmuseum; Inv.Nr. HB 14132, Kapsel 1330

Ende Juni 1848 beschloß die Frankfurter Nationalversammlung, die provisorische Zentralgewalt einem Reichsverweser zu übertragen und wählte mit Mehrheit Erzherzog Johann von Österreich zum Oberhaupt einer provisorischen Reichsregierung. Elliots Lithographie schildert den triumphalen Einzug des Reichsverwesers in Frankfurt am 11. Juli 1848: Im offenen Sechsspänner, eskortiert von Kavallerie, fährt der Erzherzog in Begleitung der beiden Abgeordneten Victor von Andrian-Werburg und Friedrich Siegmund Jucho in Frankfurt ein. Der als volksnah geltende Erzherzog, der mit Vorliebe bürgerliche Kleidung trug, zeigt sich bei diesem offiziellen Anlaß der jubelnden Bevölkerung in Uniform. Diese säumt die Straßen und belagert die Fenster der Häuser. Sie grüßt Johann von Österreich enthusiastisch mit ihren Zylindern und wehenden Taschentüchern. Ein Meer von flatternden Fahnen steigert die bewegte Stimmung und feiert mit ihren schwarz-rot-goldenen Farben den Einzug des Reichsverwesers als nationales Ereignis. *Y.D.*

Lit.: Reiter 1994, Nr. 214.

88 (Farbtafel S. 107)
Szene im Fenster beim Einzug des Reichsverwesers in Frankfurt am Main 1848
Moritz Daniel Oppenheim (1800 Hanau – 1882 Frankfurt a. M.)
1852
Öl auf Leinwand; H. 60,
Br. 47,5 cm
Leipzig, Museum der bildenden Künste; Inv.Nr. I. 169

In der Tradition holländischer Fensterbilder stellt Moritz Oppenheim eine begeisterte Gesellschaft auf ihrem Balkon vor, die wie in einer Theaterloge dem Geschehen auf der Straße folgt. Eine Eichengirlande über der Türeinfassung, die in den Schlußstein eingemeißelte Jahreszahl und Fahnen – die Kleidung von Vater, Sohn und Mutter nimmt deren schwarz-rot-goldenen Farbenklang auf – wie auch der mit einem roten Federbausch geschmückte Freischärlerhut des Vaters verweisen auf ein Ereignis des Jahres

1848. Das Schauspiel, das auf der Straße stattfindet, spiegelt sich als Reflex auf den Gesichtern und in den Posen der bürgerlichen Familie und ihrer Freunde: Gespannt und aufgeregt beobachten sie den Einzug des Reichsverwesers in Frankfurt. Die Kinder sitzen auf der Schulter von Erwachsenen, drängen sich an die Mutter, die einen Lorbeerkranz in der Hand hält, schauen ihr über die Schulter oder zeigen auf die Straße. Ein junges Mädchen winkt dem Reichsverweser mit einem Tuch. Männer heben ihr Glas auf das vom Parlament gewählte Oberhaupt Deutschlands oder ziehen ausgelassen ihren Hut. An diese nationale Euphorie erinnerte Moritz Oppenheim, der als interessierter und aufmerksamer Zeitgenosse die Vorgänge in der Pauls-

kirche zeichnete und lithographierte, vier Jahre nach dem historischen Ereignis. Diesem retrospektiven Charakter des Bildes entspricht seine intime und idyllische Darstellungsform. Das kleinformatige Gemälde thematisiert den Einzug des Reichsverwesers nicht als öffentliches Spektakel (Kat. 87). Es vergegenwärtigt seine emotionale Aufnahme in einem kleinen privaten Kreis von Bürgern. Gleichzeitig verdeutlicht es die Präsenz der Hoffnung auf eine in Freiheit geeinte deutsche Nation mit ihrer Symbolwelt auch nach ihrem Scheitern im öffentlichen Bewußtsein. *Y.D.*

Lit.: Oppenheim 1924, S. 114; Dröse 1996, S. 29; Frankfurt 1998, Nr. 332.

89
Pfeifenkopf mit Bildnis Erzherzog Johanns
Porzellan, bemalt; Klappdeckel aus Silber; H 13,5 cm
Nürnberg, Germanisches Nationalmuseum; Inv.Nr. T 4192j

Der Pfeifenkopf zeigt das mit „Erzherzog Johann Reichsverweser" bezeichnete Porträt des am 29. Juni 1848 von der Frankfurter Nationalversammlung in sein Amt gewählten Sohnes Kaiser Leopolds II. Der mit einem Orden ausgezeichnete Erzherzog trägt konservativ-aristokratische Kleidung. Auf diese Art geschmückte Porzellanpfeifen entstanden meist auf individuellen Wunsch eines Auftraggebers. Im Falle des Porträts öffentlicher Persönlichkeiten dienten gängige druckgraphische Arbeiten als Vorlagen. Möglicherweise entstand der Pfeifenkopf im Kontext des Einzugs des Erzherzogs in Frankfurt am 11. Mai 1848, der unter großem Jubel der Bevölkerung stattfand und in mehreren Drucken aufgegriffen wurde. Alltägliche Gebrauchsgegenstände mit den Porträts konservativer oder reaktionärer Politiker der Revolutionszeit sind wesentlich seltener als solche, die ihre politischen Gegner feiern (Kat. 29). Sie drücken aber wie diese die Verehrung des Benutzers für den Dargestellten und die Identifikation mit dessen politischer Haltung

89

aus. Erzherzog Johann versuchte sich dieses Mittel zu Nutze zu machen, indem er nach der Niederlegung seines Amtes als Reichsverweser 1849 zum Abschied Tabakdosen mit seinem Bildnis an Frankfurter Ratsmitglieder verteilen ließ. *M.Kü.*

Lit.: Sandgruber 1986, S. 146ff.; Frankfurt 1998, S. 219, Nr. 333 Tabakdose mit Bildnis des Erzherzogs Johann.

90
Schwarz-rot-goldene Schärpe
um 1848
Kettrips, Seide, Metallfäden;
L. 207 cm
Nürnberg, Germanisches National-
museum; Inv.Nr. T 7062

Mit nationalfarbigen Schärpen und Kokarden folgte die Revolution von 1848/49 den wohl populärsten Gesinnungsmustern der Französischen Revolution. Auf Vorschlag von General La Fayette verbanden die Kokarden der Pariser Nationalgarde im Juli 1789 das königliche Weiß mit den Stadtfarben von Paris. Wenig später wurde Blau-Weiß-Rot zur Nationalfarbe des neuen Frankreich, deren dreiteiliges Schema von den meisten europäischen Nationalstaaten des 19. Jahrhunderts mit eigenen Farbstellungen übernommen wurde. Schwarz-rot-goldene Kokarden und Schärpen in den damals noch oppositionellen Farben wurden bereits 1832 von Teilnehmern des Hambacher Festes getragen. 1848 machte die Legalisierung der neuen deutschen Farben den Weg frei für eine bislang ungekannte Verbreitung der aus der Militärkleidung übernommenen Abzeichen. Über Uniformen, Frackanzügen und blauen Blusen begegneten schwarz-rot-goldene Schärpen als Zeichen einer gemäßigt bis radikalen revolutionären Gesinnung, meist – korrekt – von der rechten Schulter zur linken Hüfte verlaufend, aber auch in gespiegelter Richtung oder um die Taille geschlungen. Die ausgestellte Schärpe stammt nach einer Familienüberlieferung des Vorbesitzers von einem Mitglied der Erlanger Sicherheitswache, der 1848 auch Studen-

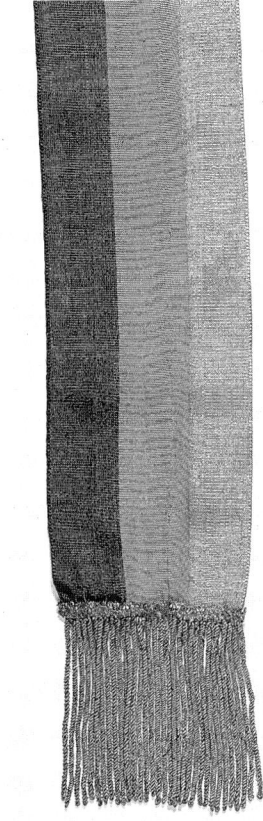

90

ten und Professoren angehörten. Die Nationalfarben unterscheiden sie von den von Corpsstudenten ebenfalls schräg über der Brust getragenen Bändern in den Verbindungsfarben, wie sie in Erlangen seit 1801 nachweisbar sind. Die Ausführung in schwarzer, roter und gelber Seide, der in der Kette des goldenen Streifens goldfarbene Metallfäden hinzugefügt sind, findet sich auch bei anderen erhaltenen Schärpen jener Jahre und läßt nicht auf eine herausgehobene Verwendung schließen. *J.Z.-S.*

Lit.: Agulhon 1979, S. 25f.; Nürnberg 1989, Nr. 552.; Erlangen 1993, Nr. 4.4.2.; Frankfurt 1998, Nr. 557.

91 (Farbtafel S. 106)
Tuch mit schwarz-rot-goldenen Streifen
um 1848

Grauer Seidentaft, in Atlasbindung eingewebte schwarz-rot-goldene Streifen, beidseitig Webekanten, oben und unten handgesäumt;
H. 80, Br. 80 cm
Nürnberg, Germanisches National-
museum; Inv.Nr. Gew 1008a

Wie die Farben der Trikolore während der Französischen Revolution in die Kleidung ihrer Anhänger Eingang fanden, wurde 1848/49 Schwarz-Rot-Gold zur »politischen« Modefarbe. Im März 1848 hatte die Anerkennung der neuen deutschen Nationalfarben durch den Deutschen Bund die Voraussetzung geschaffen, daß bis dahin oppositionelle schwarz-rot-goldene Gesinnungszeichen bei Frauen und Männern zu modischen Accessoires werden konnten. Den Berichten über eine Fülle schwarz-rot-goldener Kokarden, Schleifen, Schärpen, Hemdknöpfe, Taschentücher, Pfeifenköpfe, Spazierstockquasten und anderes mehr stehen nur noch wenige erhaltene Sachzeugnisse gegenüber.

Das mit sechs 5,5 cm breiten schwarz-rot-goldenen Streifen gemusterte Seidentuch wurde dem Germanischen Nationalmuseum 1912 als modisches Beiwerk übergeben, wie es »1848 von den Frauen Bambergs zur Bezeigung ihrer freiheitlichen Gesinnung getragen« wurde. Aus den Lebenserinnerungen der Frauenrechtlerin Louise Ott erfahren wir, daß sie als bereits im Elternhaus politisch erzogenes Schulmädchen »außer sich gewesen wäre«, wenn sie nicht »wenigstens ein so gestreiftes seidenes, großes Tuch erhalten hätte«, das damals – natürlich in den Farben der französischen Trikolore – »auch Fenella-Schärpe« hieß. In der Männerkleidung übernahmen Westen eine vergleichbare Rolle als Gesinnungsträger, von denen sich neben schwarz-rot-goldenen »Freiheitswesten« der 1830er Jahre auch die schwarz-rotgold gestreifte Weste des letzten Präsidenten der Frankfurter Nationalversammlung erhalten hat. *J.Z.-S.*

Lit.: Weber-Kellermann 1985, S. 51f.; Frankfurt 1998, Nr. 560 (Weste).

Theater in Frankfurt. Durch die auf einander folgenden Todesfälle der Herren Maiss und Guhr schien das Fortbestehen der frankfurter städtischen Bühne in Frage gestellt. Es soll deshalb im Werke gewesen sein, dass die Nationalversammlung selbst das Theater übernähme und das hier mitgetheilte Verzeichniss liefert wenigstens den Nachweis reicher und mannigfacher dramatischer Kräfte, die sich inmitten der Versammlung befinden. Der Entwurf zur Besetzung der verschiedenen Rollen und Fächer lautet also:

(1) Director und Dramaturg. . . . . . Herr *Heinrich v. Gagern*.
(2) Erste Helden und Liebhaber . . . . „ *v. Boddien*.
(3) Reine Helden aber zweite Liebhaber „ *Moritz Hartmann*.
(4) Edle Väter, heroische Greise. . . . „ *von Radowitz*.
(5) Polternde Alte. . . . . „ *Welcker*.
(6) Naturburschen. . . . . „ *Voigt von Giessen*.

(7. 8) Intriguanten . . . . Herr *Blum u. v. Itzstein*.
(9) Zärtliche Mütter . . . . „ *Mittermaier*.
(10. 11. 12) Komische Gestalten, Provinzial- und Dialektrollen . . . „ *v. Vincke*, *Rossmässler*, *Zimmermann aus Stuttgart*.
(13) Gelehrte Hanswürste . . . . . . „ *Ruge*.

(14) Anstands-Damen. . . . . Herr *Biedermann*.
(15) Pächter . . . . „ *Graf Schwerin*.
(16) Stimmen aus dem Grabe, Gespenstererscheinungen . . . . . . „ *Nauwerck*.
(17) Hausknechte . . . . „ *Schlöffel*.

(18) Balletmeister: Hr. *Wurm*. (19. 20) Logenschliesser: die Hrn. *v. Möring* und *Jucho*. (21) Theaterfriseur: Hr. *Moritz Mohl*. (22) Die Besorgung des Buffets hat Hr. *v. Soiron* übernommen.

National-Theater in Frankfurt

92

St. Paulskirche. Sitz der deutschen Nationalversammlung
Franz Heister
(Frankfurt 1813 – 1873 Frankfurt)
nach Fritz Bamberger (Würzburg 1814 – 1873 Neuenhain)
Druck von J. B. Bauer in Frankfurt a. M.
1848
Kreidelithographie, teilweise geschabt; H. 18, Br. 13,4 cm
Butzbach, Stadtarchiv; Inv.Nr.
Mappe 3/ Bl. 87,05

Da das Gewölbe der gotischen Barfüsser-Kirche von bedenklichen Rissen durchzogen war, beschloß der Frankfurter Senat 1782 die evangelische Kirche für den Gottesdienst zu schließen und auswärtige Gutachten über ihren Bauzustand einzuholen. 1786 begann man mit dem Abbruch der Kirche, an deren Stelle ein Neubau nach den Plänen des Stadtbaumeisters Andreas Liebhardt errichtet werden sollte. Die Bauarbeiten, die 1789 einsetzten und wiederholt eingestellt wurden, zogen sich nahezu ein halbes Jahrhundert hin. Die beiden Nachfolger Liebhardts im Amt, Johann Georg der Ältere und Johann Friedrich Heß der Jüngere brachten sie schließlich zum Abschluß. Am 9. Juli 1833 wurde die Paulskirche als Nachfolgerin der ehemaligen lutherischen Hauptkirche zu den Barfüssern eingeweiht: Ihrer Südseite ist ein viergeschossiger Turm mit einem säulengerahmten, übergiebelten Hauptportal vorgelagert. In gleicher Weise sind die Zugänge der beiden Treppenhäuser im Nordwesten und Nordosten ausgebildet. Zwei Reihen Bogenfenster unterschiedlicher Höhe beleben die klassizistische Fassade des Zentralbaus aus roten Sandsteinquadern. Mit ovalem Grundriß und mächtigem Mansardendach, das eine dreißig Meter hohe Kuppel birgt, erhebt sich die Kirche auf einem freien Platz nahe dem Frankfurter Rathaus. Aufgrund ihrer zentralen

St. Paulskirche.
Sitz der deutschen Nationalversammlung

Lage und ihrer großen Anzahl an Sitzplätzen übernahm die Kirche im Revolutionsjahr die Funktion eines Plenarsaales: Vom 31. März bis zum 3. April diente sie dem Vorparlament, vom 18. Mai 1848 bis zum 30. Mai 1849 der deutschen Nationalversammlung als Tagungsort. Von Anfang an strömten zahlreiche Besucher in die stets schwarz-rot-gold beflaggte Paulskirche und verfolgten mit großem Interesse die parlamentarische Arbeit ihrer Volksvertreter. *Y.D.*

Lit.: Wolf 1896, S. 290; Klötzer 1968, S. 7ff.; Mick 1988, S. 346 ff.; Reiter 1994, Nr. 76.

93a

PAULS KIRCHE IN FRANKFURT %/M.

93b

93b
Pauls Kirche in Frankfurt a. M.
F. W. Hancke (Lebensdaten unbe-
kannt)
Druck von F. C. Bottinelli in Frankfurt
a. M.
1833 – 1848
Kreide- und Federlithographie;
H. 22, Br. 30,3 cm
Butzbach, Stadtarchiv; Inv.Nr.
Mappe 2/Bl. 69,12

Ionische Säulen gliedern den von
Rundbogenfenstern beleuchteten
Innenraum der Paulskirche in eine
hohe Rotunde und einen Umgang mit
zwei Emporen, die bis zum Fuß der
Deckenwölbung ansteigen. An der
Südseite des Raumes sind in seiner
Mittelachse Kanzelaltar und Orgel
übereinander angeordnet. Ein schlich-
ter schwarzer Marmortisch bildet den
Altar, die einfache Kanzel besteht aus
grauem Stuckmarmor. Hinter der
ersten Emporenbrüstung erhebt sich
raumbeherrschend die mächtige
Orgel mit einem von vier korinthi-
schen Pilastern unterteilten Prospekt.
Der Entwurf der Paulskirche, der Asso-
ziationen an St. Stefano Rotondo in
Rom wachruft, folgt Prinzipien des
protestantischen Kirchenbaus mit seiner Berücksichtigung von Predigt und
Gebet als zentrale Handlungen des
Gottesdienstes. Der Einbau großer
Emporen, die weite, ungeteilte Rotunde und die nüchtern-karge Ausstattung des Raumes ermöglichten einer
großen Gemeinde ihren Blick und
ihre Aufmerksamkeit ohne Ablenkung
auf den Kanzelaltar zu richten. Damit
waren ideale Voraussetzungen für die
Umwidmung der Kirche in einen parlamentarischen Sitzungssaal gegeben. Y.D.

Lit.: Wolf 1896, S. 290; Reiter
1994, Nr. 77.

93a
*Innere Ansicht der Pauls-Kirche in
Frankfurt a. M. eingeweiht
am 9. July 1833 in welchem sich
die, von Fr. Walcker aus Ludwigsburg
erbaute große Orgel befindet*
Heinrich Bebi (Kempten 1803 – ?)

nach J. J Essen (Lebensdaten unbe-
kannt)
Druck von Felsing
1833
Radierung mit Aquatinta; H. 54,2,
Br. 70,4 cm
Frankfurt a. M., Historisches Museum;
Inv.Nr. C 2764

94a
Deutsche National-Versammlung in
der Paulskirche zu Frankfurt am Main
J. J. Tanner (1813 Hierisau – ?)
Druck von W. Maas
1848
Radierung mit Aquatinta; H. 21,4,
Br. 25,2 cm
Nürnberg, Germanisches National-
museum; Inv.Nr. HB 20767, Kapsel
1330

94b
Eröffnung der Nationalversammlung,
in der Paulskirche zu Frankfurt
a/Main, den 18ten Mai 1848
Franz Heister (Frankfurt 1813 –
1873 Frankfurt)
Druck von J. B. Bauer in Frankfurt a. M.
1848
Kreidelithographie; H. 44,3, Br.
53,1 cm
Nürnberg, Germanisches Nationalmuseum; Inv.Nr. HB 16822, Kapsel
1330

94c
Innere Ansicht der Paulskirche
Leo von Elliot
(London 1816 – 1890 Brüssel)
Lithographie und Druck von Eduard
Gustav May in Frankfurt a. M.
Verlag der S. Schmerber'schen
Buchhandlung in Frankfurt a. M.
1848
Kreidelithographie; H. 32,5,
Br. 41,7 cm
Bamberg, Staatsbibliothek; Inv.Nr.
M.v.O., C.I. 450

Nach der Umgestaltung des protestantischen Gemeinderaums zum Ple-
narsaal der deutschen Nationalversammlung (Kat. 94a) trennt eine zur
Verbesserung der Akustik eingezoge-
ne Zwischendecke die obere Galerie
vom Kirchenraum. Rote Tücher ver-
decken Altar und Kanzel. Auf dem
halbrunden Podest steht der langge-
streckte Präsidententisch mit vorgela-
gerter Rednerkanzel. Hinter dem Prä-
sidentenpult, den drei schwarz-rot-goldene Fahnen hervorheben, prangt
der doppelköpfige Reichsadler. Das
Präsidium bildet eine Achse mit dem
monumentalen Transparent der »Germania«. Mit seinen zwei Inschriften-

DEUTSCHE NATIONAL-VERSAMMLUNG
in der Paulskirche zu Frankfurt am Main.

94a

94b

199

tondi ist es zwischen die Pilaster des Orgelprospektes aufgehängt. Der Blick vom Nordportal durch den Mittelgang auf das Präsidium läßt den Sitzungssaal der Nationalversammlung auch nach seiner Umwidmung als Kirchenraum erscheinen. Die Eröffnung des ersten deutschen Parlaments am 18. Mai 1848 geschah mit der gleichen patriotischen Begeisterung, mit der Vertreter des Dritten Standes sich 1789 auf Jacques Louis Davids »Ballhausschwur« verpflichten, Frankreich eine Verfassung zu geben: Die Abgeordneten der Paulskirche (Kat. 94b) erhoben sich von ihren Sitzen, hielten ihre rechte Hand empor und riefen dreimal »Die Versammlung ist constituiert! Sie lebe hoch!«. Es folgten, wie dem stenographischen Bericht zu entnehmen ist, stürmischer Beifall und Hochrufe aus dem Plenum und von den Tribünen. Dieser feierliche Augenblick ist aus der Perspektive der Zuschauer dargestellt: Sie verfolgen von der mit Fahnen und Draperien geschmückten Galerie das Geschehen im Parterre. Aus ihrem

Blickwinkel erinnert der Kirchenraum mit Zuschauerbalkon, Präsidentenbühne, kulissenhafter Germania und ephemeren Ausstattungstücken an ein Theater und verleiht dem Eröffnungsakt den Anschein eines Schauspiels. Während dieser als feierliche Zeremonie festgehalten ist, schildern andere Innenraumansichten die Paulskirche als Ort szenischer Lebhaftigkeit (Kat. 94c): Ein aufmerksames Präsidium, als dessen Vorsitzender von Gagern die Debatte mit großer Geste lenkt; Deputierte wie Robert Blum, die sich als würdevolle Redner geben; Parlamentarier, die die Sitzung konzentriert oder gelangweilt verfolgen oder diskutierend beieinander stehen; Stenographen, die eifrig die Reden protokollieren; dichtgedrängte Zuschauer, die aufmerksam ihre gewählten Volksvertreter beobachten und bereit sind, jederzeit lautstark in das Geschehen einzugreifen. Ihre Einbeziehung in die Schilderung parlamentarischer Abläufe ist Ausdruck des großen Interesses, das die Nationalversammlung in der Öffentlichkeit genoß. *Y.D.*

Lit.: Sten. Berichte 1848, Bd. I, S.4; Berlin 1996, Nr. L/42; Frankfurt 1998, Nr. 256; Bamberg 1911, S. 1308, Nr. 450; Reiter 1994, Nr. 85.

95
Grund-Plan vom Innern der Pauls-Kirche, mit Angabe der Plätze sämtlicher Mitglieder der deutschen National-Versammlung. 1848
Druck von Carl Adelmann in Frankfurt a. M.
Verlag der S. Schmerber'schen Buchhandlung in Frankfurt a. M.
Federlithographie;
H. 52,3, Br. 68,2 cm
Butzbach, Stadtarchiv;
Inv.Nr. Qd-Q-fa- 89/1031

Der elliptische Grundriß der Paulskirche zeigt einschließlich des südlichen Haupteingangs vier axial ausgerichtete Portale. Diese führen wie zwei weitere Eingänge im Nordwesten und Nordosten, die über Treppenhäuser mit der Empore verbunden sind, in das Parterre des Gebäudes. Besucher und Parlamentarier konnten so unabhängig voneinander in die Paulskirche gelangen. Die in zehn Meter Höhe verlaufende, vier Meter breite Galerie besaß 1848/49 ca. 1200, der Plenarsaal über 900 Sitzplätze. Die ansteigenden Bänke der Abgeordneten waren in dem quergelagerten Oval konzentrisch um den Präsidententisch mit der Rednerkanzel und in vier Blöcke angeordnet, entsprechend den politischen Gruppen der Rechten, des rechten und linken Zentrums sowie der Linken. Jedem Deputierten ist auf dem Plan ein bestimmter Platz zugewiesen. Vor dem Präsidium standen die Tische der Stenographen. Dahinter nahmen im Säulenumgang privilegierte Besucher Platz, links Damen, rechts Herren. Der Herrenloge schloß sich die Tribüne des Diplomatischen Corps an. Vor diesen drei Besuchergruppen saßen zwischen den Säulen Journalisten. Der Faltplan – ein ähnlicher lag dem »Album der deutschen Nationalversammlung« mit ihren Abgeordneten-Porträts bei – half dem interessierten Zeitgenossen, die funktionale und personelle Struktur

JNNERE ANSICHT DER PAULSKIRCHE

94c

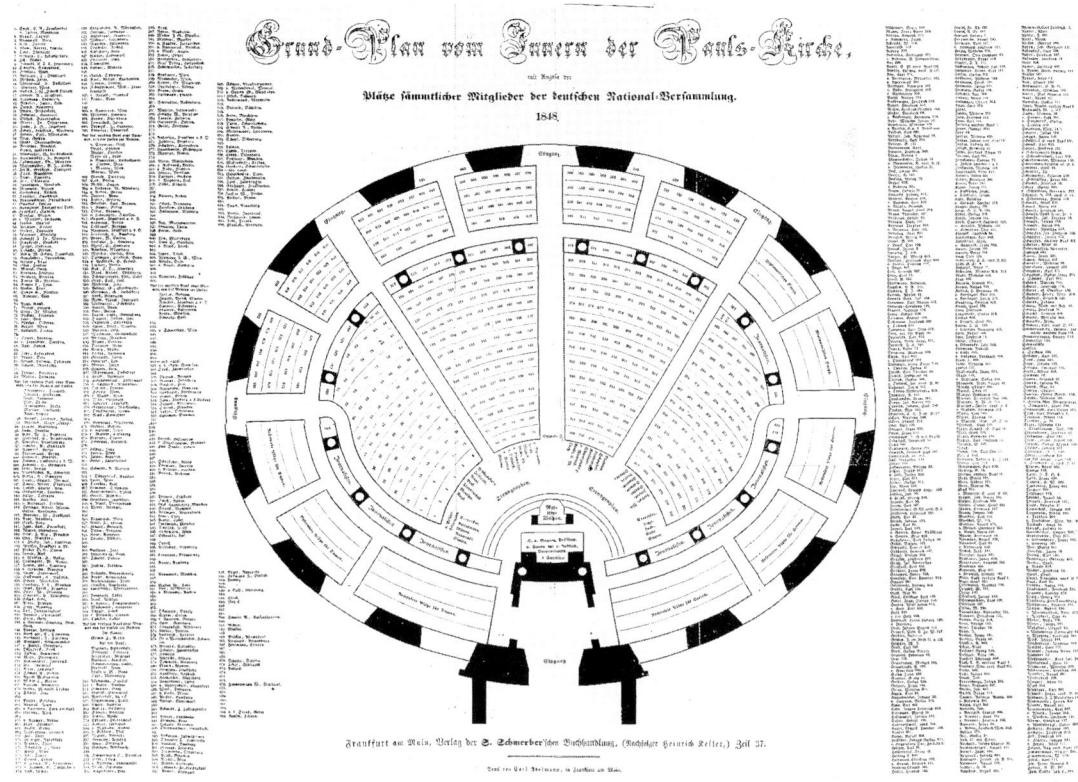

95

des Parlaments zu verstehen und ihre Volksvertreter zu identifizieren. *Y.D.*

Lit.: Reiter 1994, Nr. 78.

96
Die deutsche Nationalversammlung in der Paulskirche zu Frankfurt am Main
Ernst Meyer (1797 Altona –
1861 Rom) nach Paul Bürde (Rogen
1819 – 1874 Berlin)
Druck von H. Delius in Berlin
Verlag von W. Zawitz in Berlin
1848
Kreide- und Federlithographie;
H. 59,6, Br. 79,2 cm
Nürnberg, Germanisches National-
museum; Inv.Nr. HB 26546, Kapsel
1330

Achtzig Abgeordnete der Nationalversammlung, die anhand einer der
Lithographie beigegebenen Namensliste identifizierbar sind, umgeben in
einer Sitzungspause die Präsidenten-
tribüne in gleichrangiger Anordnung.
Ständische Merkmale sind durch Haltungen und Posen ersetzt, mit denen
sich die Parlamentarier als Vertreter
eines neuen Berufsstandes zu erkennen geben: Sie vollziehen gra-
vitätisch wie von Gagern oder eifrig
wie Jucho ihre Ämter als Präsident
bzw. Schriftführer; sie schreiben konzentriert, halten inne in ihren Gedanken, studieren ihre Reden, debattie-
ren, schaffen sich mit erhobenem Zei-
gefinger Gehör, lauschen mit vorge-
beugtem Oberkörper oder mit
gekreuzten Armen ihren Kollegen;
andere schlendern nachdenklich oder
nonchalant mit den Händen in den
Hosentaschen durch den Plenarsaal.
Sie inszenieren sich als Abgeordnete,
gleichwohl wollen sie ihren Wählern
als Individuen erkennbar sein: Die
meisten wenden sich frontal dem
Betrachter zu, einige wenige zeigen
ihm ihr Profil, keiner dreht ihm den
Rücken zu. Ihre Gesichtszüge sollen
sich einer neuen, politisch interessierten Öffentlichkeit einprägen. Als Teil
dieser Öffentlichkeit beobachten
Besucher in den Logen, unter ihnen
die Gesandten Englands und
Preußens, das Gebaren der von
ihnen gewählten Volksvertreter
während einer Sitzungspause. Bürde
vereint sie in einem neuen Typus des
Gruppenporträts, dem Vereinsbild-
nisse vorausgingen. *Y.D.*

Lit.: Karlsruhe 1998, Nr. 244; Frankfurt 1998, Nr. 352.

96

97a
*Deputierte der deutschen National-
versammlung.*
(Fraction der Linken) 1848 u. 49
Schwabe (Lebensdaten unbekannt)
Druck von Gebr. Waldow in Berlin
Verlag von Carl Glück in Berlin
1849
Kreidelithographie, geschabt;
H. 34,6, Br. 47,8 cm
Nürnberg, Germanisches National-
museum; Inv.Nr. HB 25185, Kapsel
1330

97b
*Zur Erinnerung an die verfassungsge-
bende deutsche Reichsversammlung
des Jahres 1848.*
Club des Augsburger Hofes
Friedrich Pecht (Konstanz 1814 –
1903 München)

Druck und Verlag von Franz Hanf-
staengl in Dresden
1849
Kreidelithographie; H. 51,8,
Br. 61,3 cm
Nürnberg, Germanisches Nationalmuseum; Inv.Nr. HB 18892, Kapsel
1032a

Mit der Rechten (Konservative), der
Mitte (Zentrum/Liberale) und der Linken (Demokraten) waren in der Frankfurter Nationalversammlung drei
große politische Richtungen vertreten.
Diese bildeten Fraktionen, die die
Namen ihrer Versammlungslokale trugen und als Vorläufer der modernen
politischen Parteien gelten. Mit Mitgliedern des »Deutschen Hofes« einerseits, des »Donnersberg« andererseits
sind gemäßigte wie radikale Linke in

einem Sammelporträt vertreten (Kat.
97a): Während die einen die Errichtung einer demokratisch-parlamentari-
schen Republik mit legalen Mitteln
verfolgten, waren die anderen bereit
zur revolutionären Aktion. Ungeachtet
dieser politischen Differenzen ist die
Fraktion der Linken als geschlossene
parlamentarische Gruppe in der Bild-
niscollage vereint, der im Handel ver-
triebene Porträts als Grundlage
gedient haben dürften. In diesem
Typus des Sammelporträts – prominente Politiker wie Izstein, Bassermann und Soiron waren bereits als
Abgeordnete der badischen Zweiten
Kammer in dieser Form abgebildet
worden – sind die Brustbilder der
Deputierten ohne Hinweise auf ihre
Tätigkeit oder ihr soziales Umfeld.
Aufschluß über die Identität der Dar-

gestellten bzw. ihre politische Haltung geben Namensliste und Vollbärte (Kat. 85). Die gemäßigt liberalen Flügel des linken und rechten Zentrums, »Augsburger Hof« und »Casino«, beauftragten 1849 Friedrich Pecht, sie auf »Erinnerungsblätter« zu verewigen (Kat. 97b). Er zeichnete sie nach eigenem Bekunden unter »Benützung von Daguerrotypen auf Stein«. Im Stil des klassischen Gruppenporträts versammelt er die Mitglieder des Augsburger Hofes, Fürsprecher des preußischen Erbkaisertum und der parlamentarischen Monarchie, in ihrem Stammlokal. Mit Rednergestus, Sitzungspapieren und Glocke deutet Pecht den Charakter ihres Treffens an. Seine Konzentration auf die in Ganzfigur lebensnah dargestellten Abgeordneten offenbart sein vorrangiges Interesse an ihrer Zugehörigkeit zu einer politischen Vereinigung: Denkmalhaft verbildlicht Pecht hier das freie Assoziationsrecht einer demokratischen Gesellschaft. *Y.D.*

Lit. Pecht 1894, S. 352; Wrocklage in Hoffmann/Thiele 1989, S. 39f.; Köln 1989, S. 430ff.; Frankfurt 1998, Nr. 323; Vollmer 1983, S. 23ff., 142ff.

98
Zur Erinnerung an das Jahr 1848
Peter Geist (1816 – 1867)
Druck von Christian Weiss
in Würzburg
1848
Kreidelithographie; H. 40,0,
Br. 50,0 cm
Beilage zum Würzburger Abendblatt
Bamberg, Staatsbibliothek; Inv.Nr.
M.v.O., C.I. 445

Von einem gotisierenden Bildrahmen eingefaßte Szenen illustrieren Ereignisse des Jahre 1848: Barrikadenkämpfe in München und Berlin im März, Heckers Ausrufung der Republik und Tod General von Gagerns im Gefecht bei Kandern im April, Erstürmung der Düppelschen Schanzen in Schleswig-Holstein im Juni, Struves Einzug in Lörrach und Eroberung Staufens durch badische Regierungstruppen wie auch Barrikadenkämpfe in Frankfurt im September und schließ-

Deputirte der deutschen Nationalversammlung.
(Fraction der Linken.)
1848 u. 49

97a

97b

203

ZUR ERINNERUNG AN DAS JAHR 1848.
Beilage zum Würzburger Abendblatt

lich im Oktober Erhebung und Niederlage der Aufständischen in Wien.
Diese Chronik der Revolution – sie
wird von zwei an die Muse der
Geschichtsschreibung erinnernde
Frauengestalten protokolliert – rahmt
den festlichen Einzug des Vorparlaments in die Paulskirche am 31. März
1848. Es ist das Hauptmotiv des
streng symmetrisch und durch die
unterschiedlichen Größen der Einzelszenen hierarchisch aufgebauten
Gedenkblattes. Mit dem Bild der Einführung des Reichsverwesers im Parlament am 12. Juli 1848 und der Allegorie der Freiheit, die von den Personifikationen der Gerechtigkeit und der
Wahrheit flankiert wird, bildet es eine
Vertikale. Die Zentrierung des Erinne-

rungsblattes auf diese Achse kann als
Appell verstanden werden, die politische Einheit der Nation auf parla-
mentarischem Wege und nicht durch
revolutionäre Aktion zu verwirklichen.
In diesem Kontext wirken die Pendant-
bilder beiderseits der Paulskirche mit
der Erschießung Robert Blums zum
einen und der Ermordung Auerwalds
und Lichnowskys zum anderen als
Mahnung an die Aufständischen.
Y.D.

Lit.: Bamberg 1911, S. 1307,
Nr. 445; München 1987, Nr.
12.5.2.23; Reiter 1994, Nr. 225

99
*Thaten und Meinungen des
Herrn Piepmeyer Abgeordneter zur
constituierenden Nationalversamm-
lung zu Frankfurt
am Main*
Adolph Schrödter (Schwedt 1805 –
1875 Karlsruhe)
Johann Hermann Detmold (Text)
Verlag von Carl Christian Jügel in
Frankfurt a. M.
1848/49
Federlithographien; H. max. 22,8,
Br. max. 29,1 cm
6 Hefte mit je 8 Blättern, Deckblatt u.
1 Vorsatzblatt
Nürnberg, Germanisches National-
museum, Inv.Nr. HB 12613 – 1264,
Kapsel 1317

In epischer Breite analysieren Adolph Schrödter und Johann Hermann Detmold in einer satirischen Bildergeschichte die politische Karriere eines fiktiven Spießbürgers von der Annahme bis zur Aufgabe seines Mandats in der Frankfurter Nationalversammlung. Den roten Faden der bissigen Folge, die in sechs Heften zwischen Oktober 1848 und April 1849 ausgeliefert wurde, bildet »Herrn Piepmeyers« opportunistischer Charakter. Ein, wie Pecht in seinen Erinnerungen bemerkte, »köstlicher Typus des beständig den Mantel nach dem Winde hängenden liberalen Strebers, zu dem es in der Versammlung an Vorbildern nicht mangelte«. Noch in seinem Heimatort überzeugt Piepmeyer die Wähler sowohl von seiner konstitutionell-monarchischen als auch von seiner republikanischen Gesinnung. In der Paulskirche tauscht er seinen Zylinder gegen einen Demokratenhut und erscheint mit einem Demokratenbart. Er übt »eine Rede nebst den dazugehörigen Redensarten und Gesten« vor einem Spiegel ein (Abb. 7, S. 50). Als er im Parlament spricht, zollen ihm nur seine bezahlten »Freunde von der Galerie« Beifall (Abb. 5, S. 49). Ständig überlegt Piepmeyer, »ob es in Anbetracht der neuesten Zeitereignisse nicht zweckmäßig sei, mit seiner politischen Ueberzeugung etwas weiter nach links« oder »nach rechts zu

rücken«. Schließlich ergreift er Partei für die Erbkaiserlichen, legt seine revolutionäre Bart- und Haartracht ab und reist nach Berlin, »um etwas zu werden«. Die Satire ironisiert die Gepflogenheiten des ersten deutschen Parlaments und stellt den deutschen Spießbürger mit seiner Anpassungswilligkeit bloß. Sie deckt aber auch ein Dilemma des modernen, demokratisch gewählten Volksvertrers auf: Dieser muß der Öffentlichkeit einerseits ein unverkennbares Profil bieten, andererseits einer pluralistischen Gesellschaft als möglicher Wahlkandidat erscheinen: Piepmeyer bedient sich vestimentärer Gesinnungszeichen (vgl. Zander-Seidel, S. 35 ff.) und nutzt das Repertoire der Körpersprache in Verbindung mit mimischen Ausdrucksmitteln. Wie ein Schauspieler übt er Gesten und Posen ein (vgl. Hoffmann, S. 46 ff.), um mit ihrem breiten Bedeutungsspektrum unterschiedliche politische Zielgruppen anzusprechen. (vgl. in der Ausstellung: GNM, P 20408, Kapsel 794; HB 5052, Kapsel 1368; HB 2380, Kapsel 1056d; HB 12591, Kapsel 1320; HB 15693, Kapsel 1318a). Bei dem Entwurf seiner Bildergeschichte konnte Schrödter auf Rodolphe Toepffer zurückgreifen, dessen humoristische Bilderzählungen die Tradition der moralisierenden Arbeiten von William Hogarth und Daniel Chodowiecki fortführen. *Y.D.*

Lit.: Pecht 1894, S. 342; Fuchs 1901/03, S. 72 ff.; Kruse 1925, S. 143 ff.; Hartwig/Riha 1974, S. 178 ff.; Theilmann 1979 (Nachwort); Reiter 1994, S. 311 f., Nr. 612,1-53; Hamburg 1995, S. 101 f.; Karlsruhe 1998, Nr. 269.

100 (Abb. S. 42)
Fest wie Deutschlands Eichen! Piepmeyer. Abgeordneter zur deutschen Nationalversammlung in Frankfurt a/M
Adolph Schrödter
Druck von Carl Knatz in Frankfurt a. M.
1848/49
Kreidelithographie, teilweise geschabt; H. 37,7, Br. 20,0 cm
Bamberg, Staatsbibliothek; Inv.Nr. M.v.O., C.I. 150

1848/49 inserierten Verlage in verschiedenen Zeitungen Abgeordneten-Porträts. Besondere Beliebtheit erlangte das von Carl Christian Jügel edierte »Album der deutschen Nationalversammlung«. Im Stil dieser Bildnis-Mappe hat Schrödter sein ›Porträt‹ gestaltet, das er auch im Format dem Album angeglichen hat: Piepmeyer ist in der Pose eines selbstbewußten Redners als Kniestück nach halblinks abgebildet, mit ›seinem‹ faksimilierten Namenszug kenntlich gemacht und als »Abgeordneter der deutschen Nationalversammlung in Frankfurt a./m.« ausgewiesen. Indem Schrödter das Bildnis eines erfundenen Volksvertreters den Porträts existierender Parlamentarier gleichstellt, läßt er augenzwinkernd Fiktion Realität und Realität Fiktion werden. Dieses Spiel mit »Sein und Schein« treibt er auch, wenn er »Fest wie Deutschlands Eichen!« als Wahlspruch des Opportunisten Piepmeyer ausgibt. *Y.D.*

Lit.: Bamberg 1911, S. 1294, Nr. 150; Reiter 1994, Nr. 612,2; Frankfurt 1998, Nr. 369.

101 (Farbtafel S. 110)
Denkmal des Abgeordneten
Piepmeyer
Adolph Schrödter
1849
Aquarell, Feder, Tinte, weiß und gold
gehöht; H. 24,5, Br. 21,0 cm
Leihgabe aus Privatbesitz

In Form eines Gedenkblattes setzt
Schrödter seiner Erfindung Piepmeyer
ein ironisches Denkmal. In einem Mit-
telbild und vier Randfeldern erinnert
er an verschiedene Karrierestationen
des Abgeordneten. Er hat sie seiner
Folge entnommen: Das zentrale
Motiv, hier verwendet Schrödter
abweichend von der Vorlage die
Reichskrone als Denkmalssockel,
zitiert Piepmeyers Übungen vor einem
Spiegel (Blatt 30): Sein Abbild
betrachtend, denkt er »sich die Statue
..., welche ihm das Vaterland einst
errichten wird«. Der gleichen Szene
entstammt Piepmeyers theatralischer
Auftritt mit der entblößten Brust, die er
für den Fall, »wenn einmal Soldaten
in das Sitzungslokal der National-Versammlung eindringen«, diesen darbieten will. Mit weitausholender
Geste lädt er den Vorstand des demokratischen Vereins in sein Haus ein
(Blatt 35). Auf Zehenspitzen übt er in
»Aussicht auf seine demnächstige
hohe Stellung« Tanzschritte ein (Blatt
45). Am Ende der Bildergeschichte ist
seine »Metamorphose ... vollendet«
als er vor seiner Abreise nach Berlin
sein demokratisches Erscheinungsbild
gegen ein bürgerliches mit Gehrock
und Zylinder eintauscht (Blatt 49). Bei
allen fünf Szenen löst Schrödter Piepmeyer mit seinen markanten Posen
aus dem Handlungszusammenhang
der Folge. Diese Zitatform bezeugt
die Popularität der Bilderzählung. Die
Ausführung des Blattes mit seinem aufwendigen floralen und arabesken
Ornamentrahmen als farbiges Aquarell schließt seine Verwendung als
Vorlage einer für eine breite Öffentlichkeit bestimmten Lithographie aus.
Y.D.

Lit.: Karlsruhe 1998, Nr. 270.

Robert Blum, der Vorkämpfer für Volksfreiheit,
standrechtlich erschossen zu Wien in der Brigittenau den 9ten Nov. 1848 halb 8 Uhr Morgens.

102a

102b

102a
Robert Blum, der Vorkämpfer für Volks-
freiheit, standrechtlich erschossen zu
Wien in der Brigittenau den 9ten
Nov. 1848 halb 8 Uhr Morgens
Verlag von Peter Carl Geißler in
Nürnberg

1848/49
Kreide- und Federlithographie;
H. 24,8, Br. 34,0 cm
Nürnberg, Germanisches National-
museum; Inv.Nr. HB 29929, Kapsel
1374

Robert Blums letzte Stunde
Aus jedem meiner Blutstropfen wird ein Märtyrer der Freiheit erstehen!

102c

Robert Blum's Ermordung.

102d

102b
Des Abgeordneten Robert Blums letz-
te Worte vor seiner Ermordung in der
Brigittenau bei Wien am 9. Vovem-
ber 1848.»Ich sterbe für die deutsche
Freiheit...«
Verlag von Reinhold Baist in Rödel-
heim
1848/49
Kreidelithographie; H. 30,2;
Br. 43,3 cm
Frankfurt, Historisches Museum;
Inv.Nr. C 17128

102c
Robert Blums letzte Stunde. Aus
jedem meiner Blutstrophen wird ein
Märtyrer der Freiheit erstehen!
Druck und Verlag von Eduard Gustav
May in Frankfurt a. M.
1848/49
Kreidelithographie; H. 30,3;
Br. 42,2 cm
Nürnberg, Germanisches National-
museum; Inv.Nr. HB 14073, Kapsel
1373

102d
Robert Blum's Ermordung
Monogrammist SM
Lithographische Anstalt von
Carl Hohlfelder in München
1848/49
Kreidelithographie; H. 38,2,
Br. 46,6 cm
Bamberg, Staatsbibliothek; Inv.Nr,
M.v.O., C.I. 465

102e
Robert Blum's Ende. Ich sterbe für die
Freiheit für die ich gekämpft habe –
möge das Vaterland meiner einge-
denk sein!
Lithographische Anstalt von Eduard
Gustav May in Frankfurt a. M.
Kreidelithographie; H. 29,2,
Br. 43,3 cm
Nürnberg, Germanisches National-
museum; Inv.Nr. HB 14074, Kapsel
1373

ROBERT BLUM'S ENDE.

Ich sterbe für die Freiheit, für die ich gekämpft habe. — möge das Vaterland meiner eingedenk sein! (R Blum's letzte Worte.)

Lith.Anst.v.Ed Gust May in Frankfurt ?K

102e

TOD des ROBERT BLUM

zu Wien am 9ten November 1848.

102f

Nicht dringlich!

102g

102k
Frevelvolle Mordthat verübt von dem
k.k. Feldmarschall Windischgrätz
Verlag von H. Dagendorff
1848/49
Federlithographie; H. 45,2,
Br. 27,4 cm
Nürnberg, Germanisches National-
museum; Inv.Nr. Hb 31183, Kapsel
1330

102l
Widmungsgedicht
Anonym
1848/49
Handschrift, Feder; H. 20,2,
Br. 13,2 cm
Nürnberg, Germanisches National-
museum; Inv.Nr. Hb 7790, Kapsel
1311

Robert Blum traf am 17. Oktober
1848 als Repräsentant der deutschen
Nationalversammlung in Wien ein.
Am 4. November wurde er als Barrikadenkämpfer verhaftet und trotz seiner Immunität als Abgeordneter zum
Tode verurteilt. Von einem Geistlichen
betreut und von ca. 2000 Soldaten
bewacht, forderte er auf dem Militär-
schießplatz auf der Brigittenau bei
Wien, ohne Augenbinde erschossen
zu werden. Nach seinem Appell »Ich
sterbe für die deutsche Freiheit, für
die ich gekämpft, möge das Vaterland meiner eingedenk sein« töteten
neun Jäger Robert Blum mit drei
Schüssen in den frühen Morgenstun-
den des 9. November. Seine Exeku-
tion wurde in einer Flut von druckgra-

phischen Blättern dargestellt und
immer wieder variiert: Sie zeigen
Blums Verweigerung der Augenbinde;
Blums Erschießung mit oder ohne
Binde, mit oder ohne geistlichen Bei-
stand; seine Hinrichtung vor der Silhouette Wiens, auf öffentlichen und
freien Plätzen oder an einsamen
Orten; seine Konfrontation mit einer
Überzahl von Soldaten oder einer
Hand voll Jägern; Blum mit unversehr-
ter Brust oder deutlich sichtbaren
Wundmalen (102a-h). Diese Versatzstücke sind Berichten über Blums
Erschießung entnommen und werden
im Bild beliebig kombiniert. Ein selte-
nes Beispiel verbindet seine Hinrichtung mit seiner politischen Tätigkeit:
Während Blum unter Gewehrsalven
stirbt, schlafen in der Paulskirche die

209

ROBERT BLUM'S VERKLÄRUNG

102h

Robert Blum

102i

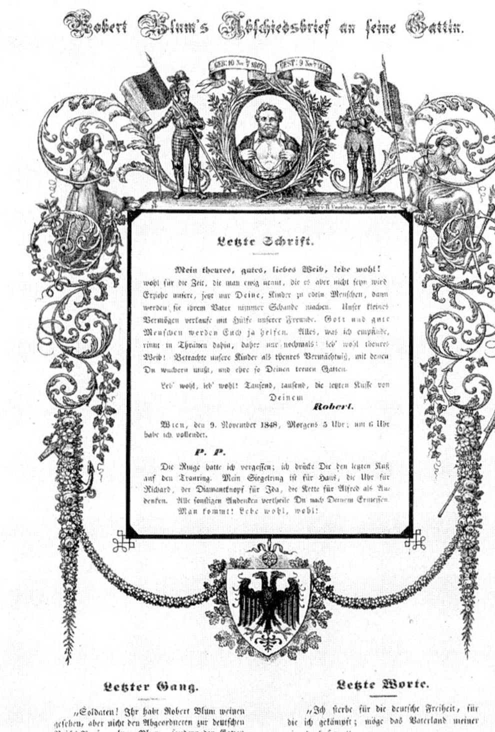
Robert Blum's Abschiedsbrief an seine Gattin.
GEB: 10 Nov. 1807
GEST: 9 Nov. 1848
Letzte Schrift.
Mein theures, gutes, liebes Weib, lebe wohl! wohl für die Zeit, die man ewig nennt, die es aber nicht seyn wird. Erziehe unsere, jetzt nur Deine, Kinder zu edeln Menschen, dann werden sie ihrem Vater nimmer Schande machen. Unser kleines Vermögen verkaufe mit Hülfe unserer Freunde. Gott und gute Menschen werden Euch ja helfen. Alles, was ich empfinde, rinnt in Thränen dahin, daher nur nochmals: leb' wohl theures Weib! Betrachte unsere Kinder als theures Vermächtniß, mit denen Du wuchern mußt, und ehre so Deinen treuen Gatten.
Leb' wohl, leb' wohl! Tausend, tausend, die letzten Küsse von Deinem
Robert.
Wien, den 9. November 1848, Morgens 5 Uhr; um 6 Uhr habe ich vollendet.
P. P.
Die Ringe hatte ich vergessen; ich drücke Dir den letzten Kuß auf den Trauring. Mein Siegelring ist für Hans, die Uhr für Richard, der Diamantknopf für Ida, die Kette für Alfred als Andenken. Alle sonstigen Andenken vertheile Du nach Deinem Ermessen. Man kommt! Lebe wohl, wohl!
Letzter Gang.
„Soldaten! Ihr habt Robert Blum weinen gesehen, aber nicht den Abgeordneten zur deutschen Reichs-Versammlung Blum, sondern den Gatten und Vater Blum.“
Letzte Worte.
„Ich sterbe für die deutsche Freiheit, für die ich gekämpft; möge das Vaterland meiner eingedenk seyn.“

102j

Robert Blum.
Frevelvolle Mordthat verübt von dem k.k. Feldmarschall Windischgrätz.
Das Unerhörte ist geschehen! Armes Deutschland, du bist soldateskischen Würgerhänden verfallen, geschändet ist deine Ehre, und gehöhnt sind deine Gesetze! Hört! In der „Wiener Zeitung“ ist der standrechtliche Tod Robert Blum's amtlich angezeigt. Da steht es, das schmachvolle Zeugniß der blutigen That, ein schauerliches Gegenstück zu Lichnowskys u. Auerswalds Tod. – Was hier von einem fanatisirten, zu aufgereizten Haufen geschah, ward dort unter dem Schutze der Bajonette, mit dem Vollmachtsbriefe des Kaisers vollbracht. – Der Tod Blum's ist Mord, den nur der competenten Behörde steht das Richteramt über Tod und Leben zu, nur ihr Urtheil trägt die Kraft des Gesetzes. – Wehe dem Volke, das diese letzte Schranke bürgerlicher und menschlicher Ordnung unter den Streichen der Tyrannen sieht. – Nur Rache gegen die empörte „Canaille“ trieb den hohen Fürsten, diesen blutdürstenden Alba, zu dieser bornirten Gerechtigkeitspflege, zu dieser Füsilade. – Er hat jedoch seiner Parthei durch diesen Mord einen schlechten Dienst geleistet, das verspritzte Blut des Martyrers der Volksfreiheit wird sich an dem Abgott der Camarilla und der Reactionspartheí u. an dieser selbst auf das furchtbarste rächen, sie wird nicht mit einzelnen Sühnopfern zufrieden sein, sondern eine Brut mit Stampf u. Stiel ausrotten, der kein Gesetz, weder göttliches noch menschliches heilig ist. – Wenn die deutsche Nationalversammlung nicht sofort Auslieferung u. standrechtliche Behandlung des Fürstlichen Mörders verlangt, wenn sie nicht die Ehre der deutschen Nation einem böhmischen Mordbrenner gegenüber, wenn sie nicht ihre eigene Ehre auf das entschiedenste wahrt u. unerbittliches Einschreiten gegen Windischgrätz beschliesst u. in Ausübung bringt, so muß in Zukunft jeder mit Schamröthe auf den Wangen sich einen Deutschen nennen! – Blum starb wie ein zweiter Egmont und Deutschland ruft Fluch aus über seinen Alba!
Hochherzige Patrioten!
Ihr habt in Robert Blum den Führer der entschiedenen Freiheitspartheí in der Nationalversammlung zu Frankfurt a/M., den treuesten Freund des Volkes verloren, ehret das Andenken Eures besten Mannes, indem ihr für sein unglückliches Weib und seine unmündigen Kinder sorgt, auf daß sein lezter Wille, ausgesprochen vor seinem schweren Gange zum Richtplatze geschehe; „Erziehe meine Kinder zur Ehre meines Namens wie ich ihnen Ehre mache durch meinen Tod für die Freiheit.“
Wenn wir noch knien könnten, wir lägen auf den Knieen;
Wenn wir noch beten könnten, wir beteten für ihn etc.
Verlagseigenthum v. H. Drugendorf

102k

zipfelmützigen Volksvertreter trotz der hinter dem Präsidium angeschlagenen Mahnung »Kein Abgeordneter darf ohne Zustimmung der National-Versammlung verhaftet und verurteilt werden«: Die Parlamentarier wagen nicht wie Robert Blum den Schritt vom Wort zur Tat zu vollziehen (102g).

Die mehr oder wenige freie Wiedergabe seiner letzten Worte, vor allem das Bildmotiv der offen dargebotenen Brust stilisieren Robert Blum mit ihrer ikonographischen Anknüpfung an Herz-Jesu-Bilder zum Märtyrer. (vgl. in der Ausstellung: GNM, HB 50313, Kapsel 1659). Seiner sakralen Überhöhung dienen ferner ›Verklärungsszenen‹ (102h, 102i). Sie übernehmen wie die Darstellungen seines Opfertodes die Funktion volkstümlicher Andachtsbilder. Beispiele des Robert-Blum-Kultes sind Devotionalien wie sein vielfach als Lithographie vertriebener Abschiedsbrief an seine Frau Jenny, der in der Tradition der als Flugschrift verbreiteten Abschiedsrede Ludwigs XVI. steht (102i). Dem tragischem Freiheitshelden Robert Blum steht keine Privatsphäre zu, die Öffentlichkeit bemächtigt sich seines familiären Lebens. Gedenkblätter geißeln zum einen die »Frevolle Mordthat«. Zum anderen interpretieren sie Blums letzten Worte an Jenny als ein an das gesamte Volk gerichtetes Testament: »...ehret das Andenken Eures besten Mannes, indem ihr für sein unglückliches Weib und seine unmündigen Kinder sorgt, auf das sein letzter Wille [...] geschehe; ›Erziehe meine Kinder zur Ehre meines Namens wie ich ihnen Ehre mache durch meinen Tod für die Freiheit« (102k). Das Ausmaß der öffentlichen Vereinahmung und Instrumentalisierung seines Todes verdeutlicht auch ein handschriftlich abgefaßtes Widmungsgedicht, das in kleineren Zirkeln kursierte (102l). *Y.D.*

Lit.: Bamberg 1911, S. 1309, Nr. 465; Hoffmann1980, S. 357ff.; Karlsruhe 1998, S. 262ff.; vgl. Nürnberg 1989, Nr. 271.

103
Robert Blum. Vaterländisches Gesellschaftsspiel
Anonym
nach 1848
Pappschuber mit kolorierter Lithographie; gefaltetes Spielbrett aus Pappe, mit kolorierter Lithographie kaschiert, achtseitiges Heft mit Spielanleitung; H. 33, Br. 42 cm (Spielbrett)
Nürnberg, Germanisches Nationalmuseum; Inv.Nr. HG 5617 a-c

Das »Vaterländische Gesellschaftsspiel« zum Leben des Leipziger Abgeordneten Robert Blum steht in Zusammenhang mit einem nach seinem Tod am 6. November 1848 einsetzenden weitreichenden Märtyrerkult. Der Protagonist des für ein jugendliches Publikum bestimmten Spiels wird auf dem Pappumschlag als ganze Gestalt mit schwarzem Gehrock und Stegpantalons in der Form präsentiert, wie er als bürgerlicher Abgeordneter im Parlament auftrat. Die idealisierende Darstellung unterscheidet sich vor allem von dem Bild verschiedener Karikaturen des Jahres 1848, auf denen Blums kleinwüchsige Gestalt Zielscheibe des Spotts war. Das Spiel gehört wie die Post- und Reisespiele zu den bekannten Würfelspielen für Kinder- und Jugendliche, von denen auch die spiralförmige Anordnung der Felder übernommen ist. Auf den 30 Feldern des Spielplans werden vor allem Szenen aus dem Leben Blums ausgebreitet: von der Kindheit in Köln bis zu seiner standrechtlichen Erschießung in Wien und der anschließenden Trauerfeier in Leipzig. Die anekdotisch ausgeschmückten Darstellungen knüpfen an Bilderserien zum Leben Jesu und der Heiligen an und präsentieren Blum in Verbindung mit den moralisierenden Begleittexten einem jugendlichen Publikum in erkennbarer pädagogischer Absicht als Verfechter demokratischer Ideale und als Märtyrer der Freiheit. Zu den Ereignisbildern kommen Darstellungen der Städte, die mit dem Leben Blums verbunden sind: Köln, Leipzig und vor allem Wien, der Stadt in der sich sein Leben als »Märtyrer der Freiheit vollendete«. Mit dem Porträt des

schlesischen Geistlichen und Begründers der deutschkatholischen Bewegung Johannes Ronge wird den Spielern ein wichtiger Wegbegleiter und Bundesgenosse vorgestellt. Als Gegner Blums bei den Kämpfen in Wien erscheint auf Feld 28 das Bild des Fürsten Windischgrätz, der den Aufstand im Oktober 1848 in Wien niederschlug, an dem Blum beteiligt war. In der Spielanleitung heißt es dazu: »Wer auf das Feld (mit dem Bild des Fürsten Windischgrätz) kommt, ist von der Gesellschaft geächtet und darf bis zum nächsten Wurf keiner der Teilnehmer mit dem Spieler sprechen bei 5 Mark Strafe.« Neben der Anweisung für das vorgestellte Planspiel enthält das Begleitheft eine zweite, nach der das Spiel mit Einzelkarten gespielt werden kann. Ein Exemplar dieses Spiels befindet sich auch in der Sammlung des Gewerbemuseums der Landesgewerbeanstalt im Germanischen Nationalmuseum (Inv.Nr. LGA 12311). Die dreißig numerierten Spielkarten, die in Darstellung und Größe mit den Einzelfeldern des Planspiels übereinstimmen, werden zusammen mit einer kleinen schwarzen Spielfigur in Gestalt Robert Blums und zwei Spielwürfeln in einer Schachtel mit Stulpdeckel verwahrt. Dabei zeigt der Deckel der Schachtel die gleiche Abbildung Robert Blums wie der Schuber für das gefaltete Planspiel. Von diesem unterscheidet sich das zweite Spiel insbesondere durch die aufwenige Ausstattung des Kastens mit geprägtem und farbigem Papier. Damit wird der einfachen Ausführung zugleich eine Luxusausgabe zur Seite gestellt, die auf eine weite Verbreitung des Robert Blum-Spiels in verschiedenen Schichten des Bürgertums nach den Ereignissen von 1848 hinweist. *H. M.*

Lit.: Köln 1988, Nr. 7.59; Reiter 1994, S. 100 ff.; Karlsruhe 1998, Nr. 508.

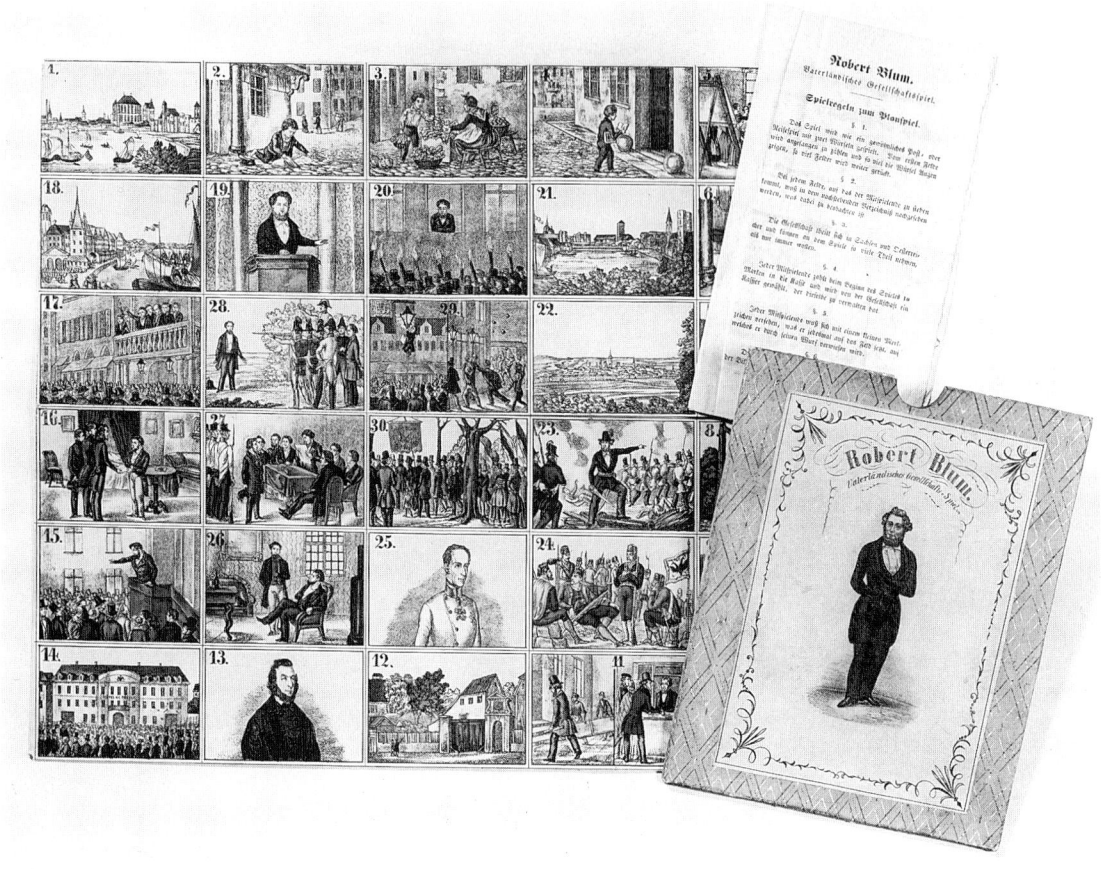

103

104

*Spielkarten-Etui mit dem Porträt von
Robert Blum*
Nürnberg, um 1848/50
Kupferstich mit Radierung, koloriert,
partiell gelackt; Nadelholzkorpus,
Seiten blau gefaßt; H. 14,0,
Br. 10,6, T. 3,8 cm
Rückseitig grüner Aufkleber mit Bez.:
C. Abel – Klinger in Nürnberg No.
219
Nürnberg, Gewerbemuseum der LGA
im Germanischen Nationalmuseum;
Inv.Nr. LGA 12312

Das Kästchen besitzt im Inneren zwei
Fächer zur Aufnahme von Spielkarten-
päckchen. Das Kartenspiel ist nicht
mehr vorhanden, dürfte aber ver-
gleichbaren Robert-Blum-Spielen mit

der Schilderung des tragischen Schik-
sals des Volkshelden entsprochen haben (Kat. 103). Für das Blum-Porträt
auf dem Schiebedeckel kopierte der
Stecher eine Kreidelithographie Valentin Schertles, die wiederum auf einem Lichtbild des Fotografen Hermann Biow (um 1804–1850) beruht
und in Biows »Deutscher Nationalgalerie« mit den Porträts der National-
versammlungsdeputierten große Verbreitung gefunden hatte. Der rückseiti-
ge Aufkleber nennt als Vertriebs- und
wohl auch Herstellungsort des Spiels
die Stadt Nürnberg. In deren Adreßbuch aus dem Jahr 1850 ist in der
Füllstraße beim Albrecht-Dürer-Platz
der Kaufmann Karl Kasimir Abel als
Inhaber der Firma »Abel u. Comp.
(Nürnb. Manufaktur= und Kinderspiel-

waaren; Commission= und Spediti-
on.)« aufgeführt. Wenig weiter »Beim
Neuentor« leitete Johann Paul Drei-
korn die Firma »J.G. Klinger« als
»Kunsthandlung, auch Fabrik art.[isti-
scher] Spielwaaren.« Dreikorns Kunsthandlung und Fabrik führte mit dem
Firmennamen des Kupferstechers Johann Georg Klinger (1764 – vor
1813) eine alte Graphikverlags- und
Kupferstecherwerkstatt mit den modernen Produktionsmethoden und dem
aktuellen Produktspektrum des industri-
ellen Zeitalters weiter. Die Druckplatte
für das Blum-Porträt hat sich ebenfalls
in Nürnberg erhalten (Kat. 105). *T.E.*

Lit.: Mainberger 1850, I, S. 17, III,
S. 1, 37, 103; Reiter 1994, Nr.
103.

105
Druckplatte mit dem Porträt von Robert Blum
Nürnberg, um 1848/50
Kupferplatte, gestochen, radiert;
H. 15,6, Br. 13,0 cm
Nürnberg, Germanisches National-
museum; Graphische Sammlung
ZR.Nr. 3367, Kapsel 405a

Die Helden von 1848 wurden in der
vermeintlich entpolitisierten Welt des
Kinderspielzeugs marktstrategisch thematisiert. Anhand einer Anzahl im
Germanischen Nationalmuseum er-
haltener Artikel aus Nürnberger Spiel-
warenproduktion offenbart sich die
spontane Reaktion der Hersteller von
Gebrauchsgraphik auch an Orten
und in Produktsparten, die mit den
politischen Ereignissen der Revolutions-
jahre weder unmittelbar zu tun hatten,
noch dem journalistischen oder pro-
pagandistischen Medienkreis angehörten (Kat. 102). Die Druckplatte
wurde für das Titelbild eines Karten-
spiel-Etuis gestochen (Kat. 104). Ihre
Anfertigung in der Nürnberger »Kunsthandlung und Spielwaarenfabrik
J.G. Klinger« ist durch das Vertriebse-
tikett auf dem Etui gesichert. Die Kupferplatte wurde offensichtlich bis zum
Ersten Weltkrieg am Herstellungsort
aufbewahrt, gelangte damals im Zug
der sogenannten »Reichsmetallbe-
schlagnahme« in öffentliche Hand
und von dort im Jahr 1920 mit 16
weiteren Druckplatten in das Germanische Nationalmuseum. *T.E.*

104

105

106

106
Tabakdose mit Brustbild Robert Blums
Anonym
nach 1848
Holz, gedrechselt, schwarz lackiert;
Lithographie, aufgeklebt, mit farblo-
sem Lack überzogen; Dm. 8,2,
H. 1,9 cm
Nürnberg, Germanisches National-
museum, Inv.Nr. T 1183

Das Porträt zeigt Robert Blum, bezeichnet als »Mitglied der deut: Nat:
Versammlung«, in Halbfigur in der
von ihm stets getragenen bürgerlichen
Kleidung. Ähnlich wie der politisch
gescheiterte Friedrich Hecker und
andere populäre Personen der Linken
wurde auch der äußerst aktive Robert
Blum auf vielfältigste Weise verehrt.
Insbesondere nach seiner standrechtlichen Erschießung in Wien am 9. November 1848 bildete sich um den
Märtyrer der Revolution ein Kult, der
sich in einer Flut von druckgraphischen Blättern mit seinem Porträt oder
mit Darstellungen seiner Erschießung
(Kat. 102) und in einer Fülle von Devotionalien und Erinnerungsstücken
äußerte. Neben Figuren, Ansteck-
nadeln und Medaillen dienten auch
Rauchutensilien wie Tabakdosen oder
Pfeifen mit seinem Porträt zur Erinnerung an den beliebten Politiker. Wenn
auch nach 1849 das Rauchen in der
Öffentlichkeit erlaubt blieb, wurde
der Gebrauch von Pfeifen mit Porträts
nicht systemkonformer Personen und
demokratisch-republikanischen Symbolen nach der kurzen Phase der Freiheit wieder verboten. Solche Zeugnisse der politischen Gesinnung ver-
schwanden daher meist sehr rasch
und wurden durch Objekte mit neutra-
lem Dekor ersetzt. *M.Kü.*

107a
Auerswald & Lichnowsky's Tod. Frankfurt den 18ten Sept. 1848
Wilhelm Völker (Frankfurt 1812 –
1873 Frankfurt)
1848
Bleistift, Feder, braune Tinte, grau laviert; H. 23,7, Br. 31,4 cm
Frankfurt a. M., Historisches Museum;
Inv.Nr. C 29555

107b
Die Ermordung des Fürsten Lichnowsky und des Generals von Auerswald in Frankfurt a. M. am 18. Sept.
Holzstich nach Wilhelm Völker (Frankfurt 1812 – 1873 Frankfurt)
Aus: Illustrirte Zeitung, XI,
14. 10. 1848
Frankfurt a. M., Historisches Museum;
Inv.Nr. C 3740

107c
Ermordung der Abgeordneten von Auerswald u. von Lichnowsky
Wilhelm Völker (Frankfurt 1812 –
1873 Frankfurt)
Druck und Verlag Ed. Gust. May in
Frankfurt a. M.
Lithographie; H. 27,0, Br. 35,1 cm
Frankfurt a. M., Historisches Museum;
Inv. Nr. C 3680

107d
Die Ermordung des Fürsten Lichnowsky und des Generals von Auerswald
Anonym
Lithographie, koloriert; H. 15,1,
Br. 12,5 cm
Frankfurt a. M., Historisches Museum;
Inv.Nr. C 15.105.

Proteste der parlamentarischen und außerparlamentarischen Linken gegen die Zustimmung der Nationalversammlung zum preußisch-dänischen Waffenstillstand von Malmö (26. 8. 1848) lösten den Frankfurter Aufstand vom 17./18. September aus. Am Rande der Kämpfe zwischen radikalen Aufständischen und den zu Hilfe gerufenen Reichstruppen wurden am 18. September die konservativen preußischen Abgeordneten Lichnowsky und Auerswald in den Bockenheimer Gärten von radikalen Arbeitern und Handwerksgesellen ermordet.

107a

Die Bluttat, die die Radikalisierung der Revolution und den offenen Konflikt zwischen dem Parlament und der radikalen Linken kennzeichnet, wurde als herausragendes Medienereignis in Wort und Bild dargestellt. Eine Federskizze des Frankfurter Zeichners Wilhelm Völker – nach Augenzeugenberichten am Tatort angefertigt – diente zahlreichen Bildberichten als Grundlage und prägte bei Zeitgenossen und Nachwelt das Bild vom Tathergang. Sie diente sowohl als Vorlage für den Holzstich auf der Titelseite der »Leipziger Illustrirten« vom 14.10. 1848, als auch für Völkers Lithographie, die als Blatt 3 der sechsteiligen Folge »Scenen aus den Ereignissen des 18. September in Frankfurt a.M.« im Verlag von E.G. May erschien. Kleine Unterschiede, etwa die Anwesenheit der Henriette Zobel, die Auerswald mit ihrem Regenschirm angegriffen haben soll, auf der Lithographie, ermöglichen es, alle weiteren Darstellungen von diesen beiden Varianten abzuleiten. So geht z.B. die kolorierte Lithographie aus einem anonymen Bilderbogen auf den Bericht der »Illustrirten Zeitung« zurück. Völkers Bildbericht erlangte seine Po-

pularität nicht zuletzt deshalb, weil er das Geschehen in den traditionellen Bildtypus der »Gefangennahme Christi« kleidete. Lichnowsky erscheint in der Rolle des unschuldigen Edlen, der in die Hand der Schergen fällt. Er ist schutzlos der Übermacht finsterer Gewalttäter ausgeliefert und bewahrt in dieser Situation seine Haltung. Durch den sakralen Hoheitsgehalt des Bildes wird er zum politischen Märtyrer stilisiert. Sein Tod wird von Liberalen und Konservativen zur Bekämpfung der radikalen Revolution politisch instrumentalisiert. *R.S.*

Lit.: Hoffmann 1980, S. 128ff.; Hoffmann 1992, S. 100ff.; Reiter 1994, Nr. 42.

108
St. Pauls-Vogelhaus
Lithographische Anstalt von Eduard Gustav May in Frankfurt a. M.
Mit der Verlagsnummer 25
1848/49
Federlithographie; H. 26,7,
Br. 34,8 cm
Nürnberg, Germanisches Nationalmuseum; Inv.Nr. HB 15740, Kapsel 1317

Illustrirte Zeitung.

№ 276] Erscheint jeden Sonnabend. — Leipzig, den 14. October 1848. — Vierteljährlicher Preis 3 Thlr. [XI. Band.

Inhalt.

Parlamentsnachrichten: N. — M. Sitzung. Tagesgeschichte: Die Ermordung der Abgeordneten Fürst Lichnowsky und General v. Auerswald — General v. Auerswald und Fürst Lichnowsky. — Frankfurt a. M. Wochenkalender.

Das preuß. Heer und der Königswinter v. Schaffhausen. Wochenschau. Oesterreichisches Parlament. Das Ministerium und die italienische Angelegenheit. Der Reichstag. Vom ungarischen Reichstage. Perugia. Julius Perthes. Krieg und Vgl. Panne. Kriegs- und Friedensfragen. Krieg und Vgl. Nachrichten. Gerichtsgeschichten. Wissenschaftliche Nachrichten. Das Ende des Krieges.

Ist erschienen. — Die gewaltsch-antpolitische Todesfall des Prof. Dr. J. K. F. Wanner in Dessau. — Maler Echten, Bildniß von Karl Engelder von Württemberg. Maler von E. G. Heitz. Personalnachrichten. Mannigfaltigkeiten: Zeitige. — Das neben Osten Vaudel's, des Erzbild des Ferdinand. — Buch.

Die Ermordung des Fürsten Lichnowsky und des Generals v. Auerswald zu Frankfurt a. M. am 18. Sept.
Nach einer Originalzeichnung von W. Hoffer.

107b

107d

Ermordung der Abgeordneten von Auerswald u. von Lichnowsky

107c

108

Im Plenum der Nationalversammlung hat der Patron der Paulskirche Vogelkäfige aufgetürmt. Während er in der einen Hand Geldbündel hält und die andere gierig nach weiteren Scheinen ausstreckt, bietet er allerlei Vogelarten feil. Unter dem Symbol der nationalen Einheit, dem Monumentalgemälde der Germania, verhandelt er mit einem »Vogelliebhaber«. Dieser hat seine Börse gezückt, um die »complette Sammmlung« zu erwerben. Doch der Heilige Paulus hat den größten Teil der Vögel bereits verkauft, »darunter, welche die Aufmerksamkeit höchster Herrschaften auf sich gezogen haben«. Diese Feststellung spielt auf die Käuflichkeit der Abgeordneten der Nationalversammlung an, die sich wiederholt dem Vorwurf der Bestechlichkeit ausgesetzt sahen. Besondere Entrüstung erregten unter den linken Parlamentariern die Einladungen Heinrich von Gagerns, Alexander von Soirons und Friedrich Bassermanns bei den Rothschilds. Mit der Tier-Metapher vermeidet der Karikaturist individuelle Kritik an den Parlamentariern. Indem er wie in der Fabel Tiere vorführt, deren Verhaltensweisen sich bei Menschen wiederfinden, attackiert er das Parlament als ganzes, das sich domestizieren und seiner Freiheit berauben läßt. *Y.D.*

Lit.: Wolf 1982, S. 71, Nr. 57; Coupe 1993, Bd. 1, Nr. 420; Reiter 1994, Nr. 343.

109
Patricia und Schnapp-Hahnsky
Verlag von S. Stern in Offenbach a. M.
Mit der Verlagsnummer I
1848
Kreide- und Federlithographie;
H. 26,7, Br. 34,8 cm
Nürnberg, Germanisches Nationalmuseum; Inv.Nr. HB 12550, Kapsel 1318

Im Hintergrund eines mit wenigen Versatzstücken angedeuteten Saales ist schemenhaft eine Ballgesellschaft mit Tier-Mensch-Gstalten zu erkennen, vor der sich ein Paar abhebt. Die Gans Patricia – hier von späterer Hand als »Lutheroth Wetzlar« bezeichnet – wendet sich an einen Hahn mit den Zügen Felix von Lichnowskys. Ihre Bedenken, sie könne »nicht widerstehen den Schrecken aller Ehemänner kennen zu lernen, selbst auf die Gefahr hin das historische Eherecht zu verletzen«, versucht er mit der Bemerkung »...das historische Recht hat keinen Datum nicht« zu zerstreuen. Am 25. Juli 1848 erregte Lichnowskys Ausspruch »Für das historische Recht gibt es kein Datum nicht« große Heiterkeit

auf Seiten der Linken und avancierte zu einer stehenden, in der politischen Karikatur von 1848 immer wieder zitierten Redensart. Bekannt für seinen Hang zur Selbstdarstellung und seine elegant-eitlen Attitüden, gehörte der von Heinrich Heine als »Schnapphansky« verspottete Fürst zu den prominentesten Abgeordneten in der Paulskirche. Der Karikaturist verknüpft Lichnowskys geckenhaftes Gehabe ganz im Sinne der traditionellen Tiermethaphorik mit dem Bild eines Gockels. Dieser eher gefälligen Charakterisierung Lichnowskys als ›Hahn im Korb‹ entspricht die Beschreibung der Ballgesellschaft mit dem gezierten, gesellschaftskonformen Auftreten ihrer Hühner-Gästeschar: Tiermenschen in der Tradition Grandvilles. Vor diesem Hintergrund entlarvt sich Lichnowskys Bekenntnis »Ich bin ganz entzückt über den Fortschritt den die Emancipation gemacht hat« als Farce. *Y.D.*

Lit.: Sten. Berichte 1848, Bd. II, S. 1181; Wolf 1982, S. 77, Nr. 1; Ludwigshafen 1988, Nr. 14; Reiter 1994, Nr. 406; Mannheim 1998, Nr. 56.

109

110

Der Demokratenfresser
Verlag von S. Stern in
Offenbach a. M.
Mit der Verlagsnummer XIII
1848
Federlithographie; H. 26,7,
Br. 34,3 cm
Nürnberg, Germanisches National-
museum; Inv.Nr. HB 12603, Kapsel
1318

An einem über dem Rednerpult der
Paulskirche aufgestelltem Reck turnt
ein Esel mit den Zügen Friedrich Ludwig Jahns. Die Volksvertreter quittie-
ren die Vorstellung des ›Turnvaters‹
mit Spott und ausgelassener Heiterkeit. Heinrich von Gagern hält sich
ob des Lärms die Ohren zu. Sein
Stellvertreter Alexander von Soiron
nimmt seinen Hut und verläßt fluchtar-
tig das Parlament. Der fraktionslose,
siebzigjährige Jahn, erkennbar an seinem schlohweißen langen Bart und
seiner altdeutschen Tracht mit knielan-
gem Gehrock und weißem Kragen,
profilierte sich in der Paulskirche als
erklärter Feind der Linken. Am 25.
August 1848 forderte er in der Nationalversammlung die Bildung eines
Sicherheitsausschusses »gegen das
wühlerische Treiben der communisti-
schen Vereine der sog. Radical-Demo-
kraten«. Dieses Ansinnen, das das in
den Märzforderungen formulierte Ver-
einsrecht negierte, leitete er mit den
in der Karikatur zitierten Worten »Hohe Versammlung! Wer so lange ge-
lebt wie ich...« ein. Welchen Ruf Jahn
genoß, zeigt der Vergleich mit einem
Esel. Er wird nicht nur auf der Bild-,
sondern auch auf der Sprachebene
gezogen: Durch die Schreibweise
»Y'.Aan« gleicht sich sein Name laut-
malerisch dem ›I-A‹ eines Esels an,
der Metapher für Dummheit und Faulheit. *Y.D.*

Lit.: Sten. Berichte 1848, Bd. III,
S. 1719, 1720; Wolf 1982, S. 77,
Nr. 7; Reiter 1994, Nr. 394.

111

*Kampf der Rechten u. Linken mit den
Waffen des historischen Rechts*
Verlag von S. Stern in
Offenbach a. M.

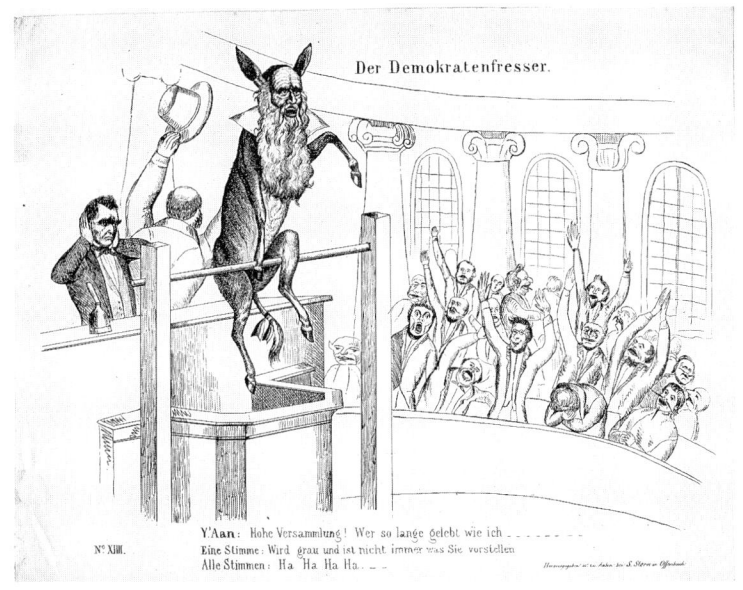

110

111

Mit der Verlagsnummer VII
1848
Kreide- und Federlithographie;
H. 26,7, Br. 34,3 cm
Nürnberg, Germanisches Nationalmuseum; Inv.Nr. HB 12551, Kapsel
1318

Entschlossen erklärt Vizepräsident
Alexander von Soiron mit seiner
Glocke die Sitzung der Nationalversammlung für ›aufgehoben‹. Friedrich
von Hermann, zweiter Vizepräsident
des Parlaments, steht angesichts der
aufgebrachten Volksvertreter veräng-

Nabuchodonosor, der Minister der Zukunft.

112

stigt neben ihm. Nur der Radikallinke
Lorenz Brentano kreuzt gelassen die
Arme vor der Brust und bewahrt Ruhe, obwohl er das Chaos ausgelöst
hat: Am 8. August 1848 forderte er,
die badischen Aufständischen zu am-
nestieren und ihnen die gleichen »historischen Rechte« wie dem preußischen Prinzen Wilhelm zu gewähren,
der im März 1848 nach seinem Mi-
litäreinsatz gegen die Aufständischen
in Berlin nach England geflohen, inzwischen aber nach Preußen zurückgekehrt war. Die Gleichstellung der
Freischärler mit Prinz Wilhelm lehnten
die rechten Parlamentarier entschieden ab. Ihr Wunsch, Brentano ein Re-
deverbot zu erteilen, führte zu erregten Auseinandersetzungen im Plenum.
Linke Abgeordnete stellten empört
fest: »Sogar das im parlamentarischen Leben Unerhörte geschah, es
wurden Forderungen zu Pistolenduel-
len in der Versammlung und auf der
Tribüne gestellt.« Auf der Karikatur
stürmen Georg von Vincke und Adolf
Rösler wütend aufeinander los, der eine als mit Duellpistolen gehörnter
Stier, der andere als ›Reichs-Kanarienvogel‹. Mit dieser Überblendung
menschlicher mit primitiven tierischen
Verhaltensformen setzt der Zeichner

die Unfähigkeit der Parlamentarier ins
Bild, Konflikte argumentativ zu lösen.
Y.D

Lit.: Sten. Berichte 1848, Bd. II,
S. 1415ff., bes.1438 u. 1441; Wolf
1982, S. 77, Nr. 21; Ludwigshafen
1988, Nr. 44; Reiter 1994, Nr.
493; Mannheim 1998, Nr. 94.

112
*Nabuchodonosor, der Minister der
Zukunft*
Eduard von Steinle (Wien 1810 –
1866 Frankfurt)
Verlag von J. A. Wagner in
Frankfurt a. M.
1848
Kreidelithographie; H. 17,9,
Br. 24,5 cm
Nürnberg, Germanisches National-
museum; Inv.Nr. HB 31195, Kapsel
1318

Die Namensbezeichnung ist dem Alten Testament (Daniel 4, 30) entlehnt:
Nebukadnezer, König von Babylon,
wird in ein grasfressendes Tierunge-
heuer verwandelt, als er die göttliche
Autorität in Frage stellt. Diese biblische Vision überträgt der Katholik Edward Jakob von Steinle auf den
Gießener Abgeordneten und Natur-

forscher Carl Vogt. Im Gegensatz
zum Bibeltext stattet er ihn jedoch mit
einem eindeutig bestimmbaren Tier-
körper, dem einer Raubkatze aus. Die
Adaption der Nebukadnezarge-
schichte verbildlicht Vogts antireligiö-
se und antiklerikale Einstellung. Die
Wendung »Minister der Zukunft« verknüpft seine Charakterisierung als
Atheisten mit einem aktuellen politischen Ereignis: In der Diskussion um
die Bildung einer neuen Regierung,
mit der Christoph Dahlmann und
Friedrich von Hermann Anfang September 1848 beauftragt worden waren, war Vogt als Kabinettsmitglied im
Gespräch. Mit der Verwendung eines
negativ besetzten Mensch-Tier-Ver-
gleichs, der durch die Unterlegung
mit einer entsprechenden Bibelstelle
noch zugespitzt wird, sowie der Her-
abstufung des Zoologen auf ein nied-
riges Evolutionsniveau diskreditiert
der konservative Steinle den ge-
mäßigten Linken als ›zukünftigen Minister‹. Hinsichtlich des von ihm gewählten Bildmotivs konnte sich von
Steinle auf John Doyle berufen, der
bereits 1845 den englischen Premier-
minister Peel als gierige Raubkatze
karikiert hatte.   Y.D

Lit.: Fuchs 1901/1903, S. 71;
Klötzer 1985, S. 138, 141; Suhr
1985, S. 209ff., S. 212, Nr. 32;
Wolf 1982, S. 78, Nr. 8; Reiter
1994, Nr. 460.

113
*Naturgeschichtliche Studien aus dem
Pfalz-Badischen Revolutionsjahr 1849*
In Commission beim Liederverlag in
Carlsruhe
1849
Kreidelithographie; H. 48,0,
Br. 37,4 cm
Bamberg, Staatsbibliothek; Inv.Nr.
M.v.O., C.I. 418

Wie auf einem Jahrmarkt werden aus
Menschenkörpern und Tierleibern zusammengesetzte Ungeheuer in Käfi-
gen zur Schau gestellt. Die Porträts
geben, ebenso wie die ausführlichen
Beschreibungen unter den Bildreihen,
Auskunft über ihre Identität, allesamt
Anführer der badisch-pfälzischen Revolution: Georg Böning ist als Löwe,

Naturgeschichtliche Studien
aus dem Pfalz-Badischen Revolutionsjahr 1849.

113

Florian Mördes als Rattenfänger, Lorenz Brentano wie auch Amand Goegg als Affe, Joseph Ignaz Peter als Bär, Gustav Struve und seine Frau Amalie als Nachteule bzw. Taube, Ludwik Mieroslawski als Spatz, Johann von Itzstein als Fuchs, Friedrich Wilhelm Schlöffel als Igel, Karl Theodor Ziegler als Katzenroller und Ludwig Blenker schließlich als Wolf wiedergegeben. Für ihr politisches Handeln werden ihnen jegliche idealistischen Beweggründe abgesprochen und statt dessen niedere Motive wie etwa Geldgier attestiert. Das Blatt bringt nicht nur Abscheu und tiefsitzende Angst der Revolutionsgegner vor den republikanischen Aufständischen zum Ausdruck. Es warnt auch

vor der Sinn- und Aussichtslosigkeit revolutionärer Aktionen und Ziele. Das traditionelle Motiv des Käfigs versinnbildlicht dies zum einen, der Rückgriff auf Dantons Ausspruch »die Revolution frißt ihre Kinder« zum anderen: Das im obersten Käfig hockende Monster, eine abstoßende Allegorie der Revolution in »ochsenähnlicher Hahnengestalt«, wird mit den Worten »In der Jugend ist es ziemlich fromm, wenn es aber ausgewachsen ist so frisst es naturwidrig seine eigenen Kinder« vorgestellt. Die Bildlegenden untermauern diese Interpretation, indem sie das Schicksal der Aufständischen nach der endgültigen Niederlage der Freischaren beschreiben, die mit der Kapitulation von Rastatt am

23. Juli 1849 besiegelt wurde: Erschießung, Inhaftierung und Flucht ins Exil. Die Kennzeichnung des politischen Gegners als verabscheuungswürdiges Vieh, dem kein Platz innerhalb der bürgerlichen Gemeinschaft zusteht, bezieht sich hier vor allem auf die außerparlamentarische Opposition. Sie machte aber auch nicht halt vor demokratisch gewählten Volksvertretern (Kat. 114). *Y.D.*

Lit.: Bamberg 1911, S. 1306, Nr. 418; Baur 1974, S. 117; Vollmer 1983, S. 439f.; Karlsruhe 1998, Nr. 513; Mannheim 1998, Nr. 142.

114a
Das politische Sonnenmikroskop
Philipp Veit (Berlin 1793 – 1877 Mainz)
Bleistift; H. 58,5, Br. 43,5 cm
Mainz, Landesmuseum, Inv.Nr. GS 1890/1512

114b (Abb. S. 24)
Das politische Sonnenmikroskop vergrößert 1,6000 00mal
Philipp Veit
(Berlin 1793 – 1877 Mainz)
Übertragen von Christian Becker auf Stein
Verlag von J. A. Wagner in Frankfurt a. M.
1848
Kreidelithographie; H. 39,9, Br. 29,6 cm
Bamberg, Staatsbibliothek; Inv.Nr. M.v.O., C.I. 277

Philipp Veit läßt eine dichtgedrängte Gruppe von Männern und Frauen gebannt ein riesiges Okular betrachten. Im Durchlicht dieses »politischen Sonnenmikroskops«, das wie die Projektion einer Laterna magica im Raum steht, schwimmen ins Riesenhafte vergrößerte Mikroben: amorphe Tierchen, aber auch Mischwesen mit wurmähnlichen Körpern und Menschenköpfen. In einigen von ihnen erkennen die Zuschauer prominente linke Abgeordnete der Paulskirche: Robert Blum, Carl Vogt, Franz Heinrich Zitz, Arnold Ruge und Lorenz Brentano. Während eine aus dem Imaginären erscheinende Hand Körnchen zwischen die Mikroben verteilt, wird dem staunenden Publikum ein besonderes Schauspiel angekündigt: »Aufgepaßt meine Herren und Damen! – Ein klein wenig Salz, und alle diese Confusionsthierchen verschwinden, sie lösen sich auf, sie werden zu nichts. – «. Bemerkenswert an dieser Karikatur Veits, deren Vorzeichnung sich erhalten hat (Kat. 114a), ist nicht die Parteinahme gegen linke Politiker der Nationalversammlung. Es sind die Mittel, die Veit zur politischen Meinungsbildung benutzt. Auf den ersten Blick nutzt auch er den Mensch-Tier-Vergleich, gibt diesem aber eine neue Qualität: Er stellt weder physiognomische noch verhaltensbedingte Analogien zwischen Tier und Mensch her. Vielmehr ordnet er Blum, Vogt, Zitz, Ruge und Brentano der untersten Entwicklungsstufe von Lebewesen zu, zeichnet sie ohne spezifische Merkmale und ohne Spuren eines Evolutions- oder Zivilisationsprozesses und spitzt diese Beschreibung noch durch die Gegenüberstellung der wurmartigen Parlamentarier mit wohlgestalteten, gut gekleideten Bürgern zu. Veit geht noch einen Schritt weiter und stigmatisiert die parlamentarische Linke als Krankheitserreger, die zerstört werden müssen. Durch Christian Gottfried Ehrenbergs zwischen 1830 und 1838 veröffentliche Abhandlungen über mikroskopische Organismen war die Bedeutung von Bakterien als »Infusionsthierchen« bekannt. Damit wird der politische Feind hier mittels des Tier-Mensch-Vergleichs nicht nur lächerlich gemacht, diskriminiert oder gar dämonisiert: Veit grenzt ihn aus der Gesellschaft aus und fordert seine (physische) Eliminierung. Indem auf der Karikatur das Vernichtungssalz durch eine Hand ausgestreut wird, die ikonographisch der Hand Gottes angenähert ist, wird die ›Schädlingsbekämpfung‹ als eine von einer übergeordneten Instanz angeordnete Maßnahme dargestellt und so der politisch motivierte Vernichtungswille scheinbar legitimiert. *Y.D.*

115

Lit.: Bamberg 1911, S. 1299, Nr. 277; Frankfurt 1978, S. 109; Klötzer 1960, S. 135; Suhr 1985, S. 161f., S. 311, Nr. 83 u. Nr. 84; Wolf 1982, S. 78; Nr. 5; Reiter 1994, Nr. 338.

115

Deutsche Reichs-Wappen Spinne
Adolph Schrödter (Schwedt 1805 – 1875 Karlsruhe)
Verlag von H. Umpfenbach in Frankfurt a. M.
Mit der Verlagsnummer 160
1848/49
Kreidelithographie; H. 32,1, Br. 40,3 cm
Bamberg, Staatsbibliothek; Inv.Nr. M.v.O., C.I. 275

Der Rücken einer Spinne ist mit den Wappen der Mitglieder des deutschen Bundes überzogen, die sich um die von Preußen und Österreich gruppieren. Das riesige Insekt versucht die Deputierten der verschiedenen Länder in ihr Netz einzufangen. In dem Bild spiegelt sich die Auseinandersetzung der Frankfurter Abgeordneten um die Regierungsform des zukünftigen deutschen Nationalstaates. Im Verlauf der heftig geführten Debatten trat die Mehrheit der Parlamentarier

für die kleindeutsch-erbkaiserliche Lösung ein, d. h. für einen unter König Wilhelm IV. von Preußen zusammengeschlossenen Staatenbund unter Ausschluß Österreichs. Zu den Befürwortern dieser Staatsform zählten Johann Heckscher, Eduard von Peucker, Alexander von Bally, Anton von Schmerling, Joseph Maria von Radowitz, Ernst Friedrich von Vincke, Heinrich von Gagern, Alexander von Soiron, Friedrich Ludwig Jahn, Felix von Lichnowsky und Karl Möhring, Friedrich von Raumer und Christoph Dahlmann, die sich auf der Karikatur bereits in den Fängen der Spinne befinden. Außerhalb ihrer Fäden verteidigen als Anhänger der Republik Friedrich Jucho, Gustav Adolf Schlöffel, Gustav Adolf Rösler, Franz Heinrich Zitz, Carl Vogt, Robert Blum und Adolf Wiesner ihre Freiheit. Die Mehrzahl der Abgeordneten ist als Mischwesen in Mensch-Tier-Gestalt gezeichnet: Bally als Pudel, Radowitz wie auch Zitz als Stier, von Gagern als Schnecke, von Soiron als Frosch, Jahn als Esel, Lichnowsky als Hahn, Mohl als Kamel, Schlöffel als Hyäne, Rösler als Kanarienvogel und Vogt als Raubkatze. Für die Aussage dieser Karikatur spielt der Rückgriff auf Tierallegorien jedoch nur bei dem Bild der Spinne als

Inbegriff der lauernden Gefahr und des Hinterhältigen eine Rolle: Preußen als giftiges Insekt, das in seinem Netz auf seine Opfer lauert, um sie zu verschlingen. Bei der Revue der linken und rechten Abgeordneten liegen keine Neuschöpfungen Adolph Schrödters vor. Es handelt sich um Wiedergaben populärer Karikaturen bekannter Parlamentarier entweder als ganze Komposition oder als Ausschnitt (Kat. 112). Der Frankfurter Verlag H. Umpfenbach verteilte den Einblatt-Druck der »Deutschen Reichs-Wappen Spinne« mit ihren vielen Karikatur-Zitaten als Werbung für sein Verlagsprogramm. Dies gibt Aufschluß über die Verbreitung der Parlamentskarikatur und ihrer öffentlichen Rezeption (Kat. 116). *Y.D.*

Lit.: Bamberg 1911, S. 1299, Nr. 275; Hartwig/Riha 1974, S. 78f.; Wolf 1982, S. 78, Nr. 2; Hannover 1984, Nr. 175; Ludwigshafen 1988, Nr. 6; Suhr 1985, S. 212f.; Vollmer 1983, S. 206f.; Reiter 1994, Nr. 341.

116 (Abb. S. 23)
Die grousse Menagerie in der Baulsbude
Verlag von J. Rieck in Frankfurt a. M.
1848/49
Federlithographie, Typendruck;
H. 42,0, Br. 51,6 cm
Nürnberg, Germanisches Nationalmuseum; Inv.Nr. HB 14057, Kapsel 1316

Auf dem Spottblatt entspinnt sich ein Dialog zwischen dem jüdischen Ehepaar Leibche und Jütche, in dem die Meinung des »gemeinen Mannes« zur Paulskirche zu Worte kommt. Die beiden Frankfurter beschließen, die »grouße Menagerie uffem Paulsplatz« aufzusuchen, um von der »Kallerie« der Paulskirche aus das Treiben der Abgeordneten zu beobachten. Auf dem Weg dorthin beschreibt Leibche in hessischem Dialekt die Volksvertreter als »Wilde un zahme Thiere, Mensche und Affe – korz, es is e Menascherie«. Als sich Jütche in der Paulskirche beschwert, »ich seh aber des Vieh net, do unte seh ich lauter Herrn«, führt Leibche seine Frau zu einem »Bilderlade« und erklärt ihr: »Du worst gleich sehn die Mitglieder der Menagerie in ihrer wahre Gestalt. In der Boude hastese geseihn wiese *scheinen*, hier siehstese wie sie *sind*.« Anhand von vierzehn Illustrationen charakterisiert Leibche Abgeordnete der Paulskirche von Rechts bis Links und erläutert wichtige Ereignisse des Jahres 1848 wie die Wahl Erzherzog Johanns zum Reichsverweser. Dabei bedient er sich nur teilweise der Karikaturen, die die Volksvertreter als identifizierbare Mensch-Tier-Mischwesen vorführen: Adolf Rössler, der sich als Rothaariger in einen gelben Anzug zu kleiden pflegte, tritt als Kanarienvogel auf; Turnvater Friedrich Ludwig Jahn als radschlagender alter Bär; Fritz Mohl, ausgewiesener Antisemit, als Kamel; Vizepräsident Alexander von Soiron, den ständigen Gängeleien des Präsidenten Heinrich von Gagern ausgesetzt, als wetterfühliger Laubfrosch; Daniel Bassermann und Karl Theodor Welcker schließlich, nach ihren glücklosen Reisen nach Berlin und Wien als ängstlich verspottet, kommen als Hasen daher. Diese Tiervergleiche beruhen auf vertrauten Sprach- und Bildmustern, die auch dem ›gemeinen Mann‹ geläufig waren. Die übrigen auf dem Spottblatt abgebildeten Karikaturen dürften 1848/49 dem Betrachter ebenfalls bereits auf den ersten Blick verständlich gewesen sein. Sämtliche Karikaturen sind wohlbekannte Bildzitate: Es sind Kopien von Satiren – folglich erscheinen sie auch seitenverkehrt gegenüber der Vorlage –, die im Laufe des Jahres 1848 gedruckt, ausgestellt, vertrieben und diskutiert wurden. So ging z. B. das Blatt »Drei deutsche Professoren...« (Kat. 83) oder die Lithographie »Deutsche Reichs-Wappen Spinne« (Kat. 115) in den allgemeinen Bildschatz des politisch interessierten Zeitgenossen ein. Welche Bedeutung dem Medium der Karikatur als Vermittler politischer Ereignisse beigemessen wurde, offenbart Leibches Feststellung, erst im Abbild der Realität trenne sich ›Schein‹ vom ›Sein‹. *Y.D.*

Lit.: Reiter 1994, Nr. 785.

117 (Abb. S. 196)
Theater in Frankfurt
Friedrich Pecht (Konstanz 1814 – 1903 München)
Text Robert Heller
Verlag von Louis Rocca in Leipzig
1848
Radierung, Typendruck; H. 38,3, Br. 27,7 cm
Aus der Reihe »Aetz-Bilder aus Frankfurt a. M.«
Nürnberg, Germanisches Nationalmuseum; Inv.Nr. HB 13935, Kapsel 1318

Im Stil einer Zeitungsnotiz stellt Friedrich Pecht das Fortbestehen der Städtischen Bühne Frankfurts durch den Tod ihrer beiden Intendanten in Frage. Als Ersatz schlägt er die Nationalversammlung mit ihrem großen Potential an »dramatischen Kräften« vor. Wie in einem Programmheft benennt er das Ensemble des neuen Theaters: Jeder Rolle und jedem Posten ordnet er den Namen eines Abgeordneten zu und nimmt differenzierte Rollenbeschreibungen vor. Er fächert politische Positionen der Abgeordneten von der äußersten Linken bis zur äußersten Rechten auf und schildert ihre öffentliche Darstellung und ihre parlamentarische Selbstinszenierung. So sitzt Heinrich von Gagern (1) analog seinem Präsidentenamt in der Paulskirche als »Direktor« und »Dramaturg« an einem (Präsidenten-) Tisch. Die Etikettierung Karl Möhrings und Friedrich Juchos als »Logenschliesser« (19, 20) spielt ebenfalls auf deren parlamentarische Aufgaben an: Während der Amnestiedebatte beaufsichtigten sie die Entfernung der aufgebrachten Zuschauer von der Galerie. Alphons von Boddien (2) demonstriert als »Held« und »erster Liebhaber« mit preußischer Uniform und Pickelhaube seine konservative politische Gesinnung. Robert Blums und Johann von Itzsteins (7, 8) Verkleidung als Mönch und Priester kennzeichnet die beiden linken Parlamentarier als jesuitische »Intriguanten«. Karl Biedermanns Bild (14) gründet sich auf bewußt von ihm eingesetzte Attitüden: Als Fürsprecher gepflegter Umgangsformen tritt er in dem Kostüm einer »Anstandsdame«

auf. Karl Mohls (21) Darstellung beruht hingegen auf einem Mißgeschick. Mohl, dem während einer Rede die Perücke verrutschte, belebt die Szene als »Theaterfrisör«. Pecht greift bei seiner Radierung auf das traditionelle Medium des Bilderbogens zurück. Er bricht aber deren eindimensionale Darstellungskonvention mit ihren eindeutigen Rollenzuweisungen. Mit der Wahl des Theaters als Gleichnis für die Paulskirche ironisierte Pecht die Lage der demokratisch gewählten Abgeordneten, denen ihr neuer, öffentlicher Status 1848 die Einübung neuer Rollen abverlangte. *Y.D.*

Lit.: Pecht 1894, S. 342ff.; Bringmann 1982, S. 197 (Anm. 48); Ludwigshafen 1988, Nr. 5; Reiter 1994, Nr. 614; Mannheim 1998, Nr. 36.

118
Paulstheater Don Juan Oper von Mozart
Verlag von J. B. Simon in Frankfurt a. M.
1848
Kreidelithographie; H. 33,9, Br. 26,6 cm
Nürnberg, Germanisches Nationalmuseum; Inv.Nr. HB 15839, Kapsel 1317

Am 1. September 1848 sprachen Abgeordnete des linken Flügels dem Reichskabinett wegen der Limburgischen Vorfälle ihr Mißtrauen aus. Seit 1839 regierte der König der Nieder-

lande das Herzogtum Limburg, das Mitglied des deutschen Bundes war. In ihrem Verfassungsentwurf von 1848 behandelten die Holländer Limburg als ihr Territorium und entsandten Truppen in das Herzogtum. Politiker wie Carl Vogt verlangten im Interesse der Einheit Deutschlands ein energisches Einschreiten der Zentralgewalt. Der für seinen genußvollen Lebensstil bekannte Außenminister Johann Heckscher, der Untätigkeit beschuldigt, gab folgende Erklärung zu Protokoll: »Ich meinerseits, meine Herren, trete mit reinem Gewissen vor sie hin [...]. Ich habe Tag und Nacht gearbeitet, und habe nichts versäumt«. »Keine Ruh' bei Tag und Nacht/ Nichts was mir Vergnügen macht« verkündet auch Leporello in Mozarts Oper Don Giovanni. Indem der Karikaturist Heckscher in die Rolle Leporellos schlüpfen und ihn mit dessen Worten seine Rechtfertigung vortragen läßt, bezweifelt er deren Wahrheitsgehalt. Besteht doch Leporellos Aufgabe darin, fragwürdige amouröse Abenteuer seines Herrn Don Juan zu decken. Diesen verkörpert auf der Karikatur beziehungsreich Felix von Lichnowsky, der Frauenheld der Frankfurter Szene. Er sprach dem Ministerium seinen Dank für dessen Ehrgefühl aus und relativierte so das Mißtrauensvotum seiner Kollegen. Heinrich von Gagern, der die Sitzung leitete, spielt den Dirigenten. Doch wendet er sich nicht dem Bühnengeschehen,

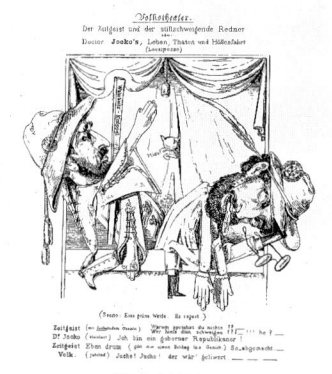

120

sondern dem Theaterpublikum zu. Mit der Wiedergabe der Debatte vom 1. September 1848 als Opernszene wird über die aktuelle Kritik an Heckschers Politik hinaus generell die Ernsthaftigkeit der Abgeordneten der Paulskirche bezweifelt: Ihrer Selbstdarstellung, nicht ihrem parlamentarischen Wirken gilt ihr Interesse. *Y.D.*

Lit.: Sten. Berichte 1848, Bd. III, S.1821ff., bes.1832.; Wolf 1982, S. 76, Nr. 17; Reiter 1994, Nr. 473.

119
Aprilkomödie des Jahres 1849
Ferdinand Schröder (Zeulenroda 1818 – 1859 Zeulenroda)
Lithographisches Institut von Arnz & Co. in Düsseldorf
1849
Federlithographie, teilweise geschabt; H. 30,0, Br. 23,1 cm
Aus: Düsseldorfer Monatshefte, Bd. II, April 1849
Nürnberg, Germanisches Nationalmuseum; Inv.Nr. HB 31171, Kapsel 1316a

Als am 3. April 1849 Abgeordnete der Frankfurter Nationalversammlung Friedrich Wilhelm IV. von Preußen die erbliche Kaiserwürde antrugen, belehrte er sie, diese nur mit dem »freien Einverständnis der gekrönten Häupter, der Fürsten und freien Städte« anzunehmen. Von der Bühne eines Theaters wiederholt der König mit einer Pickelhaube auf dem Kopf und der Kaiserkrone in der Hand sinngemäß diese Erklärung, die ihm ein Souffleur, Relikt des alten Bundestages, zuflüstert. Sie löst bei den Theaterbesuchern unterschiedliche Reaktionen aus. Während im Parkett die Vertreter der Aristokratie dem Monarchen applaudieren, zucken die Vertreter der Nationalversammlung auf dem Balkon zusammen. Ihre Niederlage symbolisiert ein Bildfries an der Emporenbrüstung: Der Doppeladler hängt geschlachtet von der Decke; der heilige Paulus, Patron des Versammlungsortes der Abgeordneten, wird unter dem Beifall eines höfischen Publikums von einem bezopften und gekrönten Scharfrichter geköpft; ein Mann dreht ob dieser Vorgänge den

Aprilkomödie des Jahres 1849.

Für ihre huldvolle Anerkennung meiner schwachen Leistungen meinen tiefgefühltesten Dank. Die Jallerie war so freundlich mir nebst andern werthvollen Jegenständen auch diese Beruhigungsmutze zuzuwenden: es wird ihnen jedoch nur zu sehr einleuchten, daß ich sie erst aufsetze wenn der hohe Adel und das verehrliche Publikum in den Logen und im Parterre seine jeneigte Zustimmung jejeben hat! Wünsche allerseitiget anjenehme Ruhe!

119

Kaiserkrönung.

121

Volksvertretern eine Nase. Noch brennt die Kerze der Aufklärung, doch das Löschhütchen liegt ebenso bereit wie die Rute der Repression, und der Teufel wartet in den Kulissen auf seinen Auftritt. Mit der Schilderung der Ereignisse des 3. April als Theaterszene nutzte Schröder die Möglichkeit, die Scheinheiligkeit des Königs zu entlarven. Er führt aber auch die Ziele verschiedener Interessengruppen als Interaktion von Schauspieler und Publikum vor. Bei der Aufnahme der Reaktionen des Theaterpublikums als konstituierendes Bildelement griff er auf englische und französische Vorbilder zurück. *Y.D.*

Lit.: Hartwig/Riha 1974, S. 98; Huber 1988, S. 848f., Coupe 1993, Bd. I, Nr. 492.

120
Volkstheater
Verlag von Wilhelm Müller in Frankfurt a. M.
1848
Federlithographie; H. 34,6,
Br. 26,6 cm
Nürnberg, Germanisches Nationalmuseum; Inv.Nr. HB 15635, Kapsel 1318a

Auf der Bühne eines »Volkstheaters« erscheinen als Verkörperung des Literaten Friedrich Funk und des Abgeordneten Friedrich Siegmund Jucho zwei Kasperlepuppen, die Heckerhüte mit Kokarden tragen. Als Verteidiger des »Zeitgeistes« schwingt Funk einen »Wahrheits-Knüppel« und bezichtigt Jucho des Verrats an den Interessen des Volkes. Die Szene bezieht sich auf eine von dem Demokratischen Verein und dem Arbeiterverein einberufene Versammlung auf der Pfingstweide in Frankfurt. An ihr nah-

men am 17. September 1848 über 10 000 Menschen teil, um gegen den Malmöer Waffenstillstand und damit gegen die Mißachtung der Einheit Deutschlands zu protestieren. Jucho stellte sich dort als stillschweigenden Republikaner dar, der aus Rücksicht auf dauerhafte politische Erfolge kurzfristige revolutionäre Aktionen ablehnt. Diese realpolitische Haltung hatte ihn bewogen, am Vortage mit der Mehrheit der Nationalversammlung für den preußisch-dänischen Waffenstillstand zu stimmen. Die Preisgabe revolutionärer Ziele gibt die Karikatur mit einfachen, der Kinderwelt des Kasperletheaters entliehenen Bild-, Sprach- und Inszenierungsformen wieder: Die holzschnittartige Zeichnung der Figuren unterscheidet klar zwischen ›gut‹ und ›böse‹, ergreift eindeutig Partei. So schickt der »Zeitgeist« als Anwalt des Volkes den opportunistischen Jucho auf »Höllenfahrt« und wird dabei von

Höre, Friedrich, das Papier, aus dem du den Kaiser geschnitten, ist doch wohl zu dünn!

122

dem ›jubelnden Volk‹ mit den Worten »Juche! Juche! der wär geliwert« angefeuert. Dieses auf Zwischentöne verzichtende Schauspiel kennzeichnet die Septemberereignisse als »Stunde der Wahrheit«, in der Opportunisten von der politischen Bühne abtreten müssen. *Y.D.*

Lit.: Wolf 1982, S. 73, Nr. 11; Ludwigshafen 1988, Nr. 46; Mannheim 1998, Nr. 117; Huber 1988, S. 697; Grab 1998, S. 119ff.

121
Kaiserkrönung
Johann Baptist Scholl d. J. (Mainz 1818 – 1881 Limburg)
Verlag von S. Schmerber in Frankfurt a. M.
Druck von Eduard Gustav May in Frankfurt a. M.
1849
Federlithographie; H. 45,0, Br. 28,2 cm
Beilage zur Zeitschrift Der Satyr 1848/49, Nr. 11
Bamberg, Staatsbibliothek; Inv.Nr. M.v.O., C.I. 170

Der österreichische Konservative Anton von Schmerling reicht dem Linken Carl Vogt mit den Worten »Wie gefällt Ihnen der neue Kaiser?« ein Bildnis Friedrich Wilhelms IV. in kaiserlichem Ornat. Vogt antwortet »Er gefällt mir gar nicht, aber doch wünsche ich nichts sehnlicher, als daß er schnell abgeht«. Der Dialog reflektiert das Zweckbündnis zwischen Vertretern der Linken und der Rechten: In der Ablehnung des preußischen Erbkaisertums fanden sich ehemalige politische Gegner wie von Schmerling und Vogt wieder. Als klägliche Verlierer in Gestalt eines »Proletariers« bzw. »Unterhändlers« nehmen sie – der erste mit verbeultem Hut und Knüppel in der Aufmachung eines Banditen, der zweite in der Pose eines unterwürfigen Hausierers – die fiktive Kaiserkrönung Friedrich Wilhelms IV. auf einer Puppenbühne resigniert zur Kenntnis. In der Überzeugung seines Gottesgnadentums lehnte der Preußische Monarch am 28. April 1849 eine Kaiserwürde mit dem »Ludergeruch der Revolution«

ab. Mit dieser Entscheidung fügte er dem Parlament eine Niederlage zu. Indem der Karikaturist eine durch die Tiara als Papst gekennzeichnete Puppe eine Puppe krönen läßt, wertet er die Haltung des Preußen als lächerlich-absurd. Mit dem Bild des Theaters demaskiert Scholl die gesamte Debatte um das preußische Erbkaisertum als Spiegelfechterei. *Y.D.*

Lit.: Bamberg 1911, S. 1249, Nr. 170; Wolf 1982, S. 69; Nr. 14; Reiter 1994, Nr. 669.

122
Höre Friedrich, das Papier aus dem du den Kaiser geschnitten...
Friedrich Pecht (Konstanz 1814 – 1903 München)
Verlag von Georg Wiegand in Leipzig
1849
Radierung; H. 20,6, Br. 21,2 cm
Letztes Blatt aus der Reihe Aetz-Bilder aus Frankfurt a. M.
Beilage zur Zeitschrift »Europa«, 1. Halbband 1849
Bamberg, Staatsbibliothek; Inv.Nr. M.v.O., C.I. 315

Der Puppenspieler Friedrich Christoph Dahlmann schneidet einen dickbäuchigen Hampelmann mit Krone, Zepter und Reichsapfel aus Papier zurecht. Johann Friedrich Detmold schaut ihm schadenfroh über die Schulter. Der Hannoveraner Abgeordnete, in der Paulskirche berüchtigt für seinen Sarkasmus (Kat. 99), verhöhnt Dahlmanns Arbeit als wertlose Bastelei, hat er doch den Kaiser aus zu dünnem Papier hergestellt. Dieses Urteil offenbart Detmolds politische Gesinnung: Als Mitglied der konservativen Fraktion Café Milani stimmte er gegen die Wahl Friedrich Wilhelms IV. zum deutschen Kaiser. Der liberale Dahlmann hingegen reiste als einer der profiliertesten Anhänger der kleindeutsch-erbkaiserlichen Lösung im Frühjahr 1849 mit der Kaiserdeputation der Nationalversammlung nach Berlin und nahm dort die abschätzige Antwort des preußischen Monarchen auf das Angebot der Kaiserwürde entgegen (Kat. 121). Mit Dahlmann als Puppenmacher vergegenwärtigt

Friedrich Pecht den Realitätsverlust der Frankfurter Parlamentarier, denen der Blick für die Wirklichkeit abhanden gekommen ist und die sich in Scheinwelten verlieren. *Y.D.*

Lit.: Pecht 1894, S. 342; Bamberg 1911, S. 1301, Nr. 315; Bringmann 1982, S. 198 (Anm. 48); vgl. Reiter 1994, S. 320f.

123 (Farbtafel S. 111)
Michels Märzerrungenschaften
Spielzeug von rechts u. links für Alt u. Jung
Johan Baptist Scholl (Mainz 1818 – 1881 Mainz) und Carl Wilhelm Jacob Engel von Rabenau (Londorf 1817 – 1870 Rödelheim)
Verlag von Eduard Gustav May in Frankfurt a. M.
1848
Mappe mit 21 Frankfurter Abgeordneten als Ziehfiguren
Titeldarstellung: Kreide- und Federlithographie, koloriert; H. 34,6, Br. 22,1 cm
Ziehfiguren: Kreide- und Federlithographie, koloriert, ausgeschnitten, auf Karton aufgezogen, mit Bindfäden zu Ziehfiguren montiert; H. max. 42,6, Br. max. 34,9 cm
Nürnberg, Germanisches Nationalmuseum; Inv.Nr. HB 15966–15987, Kapsel 1317a; insbes. HB 15966 (Titelblatt), HB 15984 (von Gagern); HB 15987 (Jucho); HB 15972 (Schmerling), HB 15974 (Vogt), HB 15973 (Radowitz), HB 15986 (Zitz)

Zum Jahresende 1848 annoncierte der Frankfurter Verlag Eduard Gustav May eine Folge von Ausschneidebögen mit Karikaturen prominenter Abgeordneter der Frankfurter Nationalversammlung. Ausgeschnitten und mit Bindfäden montiert entstanden aus ihnen bewegliche Hampelmänner. Die karikierten Parlamentarier vertreten das gesamte politische Spektrum der Paulskirche. Attribute geben Hinweise auf die Identität der Porträtierten. Wie auf der Radierung »Theater in Frankfurt« (Kat. 117) beziehen sie sich entweder auf ihre politische Funktion, ihre politische Gesinnung oder auf individuelle, ihr öffentliches Image bestimmende Eigenarten. So läutet

123

Heinrich von Gagern, Präsident der Nationalversammlung, die Sitzungsglocke und hält in Anspielung auf seine strenge und disziplinierte Amtsführung eine Rute. Friedrich Siegmund Jucho, Schriftführer des Parlaments, trägt auf einem Bauchladen Protokollbuch und Tintenfaß vor sich her, zückt die Schreibfeder und streut Löschsand aus. Anton von Schmerling, der wiederholt Vertreter der Linken herausforderte, hält in der Aufmachung eines zähnefletschenden, orientalisch gekleideten Barbaren triumphierend einen Krummsäbel in die Höhe und präsentiert einen abgeschlagenen Kopf als Trophäe. Als sein politischer Gegenspieler hat sich Franz Heinrich Zitz, Parteigänger der äußersten Linken, mit seinem Dolch der königlichen Insignien bemächtigt. Auch der gemäßigte Linke Carl Vogt, der in Bekennerpose auf seine Brust weist und griffbereit zwei Pistolen in seiner Schärpe trägt, hat demonstrativ seinen Dolch gezogen. Dagegen tritt der erzkonservative Generalmajor a. D. Joseph Maria von Radowitz, von Friedrich Pecht als eine »Mischung vom Soldaten und Jesuiten« beschrieben, in der Kutte eines scheinheiligen Mönches auf. Neben der Kritik und Verspottung der Volksvertreter als Individuen denunziert diese Porträtgalerie das Parlament als Marionettentheater. Zeugt allein schon dieser unverblümt-kritische Umgang mit Politikern von demokratischem Bewußtsein, so liegt in der Vermarktung Abgeordneter als Marionetten ein weiterer Hinweis dafür vor. Mit den Worten »…Kauft eure Retter! Auf die Säckel!/ Doch ziehet nicht zu stark am Faden,/ Sonst könnt es Deutschlands Zukunft schaden!« warb der Verlag ironisch für seine Papierpuppen. Das Titelblatt der Ausschneidebögen korrespondiert mit dieser Ankündigung: Ein grinsender Michel in schwarzer Hose, roter Bluse und gelber Zipfelmütze zieht an einem Hampelmann mit dem Porträt Anton von Schmerlings. In diesem Bild-Spiel, in dem die Abhängigkeit der demokratisch gewählten Abgeordneten vom Volk bekräftigt wird, artikuliert die außerparlamentarische Bewegung ihre Forderung nach politi-

scher Partizipation: Ende 1848 droh-
te die Idee der Volkssouveränität der
Reaktion zum Opfer zu fallen. *Y.D.*

Lit.: Der Satyr. Lose Blätter aus dem
deutschen Reiche 1848/49, Bd. 1,
Nr. 6, S. 24; Pecht 1894, S. 338;
Arnscheidt 1978, Nr. 32; Hannover
1984, Nr. 79; Mannheim 1998, Nr.
86; Frankfurt 1998, Nr. 364–367.

124
*Der Unterstaatssekretair von Basser-
mann macht den Ministern seine Auf-
wartung*
Leo von Elliot (London 1816 – 1890
Brüssel)
Verlag von Reinhold Baist in Rödel-
heim
1848
Federlithographie; H. 23,0,
Br. 26,7 cm
Aus der Folge Bilder aus dem Leben
eines berühmten Staatsmannes (Taf. 3)
Nürnberg, Germanisches National-
museum; Inv.Nr. HB 14080, Kapsel
1316

Der Unterstaatssecretair Bassermann macht den Ministern seine Aufwartung, er findet sie ruhig und männlich gefasst
und ist nun vollens überzeugt dass <u>sie</u> die Männer sind: Preußen u. Deutschland mit der <u>wahren</u> Freiheit zu beglücken.

124

Unter dem Vorwand, Unruhen in der
Hauptstadt bedrohten die Sicherheit
der Abgeordneten, verkündete Friedrich Wilhelm IV. am 9. November
1848 die Verlegung der Preußischen
Nationalversammlung nach Brandenburg. Dem Widerstand der Mehrheit
der Abgeordneten gegen diese Anordnung begegnete die preußische
Regierung mit der Besetzung Berlins.
Die Frankfurter Nationalversammlung,
die um ihr Verfassungswerk fürchtete,
beauftragte Friedrich Daniel Bassermann, Mitgliedern der Regierung wie
auch des Parlaments in Berlin Lö-
sungsvorschläge zu unterbreiten. Seinen Bericht über die erfolglose Mission karikierte Elliot in einer Folge von
sechs Tafeln (Kat. 165). Auf dem dritten Blatt nähert sich Bassermann ehr-
furchtsvoll den Ministern. Diese sitzen
zusammengesackt als Hampelmänner
am Boden oder hängen von der
Decke und tanzen nach der Pfeife eines Kosaken, des Repräsentanten fin-
sterster Unterdrückung. Mit dem Pup-
pen-Motiv deckt Elliot sowohl die politische Inkompetenz der Minister als
auch die Bassermanns auf. Während
dieser nicht mehr zwischen Schein

und Realität zu unterscheiden vermag, erscheinen jene als fremdge-
steuerte Marionetten der Reaktion.
Diese Interpretation der Berliner Vorgänge spitzt Elliot durch seinen Kommentar noch zu: Bassermann findet
die Minister »ruhig und männlich gefaßt und ist nun vollends überzeugt
daß sie die Männer sind: Preußen u.
Deutschland mit der wahren Freiheit
zu beglücken«. Die Theatermetapho-
rik, mit der die Karikaturisten bei der
Verbildlichung parlamentarischen
Handelns in der Paulskirche in vielfältiger Form experimentierten, fand
demnach auch bei der Charakterisierung politischer Rollenspiele außerhalb Frankfurts Anwendung. *Y.D.*

Lit.: Sten. Berichte 1848, Bd. V,
S. 3407ff.; Reiter 1994 , Nr. 591.

125
Die neuen Zauber-Chemiker
Anonym
1849
Kreide- und Federlithographie;
H. 43,5, Br. 26,3 cm
Nürnberg, Germanisches National-
museum; Inv.Nr. HB 15736, Kapsel
1318a

Im Schutz der Dunkelheit brauen von
Gagern und Dahlmann in einem Zau-
berkreis einen Hexenbrei, aus dem
ein neues Oberhaupt für das »gesamte Vaterland« entstehen soll. Kurz vor
Vollendung ihres Werkes »kracht es
und – der Kessel sprang«. Zum wiederholten Male wird hier der erfolglose Versuch der Kleindeutsch-Erbkaiserlichen thematisiert, den Preußenkönig
zum deutschen Kaiser zu küren. Als
Ursache ihres Mißerfolges erkennt
der Karikaturist eine Politik, die sich
an überholten Wunschbildern, nicht
an realen Gegebenheiten orientiert.
So übersehen die Parlamentarier, wie
dem Gedicht zu entnehmen ist, nicht
nur geflissentlich die antidemokrati-
sche Haltung des preußischen Monarchen, sie akzeptieren auch den Vormarsch der Reaktion: Ihr Hexenbrei,
dem sie lediglich zwei »Loth ge-
dämpfte Republik« beimischen, besteht u. a. aus »dreizehn Pfund Bela-
gerungszustand«, »einem Zuchthaus-
riegel«, »etwas Schrot«, »verschiedenen Kugeln«, »Pfaffenspeck«, »einem
alten Hemd vom deutschen Bund«
und »drei Reichstagswürfeln zirkel-
rund«. Diese Absage der Volksvertreter an den gesellschaftlichen Fort-

schritt findet in ihrer Gleichsetzung mit Zauberern als Synonym für mittelalterliches, antiaufklärerisches und geheimnisvoll-alchemistisches Wirken, das für Uneingeweihte nicht durchschaubar ist, ihren bildlichen Ausdruck. Gleichwohl scheint der Karikaturist auf einer demokratischen Allgemeinverständlichkeit des parlamentarischen Systems zu beharren: Er beschreibt ihre Protagonisten nicht nur als Zauberer, sondern als »Zauber-Chemiker«. Dieser Begriff beinhaltet sowohl überholten Irrationalismus als auch rationalen Fortschritt. Mit vielbeachteten Leitfiguren wie Justus Liebig galt die Chemie den Zeitgenossen als modernste Wissenschaft. *Y.D.*

Lit.: Wolf 1982, S. 81, Nr. 61; Reiter 1994, Nr. 519.

126
Neuerfundene Reichs-Parlaments-Dampf-Maschine
Lithographische Anstalt von J. E. Mittenzwey in Frankfurt a. M.
1848
Federlithographie; H. 33,7,
Br. 26,1 cm

Nürnberg, Germanisches Nationalmuseum; Inv.Nr. HB 15632, Kapsel 1318

Die Politisierung breiter Bevölkerungsschichten während der Revolution von 1848 führte zu einer Flut von Petitionen und Adressen, die die Nationalversammlung kaum zu bewältigen vermochte. Zur Lösung des Problems schlägt der Karikaturist den Aufbau einer Dampfmaschine und eine industrielle Arbeitsteilung zwischen den Volksvertretern vor: Der Radikallinke Wilhelm Michael Schaffroth überreicht dem Parlamentspräsidenten Heinrich von Gagern die Eingaben, die dieser als »Werkführer« in die von dem »Feuerschürer« Robert Blum kräftig angeheizte Maschine steckt, um sie »auf's schnellste und billigste durchheicheln und raffiniren« zu können. Diese Parallelisierung von industrieller und parlamentarischer Arbeitswelt, von Dampfmaschine und Nationalversammlung beinhaltet eine doppelte Kritik: Zum einen die Forderung nach Effektivität, denn die Charakterisierung der Paulskirche als untätige »Quasselbude« gehörte zum Stan-

dardrepertoire der Parlamentskritiker. Zum anderen die Einschätzung der Frankfurter Nationalversammlung als eine moderne und zukunftsweisende Institution, die als ›Raffinerie‹ soziale und politische Forderungen zu sichten, zu bewerten und umzusetzen hat. *Y.D.*

Lit.:Berlin 1972, Kat. 144 (Beilage); Wolf 1982, S. 73, Nr. 3; München 1987, S. 205; Dollinger 1972, S. 72; vgl. Moldenhauer 1968, S. 23ff.

127
Reichs=Fege=Mühle. Sitzung v. 18. September
Anonym
Verlag von Reinhold Baist in Rödelheim
1848
Kreidelithographie; H. 30,1,
Br. 42,8 cm
Nürnberg, Germanisches Nationalmuseum; Inv.Nr. HB 15713, Kapsel 1317

Auf einer monumentalen Mühle steht August Rühl, der als Mitglied der Fraktion Donnersberg die äußerste

125

126

127

Linke vertrat. Er schüttet den Inhalt der
Paulskirche in den Trichter der Mühle.
Am 18. September 1848 plädierte
Rühl mit dem Hinweis, die Nationalversammlung besitze in ihrer aktuellen
Zusammensetzung nicht das Vertrauen
der Mehrheit des deutschen Volkes,
für Neuwahlen. Im Sinne dieses An-
trages scheidet Michel als Müllerbur-
sche die Abgeordneten in Spreu und
Weizen. Auf der Linken passieren
u.a. Blum, von Itzstein, Vogt, Rößler
und Heinrich Simon, auf der Rechten
von Gagern, Bassermann, Eisenmann
und Dahlmann unversehrt sein Mahl-
werk. Deformiert fliegen Abgeordnete
wie Jucho, Jahn, Lassaulx, Detmold,
Schmerling, Vincke, von Radowitz
und Heckscher aus der Mühle in alle
Winde (Kat. 114). Sie stehen für die
Parlamentarier, die die Ratifizierung

des Waffenstillstands von Malmö gebilligt hatten. Als »Verräter am deutschen Volk« beschimpft, verlangte die
außerparlamentarische Volksbewegung in Frankfurt am 17. September
1848 die Aberkennung ihrer Manda-
te (Kat. 120). Mit der Wahl der Mühle als Michels Gerät, mit dem er als
Symbolfigur des deutschen Volkes das
Parlament ›ausfegt‹, beschreibt der
Karikaturist die Volkssouveränität als
gerechte und innovative politische
Kraft: Sie vermag – erinnert sei an
das alte Bild der Mühle als Instrument
der Strafe, Reinigung und Verwand-
lung – wie eine Maschine auf objekti-
ve Art das Schlechte vom Guten zu
trennen, Häßliches in Schönes zu
transformieren. Eine besondere Bedeutung erhält die Ablehnung von
Willkür vor dem Hintergrund der revo-

lutionären Aufstände, die am 18.
September in Frankfurt ausbrachen.
Im Gegensatz zu anderen »Reini-
gungskarikaturen«, in denen Michel
ungestüm die Paulskirche mit seinem
Besen säubert (Europa der Bilder I, S.
169, Kat. 87), vertraut der Karikaturist
auf die politische Effizienz des demokratischen »Wahlmechanismus«. *Y.D.*

Lit.: Sten. Berichte 1848, Bd. III, S.
2163f.; Wolf 1982, S. 63, Nr. 14;
Ludwigshafen 1988, Nr. 50; Coupe
1993, Bd. I, Nr. 442; Reiter 1994,
Nr. 522; Suhr 1985, S. 162; Huber
1988, S. 697.

Unterweltliches.

128

Unterweltliches
Wilhelm Völker (Wertheim 1812 –
1873 St. Gallen)
Druck von Eduard Gustav May in
Frankfurt a. M.
1848
Federlithographie; H. 28,2,
Br. 41,4 cm

Beilage zu Satyr 1848/49, Heft 1
Nürnberg, Germanisches Nationalmuseum; Inv.Nr. HB 16947, Kapsel
1318

Auf dieser Karikatur, die im Satyr ausführlich kommentiert wurde, verlegt
Wilhelm Völker die Nationalversammlung in die Unterwelt. Dort sind von
Gagern und von Soiron am Präsidi-

umstisch anzutreffen, hinter dem eine
Fahne mit gespaltenem Doppeladler
hängt. Die Reaktion ist auf dem Vormarsch: Ein Zipfelmützenträger formuliert unter der Schere des Zensors Re-
formvorschläge, während die Ober-
Postamt-Zeitung als altes Waschweib
mit Schlafhaube eine Zopfperücke
durch die Luft schwingt. Ernst Moritz
Arndt schläfert mit seinem »abgeleier-
ten« Freiheitslied »Was ist des deutschen Vaterland« das Plenum der
Paulskirche ein. Von Schmerling und
Peucker, die nach den Septemberun-
ruhen die Entwaffnung der Aufständischen in Frankfurt kontrollierten,
schleifen die Säbel, die Jahn als ge-
flügelter Hermes durch das Höllentor
trägt. Vincke mit Zylinder, von Radowitz in Uniform und Lassaulx umringen
eine auf die Linke gerichtete Kanone.
Jene übt sich in der Abfassung von
Interpellationen und Amendements.
Nur der Radikaldemokrat Schlöffel
schreitet zur Tat und feuert eine Kanone ab. Blum versucht, im tiefen Was-
ser stehend, eine davonfliegende Jakobinermütze zu ergreifen. Mit dieser
Satire, die im Herbst 1848 entstanden sein muß, beschreibt Völker die
Paulskirche als einen Hort der Reaktion. Das von festen Mauern um-
schlossene Parlament kennzeichnet er
als eine unbewegliche, festgefahrene
Einrichtung, nicht fähig, angemessen
auf aktuelle politische Entwicklungen
zu reagieren. *Y.D.*

Lit.: Der Satyr. Lose Blätter aus dem
deutschen Reiche 1848/49, Heft 1,
S. 3f.; Otto 1982, S. 360 ; Wolf
1982, S. 69, Nr. 1.27.1; Reiter
1994, Nr. 654, Mannheim 1998
Nr. 40.

129
Die deutsche Parlamenten Waage
Monogrammist AS. N.
Druck und Verlag der Expedition der
Carricaturen in Mannheim
1848
Kreidelithographie; H. 22,3,
Br. 44,0 cm
Bamberg, Staatsbibliothek; Inv.Nr.
M.v.O., C.I. 319

129

Als Vertreter der russischen Autokratie hält ein Kosake mit Hilfe eines Klerikers eine mit den Szeptern und Kronen der deutschen Fürsten beladene Waagschale fest. Sie begräbt den deutschen Michel samt seiner zur Waffe umgeschmiedeten Sense unter ihrer Last. Neben einem Gedenkstein der Völkerschlacht bei Leipzig steht die fuchsköpfige Verkörperung der Alten Ordnung, die an Kaulbachs Reinecke Fuchs Illustrationen erinnert. Sie bittet den Teufel Samiel »... hilf in diesen Tagen/ Uns das Volk in Ketten schlagen«. Der maskierte Friedrich Wilhelm IV. gibt Michel lächelnd das Versprechen der Pressefreiheit und Bürgerwehr, die dieser jedoch nicht ergreifen kann. Friedrich Hecker versucht, ihn aus seiner desolaten Lage zu befreien: Er schichtet Kanonenkugeln auf die zweite Waagschale mit dem »Götzen-Bild«. Mit dem Kopf eines Wolfs, der die alten Eliten vertritt, eines Bischofs und eines blinden und armlosen Revolutionärs mit Bart und phrygischer Mütze symbolisiert das Bild das Parlament. Seine Zweifel, es werde in dieser Zusammensetzung kaum gegen die geballte Kraft der Reaktionäre antreten, äußert Hecker in seinem Appell zum bewaffneten Volksaufstand: »Nur allein durch sie [die Kugeln, d. V.] wird das deutsche/ Volk siegen,/ Wer einem Götzen dient muß stets unterliegen;/ ...Nur durch Sie allein kann das Volk erstehn.« Diese Worte beziehen sich auf Heckers Aufruf zum Kampf für die Republik in der Konstanzer Volksversammlung am 12. April 1848, die dem parlamentarischen System eine Absage erteilte. Mit seinem dichten allegorische Zeichensystem ist dieses Blatt vorrevolutionären Darstellungskonventionen verhaftet. Das traditionelle Motiv der Waage, Sinnbild des Ausgleichs wie des abwägenden Prüfens, wird nicht wie auf anderen druckgraphischen Blättern von 1848 als vereinzelte Chiffre für konkurrierende politische Positionen benutzt. In einen argumentativen Zusammenhang gestellt, verbildlicht sie das Parlament als Teil eines komplexen, historisch determinierten Gesellschaftssystems.
Y.D.

Lit.: Otto 1982, S. 332; Vollmer 1983, S. 108f.; Coupe 1993, Bd. I, Nr. 462; Mannheim 1998, Nr. 27.

130
»Der Kampf der Adler«
Friedrich Ludwig Unzelmann
(Berlin 1797 – 1854 Wien) nach
Adolph Menzel (Breslau 1815 –
1905 Berlin)
Holzstich (Probedruck);
H. 25,5, Br. 17 cm
Aus: Geschichte Friedrichs des Großen. Geschrieben von Franz Kugler. Leipzig 1840ff.
Nürnberg, Germanisches Nationalmuseum; Inv.Nr. H 855, Kapsel 77

Im Verlauf des Siebenjährigen Krieges sah sich Friedrich II. für lange Zeit einer deutlich überlegenen feindlichen Koalition gegenüber. Vor allem die Allianz zwischen Habsburg und Rußland führte ihn mehrfach an den Rand der totalen Niederlage. Sein unermüdlicher, letztlich erfolgreicher Widerstand gegen die übermächtigen Gegner ging als heldenhafte Leistung in die Geschichtsbücher ein. Auch in der seit 1840 in mehreren Folgen erschienenen, von Franz Kugler verfaßten und von Adolph Menzel illustrierten Biographie Friedrichs des Großen wird diesem Krieg das gesamte dritte Buch »Heldenthum« gewidmet. Als Titelblatt dieses Abschnitts entwarf

Menzel eine dramatische Szene, die höchst sinnreich den wagemutigen Einsatz Friedrichs veranschaulicht: Hoch in den Lüften wird der preußische Adler von den beiden doppelköpfigen Adlern Habsburgs und Rußlands in einen heftigen Luftkampf verwickelt. Nur mit Mühe kann er sich die feindliche Übermacht vom Leibe halten. Doch bereits stoßen weitere Adler heran, um in den Kampf einzugreifen. Mit seiner Metapher beschreibt Menzel nicht nur den historischen Konflikt des Siebenjährigen Krieges, sondern auch die preußisch-österreichische Rivalität seiner Zeit. Das von Kugler und Menzel in ihrem Buch gestaltete Friedrich-Bild zeigte den König keineswegs nur als Kriegshelden, sondern vermittelte einen umfassenden Eindruck von der faszinierenden Vielfalt seiner Persönlichkeit. Vor allem die toleranten und aufgeklärten Züge des Herrschers wurden herausgearbeitet. Sie brachten die politischen Forderungen und Hoffnungen des Bürgertums zum Ausdruck und wurden dem amtierenden Herrscher Friedrich Wilhelm IV. in einer Art modernem Fürstenspiegel vorgehalten. Die in zahlreichen Auflagen verbreitete Friedrich-Biographie prägte bis weit ins 20. Jahrhundert ganz wesentlich die Vorstellung vom Wesen des Königs und darüber hinaus von Preußen in breiten Kreisen der Bevölkerung. *D.K.*

131
Schnupftabakdose
1848/49
Umschrift: Deutscher / Reichsadler / Kein Oesterreich, kein Preussen etc. / ein einiges Deutschland !
Lack, Deckel mit Goldgrund, schwarz bedruckt, rot bemalt; Dm. 8,1, H. 2,0 cm
Privatbesitz

Wie bedruckte Tücher, Pfeifenköpfe, Gläser, Spielkarten und andere Gebrauchsgegenstände so wurden auch Tabaksdosen als politische Gesinnungszeichen benutzt. Auf dem Deckel der runden Lackdose ist auf goldenem Grund der ungekrönte Doppeladler schwarz aufgedruckt.

Unter ihm die deutschen Farben in der heraldisch korrekten Anordnung Schwarz-Gold-Rot. Die von Lorbeerzweigen unterbrochene Umschrift erinnert an den vielzitierten Ausspruch des Erzherzogs Johann beim Festbankett zum Kölner Dombaufest 1842: »Kein Preussen, kein Österreich, ein einiges Deutschland, so fest und frei wie seine Berge...« Vermutlich nach der Wahl Johanns zum Reichsverweser am 29.6.1848 entstanden, drückte die Dose das Bekenntnis ihres Besitzers zur neugeschaffenen Zentralgewalt des zukünftigen deutschen Nationalstaats aus. Der gevierte Brustschild mit den hessischen und bayerischen (?) Löwen gehörte freilich nicht zum offiziellen Reichswappen von 1848. Auf Antrag Preußens hatte die Bundesversammlung schon am 9. März 1848 »den alten deutschen

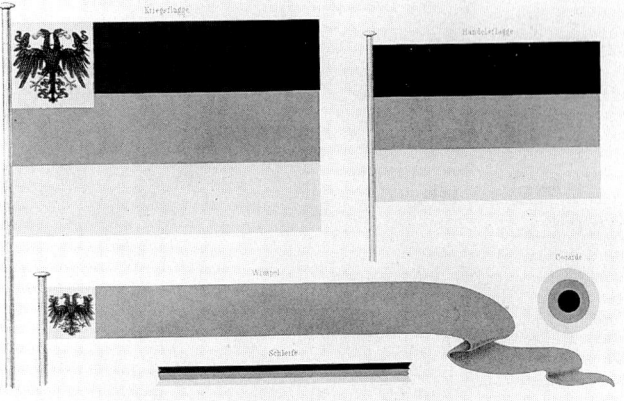

132

131

Reichsadler mit der Umschrift ›Deutscher Bund‹ und die Farben des ehemaligen deutschen Reichspaniers – schwarz, roth, gold – zu Wappen und Farben des Deutschen Bundes« erklärt. *R.S.*

132
Die Kriegs- und Handelsflagge des Deutschen Reichs
Verlag von Schmerber'sche Buchhandlung Nachfolger in Frankfurt a. M. 1848
Lithographie, Typendruck; H. 27,7, Br. 34,5 cm
Nürnberg, Germanisches Nationalmuseum; Inv.Nr. HB 14134, Kapsel 1378a

Da die Nationalversammlung auch über die deutschen Farben entscheiden mußte, beauftragte sie den Marineausschuß mit der Erstellung eines Gutachtens. Kundige Heraldiker hatten bemängelt, daß die im Volke eindeutig bevorzugte Farbkombination Schwarz-Rot-Gold nicht den Regeln der Wappenkunst entspräche, da das Metall (Gold) nicht zwischen den beiden Farben (Schwarz und Rot) stehen würde. Auch gründete die Farbfolge nicht auf einer in der Reichshistorie verwurzelten Tradition; ging sie doch auf die in den Freiheitskriegen benützte Flagge der Jenaer Burschenschafter zurück. Der Ausschuß entschied sich trotz dieser Einwände für dieses seit den Märztagen »berauschende Symbol« der nationalen und freiheitlichen Volksbewegung. Das Gutachten empfahl zudem den Doppeladler als Wappentier und setzte damit ein deutliches Zeichen für eine gewollte Wiederbelebung des alten Reiches. Bereits im Juli 1848 konnte das Gesetz über die deutsche Kriegs- und Handelsflagge vorgelegt werden. Es wurde mehrheitlich von der Nationalversammlung beschlossen und am 13. November 1848 als Gesetz verkündet. Kriegs- und Han-

delsflagge bestanden demnach aus drei breiten horizontal verlaufenden Streifen in den Farben Schwarz-Rot-Gold. Nur die Kriegsflagge wies in der linken oberen Ecke das Reichswappen in einem viereckigen goldenen Feld einen schwarzen Doppeladler mit abgewendeten Köpfen, ausgeschlagenen roten Zungen, goldenen Schnäbeln und offenen Fängen auf. Die Handelsflagge, die von allen Handelsschiffen als Nationalflagge zu führen war, durfte nicht durch besondere Farben oder Abzeichen der Einzelstaaten verändert werden. Doch es wurde gestattet, zusätzlich besondere Landes- oder örtliche Flaggen zu hissen. *D.K.*

Lit.: Valentin 1998, Bd. II, S. 130; Reiter 1994, Nr. 229.

133
Orest & Pylades
Ernst Schalck (Frankfurt 1827 – 1865 Frankfurt) zugeschrieben
1848
Lithographie; H. 31,7, Br. 26,1 cm
Untertitel: Siehe Reichstags-Zeitung No. 10
Nürnberg, Germanisches Nationalmuseum; Inv.Nr. HB 15655, Kapsel 1318

Der Dualismus der beiden deutschen Großmächte Preußen und Habsburg stellte eines der Hauptprobleme auf dem Wege zu einem geeinten Deutschland dar. Mit großer Intensität wurde im Parlament, aber auch hinter den Kulissen um die zukünftigen Machtverhältnisse gerungen. Hauptakteure waren im Frühjahr 1848 der die Vorherrschaft Preußens befürwortende Präsident der Frankfurter Versammlung Heinrich von Gagern und der österreichische Abgeordnete und Präsidialgesandte beim Bundestag Anton Ritter von Schmerling. Ihrem damaligen Einfluß gemäß hat der Karikaturist des vorliegenden Blattes aus ihren Körpern den doppelköpfigen deutschen Reichsadler gebildet. Wie siamesische Zwillinge sind sie Rücken an Rücken aufs engste miteinander verbunden. Da sie als entschiedene Befürworter einer konstitutionellen Monarchie galten, schwebt die von ihnen zu vergebende Kaiserkrone über ihnen. Möglicherweise wird mit dem Bildtitel diese Machtkonstellation kritisiert. Denn wie einst Orest mit Unterstützung des ihm brüderlich verbundenen Pylades seine Mutter ermordete, so tötet Gagern – in enger Zusammenarbeit mit von Schmerling – die Hoffnung auf ein republikanisches Deutschland. *D.K.*

Lit.: Reiter 1994, Nr. 316.

134
Oestreichs Adler in den letzten Zügen liegend, wird von seinen Stiefkindern geplündert und verlassen
Henry Ritter (Montreal 1816 – 1853 Düsseldorf)
Verlag von Arnz u. Co. in Düsseldorf 1848
Lithographie; H. 23,1, Br. 30,0 cm
Aus: Düsseldorfer Monatshefte, Bd. II
Nürnberg, Germanisches Nationalmuseum; Inv.Nr. HB 31174, Kapsel 1316a

Die in den Düsseldorfer Monatsheften veröffentlichten Lithographien boten dem Betrachter in wechselnder Abfolge satirisch-allegorische Deutungen des Zeitgeschehens und kritische Schlaglichter auf konkrete politische Ereignisse. Häufig bedienten sich die

Künstler der politischen Ikonographie der offiziellen Herrschaftsheraldik, bisweilen wurden auch ganz neuartige Zeichen und Symbole entwickelt. So wird beispielsweise auf dem vorliegenden Blatt »Österreich« durch einen Menschen mit zwei Adlerköpfen dargestellt. Diese Allegorie der »Austria« wird in ihrem Bett überfallen und durch Mitglieder des habsburgischen Vielvölkerstaates ausgeraubt. Während am Fußende ein Italiener – in der Physiognomie und Erscheinung Garibaldi ähnelnd – sich der Stiefel des Opfers bemächtigt, beginnt ein kniender Ungar die Hosen der »Austria« zu öffnen. Während diese beiden in ruhiger Gelassenheit ihr Werk verrichten, ringen ein Kroate und ein Slawone heftig um den großen Umhang der hilflos daliegenden »Austria«. Am Kopfende steht ein Böhme,

der eine Krone von einem der Adlerköpfe nimmt und ein Blatt mit der Aufschrift »Slavia« emporhält. Im Hintergrund beobachten drei Männer, unter ihnen ein Illyrer, das absonderliche Schauspiel. Henry Ritters ideenreiches Blatt spiegelt den Aufruhr, der sich im Zuge der Märzereignisse auch in den Teilstaaten des österreichischen Vielvölkerstaates ausgebreitet hatte. Nachdem sich bereits am 15. März die Ungarn in Pest und kurz darauf die Mailänder und Venezianer gegen die österreichischen Besatzer erhoben hatten, gerieten auch die Slowaken und die südslawischen Völker der Monarchie, die Serben, Kroaten und Slowenen, in Bewegung. Sie verlangten nationale Rechte, insbesondere Gleichberechtigung der Sprache, vereinzelt sogar die Unabhängigkeit. Höhepunkt dieser für

Orest & Pylades.

(Siehe Reichstags-Zeitung N° 10)

Gagern   Schmerling

133

233

Oestreichs Adler in den letzten Zügen liegend, wird von seinen Stiefkindern geplündert und verlassen.

134

Habsburg äußerst bedrohlichen Situation war die am 3. Juni 1848 in Prag eröffnete slawische Nationalversammlung, die mit ihren massiven Forderungen nach Selbständigkeit kurzzeitig die Vorstellung aufkommen ließ, daß »Oestreichs Adler in den letzten Zügen« liege. Doch bereits Ende Juni 1848 wendete sich mit der Niederschlagung des Prager Aufstandes durch Fürst Windischgrätz und dem Sieg Radetzkys über die Italiener bei Custozza das Blatt. Noch einmal konnte sich das überholte Konstrukt des Vielvölkerstaates gegen die Idee der nationalen Selbstbestimmung durchsetzen. So bietet Ritters Lithographie ein gutes Beispiel für die Schnellebigkeit der politischen Graphik während der Revolutionswirren; das sorgfältig auskomponierte und anspielungsreiche Blatt entsprach nach seinem Erscheinen – wenn überhaupt – nur noch für kurze Zeit den realen politischen Verhältnissen. *D.K.*

Lit.: Riha/Rudolph 1979, S. 472; Reiter 1994, Nr. 679 u. Abb. S. 351.

135
Der bedrohte Doppeladler
Philipp Veit (Berlin 1793 – 1877 Mainz)
1848
Bleistift; H. 30,5, Br. 20,3 cm
Mainz, Landesmuseum; Inv.Nr. GS 1890/1485

Der kaiserliche Doppeladler »aus dem alten Reichspanier« – ohnehin ein zwiespältiges Wesen – war am 9. März 1848 vom alten Bundestag zum Wappen des Deutschen Bundes erhoben und später von der Nationalversammlung ins Wappen der neuen, großdeutsch orientierten Zentralgewalt übernommen worden: Er konnte also für das alte Reich ebenso stehen wie für die neue Ordnung. Der konservative Veit zeigt, wie das geschätzte Wappentier – allseits von revolutionären Stürmen gezaust – Federn lassen muß. Kaiserkrone und Jakobinermütze in den Fängen des Adlers bezeichnen die politische Alternative von 1848: Kaisertum oder Republik. An einem seidenen Faden hängt das Damoklesschwert über dem Doppeladler und droht, ihn zu spalten. Mit der nicht gedruckten Karikatur beschreibt der Konservative Veit – ver-

mutlich schon im Frühjahr 1848 – seine Ängste vor der revolutionären Volksbewegung. *R.S.*

Lit.: Frankfurt 1978, S. 106; Suhr 1981, Nr. 89, S.39f.; Suhr, 1985, S. 167, Abb. 49.

136
Dies Bild gehört dem deutschen Volk!
– Zur Huldigung des deutschen Reichsverwesers Johann
Eugen Schwartz (Lebensdaten unbekannt)
Verlag von Wilhelm Stähle in München
1848
Lithographie; H. 47,7, Br. 61,0 cm
Hamburg, Museum für Kunst und Gewerbe; Inv.Nr. H 2740

Vor den Toren Frankfurts haben sich Vertreter aller Volksgruppen in einem Eichenhain versammelt, um die auf einem mehrteiligen Podest ausgebreiteten Insignien und Kleinodien des Reiches – Krone, Schwert und Szepter – zu betrachten. Zu beiden Seiten des Aufbaus stehen die Figuren Kaiser Karls des Großen und Franz' II. als Hüter der kostbaren Würdezeichen. An der Vorderseite des Podestes sind die Wappen der deutschen Einzelstaaten angebracht. Oberhalb der Szenerie befinden sich die Porträts Erzherzog Johanns und seiner Frau.

135

136

Das provisorische Oberhaupt des geeinten Deutschland wird unmißver-
ständlich mit den Insignien des alten
Reichs in Verbindung gebracht. Das
Schmuckblatt, das laut Text ausdrücklich der Huldigung des Reichsverwesers Johann dienen soll, dokumentiert
die großen Erwartungen, die in breiten Kreisen der Bevölkerung in den
volkstümlichen Erzherzog gesetzt wurden. Er wird hier als der legitime
Nachfolger der deutschen Kaiser dargestellt. Zahlreiche erhaltene Graphi-
ken belegen, daß sich im Sommer
des Jahres 1848 mit Darstellungen
des Reichsverwesers viel Geld verdie-
nen ließ. Doch anders als die Porträts
oder Schmuckblätter, die an seinen
Frankfurter Einzug erinnerten, ist die
vorliegende Graphik offensichtlich

ganz der Fiktion des Künstlers ent-
sprungen. Für diese Annahme spricht,
daß keinerlei Bericht über eine derartige Feier zu Ehren des Reichsverwesers bekannt ist und daß die Reichskleinodien seit 1801 in Wien verwahrt wurden. Immerhin erweist sich
der bislang nicht näher bekannte Entwerfer Eugen Schwartz als genau ar-
beitender Chronist, wie die Darstellungen der Kaiserkrone und der Wappen sowie die Ansicht des Frankfurter
Doms belegen. Zum Eindruck von
Authentizität trägt auch die Statue
Karls des Großen bei, die große Ähnlichkeit mit der 1843 auf der Alten
Mainbrücke aufgestellten Figur des
Kaisers aufweist. (vgl. Frankfurt
1978, S. 280). *D.K.*

137
*Bewerbung um die deutsche Königs-
krone*
Druck von L. Blau in Leipzig
1848
Lithographie; H. 26,9, Br. 36,8 cm
Nürnberg, Germanisches Nationalmuseum; Inv.Nr. HB 12681, Kapsel
1317

Der anonyme Entwerfer der vorliegenden Zeichnung macht sich die Vorstellung zunutze, daß sich Kraft, Macht
und Gewalt in äußerer Größe wider-
spiegeln. So zeigt er einen riesenhaf-
ten Michel, der die deutsche Königskrone fest in beiden Händen vor seine Brust hält. Ihn umringen zahlreiche
deutsche Herrscher, die sich mit
großem Einsatz um dieses Machtsym-

235

Bewerbung um die deutsche Königskrone.

137

Willst du die Krone liegen lassen, Kleiner!

138

Zeitraum hatte das Volk – hier verkörpert durch den deutschen Michel – die Macht und Möglichkeit, das politische Schicksal der durch Aufstände entmachteten oder geschwächten Könige und Fürsten zu bestimmen. Die Chance blieb ungenutzt. *D.K.*

138
Willst du die Krone liegen lassen, Kleiner!
Druck von J. G. Fritzsche in Leipzig
1848
Lithographie; H. 26,8, Br. 37,8 cm
Nürnberg, Germanisches National-
museum; Inv.Nr. HB 12682, Kapsel
1318

In Begleitung eines bürgerlich gekleideten Teufels ist Friedrich Wilhelm IV., in der Linken eine Fahne mit dem Reichsadler haltend, in einen geschmückten Saal getreten. Gerade ist er im Begriff, die auf einem Podest ausgestellten Reichsinsignien zu ergreifen, als der Michel, eine Rute in der erhobenen Rechten haltend, mit dem Ruf »Willst du die Krone liegen lassen, Kleiner!« auf ihn zustürmt. Ähnlich wie die Lithographie »Bewerbung um die deutsche Königskrone« (Kat. 137) veranschaulicht auch diese Karikatur das politische Selbstbewußtsein der Linken nach den großen Anfangserfolgen der Revolution. Hierfür sprechen vor allem die auf dem Blatt angedrohte Züchtigung des wenige Wochen zuvor noch unumschränkten Preußenkönigs, die despektierliche Anrede »Kleiner« sowie die überdimensionierte Körpergröße des Michel. Selbstbewußtsein äußert sich auch in dem Bestreben, die Vergabe der Herrschergewalt selbst zu bestimmen. Friedrich Wilhelm IV. war für die Linke aufgrund seines wenig aufrichtigen Verhaltens im Zuge der Berliner Märzunruhen ganz offensichtlich kein geeigneter Kandidat für das höchste politische Amt im geeinten Deutschland. *D.K.*

139
Dem deutschen Volke, seinen Fürsten und Regierungen ...
Otto Speckter (Hamburg 1807 –
1871 Hamburg)

bol bemühen. Doch ihre Anstrengung ist vergeblich, denn obgleich sie auf den Fußspitzen stehen und die Arme erhoben haben, reichen sie dem Michel nur bis zur Hüfte. Einzig der preußische König Friedrich Wilhelm IV. ist in aussichtsreicher Position: Er ist mit einer schwarz-rot-goldenen Fahne in der Hand auf eine Leiter gestiegen und bittet den Michel um die

Übergabe der deutschen Königskrone. Doch der macht keinerlei Anstalt, auf diesen Wunsch einzugehen und verspottet den Preußenherrscher sogar, indem er ihm keß die Zunge herausstreckt. Das Blatt gibt einen treffenden Eindruck von der euphorischen Stimmung der Revolutionäre unmittelbar nach den erfolgreichen Märzaufständen. Für einen kurzen

EIN SCHÖNER TRAUM!

140

Druck von Speckter & Co in Hamburg
1848
Lithographie; H. 61,3, Br. 41,6 cm
Hamburg, Museum für Kunst und Gewerbe; Inv.Nr. H 3173

Otto Speckters Lithographie auf die
revolutionären Ereignisse des Jahres
1848 zählt zu den bemerkenswerte-
sten künstlerischen Bekenntnisblättern
jener bewegten Zeit. Er widmet sein
Blatt »dem deutschen Volk, seinen Fürsten und Regierungen, daß wer ge-
knechtet werde frei, im alten Recht
das Neue sei.« Um das Gedicht
»Wir stehen in einem guten Kampf/
Dem Vaterland zu dienen ...« erhebt
sich ein gewaltiger Eichenbaum. Um
einen sich abzweigenden Ast ist ein

Band geschlungen, auf dem die ver-
brieften Rechte auf Volksbildung,
Schwurgericht, Bruderschaften, Zünfte
und Gilden verzeichnet sind. Im Baum-
wipfel sind links ein Dinggericht und
rechts eine Kaiserwahl dargestellt.
Hohe Würdenträger der Einzelstaaten tragen die Reichsinsignien herbei.
Würdevoll wird die zu vergebende
Reichskrone präsentiert. Im Hintergrund erscheint der von einer Sonnen-
glorie umgebene Kölner Dom, dessen
seit 1842 unternommener Weiterbau
als Symbol der Wiederherstellung
des alten Reiches angesehen wurde.
Die Szenen auf der rechten Seite sind
als sarkastischer Kommentar auf die
revolutionären Ereignisse in Frankreich zu verstehen: Auf den Tribünen

wütende Agitatoren, Kampf und Blut-
vergießen auf den Barrikaden; Frau-
en eilen mit geschwungenem Beil zur
Guillotine und tragen abgeschlagene
Köpfe im Triumph; aus einer Kanone
werden »Völkerbeglückung, Garantie
der Arbeit, Abschaffung der Armut«
usw. geschossen. Den chaotischen
Zuständen in Frankreich ist das hinter
der Eiche erkennbare ideale Bild einer mittelalterlichen deutschen Stadt
gegenübergestellt. Aus dem Tor mar-
schiert ein wohlgeordneter Zug von
Soldaten der Landwehr hinaus. Ihr
Ziel ist Straßburg, dessen charakteristische Turmfassade am rechten unteren Bildrand in weiter Ferne jenseits
des Rheins erkennbar ist. Speckters Lithographie, zu der sich eine Vorstudie

im Museum für Kunst und Gewerbe in Hamburg befindet, weist in ihrer Kleinteiligkeit auf die vor allem in Deutschland um 1830/40 gepflegte Arabeskenkunst. Er plädiert mit seiner Lithographie nachdrücklich für die Monarchie, in der die alten Ordnungen wieder eingeführt werden sollen. Speckter verschickte sein politisches »Glaubensbekenntnis« an zahlreiche Freunde, Verwandte und auch Parlamentarier, die je nach ihrer persönlichen Anschauung mit Wohlwollen oder Ablehnung darauf reagierten. So betonte Johann Hermann Detmold, der Verfasser des »Piepmeyer (vgl. Kat. 99) am 16. Januar 1849 seine freudige Überraschung, daß ein junger Künstler »soviel Einsicht in das eigentlich deutsche Wesen, in das was uns Noth thut und in das was uns Schaden bringt, zugleich aber soviel Muth und die hinlängliche Verachtung der sogenannten Tagesmeinung besessen hat, um sich in der Art auszusprechen wie Sie es in dieser Zeichnung gethan haben ... Die Krone des Ganzen, die Kaiserwahl, halte ich, ein sehr Nüchterner, nun freilich vorläufig mehr für einen Wunsch« (zitiert nach Schapire S. 34). *D.K.*

Lit.: Schapire 1911/1912, S. 33ff.; Braunfels 1995, S. 230f.

140
»Ein schöner Traum« (Karikatur auf die deutsche Kaiserwahl)
Johann Baptist Scholl d. J. (Mainz 1818 – 1881 Limburg)
Druck und Verlag von Eduard Gustav May in Frankfurt a. M.
1848
Lithographie; H. 30,4, Br. 43,3 cm
Nürnberg, Germanisches Nationalmuseum; Inv.Nr. HB 12579, Kapsel 1318

Bei der Frage nach einem würdigen Kandidaten für die zu vergebende deutsche Kaiserwürde war es in der Nationalversammlung zu zahllosen Vorschlägen der Parlamentarier gekommen. Die Unfähigkeit, eine geeignete Persönlichkeit zu bestimmen, wurde von zahlreichen Karikaturisten – so auch von dem brillanten Zeichner Johann Baptist Scholl – bissig

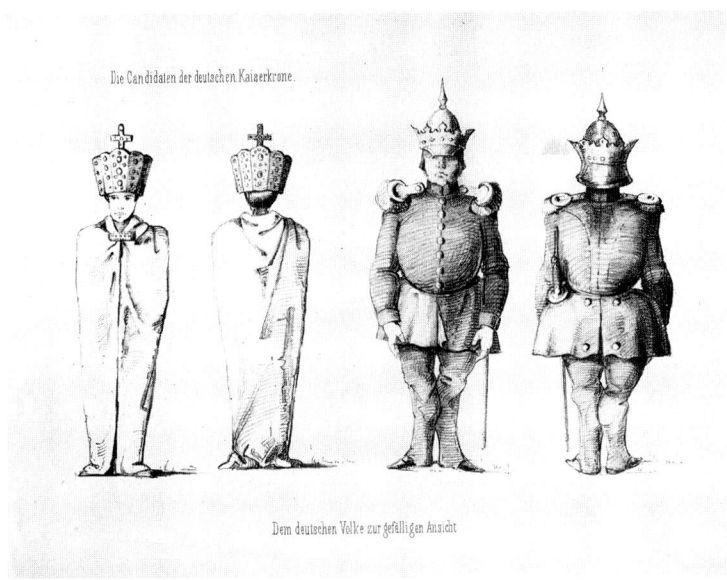

Die Candidaten der deutschen Kaiserkrone.

Dem deutschen Volke zur gefälligen Ansicht

141

kommentiert. Er zeigt die Herrscher von Nassau, Württemberg, Sachsen, Österreich, Preußen, Bayern und Hessen gemeinsam in einem Himmelbett schlafen. Alle haben einen identischen Traum: sie sehen sich als Sieger der Kaiserwahl, gekleidet in herrschaftlichem Ornat und mit Krone, Szepter und Reichsapfel (hierauf weisen auch die beiden Schriftzeilen auf der Bettkante hin). In der Mitte liegt der österreichische Kaiser Ferdinand I., dessen dumpfer Gesichtsausdruck auf dessen allbekannte Geistesschwäche hinweist. Zu seiner Linken befindet sich Friedrich Wilhelm IV., der selbst im Schlaf seine militaristische Pickelhaube nicht ablegen will. Wie ein Kleinkind hält er die von ihm allzusehr geschätzte Sektflasche im Arm. Der Herrscher der Preußen wird heftig vom Ellenbogen des gerade erst inthronisierten Bayernkönigs Maximilian II. bedrängt. Scholls sprühende künstlerische Phantasie erschafft eine Vielzahl witziger Details wie die unter dem Bett stehenden Nachttöpfe mit den Herrscherwappen, das sich unter dem Bettlaken abzeichnende Gewirr der menschlichen Gliedmaßen sowie die skurrile Gruppe der bezopften Höflinge, die als »Kaiser-

macher« fungieren. Das Blatt zählt ohne Frage zu den besten Leistungen der politisch-satirischen Graphik des Jahres 1848. *D.K.*

Lit.: Wolf 1982, Nr. 31; Reiter, 1994, Nr. 319 u. Abb. S. 186.

141
Die Candidaten der deutschen Kaiserkrone. Dem deutschen Volke zur gefälligen Ansicht
Anonym
1848/49
Lithographie; H. 26,9, Br. 33,4 cm
Nürnberg, Germanisches Nationalmuseum; Inv.Nr. 14133, Kapsel 1317

Seit dem 19. Oktober 1848 wurde in der Nationalversammlung intensiv um die Verfassung gerungen. In der grundlegenden Frage des zu bestimmenden Staatsoberhauptes kam letztlich nur ein Vertreter aus einem der beiden großen Bundesstaaten in Frage. Zwei Konzepte standen sich unvermittelt gegenüber: Die großdeutsche Lösung sah die Einbeziehung Österreichs vor, während die kleindeutsche Variante Preußen als Führungsmacht im geeinten Deutschland befürwortete. Auf dem Spottblatt stel-

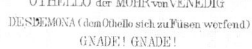

OTHELLO der MOHR von VENEDIG
DESDEMONA (dem Othello sich zu Füßen werfend)
GNADE! GNADE!

142

(Auch ein deutscher Kaiser !?__)

143

len sich die »Candidaten« der deutschen Kaiserkrone, dem deutschen
Volke steif und starr zur »gefälligen«
Begutachtung jeweils in Vorder- und
Rückansicht vor. Eingehüllt in ein hel-
les Gewand wirkt Franz Joseph, der
österreichische Kaiser, fast körperlos;
die viel zu große Kaiserkrone ist ihm
tief in die Stirn gerutscht. Demgegenüber füllt der wohlgenährte Ho-
henzoller Friedrich Wilhelm IV. seine
Uniform prall aus. Als Vertreter der
preußischen Militärmacht hat er seine
Königskrone über die Pickelhaube gezwängt. Die sarkastische Karikatur,
die nach der am 1. Dezember 1848
erfolgten Thronbesteigung Franz Jo-
sephs entstanden sein muß, dokumentiert gescheiterte republikanische
Hoffnungen. Denn als zukünftiges
Staatsoberhaupt kamen einzig die
Oberhäupter der reaktionären Großmächte in Frage. Weder von dem
noch unerfahrenen katholischen Habs-
burger noch von dem überzeugten
preußischen Militaristen war ein Eintreten für die Ideale der Revolution zu
erwarten. *D.K.*

Lit.: Ludwigshafen 1988, S. 136,
Nr. 55; Reiter 1994, Nr. 321 m. Lit.
(dort als Ferdinand I.).

142
Othello, der Mohr von Venedig
Anonym
1849
Lithographie; H. 32,6, Br. 27 cm
Nürnberg, Germanisches National-
museum; Inv.Nr. HB 15715, Kapsel
1318a

Kaum ein anderer Abgeordneter hat
in den Verhandlungen der Frankfurter
Nationalversammlung derartiges Aufsehen erregt wie der Badener Karl
Theodor Welcker (1779–1869) mit
seinem Dringlichkeitsantrag vom 12.
April 1849. Darin hatte der bis dahin
als überzeugter Anhänger einer großdeutschen Lösung in Erscheinung ge-
tretene Liberale zur Überraschung vieler die Versammlung aufgefordert, die
kurz zuvor beschlossene Reichsverfassung anzunehmen und dem König
von Preußen die erbliche Kaiserwürde anzutragen. Welcker galt fortan

als Verräter seiner liberalen Gesinnung. Er wurde als »Kaiserfabrikant«
übel beschimpft, in zahlreichen Karikaturen verhöhnt und beinahe ein Opfer der aufgebrachten Volksmenge.
Auf dem Spottblatt bekommt Welcker
in einer fiktiven Szene den Zorn der
von ihm verprellten Anhänger des
Habsburger-Reiches zu spüren. Welcker ist vor dem Thron Friedrich Wilhelms IV. auf die Knie gesunken; aus
seiner Manteltasche schaut der zu-
sammengerollte Antrag vom 12. April
hervor. Gerade will er dem König die
Kaiserkrone überreichen, als ihn zwei
wütend agierende Soldaten bedro-
hen: Während der österreichische
Feldmarschall Alfred Fürst zu Windischgrätz im Rücken des Abgeordneten mit erhobenem Schwert zum Zu-
schlagen bereitsteht, stürmt von links
der in Habsburgs Diensten stehende
General und Kroatenführer Jellacic mit
geballter Faust auf den hilflosen Welcker zu. Ob dessen angstvoller Hilfe-
ruf »Gnade! Gnade!« Gehör findet,
läßt die Zeichnung nicht erkennen; zu
wenig eindeutig ist die Gestenspra-

che des als Trinker charakterisierten Preußenkönigs. Die in einem Fenster im Hintergrund erkennbaren, mit einer Kanone ausgerüsteten Krieger lassen Welcker jedoch wenig Hoffnung auf Rettung. Das Blatt muß unmittelbar nach Welckers Antrag vom 12. April entstanden sein, da Windischgrätz fast zeitgleich seiner Ämter enthoben wurde. Auf mehreren Karikaturen der Revolutionszeit werden klassische Theaterstücke zitiert und durch – zum Teil schwer nachvollziehbare – Verfremdung der aktuellen politischen Entwicklung angepaßt. So schlüpft Welcker hier in die Rolle der Desdemona, um die Reinheit seines Handelns gegenüber Othello alias Friedrich Wilhelm IV. zu verteidigen. *D.K.*

Lit.: Reiter 1994, Nr. 322; Karlsruhe 1998, S. 150 (zur Biographie Welckers).

143
»Auch ein deutscher Kaiser!?«
Anonym
1849
Lithographie; H. 34,0, Br. 26,8 cm
Nürnberg, Germanisches National-museum; Inv.Nr. HB 15716, Kapsel 1318a

Die Wahl Friedrich Wilhelms IV. zum deutschen Kaiser provozierte die enttäuschte Linke zu vehementen Reaktionen. Die Karikatur zeigt den Preußenkönig als personifizierte Champagnerflasche in einer Weinlaube auf einem Faß sitzend. Respektlos sind die Insignien herrschaftlicher Macht verfremdet: So wurde das Szepter zum Weinheber, der Reichsapfel zum Römer, der Thron zum Weinfaß. Die königliche Kopfbedeckung, die aus Krone und Pickelhaube gebildet ist, dient zugleich als Sektkorken. Friedrich Wilhelm IV. sitzt inmitten seiner

»Kaisermacher« Vincke (Fink), Bassermann (Bifo), Gagern (Gagi) und Dahlmann (Dahl), deren Porträts zu beiden Seiten des Königs an Weinstöcken befestigt sind. Diese vier Abgeordneten waren ausgewiesene Befürworter einer kleindeutschen Lösung mit einem preußischen Erbkaiser an der Spitze. Die herausgehobene Position Karl Theodor Welckers auf dem Weinfaß ergibt sich aus seinem Antrag vom 12. April 1849, mit dem die Wahl des Preußenkönigs entscheidend vorangebracht worden war. Während die Parlamentarier mit Namen wie »Fink« oder »Gagi« noch glimpflich davonkommen, zielt der Spott des Zeichners vor allem auf Friedrich Wilhelm IV., der auf diffamierende Weise als ungeeigneter Kandidat, eben als Flasche, herausgestellt wird. Die anti-republikanische Grundhaltung dieses militanten Weingottes wird daran erkennbar, daß er das »Parlament« und die Reichsidee mit Füßen tritt. In seinem Reich, dessen Macht auf zahlreichen zur Schau gestellten Kanonenkugeln beruht, hat die am rechten Bildrand herabhängende zerrissene Fahne der Revolution keine Zukunft mehr. Die allseits bekannte Vorliebe Friedrich Wilhelms IV. für Champagner hat seit seinem Regierungsantritt im Jahr 1840 die Karikaturisten zu ironischen Bildkommentaren veranlaßt. *D.K.*

Lit.: Fuchs 1901/1903, S. 82, Abb. 91, Reiter 1994, Nr. 323.

144 (Farbtafel S. 109)
Politisches A.B.C. Spiel, / für die lieben Kleinen
Nürnberg, 1849 (?)
24 Spielkarten, Spielanleitung, Etui mit Titelblatt auf dem Deckel
Kreidelithographien, koloriert, partiell

gelackt; Nadelholzkorpus; H. 10,9, Br. 9,8, T. 2,9 cm; Spielkarte ca. H. 9,4, Br. 8,2 cm
Rückseitig grüner Aufkleber mit Bez.: C. Abel – Klinger in Nürnberg No. 214
Nürnberg, Gewerbemuseum der LGA im Germanischen Nationalmuseum; Inv.Nr. LGA 12316

Zur Entstehungszeit des Spiels, vermutlich im März/April 1849, war die deutsche »Kaiserfrage« noch offen: »Ein alter Pinsel malt nicht fein / der Preußenkönig soll Kaiser sein« reimt die Karte zum Buchstaben »P« und das »D«-Blatt zeigt Friedrich Wilhelm IV. mit preußischer Pickelhaube beim Greifen nach der Reichskrone. Das Themenfeld der vierundzwanzig Karten ist von einem antifeudalen, kritischen Tenor geprägt. Teils drastisch in Szene gesetzt sind die Ausbeutung der Bauern durch den »Fürsten«, der »Beamte« als »Blutegel« des Volkes, die Brutalität des Militärs oder der Fürst als Verfassungsbrecher. Das Motiv der vom Monarchen »oktroyierten Verfassung« spielt wohl auf die österreichische Gesamtstaatsverfassung vom 4. März 1849 an (»UX«-Blatt). Dieser Datierung entspricht auch der generell pessimistische, fatalistische Unterton, angeschlagen in jenen Monaten, in denen sich die Restauration der Vormärz-Zustände immer deutlicher abzuzeichnen begann. Das Spiel will »lustig und zugleich belehrend« sein, wie es in der Spielanleitung heißt. Der Gewinner wird durch möglichst fehlerloses Vorlesen der Kartentexte und anschließendes partielles Rezitieren des Alphabetes ermittelt. Das Spiel steht damit in der Tradition pädagogischer ABC-Bücher, die seit dem 16. Jahrhundert als Lehrbuchtyp verbreitet waren. *T.E.*

150

Mythen der Nation

145 (Farbtafel S. 112)
Germania
Philipp Veit (Berlin 1793 – 1877
Mainz), Eduard von Steinle (Wien
1810 – 1886 Frankfurt) und andere
1848
Öl auf Baumwollgewebe; H. 484,
Br. 319 cm
Nürnberg, Germanisches National-
museum; Inv.Nr. Gm 608

Das großformatige, offenbar in
großer Eile ohne Grundierung auf
dünnes Baumwollgewebe gemalte
Transparent mit der Personifikation
der staatlich geeinten deutschen Nation diente schon zur Zeit des Vorparlaments, am 31. März 1848, als Verkleidung des klassizistischen Orgel-
prospekts der Frankfurter Paulskirche.
Es war flankiert von zwei – heute verlorenen – gemalten Wandfeldern mit
Eichenkränzen und den Inschriften:
»Walle hin du Opferbrand / Hin
über Land und Meer! Und schling ein
einzig Liebesband / Um alle Völker
her!«, »Des Vaterlands Größe, des
Vaterlands Glück / O schafft es, o
bringt es dem Volke zurück!« Als säkulares »Altarbild« über dem Präsidium
angebracht, appellierte es an die
Parlamentarier, das Einheitswerk zu
vollenden. Weder die Auftraggeber
noch die ausführenden Künstler sind
urkundlich belegt. Vieles deutet jedoch darauf hin, daß das Monumentalgemälde nicht vom Vorparlament,
sondern vermutlich auf Anregung konservativer Bundesreformer wie Joseph
Maria von Radowitz in die Paulskirche gestiftet und von deren Künstler-
freunden – Philipp Veit und seiner nazarenischen Ateliergemeinschaft im
»Deutschen Haus« – gemalt wurde.
Im Kontext der Entstehungsumstände
erscheint die »Germania« der Paulskirche weniger als eine politische Ikone der revolutionären Bewegung von
1848, vielmehr als Dokument eines
konservativen »Bundespatriotismus«,
der die Idee der Nation mit dem monarchischen Prinzip zu verbinden
suchte (vgl. S. 89ff.). Die selbstbe-

wußt stehende Gewandfigur beschwört mit ihrem Ornat und der Turnierlanze die Größe des alten Reiches. Der Doppeladler und die
schwarz-rot-goldene Trikolore waren
seit dem 9. März 1848 offizielle
Symbole des Deutschen Bundes.
Schwert und Ölzweig – altes Sinnbild
des guten Regiments – verweisen auf
die Staatlichkeit der deutschen Nation. Als einziger Hinweis auf die Befreiung dient die gesprengte Fessel,
die sich vermutlich auf die Aufhebung
der Zensur und der Ausnahmegesetze
von 1819 bezieht. Nach Auflösung
des Deutschen Bundes wurde es von
der Liquidationskommission im Januar
1867, zusammen mit anderen »Gegenständen von geschichtlichem Interesse aus der Paulskirche«, dem Germanischen Museum, dem letzten
»großdeutschen« Nationalinstitut übergeben. *R.S.*

Lit.: Beilage zum Anzeiger für die
Kunde der deutschen Vorzeit, N.F.
Bd. 14, 1867, Sp. 81; Bd. 17,
1870, Sp. 288; Burian 1978,
S. 127ff.; Frankfurt 1978, S. 107,
129, 171f., Abb. S. 33; Nürnberg
1989, S. 137ff., Nr. 606; Brunn
1989, S. 101ff.; Suhr 1991,
S. 125, Nr. G 32; Gall 1992,
S. 132ff.; Berlin 1996, S. 31f., Nr.
L/14; Frankfurt 1998, Nr. 261.

146 (Abb. S. 88)
*Zur Erinnerung an das Vorparlament
in Frankfurt a. M.*
31. März, 1.,2.,3. April 1848
Franz Heister (Frankfurt 1813 –
1873 Frankfurt)
Lithographie; H. 50, Br. 36 cm
Nürnberg, Germanisches Nationalmuseum; Inv.Nr. HB 16811, Kapsel
1330

Das Erinnerungsblatt zum Frankfurter
Vorparlament, sicher zum Ereignis
selbst oder unmittelbar danach ent-
standen, reproduziert bereits die
»Germania« aus der Paulskirche. Das
Transparent steht im Zentrum des

Sammelbildes, flankiert von sechs
kleinen Ansichten der Ehrenpforten
und Festdekorationen, die in Frankfurt
zum Empfang der Mitglieder des Vorparlaments aufgestellt wurden. Auch
auf dem unteren Bildfeld mit der Tagung des Vorparlaments in der Paulskirche ist über dem Präsidium das
Bild der »Germania« zu erkennen.
Die Lithographie gehört zu den wenigen Beweisstücken für die frühe Entstehung des Paulskirchen-Transpa-
rents. Sie ist bei J. A. Wagner in
Frankfurt, dem Verleger der politischen Karikaturen von Philipp Veit
und Eduard von Steinle, erschienen.
R.S.

Lit.: Reiter 1994, Nr. 75; Frankfurt
1998, Nr. 250.

147
Bildnis des Malers Philipp Veit
Joseph Binder (Wien 1805 – 1863
Kaltenleutgeben)
1838
Öl auf Leinwand; H. 88,
Br. 70,6 cm
Frankfurt, Städelsches Kunstinstitut;
Inv.Nr. 1618

Joseph Binder, Schüler der Wiener
Akademie und Freund Moritz von
Schwinds, war von 1835 – 39 Lehrer für Malerei am Städelschen
Kunstinstitut. Sein altmeisterliches
Halbfigurenporträt zeigt den 45jähri-
gen Städel-Direktor Veit vor einer Replik seiner »Germania«. Im pelzver-
brämten Malrock hat der Maler die
Hände auf einer Brüstung übereinan-
dergeschlagen; daneben eine Mappe mit Zeichenpapier, Feder und Tin-
tenschale. An der Wand als weitere
Standessymbole Palette und Eichenkranz – vielleicht ein Hinweis auf seine Teilnahme an den Befreiungskriegen und seinen Ruhm als Hauptvertreter der neudeutsch-nazarenischen Malerei. Mit seinem 1834 – 36 im Städelschen Kunstinstitut ausgeführten
Wandbild der »Einführung der Künste
in Deutschland durch das Christen-

147

mit der Palette und rechts die Bildhauerei mit dem Meißel. Von den
Flammen des Heiligen Geistes inspiriert, stehen die weiblichen Gewandfiguren vor einer Apsis, die links vom
päpstlichen Wappen, rechts vom kaiserlichen Doppeladler flankiert ist:
Papst- und Kaisertum waren nicht nur
in der Vergangenheit die machtvollen
Förderer der Künste; von ihnen erhoff-
ten die Nazarener auch in Zukunft
die Wiedergeburt einer neuen Monu-
mentalkunst. Mit seinen feierlichen,
von Vorbildern der italienischen
Quattrocento-Malerei abgeleiteten
Gewandfiguren schuf Veit einen ro-
mantisch-historisierenden Typus der
Gestaltallegorie, dessen Herkunft aus
dem christlich-religiösen Kontext stets
erkennbar bleibt. Auch die Gestalt
der »Germania« entspricht diesem
spätnazarenischen Typus. Ihrem Ur-
sprung nach ist sie weniger als aktuelle politische Allegorie zu verstehen,
sondern als Ausdruck der retrospektiven ästhetischen Utopie der Nazarener. *R.S.*

Lit.: Karlsruhe 1971, Nr. 283; Frankfurt 1977, F 18; Suhr 1991, Z 212
(Karton, K 11).

149
*Genien bekränzen die Statuen von
»Italia« und »Germania«*
Philipp Veit (Berlin 1793 – 1877
Mainz)
1832/33
Bleistift, Feder in Braun, Aquarell;
H. 25,3, Br. 20cm
Berlin, SMPK, Kupferstichkabinett;
Inv.Nr. Veit Nr. 60

Der Gedanke des Aufblühens der
Kunst unter dem Schutz der weltlichen
und kirchlichen Macht wird in Veits
Entwürfen für das Städelsche Kunstinstitut mehrfach abgewandelt. So auch
im programmatischen Hauptbild der
»Einführung der Kunst in Deutschland
durch das Christentum«, wo »Italia«
und »Germania« auf den Seitenbildern das mittelalterliche Kaisertum
und das Papsttum, die Schützmächte
der Kunst verkörpern. Der bisher nur
unvollständig gedeutete Berliner Entwurf gehört offenbar in den weiteren
Kontext des Städel-Projekts und könn-

tum« und den Seitenbildern der »Italia« und der »Germania« hatte der
sonst nicht unumstrittene Veit höchste
Anerkennung gefunden. Gerade die
gedankenversunkene Gestalt der
»Germania« als Ausdruck eines ro-
mantisch-retrospektiven Nationalbewußtseins wirkte typenbildend auf die
politische Bildsprache der deutschen
Einheitsbewegung. Veit erhielt Aufträge für mehrere verkleinerte Repliken
der »Germania«. *R.S.*

Lit.: Ziemke 1972, S. 22, Taf. 20.

148
Die drei bildenden Künste
Philipp Veit (Berlin 1793 – 1877
Mainz)
um 1832

Bleistift, Aquarell, Goldbronze, alt
montiert; H. 30,3, Br. 33,6 cm
Karlsruhe, Staatliche Kunsthalle;
Inv.Nr. 1987–3

Als Direktor des Städelschen Kunstinstituts wurde Veit mit der Ausmalung
des 1834 eröffneten neuen Museums-
gebäudes an der Neuen Mainzer
Straße beauftragt. Veits Bildpro-
gramm bestand aus gemalten Kommentaren zur Geschichte der Künste
aus christlich-nazarenischer Sicht. Als
Supraporte für den »Großen Saal«
der niederländischen und neudeut-
schen Gemälde entwarf Veit das goti-
sche Bogenfeld mit einer »sacra con-
versazione« der drei Schwesterkünste:
in der Mitte die Architektur mit dem
Bauplan, links die (Wand-)Malerei

te den Titel tragen: »Die Genien der Kunst bekränzen die Statuen von Italia und Germania«. Wieder trägt diese den Schild mit dem kaiserlichen Doppeladler, jene das Kreuzeszeichen der Kirche. Zusammen flankieren sie den Eingang zu einem heiligen Hain aus deutschen und italienischen Eichen und erinnern an die versunkene Größe des Heiligen römischen Reiches. In der weiblichen Gewandfigur im Vordergrund mit ihrem bändergeschmückten Szepter wird man die Allegorie des Kunst erkennen dürfen. *R.S.*

Lit.: Donop 1902, Nr. 34, S. 356; Suhr 1991, Nr. Z 240.

150 (Abb. S. 241)
Thronende Germania
Philipp Veit (Berlin 1793 – 1877 Mainz)
um 1832/33
Bleistift, Feder in Braun, Sepia; H. 37, Br. 31,3 cm
Mainz, Landesmuseum; Inv.Nr. GS 1890/979

Die kleine Handskizze gibt die Personifikation der »Germania« zu Veits Wandbild im Städel in einem frühen Entwurfsstadium wieder. Obwohl bereits viele Einzelmotive – der Adlerschild, die Wappen der Kurfürsten, die Goldene Bulle und das Schwert Karls des Großen, der Eichenstamm, der Landschaftsausblick auf den Kölner Dom und die Burg – vorweggenommen sind, eignet der zierlichen Mädchengestalt hier noch »ein märchenhaft-poetischer Zug« (Suhr), der in der symmetrisch und hieratisch geordneten Endfassung gedankenschwerem Pathos weichen mußte. *R.S.*

Lit.: Frankfurt 1978, S. 128; Suhr 1991, Nr. Z 251; Suhr 1995, Nr. 36.

148

149

245

Einführung der Künste in Deutschland durch das Christenthum.
In dem Städelschen Kunstinstitute al Fresko gemalt von Philipp Veit, gestochen von Eduard Schäffer.
Den Mitgliedern des Kunstvereins in Frankfurt a/M.

151a

151b

151c

151a
Die Einführung der Künste in Deutschland durch das Christentum.
Eugen Eduard Schaeffer nach Philipp Veit
1840
Kupferstich; H. 54,0, Br. 76,7 cm
Nürnberg, Germanisches Nationalmuseum; Inv.Nr. K 19418, Kapsel 1016a

151b
Italia
Eugen Eduard Schaeffer und Angilbert Wunibald Göbel (Frankfurt 1821 – 1882 Frankfurt) nach Philipp Veit
1840
Kupferstich; H. 57,0, Br. 40,9 cm
Nürnberg, Germanisches Nationalmuseum; Inv.Nr. K 19613, Kapsel 1493

151c
Germania
Eugen Eduard Schaeffer und Christian Siedentopf nach Philipp Veit
1840
Kupferstich; H. 56,8, Br. 41,2 cm
Nürnberg, Germanisches Nationalmuseum; Inv.Nr. K 19614, Kapsel 1493

Durch graphische Reproduktion wurde Veits programmatisches Hauptbild der Städel-Fresken, die 1836 vollendete »Einführung der Künste in Deutschland durch das Christentum«, rasch verbreitet. Die beiden Seitenbilder, »Italia« und »Germania« verstand Veit weniger als Länderallegorien; sie verkörpern Papst- und Kaisertum als geistliche und weltliche Schutzmächte der Kunst im Mittelalter. Aus dem symbolischen Freundschaftsbild von »Italia und Germania«, in dem die romantische Italiensehnsucht von Pforr und Overbeck Gestalt angenommen hatte, entwickelte Veit eine allegorische Umschreibung der christlich-romantischen Geschichts- und Kunstauffassung.
Die feierlich und gedankenversunken vor einem Eichenstamm thronende Germania in ihrem goldenen Kaisermantel weckt Erinnerungen an das versunkene Heilige Römische Reich:

Auf dessen Verfassung weisen die aufgeschlagene Goldene Bulle und die Wappen der Kurfürsten hin; dessen Insignien werden mit dem kaiserlichen Doppeladler im Wappenschild, mit dem Schwert Karls des Großen und der mittelalterlichen Reichskrone demonstrativ zu Schau gestellt. Die Rheinlandschaft mit dem Kölner Dom und den Burgen stehen wieder für die weltliche und geistliche Macht. Nicht nur die dominierenden Farben schwarz-rot-gold förderten die Aktualisierung der Allegorie im Sinne der romantischen Nationalbewegung. Mit ihrem schwermütigen Gefühlspathos appellierte die Gestalt, als eine Art nationales Andachtsbild, auch an aktuelles deutsches Nationalbewußtsein. *R.S.*

Lit.: Suhr 1991, D 30–32.

152
vormärzlich – nachmärzlich
Philipp Veit (Berlin 1793 – 1877 Mainz)
1848
Feder über Bleistift; H. 21,7, Br. 35,0 cm
Mainz, Landesmuseum; Inv.Nr. GS 1890/1520

Vorzeichnung zu einer vermutlich zum Druck bestimmten, aber nicht erschienenen Karikatur.
Unter der Überschrift »vormärzlich – nachmärzlich« stellt Veit die Brustbilder eines Vertreters des »Ancien Régime« und eines Achtundvierzigers gegenüber. Der eine ist in eine steife Beamtenuniform gezwängt und trägt eine Zopfperücke – Sinnbild der überholten alten Ordnung: »der Zopf hängt ihm hinten«. Der wilde Revolutionär mit Jakobinermütze und Kokarde trägt einen langen Vollbart, der dem Zopf des Widersachers gleicht: »der Zopf hängt ihm vornen«. Nach dem bewährten Muster des »Vorher-Nachher« deutet Veit die Haartracht als politisches Gesinnungszeichen und spielt Revolution und Restauration gegeneinander aus. Seiner Meinung nach sind die Ideen der Revolutionäre ein »alter Zopf«. *R.S.*

Lit.: Suhr 1981, Nr. 91, S. 40; Suhr 1985, S. 169, Abb. 52.

153
Hinreißende Beredsamkeit
Philipp Veit (Berlin 1793 – 1877 Mainz)
1848
Feder über Bleistift; H. 31,7, Br. 24,6 cm
Mainz, Landesmuseum; Inv.Nr. GS 1890/1519

Vorzeichnung zu einer Lithographie, die – wie alle Veitschen Karikaturen – im Verlag von J. A. Wagner in Frankfurt erschien.
Hinter einem Rednerpult der weit aufgerissene Mund eines gestikulierenden Redners, der durch Bart und Jakobinermütze als Angehöriger der Linken charakterisiert ist, möglicherweise der Berliner Abgeordnete Carl Nauwerck. Rings um ihn werden die Zuhörer scharenweise von Schlaf übermannt. Satiren auf die ermüdenden Parlamentsdebatten gehörten zum festen Repertoire der Achtundvierziger-Karikatur. Das Motiv des aufgerissenen Mundes ist in einer Karikatur von May (Europa der Bilder I, S. 88, S. 168, Kat. 85) vorformuliert. Die neue parlamentarische Form der politischen Meinungsbildung und Entscheidung wurde als wortreiche Tatenlosigkeit sowohl von rechts als auch von links angegriffen und begründete die lange und verhängnisvolle Tradition deutscher Parlamentarismuskritik; vgl. dazu Georg Herweghs berühmtes Gedicht mit dem Refrain: »Im Parla- Parla- Parlament / Das Reden nimmt kein End!«. *R.S.*

Lit.: Suhr 1981, Nr. 84, S. 37; Suhr 1985, S. 162f., Abb. 47.

154a
Neue Errungenschaft
Philipp Veit (Berlin 1793 – 1877 Mainz)
1848
Feder, Tinte; H. 30,0, Br. 24,2 cm
Legende: »Wen bringen denn die da? Die Physiognomie kommt mir bekannt vor – Ist das nicht die alte Pariser Göttin der Vernunft? J, Herr Je, Die ist recht alt geworden! und findet dennoch ihre Liebhaber!«
Mainz, Landesmuseum; Inv.Nr. GS 90/1515

154b
Neue Errungenschaft
1848
Federlithographie; H. 34,0,
Br. 27,5 cm
bez. u.: »Wen bringen denn die da?
Die Physionomie kommt mir bekannt
vor- ist das nicht die alte Pariser Göttin der Vernunft ?« – »J, Herr Je! Die
ist recht alt geworden und findet
doch noch ihre Liebhaber!«
Verlag von J. A. Wagner in Frankfurt
a. M.
Nürnberg, Germanisches Nationalmuseum; Inv.Nr. HB 31194,
Kapsel 1318a

Entwurf und Ausführung einer bei J. A.
Wagner erschienenen Lithographie.
Wie in der vorigen Karikatur stellt Veit
die Revolutionsbegeisterung der Acht-
undvierziger als einen überholten
und lächerlichen Neuaufguß der
Ideen von 1789 dar: Mißtrauische
Passanten beobachten das ausgelas-
sene Treiben von zwei Revolutio-

nären, die eine häßliche alte Jungfer
auf den Schultern tragen. Was die
Demokraten nicht sehen, weil ihnen
die zu großen Jakobinermützen die
Sicht nehmen, erkennen die Zuschauer: »...ist das nicht die alte Pariser
Göttin der Vernunft? J Herr Je, die ist
recht alt geworden und findet dennoch ihre Liebhaber!« Von seinem katholischen Standpunkt kritisiert Veit vor
allem die säkulare und antiklerikale
Haltung der linkshegelianischen Acht-
undvierziger, die auf den Schrifttafeln
zum Ausdruck kommt: »Kein Jenseits
mehr« und »Der Himmel nur auf Er-
den«. Suhr zitiert den »Politischen
Brief« des mit Veit befreundeten Joseph von Eichendorff, der sich in seiner anti-aufklärerischen Polemik einer
ähnlichen Bildsprache bedient. *R.S.*

Lit.: Suhr 1981, S. 33 f., Nr. 80;
Vollmer 1983, S. 166, Abb. 130;
Suhr, 1985, S. 156f., Abb. 45;
Nürnberg 1989, Nr. 581; Reiter
1994, Nr. 305.

155 (Abb. S. 95)
*Allegorie auf den Frieden von Luné-
ville*
Friedrich Georg Weitsch (Braunschweig 1758 – Berlin 1828)
1801
Pinsel, braune Tinte über Bleistift;
H. 41,5, Br. 29,0 cm
Nürnberg, Germanisches Nationalmuseum; Inv.Nr. Hz 6988, Kapsel
1539a

Nach der österreichischen Niederlage im zweiten Koalitionskrieg traten
Kaiser und Reich am 9. Februar
1801 im Frieden von Lunéville das
linke Rheinufer an Frankreich ab,
während Frankreich auf seine rechtsrheinischen Eroberungen verzichtete.
Zu diesem Anlaß, der das politische
Ende des Reiches ankündigte, schuf
der preußische Hofmaler Friedrich
Georg Weitsch seine allegorische
Darstellung, die auch als Schabkunst-
blatt mit dem Titel »Deutschland vom
Frieden getröstet« verbreitet wurde.

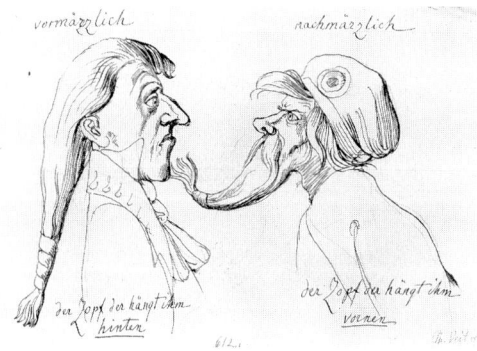

152

153

154a   154b

Die matronenhafte Gestalt der Germania, als Personifikation des Reiches mit Szepter und Krone ausgestattet, sitzt geschwächt und erschöpft unter einem kahlen Eichbaum. Teilnahmsvoll nähert sich Pax, die Verkörperung des Friedens, mit dem Ölzweig, um das geschundene und in Melancholie verfallene Deutschland aufzurichten und zu trösten. Ein Regenbogen und andere Friedensboten verkünden die Segnungen des Friedens. Die Sitzfigur der Germania gehört formal dem herkömmlichen Typus der Reichsallegorien zu, die sich von der Ikonographie römischer Provinzen herleitet. Der emotionale Appell der mitleidheischenden trauernden Germania wendet sich zwar an einen Reichspatriotismus im Sinne des späten 18. Jahrhunderts, weist aber bereits auf spätere Formulierungen wie Veits »Germania« im Städel (1836) hin. *R.S.*

Lit.: F. G. Weitsch in: Berliner Kunst-Blatt, Juli 1828, Heft 7, S. 192, 194.

156 (Abb. S. 92)
Transparent, aufgestellt von einem Teil der Künstler zu Frankfurt am Main bei der Illumination zu Ehren der Mitglieder des Vorparlaments am ersten April 1848
Angilbert Wunibald Göbel (Frankfurt 1821 – 1882 Frankfurt) nach Johann Baptist Scholl (Mainz 1818 – 1881 Limburg)
1848
Radierung; H. 49,0, Br. 31,0 cm
Butzbach, Stadtarchiv; Inv.Nr. Mappe 3 / Bl. 87,02

Aus Anlaß einer festlichen Illumination zum Empfang der Mitglieder des Vorparlaments entwarf der Mainzer Bildhauer Johann Baptist Scholl ein Transparent, das hier graphisch reproduziert ist. Scholl beschreibt die Hoffnungen bei der Einberufung des ersten deutschen Nationalparlaments mit dem Bild eines neu zu errichtenden Bauwerks der Zukunft. In dessen Gruft ruhen auf Särgen die Sinnbilder der Vergangenheit: Zopf, Krone und Ketten. Im gotischen Portal begrüßt die Freiheit mit offenen Armen die Volksvertreter, die begeistert heran-

drängen. In den Zwickeln des Portalbogens wird der Gedanke der sozialen Gerechtigkeit ausgedrückt. Ein Wappenfries symbolisiert die Einheit der deutschen Staaten. Zwischen Posaunenbläsern thront auf der Spitze die Gestalt der Germania, die die Nationalfahne schwenkt und die Rechte zum Schwur erhebt. Links und rechts von ihr stehen Bischofsmütze und Königskrone – vielleicht ein Hinweis auf die Trennung von Staat und Kirche im zukünftigen Verfassungsstaat. Johann Baptist Scholl, Anhänger der demokratischen Revolution, beschreibt die Einheit der Nation mit differenzierterem Vokabular als Veits Paulskirchen-Transparent. Er zeigt Besiegte und Sieger, die revolutionäre Masse. Mit den Gedanken von Freiheit, Gleichheit und sozialer Gerechtigkeit greift er die Ideen der Französischen Revolution auf, läßt aber gleichwohl die Frage der Staatsform offen. *R.S*

Lit.: Frankfurt 1978, S. 361f.; Nürnberg 1989, Nr. 605; Reiter 1994, Nr. 74.

157 (Abb. S. 101)
Kein Preußen und kein Östreich mehr...
Verlag von Arnz & Co., Düsseldorf
Lithographie; H. 29, B. 24 cm
Aus: Düsseldorfer Monatshefte, Bd. II, Juli 1848
Nürnberg, Germanisches Nationalmuseum; Inv.Nr. HB 3116, Kapsel 1316a

Das Blatt ist Erzherzog Johann gewidmet, mit dessen Wahl zum Reichsverweser am 29. Juni die provisorische Zentralgewalt eines Deutschland geschaffen wurde. Es zeigt die hochgespannten Hoffnungen, die sich an diesen »kühnen Griff« der Paulskirche knüpften: Ein adliger Offizier und ein Pfarrer, Bürgerwehrmann und Soldat, Bauer und Händler, Handwerker und Arbeiter – eine geeinte Gesellschaft – huldigen den allegorischen Gestalten von Germania und Libertas: Freiheit und Vaterland stehen einträchtig im Zentrum. Germania trägt nicht die alte Reichskrone, sondern eine bürgerliche Mauerkrone und führt den großdeutschen Doppeladler im Schilde: »Kein Preußen und kein Östreich mehr...« Die zentrale Inschrift zitiert einen berühmten Ausspruch des Erzherzogs Johann. Rechts die Märzforderungen nach »Pressfreiheit. Volksbewaffnung. Associationsrecht«; links die Forderungen an den deutschen Einheitsstaat »Ein Staatenbund. Eine deutsche Flotte. Ein deutsches Heer.«

Die utopische Vision eines staatlich geeinten Deutschland unterscheidet sich durch die Betonung der Gedanken von Freiheit und Gleichheit deutlich von der nazarenischen »Germania« der Paulskirche. *R.S.*

Lit.: Hartwig/Riha 1974, S. 124.; Riha/Rudolph 1979, nach S. 280; Nürnberg 1989, Nr. 610; Berlin 1996, Nr. L/40.

158 (Abb. S. 99)
Germania
Karl Ballenberger (Ansbach 1801 – 1860 Frankfurt)
1848
Bleistift, aquarelliert; H. 23,7, Br. 16,6 cm
Ansbach, Stadtarchiv

Karl Ballenberger war seit 1833 Schüler Veits am Städel und vertrat dort eine entschieden altdeutsche Richtung. Nach Veits Rücktritt als Direktor im Januar 1843 folgte er dem Meister in die nazarenische Ateliergemeinschaft im Deutschordenshaus in Sachsenhausen und war am Auftrag für die Kaiserbilder im Römer beteiligt. Seine Germania, im weiten rotgoldenen Königsmantel und mit dem Eichenkranz im Haar, thront madonnengleich auf einem gotischen Thronsessel. Mit der Rechten weist sie auf die Tafel der »Grundrechte des Deutschen Volkes« auf ihrem Schoß. Im Hintergrund erscheinen die Silhouetten der Frankfurter Paulskirche und eines gotischen Doms. Zu ihren Füßen, auf einem ornamentalen Rahmen mit gotischem Stabwerk und schwarz-rotgoldenen Bändern erscheint ein Wappenschild mit dem Doppeladler des Reiches. Wie den anderen Nazarenern schwebte auch Ballenberger eine großdeutsche Nation vor, die an die Geschichte des mittelalterlichen Kaisertums anknüpfte und Kirche und Staat versöhnte. Der demonstrative Hinweis auf die »Grundrechte« darf nicht als liberal-demokratisches Bekenntnis mißverstanden werden, sondern spricht eher für ein konservatives Verständnis des Parlaments als beratendes Organ. Er deutet auf eine Entstehung frühestens im Sommer 1848. Ballenbergers Entwurf ist am ehesten

1848.   1849.

159

mit der verlorenen Germania Steinles aus dem Besitz August Reichenspergers zu vergleichen. Der Ornamentrahmen und die Quadrierung deuten auf eine Übertragung in ein größeres Format. *R.S.*

Lit.: München 1986, Nr. 301 (Michael Henker).

159
Germania 1848 -1849
Lithographie; H. 39,0, Br. 26,5 cm
Aus: Die Laterne, Stuttgart 1848
Nürnberg, Germanisches National-
museum; Inv.Nr. HB 14741, Kapsel
1318a

Eine politische Aktualisierung von Veits »Germania« im Städel erschien zur Jahreswende 1848/49 in der Stuttgarter »Laterne«. Die Lithographie zeigt die jugendliche Germania mit dem Adlerschild unter ihrer Eiche sitzend. Genien bringen von links die Reichskleinodien und von rechts die »Grundrechte« herbei – Anspielung auf die bevorstehende Verabschiedung der Reichsverfassung und die noch immer bestehenden Hoffnungen auf ein großdeutsches Kaiserreich. Diese hoffnungsvollen Aussichten überwiegen die dunklen Aspekte, den revolutionären Bruderkrieg und die trauernde bzw. sinnende Gestalt im Hintergrund. *R.S.*

160
Neujahrsgruß an das deutsche Volk
F. Lentze (Lebensdaten unbekannt)
1848/49
Lithographische Anstalt und Verlag von M. W. Lassally in Berlin
Lithographie; H. 41,5, Br. 30,6 cm
Hamburg, Museum für Kunst und Ge-
werbe; Inv.Nr. H 3174

Einen anderen Schluß zieht der demokratisch orientierte Friedrich Lentze mit seinem Neujahrsblatt aus der offenen Situation an der Jahreswende 1848/49: »Rüste Dich, Du Sohn der Zeit!« – so der kämpferische Tenor eines Zeitgedichts, das in eine efeuumrankte Bogenarchitektur einbeschrieben ist. Unter einer Eiche in der Mittelachse des Blattes erheben sich bärtige »Germanen« ihre Schwerter und folgen einer kämpferisch ausschreiten-

160

den Germania, die mit gezücktem Flammenschwert und wehender Trikolore gegen den Drachen der Reaktion zu Felde zieht. Gefangene Germanen befreien sich von ihren Ketten, um sich dem Kriegszug anzuschließen. Clio, die Muse der Geschichte, und die verhüllte Personifikation der Zukunft sind Zeuginnen des Entscheidungskampfes, dessen Ausgang offen ist. Der Doppeladler im Bogenscheitel verkörpert nicht nur die großdeutschen Ambitionen, sondern auch den Blick in Vergangenheit und Zukunft. Der streng symmetrische Bildaufbau mit mehreren Darstellungsebenen soll auch hier den hohen Grad histori-

scher Reflexion und die Bedeutung des historischen Augenblicks unterstreichen. *R.S.*

Lit.: Nürnberg 1989, Nr. 612.

161 (Farbtafel S. 114)
Das Jahr 1848
Die reife Frucht der deutschen Vergangenheit, Der ahnungsvolle Keim der europäischen Zukunft.
Verlag von Georg Maar in Nürnberg
Lithographie, koloriert; H. 59,
Br. 45 cm
Nürnberg, Germanisches National-
museum; Inv.Nr. HB 25194, Kapsel
1318a

Das Gedenkblatt zieht eine resignative historische Bilanz des Jahres 1848 und betrachtet das Revolutionjahr als Durchgangsstadium zu einer »europäischen Zukunft«. Den symmetrisch angeordneten, ornamental gerahmten Bildfeldern entsprechen verschiedene Bild- und Argumentationsebenen: die aktuelle, die historische, die mythische und die allegorische. Im Zentrum eine Barrikadenszene mit einem Revolutionär, der unter der schwarz-rot-goldenen Fahne fällt. Er wird nicht Opfer des preußischen Militärs, das sich links mit seiner Kar-

sängern bis zu Goethe und Schiller. Der Opfertod erhält eine allegorische und mythische Deutung: Eine vor ihrem Eichenstamm thronende Germania wird von einem Jakobiner mit phrygischer Mütze daran gehindert, mit dem Schwert einzugreifen – offenbar eine Art »Dolchstoßlegende«, die den Radikalen die Schuld am Scheitern der nationalen Revolution zuweisen soll. Im Predellenbild schmiedet Mime Siegfrieds Schwert, und Barbarossa wartet auf die Wiederaufrichtung des alten Reiches. Vier Schilde mit den Jahreszahlen 1525, 1813,

Radierung; H. 35,0, Br. 49,1 cm
bez.: meine augen fliessen wie wasserbäche über den jammer der tochter meines volks! / die krone unseres hauptes ist abgefallen: klagel: jeremiae 3:48 u. 5:16. /
Nürnberg, Germanisches Nationalmuseum; Inv.Nr. K 3307, Kapsel 1489

Nach dem Scheitern der Revolution und des Einheitswerks der Paulskirche liegt Germania der Länge nach niedergestreckt auf der Erde und verbirgt ihr Gesicht mit den Armen. Reichskrone, Szepter und ein Totenschädel liegen mit ihr im Staub. Die Pathosfigur orientiert sich an Darstellungen des Todes der Heiligen Cäcilie – etwa an dem berühmten Gemälde Scheffer von Leonhardshoffs. Auch die Zitate nach den Klageliedern des Jeremia geben der Gestalt der Germania einen pseudosakralen Anspruch und verraten die nazarenische Herkunft Hübners, eines Schülers von Wilhelm Schadow. Das Blatt entstand in der Zeit der schärfsten politischen Reaktion und drückt die ganze Enttäuschung und Resignation der deutschen Liberalen aus. Der alttestamentarische Vergleich mit dem Schicksal des jüdischen Volkes unterstellt jedoch – psychologisch aufschlußreich – auch insgeheim einen Zusammenhang zwischen der Revolution und einer gerechten göttlichen Strafe. Der Gedanke der »tragischen Schuld«, den Georg Lukács als typisches Motiv in der deutschen Literatur nach 1848 konstatierte, beinhaltet auch eine Distanzierung von den freiheitlichen Idealen der Revolution. *R.S.*

Lit.: Nürnberg 1989, Nr. 614.

Die entfesselte Germania

163

tätsche erstaunlich zurückhält, sondern stirbt in der Gewehrsalve einer Gruppe verwegener, schlitzäugiger Bösewichte – vielleicht ein Hinweis auf die Rolle kroatischer Truppen bei der Niederschlagung der Wiener Revolution im Oktober 1848. Die beiden Begleitbilder – links eine Ausschußsitzung des Frankfurter Parlaments; rechts eine Wiener Revolutionsszene – verweisen auf den Entschluß Robert Blums, den Worten Taten folgen zu lassen. Der Revolutionsmärtyrer erscheint auch unter den kleinen Figurengruppen im ornamentalen Rahmen – in einer Reihe mit nationalen Heldengestalten von den Minne-

1830 und 1848 verweisen auf entscheidende Stationen der deutschen Nationalbewegung. Ein letzter Nagel scheint hier bereits für den Schild des Jahres 1871 reserviert zu sein. In seiner ganzen Argumentation ist das Blatt der liberalen Mitte des Jahres 1848 zuzuordnen. *R.S.*

Lit.: Vollmer 1983, S. 458f.; München 1987, S. 743.

162 (Farbtafel S. 115)
Germania 1850
Julius Hübner (Oels 1806 – 1882 Loschwitz)
1850

163
Die entfesselte Germania
Monogrammist EB
1848
Verlag von Louis Rocca in Leipzig
Druck von L. Blau & Co.
unten handschriftlich: Die entfesselte Germania
Lithographie; H. 28,1, Br. 40,0 cm
Bamberg, Staatsbibliothek;
Inv.Nr. M.v.O., C I 295

Von Militär verfolgt, flieht die von ihren Fesseln befreite und bewaffnete Germania an den Rhein, von dessen linkem Ufer die Sonne der französischen Republik herüberlacht. Hier sind die deutsche Reichsflagge, die Wappen von Hessen-Darmstadt, Hessen-Nassau, Württemberg und Baden an einen Freiheitsbaum geheftet. Ketten und Schere, die Symbole der Unterdückung und der Zensur sind zerbrochen. Ein aufgeschlagenes Buch steht für die Verfassung: Die südwestdeutschen Verfassungsstaaten bieten Germania, aus deren Mantel die Wappen einzelner Teilstaaten herausgerissen sind, Zuflucht. Das Blatt entstand vermutlich schon Anfang März 1848, im Anschluß an die Heidelberger Versammlung, als sich die Verfassungsstaaten des deutschen Südwestens entschieden auf die Seite der liberal-konstitutionellen Bewegung stellten und sogar ein südwestdeutscher Separatbund möglich erschien. *R.S.*

Lit.: Bamberg 1911, Bd. II, 295; Frankfurt 1978, S. 132.

164

Als Beweis der Dankbarkeit...
Adam Ernst Schalck (Frankfurt 1827–1865 Frankfurt)
1848
Verlag von Reinhold Baist in Rödelheim
Lithographie; H. 26,3, Br. 33,2 cm
Nürnberg,Germanisches Nationalmuseum; Inv.Nr. HB 15634, Kapsel 1318

»Als Beweis der Dankbarkeit überreichen die Frankfurter Jungfrauen eine von ihnen verfertigte Germania einem hohen Paare um sie von denselben mit Füßen treten zu lassen.« Bei seiner Ankunft in Frankfurt am 3. August 1848 überreichten Frankfurter Bürgertöchter dem Reichsverweser einen Teppich mit dem eingewebten Bild der Germania. Dies wurde von mehreren Karikaturisten zum Anlaß genommen, um gegen die Gutgläubigkeit des Bürgertums und die Rolle des Reichsverwesers zu polemisieren. Einem österreichischen Prinzen wurde von der Linken nicht zugetraut, die Sache der deutschen Einheit ernsthaft

Als Beweis der Dankbarkeit überreichen die Frankfurter Jungfrauen eine von ihnen verfertigte Germania einem hohen Paare um sie von denselben mit Füßen treten zu lassen. —

164

zu betreiben. Der Zeichner Ernst Schalck sympathisierte mit der demokratischen Linken. Er hatte mit seiner Karikatur auf den Germania-Teppich sicher auch die Paulskirchen-Germania im Auge. *R.S.*

Lit.: Frankfurt 1978, S. 131; Ludwigshafen 1988, Nr. 38; Coupe 1993, Bd. I, Nr. 401; Reiter 1994, Nr. 481.

165

Bassermann reicht beim Reichsverweser seine Entlassung ein
Leo von Elliot (London 1816 – 1890 Brüssel)
1848

Verlag von Reinhold Baist in Rödelheim
Lithographie; H. 22,7, Br. 27,3 cm
Aus der Folge: Bilder aus dem Leben eines berühmten Staatsmannes
(Taf. 6)
Nürnberg, Germanisches Nationalmuseum; Inv.Nr. HB 14083, Kapsel 1316

Um Friedrich Wilhelm IV. von seiner restaurativen, gegen das Verfassungswerk der Paulskirche gerichteten Politik abzubringen, entsandte die Nationalversammlung im November 1848 den Abgeordneten Friedrich Daniel Bassermann, Unterstaatssekretär im Innenministerium, nach Berlin. Nach

Nachdem der Unterstaatssecretair Bassermann, von seiner Mission zurückgekehrt, diejenige Anerkennung nicht fand, auf die er zu gerechten Anspruch zu machen hatte, bietet er dem Reichsverweser seine Entlassung an. Dieser verzichtet sie jedoch aufs verbindlichste sie anzunehmen zu können, weil Männer wie er im Ministerium durchaus nothwendig sind um Deutschland mit der wahren Freiheit zu beglücken.

165

Der Kaiserschnitt.

N° XXI.

Doctor: Hier mein lieber guter Michel, bringe ich dir wieder ein Söhnchen.
Michel: Ich muß Ihnen offen gestehn Herr Doctor, daß es mir diesmal weit lieber wäre, wenn mich meine Germania mit einem Mädel beschenkt hätte, die ich nicht anders als Republik hätte taufen lassen, denn beide Jungen habe ich schon genug gehabt u. bin sie endlich müde.
Schnapphahnski: Ruhig Michel! wer der, wo eben, um deine Frau beschäftigt ist das Wort Republik hört, fällt er am Ende selbst in Ohnmacht.
Doctor: Wenn du nicht still bist Michel so ist Alles verloren, denn deine Frau u. Kind sind noch sehr schwach, u. nur durch Ruhe können wir sie am Leben erhalten.

166

DIE DEUTSCHE REICHSVERFASSUNG.

Lith. Just. von Arnz & C.º in Düsseldorf

Herren, meine Herren, herrrrr—ein! Es ist noch Zeit, Sie kennen die grausige Geschichte vom Bürgermeister Tschech und von dem Republikaner Hecker, auch, aber Sie haben noch nicht gesehen die gräßliche Bösewichterin **Germania**, welche ertappt worden ist als sie alte Fürsten, Könige und Kaiser vermindern wollte. Dieselbe ist an der französischen Grenze eingefangen worden und haben St. Majestät der Kaiser von Russland die Gefälligkeit gehabt, mir dieselbe zu überlassen! Herrein, meine Herren, herrrr—ein!. Es ist die größte Merkwürdigkeit, die blutgierige Person zu sehen, wie sie jetzt von ihren Gewissensbissen gequält wird und dabei ein sanftes und betrübtes Gesicht macht.—In einem besondern Cabinet wird auch die deutsche Reichsverfassung gezeigt, welche ein falscher Paß war, womit sie durchbrennen wollte, aus besondern Gründen wird jedoch nur Erwachsenen über 60 Jahre der Eintritt gewährt. Nur herrein, gleich wird die Bösewichterin mit blutigen Knochen gefüttert. Allons.

168

---

seiner erfolglosen Mission, die ihm den Spott des Parlaments einbrachte, reichte Bassermann beim Reichsverweser seine Demission ein. Der Karikaturist Leo von Elliot zeichnet die unterwürfige Verneigung des Abgeordneten vor Erzherzog Johann als Gleichnis für die devote Haltung der Nationalversammlung gegenüber den Fürsten. Die steife, höfische Zeremonie spielt sich auf dem Germania-Teppich ab, den patriotische Frankfurter Bürgerinnen dem Reichsverweser geschenkt hatten (Kat. 164): Der Gedanke der deutschen Einheit wird von den wiedererstarkenden Kräften der Reaktion mit Füßen getreten. Die Volksvetreter machen sich durch ihre Unterwürfigkeit mitschuldig. *R.S.*

Lit.: Reiter 1994, Nr. 594.

166
Der Kaiserschnitt
Fritz Hickmann (Schlitz 1820 – 1900 Schlitz)
1848
Verlag von S. Stern in Offenbach
Lithographie; H. 26,5, Br. 33,5 cm
Nürnberg, Germanisches Nationalmuseum; Inv.Nr.HB 15782, Kapsel 1318a

Als »kühnen Griff« bezeichnete der Parlamentspräsident Heinrich von Gagern die Wahl des österreichischen Erzherzogs Johann zum Reichsverweser, mit der die Nationalversammlung die provisorische Zentralgewalt des zukünftigen deutschen Staates schuf. Als schwere Geburt stellt der Karikaturist diesen souveränen Akt des Parlaments dar: Geburtshelfer Gagern präsentiert dem in spanischer Hoftracht geckenhaft aufgeputzten Fürsten Lichnowsky, dem Exponenten der Konservativen, einen greisen Säugling mit Heiligenschein. Michel greift sich an den Kopf und Hecker stößt Drohungen aus. Sie hatten sich von diesem »Kaiserschnitt« keinen Prinzen, sondern »ein Mädel« erwartet – die Republik. Mutter Germania ist ohnmächtig in ihren Sessel gesunken und wird von einem preußischen Militär mit dem Riechfläschchen wiederbelebt. Die historisch-theatralische Szene kommentiert die mit großer Mehrheit getroffene Entscheidung aus demokratischer Sicht – als »Mißgriff« und Geschenk an die Konservativen. Die Darstellung der einzelnen Pathosfiguren verrät genaue Kenntnis historischer Bildmuster. So erinnert Lichnowski an die un-deutschen »al modo« Gecken aus der Zeit des 30jährigen Krieges und Germania ist in die Leidensrolle zurückgefallen, die sie vor 1848 innehatte. *R.S.*

Lit.: Ludwigshafen 1988, Nr. 37; Coupe 1993, Bd. I, Nr. 397; Reiter 1994, Nr. 480.

167
Wat heulst'n, kleener Hampelmann?
Ferdinand Schröder (Zeulenroda
1818 – 1859 Zeulenroda)
April 1849
Lithographie; H. 32,8, Br. 24,4 cm
Aus: Düsseldorfer Monatshefte, Bd. II
Nürnberg, Germanisches National-
museum; Inv.Nr. HB 31239, Kapsel
1316a

170

Parlamentspräsident von Gagern steht als heulender Gassenjunge vor Borussia, einer Matrone mit Pickelhaube. Deren verwöhntes Söhnchen, Friedrich Wilhelm, mag die holzgeschnitzte Kaiserkrone nicht, die ihm das Parlament angeboten hat. Die arg beschädigte, nun kopflose Marmorstatue der Germania im Hintergrund wird nicht mehr beachtet. Friedrich Wilhelms Ablehnung der deutschen Kaiserkrone, der Verfassung und der kleindeutschen Einigung unter preußischer Führung war eine der letzten schweren Demütigungen des deutschen Parlaments. Sie bedeutete das Ende für das Frankfurter Einheitswerk. *R.S.*

Lit.: Reiter 1994, Nr. 699.

168
Herrein, meine Herren...
Henry Ritter (Montreal 1816 –
1853 Düsseldorf)
1849
Lithographie; H. 30, Br. 23 cm
Aus: Düsseldorfer Monatshefte, Bd. II
Nürnberg, Germanisches National-
museum; Inv.Nr. HB 31166, Kapsel
1316a

Die »Düsseldorfer Monatshefte« kommentierten das Scheitern der deutschen Einigung mit einer Reihe bitterer Karikaturen. Mit der Figur eines geschäftstüchtigen Marktschreiers, der auf dem Jahrmarkt einem sensationslüsternen Publikum die aufs Neue gefesselte Germania als blutrünstige Verbrecherin vorführt, geißelt Henry Ritter das liberale Wirtschaftsbürgertum, das sich von der Revolution und der Verfassung distanziert, um sich – auf Kosten von Einheit und Freiheit – zu bereichern. Die Gestalt des Schaustellers und profitgierigen Büttels der Reaktion scheint direkt auf Daumiers »Robert Macaire« zurückzugehen (D. 436). *R.S.*

Lit.: Riha/Rudolph 1979, Abb. nach S. 448; Reiter 1994, Nr. 706.

169 (Farbtafel S. 113)
Da waren Sie, gemacht haben Sie nichts!
Monogrammist VK
1849
Lithographie, koloriert; H. 34,8,
Br. 24,0 cm
Hamburg, Museum für Kunst und Gewerbe; Inv.Nr. EG 1994. 01, 026

Nach dem Beschluß der Nationalversammlung vom 31. Mai 1849, ihren Sitz nach Stuttgart zu verlegen, ist die Germania aus dem Transparent von der Orgelempore herabgestiegen in den verlassenen, noch immer mit schwarz-rot-goldenen Fahnen geschmückten Sitzungssaal der Paulskirche und zieht eine enttäuschende Bilanz: Sie schaut neugierig in einen Nachtstuhl und muß verärgert feststellen: »Da waren sie, gemacht haben sie nichts!« Die freche Konfrontation der hehren Idealfigur mit dem allzumenschlich anrüchigen Gerät bringt die allgemeine Ernüchterung nach dem Scheitern des Einheitswerks zum Ausdruck. Der Grund für Germanias Verärgerung wird auf ihrem Wappenschild noch einmal verdeutlicht. Dort erscheint auf rotem Grund der Doppeladler mit einem Szepter und einem Reichsapfel in seinen Fängen. Das heraldisch unmögliche Mischwesen aus dem Wappentier des Reiches und den Attributen des Preußenadlers verweist noch einmal auf das mißlungene Vorhaben, dem preußischen König die deutsche Kaiserkrone anzutragen. Einmal mehr wird dem unproduktiven Parlament die Schuld an die-

255

171

sem Mißerfolg zugewiesen. Es handelt sich um eine der wenigen Karikaturen, in denen die Germania der Paulskirche selbst als Hauptperson in Erscheinung tritt. *R.S.*

Lit.: Hamburg 1995, Nr. 56.

170
Hermann befreit Germania
Karl Russ
(Wien 1779 – 1843 Wien)
um 1815
Radierung; H. 15,6, Br. 16,7 cm
Nürnberg, Germanisches National-
museum; Inv.Nr. HB 50213,
Kapsel 1315

Der Cheruskerfürst Arminius, der im Jahre 9 n. Chr. die Römer unter ihrem Oberbefehlhaber Quinctilius Varus im »saltus teutoburgiensis« vernichtend geschlagen hatte, war schon von Tacitus als »Befreier Germaniens« gewürdigt worden. Bereits im reformato-

rischen Kampf gegen die Fremdbestimmung durch die römische Kirche berief man sich auf den mythischen Befreier der Deutschen. Doch vor allem in den Befreiungskriegen gegen Napoleon erinnerte man sich in Kunst und Literatur dieser nationalen Symbolfigur. Der Wiener Karl Russ, seit 1810 Kammermaler Erzherzog Johanns von Österreich, setzt die Leipziger Völkerschlacht von 1813 in Analogie zur Varusschlacht und stellt Hermann als germanischen Muskelkoloß im Bärenfell dar, der die römischen, d.h. napoleonischen, Feldzeichen zertritt. Mit bloßen Händen sprengt er die Ketten der gefangenen Germania, die nach dem Vorbild römischer Münzbilder der »Germania capta« am Boden kauert. Hermann und Germania verkörpern nach dem Sieg über Napoleon die wiedererwachte Hoffnung auf Einigkeit und nationale Einheit. Von Ernst Moritz Arndt stammt die erste Idee zu einem Hermannsdenkmal, wie es später von Ernst von Bandel im Teutoburger Wald geplant und realisiert wurde. In Einnerung an die Befreiungskriege konnte sich ein breites politisches Spektrum der vormärzlichen Nationalbewegung mit der Symbolfigur Hermanns identifizieren. *R.S.*

Lit.: Nürnberg 1989, Nr. 601; Berlin 1996, Nr. U/5.

171
Statuette des Hermannsdenkmales
nach Ernst von Bandel (Ansbach 1800 – 1876 Neudegg)
1880
Kupfer, getrieben; H. 86,
Dm. Sockel 29 cm
Detmold, Lippisches Landesmuseum;
Inv.Nr. 1109/96

Erste Ideen und Entwürfe Ernst von Bandels für das zwischen 1841 und 1875 errichtete Hermannsdenkmal auf der Gotenburg bei Detmold entstanden 1819/20 noch unter dem Eindruck der nationalen Erregung der Befreiungskriege. 1838 konnte mit den Bauarbeiten begonnen werden, die bis 1846, dem Jahr der Fertigstellung der Kuppel auf dem Sockelbau, zügig voranschritten. Nach dem

gescheiterten Versuch der Frankfurter Nationalversammlung, die deutschen Partikularstaaten zu einigen, ruhte der Bau. Erst nach der Reichsgründung 1871 konnte er aufgrund finanzieller Zuwendungen des Kaisers und des Reichstages fortgeführt werden. 1875 wurde das Monument eingeweiht. Seit den Befreiungskriegen war die Erinnerung an die Hermannsschlacht massiv in den Dienst der nationalen Sache gestellt worden.

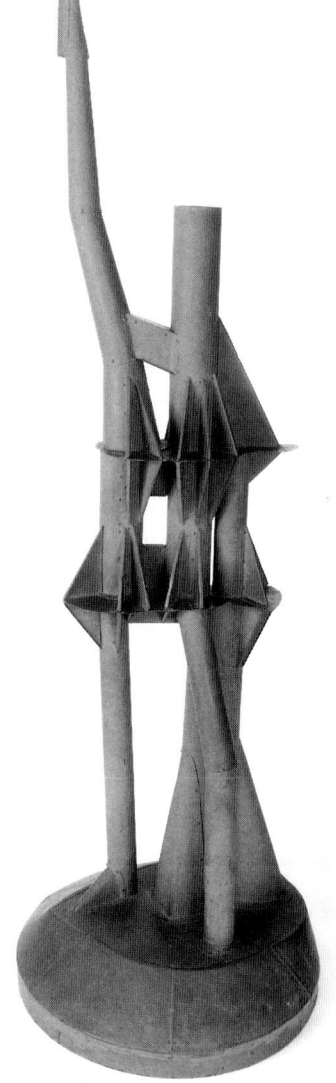

172

173

Der Rückverweis auf den Sieg des Arminius (Hermann) sollte die patriotisch-nationale Gesinnung fördern, und die Geschichte der »Hermannsschlacht« avancierte zum zentralen Einheitsmythos. Obwohl vereinzelte Stimmen – wie der Republikaner Ferdinand Maßmann – im Denkmal ein Mahnmal auf die friedlich vereinte Menschheit erblicken wollten oder – wie der Darmstädter Verein für ein Hermannsdenkmal – in der Schwerterhebung des gerüsteten Ahnen eine »gegen Frankreich gerichtete Drohgebärde« sahen, galt das Monument mit der nationalen Leitfigur im wesentlichen aber als Mal für die deutsche Einheit. Auch Ernst von Bandel hatte das im Entstehen begriffene Bauwerk in den 1840er Jahren in dieser Weise bezeichnet. Nach der Reichsgründung stand es für die Einigung der deutschen »Stämme« im Kampf gegen Frankreich. Die Statuette, eine Denkmalsreduktion macht Hermann zur ganz privaten Identifikationsfigur. Solche Zimmermonumente galten offenbar als Ausweise patriotischer Gesinnung, als bildhafte Garanten dieser inneren Haltung. Ihre Funktion als Schmuck bürgerlicher Wohn- und Arbeitsräume belegt ein biedermeierliches Zimmerbild (GNM, Inv.Nr. Hz 4245, Kapsel 1551b) aus den vierziger Jahren des 19. Jahrhunderts: Neben der Reduktion des Gutenbergstandbildes von Thorvaldsen (vgl.

Kat. 179) ist dort auch ein Modell des damals noch nicht ausgeführten Hermannsstandbildes auf einem Konsoltisch postiert. *F.K.*

172
Modell der Innenkonstruktion des Hermannsdenkmales
Ernst von Bandel (Ansbach 1800 – 1876 Neudegg)
1863
Eisen; H. 198,5,
Dm. Sockel 65,0 cm
Detmold, Lippisches Landesmuseum; Inv.Nr. 1671/97

Für die 26 Meter hohe Hermanns-Figur, die aus geformten Kupferplatten besteht, bedurfte es einer inneren Stützkonstruktion. Bereits 1860 hatte Ernst von Bandel das Modell für das Standbild vollendet und auch Überlegungen zu einem stützenden Zylinder-Eisengerüst für den Hohlraum angestellt. Die Konstruktion beschrieb er ausführlich in seiner 1861 in Hannover erschienen Schrift »Arminsäule« und reagierte damit auch auf die Zweifel sowohl an der Sicherheit dieses Gerüstes als auch hinsichtlich dessen Kosten, die zu Differenzen zwischen dem Künstler und dem Detmolder Hermanns-Denkmalsverein geführt hatten. Mitte November 1863 vollendete von Bandel das Modell der Innenkonstruktion aus eisernen Röhren und ließ daraufhin von zwei Schlos-

sern eine Kopie davon herstellen, die dazu bestimmt war, in Detmold vom Denkmalsverein geprüft zu werden. Ob es sich bei dem im Lippischen Landesmuseum bewahrten Stück um das Originalmodell des Bildhauers handelt oder um jenes Begutachtungsmodell, ist nicht gewiß. In der konstruktiven Form ist die Siegespose Hermanns zu einer abstrakten Pathosformel geronnen, die für die verschiedensten politischen Inhalte verfügbar war. *F.K.*

Lit.: Hellfaier 1975, S. 10f., 53, 64ff.; Bonn 1989, Nr. 12/8.

173
Die Arbeiten am Hermannsdenkmal
Anonym, um 1860
Federlithographie; H. 8,4,
Br. 10,8 cm
Detmold, Lippisches Landesmuseum; Inv.Nr. 582/97

Vermutlich als Illustration zu einer Veröffentlichung über den Fortgang der Arbeiten am Hermannsdenkmal entstanden, gibt die Lithographie Einblick in die Bildhauerwerkstatt. Ausgehend von einem überlebensgroßen Gipsmodell, treiben Handwerker die riesigen Kupferplatten, die dann auf eine eiserne Innenkonstruktion (vgl. Kat. 172) montiert werden. In der engen, dreischiffigen Holzkonstruktion des Werkstattgebäudes treten die Proportionsunterschiede zwischen dem

174

kolossalen Kopf und den Gliedmaßen
der Hermannsstatue, dem Modell und
den winzigen Gestalten der Arbeiter
erschreckend hervor. Das surreale
Nebeneinander verschiedener Maßstäbe und Realitätsebenen macht die
Megalomanie des Denkmalsprojektes
anschaulich. Da die Arbeiten am
Denkmal in den Jahren nach 1848
stagnierten, dürfte die Darstellung um
1860 entstanden sein, zu einer Zeit
als die deutsche Nationalbewegung
und das Denkmalsprojekt neue Impulse erhielten. *R.S.*

174
*Spottblatt auf die Errichtung des Her-
mannsdenkmals*
Monogrammist E S
1839
Federlithographie; H. 28,1,
Br. 42,2 cm

Nürnberg, Germanisches Nationalmuseum; Inv.Nr. HB 19827, Kapsel
1217

Mit Spendenaufrufen an das deutsche
Volk und mit der Gründung örtlicher
Denkmalsvereine wollte Ernst von
Bandel seine Denkmalsidee zur »Nationalsache machen«: Das Denkmal
für den Befreier Deutschlands sollte
»für das gesamte deutsche Volk und
von demselben errichtet werden«.
Eine Tafel auf dem Grundstein war
beschriftet: »Hermann dem Befreier
Deutschlands gründen dies Denkmal
Deutschlands Fürsten und Volksstäm-
me in Eintracht verbunden…«
Wohl kurz nach der Grundsteinlegung
entstanden, nimmt das Spottblatt die Vollendung des Denkmals
vorweg und karikiert die seltsame
Festgesellschaft, die dem Schauspiel
beiwohnt: Neugierige Bürger und
Journalisten, enthusiastische Studenten

im deutschen Rock, großspurige Ad-
lige, geschäftige Handwerker, arg-
wöhnische Demokraten und devote
Beamte, verstärkt durch reichlich Militär, umringen den Denkmalssockel,
auf dem sich der Schöpfer eitel in
Szene setzt. Die Aufrichtung des Na-
tionaldenkmals gibt Anlaß zur Frage
nach dem Zustand der deutschen Nation. Das »gesamte deutsche Volk«
stellt sich zu diesem Zeitpunkt als eine
abenteuerliche, unvereinbare Mischung heterogener Interessen und
Haltungen dar. Auch der National-
held Hermann vermag sie nicht zu
einen. *R.S.*

175
*Hermann der Cherusker Fürst – Stand-
bild zu dem Denkmale im Teutoburger
Walde*
Ernst von Bandel (Ansbach 1800 –
1876 Neudegg)
1838

Federlithographie; H. 50, Br. 35 cm
Hamburg, Museum für Kunst und Gewerbe; Inv. Nr. H 3432

Die Umrißlithographie zeigt Bandels endgültigen Entwurf der kolossalen Hermannsstatue. Gestützt auf seinen Schild zertritt der Cherusker die römischen Feldzeichen und hebt in Siegerpose sein Schwert. Der Figurentypus ist freilich abgeleitet von dem römischer Feldherren und Legionäre und durch Attribute wie den Eichenkranz, den Flügelhelm und das Bärenfell lediglich ›germanisiert‹. Die Bemerkung »Der Ertrag hierfür ist zum Denkmal bestimmt« verweist auf die Funktion des Blattes und auf Bandels Bemühungen, das Denkmal »für das gesamte deutsche Volk und von demselben« errichten zu lassen. Denkmalsvereine und Subskriptionen sollten die Finanzierung sicherstellen und das Unternehmen zur »Nationalsache« machen. Selbstironisch spottete Heinrich Heine 1844 über den nationalen Denkmalskult: »O Hermann, dir

verdanken wir das! / Drum wird dir, wie sich gebühret, zu Detmold ein Monument gesetzt; / Hab selber subskribieret.« (Deutschland – Ein Wintermärchen, Caput XI) *R.S.*

176
Armin-Säule im Teutoburger Walde
Julius Giere (tätig Hannover 1840 – 1848) nach Ernst von Bandel
um 1840
Kreidelithographie; H. 41,2, Br. 30,0 cm
Hamburg, Museum für Kunst und Gewerbe; Inv. Nr. H 3417

Vermutlich kurz nach dem Baubeginn 1838 entstanden, zeigt das Blatt das Hermannsdenkmal im vollendeten Zustand und macht Ernst von Bandels Denkmalsidee anschaulich. Die Kolossalstatue Hermanns, des ›Befreiers‹, steht mit erhobenem Schwert auf einem gotischen, d.h. deutschen, Unterbau – fernab von der Stadt, hoch über dem Teutoburger Wald, umstrahlt von der Gloriole der durch

dunkle Wolken brechenden Sonne. Die Wanderer, die heraufgepilgert sind, fühlen sich klein vor dem Repräsentanten der deutschen Nationalität. Thomas Nipperdey hat auf die archaischen Elemente des Denkmals hingewiesen, die aus der nationalen Begeisterung der Befreiungskriege herrühren: »Die Wahl des Ortes ist nicht nur historisch bedingt, bei Bandel kann man deutlich eine antiurbane Stimmung, eine Mythisierung des Waldes als der eigentlich deutschen Seelenlandschaft und die romantische Neigung zum Bergheiligtum bemerken.« *R.S.*

Lit.: Nipperdey 1968, S. 570.

177
Einigkeit macht stark. Ein Bockblatt für das Jahr 1848
Lithographie von Hohfelder; Verlag von Comp. J. B. WLs
Kreidelithographie; H. 49,4, Br. 38,2 cm

175

176

177

Ludwigs I. und einen neuen Hermann in Gestalt des Thronfolgers Maximilian. Mit seiner Bierlaune und den unausgegorenen politischen Forderungen veranschaulicht das Blatt das diffuse Nationalbewußtsein, das sich an der mythischen Gestalt Hermanns des Cheruskers orientierte. *R.S.*

Lit.: Bamberg 1911, Bd. II, S. 1288, Nr. C.I. 14

178
Beginnendes Erwachen
Hermann Dyck (Würzburg 1812 – 1874 München)
Holzstich, Typendruck; H. 28, Br. 44 cm
Aus: Fliegende Blätter, Bd. 6, Nr. 136, 1848
Nürnberg, Germanisches Nationalmuseum; Inv.Nr. HB 31162, Kapsel 1318a

Am 8. Februar 1848 – noch vor der Pariser Februarrevolution – datierte der Zeichner Hermann Dyck seinen Holzstich, der im März in den »Fliegenden Blättern« erschien. Ein Germane im Typus Hermanns des Cheruskers, des Repräsentanten deutscher Nationalität, schläft in Ketten auf seinem Bärenfell. Wie der »deutsche Michel« trägt er ein Gewand aus den Wappen der deutschen Einzelstaaten und hat sein Haupt auf gelehrte Bücher gebettet. Vom Alptraum des Despotismus gepeinigt, träumt er von seinem Schwert und dem gewaltsamen Aufstand, der ein frei gewähltes deutsches Parlament hervorbringen soll. Seine Vision verscheucht ein altes Weib, die Personifikation des Deutschen Bundes, das mit den Symbolen der Reaktion und den repressiven Bundesbeschlüssen die Flucht ergreift. »Beginnendes Erwachen« ist die Illustration überschrieben. Zur Beschreibung der politischen Situation im Frühjahr 1848, bedient sie sich – einmal mehr – der Metapher des Erwachens, des Übergangs von passivem Erdulden zum aktiven Kampf. *R.S.*

Bamberg, Staatsbibliothek; Inv.Nr. M. v. O., C.I. 14

Am 6. März 1848 – während der Starkbierzeit – kam es in München zu spontanen Demonstrationen und Straßenkämpfen, die König Ludwig I. zu Reformversprechen nötigten. Unter dem Motto »Einigkeit macht stark« beruft sich das »Bockblatt« auf Hermann, den Befreier Deutschlands, der nach dem Muster des Bandelschen Denkmals mit erhobenem Schwert unter einer deutschen Eiche steht. Freiheitliche bayerische Stammtischpolitiker entsinnen sich ihrer germanischen Vorfahren. Das Münchener Kindl vereint sich mit dem Doppeladler des Deutschen Bundes. In holprigen Versen wünscht man sich die Abdankung

178

179

Johann Gutenberg
nach Berthel Thorvaldsen (Kopenhagen 1770 – 1844 Kopenhagen)
nach 1837
Bronze; H. 24 cm
Mainz, Gutenberg-Museum; Inv.Nr. GA 674

Für das Jahr 1836 plante die Mainzer Bürgerschaft ein Säkularfest zu Ehren des großen Sohnes der Stadt, Johann Gutenberg, des Erfinders des Buchdrucks mit beweglichen Lettern, der von Liberalen und Demokraten im Vormärz als Vorkämpfer der freien Presse gefeiert wurde. 1436 hatte er in Straßburg begonnen, mit beliebig zusammensetzbaren Typenstempeln zu experimentieren. Die Mainzer Gutenbergfeier sollte mit der Einweihung eines repräsentativen Denkmals gekrönt werden, da den tonangebenden Bürgern das 1827 vom einheimischen Bildhauer Johann Baptist Scholl d. Ä. geschaffene Standbild nicht mehr angemessen erschien. Eine Denkmalskommission der Stadt entschied sich nach einer Auslobung für den Entwurf Thorvaldsens. Über das 1833 eingetroffene Modell äußerte sie sich be-

180

179

geistert, da der Charakter des Erfinders mit der ruhigen Haltung, dem ernsten Gesichtsausdruck und der Ausstrahlung »deutscher Gutmüthigkeit« bestens getroffen worden sei. Das im Juli 1837 feierlich enthüllte Werk zeigt Gutenberg in altdeutscher Tracht, die Bibel – ein Haupterzeugnis der Gutenberg-Fustschen Gemeinschaftsdruckerei – im Arm und Lettern in der rechten Hand, auf einem hohen, mit Bildreliefs geschmückten Postamente stehend. Die kleine Bronzeskulptur wird unmittelbar nach der Einweihung des Standbildes geschaffen worden sein. Modelleur und Gießer blieben anonym. Mit solchen Denkmalsreduktionen geht zwar ein äußerlicher Monumentalitätsverlust einher, als geistige Identifiakationsfiguren gelangten die Nationalhelden auf diese Weise aber in die Wohnräume des Adels und des Bürgertums, wo sie auf Schreibtischen, Schränken und Konsoltischen Aufstellung fanden. Ein anonymes, um 1840 entstandenes Zimmerbild

Besitz des Germanischen Nationalmuseums (Hz 4248, Kapsel 712a) veranschaulicht es: Die aquarellierte Federzeichnung zeigt eine Gutenberg-Statuette nebst einer Reduktion des Detmolder Hermannsdenkmales als Schmuck eines großzügig gestalteten Wohn- und Arbeitsraumes. *F.K.*

180

Erinnerung an die vierte Säcularfeier der Erfindung der Buchdruckerkunst am Johannis-Tag 1840 zu Frankfurt a. M., 1840
Wilhelm Hilliger (tätig um 1840)
Radierung, Aquatinta; H. 50,1, Br. 43,3 cm
Nürnberg, Germanisches Nationalmuseum; Inv.Nr. HB 18890, Kapsel 1302

Das Erinnerungsblatt an die am 24. Juni 1840 in Frankfurt am Main abgehaltene Gutenbergfeier weist in seinem Bildteil die Form einer Fahne auf. Das Mittelfeld zeigt den Augen-

181

182

blick nach der Enthüllung des von Eduard von der Launitz konzipierten und errichteten Gutenbergdenkmals auf dem überfüllten Roßmarkt. Unübersehbar präsent ist das strammstehende Militär am rechten Bildrand. Das Bild wird umrahmt von zahlreichen Fahnen der Zünfte und der beteiligten Vereine, die eigens für den Festzug erstellt worden waren. Die obere Zierleiste zeigt Porträts von Fust, Gutenberg und Schöffer, an den Seiten und im unteren Teil sind zahlreiche Zunftgeräte erkennbar. Dort befinden sich auch Darstellungen der Stadtbibliothek, der Stadt Frankfurt sowie einer Halle, in der eine Ausstellung zur Geschichte des Buchdrucks präsentiert worden war. Der durch das aufwendige Schmuckblatt suggerierte glanzvolle Eindruck des Festes täuscht; denn aus der Sicht der Bürgerlichen war die Gutenbergfeier ein Mißerfolg. Die Absicht, mit dem Fest die Ideen von Einheit, Recht und Frei-

heit zu verbreiten, konnte nicht umgesetzt werden. Allzusehr hatte die Festordnungskommission im Verlaufe der Vorbereitungen durch zahlreiche Einschränkungen das ursprüngliche liberale Programm abgeändert. Stärkster Ausdruck der staatlichen Gängelung war das auch auf dem Blatt dargestellte Militär, das nicht nur an der Spitze und am Ende, sondern auch zu beiden Seiten des Zuges mitmarschierte. *D.K.*

Lit.: Frankfurt 1978, S. 135ff.; Steen in Düding 1988, S. 147ff.

181
Festlied zur vierten Säcularfeier
der Erfindung der Buchdruckerkunst
Johann Gutenbergs 1840
S. Schmidt (Lebensdaten unbekannt)
Holzstich, grün-blau-ockerfarbener Prägedruck; H. 33,0, Br. 24,9 cm
Hamburg, Museum für Kunst und Gewerbe; Inv.Nr. H 3408

Ein authentisches Gutenberg-Bildnis existiert nicht. Unsere heutige Vorstellung vom Aussehen des Erfinders beruht auf späteren ›Erfindungen‹. Weite Verbreitung fand vor allem der 1584 publizierte Kupferstich des Franzosen André Thevet. Auf ihn griff auch S. Schmidt bei seinem Entwurf für das Titelblatt eines Festliedes zur Säkularfeier 1840 zurück. Die auf dem Porträt erkennbaren Attribute, der Vollbart und die pelzbesetzte Kappe, sind vornehmlich in der Spätrenaissance für den Patrizier, aber auch für den Handwerker typisch gewesen. Für das 15. Jahrhundert sind sie nicht eindeutig nachweisbar. So wird man sich Gutenberg wohl eher bartlos vorstellen müssen, wie es der Mode der Zeit entsprach. Die sorgfältige Gestaltung des farbigen Prägedrucks belegt die hohe Wertschätzung, die der Auftraggeber dem Ereignis der Säkularfeier beimaß. Die Aufschrift »Festlied« legt nahe, daß das Blatt ehemals als Titel eines umfangreicheren Komplexes gedient hat. Bislang konnte jedoch der ursprüngliche Kontext dieses Fragments nicht geklärt werden. *D.K.*

182
Fest-Tableau zu der Vierten Säcular-Feier der Erfindung der Buchdruckerkunst
Lithograph und Drucker Bernhard Dondorf (Frankfurt 1809 –
1902 Frankfurt)
1840
Kreidelithographie, aufgewalztes China; H. 40,1, Br. 25,1 cm
Hamburg, Museum für Kunst und Gewerbe; Inv.Nr. H 3446

Anläßlich der »Vierten Säcular-Feier« der Erfindung der Buchdruckerkunst entwarf Bernhard Dondorf ein »Fest-Tableau«, das in vielfältiger Weise auf die Fortschrittsleistung Gutenbergs verweist. Bis zu Gutenbergs Auftreten war die Buchherstellung ein mühevoller und kostenintensiver Arbeitsprozeß. Dies zeigt am unteren Bildrand ein alter Schreiber, der in akribischer Handarbeit einen riesigen Folianten bearbeitet. Oberhalb davon erhält der Betrachter Einblick in die Arbeitsprozesse der modernen, von Gutenberg initiierten Drucktechnik: So sieht man Gießer, Setzer und Drucker bei der Arbeit. Als Analogie zu dem Fortschritt in der Buchdruckerkunst weisen im Hintergrund Dampfmaschine und Dampfschiff auf weitere technische Neuerungen hin.
In der oberen Bildhälfte öffnen sich kosmische Sphären, in denen zwei Genien die Leistungen Gutenbergs preisen. Einer schüttet ein Füllhorn über die Erdkugel und weist auf Mainz als Ursprungsort der Erfindung. Um diese Himmelszone ist ein Kreis angeordnet, in dem achtzehn Symbole für die kulturellen Errungenschaften und Wohltaten stehen, die durch Gutenbergs Erfindung möglich wurden: Im Scheitelpunkt ist die gedruckte Bibel hervorgehoben. Daneben spiegeln die Symbole für Musik, Literatur, Malerei, Bildhauerei, Astronomie, Heilkunde, Gerechtigkeit usw. die Leistungen der menschlichen Zivilisation.

183

Den seitlichen oberen Abschluß des Blattes bilden zwei von Lorbeerkränzen umwundene Bildnisse Gutenbergs und seines wichtigsten Mitarbeiters Peter Schöffer. *D.K.*

183
Gedenkblatt zum vierhundertjährigen Jubiläum der Erfindung der Buchdruckerkunst, 1840
Friedrich Ludwig Unzelmann (Berlin 1797 – 1854 Wien) nach Adolph Menzel (Breslau 1815 – 1905 Berlin)
Druck von A. W. Schade in Berlin, durch Schwieger
Holzstich; H. 25,3, Br. 29,0 cm
Nürnberg, Germanisches Nationalmuseum; Inv.Nr. H 846, Kapsel 1461

Ende 1839 begann Adolph Menzel mit Vorzeichnungen für ein Gedenkblatt, mit dem 1840 das 400jährige Jubiläum der Erfindung der Buchdruckerkunst gewürdigt werden sollte. Er wählte eine dramatische Episode: Johann Fust, der Geldgeber Gutenbergs, ist in die Mainzer Werkstatt des Erfinders getreten. Gemeinsam mit einem Gehilfen nimmt dieser einen fertigen Druckbogen und zeigt

ihn dem freudig überraschten Fust. Mit Stolz verweist Gutenberg auf die bleiernen Lettern, die Kernidee seiner Erfindung. Unterhalb des Bildes befinden sich die Wappen der Buchdruckerzunft und dasjenige Gutenbergs.
Menzel zeichnete die Szene bewußt in altdeutsch-historisierender Manier; fast anekdotenhaft wird der Betrachter in das Jahr 1440 versetzt. Da für Gutenberg keine authentischen Bildnisse vorlagen, griff Menzel auf einen erst 1584 entstandenen Kupferstich von André Thevet zurück, der den Erfinder mit struppigem Bart und Pelzmütze zeigt (Kat. 181). Mit kleinen Hinweisen, wie dem im Hintergrund erkennbaren Mainzer Dom, versuchte Menzel seiner Darstellung Authentizität zu verleihen. Durch die Einfügung der Jahreszahl 1440 auf dem Holzknauf neben dem linken Arm Gutenbergs folgte der Künstler dem überlieferten, doch fiktiven Datum der Erfindung. Das Gedenken an Gutenbergs Erfindung rief die Möglichkeiten der freien Meinungsäußerung und der damit verbundenen Demokratisierung der Gesellschaft in Erinnerung.

Bereits seit 1837 wurde das große Gedenkjahr durch Geldsammlungen und Vereinsgründungen, häufig in Widerspruch zur Obrigkeit, vorbereitet. Gutenberg war – wie auch Martin Luther – ein ›bürgerlicher Held‹, dessen vorbildliches Leben durch Druckgraphiken verbreitet wurde. Dabei konnte sich die nach demokratischen Freiheiten sehnende Bevölkerung ihre Kritik nur im Gewand scheinbar harmloser historischer Szenen äußern. *D.K.*

Lit.: Berlin 1984, S. 320ff.; Hamburg 1995, S. 52f.; Malke 1997, S. 40f.

184
Musterblatt »Dankbar reicht Germania des Verdienstes Krone …«, 1840
Heinrich Asmus (gest. 1849 Berlin)
Druck von Eduard Haenel in Berlin
Stich und Congrevedruck in vier Farben; H. 32,5, Br. 24,4 cm
Nürnberg, Germanisches Nationalmuseum; Inv.Nr. K 8269, Kapsel 541

Der in Braunschweig tätige Buchdrucker Johann Heinrich Meyer befaßte sich in der 1. Hälfte des 19. Jahrhunderts intensiv mit der Geschichte des Buchdrucks und den Fortschritten der Technik im frühen Industriezeitalter. Bereits 1835 hatte er in dem von ihm begründeten »Journal für Buchdruckerkunst, Schriftgießerei und die verwandten Fächer« die Frage nach der angemessenen Würdigung des für 1840 anstehenden Gutenberg-Jubiläums gestellt; denn für die demokratisch gesinnten Kräfte des Vormärz war die Erfindung des Buchdrucks eine wesentliche Voraussetzung zur Erlangung der nationalen Einheit und individuellen Freiheit. Nachdem die Mainzer bereits 1837 mit der Enthüllung eines von Thorvaldsen gestalteten Denkmals einen Markstein der Gutenberg-Verehrung gesetzt hatten (vgl. Kat. 179), scheint Meyer sein Hauptaugenmerk auf eine herausragende publizistische Würdigung des großen Erfinders gelegt zu haben. Denn 1840 gab er nach intensiven Vorarbeiten ein umfangreiches »Gutenberg-Album« heraus, das

die wohl wichtigste Veröffentlichung zum Jubiläum darstellt.

Zahlreiche Gelehrte, Dichter und Künstler waren dem Aufruf Meyers gefolgt und hatten durch ihre Beiträge die »Bausteine zu dem typographischen Monumente geliefert«. Die Prachtausgabe mit reichverziertem Ledereinband enthält Texte von fast 100 deutschen und ausländischen Schriftstellern in 20 Sprachen mit Proben von 26 Schriften, dazu eine Einleitung sowie ein Verzeichnis der Subskribenten. Eine besondere Kostbarkeit stellen mehrere Tafeln u. a. mit Darstellungen des Erfinders dar. Das hier vorliegende Gedenkblatt – ein Congreve-Druck in vier Farben – weist ein feines, von Heinrich Asmus gestaltetes Ornament auf. Im runden Mittelfeld wird in goldener Frakturschrift der Dank der Deutschen an Mainz, die Geburtsstadt Gutenbergs, zum Ausdruck gebracht. *D.K.*

Lit.: Raabe 1990, S. 211ff.

185
Aufruf: »Bürger von Mainz!«, 1848
Typendruck
Mainz, Gutenberg-Museum; Inv.Nr. 18m/536

Am zweiten Tage der von den Mainzern errungenen politischen und bürgerlichen Freiheit wurden die Bürger der Stadt zu einer Versammlung vor dem bekränzten Standbild Gutenbergs aufgerufen. Dort sollten sie mit lodernden Fackeln erscheinen, um den »unsterblichen Mainzer« zu ehren, dessen Erfindung man die Pressefreiheit verdankte. Endlich schien die »Erlösung der Welt«, für die Buchdrucker wie Johann Andreas Meyer (vgl. Kat. 1) jahrelang gekämpft hatten, erreicht zu sein. Anders als die seit 1840 zahlreich erschienenen und dabei aufwendig gestalteten Gedenkblätter zu Ehren Gutenbergs, atmet dieses Flugblatt den Geist der Tagesaktualität. Die Dringlichkeit ließ keine Zeit für eine kunstvolle Ausgestaltung des Blattes. Dabei kann die Übernahme der auch von Gutenberg verwendeten Fraktur als Referenz vor dem Meister gedeutet werden. *D.K.*

186
Martin Luther
nach Johann Gottfried Schadow
(Berlin 1764 – 1850 Berlin)
um 1824
Bronze; H. 42 cm
Berlin, SMPK, Nationalgalerie; Inv.Nr. 12/54

Seit 1804 plante die »Vaterländisch-literarische Gesellschaft der Grafschaft Mansfeld«, Martin Luther ein Denkmal zu setzen, wofür sie sich auch der Unterstützung des preußischen Königs Friedrich Wilhelm III. versichert hatte. Zum ersten Mal in Deutschland versuchte eine bürgerliche Vereinigung einen Mann des Geistes von bürgerlicher Herkunft auf einen Denkmalsockel zu heben. Zum ersten Mal war von einem »Nationaldenkmal« die Rede, das »Ausdruck des Gesamtwillens … der Nation« sein sollte. Ausdrücklich erging an ganz Deutschland und an alle Konfessionen die Aufforderung, finanzielle Beiträge zu leisten. Obwohl Schadow seit 1805 am Entwurf arbeitete, zog sich die Verwirklichung des Vorhabens – vor allem aufgrund der preußischen Niederlage gegen Napoleon – mehrere Jahre lang hin. Erst 1821 konnte die Einweihung des Standbildes auf dem Marktplatz von Wittenberg stattfinden. Schadow hatte sich an historischen Luther-Darstellungen orientiert und den Reformator im Gelehrtenrock, in breiter Schrittstellung und mit trotzigkämpferischem Gesichtsausdruck. Er erscheint als Verfechter des Gotteswortes (Sockelinschrift: Glaubet an das Evangelium St. Marc. IV. XV) und Übersetzer der Bibel, deren deutsche Ausgabe er an der Stelle zwischen Altem und Neuem Testament aufgeschlagen vor der Brust hält. Martin Luther und damit das Luthertum werden auf diese Weise als Parallele zu der das Alte auflösende und erfüllende Kraft des Neuen Testamentes definiert. Von dem Denkmal wurden bereits vor Vollendung kleinformatige Nachbildungen in Gips und Eisenguß angefertigt. Die Kleinbronze dürfte identisch sein mit der 1824 auf der Berliner Akademie-Ausstellung gezeig-

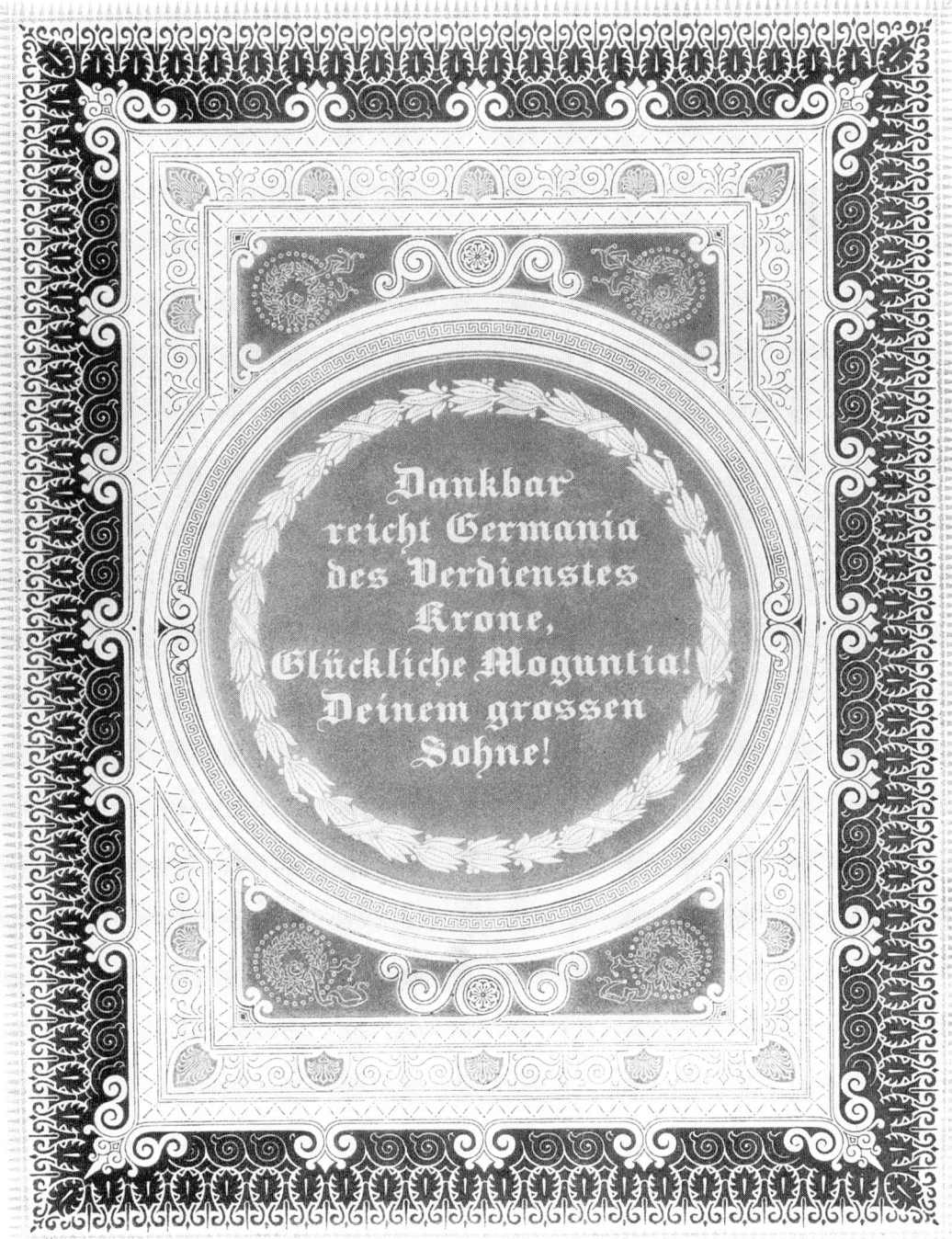

MARTIN LUTHER,

Hersteller der reinen Lehre des Evangeliums Vernichter der hierarchischen Despotie, muthiger Vertheidiger der Glaubensfreiheit & großer Reformator Der heiligen Schrift Doctor, Professor & Senior zu Wittenberg.

186   187

ten. Sie stammt von dem ansonsten unbekannten Bildhauer Lucas, einem Schüler des Pariser Ziseleurs Louis Coué, welcher die Wittenberger Bronzeplastik nachgearbeitet hatte. Als Vorlage dürfte dem jungen Künstler ein »klein Luther Figürchen« von Schadow aus dem Jahre 1819 gedient haben. *F.K.*

Lit.: Mackowsky 1951, Nr. 270; Berlin 1971, Bd. 1 – 3, Nr. 1824/383; Berlin / Bildwerke 1990, Nr. 43; Berlin / Ethos und Pathos 1990, Nr. 225.; Nipperdey 1968, S. 557.

187
Martin Luther, Hersteller der reinen Lehre des Evangeliums, Vernichter der hierarchischen Despotie, muthiger Verteidiger/der Glaubensfreiheit & großer Reformator. Der heilige Schrift Doctor, Professor & Senior zu Wittenberg./geb. zu Eißleben 1483 und daselbst gest. 1546.
Zeichner und Lithograph
Georg Michael Kirn (1810 – 1882)
Verlag von Wilhelm
Baron von Löwenstern
(nachweisbar 1826 – 1851)
um 1827
Lithographie; H. 45,1, Br. 33,8 cm
Nürnberg, Germanisches National-museum; Inv.Nr. HB 23639, Kapsel 1249a

Das ganzfigurige Lutherporträt in der Studierstube gehört zu einer Folge von Reformatorenbildnissen, die um 1827 in der Stuttgarter Lithographen-anstalt des Barons von Löwenstern angefertigt worden sind, einem Insti-tut, dessen Produkte wohl vor allem der Verherrlichung Luthers und der Reformation galten. Die Darstellung orientiert sich an einem älteren Kup-ferstich Michael Kauffers und zeigt die Gestalt des Reformators in einem Typus, der auf die von Lucas Cranach d. J. 1546 und 1575 angefertigten lebensgroßen Ganzfigurenporträts im Talar des protestantischen Predigers (Museum Schwerin, Veste Coburg) zurückgeht. Breitbeinig und den Blick in die Ferne gerichtet steht der Reformator inmitten seines Arbeitszimmers. Ein auf dem Schreibtisch liegendes Buch und eine Pergamentrolle zitieren biblische Texte, die hier der religiösen Deutung und Glorifizierung Luthers und der Reformation dienen: »An die Römer cap. 13, v. 12. Die Nacht ist vergangen, der Tag aber herbeigekommen« (Buch, l. S.); »So lasset uns ablegen die Werke der Finsternis und anlegen die Waffen des Lichts; An die Eph. 4. v. 14.« (Buch, r. S.); »Math. 24, v. 4.5. Jesus aber antwortete und sprach zu ihnen: gehet zu, daß euch nicht Jemand verführe. Denn es werden viele kommen in meinem Namen und sagen: Ich bin Christus. Cap. 24.v.14. Und es wird gepredigt werden das Evangelium (vom) Reich in der gantzen Welt zu einem Zeugnis über alle Völker, und darin wird das Ende kom(m)en« (Pergament). Die Titelinschrift verherrlicht Luther nicht nur als Theologen, sondern als mutigen Bekenner und »Vernichter der hierarchischen Despotie«. Als solcher verkörpert Luther auch die politischen Ideale der protestantischen (kleindeutschen) Liberalen. Mehrere, leicht variierte Versionen des Luther-Bildes aus der Löwensternschen Anstalt, dokumentieren den offenbar großen Bedarf an solchen Bildern. F.K.

188
Luther verbrennt die päpstliche Bulle und das canonische Recht vor Wittenberg, am 10ten December 1520
Lithographie von
Adolph Menzel
(Breslau 1815 – 1905 Berlin)
Verlag von Louis Sachse & Company in Berlin
1831/32
Lithographie; H. 47,8, Br. 53,3 cm
Nürnberg, Germanisches National-museum; Inv.Nr. L 3135, Kapsel 1573

Das dramatische Ereignis der Reformationsgeschichte, das den eigentlichen Bruch Luthers mit Rom darstellte, ist als volkreiche Begebenheit inmitten eines Haines gezeigt, in dessen Hintergrund sich die Wälle des nahen

Wittenberg erheben. Hinter Luther steht Melanchthon, der seit 1518 als Universitätsprofessor in der Stadt wirkte. Halbkreisförmig umgeben Menschen aller sozialer Schichten und Generationen den Scheiterhaufen. Die Graphik geht auf ein Gemälde Franz Ludwig Catels zurück, das auf der Akademischen Kunstausstellung in Berlin 1806 begeistert aufgenommen worden war. Bereits 1811 stach es der Berliner Akademieschüler Ludwig Buchhorn nach und 1827 nahm es die Baron von Löwensternsche Lithographenanstalt in Stuttgart als Motiv in ihre Folge mit Darstellungen aus dem Lutherleben auf, die in den folgenden Jahren mehrere variierte Auflagen erlebte. Das entsprechende Blatt – wohl der zweiten Auflage – kopierte Adolph Menzel in seiner Lithographie. Diese ist Teil des 1831/32 bei der Firma L. Sachse & Co., Berlin erschienenen Lutherlebens. Die Folge, die unter dem Titel »Luthers Leben. Ein Bilderbuch für die Jugend« erschien, wandte sich an das einfache Volk und war sicherlich in Folge des 1830 emphatisch gefeierten Jubiläums der Augsburger Confession entstanden. Löwensterns Lutherleben und dessen Nachahmungen, zu denen das Blatt gehört, zählten zu den meistverkauften Illustrationsfolgen des 19. Jahrhunderts. Die »Verbrennung der Bannbulle«, ein häufig kopiertes und variiertes Motiv, besitzt jedoch außerdem besondere Bedeutung. Das von Buchhorn gestochene Blatt gilt als einzige Graphik von Rang, die während der Franzosenherrschaft in Deutschland publiziert worden ist. Dies belegt schon, daß Luther mit diesem Sujet nicht allein als Reformator gefeiert wurde, sondern daß im Bild der Lossagung von Rom der Gedanke der politischen Befreiung mit derjenigen im Glauben auf das engste verbunden und zur nationalen Angelegenheit gemacht worden ist. Im Lutherbild konnten nationale, freiheitliche und protestantische Gefühle vereinigt werden, worin ein wesentlicher Grund für die große Beliebtheit und weite Verbreitung dieser graphischen Zyklen besteht. F.K.

Lit.: Dorgerloh 1896, Nr. 16; Bock 1923, Nr. 31,4; Brückner 1969, S. 214; Coburg 1980, Nr. 36.4.

LUTHER VERBRENNT DIE PÄPSTLICHE BULLE UND DAS CANONISCHE RECHT VOR WITTENBERG, AM 10" DECEMBER 1520

188

Lebensgeschichte des Dr. Martin Luther.

189

189
Lebensgeschichte des Dr. Martin Luther
Verlag Robrahn & Co. in Magdeburg
1846/1855
Kreide- und Federlithographie, koloriert; H. 33,6, Br. 41,3 cm
Nürnberg, Germanisches Nationalmuseum; Inv.Nr. HB 26584, Kapsel 1249

Der Bilderbogen gehört zu den zahlreichen, aus mehreren Szenen bestehenden Lutherleben-Illustrationen auf einem Blatt, die von verschiedenen deutschen Verlagen im vierten und fünften Jahrzehnt des 19. Jahrhunderts herausgegeben wurden und die als populärer Wandschmuck weite Verbreitung besaßen. Die 15 in drei Zonen geordneten Bilder werden von erklärenden Texten begleitet. Komposition und Bildsprache sind denkbar einfach und gleichen denen von zeitgenössischen Kinderbuch- und Fibelillustrationen. Wahrscheinlich diente das Blatt der kindlichen Unterweisung in den wichtigsten Lebensstationen des Reformators. Denn über die Darstellung der beinahe kanonischen und in fast allen Folgen wiederkehrenden Ereignisse hinausgehend werden Frömmigkeit und Fleiß des Schülers Martin Luther hier besonders betont. Dem Porträt der als vorbildhaft geschilderten Gestalt reihen sich folgende Szenen an: der Schulbesuch Luthers in Mansfeld, Luther als Currende-Sänger in Magdeburg, Luther als Schüler in Eisenach, Luther als Theologiestudent, Luther als Prediger in Wittenberg, der Thesenanschlag, die Verbrennung der päpstlichen Bannbulle, Luther auf dem Reichstag zu Worms, die Entführung auf die Wartburg, Luthers Heirat, Luther als Familienvater, Luther als Helfer der Armen und Luther auf dem Sterbebett. *F.K.*

190
*Spottblatt auf den Papst und den
orthodoxen Protestantismus*
Julius Böhmer
Verlag A. Schepeler in Berlin
1842
Lithographie; H. 34,0, Br. 49,3 cm
Nürnberg, Germanisches National-
museum; Inv.Nr. HB 20774, Kapsel
1337a

Mit altertümlich erscheinenden, der
Reformationspropaganda entlehnten
Emblemata artikuliert das Blatt eine
drastische Satire auf den päpstlichen
Kampf gegen die europäischen Freiheitsbewegungen und verspottet
zudem die gegen die Geistesfreiheit
vorgehende Orthodoxie des deutschen Protestantismus. Die Graphik
gehört zu den zahlreichen karikaturi-
stischen Flugblättern, die nach dem
Thronwechsel in Preußen 1840 auf
die Verkirchlichung des öffentlichen
Lebens und die die klerikale Reaktion
begünstigende Politik Friedrich Wilhelms IV. reagierten. Im Goldenen
Schnitt der linken Bildhälfte thront
Papst Gregor XVI. (reg. 1831 –
1846) mit dem Schlüssel Petri und
dem Patriarchenkreuz in Gestalt eines
knorrigen Astes. Mit seiner Linken
schleudert er »Bannbullen«. Ein Soldat – wohl ein Franzose – tanzt ihm
auf der Nase herum und ein zur Laute
singender Barde – wahrscheinlich
Sinnbild der romanischen Länder –
führt ihn mit einem Strick an der Nase
herum. Zu seiner Rechten lehnt nieder-
gesunken ein trunkener König (Gam-
brinus) – Sinnbild des bierselig schlafenden Deutschlands. Zur Linken flankiert den Pontifex der österreichische
Doppeladler mit der Schlafmütze.
Diesem stutzt ein slowakischer Rattenfänger einen Flügel. An das Zingulum
des Papstes sind der gallische Hahn
und der preußische Adler gebunden,
die dem Zweigestirn aus Calvin und
Luther entgegenstreben. Auf dem
Acker im Hintergrund treten die ebenfalls mit »Bannbullen« beworfenen
Vertreter des deutschen orthodoxen
Protestantismus nebst ihren Gegnern
auf. Narrativ-bildhaft benutzte man
deren Namen zur jeweiligen Gestalt-
findung. Der Religionskritiker Bruno

190

191

Bauer reißt den deutschen Acker auf
und wird von Ernst Wilhelm Heng-
stenberg, dem führenden Vertreter des
Neuluthertums geschlagen. Das den
Pflug ziehende Pferd gibt sich als
Pegasus zu erkennen, dem der kon-
servative preußische Kultusminister
Friedrich von Eichhorn die Flügel ver-
schnürt. Der Theologe David Friedrich
Strauß versucht die Saat seiner entmy-

thologisierten Humanitätsreligion aus-
zubringen. Dabei wird er von einem
störrischen Gaul und einem schafrei-
tenden Offizier, die wahrscheinlich
ebenfalls bildhaft verschlüsselte Persönlichkeiten meinen, attackiert. *F.K.*

Lit.: Wendel 1927, S. 148f.; Roepke
1972, S. 357; Berlin 1972, Nr. 34;
Karlsruhe 1984, Nr. 22.

191

Der Sieg der Deutsch-katholischen Kirche
Verlag E. Pönicke & Sohn in Leipzig
1845
Lithographie; H. 32,0, Br. 46,1 cm
Nürnberg, Germanisches Nationalmuseum; Inv.Nr. HB 5525, Kapsel
1337a

Das Blatt feiert die 1845 gegründete
Deutsch-katholische Kirche, eine in
Reaktion auf die Ausstellung des Heiligen Rockes in Trier institutionalisierte
nationalkirchlich und rationalistisch
ausgerichtete »Los-von-Rom-Bewe-
gung«. Ihr Initiator, der exkommunizierte Breslauer Kaplan Johannes
Ronge, den seine Anhänger als
»Luther des 19. Jahrhunderts« würdig-
ten, verwarf die kirchliche Hierarchie,
insbesondere den päpstlichen Primat,
die katholischen Frömmigkeitsformen
und Dogmen und erkannte allein ein
auf der rationalistischen Auslegung
der Heiligen Schrift basierendes Christentum an. Er sah im Deutsch-Katho-
lizismus die »Rettungsampel der Chri-
stenheit überhaupt und des deutschen
Vaterlandes insbesondere«. Mit dieser
Nationalkirche konstituierte sich eine
politische Emanzipationsbewegung,
die 1847 ca. 60 000 bis 70 000
Anhänger zählte. Bereits um 1850
setzte jedoch deren Verfall ein und
1859 ging sie im Bund freier religiöser Gemeinden Deutschlands auf.
Von links treten drei Repräsentanten
der Deutsch-katholischen Kirche auf
eine Gruppe wütender und fliehender
römisch-katholischer Kleriker zu, über
denen sich der Himmel dunkel zusam-
menzieht. Im Goldenen Schnitt und in
der Mitte der Trias erscheint Johannes
Ronge und hält der römischen Geistlichkeit das Deutsch-katholische Glaubensbekenntnis entgegen. Zur Linken
wird er von Robert Blum flankiert, der
die Deutsch-katholische Gemeinde in
Leipzig gegründet und dort ein erstes
Konzil einberufen hatte. »Die Wunder
des hl. Rockes« in seiner Rechten verweisen auf das »offene Sendschreiben« Ronges an den Trierer Bischof
W. Arnoldi, das in den von Blum
edierten »Sächsischen Vaterlandsblät-
tern« abgedruckt worden war. Die

Ausstellung der Christusreliquie 1844,
die über eine halbe Million Pilger an-
gezogen und den Anlaß für die Kir-
chenspaltung Ronges gegeben hatte,
war dort mit einer scharfen Kritik bedacht worden. Als Dritter erscheint
Johannes Czerski im Talar des evangelischen Predigers und einer mit
»Rechtfertigung« beschriebenen Tafel.
Der exkommunizierte römisch-katho-
lische Kaplan hatte in Schneidemühl
(Provinz Posen) die erste »Christlich-
apostolisch-katholische Gemeinde«
gegründet, die sich 1845 den
Deutsch-Katholiken anschloß. *F.K.*

192

Das Zeitalter der Reformation
Eduard Eichens
(Berlin 1804 – 1877 Berlin)
nach Wilhelm von Kaulbach
(Arolsen 1804 – 1874 München)
um 1863
Stahlstich; H. 69,7, Br. 93,3 cm
Nürnberg, Germanisches National-
museum; Inv.Nr. K 4433, Kapsel
1047

Das Blatt reproduziert das monumentale, im Zweiten Weltkrieg vernichtete
Wandgemälde im Treppenhaus des
Neuen Museums in Berlin, das Wilhelm von Kaulbach als Teil eines
1847 begonnenen Zyklus' geschaffen hat. Dieser sollte die entscheidenden Stationen der Weltgeschichte
abbilden. Als sechste und letzte fand
nach einer langwierigen Vorgeschichte, das Zeitalter der Reformation die
Billigung des preußischen Hofes. Ausschlaggebend war das Argument des
Münchner Malers, mit der Reformation werde sowohl eine »Zeit der religiösen Wiedergeburt« als auch die
»Morgenröthe der neuen Cultur-Epo-
che«, in der das »Fundament der politischen Größe Preußens« gelegt worden sei, ins Bild gebracht. In der
Gestalt Luthers verbanden sich liberales Geschichtsbewußtsein und
preußisch-deutsche Staatsidee. In
den Jahren 1863/64 übertrug Kaulbach den 1862 vollendeten Karton
auf die Wand. Das Bild zeigt in
bewußter Analogie zu Raffaels »Schule von Athen« 106 zu Gruppen

geordnete Personen aus dem 12. bis
17. Jahrhundert im Chor einer dreischiffigen gotischen Kirche. Zentraler
Orientierungspunkt im Bild ist Luther
mit dem über seinem Haupt aufgeschlagenen deutschen Evangelium.
Zu seinen Seiten stehen weitere Refor-
matoren wie Ulrich Zwingli, Justus
Jonas und Johann Calvin. An Huge-
notten, Schweizer und Elsässer wird
das Heilige Abendmahl in beiderlei
Gestalt ausgeteilt. Während sich hinter Luther in einem Chorgestühl die
geistigen Vorläufer der Reformation
versammelt haben, nehmen die Vertreter der protestantischen Kirchenmu-
sik die darüber befindliche Empore
ein. Neben den Theologen der
»neuen Lehre« haben die fürstlichen
Bekenner und Verteidiger der Reformation Aufstellung gefunden, u.a. die
sächsischen Herzöge und Kurfürsten,
der Schwedenkönig Gustav Adolf
und Elisabeth I. von England, die einzige Frau im ganzen Bild. Im linken
Drittel treten die Männer der Natur-
wissenschaft auf, im rechten versam-
meln sich die Vertreter des Humanis-
mus und der Künste (vgl. Kaulbachs
Umrißstich mit Verzeichnis der Dargestellten, GNM, Inv.Nr. HB 25200,
Kapsel 1249a), deren Denken und
Handeln von der neuen Geistesrich-
tung getragen worden sind. Mit der
Versammlung der führenden Köpfe
eines neuen Zeitalters ist die Reformation von Kaulbach nicht nur als Kir-
chenreform und Glaubensrevision
dargestellt worden, sondern als welt-
historische Erneuerungsbewegung,
die dem Menschen die individuelle
Freiheit und dem deutschen Volk die
nationale Emanzipation geschenkt
hat. Das Blatt des Berliner Kupferstecher und Radierers Eduard Eichens
gehört zu den zahlreichen Vervielfälti-
gungen des Kaulbachschen Zyklus,
die ab 1853, dem Jahr der Vollendung des ersten Bildes, meist nach
den Kartons fortlaufend angefertigt
worden sind, um sie – nicht selten mit
Kommentaren versehen – einem breiten Publikum bekannt zu machen.
F.K.

Lit: Menke-Schwinghammer 1994,
S. 58ff.

192

193
*Der Künstler mit seinen Söhnen vor
der Büste Albrecht Dürers*
Mathias Christoph Hartmann
(Nürnberg 1791–1839 Nürnberg)
1828
Sign. u. dat. u. Mi.: M. C. Hartmann,
fecit 1828.
Deckfarben auf Karton, goldene Ein-
fassungslinie, grau lavierter Rand;
H. 31,8, Br. 24,7 cm
Nürnberg, Germanisches National-
museum; Inv.Nr. StN 10545, Kapsel
604
(Leihgabe der Stadt Nürnberg)

Seit Wilhelm Heinrich Wackenroders
»Herzensergießungen eines kunstlie-
benden Klosterbruders« (1797) wurde
Dürer zur wichtigsten Identifikationsfigur der jungen, nationalromantisch
gesinnten Künstlergeneration. Bereits
1796 hatte der Nürnberger Diakon
Johann Ferdinand Roth ein Exempel-
büchlein zur Beförderung patriotischer
Gesinnung und bürgerlicher Tugenden
bei der Jugend verfaßt und Dürer als
Vorbild besonders hervorgehoben.
Diese erzieherische Rolle klingt auch
in der Arbeit von Hartmann an, der
ehrfürchtig vor eine Marmorbüste
Dürers getreten ist, um seine beiden
Söhne zu unterweisen. Der Künstler

hat seinen Mantel wie eine antike To-
ga um sich geschlungen. Bekanntlich
galt die Antike durch ihre Demokrati-
en und Republiken seit dem Vorabend
der Französischen Revolution als Vorbild für eine freiheitliche Gesinnung.
Der älteste Sohn trägt als nationales
Gesinnungszeichen den »altdeutschen
Rock«. Hartmanns Arbeit stammt aus
dem »Dürer-Stammbuch«, das am
6. April 1828, dem 300. Todestag
Dürers, der Öffentlichkeit vorgestellt
wurde. Der Nürnberger Kunstschuldi-
rektor Albert Christoph Reindel hatte
die Idee, in Dürers Vaterstadt ein
großes Buch anzulegen, in das alle
zeitgenössischen deutschen Künstler,

193

vermutlich erst bei einer Restaurierung in den 1870er Jahren zu einem großen Tableau zusammengefaßt wurde, entstand – als herausragendes Beispiel romantischer Dürerverehrung – im Anschluß an die Nürnberger Feiern zum 300. Todestag Dürers. Als Vorbild für das zentrale christusähnliche Porträt diente Dürers Münchener Selbstbildnis. Die sieben Darstellungen aus dem Leben Dürers, die das Bildnis wie Szenen einer Heiligenlegende umrahmen, sind Kopien nach einer Folge von Transparentgemälden, die Schüler von Peter Cornelius 1828 für die Feierlichkeiten im Nürnberger Rathaussaal schufen: Dürers Eintritt in die Lehre (Ferdinand Fellner), Dürers Vermählung (Wilhelm Kaulbach), Tod der Barbara Dürer (Ernst Förster), Gastmahl in Antwerpen (Heinrich Stilke), Dürer im Sturm auf der Schelde (Ferdinand Fellner), Dürer auf der Totenbahre (Carl Herrmann) und Raffael und Dürer am Throne der Kunst (Adam Eberle). Die Nazarener, die Dürer als den Inbegriff des altdeutsch-christlichen Künstlers verehrten, bedienten sich sakraler Bildschemata um ihr großes Vorbild zu verherrlichen. Die Technik der Glasmalerei verleiht dem Zyklus zusätzliche sakrale Weihe. Die Nürnberger Dürerfeier führte 1828 eine große Zahl deutscher Künstler zu einem »wahrhaft deutschen Nationalfest« zusammen. Cornelius sprach gar von einem »Wartburgfest« der Künstler. Berthold Hinz hat diesen politischen Aspekt zugespitzt: »Deshalb – als löse dieses Fest der Kunst die Idee der Einheit, Freiheit und Gleichheit ein, die im Ästhetischen obwaltet, als erledige es ihre genuin politischen Implikationen, konnte die Festversammlung den Habitus eines freien Parlaments annehmen, das den Deutschen in Wirklichkeit vorenthalten war.« Die romantische Dürerverehrung war Ausdruck des Bewußtseins einer deutschen Kulturnation. Auf politisch unverfängliche Weise überbrückte sie die Gegensätze zwischen Fürsten und Bürgern, Konservativen und Liberalen, Katholiken und Protestanten, zwischen Wien und Berlin.

S.A.

ungeachtet ihrer Staatsangehörigkeit, Arbeiten stiften sollten, um den Ahnherrn »urdeutscher« Kunst zu ehren. Das Buch sollte als eine »deutsche Nationalgalerie« allen Besuchern auf der Nürnberger Burg zugänglich sein. Auf die Kaiserburg spielt die Architektur in Hartmanns Arbeit an, die eine freie Variation der romanischen Doppelkapelle der Nürnberger Burg ist. Das Motiv der Kapelle verweist auf den Geniekult um Dürer, den viele wie einen Heiligen verehrten. *U.P.*

Lit.: Grote 1967, S. 25 ff., Abb. S. 86; Nürnberg 1973, S. 82, Nr. 30; Mende 1998, S. 43ff.; Wegner 1998, S. 25ff.; zum Dürerkult vgl. u.a. Nürnberg 1992, Nr. 3.11, S. 422ff.

194

Porträt Albrecht Dürers und Darstellungen aus seinem Leben
Franz Joseph Sauterleute (Weingarten 1796 – 1843 Nürnberg)
1829 – 1830
Weißes Glas, Farbgläser, rotes und blaues Überfangglas mit Ausschliffen; Silbergelb, Schwarzlot, Glasmalfarben; je ca. H. 41,2, Br. 29,5 cm
Nürnberg, Germanisches Nationalmuseum; Inv.Nr. MM 648-656 (Leihgabe der Stadt Nürnberg)

Mit Unterstützung des bayerischen Königs widmete sich der Porzellanmaler Sauterleute seit 1824 in Nürnberg der Wiederbelebung der mittelalterlichen Technik der Glasmalerei. Sein Zyklus von Kabinettscheiben, der

195
196

Lit.: Berlin/Dürers Gloria1971, S. 19f.
Zitat nach Hinz, Abb. 13; Mende
1969, S. 177ff. Abb. 15, S. 194ff;
Darmstadt 1979, S. 110f.; München
1986, Bd. 1, S. 316. ; Erfurt 1993/
94, S. 64, Nr. 8.

195
Albrecht Dürer
Gustav Blaeser (Düsseldorf 1813 –
1874 Cannstadt)
1837
Bronze; H. 50 cm
Rückseitig gestempelt »B«
Nürnberg, Museen der Stadt; Inv.Nr.
Pl. 695 (Eigentum der Albrecht-Dürer-
Haus-Stiftung)

Die Bronzestatuette geht auf Christian
Daniel Rauchs Tonmodell von 1836
zurück, das der Berliner Künstler als
Vorarbeit zum monumentalen Bronze-
standbild für den Nürnberger Milch-
markt geschaffen hatte. Rauch legte
seiner Schöpfung das Dürersche
Selbstbildnis auf dem Wiener Aller-
heiligenbild zugrunde und charakteri-
sierte den berühmten Maler, der zur
Symbolgestalt des deutschen christlichen Künstlers schlechthin avanciert
war, als »vorwärtsschreitenden Helden und Künstlerfürsten« im Zenit seines Lebens. Dürer trägt Pinsel, Stift
und Lorbeerkranz in der Rechten,
während er mit der Linken den boden-
langen Umhang vor dem Körper rafft.
Eine 1837 von Rauch nach dem Tonmodell gefertigte, im Maßstab allerdings stark reduzierte Gipskopie diente offenbar als Vorbild für die kleine
Bronze, die Matthias Mende dem in
Rauchs Werkstatt seit 1834 beschäftigten Gustav Blaeser zugeschrieben
hat: Der Berliner Kunsthistoriker Franz
Kugler berichtete zu Beginn des Jahres 1837, er habe den Rauch-Schüler
damit beschäftigt gesehen, eine »kleine Copie« des Modells zum Nürnberger Dürer-Denkmal zu schaffen. Das
Stück stellt daher die wohl früheste
kleinformatige Replik des Monumen-
tes dar, zu dem 1828 der Grundstein
gelegt worden war, das aber erst
1840 vollendet werden konnte. Zahlreiche Nachbildungen entstanden
freilich erst nach der Einweihung und
wurden zumeist in Gips ausgeführt.
Diese Reduktionen im »Zimmerformat«
reproduzieren das erste einem bildenden Künstler in Deutschland errichtete
Standbild. Sie dienten als beliebte
Ausstattungsstücke von bürgerlichen
Wohnungen, aber auch von Gast-
stuben und Kaffeehäusern. *F.K.*

Lit.: Mende 1986, S. 482.

196
Monument Albrecht Duerers.
Mit Darstellungen aus seinem Leben
Josef Teply (tätig um 1840)
Verlag G. N. Renner & Cie in Nürnberg
1840
Lithographie; H. 60,3, Br. 45,0 cm
Nürnberg, Germanisches National-
museum; Inv.Nr. L 4247, Kapsel
1575

Das Erinnerungsblatt erschien aus
Anlaß der Einweihung des Nürnberger Dürerdenkmals am 21. Mai
1840 (Kat. 195). Im Mittelpunkt des
Sammelbildes steht das Rauchsche
Standbild, kopiert nach einem Stich
von Albert Reindel (1838). Es wird
rechts und links flankiert von Szenen
aus Dürers Leben (Kat. 194) sowie
Ansichten von Dürerhaus und Dürer-
grab, Pilgerstätten des Dürerkults.
Eine Ansicht der Stadt Nürnberg liegt
dem Standbild zu Füßen, davor das
mit einem Lorbeerkranz geschmückte
Monogramm. Durch Anordnung und
Größenverhältnisse der Bilder
erscheint Dürer wie eine monumentale Heiligenfigur umgeben von den
Stätten und Denkwürdigkeiten seines
Lebens. Obwohl hier noch einmal auf
den nazarenischen Zyklus des Dürer-
lebens zurückgegriffen wird, bezeichnete das Jahr 1840 das Ende der
romantischen Dürerverehrung. Rauchs
Standbild läßt deutlich Züge bürgerlichen Selbstbewußtseins erkennen, die
für das Dürerbild der Jahrhundertmitte
bestimmend werden. Das Bild vom
Künstlerfürsten, dem der Kaiser die
Ehre erweist, war ebenso offen für
aktuell politische Interpretationen wie
die Vorstellung vom Goldenen Zeitalter der Freien Reichsstadt Nürnberg,
in der sich Bürgerstolz und Kaiserherrlichkeit verbanden. *S.A.*

Lit.: Mende 1969, S.ff, Abb. 13;
Nürnberg 1971, S. 93, Nr. 71.

197 (Farbtafel S. 120)
Die Verleihung des Künstlerwappens
an Albrecht Dürer durch Kaiser Maxi-
milian I. Der Albrecht Dürer-Verein sei-
nen Mitgliedern für das Verwaltungs-
jahr 1843-1844
Eugen Napoleon Neureuther
(München 1806 – 1882 München)
Druck Karl Meyer in Nürnberg
1843
Radierung, koloriert; H. 58,0,
Br. 44,5 cm
Nürnberg, Germanisches Nationalmuseum; Inv.Nr. K. 24591, Kapsel
1491

1840 richteten die Münchener Künstler einen historischen Festzug in
Anlehnung an Dürers Triumphzug Kaiser Maximilians aus. Der Maskenzug
mit etwa sechshundert Teilnehmern
war in drei Marschgruppen aufge-
teilt: Der Aufzug der Bürger, der Zug
des Kaisers mit seinem Gefolge und
die Mummerei. Neureuther hat das
historische Kostümfest zusammenfassend in einem ornamentalen Arabes-
kenrahmen dargestellt. Den Höhepunkt des Historienspektakels bildete
eine fiktive Begebenheit – als lebendes Bild in der Mitte dargestellt – die
der niederländische Kunstschriftsteller
Carel van Mander 1617 überliefert
hatte: Bei einer Begegnung Kaiser
Maximilians mit Albrecht Dürer soll
der Kaiser dem Maler als Auszeich-
nung ein Wappen mit drei silbernen
Schilden auf azurblauem Grund verliehen haben. Die Szene, die am 17.
Februar und am 2. März 1840 beim
Münchener Künstlerkarneval aufgeführt wurde, unterstreicht das bürgerliche Selbstbewußtsein des Künstler-
standes; sie spielt aber zugleich auf
das Mäzenatentum Ludwigs I. an,
der – wie Maximilian – ein Goldenes
Zeitalter der deutschen Kunst begründet. Die komplexe Komposition
beschwört die vermeintliche Blütezeit
des Reiches am Beginn des 16. Jahrhunderts und das harmonische,
gleichrangige Zusammenwirken von
Monarchie und Bürgertum. Der kaiserliche Doppeladler und das Künst-
lerwappen sind in der Mittelachse
deutlich zueinander in Beziehung
gesetzt. Die Radierung erschien

1843 als Jahresgabe des Albrecht
Dürer-Vereins in Nürnberg. Das kolo-
rierte Exemplar gibt vermutlich die
Farbigkeit eines verschollenen Deck-
farbenbildes von Neureuther wieder.
S.A.

Lit.: Berlin/Dürers Gloria 1971,
S. 30f.; Hartmann 1976, S. 22ff.;
Nürnberg 1981, Nr. 35, S. 122ff.;
Busch 1985; zu Neureuther vgl.
S. 56ff; Mende 1992, Nr.10.

198
Kaiser Friedrich Barbarossa
Heinrich Merz (St. Gallen 1806 –
1875 Kufstein)
nach Wilhelm von Kaulbach
(Arolsen 1805 – 1874 München)
1841
Kupferstich; H. 28, Br. 21 cm
Frankfurt am Main, Graphische
Sammlung im Städelschen Kunstinsti-
tut; Inv.Nr. NC. 35 319

Die Sage von Kaiser Friedrich Barbarossa, der im Inneren des Kyffhäuser
schlummert und auf die Wiederkehr
mittelalterlicher Kaiserherrlichkeit wartet, gehört zu den literarischen und
künstlerischen Leitmotiven des Vormärz. Joseph Görres (1807), Friedrich
Rückert (1817), Rudolf von Gottschall
(1842), Heinrich Heine (1844) u.v.a.
haben die Sagengestalt besungen
und die Enttäuschungen und Hoffnungen der nationalen Bewegung auf sie
projiziert. Die messianische Symbolgestalt und der Auferstehungsmythos
Barbarossas verbindet 1848 ein breites politisches Spektrum liberaler, kon-
stiutionellen und konservativen Einheitsstrebens. Der melancholisch-
schwermütigen Pathosfigur entsprechen – auf anderen Symbolebenen –
die Gestalten Karls d. Gr. in seiner
Gruft, der trauernd sinnenden Germania und des phlegmatisch verträumten
Michel. Der Kupferstich zeigt den ent-
rückten Kaiser mit Schwert und Reichsapfel eingeschlummert und auf seine
Stunde wartend. Zwei rahmende Trophäen – mit den Wappenschilden
der deutschen Staaten und mit Symbolen der christlichen Pilgerschaft –
kennzeichnen die weltliche und reli-
giöse Macht des mittelalterlichen Kai-

KAISER FRIEDRICH BARBAROSSA.

Wie der Kaiser Barbarossa die Hände über dem Kopfe zusammen schlägt

198   200

sertums aber auch die sakrale Überhöhung der Sagengestalt. Während
zu ihren Füßen Zwerge die Waffen
schmieden, kommt von oben eine
säkularisierte Taube des Heiligen Geistes mit einem Ölzweig geflogen –
zum Zeichen, daß die Zeit gekommen sei. Die mahnende Inschrift im
Rankenwerk – »Seyd einig, einig,
einig« – zitiert Schillers »Wilhelm Tell«
und stellt zugleich den aktuellen
Bezug zur deutschen Nationalbewegung her. *R. S.*

Lit.: Arndt 1976, Nr. 51, S. 295ff.;
Stuttgart 1977, Nr. 1049; Frankfurt
1978, S. 118.

199 (Abb. S. 68)
Barbarossa im Kyffhäuser
Robert Müller (Göttingen 1815 –
1854 Göttingen)
1846
Feder, Tusche, weiß und gold gehöht;
H. 54,4, Br. 42,4 cm
bez. r. u.: RMüller erf. 1846;
l. o.: RM fec 1846
Berlin, SMPK, Kupferstichkabinett;
Inv.Nr. SZ Rob. Müller Nr. 36

Robert Müller, Mitarbeiter bei der
Ausmalung des Neuen Museums in
Berlin, folgt im Typus dem Vorbild
Kaulbachs, schmückt seine Darstellung der Kaisersage aber mit mehreren Nebenszenen anekdotisch aus. In
einem historisierenden Rahmen aus
ornamentalem Ast- und Blattwerk und
mit einem Zeichenstil, der Dürers
Randzeichnungen zum Gebetbuch
Kaiser Maximilians zitiert, schildert
der Künstler die von Raben umkreiste
Burgruine. In ihrem tiefsten Gewölbe
wird der schlafende Kaiser von der
Gestalt der Sage besungen. Nebenszenen erzählen die Geschichte von
dem armen Schäfer, den ein Zwerg
zu dem von einem Drachen bewach-
ten Kyffhäuserschatz führt und der als
reicher Mann den Berg verläßt. Das
Märchen vom einfachen Mann aus
dem Volke, der in der Gruft des
mythischen Kaisers sein Glück findet,
ist im Jahr 1846 sicher als politische
Metapher zu verstehen. Analog zur
Darstellung Ottos III. in der Gruft
Karls d. Großen wird der Weg zu
den in der Tiefe der Geschichte verborgenen Schätzen gleichnishaft als
politischer Heilsweg beschrieben.

Nicht ohne Absicht ist der Adler auf
dem Szepter Barbarossas dem Adler
aus dem preußischen Königswappen
angeglichen: Eine versteckte Huldigung an Friedrich Wilhelm IV. und
ein Appell, seinen »deutschen Beruf«
zu erkennen. *R.S.*

Lit.: Donop 1902, Nr. 36;
Arndt 1976, Nr. 51.

200
*Wie der Kaiser Barbarossa die
Hände über dem Kopfe zusammen
schlägt*
1849
Druck von L. Blau & Co; Verlag von
Louis Rocca in Leipzig
Lithographie; H. 43,5, Br. 26,2 cm
Bamberg, Staatsbibliothek; Inv.Nr.
M.v.O., C I. 294

In der Bildsprache der deutschen
Revolution von 1848 wird Barbarossa zu einem Leitmotiv, sowohl auf der
»seriösen« Symbolebene, z.B. in Verbindung mit Germania als auch in
der Karikatur. Vor allem im Zusammenhang mit den Diskussionen der Paulskirche um die Wahl eines Kaisers
zum deutschen Staatsoberhaupt wird

der wiedererwachte Barbarossa häufig bemüht. Der für seine liberal konstitutionelle Tendenz bekannte Leipziger Verleger Rocca nimmt 1849 die Wahl des preußischen Königs Friedrich Wilhelm IV. zum »Kaiser der Deutschen« zum Anlaß für seinen Spott. Die gulliverhafte Riesengestalt Barbarossas schlägt beim Anblick des liliputanischen Preußenkönigs und seines militärischen Gefolges die Hände über dem Kopf zusammen: So hatte er sich die Wiederkehr deutscher Kaiserherrlichkeit nicht vorgestellt. *R.S.*

Lit.: Bamberg 1911, S. 1300, Nr. 294; Frankfurt 1978, S. 119; Wolf 1982, 1. 41. 2.

201a
Deutschland im Jahr 1847
Henry Ritter
(Montreal 1816 – 1853 Düsseldorf)
1848
Lithographie mit Tonplatte; H. 23,3, Br. 30,0 cm
Aus: Düsseldorfer Monatshefte, Bd. II, 1848
Nürnberg, Germanisches Nationalmuseum; Inv.Nr. HB 31175, Kapsel 1316a

201b
Deutschland im Jahr 1848
Henry Ritter
(Montreal 1816 – 1853 Düsseldorf)
1848
Lithographie; H. 23,3; Br. 30,0 cm
Aus: Düsseldorfer Monatshefte, Bd. II, 1848
Nürnberg, Germanisches Nationalmuseum; Inv.Nr. HB 31176, Kapsel 1316a

Mit einer sinnbildlichen Gegenüberstellung der Zustände vor und nach der Revolution beschreiben die liberalen »Düsseldorfer Monatshefte« die politische Wende des Jahres 1848. Als originelle Variante des Barbarossa-Motivs wird die Ablösung der absoluten durch die konstitutionelle Monarchie veranschaulicht: Im ersten Bild thront, als Repräsentant der Restauration, ein schläfriger, bärtiger Monarch unter einem Baldachin mit den Wappen der deutschen Staaten. Heuchelei, Lüge, Schmeichelei,

201a

201b

Roheit, Sclavensinn, Polizei und Militär bilden seinen Hofstaat. Vor ihm knien in Ketten die Vertreter des Volkes, deren Petitionen zerrissen sind. Während im Hintergrund einem Götzen des Despotismus Menschenopfer gebracht werden, erhebt ein kräftiger, junger Mann in proletarischer Kleidung, der deutsche Michel, die Hand zum Racheschwur. 1848 hat sich die Situation umgekehrt: Der Erzengel Michael hat Gericht gehalten; die Gerechtigkeit hat gesiegt; das alte Götzenbild ist gestürzt. Der Monarch hat sich erhoben und den aufrechten deutschen Michel, den Repräsentanten des Volkes, an seine Seite geholt. Gemeinsam stehen sie vor dem Kaiserthron eines konstitutionell geeinten Deutschland. Krone und Freiheitsmütze, Dynastie und Volk haben sich verbündet. Ehrbare Bürger scharen sich um den Fürsten. Die alten Ratgeber und Einflüsterer sind besiegt. Im Hintergrund wird aus einem Füllhorn der Wohlstand unter das Volk gebracht. *R.S.*

Lit.: Riha/Rudolph 1979, S. 264; Reiter 1994, Nr. 674/675; Frankfurt 1998, Nr. 138/139.

203

202 (Farbtafel S. 118)
Otto III. in der Gruft Karls des Großen
Alfred Rethel (Diepenbend bei Aachen 1816 – 1859 Düsseldorf)
1847
Öl auf Leinwand; H. 52,5, Br. 82,7 cm
Kunstmuseum Düsseldorf Inv.Nr. 4457

Als Schüler Philipp Veits am Städelschen Kunstinstitut gewann der junge Alfred Rethel den 1839 ausgeschriebenen Wettbewerb zur Ausmalung

des Krönungssaales im Aachener Rathaus mit Ereignissen aus dem Leben Karls d. Großen. Als Schlußbild des Zyklus wählte er die von der Novaleser Chronik überlieferte und in K. F. Meyers »Aachenschen Geschichten« (1781) nacherzählte Szene, wie Otto III. im Jahre 1000 die Gruft Karls öffnen läßt und seinen großen Ahnherren unverwest auf seinem Thron vorfindet. Diese Szene, die im Vormärz auch literarisch behandelt und 1840 in einem Holzstich zu Dullers »Geschichte des deutschen Volkes« dargestellt wurde, faßt den politischen Appell des Historienzyklus' an die Zeitgenossen zusammen: »...Das Nationalgefühl suchte sich durch liebevolle Betrachtung seiner Vergangenheit für den Jammer der Gegenwart zu entschädigen und die ehrwürdige Gestalt des gewaltigen Kaisers bildet sich auf diese Weise in der Volksvorstellung zum Ideal aus...« (Rethel). Wie der Mythos des schlafenden Kaisers Barbarossa im Kyffhäuser war auch diese Szene im Vormärz Ausdruck nationaler Hoffnungen auf eine

Wiederkehr des alten Reiches und eines Kaisers, der Deutschlands Einheit und alte Größe wiederherstellen sollte. Die vormärzliche Kaisersehnsucht, den Machthabern im Deutschen Bund zunächst durchaus suspekt, wurde am Vorabend der Revolution auch von konservativen Bundesreformern wie Joseph Maria von Radowitz geteilt, den Rethel, Veits Ateliergenosse im »Deutschen Haus«, sicher kannte. Zwischen den ersten Entwürfen und der Ausführung des Freskenzyklus liegen sieben Jahre, in denen Rethel u.a. seine Kaiserbilder für den Frankfurter Römer malte. Die Farbskizze dürfte 1847 noch in Frankfurt entstanden sein. *R.S.*

Lit.: von Einem 1968, S. 320; Hoffmann 1968, S. 49ff.; Markowitz 1969, S. 252, Nr. 4457.

203
Öffnung der Gruft Karls des Großen im Dom zu Aachen durch Kaiser Otto III.
Wilhelm von Kaulbach (Arolsen 1805 -1874 München)
1859
(Fotoreproduktion)
ehemals Germanisches Nationalmuseum; Inv.Nr. Gm 496a

Um die Ziele des Germanischen Museums zu verdeutlichen, ließ Hans von Aufseß 1859 die südliche Wand der Kartäuserkirche, der sog. »Kunsthalle«, von Wilhelm von Kaulbach mit einem monumentalen historischen Wandgemälde schmücken. Das Thema ist dem Bericht der Novaleser Chronik entnommen, derzufolge Kaiser Otto III. im Jahr 1000 die Gruft Karls des Großen öffnen ließ und seinen großen Vorgänger unverwest auf dem Thron sitzend fand. Das Thema wurde 1847 von Alfred Rethel in seinen Aachener Karlsfresken aufgegriffen (Kat. 202), die Kaulbach bekannt waren. Im Gegensatz zu Rethels ebenso einfacher wie geheimnisvoller Komposition suchte Kaulbach den Effekt der erschreckten Gebärden und der theatralischen Beleuchtung. War der Kaisermythos bei Rethel Ausdruck politischen Einheitsstrebens, so sieht Aufseß – nach der gescheiterten Revolution – in ihm eine Metapher für das

Selbstverständnis vaterländischer Geschichtswissenschaft. In seiner Rede
zur Enthüllung des Wandbildes heißt
es: »...daß dem german. Museum
kein treffenderes und schöneres Sinnbild seines Strebens gegeben werden
konnte, als dieses. Denn auch wir
sind berufen, hinabzusteigen in die
lang verborgenen Tiefen der Vorzeit,
um aufzusuchen des alten Reiches
Herrlichkeit, sie, die längst abgestor-
bene, hell wieder zu beleuchten mit
dem Fackelscheine der Wissenschaft,
auf daß jedermann sich daran er-
freue und stärke, ja, wie Kaiser Otto
wollte, zu neuen Thaten der Ehre und
des Ruhmes der deutschen Nation
sich ermanne.« Historienmalerei und
Geschichtswissenschaft standen gemeinsam im Dienst nationaler Erziehung. Unterstützt von August Kreling,
Julius Köckert und Jacob Eberhardt
malte Kaulbach das ca. 3 x 4 m
große Wandgemälde in wenigen
Wochen, zwischen dem 9. Juli und
dem 18. August 1859. Zur Verbreitung des Bildes wurde 1863 eine
photographische Reproduktion hergestellt. Das Fresko wurde 1920 in den
Vortragssaal des Museums übertragen
und erst 1962 bei Abbrucharbeiten
vernichtet. *R.S.*

Lit.: Altregistratur, Kapsel 316; Bahns
in Deneke/Kahsnitz 1978, S. 366f.;
München 1986, Nr. 527.

204
*Panorama des Rheins von Mainz bis
Cöln*
S. J. Wolf nach Jean Urfinus
(Lebensdaten unbekannt)
Verlag Josef Halenza in Mainz
um 1840
Radierung; H. 204, Br. 25 cm
Nürnberg, Germanisches National-
museum; Inv.Nr. La 62, Kapsel 1162

Die deutsch, französisch und englisch
betitelte Faltkarte zeigt den mittleren
Rheinlauf, gesäumt von Ansichten der
wichtigsten Sehenswürdigkeiten, der
mittelalterlichen Städtchen, der Burgen, Felsen und Dome. Sie stammt
aus einer Zeit, als der Rhein – nicht
zuletzt durch die Einführung der
Dampfschiffahrt – zu den beliebtesten
Zielen des sich entwickelnden interna-

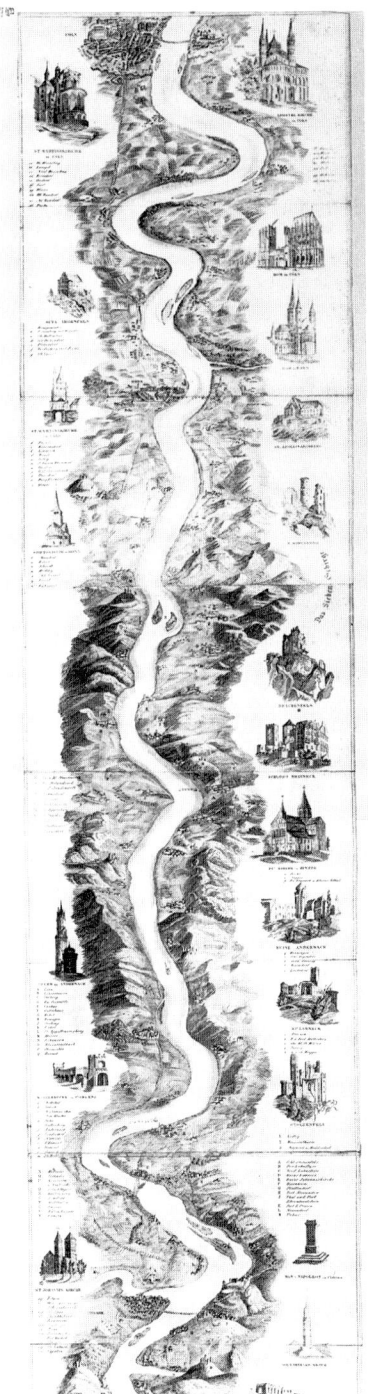

204

tionalen Tourismus zählte. Geboren wurde die ›Rheinromantik‹ mit dem 1791 veröffentlichten, außerordentlich erfolgreichen Reisebuch des englischen Reverend John Gardnor. Es lockte nicht nur Bildungsreisende, sondern auch zahlreiche Maler und Dichter an den Rhein. Vereinte der Rhein einerseits die Europäer zu schwärmerischen Landschaftsempfindungen, so führten Grenzstreitigkeiten mit Frankreich seit der Zeit um 1800 zu patriotischen Interpretationen des malerischen Flußlaufs. Der französischen Auf-

fassung von der »natürlichen Grenze« begegnete Ernst Moritz Arndt in seinem 1814 verfaßten Aufruf »Der Rhein, Teutschlands Strom, aber nicht Teutschlands Gränze« mit dem Begriff der »Sprachgrenze«. Nicht ein Fluß, sondern nur die Sprache könne Völker trennen. Der Rhein markiere aber nicht die Sprachgrenze zwischen Frankreich und Deutschland. Folglich sollte das Rheinland, »dieses Ehrwürdigste, dieses Deutscheste […] nicht französisch werden!« In der Neujahrsnacht zum Jahr 1814 überschritt Fürst Blücher

mit der schlesischen Armee bei Kaub die seit dem Frieden von Lunéville (1801) völkerrechtlich gültige Rheingrenze und nahm die linke französische Seite ein. Der Rhein wurde zum Symbol der nationalromantischen Idee. Max von Schenkendorf dichtete 1814 »Das Lied vom Rhein«. Darin wird der Fluß mit einem König verglichen, dem man huldigen und folgen will. Vater Rhein kommt in dem Gedicht selbst zu Wort und zitiert den »Schatz der alten Art und Kraft«, den Hort der Nibelungen, der verloren ging, nun aber wieder neu erstehen und erglänzen soll: »Der Väter Zucht und Mut und Ruhm/ Das heilige deutsche Kaisertum«. *U.P.*

Lit.: Bonn 1992, S. 91ff.; vgl. ebd. S. 107ff.; Ludwigshafen 1992, S. 297ff.; vgl. ebd., S. 21ff.; Bonn 1995, Bd. 2, S. 11ff.; vgl. ebd. S. 19ff; Heine 1997, Bd. 1, S. 224ff.

205
Liedflugblatt »Der freie Rhein«
Gedicht von Niclas Becker
Druck Peter Geißler in Nürnberg
um 1840
Radierung, koloriert; H. 29,7,
Br. 20,4 cm
Nürnberg, Germanisches Nationalmuseum; Inv. Nr. HB 12536, Kapsel 1329a

Das linke Rheinufer fiel auf dem Wiener Kongreß Preußen zu, das damit die »Wacht am Rhein« übernahm. 1840 wurden in Paris die Gebeine Napoleons in den Invalidendom überführt und Louis Adolphe Thiers, ein großer Bewunderer Napoleons, zum Ministerpräsidenten gewählt. Edgar Quinet und der Dichter Alphonse de Lamartine sprachen eine Revision der Grenzverträge von 1814/15 und die Rückforderung der Rheingrenze an und lösten damit die sog. »Rheinkrise« aus. Als Antwort auf Lamartines Rede dichtete der Hilfsgerichtsschreiber Niclas Becker sein Lied »Der freie Rhein«: »Sie sollen ihn nicht haben,/ Den freien deutschen Rhein,/ Ob sie wie gierge Raben/ Sich heiser danach schrein«. Nach seiner Veröffentlichung am 18.9.1840 in der »Trierschen Zeitung« erlangte das Lied

größte Popularität. In dem Liedblatt von 1840 hat der Vater Rhein seinen Dreizack wie eine Kriegswaffe energisch vor sich in den Boden gerammt, als Anführer der hinter ihm versammelten Truppen der deutschen Staaten mit den Fahnen von Sachsen, Preußen, Baden, Österreich, Hessen-Nassau, Württemberg und Bayern. Die rechte Randzeichnung zeigt die Rheininsel mit der Pfalz bei Kaub, von wo aus Blücher 1814 das französische Rheinufer eingenommen hatte. Für sein patriotisches Lied wurde Becker vielfach geehrt. Mainz verehrte ihm einen Bürgerbecher, der bayerische König Ludwig I. einen Prunkbecher, der preußische König Friedrich Wilhelm IV. ließ sich mit dem Lied, vertont in der »Heldentonart B-Dur«, am 15.10.1840 im Kölner Theater empfangen. Über die Mutation des Rheinmotivs vom romantischen Freiheits- zum politischen Machtsymbol spottet Heinrich Heine in einem Gedicht von 1841:
»Der freie Rhein, der Brutus der Flüsse,
Er wird uns nimmermehr geraubt!
Die Holländer binden ihm die Füße,
Die Schwyzer halten fest sein Haupt.
Auch eine Flotte will Gott uns bescheren,
Die patriotische Überkraft
Wird lustig rudern auf deutschen Galeeren;
Die Festungsstrafe wird abgeschafft.«
U.P

Lit.: Ludwigshafen 1992, S. 297ff., Abb. S. 307.; Duisburg 1991, S. 135ff.; Heine 1997, Bd. 4, S. 416; vgl. ebd. S. 1034, Anm. 587.

206
Der Kölner Dom in seiner Vollendung
Ernst Rauch (tätig um 1817)
nach M. Fuchs und Mauchert
Druck H. Felsing in Darmstadt
1830
Aus: Sulpiz Boisserée, Ansichten, Risse und einzelne Teile des Doms von Köln, I. G. Cotta'sche Buchhandlung MDCCCXXI
Kupferstich; H. 114,6, Br. 82,2 cm
Nürnberg, Germanisches Nationalmuseum; Inv. Nr. STN Bücher 169.6, Kapsel 1055e.

206

Die Brüder Sulpiz und Melchior Boisserée erlebten während der französischen Besatzung Kölns, wie alte Kirchen abgerissen oder zu Fouragespeichern, Pulvermagazinen und Truppenunterkünften umfunktioniert und sakrale Bildwerke verschleudert wurden. In »jener Zeit des deutschen Unglücks«, bedeutete für Sulpiz Boisserée die »fortgesetzte Beschäftigung mit den vaterländischen Kunstaltertümern« eine »große Erholung«. Ins Zentrum seiner Studien rückte bald der Kölner Dom, dessen Bau 1560 abgebrochen worden war. Der Sproß einer Kaufmannsfamilie stellte pragmatische Überlegungen zum Weiterbau des

Domes an – ein Vorhaben, das für die romantische Generation die Bedeutung einer nationalen Mission, der symbolischen Wiederherstellung und Vollendung nationaler Größe und Stärke gewann. Es gelang ihm, Goethe und den preußischen Kronprinzen als Fürsprecher für seine Dombauidee zu gewinnen. Ein sensationeller Fund trieb sein Projekt 1814 voran: Der hessische Oberbaudirektor Georg Moller entdeckte auf dem Speicher eines Gasthauses in Darmstadt den verschollenen Aufriß der Westfassade von 1315. Gut ein Jahr später tauchte in Paris der Aufriß des Südturms auf. 1831 brachte Bois-

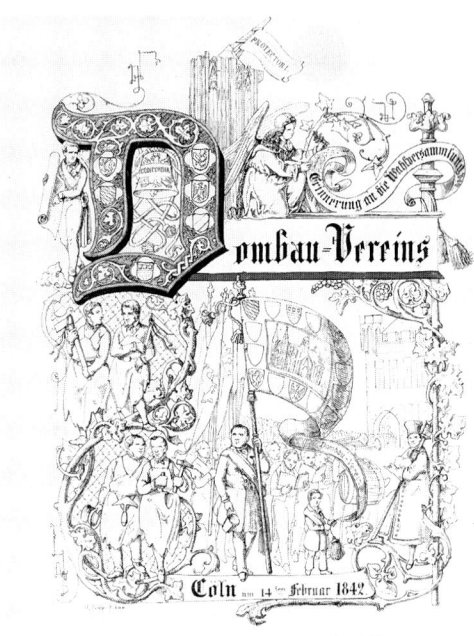

207

208

serée sein Werk »Ansichten, Risse und einzelne Teile des Doms von Köln, mit Ergänzungen nach dem Entwurf des Meisters nebst Untersuchungen über die alte Kirchen-Baukunst und vergleichende Tafeln der vorzüglichsten Denkmale« zum Abschluß. Elf Zeichner und siebzehn Kupferstecher waren daran beteiligt. Teillieferungen der insgesamt 18 großformatigen Kupferstiche erschienen bereits ab 1821. Das vorliegende Blatt der Westfassade des Doms erschien mit der letzten Lieferung 1831. *U.P.*

Lit.: Köln 1980, Bd. 1, S. 265 u. S. 271, Nr. 18.5.4; vgl. Köln 1980, Bd. 2, S. 17ff.

207
Concert zum Besten des Cölner Doms im März 1841
David Levy-Elkan
(Köln 1808 – 1865 Köln)
Federlithographie; H. 22, Br. 19 cm
Hamburg, Museum für Kunst und Gewerbe; Inv.Nr. 3422

Mit dem Regierungsantritt König Friedrich Wilhelms IV. von Preußen im Juni 1840 erhielt die Kölner Dombaubewegung den entscheidenden Impuls. Anfang Oktober legte der Dombauinspektor Zwirner bereits den Kostenvoranschlag für die Vollendung vor; 1841 kam es nicht nur zur Gründung des Zentral-Dombauvereins, sondern auch zahlreicher lokaler Hilfsvereine, und am 4. September 1842 konnte der Koadjutor Johannes von Geissel den Grundstein zur Fassade des südlichen Querhausarmes legen. Zwar gab der protestantische Landesherr einen wesentlichen finanziellen Beitrag, doch reichte diese Summe allein nicht aus, um den Baufortgang sicherzustellen. So beschäftigte die weitere Geldbeschaffung die Kölner noch für mehrere Jahrzehnte und führte zu dem volkstümlichen Stoßseufzer: »Wer soll das bezahlen?«. Man war erfindungsreich und veranstaltete zahlreiche Feste, Konzerte, eine Dom-Lotterie und prägte Gedenkmünzen. Auch in anderen Teilen Deutschlands fanden sich Menschen, die mit Begeisterung die Vollendung des als Nationaldenkmal betrachteten Doms förderten. Bereits im März 1841 wurde eine Wohltätigkeitsveranstaltung zugunsten des Dombaus in der Nachbarstadt Bonn veranstaltet. An das aus diesem Anlaß aufgeführte Oratorium »Belsazer« von Georg Friedrich Händel erinnert die Federlithographie mit vier musizierenden Engel vor einer Ansicht des unvollendeten Südturms des Doms. Der Verkaufserlös des von dem damals im Kölner Raum vielbeschäftigten Zeichner und Lithographen David Levy-Elkan gestalteten Blattes kam sicher ebenfalls dem Dombau zugute. *D.K.*

208
Erinnerung an die Wahlversammlung des Zentral-Dombauvereins
David Levy-Elkan
(Köln 1808 – 1865 Köln)
1842
Federlithographie;
H. 23,5, Br. 18,3 cm
Hamburg, Museum für Kunst und Gewerbe; Inv.Nr. H 3421

Am 8.12.1841 bestätigte Friedrich Wilhelm IV. von Preußen die Statuten des Zentral-Dombauvereins und übernahm das Protektorat über diesen Verein, der von nun an mit großem Erfolg für die Vollendung und dann –

bis in die Gegenwart – für die Erhaltung der Kirche wirken konnte.
Neben der ideellen und finanziellen Förderung galten die Hauptaufgaben des Vereins der Überwachung der Bauausführung nach dem ursprünglichem Plane sowie der Werbung weiterer Mitglieder. In der überkonfessionellen Gemeinschaft, deren Vorsitz der Erzbischof innehatte, dominierte nicht der engagierte Katholizismus, sondern das liberale Großbürgertum. Die Lithographie Levy-Elkans erinnert an den Zug von Mitgliedern des Zentral-Dombauvereins am 14. Februar 1842 zum Kölner Gürzenich, wo erstmals der vierzigköpfige Vereinsvorstand gewählt wurde. An der Spitze des Zuges gingen ein Musikkorps, Dombauleute mit ihren Werkzeugen und Bannerträger; deutlich erkennbar weist das Vereinsbanner hier noch freie Flächen unter den Wappenschildern auf. Den oberen Abschluß des Blattes bildet eine Teilansicht des unvollendeten Domes. In der Initiale D sind die Wappen der großen Förderer des Domprojekts, u. a. von Bayern und Württemberg, eingezeichnet. D.K.

Lit.: Köln 1980, Bd. 1, Nr. 16.10.

209
Titelblatt der »Kölnischen Zeitung«
vom 4. September 1842
David Levy-Elkan
(Köln 1808 – 1865 Köln)
Federlithographie, Typendruck;
H. 49,0, Br. 33,3 cm
Nürnberg, Germanisches National-
museum; Inv.Nr. HB 9268, Kapsel 1252

209

Das Kölner Dombaufest vom 4. September 1842 vereinte alle ideologischen, politischen, religiösen und sozialen Gruppen Deutschlands in patriotischer Begeisterung – Arme und Reiche, Freireligiöse, Katholiken, Protestanten, Juden, Konservative, Liberale und Demokraten. Joseph Görres, der einstige Herausgeber des »Rheinischen Merkur«, hatte bereits 1814 im Zusammenhang mit der Idee der Errichtung eines Denkmals zur Erinnerung an die Völkerschlacht bei Leipzig auf den Kölner Dom verwiesen.

Seinen Weiterbau bezeichnete er damals nicht nur als »Dankopfer für die Befreiung von französischer Knechtschaft«, sondern auch als Symbol »des neuen Reiches, das wir bauen wollen«. 1842 nannte er in einer Schrift den Dom euphorisch das »Allerdeutschenhaus«. Görres' wortmalerisch formulierter Gemeinschaftsvision entspricht die allegorische Darstellung auf dem Titelblatt der »Kölnischen Zeitung«. Rechts oben sieht man den Kölner Erzbischof Konrad von Hochstaden, der 1248 den Grundstein zur

mittelalterlichen Kathedrale gelegt hatte. Neben ihm blickt der erste Dombaumeister auf einen Plan des Bauwerks. Den mittelalterlichen Gründern gegenüber weiht links der Erzbischof-Koadjutor Johannes von Geissel den Grundstein, den der preußische König Friedrich Wilhelm IV. gelegt hat. Unter diesen beiden Gruppen wehen Fahnen verschiedener deutscher Staaten. Dazwischen sieht man das »ganze Volk« vor der Domsilhouette glückselig vereint in Umarmungen und Treueschwüren. Der

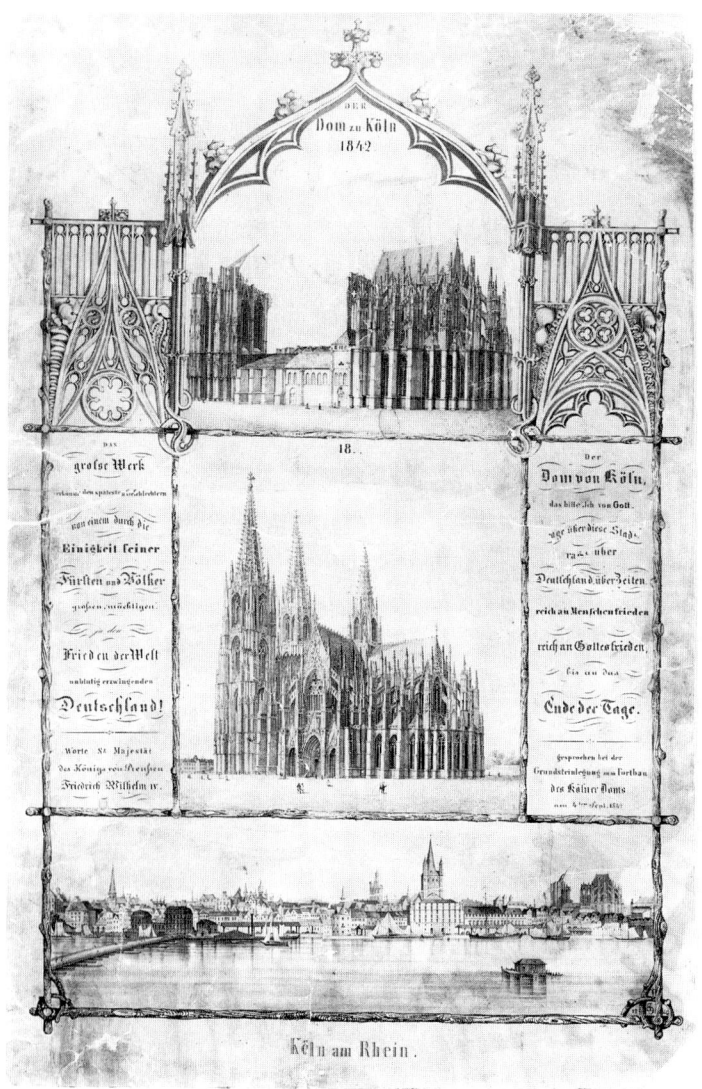

210

stand über einer Stadtansicht von Köln dargestellt. Seitlich stehen Kernsätze aus der Rede, die Friedrich Wilhelm IV. von Preußen bei der Grundsteinlegung gehalten und darin die Einigkeit von Deutschlands Fürsten und Völkern beschworen hatte. Er dominierte bei den Feierlichkeiten unter den 33 erschienenen deutschen Fürsten und demonstrierte den preußischen Führungsanspruch innerhalb der deutschen Nationalbewegung. Zur Vollendung der Kölner Kathedrale steuerte der preußische Staat etwa ein Drittel der Bausumme bei. Durch dieses Engagement nutzte Friedrich Wilhelm IV. den Dombau geschickt als Werbeträger für seine restaurative Politik. Für ihn, der vom Gottesgnadentum zutiefst überzeugt war, bedeutete der Dom als Symbol des Christentums vor allem ein Bollwerk gegen die Revolution, die aus Frankreich über den Rhein gedrungen war. Zwar wurden die Dombaufeste durchgängig als volkstümliche Massenfeste inszeniert, die ihre Wirkung nicht verfehlten, sie dienten dabei aber als konservative Antworten auf Feste der liberal demokratischen Nationalbewegung. Heinrich Heine, der selbst zum Dombau gespendet hat, verband das Dombauprojekt schon 1841 mit seinem Spott auf die unaufrichtige Politik der deutschen Fürsten:

»Der Dom Zu Cöllen wird vollendet,
Den Hohenzollern verdanken wir das
Habsburg hat auch dazu gespendet
Ein Wittelsbach schickt Fensterglas.

Die Konstitution, die Freiheitsgesetze,
Sie sind uns versprochen, wir haben das Wort,
Und Königsworte, das sind Schätze,
Wie tief im Rhein der Nibelungenhort.« *U.P.*

Lit.: Nipperdey 1968, S. 551; Köln 1980, Bd. 2, S. 114ff.; Heine 1997, Bd. 4, S. 415.

211
Die deutschen Fürsten beim Kölner Dombaufest
Monogrammist A. K. (Anton Klaus Althaldensleben 1810 – 1857 Berlin)
Verlag Wilhelm Hermes in Berlin
1842

Dom wird als Symbol des gemeinsamen Vaterlandes gefeiert, als Fundament eines »christlich-deutschen Volksvereins«, wie es in dem Weihegedicht heißt. Die Personifikationen von Rhein, Main, Mosel, Donau, Lech und Elbe wohnen, gemeinsam mit ihren Flußtöchtern, wie Ehrengäste dem überwältigenden Spektakel bei. *U.P.*

Lit.: Nipperdey 1968, S. 550; Köln 1980, Bd. 1, S. 154, Nr. 10.8.

210
Gedenkblatt zum Kölner Dombaufest 1842
Anonym
nach 1842
Kreidelithographie; H. 59,7, Br. 37,5 cm
Nürnberg, Germanisches Nationalmuseum; Inv.Nr. 26820, Kapsel 1252a

Auf dem Gedenkblatt ist der Dom im unvollendeten und im vollendeten Zu-

Federlithographie; H. 42,5,
Br. 32,0 cm
Nürnberg, Germanisches Nationalmuseum; Inv.Nr. HB 20772, Kapsel
1316

Die nationale Euphorie des Kölner
Dombaufests von 1842 bildet den
Hintergrund für eine Versammlung der
gekrönten Häupter Deutschlands. Vor
einer großen Deutschlandkarte mit einer Demarkationslinie nördlich des
Mains erklärt Fürst Metternich seinen
Plan zur Aufteilung Deutschlands unter
den Großmächten Österreich und
Preußen. Mit seinem Sektglas prostet
er dem preußischen König zu und er-
muntert ihn, den »Königskuchen« zu
zerteilen. Links protestieren zwar drei
Monarchen gegen den Verlust ihrer
Kronen, die Mehrzahl ist jedoch auf
ihren Vorteil bedacht und verpfändet
die Insignien an jüdische Wucherer.
Der preußisch-österreichische Konflikt
um die Vorherrschaft wird am oberen
und unteren Bildrand noch einmal
sinnbildlich beschrieben: Während
oben der Preußenadler die Wappen-
tiere von Sachsen, Mecklenburg,
Hannover, Hessen, der Freien Städte
und zahlreicher Kleinstaaten unter seine Fittiche bringt, versucht unten der
österreichische Doppeladler Bayern
und Württemberg als Beute zu ergreifen. Das Blatt spiegelt das allgemeine
Mißtrauen gegen die Großmacht- und
Partikularinteressen der deutschen Fürsten, die sich aus Anlaß des Dombau-
festes im Brühler Schloß zu einem Ban-
kett versammelt hatten. Als Hauptgeg-
ner der deutschen Einheit werden jedoch Metternich und der österreichische Kaiserstaat denunziert. *R.S.*

Lit.: Köln 1980, Nr. 10.9; Karlsruhe
1984, Nr. 30.

212
*Eintracht und Ausdauer – Erinnerung
an die sechste Säkularfeier der
Grundsteinlegung zum Kölner Dom,
1848*
Peter Herwegen (Köln 1814 –
1893 München)
Druck von J. B. Kuhn in München
Federlithographie; H. 43,9,
Br. 60,8 cm
Hamburg, Museum für Kunst und Ge-
werbe; Inv.Nr. EG 1994.01,418

211

»Der Empfang in Köln war echt und
wahr im rasenden Enthusiasmus [...].
Nach sechshundert Jahren auf den
Tag, ihren Dom, das Weltwunder, zum
ersten Male in seiner ganzen Größe
dem Gottesdienst geweiht zu sehen
und das hauptsächlich durch meine
Hilfe, das entzündete die Koloniaten«
(zit. nach Jessen 1973, S. 191). Mit
diesen Worten berichtete der preußische König Friedrich Wilhelm IV. seiner
Schwester über einen Gottesdienst,
der im Rahmen der vom 14.-16. August 1848 dauernden Festveranstal-
tungen zur 600jährigen Wiederkehr
der Grundsteinlegung des Kölner
Doms stattfand. Diese Szene und weitere Episoden des bedeutenden Ereig-
nisses hat Peter Herwegen in dem Erinnerungsblatt überliefert. Die drei
mittleren Bildfelder zeigen einen Pro-
zessionszug im Inneren der Domkir-
che; noch ist das Mittelschiff ober-

halb des Triforiums mit einem provisorischen Dachstuhl versehen, während
das nördliche Seitenschiff bereits ein-
gewölbt ist. In den übrigen Bildfeldern werden die Ankunft der Abgeordneten, die Feier vor dem unvollendeten Turm, der Fackelzug zum Hotel
des Reichsverwesers sowie ein Essen
im Gürzenich und ein nächtliches
Feuerwerk dargestellt. Das obere Mittelfeld zeigt die Kirche im damaligen
Bauzustand, wobei die Fortschritte
am Südquerhaus erkennbar sind. Diese Einzelszenen werden von einem
historisierenden, mit Figuren und
Wappen versehenen Rahmengerüst
zusammengefaßt. Zu diesem Fest waren zum einzigen Mal alle wichtigen
politischen Vertreter Deutschlands an
einem Ort versammelt: die Mitglieder
der Frankfurter Nationalversammlung,
das Reichsministerium, der Reichsverweser Erzherzog Johann von Öster-

reich, der päpstliche Nuntius und
zahlreiche Bischöfe, die Abgeordneten der preußischen Nationalversammlung und vor allem König Friedrich Wilhelm IV. Angesichts der zu-
nehmenden Probleme der Parlamentarier und der sich gleichzeitig neu for-
mierenden reaktionären Kräfte lag eine spannungsvolle Erwartung über
der Veranstaltung. Herwegen vermittelt den Eindruck eines »unter dem
Dach der Kirche« harmonisch ablau-
fenden Treffens. Dabei ist auffallend,
daß die Prozession den Mittelpunkt
bildet. Dies war aus kirchlicher Sicht
durchaus gerechtfertigt, stellten doch
die Aktivitäten des Kölner Erzbischofs
von Geissel und zahlreicher anderer
Würdenträger eine weit über Köln
hinaus wirkende Demonstration des
neu gefestigten deutschen Katholizismus dar. *D.K.*

Lit.: Jessen 1973; Dann 1983,
S. 90f.; Hamburg 1995, S. 96f.

213
Papst-Adresse an Pius IX. 1848
Peter Deckers
(Hulm 1823 – 1876 Köln)
nach David Levy-Elkan
(Köln 1808 – 1865 Köln)
Druck von David Levy-Elkan in Köln
Farblithographie; H. 50,5, Br. 37 cm

Zu den herausragenden Aktivitäten
anläßlich der sechsten Säkular-Feier
der Grundsteinlegung des Kölner
Doms gehörte eine von David Levy-
Elkan illuminierte Adresse, die Papst
Pius IX. in Rom übergeben wurde. Von
der künstlerischen Ausführung stark
beeindruckt, entschloß man sich, die
bedeutendsten Blätter daraus zu litho-
graphieren. Damit sollte den Initiato-
ren und Finanziers des Geschenks ein
Andenken daran bleiben.
    Die Adresse enthält außer dem Wid-
mungs- und dem Schlußblatt auf vier
Seiten eine Geschichte des Doms in
lateinischer Sprache. Das Widmungsblatt zeigt in der großen Initiale P (Pio
IX.) die Schlüsselübergabe an Petrus,
den Patron des Doms. Rechts unten ist
die Grundsteinlegung des Jahres 1248
dargestellt, bei der Erzbischof Konrad
von Hochstaden von dem vor ihm
knienden Baumeister den Hammer

213

überreicht bekommt. Über dieser Szene präsentieren zwei Engel ein ver-
goldetes Modell des Doms in seiner
vollendeten Gestalt. Den unteren Abschluß des Blattes bildet eine Ansicht
der Stadt Köln nach dem großen Holzschnitt von Anton Woensam aus dem
Jahr 1531. Um diese Einzelszenen ist
ein ornamentaler Rahmen mit den Bildnissen Kölner Heiliger angeordnet,
neben den obligatorischen Heiligen
Drei Königen u. a. Heribert, Anno
und Ursula. Das Programm für dieses
Widmungsblatt sowie für die gesamte Adresse war von einem Komitee erarbeitet worden, das Levy-Elkan die
Ausführung übertrug. (Die in der For-

schung diskutierte Beteiligung des Johann Anton Ramboux an der Ausgestaltung ist bislang nicht zu belegen.)
Die Papst-Adresse des Jahres 1848
dokumentiert die damals besonders
enge Verbundenheit der rheinischen
Katholiken zum römischen Oberhaupt.
Pius IX. stand den Kölnern emotional
näher als der protestantische Landesherr Friedrich Wilhelm IV. Pikanter-
weise war es nicht der Papst, sondern
der Preußenkönig, dessen enorme finanzielle Unterstützung den Fortgang
der Dombauarbeiten ermöglichte.
D.K.

Lit.: Gierse 1986, S. 47ff.

Markt Platz zu Nürnberg.

214

Weg in die Burg

215

tischen Besinnung auf »vaterländische« Altertümer stellte er häufig mittelalterliche Architekturen und Stadtansichten dar. Seine Ansicht des Nürnberger Hauptmarktes hat er mit Staffagefiguren im Kostüm des 17. Jahrhunderts bevölkert, die das pittoreske Motiv der ehemaligen freien Reichsstadt als ein wahres Bürgerforum verlebendigen. Für die Romantiker war Nürnberg der Inbegriff altdeutschen Städtegeistes. In der in Gotha erschienenen Zeitschrift »Deutschland« wurde 1805 ein Artikel veröffentlicht, der die enge Verbundenheit von Stadtregiment und Bürgerschaft im alten Nürnberg hervorhob. Damals seien innere Würde und Tugend die Voraussetzung für die Wahl zum Ratsherren gewesen. In Nürnbergs Blütezeit, so hieß es, förderte der allgemeine Wohlstand »eine unvergleichliche Vaterlandsliebe«. Der Förderung bürgerlicher Tugenden und patriotischer Gesinnung sollte auch das 1812 und 1813 von dem Buchhändler Johann Leonhard Schrag veröffentlichte »Nürnbergische Taschenbuch« dienen, dessen Autor der Diakon Johann Ferdinand Roth war. Er pries die Verfassung der alten Reichsstadt als wahrhaft demokratisch, da sie ihre Vertreter im Rate aus der Mitte des Volkes genommen habe. Die Begeisterung für Nürnberg bedeutete ein politisches Bekenntnis. Bezeichnenderweise fühlten sich insbesondere die liberal Gesinnten zum romantisch verklärten Nürnberg hingezogen, während Köln mit seinem mittelalterliche Hierarchien verkörpernden Dom mehr die Sympathien restaurativ eingestellter Kreise gewann. *U.P.*

Lit.: Grote 1967, Abb. des Motivs von Quaglio in einem Nachstich von I. Bergmann von 1833, S. 40; zum Zitat von Wackenroder s. ebd. S. 27; vgl. ebd. S. 36, 42 u. 94.

215
Weg in die Burg
Johann Jakob Kirchner (Nürnberg 1796 – 1837 Nürnberg)
um 1820
Radierung; H. 26,6, Br. 31,8 cm
Nürnberg, Germanisches Nationalmuseum; Inv.Nr. K 23295, Kapsel 262

214
Hauptmarkt zu Nürnberg
Domenico Quaglio (München 1787 – 1837 Schloß Hohenschwangau)
1819
Kreidelithographie; H. 56,3, Br. 74,3 cm

Nürnberg, Germanisches Nationalmuseum; Inv.Nr. L 4265, Kapsel 1021

Quaglio zählt zu den bedeutenden Vedutenmalern und Lithographen der Romantik. Im Zuge der nationalroman-

216

Die romantische Entdeckung Nürnbergs als Inbegriff der »altdeutschen« Stadt wurde schon am Ende des 18. Jahrhunderts von Ludwig Tieck und Wilhelm Heinrich Wackenroder literarisch vorbereitet aber erst nach dem Ende des Reiches und der Reichsstadt (1806) künstlerisch nachvollzogen. Christian Xeller und eine junge Generation Nürnberger Künstler – J. C. und G. C. Wilder, J. A. Klein, J. C. Erhard, J. J. Kirchner und C. Wießner – entdeckten den malerischen Reiz des mittelalterlichen Stadtbilds und der Denkmäler, die oft von Verfall oder Zerstörung bedroht waren. Kirchner, der in Wien mit den Brüdern Olivier und Joseph Anton Koch in Berührung gekommen war, gibt in seinen Radierungen zur Nürnberger Burg mehr als eine Bestandsaufnahme. Er zeigt den Burgaufgang am Ölberg, märchenhaft ausstaffiert mit einer Jagdgesellschaft und Spaziergängern im Kostüm des frühen 16. Jahrhunderts. Als vermeintliche Glanzzeit Nürnbergs wird die Dürerzeit beschworen. In der romantischen Verklärung der Vergangenheit spiegelt sich eine utopische Zukunftsvision: Nürnberg, Aufbewahrungsort der Reichskleinodien und häufiger Aufenthalt des Kaisers, stand nicht nur für die alte Kaiserherrlichkeit, sondern zugleich auch für ein selbstbewußtes, wohlhabendes Bürgertum, prosperierende Wirtschaft und ein reiches Kunstleben. Dieses Idealbild war im Vormärz offen für nationale Projektionen und Hoffnungen des liberalen Bürgertums. Auf ihm basiert auch der Vorschlag des Freiherrn von Aufseß aus dem Jahr 1848, die Nürnberger Burg zur Residenz des zukünftigen deutschen Kaisers zu machen. *R.S.*

Lit.: Grote 1967, S. 72; Mende 1996, S. 164f.

216
»An Nürnberg«
Gedicht König Ludwigs I. von Bayern mit Randverzierungen von Carl Alexander von Heideloff (Stuttgart 1789 – 1865 Haßfurt)
1839
Deckfarben, Typendruck; H. 89,5, Br. 67,5 cm
Nürnberg, Museen der Stadt Nürnberg; Inv.Nr. Gm 6

In 15 Strophen besingt Ludwig I. die Stadt Nürnberg und bringt dabei seine romantische Mittelalterbegeisterung zum Ausdruck:
»Nürnberg, einzig bist auch du zu nennen,
Du, des Mittelalters treues Bild
Du allein von allen lehrst es kennen
Das Verlangen wird in Dir gestillt.
Wie Pompeji zeigt des Römers Leben, sich in dir die alte Teutsche Zeit;

Wiederum als Gegenwart gegeben
Ist die glänzende Vergangenheit...«
Das Lobgedicht war 1834 als Schmuckblatt im Verlag von Friedrich Campe erschienen und dem Magistrat dediziert worden. Dieser ließ es von dem Architekten Heideloff mit historischen, topographischen und allegorischen Randverzierungen versehen. Wie im Gedicht sind reichsstädtische Vergangenheit und bayerische Gegenwart programmatisch in Beziehung zueinander gesetzt. Die Freie Reichsstadt war 1806 zur bayerischen Provinzstadt geworden. Barthold Georg Niebuhr, der preußische Gesandte beim Vatikan, beklagte 1816 bei seinem Besuch in Nürnberg, daß das Rathaus völlig ausgeräumt, die reichsstädtischen Embleme entfernt und mittelalterliche Kirchen zum Abbruch freigegeben worden waren. Erst nach der Thronbesteigung Ludwigs I. 1825 wurde den Kunst- und Baudenkmälern und dem mittelalterlichen Stadtbild Nürnbergs denkmalpflegerische Beachtung geschenkt. Die Restaurierungen leitete Carl Alexander Heideloff, der 1837 zum Konservator der mittelalterlichen Kunst- und Baudenkmale in Nürnberg ernannt wurde. *U.P.*

Lit.: Grote 1967, S. 33f.; München 1986, Bd. 8, S. 318, Nr. 494, Farbabb. S. 303.

Die Brüder Grimm

Mehr als andere deutsche Gelehrte ihrer Zeit haben die Brüder Jacob (1785 – 1863) und Wilhelm Grimm (1786 – 1859) mit ihren umfangreichen sprach- und kulturwissenschaftlichen Werken zur Entwicklung des deutschen Nationalbewußtseins beigetragen. Als Schüler Friedrich Carl von Savignys (1779 – 1861), des Begründers der historischen Schule der Rechtswissenschaft, und in engem Kontakt mit der romantischen Bewegung wandten sie sich der Erforschung der deutschen Sprache und Dichtung, der Grammatik, der Mythologie, des Rechts und der Sitten zu. Aus der Zusammenschau dieser Elemente entstand die Vorstellung von einer historisch tief verwurzelten deutschen Nationalkultur, die auch das politische Bewußtsein der deutschen Einheitsbewegung des Vormärz und der Revolution von 1848 prägte. Standen die Sammlungen der »Kinder- und Hausmärchen« (1812) und der »Deutschen Sagen« (1816 – 1818) noch ganz im Zusammenhang der Poesie und Poetik der Romantik, so entwickelte Jacob Grimm in seiner »Deutschen Grammatik« (1819) eine neue empirisch-kritische Methode der deutschen Philologie. Die sprachgeschichtliche Analyse erschließt hier das System der grammatischen Formen. Grimm arbeitet die Einheit der germanischen Sprachen und Dialekte heraus – er nennt sie schlicht »deutsch« –, und dieser Einheit entspricht die Vorstellung von einem gemeinsamen »deutschen Altertum«, in dem sich die nationale Eigentümlichkeit besonders rein ausgeprägt habe. Wie in der Sprache, so spiegeln sich für Jacob Grimm in den »Deutschen Rechtsalterthümern« (1828) und in der »Deutschen Mythologie« (1835) Eigenart und Geschichte des deutschen Volkes. Aus bestehenden Rechtsbräuchen und Glaubensüberzeugungen schließt er auf eine vergangene Welt, deren Spuren noch immer erkennbar und entwick-

WILHELM GRIMM.   JACOB GRIMM.

Nach Biow gest v. L. Sichling.

Verlag von S. Hirzel in Leipzig.
Druck v. F. A. Brockhaus.

lungsfähig sind. Seine »Geschichte der deutschen Sprache« (1848) verstand Jacob Grimm nicht zuletzt als seinen Beitrag zur politischen Definition der deutschen Nation. Das große Jahrhundertwerk des »Deutschen Wörterbuchs« (Bd. 1, 1854) schließlich sollte die deutsche Sprache auf eine höhere Stufe heben und detailliert die historischen Wurzeln aufzeigen.

Als Hauptvertreter einer national orientierten Gelehrsamkeit und Mitbegründer der »Germanistik« genossen die Brüder Grimm am Vorabend der Revolution nicht nur wissenschaftlich, sondern auch politisch höchste Anerkennung. Sie hatten am 18. November 1837 gemeinsam mit Friedrich Christoph Dahlmann, Georg Gottfried Gervinus, dem Juristen Wilhelm Eduard Albrecht, dem Orientalisten Georg Heinrich August Ewald und dem Physiker Wilhelm Eduard Weber (die »Göttinger Sieben«) eine Erklärung gegen den Verfassungsbruch des Königs von Hannover unterschrieben und waren daraufhin ihrer Ämter enthoben worden. Jacob Grimm wurde nicht nur 1846 zum Präsidenten der Germanistenversammlung in

Frankfurt erhoben – genauso übrigens 1847 bei der zweiten Versammlung in Lübeck –, sondern er wurde 1848 auch als Abgeordneter des Wahlkreises Essen der preußischen Rheinprovinz in die deutsche Nationalversammlung gewählt und erhielt einen Ehrenplatz in der Paulskirche. Er ergriff dort mehrmals das Wort, am prominentesten wohl am 4. Juli 1848 im Zusammenhang der Grundrechtsdebatte. Hier bemerkte er u. a.: »Zu meiner Freude hat in dem Entwurf des Ausschusses unserer zukünftigen Grundrechte die Nachahmung der französischen Formel ›Freiheit, Gleichheit und Brüderlichkeit‹ gefehlt. Die Menschen sind nicht gleich, wie neulich schon bemerkt wurde, sie sind auch im Sinne der Grundrechte keine Brüder; vielmehr die Brüderschaft – denn das ist die bessere Übersetzung – ist ein religiöser und sittlicher Begriff, der schon in der heiligen Schrift enthalten ist. Aber der Begriff von Freiheit ist ein so heiliger und wichtiger, daß es mir durchaus nothwendig erscheint, ihn an die Spitze unserer Grundrechte zu stellen. Ich schlage also vor, daß der Artikel I des Vor-

schlages zum zweiten gemacht, und dafür ein erster folgenden Inhalts eingeschaltet werde: ›Alle Deutschen sind frei, und deutscher Boden duldet keine Knechtschaft. Fremde Unfreie, die auf ihm verweilen, macht er frei‹« (Stenographische Berichte I, 737). Sein Antrag fand allerdings keine Mehrheit. Am 2. Oktober schied Jacob Grimm aus Protest über die Entscheidung der Paulskirche zur Schleswig-Holstein-Frage aus dem Parlament aus, zog sich damit aber keineswegs endgültig aus der Politik zurück. Er hatte dem rechten Zentrum der Versammlung, der Fraktion »Casino« angehört, aber 1858 äußerte er in einem Brief an Georg Waitz über die politische Situation in Deutschland die berühmt gewordenen Worte: »Es kann nur durch rücksichtslose Gewalt geholfen werden. Je älter ich werde, desto demokratischer gesinnt bin ich. Säße ich nochmals in einer Nationalversammlung, ich würde viel mehr mit Uhland, Schoder stimmen, denn die Verfassung in das Geleise der bestehenden Verhältnisse zu zwängen, kann zu keinem Heil führen…«.

A.R.

217 (Abb. S. 291)
Doppelporträt Jacob und Wilhelm Grimm
Lazarus Gottlieb Sichling
(Nürnberg 1812 – 1863 Leipzig)
nach Hermann Biow
um 1854
Stahlstich; H. 29,5, Br. 21,2 cm
Nürnberg, Germanisches Nationalmuseum; Inv.Nr. P 8094, Kapsel 787

Das Doppelporträt der Gelehrten erschien 1854 als Frontispiz zum ersten Band des »Deutschen Wörterbuchs«. Es zeigt das Brüderpaar im Alter von etwa 65 Jahren. Jacob steht im schlichten Gehrock vor einer Draperie, den Kopf leicht zu dem sitzenden Bruder geneigt. Obwohl beide durch Kleidung und Armhaltung eng aufeinander bezogen sind, erscheint Jacob als der überragende Kopf, Wilhelm als der bescheidenere Mitarbeiter.

Mit scharfem Detailnaturalismus reproduziert der Stahlstich seitenverkehrt eine Daguerrotypie von Hermann Biow (1804 – 1850) aus der Zeit um 1847/48. Biow, ursprünglich Miniaturmaler, dann Inhaber eines der ersten deutschen Photoateliers in Hamburg, war 1847 von Friedrich Wilhelm IV. angeregt worden, die bedeutendsten deutschen Persönlichkeiten aus Wissenschaft und Kunst in Daguerrotypien festzuhalten. Daraus entstand sein Plan einer »Deutschen National-Gallerie«. 1848 hielt sich Biow in Frankfurt auf, um die Abgeordneten der Nationalversammlung zu photographieren. Nach diesen Aufnahmen entstand das Album »Die Männer des deutschen Volks besonders nach Biow's Lichtbildern auf Stein gezeichnet von Schertle und Hickmann oder Deutsche National-Gallerie«, Frankfurt 1849. *R.S.*

218a
Schreibtisch von Wilhelm Grimm
um 1840
Nadelholz, Mahagonifurnier; H. 80, Br. 153, T. 81 cm
Nürnberg, Germanisches Nationalmuseum; Inv.Nr. HG 11317
(Inhalt Hg. 11276 – 11315)

218b
Schreibtischstuhl
um 1840
Nadelholz, Mahagonifurnier, Rohrpolster; Sitzh. 37, Lehne 96, Sitzbr. 57, T. 44 cm
Nürnberg, Germanisches Nationalmuseum; Inv.Nr. Hg. 113118

Das schlichte biedermeierliche Gebrauchsmöbel diente Wilhelm Grimm während seiner Berliner Zeit – seit 1841 – als Arbeitstisch. Einen identischen Schreibtisch benutzte Jacob Grimm, dessen Arbeitszimmer in der

219a

219b

293

221

Wohnung in der Linkstraße 7 unmittelbar neben dem des Bruders lag (vgl. Kat. 219b). Gemeinsam arbeiteten die Gelehrten hier an den ersten Bänden des »Deutschen Wörterbuchs«. Die Schreibtische mit den zugehörigen Stühlen wurden 1865 von Wilhelms Sohn, Hermann Grimm, dem Germanischen Nationalmuseum übergeben. Dort wurden sie im Vorraum der Bibliothek aufgestellt »und zwar ganz so eingerichtet und ausgestattet, wie dies bei deren Lebzeiten der Fall war.« Zahlreiche kleine Erinnerungsgegenstände und eine genaue Beschreibung, wie diese auf den Schreibtischen angeordnet waren, waren Bestandteil der Schenkung. Die Schreibtische, die in der Familie mit Ehrfurcht behandelt worden waren, sollten als Museumsstücke die Erinnerung an das reiche Lebenswerk der beiden Gelehrten wachhalten. *R.S.*

Lit.: Zwölfter Jahresbericht des Germanischen Nationalmuseums zu Nürnberg. Nürnberg 1866, S. 7; Hansen 1963, S. 240ff.; Nürnberg 1995, Nr. 45 – 47.

219a
Das Arbeitszimmer Jacob Grimms
Moritz Hoffmann (Artern 1823 – 1896 Berlin)
1860
Feder in Braun und Grau, Aquarell, Deckfarben; H. 35,9, Br. 45,1 cm
Nürnberg, Germanisches Nationalmuseum; Inv.Nr. Hz 5214, Kapsel 1551a

219b
Das Arbeitszimmer Wilhelm Grimms
Moritz Hoffmann (Artern 1823 – 1896 Berlin)
1860
Feder in Braun und Grau, Aquarell, Deckfarben; H. 35,8, Br. 44,8 cm
Nürnberg, Germanisches Nationalmuseum; Inv.Nr. Hz 5216, Kapsel 1551a

Jacob und Wilhelm Grimm lebten seit 1841 in Berlin, seit 1846 in der Wohnung Linkstraße 7, in der Nähe des Potsdamer Bahnhofs. Ihre Arbeitszimmer grenzten unmittelbar aneinander und waren durch eine Flügeltür verbunden. Nach Wilhelms Tod im Jahr 1859 wurde der Porträtmaler und Photograph Moritz Hoffmann beauftragt, den Zustand der Zimmer in Aquarellen genau zu dokumentieren. Drei dieser Zimmerbilder besitzt das Germanische Nationalmuseum (Hz 5214 – 5216). Mit dem Bild der Arbeitsräume hat der Maler einen Abdruck der Persönlichkeiten festgehalten: Von Jacobs »viereckiger Bücherwohnung« unterscheidet sich Wilhelms Arbeitszimmer durch biedermeierliche Behaglichkeit. Bücherregale, Schreibutensilien, Briefschaften, Manuskripte und Zettel – im Vordergrund ein Handexemplar des »Deutschen Wörterbuchs« – kennzeichnen die nüchterne Arbeitsatmosphäre. Die übrige Ausstattung – Kopien von Raphaels »Sixtinischer Madonna« und Dürers Münchener Selbstbildnis, Gipsbüsten von Goethe und dem Bruder Jacob, Zeichnungen des Bruders Ludwig Emil, ein Teilabguß von Thorvaldsens Alexanderfries – spiegelt die persönlichen Bindungen und den Kunstgeschmack des Verstorbenen. *R.S.*

Lit.: Hansen 1963, S. 240ff.; Nürnberg 1995, Nr. 45 – 47, S. 106ff.

220
Brief von Jacob Grimm an Carl August Hahn, Heidelberg
Göttingen 19. Juni 1833
Nürnberg, Germanisches Nationalmuseum; Autographen Z.R. 5657 c

Carl August Hahn (Heidelberg 1807–1857 Wien), ursprünglich klassischer Philologe, dann Hauslehrer für deutsche Sprache in der französischen Schweiz, hatte sich im Mai 1833 an Jacob Grimm gewandt. Er bat um Ratschläge zur Beschäftigung mit deutschen Sprachdenkmälern des Mittelalters. Im vorliegenden Brief gab ihm Grimm einige »leitende vorschläge«: Hahn solle viel lesen und abschreiben und sich »collectaneen« anlegen. Hahn wurde ein eifriger, pedantischer Wissenschaftler und treuer Anhänger Grimms. Grimms Hinweis, daß seine eigene Grammatik nicht für den Unterricht berechnet sei, nahm er zum Anlaß, selbst Grammatiken zu verfassen, die gerade dazu dienen konnten. In seinen Manuskripten bediente sich Jacob Grimm der lateinischen, nicht der deutschen Kurrentschrift. Seit der zweiten Auflage des ersten Bandes der »Deutschen Grammatik« (1822) wählte er auch im Druck die Antiqua und entschied sich für die Kleinschreibung der Substantive. *A.R.*

Lit.: ADB X, 369.

221
Kinder- und Haus-Märchen
Gesammelt durch die Brüder Grimm
Bd. 1, Berlin, Realschulbuchhandlung, 1812
Nürnberg, Germanisches Nationalmuseum; Sign. 8° N 266

222
Jacob Grimm
Deutsche Grammatik
Bd. 1, Göttingen, Dieterich, 1819
Nürnberg, Germanisches Nationalmuseum; Sign. 8° N 561

223
Jacob Grimm
Deutsche Rechtsalterthümer
Göttingen, Dieterich, 1828
Nürnberg, Germanisches Nationalmuseum; Sign. 8° R 484r

224
Jacob Grimm
Deutsche Mythologie
Göttingen, Dieterich, 1835
Nürnberg, Germanisches Nationalmuseum; Sign. 8° Rl. 80e

225
Jacob Grimm
Geschichte der deutschen Sprache
2. Auflage, Bd. 1, Leipzig, S. Hirzel, Leipzig, 1853 (1. Aufl. 1848)
Nürnberg, Germanisches Nationalmuseum; Sign. 8° Sp 328

In diesem Werk versucht Grimm von der Geschichte der Sprache unmittelbar auf die Geschichte der Nation zu schließen. Bemerkenswert ist, daß er hier, wie schon auf der Germanistenversammlung 1846, »zugunsten der großen wirkung des ganzen« der herrschenden Schriftsprache das legitime Übergewicht über die Dialekte zuspricht – ein Gedanke, den er früher scharf abgelehnt hatte. Grimm bezeichnet sein Buch als »durch und durch politisch«, zumindest für den, der »aus seinem inhalt aufgabe und gefahr des vaterlandes ermessen« wolle. *A.R.*

226
Jacob Grimm und Wilhelm Grimm
Deutsches Wörterbuch
Bd. 1, Leipzig, S. Hirzel, 1854
Nürnberg, Germanisches Nationalmuseum; Sign. 8° Sp 328

Das »Deutsche Wörterbuch« wurde von Jacob und Wilhelm Grimm nach der Entlassung in Göttingen und der Ausweisung aus Hannover begonnen und als Projekt zuerst 1846 auf dem Germanistentag in Frankfurt öffentlich vorgestellt. *A.R.*

Die erste Germanistenversammlung in Frankfurt 1846

Nach dem Vorbild der Versammlungen der deutschen Naturforscher und Ärzte, die sich bereits seit 1822 jährlich zu nationalen Konferenzen trafen, und der deutschen Philologen und Schulmänner, die 1837 ihre erste Tagung abhielten, traten die Germanisten vom 24. – 26. September 1846 in Frankfurt am Main zusammen. Unter »Germanistik« verstand man zunächst eine Schule der Rechtswissenschaft, und in der Tat ging die Initiative von dem Juristen August Ludwig Reyscher (1802 – 1880) aus.

Zu Anfang des Jahrhunderts hatte sich die historische Schule der Rechtswissenschaft herausgebildet, deren einflußreichster Vertreter Friedrich Carl von Savigny (1779 – 1861) war. Er verfolgte das Ziel, jenseits aller traditionellen Umdeutungen und Interpretationen zu einem ursprünglichen, reinen römischen Recht zu finden. Dagegen regte sich Widerspruch: Es müsse im Recht sehr wohl eine Fortentwicklung geben, und diese dürfe auch durch Gesetzbücher forciert werden. Karl Friedrich Eichhorn (1781 – 1854) versuchte, dem Klassizismus des römischen Rechts eine Klassik des deutschen Rechts gegenüberzustellen: Das deutsche Recht habe bereits im 13. Jahrhundert eine Eigenständigkeit besessen, an die wiederanzuknüpfen sich heute lohne. Andere Juristen, wie der genannte August Ludwig Reyscher, Wilhelm Eduard Wilda (1800 – 1856) und C. Georg Beseler (1809 – 1888), entwickelten den Gedanken einer eigenständigen deutschen Rechtstradition weiter und forderten eine Gesetz-gebung im Geist dieser Tradition. So wurde die Forderung nach »germanischen« Schwurgerichten im Vormärz und 1848 allgemein erhoben. Propagiert wurde auch die typisch »deutsche« Rechtsform der Gilden und Genossenschaften.

Zur Germanistenversammlung waren auch die Vertreter der deutschen Philologie und die Historiker eingeladen. In der Geschichtswissenschaft standen sich verschiedene Richtungen gegenüber. Auf der einen Seite formulierten liberale Historiker wie Dahlmann oder Gervinus ein unumwunden poltisches Programm, auf der anderen Seite legte der etablierte Historismus entscheidendes Gewicht auf die neue Methode der Quellenkritik und auf Editionstechniken. Bahnbrechend war die Edition der Schriftquellen des deutschen Mittelalters in den »Monumenta Germaniae Historica«, deren erster Band 1826 erschien. Andere Vorhaben, wie die Edition der Reichstagsakten, wurden auf dem Germanistentag präsentiert.

Zum Vorsitzenden der Versammlung wurde Jacob Grimm gewählt. Er vertrat nicht nur die Sprachwissenschaft, sondern ein breites Feld »deutscher Studien«, die geeignet waren, der Kulturnation, die eine Staatsnation werden wollte, bei der Entwicklung eines gemeinsamen Bewußtseins zu helfen. Der Germanistentag trat im wiederhergestellten Kaisersaal des Frankfurter Römer zusammen. Die »Illustrirte Zeitung« berichtete: »Der Senat der freien Stadt hatte dazu in dem ehrwürdigen Römer den prachtvollen Kaisersaal bewilligt, in den Niemand eintreten konnte, ohne feierlich gestimmt zu werden. Welche Erinnerungen wurden dadurch mit einem Mal geweckt und während der Dauer aller Sitzungen unterhalten! Es war, wie sich Uhland in diesen Tagen öffentlich ausdrückte, als ob einzelne Kaiser aus ihrem Rahmen sprängen und unter die Versammelten träten, sie mit ihrem bloßen Blick anzufeuern oder zu zügeln.« Reyscher nahm in seinen Eröffnungsworten viel nüchterner auf den Kaisersaal Bezug; er hatte praktischere Dinge, vor allem die Reform des deutschen Rechts im Sinn. Nach Jacob Grimm kam Ludwig Beseler mit einem Vortrag über die schleswig-holsteinische Frage, ein hochaktuelles politisches Thema, zu Wort. In einem kritischen Rückblick stellte der Flensburger Arzt und politische Schriftsteller Claus Manicus fest: »Jetzt gerade beginnen in Deutschland die Früchte des Germanismus zu reifen. Bei Lichte betrachtet ist der ganze Reichstag in Frankfurt nichts Anderes, als eine Fortsetzung der früheren Germanistenversammlungen […] nur dass sie jetzt offen politisch und exekutiv sind, was sie damals verstohlen waren. So lange sie Fragen behandelten oder noch behandeln, die nur Deutschland betreffen, kann man gegen ihr Einheitsstreben und die Regenerationspläne Nichts einwenden […]; aber ihr Gelüste geht im Grunde ganz anderswo hin, nemlich auf eine Hegemonie in Europa« (Hinrichsen 1848, S. Vf.). In der Tat trafen sich 22 der 215 Teilnehmer der Germanistenversammlung als Abgeordnete in der Paulskirche wieder. *A.R.*

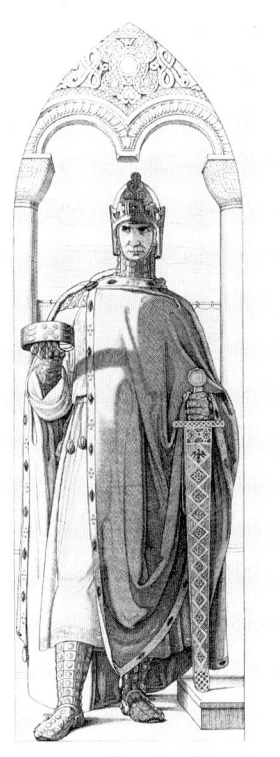

227a

227b

227c

227a
Friedrich I.
Christian Siedentopf
(Frankfurt 1818 – 1884 Frankfurt)
nach Carl Friedrich Lessing
Stahlstich; H. 47,5, Br. 34,5 cm
Nürnberg, Germanisches National-
museum; Inv.Nr. K 19612, Kapsel
1494

227b
Friedrich II.
Christian Siedentopf
(Frankfurt 1818 – 1884 Frankfurt)
nach Philipp Veit
(Berlin 1793 – 1877 Mainz)
Stahlstich; H. 49,5, Br. 34,5 cm
Nürnberg, Germanisches National-
museum; Inv.Nr. K 19609, Kapsel
1494

227c
Otto I.
Christian Siedentopf
(Frankfurt 1818 – 1884 Frankfurt)
nach Philipp Veit
Stahlstich; H. 50,0, Br. 32,5 cm
Nürnberg, Germanisches National-
museum; Inv.Nr. K 19610, Kapsel
1494

Der Kaisersaal im Frankfurter Römer,
bei den Kaiserkrönungen des alten
Reiches Schauplatz des zeremoniel-
len Krönungsmahls, wurde auf Anregung eines Bürgerkomitees seit 1839
mit 42 lebensgroßen Bildern der
deutschen Kaiser von Karl d. Gr. bis
Franz II. ausgestattet. Das Unternehmen wurde finanziert von regierenden Fürsten und Stadtstaaten des
Deutschen Bundes, aber auch von
bürgerlichen Vereinigungen, z. B.

Kunstvereinen, und von einzelnen Privatpersonen. Maßgeblich beteiligt
waren der nazarenische Künstlerkreis
um Philipp Veit (Veit, Steinle, Rethel,
Passavant, Ballenberger, Ihlée u.a.),
Düsseldorfer Maler (Lessing, Bendemann, Clasen, Hübner, Mücke u.a.)
und Künstler aus München, Österreich
und Oberitalien. Veits »Friedrich II.«
(1840) wurde gestiftet von Alexander
und Franz von Bernus, sein »Otto d.
Gr.« (1843) von Friedrich Wilhelm IV.,
Carl Friedrich Lessings »Barbarossa«
von den Hansestädten Hamburg und
Lübeck. Halb Ahnengalerie regierender Dynastien, halb »Nationaldenkmal« am Ort der Kaiserkrönungen
und am Sitz des Bundestags, hatte
die Ausstattung des Kaisersaals sowohl Metternichs Zustimmung gefunden, als auch bürgerlich-nationales
Geschichtsbewußtsein angesprochen.

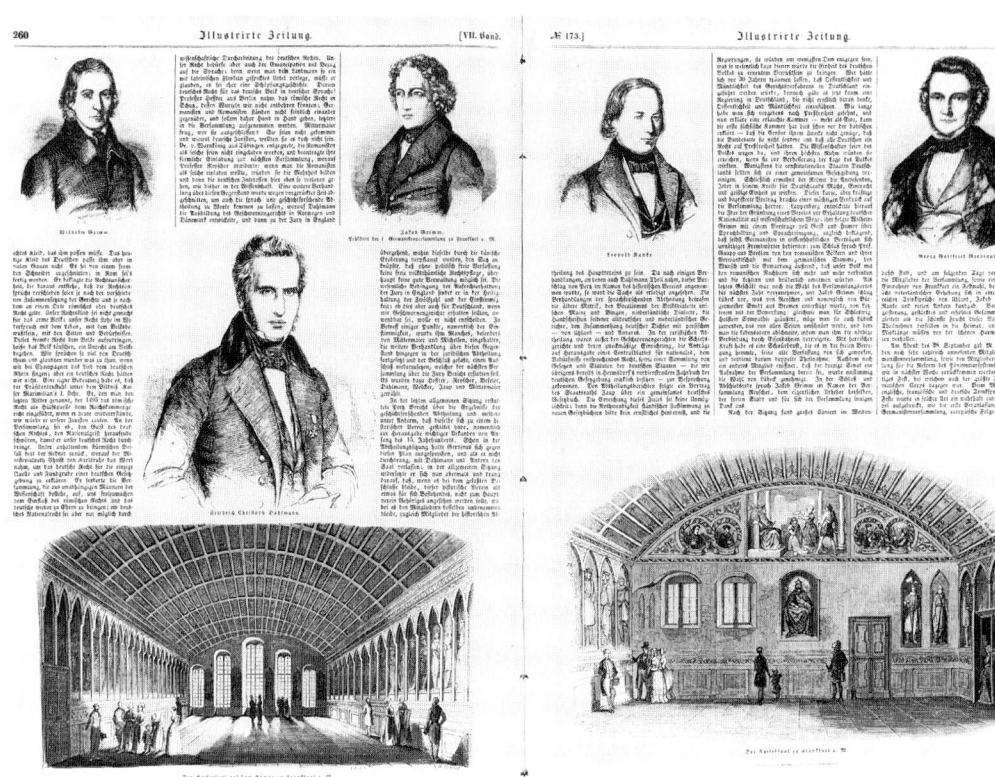

Der Kaisersaal war nicht nur Tagungsort der ersten Germanistenversammlung 1846, hier fanden 1848 auch
die konstituierenden Sitzungen des
Vorparlaments und der Nationalversammlung statt. *R.S.*

Lit.: Frankfurt 1978, S. 85ff.; Suhr
1991, S.114ff.

228
*Die erste Germanistenversammlung in
Frankfurt am Main, 24.-26. Septem-
ber 1846*
Illustrirte Zeitung Bd. 7, Nr. 173,
S. 259 – 261
Leipzig, J. J. Weber, 1846
Nürnberg, Germanisches National-
museum; Sign. 2° L. 2723,7

230

229
*Verhandlungen der Germanisten zu
Frankfurt am Main am 24., 25. und
26. September 1846*
Frankfurt, J. D. Sauerländer, 1847
Nürnberg, Germanisches National-
museum; Sign. 4° Sp 283

230
*Georg Beseler und Georg Gottfried
Gervinus*
um 1855
Photographie; H. 19,3, Br. 15 cm
Nürnberg, Germanisches National-
museum; Inv.Nr. P 27224, Kapsel
783

231
*August Ludwig Reyscher
Beiträge zur Kunde des deutschen
Rechts*
Tübingen, 1833
Nürnberg, Germanisches National-
museum; Sign. 8° R 299m

232
Georg Beseler
Volksrecht und Juristenrecht
Leipzig, 1843
Nürnberg, Germanisches National-
museum; Sign. 8° R 70a

233
Monumenta Germaniae Historica,
Scriptores, Bd. 2
Hrsg. von Georg Heinrich Pertz
Hannover, Hahn'sche Hofbuchhand-
lung, 1829
Nürnberg, Germanisches National-
museum; Sign. 2° G 3025
(Aus der Bibliothek der Nationalver-
sammlung)

Nach dem Ende des alten Reiches,
der notwendigen Neuordnung der
Archive nach der Säkularisation und
nach der staatlichen Neuordnung
durch den Wiener Kongreß erwachte
das romantische Interesse an der systematischen Erforschung der mittelalterlichen Reichsgeschichte. Die Initiative für die Edition der Schriftquellen
des deutschen Mittelalters ging vom
Freiherrn vom Stein und der 1819 von
ihm gegründeten »Gesellschaft für ältere deutsche Geschichtskunde« aus.
Unter dem Motto »Sanctus amor pa-
triae dat animum« (Heilige Vaterlandsliebe gibt Mut) erschienen seit 1826

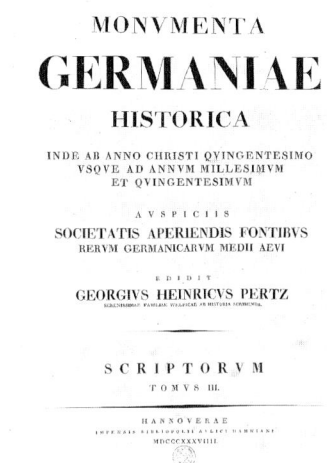

MONVMENTA
GERMANIAE
HISTORICA
INDE AB ANNO CHRISTI QVINGENTESIMO
VSQVE AD ANNVM MILLESIMVM
ET QVINGENTESIMVM

AVSPICIIS
SOCIETATIS APERIENDIS FONTIBVS
RERVM GERMANICARVM MEDII AEVI

EDIDIT
GEORGIVS HEINRICVS PERTZ

SCRIPTORVM
TOMVS III.

HANNOVERAE
MDCCCXXXVIIII.

233

die ersten Bände der großangelegten
Quellensammlung, die gleichermaßen
von romantischem Reichspatriotismus
und wissenschaftlicher Sachlichkeit
geprägt ist. Der Herausgeber Georg
Heinrich Pertz, Johann Friedrich Böhmer und später Historiker wie Georg
Waitz entwickelten strenge Methoden
der historischen Quellenkritik. Das
Großunternehmen der MGH wurde
offiziell von der Bundesversammlung
gefördert. *R.S.*

234
Hans Freiherr von und zu Aufseß
Sendschreiben an die erste allge-
meine Versammlung deutscher Rechts-
gelehrter, Geschichts- und Sprachfor-
scher zu Frankfurt/Main
Nürnberg, 1846
Nürnberg, Germanisches National-
museum; Sign. 8° Ik NUR 50/212
[Kapsel]

Freiherr von und zu Aufseß berichtet
der Versammlung von seinen erfolglosen Initiativen zur gesamtdeutschen
Koordination der regionalen Geschichtsvereine und regt an, deren
Vertreter zu den zukünftigen Versammlungen einzuladen. Er sucht Unterstützung für die Gründung eines
»Centralblattes« dieser Vereine, und
trägt seinen Plan für »ein allgemeines
deutsches Museum für Geschichts-,
Sprach- und Rechtskunde« vor. In einer »ideellen systematischen Zusam-
menstellung« werde »der einzeln fast
werthlose Gegenstand [...] das unent-
behrliche Glied einer großen werthvollen Kette«. Es interessieren ihn nicht
die rohen Quellen als solche, sondern
die Art und Weise, wie sie sich zu
einer »großen deutschen Nationalgeschichte« ordnen lassen. *A.R.*

Epilog:
Das Germanische Nationalmuseum und die Musealisierung der Revolution

So oft auf die Bedeutung des Revolutionsjahres 1848/49 für die Vor- und Frühgeschichte des Germanischen Nationalmuseums hingewiesen wird, so wenig ist ein konkreter Kausalzusammenhang historisch nachweisbar. Zwar ist die Idee dieses »Nationalinstituts« und ihr streitbarer Verfechter, Hans Freiherr von Aufseß, mit der deutschen Nationalbewegung vor und nach 1848 auf vielfältige Weise verbunden, das Jahr 1848 spielte jedoch für die Gründungsgeschichte keine entscheidende Rolle.

In der allgemeinen Umbruchstimmung des Jahres 1848 war auch Aufseß mit politischen Fragen beschäftigt. Er meldete sich mit zwei Denkschriften zu Wort, die sein persönliches und politisches Selbstverständnis charakterisieren: Als Jurist und Sproß eines alten fränkischen Adelsgeschlechts äußerte er sich zur Frage der Ablösung der Feudallasten. Er stimmte dabei Vertretern des rechten Zentrums der Nationalversammlung zu, die für das Recht der Grundherren auf eine angemessene Entschädigung eintraten und plädierte für eine Abfindung aus einem staatlichen Fonds und für eine allmähliche Tilgung der Grundschuld durch die befreiten Bauern. Nicht weniger kennzeichnend für Aufseß' historisch-politische Gedankenwelt, seine reichspatriotische Überzeugung – und sicher nicht ohne Hintergedanken an sein Nürnberger Museumsprojekt – war sein ebenso hochgemuter wie aussichtsloser Vorschlag an Bundestag und Nationalversammlung, das zukünftige Reichsoberhaupt, den gewählten deutschen Kaiser, auf der Nürnberger Burg residieren, das deutsche Parlament im alten Nürnberger Rathaussaal tagen und die Reichskleinodien wieder an ihren angestammten Ort überführen zu lassen.

Wenn überhaupt, so haben sich die Ereignisse des Jahres 1848/49 verzögernd auf die Gründung des Mu-

seums ausgewirkt: Denn die dritte Germanistenversammlung, die 1848 in Nürnberg stattfinden und auch über die Museumspläne des Freiherrn von Aufseß beraten sollte, mußte eben wegen der politischen Ereignisse abgesagt werden. 1847 hatten die deutschen Rechtsgelehrten, Sprach- und Geschichtsforscher auf ihrer zweiten Versammlung in Lübeck eine Kommission – bestehend aus Georg Waitz, Johann Georg Landau und Hans von Aufseß – eingesetzt, die dessen Anträge zur Beschlußfassung vorbereiten sollte. Aufseß hatte schon auf der ersten Germanistenversammlung in Frankfurt 1846 angeregt, zukünftig auch die Vertreter der deutschen Geschichts- und Altertumsvereinevereine zu den Versammlungen einzuladen. Um die Arbeit dieser lokal und regional organisierten Vereine zu koordinieren und zu intensivieren, sollte ein »Centralblatt« herausgegeben und der Plan eines »allgemeinen deutschen Museums für Geschichts-, Sprach- und Rechtskunde« verwirklicht werden. Diesen Gedanken hatte Aufseß schon seit 1830 ebenso beharrlich wie erfolglos verfolgt. Auf Anregung König Ludwigs I. von Bayern hatte er seine private Sammlung 1832 im Scheurlschen Haus, Burgstraße 10, der Öffentlichkeit zugänglich gemacht und gehofft, sie könne zum Grundstock eines »allgemeinen deutsch-historischen Museum« werden. Mit der gleichzeitigen Gründung der für Mitglieder aus ganz Deutschland offenen »Gesellschaft für Erhaltung der Denkmäler älterer deutscher Geschichte, Literatur und Kunst« und dem monatlich erscheinenden »Anzeiger für Kunde des deutschen Mittelalters« hatte sich Aufseß vorgenommen, ein Forum für die gesamtdeutsche Zusammenarbeit der Geschichtsvereine zu schaffen. Er zog sich damit nicht nur die Kritik namhafter historischer Fachgelehrter wie Jacob Grimm, Georg Heinrich Pertz

und Leopold von Ranke zu, die ihm Unkenntnis, Dilettantismus und Größenwahn vorwarfen. Seine gesamtdeutsch-unitarischen Vorstellungen widersprachen auch den erklärten Zielen der Geschichtsvereine selbst, die seit den 1820er Jahren mit obrigkeitlicher Unterstützung gegründet worden waren, um regionales und einzelstaatliches Geschichts- und Staatsbewußtsein zu fördern. In Bayern waren sie streng nach den politischen Verwaltungsbezirken organisiert. Einer ihrer eifrigsten Fürsprecher, Karl Heinrich Ritter von Lang, der als Landrat des Rezatkreises 1829/30 in Ansbach den ersten historischen Verein in Bayern gegründet hatte, polemisierte vehement gegen Aufseß' Nürnberger »Riesenverein« und brachte 1833 eine Generalversammlung der deutschen Geschichtsvereine in Nürnberg zum Scheitern. Unterstützung erhielt er von keinem Geringeren als Jacob Grimm, der Lang wissen ließ: »Das ganze kommt mir albern vor. Unsern studien ist nur zu helfen durch redlichen fleiss im einzelnen und stillen, nicht durch aufzüge, speisesäle und eitle sammlungen.«

Diese Kritik bezog sich einerseits auf den wissenschaftlichen Dilettantismus der Vereine, die sich nicht selten von naiver Mittelalter- und Germanenbegeisterung leiten ließen. Andererseits war sie aber auch Ausdruck einer gewissen Überheblichkeit der historisch-philologisch ausgerichteten Universitätsgelehrten gegenüber den »Altertümern«, d.h. den historischen Sachüberresten, die als eigene historische Quellengattung erst langsam ins Blickfeld der Wissenschaft rückten. Auf besonderes Mißtrauen in der historischen Fachwelt stieß Aufseß' Lieblingsidee eines »Generalrepertoriums«, das erst neuerdings – im Zeitalter digitaler Datennetze – wieder an Attraktivität gewinnt: »für jeden Forscher im Gebiete der Geschichtswissenschaften, sey er Sprachforscher, Rechtshistoriker, Kunstforscher oder reiner Geschichtsforscher, müsste es höchst erleichternd und fördernd seyn, wenn er ohne Mühen mit Einem Blicke sämmtliche allenthalben zerstreute Quellen und Denkmäler seines speziellen Zweiges oder Faches überschauen könnte und durch ein vollkommen geordnetes Generalrepertorium davon vorläufige Kunde bekäme, und auch zugleich erführe, wo er seine Quellen finden könne.«

1846 konnte Aufseß die Frankfurter Germanistenversammlung als Erfolg seiner eigenen langjährigen Bemühungen um eine gesamtdeutsche Vereinigung der verschiedenen Zweige der Geschichtswissenschaften darstellen. Die Zahl der deutschen Geschichtsvereine hatte sich inzwischen auf 60 erhöht. Entgegen ihrer ursprünglichen partikularstaatlichen Zielsetzung hatten sie sich zu Trägern deutschen Nationalbewußtseins entwickelt und bewiesen, daß wissenschaftliche Betätigung sich nicht durch einzelstaatliche Grenzen einengen läßt. Aus denselben Gründen verstanden sich die »Germanisten« 1846 als »vaterländische« Wissenschaftler und Vordenker der staatlichen Einigung Deutschlands. Viele von ihnen fanden sich 1848 als Abgeordnete in der Paulskirche wieder.

Das Scheitern der politischen Einheitsbewegung des Jahres 1848/49 hielt Aufseß nicht davon ab, »das große Werk deutscher Einigung auf dem Felde der Wissenschaft« mit Zähigkeit weiterzuverfolgen und »eine Einheit Deutschlands in den Werken seines Volkes« zu suchen. Seine dreißigjährigen Bemühungen wurden schließlich auf der Dresdener Versammlung der deutschen Geschichts- und Altertumsforscher am 17. August 1852 von Erfolg gekrönt. Unter dem Vorsitz des Prinzen Johann, Herzog zu Sachsen, wurde ein Centralverein der deutschen Geschichtsvereine gegründet und die Gründung des Germanischen Museums in Nürnberg beschlossen. Nach Aufseß bestanden die Aufgaben dieser Nationalanstalt darin, »ein wohlgeordnetes Generalrepertorium über das ganze Quellen-

material für die deutsche Geschichte, Litteratur und Kunst, vorläufig von der ältesten Zeit bis zum Jahre 1650, herzustellen; sodann: ein diesem Umfange entsprechendes allgemeines Museum zu errichten, bestehend aus Archiv, Bibliothek, Kunst- und Altertumssammlung; endlich: beides nicht nur nutzbar und zugänglich zu machen, sondern auch mit der Zeit durch Herausgabe der vorzüglichsten Quellenschätze und belehrender Handbücher gründliche Kenntnis der vaterländischen Vorzeit zu verbreiten.«

Die Museumssatzung, die im folgenden Jahr – zusammen mit einer »Aktiengesellschaft zur Unterstützung des germanischen Museums« – vom bayerischen König genehmigt wurde, sah als wissenschaftliches Beratergremium einen Gelehrtenausschuß vor, der zwar mehr die Funktion eines dekorativen Aushängeschildes als die praktischer Mitwirkung hatte. Trotzdem ist es bemerkenswert, daß ihm unter dem Direktorat des Freiherrn von Aufseß, d.h. bis 1862, nicht weniger als 31 ehemalige Abgeordnete der Nationalversammlung angehörten – darunter so prominente Vertreter, wie die Juristen Albrecht, Beseler, Mittermaier und Rößler, die Historiker Dahlmann, Droysen, Raumer und Waitz, sowie Jacob Grimm und August Reichensperger. Einer von ihnen, der aus Schleswig gebürtige Jurist und Historiker Andreas Ludwig Michelsen, folgte Aufseß 1862 im Amt des 1. Vorstandes nat. Die meisten hatten in der Paulskirche dem rechten Zentrum oder der konservativen Fraktion angehört und zuvor schon an den Versammlungen der Germanisten teilgenommen. Auch wenn für ihre Ernennung wissenschaftliche – nicht politische – Gründe ausschlaggebend waren, wird man ihre Mitarbeit an einer Nationalanstalt, die das Bewußtsein einer deutschen Kulturnation wachhalten wollte, auch als Fortsetzung ihrer »vaterländischen« Bestrebungen ansehen dürfen, die 1848 politisch gescheitert waren. Dies um so mehr als das Germanische Museum – im Gegensatz zur Politik – unbeirrt am »großdeutschen« Nationalbegriff des Vormärz und der Paulskirche festhielt.

Am Beispiel der Namensgebung wird erkennbar, wie schwer definierbar und schillernd Aufseß' Nationalbegriff war. Nach wie vor von romantischen Reminiszenzen an das alte Reich inspiriert, mußte er schon zum Zeitpunkt der Museumsgründung als politisch überholt oder illusionär gelten. Vielleicht übte er gerade deshalb seine Anziehungskraft aus und erwies sich als nützlich im pragmatischen Umgang mit bestehenden politischen Institutionen. Hatte Aufseß vor 1848 von einem »deutsch-historischen Museum« (1833), von einem »allgemeinen deutschen Museum für Denkmale der vaterländischen Geschichte, Literatur und Kunst« (1833) und von einem »deutschen National-Museum« (1846) geträumt, so war nach der vollzogenen Gründung nicht mehr von einem deutschen, sondern von einem »Germanischen Museum« (1852) oder vom »Germanischen National-Museum« (1854) die Rede. Der heute irritierende Begriff »germanisch« war für Aufseß mehr als ein feierliches Synonym für »großdeutsch« im Sinne des alten Reiches oder des Deutschen Bundes. Er speiste sich auch aus den sprachethnischen Vorstellungen der »Germanisten« und trug dazu bei, daß sich die Museumsaktivitäten – über alle staatlichen Grenzen hinweg – auf das gesamte deutsche Sprachgebiet erstreckten. Aus der Perspektive der Zeit mußte ein »Germanisches Museum« als politisch neutral und unverfänglich erscheinen. Der wechselnde Namensgebrauch in der Frühzeit des Museums dürfte nicht zuletzt auf pragmatisch-taktische Überlegungen und letztlich auf die schwierige Situation der deutschen Nationalbewegung in der Zeit der politischen Reaktion zurückzuführen sein.

Denn einerseits stützte sich die Institution auf private Initiativen, auf die historischen Vereine und lokalen Hilfsvereine, sowie auf die Zinserträge der »Aktiengesellschaft«, die freilich nicht den erwarteten Erfolg zeitigte. Andererseits verstand Aufseß sein Germanisches Museum als »Nationalstiftung und Centralanstalt« mit Anrecht auf ideelle und materielle Unterstützung durch die deutschen Regierungen. Mit dem Hinweis auf die 1819 vom Freiherrn von Stein gegründete »Gesellschaft für ältere deutsche Geschichtskunde«, die vom Deutschen Bund jährliche Zuwendungen zur Herausgabe der »Monumenta Germaniae Historica« erhielt, wandte man sich 1853 mit einer umfangreichen »Denkschrift an die hohe Bundesversammlung« und bat um finanzielle Unterstützung – nicht ohne die politische Nützlichkeit des Museums zu betonen: »Das Museum ist weder eine Gesellschaft, noch ein blosses Privatunternehmen, obwohl es von Privaten ausgeht. Es will sich dem Staate, der Gesammtheit der deutschen Regierungen auf eine Weise unterordnen und nützlich machen, daß die Staatszwecke, das Staatswohl, so wie wahre Bildung gefördert, durch positives Wissen den destructiven Gesinnungen und Ideen ein Damm gesetzt werde.« Der Beschluß der Bundesversammlung vom 28. Juli 1853, »das germanische Museum zu Nürnberg, als ein für die vaterländische Geschichte wichtiges, nationales Unternehmen, der schüt-

zenden Theilnahme und wohlwollenden Unterstützung der höchsten und hohen Regierungen zu empfehlen«, brachte zwar nicht die erhoffte materielle Unterstützung, trug aber dazu bei, daß sich – nach dem Königreich Bayern – die meisten deutschen Fürsten und mehrere Regierungen zu freiwilligen Spenden bereitfanden – darunter Österreich, Preußen, Sachsen, Württemberg, Baden und verschiedene Kleinstaaten, sowie die Freien Städte.

Wurden die wiederholten Anträge des Museums auf Fördermittel des Deutschen Bundes auch stets abschlägig beschieden, so hatten sie doch zwei Schenkungen zur Folge, welche die Nürnberger Nationalanstalt unversehens in einem ganz wörtlichen Sinn zur Erbin der Revolution von 1848 machten: Nach der Auflösung der deutschen Nationalversammlung im Juni 1849 war deren bewegliches Eigentum zu herrenlosem Gut geworden und schließlich in den Besitz der Bundesversammlung übergegangen. Teil dieser Hinterlassenschaft war die

sog. »Reichsbibliothek« aus der Paulskirche, die 1855 dem Germanischen Nationalmuseum übereignet wurde und mit der sich das ehrgeizige Projekt einer »deutschen Nationalbibliothek« verband. Zu dessen Verwirklichung, so hieß es von Museumsseite, biete die Nürnberger Nationalanstalt »mehr Garantie, als jene von äussern Einflüssen bewegte politische Korporation« der Nationalversammlung. Aus der Konkursmasse des Deutschen Bundes gelangten schließlich im Jahr 1867 einige obsolet gewordene »Gegenstände von geschichtlichem Interesse« aus der Paulskirche ins Germanische Nationalmuseum – darunter Philipp Veits monumentale »Germania«. Doch auch deren Übernahme bedeutete kein politisches Bekenntnis zum Einheitswerk der Paulskirche, sondern lediglich den letzten Schritt zur »Musealisierung« der Revolution. R.S.

Lit.: GNM, Altarchiv; Hektor 1863, passim; Hampe 1902, S. 1 ff.; Nürnberg 1972; Burian 1978, S. 127 ff.

235
Porträtbüste Hans Freiherr von und zu Aufseß
Arnold Hermann Lossow
(Bremen 1805 – 1874 München)
1867
Mamor; H. 67 cm
Nürnberg, Germanisches Nationalmuseum; Inv.Nr. Pl. 1905

1867 stiftete Ludwig I. dem Germanischen Nationalmuseum die Marmorbüste als Zeichen der Anerkennung der Person und der Leistung des Museumsgründers, der fünf Jahre zuvor vom Amt des 1. Vorstands zurückgetreten war. Der Bildhauer Arnold Lossow benutzte dabei ein 1859 entstandenes Modell von Johann Halbig im Typus der Walhalla-Büsten.

Hans Freiherr von und zu Aufseß (Oberaufseß 1801 – 1872 Münsterlingen) entstammte einem reichsritter-

235

lichen Geschlecht mit Stammschloß und Grundherrschaften in der Fränkischen Schweiz. Der Vater war Regierungsrat in Brandenburg-Bayreuther Diensten. Der Sohn studierte 1817 – 1822 Rechtswissenschaft in Erlangen und schloß sich der Burschenschaft Arminia an. Nach zwei Jahren im juristischen Staatsdienst zog er sich nach Aufseß zurück, um sich der Verwaltung seiner Güter, der Ordnung und Erweiterung seiner Sammlungen und seinen historischen Studien zu widmen. 1845 wurde er in Erlangen zum Doktor beider Rechte promoviert. Seit 1830 verfolgte er seine Pläne eines »allgemeinen deutschhistorischen Museums«, die erst 1852 mit der Gründung des Germanischen Museums verwirklicht wurden. Aufseß brachte seine Privatsammlung als Grundstock in das Museums ein und leitet die »Nationalanstalt« bis 1862.

303

Danach zog er sich auf seine Güter in Unteraufseß und Kressbronn am Bodensee zurück.

Aufseß' Geschichtsbewußtsein war gleichermaßen von seiner adeligen Herkunft, wie von der national-patriotischen Gesinnung des Burschenschaftlers bestimmt und blieb an einem romantischen, großdeutschen Reichspatriotismus orientiert. Obwohl er heftiger Kritik von Seiten der Fachhistoriker ausgesetzt war, erwies sich sein Museumskonzept im Zeitalter der nationalen Einigung als erfolgreich. *R.S.*

Lit.: Beilage Anzeiger 1867, S. 145; München 1986, Nr. 528.

236
Kabinettsordre König Ludwigs I. von Bayern an Hans von Aufseß
Berchtesgaden, 15. September 1830
Handschrift
Nürnberg, Germanisches Nationalmuseum; Altregistratur

Der König würdigt die »patriotischen Gesinnungen« des Hans von Aufseß und empfiehlt ihm, seine Sammlungen, nach dem Muster des 1818 gegründeten Nationalmuseums in Prag, öffentlich zugänglich zu machen und in eine nationale Bildungsanstalt umzuwandeln. Als deren Sitz schlägt er Bamberg vor. Er gibt damit den ersten Anstoß zu den jahrzehntelangen, vielfältigen Anstrengungen des Freiherrn von Aufseß, die schließlich 1852 zur Gründung des Germanischen Museums führten. *R.S.*

Lit.: Nürnberg 1972, C 1; München 1986, Nr. 519.

237
Anzeiger für Kunde des deutschen Mittelalters
Eine Monatsschrift. Hrsg. von Hans Frhr. v. Aufseß
Titelblatt von Friedrich Hoffstadt (Mannheim 1802 – 1846 Aschaffenburg)
1832/33
Feder in Schwarz, grau laviert; H. 34,6, Br. 29,4 cm
Nürnberg, Germanisches Nationalmuseum; Inv.Nr. Hz 872, Kapsel 708

Der »Anzeiger für Kunde des deutschen Mittelalters«, den Hans von Aufseß seit 1832 herausgab, verfolgte auch das Ziel, die Aktivitäten der lokal und regional organisierten Geschichts- und Altertumsvereine im gesamtdeutschen Rahmen zu koordinieren. Die patriotischen Motive für seine Forscher- und Sammlertätigkeit erläuterte er im zweiten Band: »Wer das Vaterland liebt, sey er Fürst oder Unterthan, Bürger oder Bauer, arm oder reich, der muß auch eine Liebe zur Geschichte des Vaterlandes hegen, der muß gerne dazu beitragen die Ehre und den bleibenden Ruhm des eigenen Heerdes durch alles Schöne und Große, was uns Kunst und Geschichte darbieten, zu verherrlichen. Dieß ist mein historisches Glaubensbekenntniß.« (Anzeiger II, 1833, S. 3). Den Entwurf für das Titelblatt stiftete Friedrich Hoffstadt, ein ehemaliger Kommilitone Aufseß', der als künstlerischer Autodidakt und glühender Verehrer der mittelalterlichen Kunst im Kreis der Münchener »Gesellschaft für teutsche Altertumskunde« und anderen vaterländischen Unternehmungen, wie z.B. Hefner-Alteneccks »Trachten des christlichen Mittelalters« (1840), mitwirkte. Umrahmt von gotischem Maßwerk zeigt es die Wappen der wichtigsten deutschen Einzelstaaten, im Kreis um den Doppeladler des alten Reiches angeordnet. Die Wappenrosette wird von zwei musizierenden Engeln andächtig verehrt – Sinnbild für die »Vater-

landsliebe«, den retrospektiven Reichspatriotismus und die gesamtdeutsch-unitarischen Bestrebungen des Freiherrn von Aufseß. Seit 1835 wurde das Monatsblatt unter dem Titel »Anzeiger für Kunde der deutschen Vorzeit« von Franz Joseph Mone weitergeführt, mußte aber wegen mangelnder Resonanz 1839 eingestellt werden. *R.S.*

Lit.: Nürnberg 1972, C 11; München 1986, Nr. 433.

238
Sendschreiben der Gesellschaft für teutsche Alterthumskunde an die Stifter der Nürnberger Gesellschaft für Erhaltung der Denkmäler älterer teutscher Geschichte, Literatur und Kunst
München, 14. Februar 1833
Feder, Tinte, Deckfarben; H. 22,0, Br. 27,1 cm
Nürnberg, Germanisches Nationalmuseum; Altarchiv, Kapsel I, 1

Der Vorstand der 1831 gegründeten Münchener »Gesellschaft für teutsche Altertumskunde« gibt der Bitte des Frhrn. von Aufseß statt, bei der Abfassung der Statuten der Nürnberger Schwestergesellschaft die Münchener Vereinsstatuten benutzen zu dürfen. Die förmliche Mitteilung ist mit Zierschrift auf Pergament geschrieben und sollte an eine mittelalterliche Urkunde erinnern. In einer Zierleiste aus gotischen Ranken trägt ein Herold das Wappen der Gesellschaft, die drei Schilde der mittelalterlichen Lukasgilden. Die Miniaturen stammen von Karl Ballenberger und/oder Friedrich Hoffstadt, beide aktive Mitglieder der Münchener Gesellschaft. Das Dokument zeugt von der dilettantisch unbefangenen Mittelalterbegeisterung in den historischen Vereinen, die in Bayern als volksbildnerische Einrichtungen zur Stärkung bayerischen Staatsbewußtseins und konservativen Denkens von Ludwig I. ausdrücklich gefördert wurden. Sie waren entsprechend den politischen Verwaltungsbezirken regional organisiert. Um ihre Gründung hatte sich der Landrat des Rezatkreises, K.H. Ritter von Lang, verdient gemacht, der 1830 in Ansbach

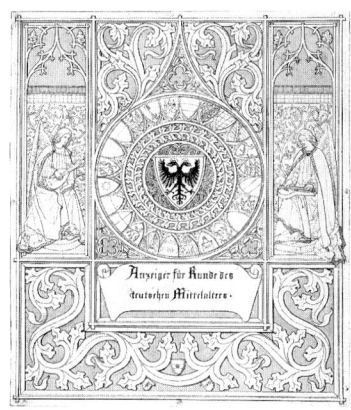

237

238

den ersten historischen Verein Bayerns ins Leben rief. *R.S.*

Lit.: Nürnberg 1972, Nr. C 4.

239
Statuten der Gesellschaft für Erhaltung der Denkmäler älterer deutscher Geschichte, Literatur und Kunst
1833
Typendruck, vier Seiten
Nürnberg, Germanisches National-
museum; Altarchiv, Kapsel 1

Die 1833 gegründete Gesellschaft
verfolgte, wie die übrigen historischen Vereine, den Zweck, durch die
Sammlung, Erhaltung, Untersuchung
und Bekanntmachung von »Alterthü-
mern«, d.h. von Sachüberresten der
älteren deutschen Geschichte, historisches Bewußtsein zu fördern. Zu den
Gründern gehörten, neben Hans von
Aufseß, Heideloff, Wilder, Scharrer,
Reindel, Platner, Scheurl, Löffelholz.
Die Sammlung, bestehend vor allem
aus der Aufseßschen Privatsammlung,
wurde provisorisch im Scheurlschen
Haus, Burgstr. 10, aufgestellt. Ludwig
I. hatte dafür die Walburgiskapelle
auf der Burg in Aussicht gestellt. Von
anderen Geschichts- und Altertums-
vereinen unterschied sich die Nürnberger Gesellschaft dadurch, daß ihr Interesse nicht auf die regionale Geschichte beschränkt blieb, sondern
der gesamten deutschen Geschichte,
Literatur etc. galt. Durch eine jährliche Versammlung der deutschen Geschichtsvereine wollte man zur gesamtdeutschen Koordination der Ver-
einsaktivitäten beitragen. Auch die
Sammlungen, die nicht nur Originale
sondern vor allem auch Kopien und
Nachbildungen aller Art umfassen
sollten, waren als zentrale Dokumen-
tationsstelle der deutschen Geschichts-
altertümer konzipiert. Aufseß' Gedanke eines Generalrepertoriums ist in ihrer Konzeption bereits angelegt. Seine Vorstellungen trugen ihm nicht nur
von Historikern wie Jacob Grimm,
Heinrich Pertz und Leopold Ranke
den Vorwurf des Dilettantismus ein,
seine unitarischen Ziele forderten vor
allem die Kritik der im einzelstaatlichen Interesse wirkenden Vereine heraus. Ritter von Lang, Landrat und Vorsitzender des Historischen Vereins des
Rezatkreises in Ansbach, polemisierte
vehement und erfolgreich gegen die
unitarischen Vorstellungen Aufseß',
als dieser den Nürnberger »Riesenverein«
zu einer gesamtdeutschen Organisation ausweiten wollte. *R.S.*

240
*Hans Freiherr von und zu Aufseß,
Einige Worte zu Dr. Eisenmanns Idee
zu einer Deutschen Reichsverfassung,
insbesondere die Ablösung der Feudallasten betreffend.*
Bayreuth 1848
Nürnberg, Germanisches Nationalmuseum; Sign. 8° St 1604a

In seiner Eigenschaft als adliger Grund-
herr beteiligt sich Aufseß an der aktuellen politischen Diskussion um die
Beseitigung der Reste des Feudalsy-
stems im Zuge der politischen Erneue-
rung Deutschlands – ein Thema, das
ihn bereits in früheren juristischen Abhandlungen beschäftigte. Er schließt
sich dabei den »Ideen zu einer Teutschen Reichsverfassung« (Erlangen
1848) an, die der Würzburger Arzt
Johann Gottfried Eisenmann veröffentlicht hatte. Eisenmann, Nürnberger
Abgeordneter in der Paulskirche und
politisch dem rechten Zentrum (Fraktion Casino) zuzurechnen, hatte sich in
seiner Schrift aus Gründen der Rechts-
staatlichkeit gegen eine entschädi-
gungslose Aufhebung der feudalen
Grundlasten und Abgaben ausgesprochen – ohne jedoch näher auf
die Modalitäten der Ablösung einzugehen. Aufseß macht dazu konkrete
Vorschläge, die sowohl den Interessen der feudalen Grundeigentümer
als auch der Grundbesitzer Rechnung
tragen sollen. Der Staat müsse in die
Pflicht genommen werden und die
vereinbarte Ablösesumme an den
Grundherrn vorschießen. Der Grundbesitzer solle die Möglichkeit erhalten, die Ablösesumme in Jahresraten,
die seine bisherigen Abgaben nicht
überschreiten, allmählich abzubezah-
len. *R.S.*

Lit.: Nürnberg 1972, D 4.

241
*Hans Freiherr von und zu Aufseß
Patriotische Fragen an Deutschlands
Reichs- und Bundestag zu Frankfurt.
I. Wer soll Kaiser seyn?
II. Wo soll der Deutschen Kaiser woh-
nen und Reichstag halten?*
München 1848
Nürnberg, Germanisches National-
museum; Sign. 8° St 1594a

Mit seiner Denkschrift zur Kaiserfrage schaltet sich Aufseß in eine politische Diskussion des Jahres 1848 ein: Aus dem Kreis der deutschen Fürsten solle der »Beste und Tüchtigste« zum Kaiser auf Lebenszeit gewählt werden und »die Krone Karls d. Großen« tragen. Die Kaiserwürde solle nicht erblich und unvereinbar mit der Ausübung landesfürstlicher Gewalt sein. Wahlberechtigt sind zu gleichen Teilen das »Volksparlament« und der »Fürstenrat« der souveränen deutschen Einzelstaaten, die Teile ihrer Souveränitätsrechte an die Zentralgewalt abtreten. Bewußt wendet sich Aufseß deshalb an beide gesamtdeutschen Vertretungen, die 1848 konkurrierend nebeneinander existieren: den alten Bundestag als die Vertretung der souveränen Einzelstaaten und an die Nationalversammlung (Reichstag), die gewählte Vertetung des deutschen Volkes. Mit seinem verfassungsrechtlich fragwürdigen Vorschlag, von dem er sich eine Stärkung der Interessen der deutschen Mittel- und Kleinstaaten versprach, steht Aufseß auf der konservativen Seite des politischen Spektrums. Eine Mischung aus romantischer Reichsideologie, Lokalpatriotismus und Eigeninteresse bestimmt schließlich seinen Vorschlag, die Nürnberger Kaiserburg zur Residenz des zukünftigen deutschen Kaisers, das Nürnberger Rathaus zum Sitz des Parlaments und der Reichskanzlei zu machen und die Reichskleinodien wieder an ihren angestammten Ort zu bringen. Die Vorschläge blieben ohne Resonanz. *R.S.*

Lit.: Nürnberg 1972, D 3.

242
Teilnehmerkarte des Hans von Aufseß zur Versammlung deutscher Geschichts- und Altertumsforscher zu Dresden vom 15. bis 19. August 1852
Typendruck und Handschrift
Nürnberg, Germanisches Nationalmuseum; Altregistratur

Nach den mißglückten Versuchen von 1832 und 1846 gelang es Aufseß 1852, die in Dresden unter dem Vorsitz des Prinzen Johann von Sachsen versammelten Vertreter der deutschen Geschichts- und Altertumsvereine von seinem Museumsgedanken zu überzeugen. Mit einer kleinen Präsentation von Werken seiner Sammlung veranschaulichte er seine Idee, »ein wohlgeordnetes Generalrepertorium über das ganze Quellenmaterial für die deutsche Geschichte, Literatur und Kunst, vorläufig von der ältesten Zeit bis zum Jahre 1650, herzustellen; sodann: ein diesem Umfange entsprechendes allgemeines Museum zu errichten, bestehend aus Archiv, Bibliothek, Kunst- und Altertumssammlung; endlich: beides nicht nur nutzbar und zugänglich zu machen, sondern auch mit der Zeit durch Herausgabe der vorzüglichsten Quellenschätze und belehrender Handbücher gründliche Kenntnis der vaterländischen Vorzeit zu verbreiten.« Am 17. August 1852 beschloß die Versammlung die Gründung des »Germanischen Museums« in Nürnberg und eines Gesamtvereins der deutschen Geschichts- und Altertumsvereine. Die Museumsgründung wurde am 18. Februar 1853 vom

bayerischen König Maximilian II. bestätigt. *R.S.*

Lit.: Hampe 1902, S. 1 ff.; Deneke/Kahsnitz 1978, S. 131 ff.

243
Hans Freiherr von und zu Aufseß in seiner Studierstube
nach 1853
August von Kreling
(Osnabrück 1818 – 1876 Nürnberg)
Öl auf Leinwand; H. 31,0, Br. 23,0 cm
Nürnberg, Germanisches Nationalmuseum; Inv.Nr. Gm 1156

August Kreling, seit 1853 Leiter der Nürnberger Kunstschule, malte seinen Freund Hans von Aufseß in dessen Studierzimmer in der Kemenate von Schloß Unteraufseß. Umgeben von seinen Büchern und Gegenständen seiner Sammlung sitzt der Gelehrte im Profil an einem Lesepult in einer Fensternische mit dem Aufseß'schen Wappen. Offensichtlich hat Dürers Meisterstich des »Heiligen Hieronymus im Gehäus« (1514) den Maler zu diesem romantischen Gelehrtenporträt angeregt. Seiner Neigung zu effektvoller Selbstdarstellung entsprechend, trägt Aufseß einen weiten, historisierenden Mantel und ein Barett im Stil des 16. Jahrhunderts. Das Gegenlicht setzt den Gründer des Germanischen Museums in der Rolle des einsamen, inspirierten Forschers theatralisch in Szene. Der Maler des kleinen, privaten Bildnisses gehörte von Anfang an dem Freundeskreis des Museums und seit 1855 dem Verwaltungsrat an. *R.S.*

Lit.: Deneke/Kahsnitz 1978, S. 14; München 1986, Nr. 522.

244
Rock und Barett des Hans Freiherrn von und zu Aufseß
um 1850
a) Rock
Ehemals dunkelgrünes Wolljaquardgewebe, brauner Baumwollsamt. Über leichter Baumwollwattierung braunes Baumwollfutter, gechintzt; L. 134 cm

242

243

b) Barett

Ehemals roter Baumwollsamt, dunkelbraun gefärbter Wollplüsch, Metalldraht, Leinenfutter; Dm. 32 cm
Nürnberg, Germanisches Nationalmuseum; Inv.Nr. T 7474 (a), T 7475(b) Leihgabe

Rock und Barett waren bis vor kurzem neben einer Fotografie des Hans von

244

Aufseß im Reiterharnisch (Kat. 245) in dessen Schlafzimmer auf Burg Unteraufseß als Promotionskleidung des Gründers des Germanischen Nationalmuseums ausgestellt. Hans von Aufseß wurde am 15. August 1845 an der juristischen Fakultät der Universität Erlangen zum Doktor beider Rechte promoviert. Daß er dabei die beiden Kleidungsstücke trug, ist ebensowenig belegt wie der Gebrauch einer spezifischen Promotionskleidung für Erlanger Doktoranden im 19. Jahrhundert. Vielmehr entspricht das der frühneuzeitlichen Bürger- und Gelehrtenkleidung aus Schaube und Barett nachempfundene Kostüm der historisierenden Grundstimmung, der auch August von Krelings Porträt des Hans von Aufseß im altdeutschen Gelehrtenhabit in der Studierstube auf Burg Unteraufseß angehört (Kat. 243). Der lange, vorne offene Rock aus damastartigem Jaquardgewebe hat einen breiten, mit braunem Samt besetzten Schulterkragen und aus dem gleichen Samt lange, am Handgelenk mit Bündchen geschlossene Ärmel. Das ehemals rote Barett verband die traditionelle Farbe der Jurisprudenz mit einer braunen pelzimitierenden Krempe. Während Krelings Gemälde den Museumsgründer nach seinem Rücktritt als 1. Vorstand des Germanischen

Nationalmuseums in der Abgeschiedenheit der mittelalterlichen Gelehrtenstube zeigt, schienen Schaube und Barett ihren Träger ganz real in die Welt seiner historischen Forschungen zu versetzen. Möglicherweise entstand das private Gelehrtenkostüm in Anlehnung an die sog. Doktor-Röcke akademischer Amtstrachten, die »von wollenem Stoff in den Farben ihrer Fakultät, die Ärmelaufschläge und die beiden vorderen Seiten inwendig mit Sammet von derselben Farbe besetzt«, seit der Mitte des 19. Jahrhunderts an deutschen Universitäten eingeführt wurden. Als Kopfbedeckung diente auch an den Universitäten »ein rundes Barett von Sammet in der Fakultäts-Farbe«. *J.Z.-S.*

Lit.: Nürnberg 1972, Nr. H 7; Lutz 1988, S. 16 (mit Abb. der ehemaligen Aufstellung); Bringemeier 1980, S. 210ff.

245
Reiterharnisch
um 1470/80
Nürnberg, Germanisches Nationalmuseum; Inv.Nr. W 2160

Der spätmittelalterliche Reiterharnisch, eine Nürnberger Plattnerarbeit der Zeit um 1470/80, war vermutlich als Studienrequisit aus dem alten Nürnberger Zeughaus in die Nürnberger Kunstschule gekommen, bevor er über die Sammlung Aufseß ins Germanische Nationalmuseum gelangte. Er gehört damit zum ältesten Bestand der Waffensammlung, die in ihren Anfängen nicht nur Originale, sondern auch Kopien in Gips und Papiermaché umfaßte. Eine 1864 entstandene Photographie von Johann Jacob Eberhardt, der von 1859–1867 als Photograph und Inspektor der »Artistischen Anstalt« im Germanischen Museum tätig war, zeigt den Museumsgründer in diesem Harnisch, bewaff-

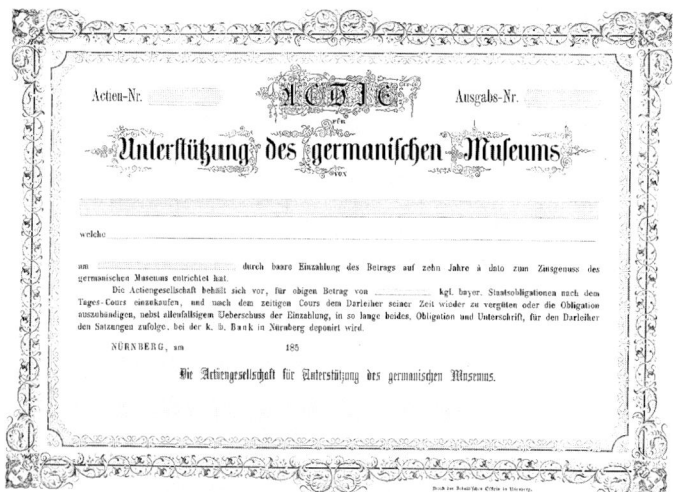

net mit einer Armbrust des 17. Jahrhunderts. Die abenteuerliche Kostümierung bringt etwas von der schwärmerisch-romantischen »Ritterbegeisterung« zum Ausdruck, die dem Edelmann, Burschenschaftler und Sammler Aufseß als Antrieb auch für seine historisch-wissenschaftlichen Unternehmungen diente. *R.S.*

Lit.: Nürnberg 1972, B 13; Deneke/ Kahsnitz 1978, S. 29, S. 833 ff.

246
Aktie zur Unterstützung des Germanischen Nationalmuseums
1852
Buchdruck; H. 24,0; Br. 30,5 cm
Nürnberg, Germanisches Nationalmuseum; Altarchiv, Kapsel 1a

Zur Finanzierung der Bauten, Sammlungen und Arbeiten des Museums tru-

gen nicht nur jährliche Zuschüsse verschiedener Regierungen des Deutschen Bundes bei. Mit Spendenaufrufen wandte sich Aufseß auch an seine adligen Standesgenossen, an historischen Vereine und an die Öffentlichkeit. Gleichzeitig mit der Museumssatzung genehmigte König Maximilian II. am 18.2.1853 eine »Aktiengesellschaft zur Unterstützung des germanischen Museums zu Nürnberg«. Sie hatte den Zweck, »auf patriotische Weise für das germanische Museum zu Nürnberg als einer für

deutsche Wissenschaft und Kunst und deren allgemeine Verbreitung höchst gemeinnützigen Anstalt einen Fond zu bilden…« Ausgegeben wurden »Aktien« zum Nennwert von 100 Gulden, der nach einer Laufzeit von 10 Jahren wieder zurückerstattet wurde. Die Zinserträge des in Staatsobligationen angelegten Kapitals kamen dem Museum zugute. Die – übrigens wenig erfolgreiche – Finanzierungsgesellschaft hatte also mit den zeitgenössischen Aktiengesellschaften nicht viel mehr als den Namen gemeinsam. Andere »vaterländische« Unternehmungen, z.B. Nationaldenkmäler, wurden auf ähnliche Weise finanziert und konnten sich so als Werke der »ganzen Nation« darstellen. *R.S.*

Lit.: Deneke/Kahsnitz 1978, S. 953; München 1986, Nr. 524.

247
Schema der deutschen Geschichts- und Alterthumskunde, nach welchem die Sammlungen des Germanischen Museums geordnet sind
1853
Typendruck
Nürnberg, Germanisches Nationalmuseum; Altregistratur

Die in der Art eines Stammbaumes hierarchisch organisierte Übersichtstafel lag 1853 dem ersten Band des »Anzeigers für Kunde der deutschen Vorzeit« bei. Auf ihrer Rückseite sind die Satzungen des Museums und der Aktiengesellschaft abgedruckt. Das Schema sollte einerseits »einen Überblick über das ganze weite Feld des germanischen Museums« geben, zugleich aber auch die organische »Zusammenghörigkeit aller demselben eingewiesenen Zweige zu einem großen Stamme« vor Augen führen. Es gibt eine verkürzte Übersicht über das »System der deutschen Geschichts- und Alterthumskunde«, das Aufseß 1853 als gedankliches Konzept des neugegründeten Museums vorgelegt hatte. Systematische Überlegungen begleiteten Aufseß' Pläne eines Generalrepertoriums und Museums seit den 1830er Jahren. Bei seinen Bemühungen, die schriftlichen, bildlichen und sachlichen Quellen und Materialien zu einem organischen System zu ordnen, das »kaum eine Seite des menschlichen Lebens« unberücksichtigt ließ, konnte sich Aufseß auf entsprechende Bestrebungen der historischen Vereine und der wissenschaftlichen Statistik beziehen. Anders als die Fachhistoriker richtete Aufseß sein Hauptinteresse nicht auf die »historischen Ereignisse«, sondern auf die »historischen Zustände«. Mit der Einbeziehung der historischen »Altertümer« und Sachüberreste als gleichrangige historische Quellen gehört das Aufseß'sche »System« zu den frühen Dokumenten einer wissenschaftlichen Kulturgeschichte. *R.S.*

Lit.: Deneke 1974, S. 144 ff.; ders. in Deneke/Kahsnitz 1978, S. 974 ff.

248

248
Der Waffensaal des Germanischen
Museums im Tiergärtnertorturm
Willibald Maurer (um 1853 –
1860 tätig)
1853
Bleistift, Feder in Schwarz, laviert;
H. 27,5, Br. 38,0 cm
Nürnberg, Germanisches National-
museum; Inv.Nr. Hz 1041, Kapsel
1442

Nach seiner Gründung 1852 bezog
das Germanische Museum die Räume
im Tiergärtnertorturm. Bibliothek, Archiv, Graphische Sammlungen und
Büros waren im Toplerhaus am Pa-
niersplatz untergebracht. Die Ansicht
der »Waffenhalle« im ersten Geschoß
des Tiergärtnertorturms erschien 1853
als Holzstich im »Wegweiser« zum
Germanischen Museum. Zu einem
malerischen Ensemble vereint, zeigt

sie Werke der Sammlung Aufseß, die
den Grundstock des Museums bildeten. Darunter den spätgotischen
Schrank; das hölzerne Adlerpult aus
der Stiftskirche von Herrieden; die
Kopie des spätgotischen Marien-
leuchters aus dem Rathaus in Regensburg; das Relief mit der Hl. Barbara
vom Meister von Ottobeuren; die
Maiestas Christi mit Aposteln, um
1500; das oberrheinische Teppich-
fragment mit Szenen aus dem »Bu-
sant«, um 1490, sowie zahlreiche
Blank- und Stangenwaffen, Armbrüste
etc., die sich im einzelnen nicht identifizieren ließen: links »Repräsentanten
ritterlicher Ausrüstung«, rechts »Volks-
und Landsknechtsbewaffnung«. Außer
solchen groben Ordnungsprinzipien
läßt das Arrangement nicht die systematischen Vorstellungen Aufseß',
sondern allenfalls einen allgemeinen
Epochenzusammenhang erkennen.

Die Präsentation von Kopien und historisierenden Nachahmungen zeigt,
daß der Begriff des historischen Originals für das ursprüngliche Samm-
lungskonzept nicht ausschlaggebend
war. *R.S.*

Lit.: Nürnberg 1853, bei S. 5; Nürnberg 1972, F 14; Nürnberg 1978,
S. 17, 833ff.; München 1986, Nr. 521.

249a
Zweigeschossiger Schrank
Nadelholz, Linde, Eschenfurnier;
H. 267, Br. 193, T. 66 – 70 cm
Nürnberg, Gemanisches Nationalmu-
seum; Inv. Nr. HG 2

Der angeblich aus Sterzing stammende Schrank im Stil des späten 15.
Jahrhunderts zählte zu den Haupt-
stücken der Aufseß'schen Sammlung
im Germanischen Museum. Untersuchungen ergaben, daß lediglich die

beiden Kästen und wenige ornamentale Schnitzereien als originale Substanz gelten können, das Erscheinungsbild des Möbels aber wesentlich von Ergänzungen des 19. Jahrhunderts bestimmt wird. *R.S.*

Lit.: Schneider 1990, S. 886f.

249b
Vier tubablasende Engel
Mittelfranken, um 1500
Lindenholz, polychrom gefaßt;
L. 28 – 45 cm
Nürnberg Germanisches Nationalmuseum; Inv.Nr. Pl.O. 2114 – 2117

Die Tubaengel entstammen einer Weltgerichtsdarstellung. Woher sie der Museumsgründer Freiherr Hans von und zu Aufseß erworben hat, ist unbekannt. In seiner Sammlung vereinigte er sie mit anderen (vgl. Kat. 248), ursprünglich nicht zusammengehörigen Skulpturen zu einem malerisch wirkenden Ensemble. *F.K.*

Lit.: Josephi 1910, Nr. 290-293.

249c
Christus als Weltenrichter und die Apostel
Mittelfranken, um 1500
Lindenholz, ursprünglich polychrom gefaßt; H. 185, Br. 160 cm

Nürnberg, Germanisches Nationalmuseum; Inv.Nr. Pl.O. 2064

Die in einem hufeisenförmigen Bogen aufgereihten Personen gehören zur Darstellung eines Weltgerichtes. Wahrscheinlich diente das Stück als Teil eines Altargesprenges. Großflächig und schwungvoll gestaltete Gewänder, die ohne hart gebrochene Knitterfalten angelegt sind, sowie die zur Karikatur neigende Charakterisierung der Köpfe kennzeichnen den Stil des anonymen Meisters, der zum Umkreis von Veit Stoß gehört. Das Interesse an historischen Zeugnissen seiner fränkischen Heimat und die ungewöhnlich ausdrucksstarken, individuell charakterisierten Gesichter der einerseits stoisch ruhig und andererseits hingebungsvoll bewegt dargestellten Apostel mögen von Aufseß dazu bewogen haben, das Bildwerk seiner Sammlung einzuverleiben. *F.K.*

Lit.: Josephi 1910, Nr. 434.

249d
Kronleuchter
um 1850
Messing, gegossen; H. 94,6,
Dm. 100,0 cm
Nürnberg, Germanisches Nationalmuseum; Inv.Nr. HG 5

Der Kronleuchter aus der Slg. Aufseß ist die Nachbildung eines gotischen Tabernakelkronleuchters aus dem Maasgebiet, der sich ehemals im Rathaus zu Regenburg befand (heute Stadtmuseum Regensburg). Weitere Nachgüsse wurden um 1875 von dem Münchener Gießer F. Ring gefertigt. *R.E.*

250
Der große Kreuzgang der Nürnberger Karthause
Heinrich Stelzner
(Bayreuth 1833 – 1910 München)
1857
Bleistift, Feder in Schwarz, Aquarell;
H. 22,0, Br. 30,3 cm
Nürnberg, Germanisches Nationalmuseum; Inv.Nr. Hz 5200, Kapsel 1442

Das Aquarell zeigt den großen Kreuzgang mit Kirche, Kapitelsaal und Sakristei des Nürnberger Kartäuserklosters im Jahr der Übergabe an das Germanische Museum. Als Alternative zur provisorischen Unterbringung seiner Sammlungen im Tiergärtnertorturm hatte Aufseß nach einem geeigneteren Standort für das Museum Ausschau gehalten und dabei auch Angebote des Herzogs von Sachsen-Coburg-Gotha und des Großherzogs von Sachsen-Weimar erwogen, die zwei andere »deutsche Stätten«, die Veste Coburg und die Wartburg, als Museumssitz vorschlugen. 1857 überließen der bayerische Staat und die Stadt Nürnberg die vom bayerischen Militär genutzte Nürnberger Kartause dem Museum. Der mittelalterliche Baukomplex der 1380 als Stiftung des Marquard Mendel gegründeten Nürnberger Kartause befand sich im Zustand des Verfalls. Mit dem Einzug des Germanischen Museums begannen die Renovierungs- und Ausbauarbeiten, die sich bis zum Ende des 19. Jahrhunderts hinzogen. *R.S.*

Lit.: Hektor 1863, S. 26ff; Maué in Deneke/Kahsnitz 1978, S. 315ff; Bahns ebd. S. 358ff; Maué 1982, passim.

250

252

251 (Farbtafel S. 119)
Sammelbild mit Ansichten des Germanischen Nationalmuseums
Louis Braun (Schwäbisch Hall 1836 – 1916 München)
um 1868
Bleistift, Feder in Schwarz, grau laviert, Deckweiß; H. 41, Br. 29 cm
Nürnberg, Germanisches Nationalmuseum; Inv.Nr. Hz 1034, Kapsel 1442a

Die Vorzeichnung war offensichtlich zur lithographischen Vervielfältigung eines Erinnerungsblattes bestimmt, das jedoch nie im Druck erschien. Das Sammelbild vereint mehrere Innen- und Außenansichten des Museums et-

wa in dem Zustand, wie es sich nach dem Ausscheiden Hans von Aufseß' 1862 darstellte. Der Eingang an der Kartäusergasse mit der Inschrifttafel »GERMANISCHES MUSEUM EIGEN-THUM DER DEUTSCHEN NATION« führte direkt in die Kartäuserkirche, die die Hauptachse der Museumsbauten bildete. Eine Innenansicht zeigt die zur »großen Kunsthalle«, dem programmatischen Schauraum des Museums, umgestaltete Kirche: Mit den Gipsabgüssen des Braunschweiger Löwen, der Bronzetüren aus Augsburg und Hildesheim, der Bernwardsäule, der Grabmäler Heinrichs d. Löwen und seiner Gemahlin, sowie

des Grafen Ulrich von Ebersberg, den Prager Triforiumsbüsten aber auch mit originalen Werken spätgotischer Skulptur wurde hier das politische Selbstverständnis des Museums als »Nationalanstalt« am deutlichsten sichtbar. Vor allem Wilhelm von Kaulbachs Fresko »Otto III. In der Gruft Karls d. Großen« sollte dem Publikum den vaterländischen Auftrag des Museums erläutern: »des alten Reiches Herrlichkeit... wieder hell zu beleuchten mit dem Fackelscheine der Wissenschaft« (Aufseß). *R.S.*

Lit.: Nürnberg 1860, S. 8ff.; Bahns in Deneke/Kahsnitz 1978, S. 366ff.; ebd. S. 34.

252
Entwurf eines Ehrendiploms für Herzog Ernst II. von Sachsen Coburg-Gotha
Caspar Scheuren (Düsseldorf 1810 – 1887 Düsseldorf)
um 1865
Bleistift, Feder, farbige Tinte, Aquarell; H. 47,8, Br. 58,8 cm
Nürnberg, Germanisches Nationalmuseum; Inv.Nr. Hz 5628, Kapsel 1011c

Der national-liberal eingestellte Herzog Ernst II. von Sachsen Coburg-Gotha hatte 1853 die Veste Coburg als Sitz des Museums angeboten. Er war verstimmt, als Aufseß auf dieses Angebot nicht einging und weigerte sich in der Folgezeit, das Museum durch jährliche Beiträge zu unterstützen – bis er ihm im Jahr 1872 einen lebenden Bären zum Geschenk machte. Der Düsseldorfer Maler Caspar Scheuren entwarf das Ehrendiplom möglicherweise zum 20. Regierungsjubiläum 1864. Die reiche Symbolik verdeutlicht das Festhalten des Germanischen Nationalmuseums am alten »großdeutschen« Reichsideal – auch zu einer Zeit als der preußisch-österreichische Konflikt den Bestand des Deutschen Bundes bedrohte. Unter dem mittelalterlichen Reichsadler ist links der österreichische Doppeladler, rechts der preußische Adler angebracht. Die warnende Inschrift »Tene mensuram et respice finem« (Halte Maß und bedenke das Ende) weist auf die Bedrohung des historischen Reichsverbandes durch den preußisch-österreichischen Konflikt hin. Das Wappen des Germanischen National-Museums mit dem großen Doppeladler erscheint im Zentrum. Die Nationalanstalt verstand sich als letzte Wahrerin der alten Reichstradition. Unter ihrem Wappen thront die Gestalt der Germania, zwischen den Stadtansichten von Nürnberg und Köln, den Personifikationen von Donau und Rhein, verehrt von der weltlichen und geistlichen Macht, von Kriegern und Künstlern. Auf den Randleisten die Wappen deutscher Einzelstaaten. *R.S.*

Die Sammlung der Gipsabgüsse

Die Geschichte der Gipsabgüsse und der Gipsabgußsammlungen ist eng mit der Geschichte der Museen und der Entfaltung des Museumsgedankens in der Mitte des 19. Jahrhunderts verbunden. Zunächst hatte das Interesse allein den Werken der Antike gegolten, die man als Inbegriff menschlicher Kunstleistungen verstand. Bekannt sind die Kollektionen von Goethe und Wilhelm von Humboldt, die vor allem Abformungen antiker Skulpturen besaßen und sie als Quellen täglicher Inspiration und ästhetischen Genusses benützten. Auch an Kunstakademien gab es bereits Abgußsammlungen, die Kopien berühmter Antiken vereinten. In den Studiensälen dienten sie der Ausbildung von Malern und Bildhauern als Medien im Zeichen- und Modellierunterricht. Zum selben Zweck sammelten einzelne Künstler Gipsrepliken. Seit der Mitte des 19. Jahrhunderts nahm jedoch die Aufmerksamkeit für die abendländischen und besonders die nationalen »Alterthümer«, unter die vor allem mittelalterliche Kunstwerke gezählt wurden, immer mehr zu. Die großen europäischen Museen bemühten sich daraufhin stetig, die für sie nicht erreichbaren Skulpturen als Nachbildungen zu erwerben, um mit dieser »Enzyklopädie in Gips« ihrem Anspruch von der ästhetischen und historischen Bildungsanstalt gerecht werden zu können. Aufgrund dieses enzyklopädischen Interesses an der menschlichen Kultur und deren Fortschritt öffneten sich dem Gipsabguß alsbald bisher unbekannte Perspektiven. Denn da der Geschichtswert der Denkmäler im Vordergrund der Betrachtungen stand, spielte es zunächst nur eine untergeordnete Rolle, ob das historische Monument in Gestalt des Originals oder in der Form einer Kopie präsentiert werden konnte. Gipsabgüsse und Originalskulpturen galten daher lange Zeit als nahezu gleichwertig. Durch materialillusionistische Bemalung wurden zudem nicht selten »Faksimiles« der Originale geschaffen. Für Museumszwecke sah man Abgüsse oftmals sogar als geeigneter an. In seiner 1849 in Leipzig gedruckten »Fantasie über ein Museum für die Culturgeschichte der Menschheit« schlug Gustav Klemm zum Beispiel vor, in weiten Teilen mit Abgüssen zu arbeiten. Der Wiener Kunstprofessor Rudolf Eitelberger forderte 1851 vom österreichischen Kultusminister die Einrichtung von Abgußsammlungen im großen Stil: Anhand der Gipse könne sowohl das Genießen der Kunst besser gelehrt als auch das historische Verständnis befördert werden. Dazu müßten sie jedoch unbedingt »vom Standpunkt der Geschichte« her aufgestellt werden; d. h. in einer solchen Reihenfolge, »daß das Eine das Andere ergänzt, der Anfang, die Blüthe und der Verfall der Gedankenwelt gezeigt wird«. Auch der im Jahre 1852 gegründete »Gesamtverein der deutschen Geschichts- und Alterthumsvereine« stellte sich das neu zu errichtende »Historisch-antiquarische Nationalmuseum« als ein Institut vor, an dem nicht nur »Seltsamkeiten und Kostbarkeiten, wie sie der Zufall und die Gelegenheit darbieten, anzuhäufen oder gar die historischen Schätze Deutschlands zu centralisieren« wären, sondern wo mithilfe von »Copien oder Umrissen und Auszügen« das »aller Orten vorhandene, historische Material in ein großes Generalrepertorium zu bringen« sei. Da es der Leitung des 1852 gegründeten Germanischen Nationalmuseums um eine solch lehrreiche Gestaltung der Einrichtung ging, galt deren Bestreben bis um die Jahrhundertwende unter anderem einem, nur unter Zuhilfenahme von Abgüssen realisierbaren, möglichst umfassenden Überblick zum Entwicklungsgang der deutschen Geschichte und Kultur. Zunächst richteten von Aufseß und von Essenwein das Augenmerk bezüglich plastischer Kopien vor allem auf solche von Grabsteinen bedeutender deutscher Fürsten und Bischöfe. Daneben standen Monumente im Vordergrund des Interesses, denen die damals als Wissenschaft noch junge Kunstgeschichte unverkennbar nationalen Charakter zugesprochen hatte. Seit 1852 erwarb man Abgüsse käuflich. Eine museumseigene Werkstatt,

die ständig mehrere junge Künstler beschäftigte, stellte daneben Gipskopien der Museumsbestände und von Skulpturen einiger fränkischer Kirchen her, um sie zu verkaufen bzw. um mit anderen Institutionen – u. a. den Königlichen Museen zu Berlin – in den Tauschverkehr treten zu können. Daneben gelangten eine Reihe von Abgüssen als Geschenke ins Haus, die meist mit Repräsentationsabsichten verbunden waren: So stifteten der Adel oder bedeutende Städte berühmte Denkmäler ihrer Geschichte, um mit diesen im deutschen Nationalinstitut eine bildhafte Stellvertretung zu besitzen. Ein kontinuierlicher Aufbau der Sammlung plastischer Kopien läßt sich hier bis in die Zeit des

Ersten Weltkrieges nachvollziehen. Aus verschiedenen Gründen erlosch das Interesse danach im wesentlichen. Bis zur weitgehenden Zerstörung im Zweiten Weltkrieg gehörte die Abgußsammlung des Germanischen Nationalmuseums neben der der Staatlichen Museen zu Berlin und der des Bayerischen Nationalmuseums in München zu den umfangreichsten und bedeutendsten Einrichtungen ihrer Art in Deutschland. *F.K.*

Lit.: Stafski in Deneke/Kashnitz 1978, S. 614ff.; Schuster – Preiner in Höflechner 1992, S. 165f.; Kammel in Krohm 1996, S. 41ff.; Kammel 1996, S. 5f.

253
Der Braunschweiger Löwe
nach dem Original vor der Braunschweiger Pfalz Dankwarderode
Georg Howaldt (Braunschweig 1802 – 1883 Braunschweig) und Friedrich Küsthard (Göttingen 1830 – 1900 Hildesheim)
1867
Gipsabguß, später monochrom gefaßt; H. 172, L. 286 cm
Nürnberg, Germanisches Nationalmuseum; Inv.Nr. Pl.K. 198

Bereits im Zuge der Restaurierung des monumentalen Bronzebildwerkes, das der Welfenherzog Heinrich der Löwe 1166 vor der Braunschweiger Burg Dankwarderode als Symbol seiner Herrschaft und Gerichtsbarkeit aufrichten ließ, wurde im Jahre 1858 eine Gipskopie für die Abgußsammlung der Königlichen Museen zu Berlin hergestellt. 1866 fertigte der Bildhauer Georg Howaldt im Auftrag der Braunschweigischen Staatsregierung nochmals eine Gipsabformung an. Die Nürnberger Replik stammt wahrscheinlich aus dieser Form und wurde von Friedrich Küsthard hergestellt. Sie gelangte 1867 als Geschenk des Herzogs Wilhelm von Braunschweig in das Germanische Nationalmuse-

um. Auf einem hohen Postament fand sie inmitten der als »Kunsthalle« eingerichteten Kartäuserkirche und im Angesicht des 1859 von Kaulbach ausgeführten Freskos »Otto III. in der Gruft Karls des Großen« Aufstellung. Der Braunschweiger Löwe hatte hier Ruhm und Größe der »deutschen Vorzeit« zu dokumentieren. Als Geschenk eines regierenden Fürstenhauses sollte er dieses zugleich als sichtbares Symbol historischer Größe im Museum vertreten. *F.K.*

Lit.: Essenwein 1868, S. 1.

254
Die Apostel Petrus, Johannes und Andreas
nach den Originalen am Nürnberger Sebaldusgrab
Jacob Daniel Burgschmiet (Nürnberg 1796 – 1858 Nürnberg)
vor 1856
Gipsabgüsse; H. 57 cm
Nürnberg, Germanisches Nationalmuseum; Inv.Nr. Pl.K. 1250-1252

Am Pathos der Apostelfiguren des Sebaldusgrabes in der gleichnamigen Nürnberger Kirche, das dem schwärmerischen Verlangen der romanti-

schen Bewegung offenbar sehr entgegenkam, entzündete sich schon im frühen 19. Jahrhundert eine Begeisterung für den vermeintlich braven und frommen deutschen Künstler. Die Bildwerke, die ebenfalls bereits früh als Zeugen der Wandlung von der Gotik zur Renaissance betrachtet wurden, erlangten eine erstaunliche Popularität und Vorbildfunktion innerhalb der kirchlichen Kunst des vergangenen Jahrhunderts. In Originalgröße bzw. auch in davon abweichenden Dimensionen angefertigte Abgüsse bzw. Kopien wurden gern für die Ausschmückung der neu entstehenden Kirchengebäude verwendet. 1830 hatte man die Figuren vom Grabgebäude entfernt, um sie vom Nürnberger Gießer Jacob Daniel Burgschmiet abformen zu lassen. Aus diesen Formen gewann die ansässige Papiermaché-Fabrik C. W. Fleischmann lange Zeit zahlreiche Abgüsse, die weite Verbreitung fanden und in fast sämtliche europäische Abgußsammlungen von Bedeutung gelangten. In der des Germanischen Nationalmuseums gehören sie zu den frühesten Erwerbungen. *F.K.*

Lit.: Germanisches Nationalmuseum 1856, S. 82.

255

Säulenträger
nach dem Original an der Vorhalle
des Trienter Domes
um 1870
Gipsabguß; H. 142, L. 128 cm
Nürnberg, Germanisches Nationalmuseum, Inv.Nr. Pl.K. 191

Das Original des Abgusses ist Teil eines Löwenpaares in der Vorhalle des
Domes St. Vigilius in Trient, dem Zentrum »Welschtirols«. Gestiftet wurden
die beiden Gipse von dem Zürcher
Professor Gottfried Kinkel (1815–
1882). Mehrfach verwendete er die
»Erträge einer Vorlesung« dazu, Nachbildungen mittelalterlicher Kunstwerke
für das Museum herstellen zu lassen.
Als glänzender Volksredner und Re-
dakteur der »Bonner Zeitung« hatte er
während der Revolution eine bedeut-
same politische Wirksamkeit entfaltet
und auch am Badischen Aufstand teilgenommen. Nach seiner Flucht aus
dem Spandauer Zuchthaus nach England und der Emigration in die
Schweiz 1866 bekleidete der Dichter, Politiker und Kunsthistoriker den
Lehrstuhl für Kunst- und Literaturge-
schichte am Zürcher Polytechnikum.
Eine umfangreiche Vortragstätigkeit
führte Kinkel nach seiner Amnestie-
rung auch nach Deutschland, wobei
er offenbar mehrmals in Nürnberg
weilte und das Germanische Nationalmuseum besuchte. *F.K.*

256

Tympanon
nach dem Original am Südportal des
Wormser Domes
um 1875
Gipsabguß (fragmentiert); H. 162,
Br. 277 cm
Nürnberg, Germanisches National-
museum; Inv.Nr. Pl.K. 203

Als Geschenk Ihrer Majestät der deutschen Kaiserin Augusta, Königin von
Preußen, kam um 1875 die Nachbildung des Tympanons vom Südportal
des Wormser Domes St. Peter nach
Nürnberg. Die inzwischen stark beschädigte Abformung des zu Ende
des 12. Jahrhunderts entstandenen
Bogenfeldes mit der Darstellung des
von Heiligen flankierten Weltenrich-

254

ters befand sich ursprünglich in der
Erdgeschoßhalle des 1877 bis 1880
errichteten Victoriabaus. Dieser war
für die Abgüsse mittelalterlicher Skulptur konzipiert und sein Interieur besaß
ein den kopierten Werken entsprechendes historisches Gepräge. Das
Tympanon repräsentierte dort die ro-
manische Skulptur der deutschen Kai-
serdome. *F.K.*

257

Kapitell
nach dem Original in St. Michael in
Hildesheim
Friedrich Küsthard (Göttingen 1830 –
1900 Hildesheim)
1880
Gipsabguß; H. 89, Br. 101 cm
Nürnberg, Germanisches Nationalmuseum; Inv.Nr. Pl.K. 1676

Während das Museum 1880 den
Abguß des Reliefs von den Externstei-
nen im Teutoburger Wald von der
Stadt Detmold als Geschenk erhielt,
besorgte man sich in jenem Jahr
Gipskopien von zwei Pfeilerkapitellen
und der Chorschranke der Hildeshei-

mer St. Michaelskirche auf eigene
Kosten für die Sammlung. Die Erwerbungen von Kopien so bedeutender
Bildwerke stand ganz in dem von Essenwein 1870 formulierten Bestreben, »den Entwicklungsgang der
deutschen Skulptur mit Berücksichtigung aller Schulen durch gute Gyps-
abgüsse der bedeutendsten Werke
dem Publikum vor Augen zu führen«.
F.K.

Lit.: Essenwein 1881, S. 1.

258

Madonna, hll. Petrus und Jacobus
nach den Originalen an der Chorschranke von St. Michael in Hildesheim
Friedrich Küsthard (Göttingen 1830 –
1900 Hildesheim)
1880
Gipsabgüsse (fragmentiert); H. ca.
152, Br. ca. 72 cm
Nürnberg, Germanisches Nationalmuseum; Inv.Nr. Pl.K. 157

Die drei Fragmente stammen vom Abguß der berühmten Hildesheimer

314

Chorschranke und gehörten zur Einrichtung des 1880 eröffneten und im Zweiten Weltkrieg zerstörten Victoriabaus. Das Stück vervollständigte die Denkmälergruppe der niedersächsischen Domstadt, deren Kunst lange Zeit als der Inbegriff deutscher Kunst des »byzantinischen Stiles« galt. Aufgrund der Erwerbung der nachgebildeten Domtüre (1855) sowie zweier Abgüsse von Kapitellen (1880) und vor allem durch Geschenke König Georg V. von Hannover und des Herzogs Wilhelm von Braunschweig – die Kopien der Bernwardssäule (1865) und der Grabplatte des hl. Bernwards (1865), des Löwen und des Domtaufbeckens (1866/67) – bot die Sammlung auf diesem Gebiet einen umfassenden Überblick. *F.K.*

Lit.: Essenwein 1881, S. 1.

259
Wenzel von Luxemburg
nach dem Original im oberen Triforium des Prager Domes
Gipsformer Pellegrini
1857
Gipsabguß (fragmentiert); H. 42 cm
Nürnberg, Germanisches Nationalmuseum; Inv.Nr. Pl.K. 251

260
Erzbischof Jan Ocko von Vlasim
nach dem Original im oberen Triforium des Prager Domes
Gipsformer Pellegrini
1857
Gipsabguß; H. 68 cm
Nürnberg, Germanisches Nationalmuseum; Inv.Nr. Pl.K. 252

Im Auftrag der »K. u. K. Central-Commission zur Erfassung und Erhaltung der Baudenkmale« hatte der Kölner Kaplan und Konservator am Erzbischöflichen Museum, Franz Bock, in der Prager Domschatzkammer Abgüsse veranlaßt und war dabei auf die um 1380 entstandenen Bildnisbüsten im Triforium von St. Veit aufmerksam geworden. Bei der daraufhin aus eigenem Antrieb in Angriff genommenen Abformung der Bildwerke entdeckte man die originalen Inschriften, aufgrund derer die Skulpturen als Porträts von Mitgliedern der kaiserlichen Familie, von Bischöfen und Baumeistern identifiziert werden konnten. Um die Kosten zu minimieren, bot Bock sowohl den Königlichen Museen zu Berlin als auch dem Germanischen Nationalmuseum entsprechende Re-

pliken von 25 Büsten an, die von beiden Instituten dann dankbar erworben worden sind. Im Germanischen Nationalmuseum haben nur zwei Büsten die Zerstörungen des Zweiten Weltkrieges überstanden. *F.K.*

Lit.: Kammel in Krohm 1996, S. 43f.

261
Thron
nach dem Original im Westchor des Augsburger Domes
1886
Gipsabguß (beschädigt); H. 114 cm
Nürnberg, Germanisches Nationalmuseum; Inv.Nr. Pl.K. 1674

Der Abguß des aus Kalkstein bestehenden sog. Bischofsthrones aus der Zeit um 1100 kam als Geschenk der Stadtgemeinde Augsburg ins Museum, die 1886 eine Anzahl von Kopien »älterer Kunstwerke« aus ihren Mauern gestiftet hatte. Nach Essenwein war »Dank dieser schönen Stiftung (…) keine zweite Stadt, etwa Hildesheim ausgenommen, so gut im Museum vertreten« wie Augsburg. *F.K.*

Lit.: Essenwein 1886, S. 1.

Zu einer deutschen Nationalbibliothek:
Die Frankfurter Parlamentsbibliothek und das Germanische Nationalmuseum

Der Gedanke einer deutschen Nationalbibliothek – ebenso wie der eines deutschen Nationalmuseums – reicht bis ins frühe 19. Jahrhundert zurück, als in der Zeit nach den Befreiungskriegen vielfache Bemühungen um die Organisation historischer Forschung in Deutschland einsetzten[1]. Wenn die Notwendigkeit einer solchen Einrichtung für Deutschland zur Sprache kam, wurden als bibliothekarische Vorbilder immer wieder England und Frankreich zitiert. Das Interesse an einer solchen zentralen Einrichtung war verschiedenartig und kam nicht nur von Seiten der Wissenschaft, sondern auch von Seiten des Verlagsbuchhandels, dessen besonde-

re Intentionen auf den Urheberschutz ausgerichtet waren. Dafür war er bereit zur kostenlosen Abgabe der gesamten deutschen Verlagsproduktion an eine zentrale Institution, bei gleichzeitiger bibliographischer Verzeichnung; ein solcher Plan wurde 1819 vom Verleger Friedrich Arnold Brockhaus vorgelegt[2].
Einen Anstoß aus dem Bedürfnis der Forschung heraus gab der Kasseler Bibliothekar Karl Bernhardi, der bei seiner Arbeit an einer Sprachenkarte Deutschlands eine solche Bibliothek als Arbeitsinstrument vermißte. 1843 machte er konkrete Vorschläge dafür und kennzeichnete den Rang der angestrebten Nationalbibliothek als

»das schönste Denkmal der geistigen Einheit Deutschlands«[3]. Er sollte später als Mitglied der Nationalversammlung in Frankfurt Gelegenheit bekommen, an den ersten Schritten zu einer solchen Institution mitzuwirken. Aus Wolfenbüttel kam die Anregung, die dortige Bibliothek zur Nationalbibliothek zu erheben und auszubauen; der hier tätige Bibliothekar Karl Philipp Schönemann verfolgte diese Idee seit 1845, und er setzte dabei die Bibliothek als nationales Anliegen etwa gleich mit dem Ausbau des Kölner Domes[4].
Die deutsche Nationalversammlung in der Frankfurter Paulskirche war der Rahmen, in dem die Nationalbiblio-

thek Gestalt anzunehmen begann⁵. Dafür stand freilich wenig Zeit zur Verfügung, von der ersten Anregung im Juli 1848 bis zur Auflösung des Parlaments am 30. Mai 1849. Die Anregung ging von Heinrich Wilhelm Hahn d. J. aus, einem der damals bedeutendsten Verleger in Deutschland, zu dessen Verlagsprogramm die »Monumenta Germaniae Historica« gehörten und die Zeitschrift »Archiv der Gesellschaft für ältere deutsche Geschichtskunde«, die diese große Quellen-Edition vorbereitete. Als Förderer von Bibliotheken war er mit Stiftungen aus seinem Verlag für die Bibliothek der Bundesversammlung in Frankfurt und für die Bibliothek Wolfenbüttel aufgetreten. Nun bot er zur Gründung einer Bibliothek der Nationalversammlung freie Auswahl und kostenlose Abgabe seiner Veröffentlichungen an, einschließlich des aufwendigen Werks der »Monumenta Germaniae Historica«. Als sein Angebot in der Parlamentssitzung vom 30. August 1848 behandelt und dankbar akzeptiert wurde, folgten seinem Beispiel spontan zwei weitere, dem Parlament angehörende Verleger, zu dem ausdrücklichen Zweck der Begründung einer »Reichsbibliothek«. Bis zum Ende der Nationalversammlung hatten sich ihnen 39 deutsche Verlagsbuchhandlungen angeschlossen. Man kam überein, für die angestrebte Vollständigkeit dieser Bibliothek nicht nur eine Auswahl, sondern die gesamten Verlagsproduktionen zur Verfügung zu stellen. Seit Oktober 1848 war der Orientalist Johann Heinrich Plath als Bibliothekar tätig; zu Jahresbeginn 1849 wurde eine aus drei Parlamentariern bestehende Bibliothekskommission eingesetzt, der auch Karl Bernhardi aus Kassel angehörte.

Der Name »Reichsbibliothek«⁶ ist zu verstehen als Titel einer Bibliothek des damals angestrebten Deutschen Reiches, also einer deutschen Nationalbibliothek⁷. Zugleich hatte diese Bibliothek die Funktion einer Parlamentsbibliothek, der Arbeitsbibliothek der Nationalversammlung. Deren spezielle fachliche Bedürfnisse einerseits, andererseits der Charakter einer Uni-

versalbibliothek drücken sich in ihrer Systematik aus, einer sachlichen Gliederung in 30 Gruppen:

I. Gesetzessammlungen, Verfassungen und Verträge; II. Landständische Verhandlungen; III. Staats-Handbücher und Adreßbücher; IV. Jurisprudenz; V. Staatswissenschaften; VI. Statistik; VII. Geschichte; VIII. Geographie, Länder- und Völkerkunde, Reisen; IX. Handel; X. Marine; XI. Kriegswesen; XII. Land- und Hauswirtschaft; XIII. Forst- und Jagdwesen; XIV. Naturwissenschaften; XV. Medizin; XVI. Technologie und Gewerbe; XVII. Kunst, Baukunst; XVIII. Musik; XIX. Mathematik; XX. Philosophie; XXI. Pädagogik, Schul- und Unterrichtswesen; XXII. Wörterbücher und Grammatiken; XXIII. Griechische und lateinische Klassiker; XXIV. Übersetzungen und Erläuterungen antiker Mythologie, Antiquitäten, Philologie; XXV. Deutsche Literatur; XXVI. Fremde neuere Literatur, Originale und Übersetzungen; XXVII. Christliche Theologie; XXVIII. Judentum, Islam; XXIX. Bibliographie; XXX. Miszellen.

Die Bibliothek wurde in der Paulskirche aufgestellt, auf der Galerie beiderseits der »Germania« von Philipp Veit. Der Bibliotheksstempel zeigte den doppelköpfigen Adler sowie die Umschrift »Bibliothek d. Deutschen Reichsversammlung« (Abb. 1). Ungebundene Bände erhielten einen einheitlichen Einband mit gelblich-braun marmoriertem Papierbezug und schwarzem Titelschild für den Buchrücken oder mit goldgepreßtem Lederrücken (Abb. 2). Die Bestände wurden in einem Zettelkatalog, unterteilt nach den 30 Sachgruppen, verzeichnet; dementsprechend bestanden die Signaturen aus römischer Sachgruppen-Ziffer und arabischer laufender Nummer.

Mit der Auflösung der Nationalversammlung kam nach nur wenigen Monaten der Sammeltätigkeit auch das Ende dieser Bibliothek. Sie erreichte eine Bestandszahl von etwa 4500 Titeln in etwa 6000 Bänden. Mit anderer Hinterlassenschaft der Nationalversammlung verblieb sie in Frankfurt, unter der Vollmacht des Frankfurter Juristen und ehemaligen

Parlamentariers Friedrich Siegmund Jucho, zunächst am alten Standort in der Paulskirche und wurde weiterhin durch ihren Bibliothekar Johann Heinrich Plath betreut. Zwei ausführliche Stellungnahmen von ihm, 1850 und 1851 verfaßt, unterrichten über Einzelheiten seiner Bibliotheksarbeit aus der kurzen Zeit der Nationalversammlung und über die Intentionen dieser Bibliothek als einer deutschen Nationalbibliothek⁸. Er reagierte damit auf anderslautende Pläne für die Bibliothek, die die seit 1851 wieder zusammengetretene Deutsche Bundesversammlung und zuvor die Bundeszentralkommission verfolgten. Doch lehnte ein Beschluß der Bundesversammlung eine deutsche Nationalbibliothek als nationale Notwendigkeit und als Aufgabe des Deutschen Bundes ab⁹. Vielmehr wurde die Bibliothek als ehemaliges Eigentum der Nationalversammlung zum Bundeseigentum erklärt, ihre Herausgabe gefordert und schließlich durchgesetzt. Sie wurde im Dezember 1851 in das Gebäude der Bundesversammlung, das Palais Thurn und Taxis in Frankfurt, überführt, zusammen mit dem zu fünf kleinen Bänden vereinigten Zettelkatalog.

Als bald darauf, im Jahre 1852, das Germanische Nationalmuseum gegründet wurde, stand der Nationalbibliotheks-Torso der Paulskirche offenbar früh im Interesse dieser Institution¹⁰. Zusammen mit dem Nationalmuseum sollte in Nürnberg auch eine Nationalbibliothek entstehen¹¹, wenn auch beschränkt auf die historischen und kulturhistorischen Bereiche, entsprechend der fachlichen Ausrichtung des Museums. Diese Zielrichtung für die Bibliothek des Germanischen Nationalmuseums, die auf einem Grundbestand aus dem Besitz des Museumsgründers und Ersten Vorstands, Hans von und zu Aufseß aufbaute, wird bald nach der Gründung, mindestens seit 1854 erkennbar. Die große Aufgabenstellung ist in Nürnberg zunächst mit aller Intensität verfolgt worden, allerdings nur wenig über das erste Jahrzehnt der Museumsgeschichte hinaus. Sie hat letztlich nicht zum Erfolg geführt wie in

England, wo mit dem British Museum das nationale Bibliothekszentrum aus der Museumsbibliothek heraus erwuchs.

Für die thematisch auf die deutsche Geschichte im weitesten Sinne, die Literatur und Kunst, zeitlich vom Mittelalter bis zum Jahre 1650 eingeschränkte Nationalbibliothek wurde die spezielle Formulierung »Deutsch-historische Nationalbibliothek« gewählt. Den Bestandsaufbau hoffte man, ähnlich wie bei der Parlamentsbibliothek, weitgehend aus patriotischer Literatur-Lieferung zu bestreiten, nicht nur vom Verlagsbuchhandel, sondern auch von den historischen Vereinen, Akademien, Universitäten und Schulen sowie von privaten Forschern. Der Hauptanteil wurde von den Verlegern getragen, denen ein erstes Rundschreiben vom 3. Juli 1853 zuging und ein zweites vom 22. Juli 1854 die Bitte erneuerte, die Bibliothek des Museums, »die ja zugleich eine deutsche Nationalbibliothek ist, zu vervollständigen«. Der erste Jahresbericht des Museums für den Zeitraum vom 1. September 1853 bis zum 31. August 1854 konnte vermelden, daß bereits 120 Verlagsbuchhandlungen sich bereiterklärt hätten, dem Germanischen Nationalmuseum kostenlos alle thematisch einschlägigen Veröffentlichungen zur Verfügung zu stellen[12].

Im September 1854 stellte das Museum an die Bundesversammlung die Bitte um Überlassung der Paulskirchen-Bibliothek. Dabei berief man sich auf die gleiche Aufgabenstellung und auf die gleichartige Förderung durch die Verleger: »Es dürfte wohl keinem Zweifel unterliegen, daß die Geschenkgeber mit dieser Maasregel um so mehr einverstanden sein würden, als ja gerade das germanische Museum eine deutsche Nationalbibliothek bildet, welche gegenwärtig hauptsächlich ihre Zuflüsse aus Geschenken des deutschen Buchhandels hat, wie aus unserem Jahresbericht und der Chronik zu ersehen ist.«[13] Die Reklamationskommission der Bundesversammlung unterstützte in ihrem Gutachten diesen Antrag. In Frankfurt hätten die Buchhandlungen »ausdrücklich behufs der Gründung einer Nationalbibliothek« ihre Werke zur Verfügung gestellt, und damit »steht doch wohl nichts entgegen, jener Büchersammlung wiederum eine ihrer ursprünglichen Bestimmung entsprechende Verwendung zu geben und dieselbe gemeinnützig zu machen«. Dazu sehe man jetzt im Antrag des Germanischen Nationalmuseums einen passenden Anlaß, zumal »die Bibliothek des Museums den Charakter einer deutschen Nationalbibliothek an sich tragen und nach den Statuten allgemein nutzbar und zugänglich sein soll«[14]. Im Januar 1855 beschloß die Bundesversammlung die Überlassung der Bibliothek der ehemaligen Nationalversammlung an das Germanische Nationalmuseum[15], im April trafen die Buchbestände in Nürnberg ein.

Eine erste Übernahme von der Frankfurter an die Nürnberger Bilbliothek hatte es bereits im Frühjahr 1853 gegeben: Damals erhielt das Germanische Nationalmuseum, zunächst als Leihgabe, alle damals vorliegenden 10 Bände der »Monumenta Germaniae Historica« aus dem Frankfurter Bestand. Johann Caspar Beeg, Zweiter Vorstand des Museums, weilte damals in Frankfurt, um für die Anerkennung des Museums durch die Bundesversammlung vorbereitende Gespräche zu führen. Er brachte dieses wichtige Werk, das vermutlich aufgrund seiner hohen Kosten im Museum fehlte, mit nach Nürnberg[16]. Der besonderen Bedeutung dieser Quellenedition war man sich bewußt; gerade die Leistung dieses Werkes hat Aufseß immer wieder hervorgehoben, und sie diente ihm geradezu als Richtschnur für die neugegründete Nürnberger Institution, deren Aufgaben weit über eine museale Sammlung hinaus in Richtung eines historischen Forschungsinstituts gehen sollten.

Der Initiator der Paulskirchen-Bibliothek, der Verleger Heinrich Wilhelm Hahn, der dem Germanischen Nationalmuseum ebenfalls freie Auswahl aus seinem Verlagsprogramm angeboten hatte, reagierte auf die Mitteilung, daß sein Frankfurter Stiftungsexemplar der Monumenta sich jetzt in Nürnberg befände, in einem Brief an Aufseß mit der Bemerkung, daß es dort den schönsten Ehrenplatz in ganz Deutschland erhalten hätte. Entsprechend erfreut äußerte er sich, als wenig später der ganze Frankfurter Bestand von der Nürnberger Institution übernommen werden konnte: »... meine große Freude und hohe Genugthuung über die geglückte Acquisition der Bibliothek der vormaligen Reichsversammlung, wozu ich damals lediglich im Interesse der Wissenschaften und des gesammten deutschen Buchhandels den Grund legte, um in dem mir stets durchaus fremd gebliebenen Treiben der politischen Parteien und Irrthümer den Sinn auf das ewig Wahre und auf das bisher Bestandene zu richten! Freilich wurde meine gute Absicht damals nur in sehr beschränktem Maasse erreicht; daher es mir nun zur innigsten Befriedigung gereicht, mein Geschenk, welches sich mit Inbegriff des Pracht-Exemplares der Monumenta auf mehr als Ein Tausend Thaler nach den Ladenpreisen belief, nunmehr in den besten Händen und unserer ganzen deutschen Nation nützlich und zugänglich zu wissen!«[17]

Die Übernahme des Nationalbibliotheks-Torsos aus Frankfurt war für den Ausbau der Bibliothek des Germanischen Nationalmuseums von enormer Schubkraft: Sie bedeutete die öffentliche Anerkennung der Funktion einer Nationalbibliothek, wodurch mit besonderem Nachdruck um weitere kostenlose Lieferungen der Verlagsbuchhandlungen geworben werden konnte. Als Garantie für mehr Verläßlichkeit und Beständigkeit als beim ersten Nationalbibliotheks-Versuch wurde den Förderern ausdrücklich erklärt, daß die Aufgabenstellung einer deutschen Nationalbibliothek weiterverfolgt werde, das Germanische Nationalmuseum sich jedoch von politischen Einheitsbestrebungen wie von der Politik überhaupt fernhalte[18]. Diese Position muß in Verlegerkreisen überzeugend gewirkt haben, denn die Zahl der kostenlosen Lieferungen stieg kontinuierlich bis zu einem Höhepunkt im Jahr 1863, als das Museum auf fast 600 Verlage zählen konnte;

der Buchbestand wurde damals mit etwa 18 600 Titeln in 40 000 Bänden angegeben, der monatliche Zugang betrug 150 Bände[19].

Die Bibliothek der Nationalversammlung von 1848/49 lebte innerhalb der Bibliothek des Germanischen Nationalmuseums weiter unter dem Namen »Parlamentsbibliothek«. Der größte Teil des Bestandes blieb separat aufgestellt und war durch den mitgelieferten Katalog weiterhin zugänglich, wobei man allerdings Unstimmigkeiten zwischen Buchbestand und Katalog feststellte. Nur ein kleiner Teil der Paulskirchen-Bibliothek von etwa 300 Titeln, die inhaltlich zum Sammelprogramm der »Deutsch-historischen Nationalbibliothek« paßten, wurde ausgewählt und in den Bibliotheksbestand des Museums eingegliedert. Sie wurden in das hauseigene Katalogsystem eingearbeitet, erhielten eine entsprechende Signatur, den Museumsstempel und – falls nötig – auch den hier üblichen schlichten Einband. Die Zugehörigkeit zur Parlamentsbibliothek wurde im Katalog dokumentiert durch zusätzlichen Vermerk der ursprünglichen Parlamentsbibliotheks-Signatur. Eine vollständige Integration ist nicht erfolgt, so daß die Bibliothek der ehemaligen Nationalversammlung neben dem Bestand der Museumsbibliothek existierte und weiterhin durch ihren alten Katalog erschlossen wurde, damit allerdings nur begrenzt für die Nutzung zugänglich.

In Zusammenhang mit der generellen, 1870 beschlossenen Änderung der Aufgabenstellung des Germanischen Nationalmuseums traten die Nationalbibliotheks-Intentionen der

Nürnberger Bibliothek in den Hintergrund und wurden schließlich ganz aufgegeben. Als nach der Reichsgründung von 1871 erneut die Forderung nach einer deutschen Nationalbibliothek diskutiert wurde, war die Nürnberger Institution im öffentlichen Bewußtsein nicht mehr präsent. Allein Julius Petzholdt, Mitglied des Gelehrtenausschusses des Germanischen Nationalmuseums, kannte die Tradition und erinnerte daran: »Wozu haben wir denn Nürnberg, wo bereits mit der Begründung u. Heranbildung eines dem Britischen Museum ähnlichen Institutes, des Germanischen Museums, ein sehr gedeihlicher Anfang gemacht worden ist.«[20]

Die »Parlamentsbibliothek« zog später die Aufmerksamkeit einer anderen Institution und den Wunsch nach Besitzübernahme auf sich. Die Deutsche Bücherei, deren Gründung 1912 beschlossen wurde und die 1913 in Leipzig ihre Arbeit aufnahm, war der erneute und endlich erfolgreiche Versuch einer deutschen Nationalbibliothek. Sie entstand nicht als staatliche, sondern als Einrichtung des Börsenvereins der Deutschen Buchhändler, wiederum also eine Initiative der deutschen Verlegerschaft. Im Jahre 1938 schlossen das Germanische Nationalmuseum und die Gesellschaft der Freunde der Deutschen Bücherei Leipzig einen Vertrag über gegenseitige Stiftungen. Danach erhielt die Deutsche Bücherei die Bibliothek der ehemaligen deutschen Nationalversammlung aus der Paulskirche und dazu drei der Sessel der Bundesversammlung, die 1867 aus der Frankfurter Hinterlassenschaft dem Museum

überwiesen worden waren. Für das Nürnberger Museum wurde ein festgesetzter Betrag zur Verfügung gestellt, um Bibliographien und Fachliteratur nach eigener Auswahl aus deutscher Verlagsproduktion für die eigene Bibliothek zu erwerben.

Zur Feier des 25jährigen Bestehens der Deutschen Bücherei, am 15. Mai 1938 wurde in Leipzig die Parlamentsbibliothek offiziell übergeben. Als Teil der Geschichte auch dieser jungen Leipziger Institution – als Vorläufer einer deutschen Nationalbibliothek – genießt sie dort besondere Wertschätzung und ist in einem Sitzungsraum sichtbar aufgestellt, zusammen mit den drei Sesseln gleichsam ein Denkmal deutscher Bibliotheksgeschichte.

Nur wenige versprengte Stücke, die 1938 übersehen wurden, befinden sich weiterhin in der Bibliothek des Germanischen Nationalmuseums; dazu gehören einige zwischenzeitlich in die Museumsbibliothek integrierten Werke, die nur anhand des alten, unvollständigen Frankfurter Kataloges ermittelt werden konnten[21]. Fünf Zeitschriften-Bände verblieben in Nürnberg, um einen gewachsenen Bestand nicht auseinanderzureißen. Mit besonderer Überraschung wurde in jüngerer Zeit entdeckt, daß die ersten zehn Bände der »Monumenta Germaniae Historica« der Museumsbibliothek zum ehemaligen Bestand der Paulskirche gehören und daß damit sogar die Anfänge jenes ersten Versuchs einer Nationalbibliothek weiterhin in der Bibliothek des Germanischen Nationalmuseums bewahrt werden. *U. M.*

1   Georg Winter: Zur Vorgeschichte der Monumenta Germaniae Historica. In: Neues Archiv der Gesellschaft für ältere deutsche Geschichtskunde, Bd. 47, 1928, S. 1-30.

2   Rudolf Blum: Nationalbibliographie und Nationalbibliothek. In: Archiv für die Geschichte des Buchwesens, Bd. 35, 1990, S. 1-294, S. 120-122.

3   Joachim Rex: Karl Bernhardis Gedanken zur Errichtung einer deutschen Nationalbibliothek in der Periode des Heranreifens der bürgerlich-demokratischen Revolution. In: Zentralblatt für Bibliothekswesen, Bd. 81, 1967, S. 530-535, das Zitat S. 535.

4   Paul Raabe: Karl Philipp Schönemann und Heinrich Wilhelm Hahn. Zur Idee einer deutschen Nationalbibliothek in Wolfenbüttel. In: Aratro corona messoria. Festgabe für Günther Pflug zum 20. April 1988. Bonn 1988, S. 35-45.

5   Jüngere Literatur: R. Blum (wie Anm. 2), bes. S. 123-126. – Gerhard Hahn: Die Reichstagsbibliothek zu Berlin – ein Spiegel deutscher Geschichte. Mit einer Darstellung zur Geschichte der Bibliotheken der Frankfurter Nationalversammlung, des Deutschen Bundestages und der Volkskammer. Düsseldorf 1997, S. 5, 29-40. – Johannes Jacobi: Anmerkungen zur Bibliothek der Deutschen Reichsversammlung von 1848/49. In: Bibliothek als Lebenselixier. Festschrift für Gottfried Rost zum 65. Geburtstag. Leipzig 1996, S. 47-76. – Ders.: Reichsbibliothek von 1848. In: Handbuch der historischen Buchbestände in Deutschland. Bd. 18: Sachsen, L–Z. Hrsg. von Friedhilde Krause. Hildesheim – Zürich – New York 1997, S. 32-36. – 1848. Aufbruch zur Freiheit. Eine Ausstellung des Deutschen Historischen Museums und der Schirn Kunsthalle Frankfurt zum 150jährigen Jubiläum der Revolution von 1848/49. Hrsg. von Lothar Gall. Berlin 1998, S. 225 mit Kat. Nr. 354-355. – Eine Bibliographie der Bibliothek der Paulskirche, bearbeitet von Johannes Jacobi, ist im Druck.

6 Oder auch »zu begründende Reichsbiblio- thek«, denn ein offizieller Gründungsbeschluß war nie erfolgt.

7 G. Hahn (Anm. 5), S. 31-32.

8 Bundesarchiv Frankfurt, DB 62/25 B (alt), fol. 146-150: Johann Heinrich Plath an die In- terimistische Bundeskommission: Promemoria, 7. März 1850; abgedruckt bei R. Blum (Anm. 2), S. 280-282. – Bundesarchiv Frankfurt, DB 1/33, fol. 268-277: J. H. Plath an die Bun- desversammlung: Promemoria, 7. August 1851.

9 Protokolle der Deutschen Bundesversamm- lung. Frankfurt a. M., 1851, S. 434-437, § 186, Sitzung vom 11. Oktober 1851.

10 Elisabeth Rücker: Die Bibliothek. In: Das Germanische Nationalmuseum Nürnberg 1852-1977. Beiträge zu seiner Geschichte. Hrsg. von Bernward Deneke und Rainer Kahs- nitz. München – Berlin 1978, S. 546-583, bes. S. 550-553: Die Reichs- oder Parlaments- bibliothek. – Peter Burian: Das Germanische Nationalmuseum und die deutsche Nation. In: Das Germanische Nationalmuseum, 1978 (wie oben), S. 127-262, bes. S. 141-143. – Eberhard Slenczka: Bibliothek des Germani- schen Nationalmuseums. In: Handbuch der historischen Buchbestände in Deutschland. Bd. 1,2: Bayern, I – R. Hrsg. von Eberhard Dünninger. Hildesheim – Zürich – New York 1996, S. 154-160, bes. S. 154.

11 Zur Bibliothek des Germanischen Natio- nalmuseums innerhalb der Geschichte der deutschen Nationalbibliothek hier zusammen- gefaßt, was ausführlicher an anderem Ort er- scheinen wird: Das Germanische National- museum, die Monumenta Germaniae Historica und die Bibliothek der Paulskirche. Zur Vorge- schichte einer deutschen Nationalbibliothek. In: Anzeiger des Germanischen Nationalmu- seums, 1999.

12 Jahresbericht des germanischen National- museums zu Nürnberg, Bd. 1, 1853-1854, S. 7, 17. – Über die jeweils neuen Verpflich- tungserklärungen der Verlage wie auch über die eintreffenden Literatur-Lieferungen wurde monatlich Bericht erstattet im Chronik-Teil des Anzeigers für Kunde der deutschen Vorzeit.

13 Bundesarchiv Frankfurt, DB 1/302, fol. 76 r. Schreiben Aufseß an die Bundesver- sammlung, 4.9.1854.

14 Protokolle (Anm. 9), 1854, S. 1142-1146, § 370, Sitzung vom 9.12.1854.

15 Protokolle (Anm. 9), 1855, S. 23, § 7, Sitzung vom 4.1.1855.

16 Bundesarchiv Frankfurt, BD 1/302, fol. 73. Empfangsbestätigung, unterzeichnet von Johann Caspar Beeg, 1.4.1853; nachträglicher Vermerk von Johann Daniel Leutheusser, nach Abgabe des Gesamtbestandes nach Nürnberg 1855. – Fol. 64 ein zugehöriger Empfehlungsvermerk.

17 Brief vom 3.2.1855 an das Germanische Nationalmuseum Nürnberg, abgedruckt in: Anzeiger für Kunde der deutschen Vorzeit, N. F. 2, 1855, Sp. 73.

18 Anzeiger für Kunde der deutschen Vorzeit, N. F. 2, 1854, Sp. 312; N. F. 2, 1855, Sp. 74.

19 Die Bibliothek des germanischen Mu- seums. In: Deutscher Buchhändler-Almanach, Bd. 2, 1863, S. 1-18.

20 Julius Petzholdt, in: Neuer Anzeiger für Bibliographie und Bibliothekswissenschaft, 1880, S. 298 (Besprechung von: Karl Kehr- bach: Eine deutsche Reichsbibliothek. In: All- gemeine Literarische Correspondenz, Bd. 6, 1880, S. 89-92).

21 Erst durch Zufall und in jüngerer Zeit wur- den einige Werke als zugehörig zur Paulskir- chen-Bibliothek wiederentdeckt. Die Anfrage von Johannes Jacobi für seine geplante Biblio- graphie (Anm. 5) war der Anlaß für gezielte Recherchen 1996. Die festgestellten Titel wer- den mit Nürnberger Standort in der Bibliogra- phie verzeichnet werden, ebenso wie auch andernorts (Frankfurt) befindliche zugehörige Werke. Bisher konnten in Nürnberg 11 Titel si- cher zugeordnet werden, für 9 weitere ist es wahrscheinlich.

Bände aus der Bibliothek der Deutschen Reichsversammlung

262a
Archiv der Gesellschaft für ältere deutsche Geschichtskunde
Hannover, Hahn, Bd. 5, 1824 – Bd. 9, 1847
Nürnberg, Germanisches National- museum; Sign. 8° G. 197

262b
Beiträge zur Nordischen Alterthums- kunde
1. Heft: Opfer- und Grabalterthümer zu Waldhausen
Lübeck, Schmidt, 1844
Nürnberg, Germanisches National- museum; Sign. 4° K. 1314 d

262c
Karl Eduard Förstemann
Georg Friedrich Händels Stammbaum
Leipzig, Breitkopf und Härtel, 1844
Nürnberg, Germanisches National- museum; Sign. 2° Bg. 4350 h

262d
Johannes Carsten Hauch
Die Nordische Mythenlehre

Leipzig, Baumgärtner, 1847
Nürnberg, Germanisches National- museum; Sign. 8° Rl. 87

262e
Monumenta Germaniae Historica
Bd. 1 – 10 (Scriptores 1 – 8, Leges 1 – 2)
Hannover, Hahn, 1826 – 1848
Nürnberg, Germanisches National- museum; Sign. 2° G. 3025

262f
Friedrich Wilhelm de Reden
Tableaux généalogiques et histori- ques de l'Empire Britannique
Hannover, Hahn, 1830
Nürnberg, Germanisches National- museum; Sign. 2° Bg. 336

262g
Carolus Georgius Augustus Schönhals
Dissertatio inauguralis juridica de equitibus inclyti ordinis Teutonici a successione in feuda recta et secula- ria non excludendis
Marburg, Krieger, 1795
Nürnberg, Germanisches National- museum; Sign. 4° Gs 670 b

262h
Hans Rudolf Schröter und Georg Christian Friedrich Lisch
Frederico-Francisceum oder Großher- zogliche Alterthümersammlung aus der altgermanischen u. slavischen Zeit Meklenburgs zu Ludwigslust.
Tafelband

262e

Einige »Gegenstände von geschichtlichem Interesse«

Auch als der preußisch-österreichische Konflikt, der bereits die Paulskirche entzweit hatte, 1866 mit Waffengewalt entschieden wurde und die Schlacht von Königgrätz das Ende des Deutschen Bundes besiegelte, hielt das Germanische Nationalmuseum als letztes Nationalinstitut an seiner »großdeutschen« Konzeption fest. Es verstand sich nun als »das einzige Eigenthum des gesammten deutschen Volkes« und machte sich Hoffnungen auf einen Teil aus der Erbmasse des Bundes. Obwohl frühere Anträge auf finanzielle Unterstützung aus Bundesmitteln regelmäßig abgelehnt worden waren, wandte sich der neugewählte 1. Vorstand, August Essenwein, an die in Frankfurt tagende Bundesliquidationskommission mit der Bitte, dem Museum Mittel aus dem aufzulösenden Bundesvermögen zuzuweisen. Statt

finanzieller Zuwendungen beschloß die Kommission auf ihrer Sitzung vom 30. Januar 1867 jedoch, dem Museum »mehrere Gegenstände von geschichtlichem Interesse« anzuvertrauen, die sie aus der geplanten öffentlichen Versteigerung des Bundesmobiliars ausnehmen wollte: Ein Schreiben vom 26. Februar verzeichnet 10 Gegenstände aus der Paulskirche und 13 Modelle aus dem Reichs-Marineministerium (Kat. 264). Auf Veranlassung des österreichischen Bevollmächtigten wurden dem Museum mit Brief vom 3. Juli außerdem Einrichtungsgegenstände aus dem Sitzungszimmer der Bundesversammlung im Palais Thurn und Taxis angeboten. Obwohl diese Relikte, die nun den Rang von »Reliquien« erhalten sollten, sowohl den zeitlichen Rahmen der Museumssammlungen sprengten, als

auch das museumspolitische Konzept tangierten, stimmte die Museumsleitung einer Übernahme zu und meldete im »Anzeiger« vom März 1867: »Es entspricht der Bedeutung des Museums, das ja in erster Linie der Geschichte Deutschlands gewidmet ist, zu sehr, diese historischen Reliquien aufzubewahren, als daß nicht hätte freudig zugestimmt werden sollen. Allein in die, auf die frühere Vergangenheit gerichteten kulturgeschichtlichen Sammlungen können sie nicht eingereiht werden. Es erfordert also die Herstellung eines eigenen Lokales, welches sodann auch die im Museum bereits befindlichen, von Schill, Theodor Körner und anderen großen Männern der neueren Zeit herrührenden Reliquien aufnehmen könnte.« Bei der Übernahme der »Reliquien« als »Eigentum der deutschen Nation«

machte das Museum offensichtlich keinen Unterschied zwischen der Hinterlassenschaft des ersten frei gewählten deutschen Parlaments und den Gegenständen aus der Bundesversammlung, der gesamtdeutschen Zentrale fürstlicher Kabinettspolitik. Diese Gleichbehandlung ruft einen Streit ins Gedächtnis, der sich unmittelbar nach Auflösung des Parlaments im Sommer 1849 zwischen den Bundesbehörden und dem Beauftragten der Nationalversammlung entsponnen hatte und der – als anrührendes Nachspiel der Revolution – vom Stolz und trotzigen Selbstbewußtsein des gescheiterten Parlaments gegenüber den alten und neuen Mächten zeugt.

Die Nationversammlung hatte am 31. Mai 1849 ihren ehemaligen Schriftführer, den Frankfurter Abgeordneten Dr. Friedrich Siegmund Jucho, beauftragt, ihr in Frankfurt zurückgelassenes Eigentum »zu wahren, zu verwalten, auch die hiesigen Bürogeschäfte zu erledigen.« In einem Verzeichnis mit Datum vom 31. August 1849 erfaßten Jucho und der Archivar Gölzenleuchter das bewegliche Inventar der Paulskirche aus der Zeit der Nationalversammlung. Neben den Ausstattungsgegenständen zählten dazu vor allem die rund 4500 Bände der »Reichsbibliothek« und die Parlamentsakten, soweit sie nicht vom Rumpfparlament nach Stuttgart mitgeführt und von dort aus in die Schweiz verbracht worden waren. Seinen eigenen Angaben zufolge bot Jucho die Hinterlassenschaft am 14. Februar 1850 dem Senat der Stadt Frankfurt zu treuen Händen an – mit der Maßgabe, sie zu gegebener Zeit einer »berechtigten«, d.h. aus allen deutschen Staaten zusammengesetzten Behörde zu übergeben: »Ich ging nämlich damals wie jetzt von der Ansicht aus, daß der Nachlaß der deut-

schen Nationalversammlung Eigentum der ganzen Nation, ganz Deutschlands sei, und daß daher nur eine die ganze Nation repräsentierende Behörde ihn an sich zu nehmen befugt sei.« Eine Übergabe kam jedoch nicht zustande, da die Freie Stadt Frankfurt auf diese Bedingungen nicht eingehen mochte. Stattdessen verlangte die Bundeszentralkommission im April 1850 und noch einmal 1851 die Herausgabe der Gegenstände, der sich Jucho aus den genannten Gründen widersetzte: die Kommission repräsentiere nicht die gesamte Nation; »in Ermangelung einer allgemeinen deutschen Volksvertretung« könne er allenfalls einem entsprechenden Ersuchen des Bundestags selbst Folge leisten. Dieser machte mit Beschluß vom 17. Juli 1851 seine Ansprüche geltend und verlangte speziell folgende Gegenstände:

»1) Die Verkleidung der Orgel in der Paulskirche (die Germania vorstellend)
2) Sechs Stück Schwarz-Rot-Goldene Stoffe hinter dem Präsidentensitze, mit dem lackierten Blechschilde den Reichsadler vorstellend,
3) die schwarz-rot-goldenen Draperien mit kleinen Fahnen von den oberen Kirchenfenstern und
4) die sämtlichen Akten der Nationalversammlung (darunter die auf Pergament gedruckte Reichsverfassung mit Original-Unterschriften in Samt reich gebunden, in einem Etui.«

Der Jurist Jucho mußte gegenüber diesem Ersuchen seine Argumentation ändern und begründete seine Weigerung nun damit, daß der Bundestag sich – nach eigenem Verständnis – nicht als Rechtsnachfolger der Nationalversammlung begreife und deshalb keinen generellen Anspruch besitze. Nach zivilrechtlichen Grundsät-

zen habe er bestenfalls Anspruch auf Gegenstände, die mit Bundesmitteln angeschafft worden seien; dies sei jedoch bei keinem der besagten Objekte der Fall. Trotz mehrerer Vorladungen weigerte sich Jucho standhaft, das ihm anvertraute »Nationaleigentum« der Bundesversammlung zu übergeben und wies darauf hin, daß die Reichsbibliothek vom deutschen Buchhandel unter der Bedingung gestiftet worden sei, sie zu einer »wahren Nationalbibliothek« auszubauen; zudem sei die originale Verfassungsurkunde, – die Jucho selbst im Ausland in Sicherheit gebracht hatte – »durch ein ihm unbekanntes Ereignis abhanden gekommen...«

Erst als am 15. Dezember 1851 die Bevollmächtigten des Bundestags in Begleitung von zwei Polizeidienern in seiner Wohnung erschienen, sah sich Jucho gezwungen, ihnen die Akten und den Schlüssel zur Paulskirche unter Protest auszuhändigen. Resigniert beschließt er seine Aufzeichnungen: »Solange noch ein Schimmer jener Hoffnung leuchtete, würde ich es bedauert haben, wenn ich vor dem Zusammentritt eines neuen deutschen Parlaments die Verlassenschaft des ersten den Händen des wiedererstandenen Bundestags zu überlassen gezwungen gewesen wäre; wie es aber jetzt steht mit den Angelegenheiten des Vaterlandes, das so viel Höheres und Größeres zu beklagen hat, kann von einem Bedauern ob eines Gegenstandes, wie des hier in Frage stehenden, kaum die Rede sein.« *R.S.*

Lit.: Bundesarchiv, Außenstelle Frankfurt, FSg. 1/116; GNM, Altarchiv, Kapsel 25; Beilage »Anzeiger« 1867, S. 3; Burian in: Deneke/Kahsnitz 1978, S. 171 ff.

No. 285.　　　6　　　Praes. 7/3 67
　　　　　　　　　　　　　　ad

[handschriftliches Schreiben, siehe Transkription rechts]

An
den verehrlichen Vorstand des
germanischen Museums
zu
Nürnberg.

263
Schreiben der Bundesliquidationskom-
mission an den Vorstand des Germa-
nischen Museums, Frankfurt, 26. Fe-
bruar 1867
drei Seiten, handschriftlich
Nürnberg, Germanisches Nationalmuseum; Altregistratur, Kapsel 25

Auf ihrer Sitzung vom 30.1.1867 beschloß die Bundesliquidationskommission in Frankfurt, das »vorhandene
Bundesmobiliar aller Art« öffentlich
versteigern zu lassen, ausgenommen
einige »Gegenstände von geschichtlichem Interesse«, die dem Germanischen Museum, der letzten großdeutsch ausgerichteten Nationalanstalt, übergeben werden sollten. »Bei
dem historischen Werthe, welche alle
diese, wenn auch zum Theil an sich
unbedeutenden Gegenstände haben,
darf erwartet werden, daß das Germanische Museum zu Nürnberg sich
zur Übernahme und Aufbewahrung
derselben geneigt zeigen werde.« Im
Einzelnen handelte es sich um folgende Gegenstände:
»1. Das Bildniß des Reichsverwesers
mit Familie unter Glas und Rahmen;
2. Eine Ehrentafel aus dem Schleswig-Holsteinischen Feldzuge von
1848; 3. Ein Tableau, die Wiedergeburt Deutschlands darstellend von
Steinpappe; 4. Ein Tableau, die Germania darstellend, auf Leinwand gemalt; 5. Ein großer deutscher Reichsadler auf Goldgrund; 6. Ein kleiner
deßgleichen; 7. 5 Stimmvasen von
Blech; 8. Viele Fahnen mit den deutschen Farben; 9. Vier Kandelaber
von Bronze für Gas; 10. Zwei Gasar-
me von Bronze.« Ferner »Modelle aus
dem Reichsmarine-Ministerium: 1. Eine
englische Pivot-Bombenkanone mit
Laffete; 2. Ein Infanteriegewehr, 3. Eine Pistole, 4. ein Deckoffiziersäbel
mit Koppel, 5. Ein Entersäbel, 6. Ein
Infanteriesäbel, 7. ein Enterbeil, 8. eine Enterpike, 9. ein Percussionsschloß,
10. Ein Aufsatz, 11. Ein Korn, 12. Ein
hölzernes Modell eines 32 Pfünders,
13. Mehrere Fahnen und Flaggen.«
Mit Ausnahme von Veits »Germania«
und der Marine-Waffen (Pos. 2-11)
sind die Gegenstände in den Sammlungen nicht mehr nachweisbar.　R.S.

Lit.: Bundesarchiv, Außenstelle Frankfurt; GNM, Altarchiv, Kapsel 25; Burian in Deneke / Kahsnitz 1978,
S. 172.

Modelle aus dem Reichs-Marineministerium

264a
Entermesser für Mannschaft
S & K, Solingen
1849
Stahl, geschmiedet, gefeilt, lackiert;
H. 81,5, Br. 11,9, T. 12,5 cm
Nürnberg, Germanisches National-
museum; Inv.Nr. W 81

264b
Säbel für Decksoffiziere
S & K, Solingen
1848/49
Stahl, geschmiedet, gefeilt, poliert;
Messing, gegossen, gefeilt, poliert;
Griff mit Rochenhaut; L. 88, Br. 11,9,
T. 9 cm
Nürnberg, Germanisches National-
museum; Inv.Nr. W 30

264c
Enterbeil
1848
Stahl, geschmiedet, gefeilt, poliert;
Holzschaft gedrechselt; Klinge bez.
mit »Leber«; H. 62,5, B. 26,5 cm
Nürnberg, Germanisches National-
museum; Inv.Nr. W 351

264d
Enterpike
1849
Stahl, geschmiedet, gefeilt, poliert;
Holzschaft, eiserne Spitze; L. 217 cm
Nürnberg, Germanisches National-
museum; Inv.Nr. W 885

264e
*Abfeuerungsmechanismus für Schiffs-
geschütze*
England (?), 1848
Stahl, Messing, gegossen, gefeilt;
Holz, gedrechselt; Schnur; H. 12,
Br. 11,5, T. 10,5 cm
Nürnberg, Germanisches National-
museum; Inv.Nr. W 1035.

264f
Visiereinrichtung für Schiffsgeschütze
Bez.: Red Barnes/Tower Hill, London
1848
Messing, gegossen, gefeilt, punziert;
Visier: H. 12,5, Br. 6,2, T. 6,0 cm
Korn: H. 9,0, Br. 4,7 cm
Nürnberg, Germanisches National-
museum; Inv.Nr. W 1037

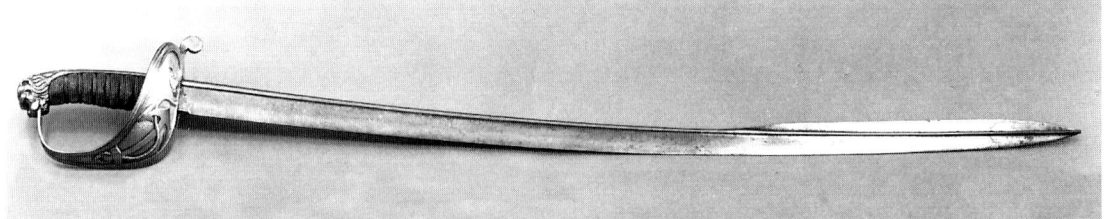

264b

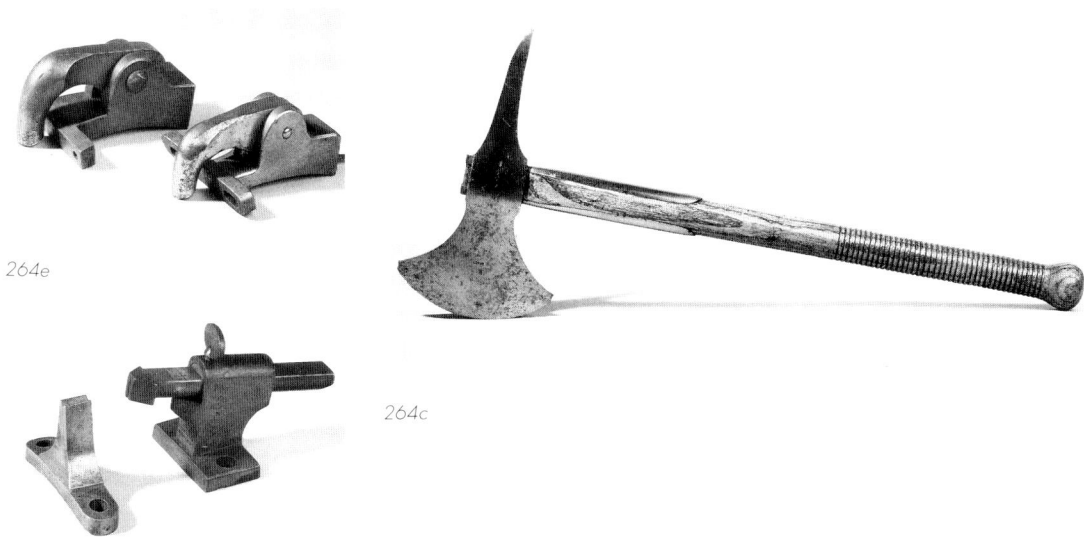

264e

264c

264f

Die kleine Mustersammlung der »Modelle aus dem Reichs-Marine-Ministerium« ist Zeugnis für den glücklosen Versuch der provisorischen deutschen Zentralgewalt, in kurzer Zeit eine deutsche Kriegsflotte, »das Schmerzenskind der deutschen Revolution« (Valentin) aufzubauen. Unter den Vorzeichen des deutsch-dänischen Krieges und der Hoffnung auf die zukünftige Großmachtstellung des neuen Deutschland war das Flottenprojekt außerordentlich populär und wurde von der Öffentlichkeit mit der Gründung von Flotten-Vereinen, zahlreichen patriotischen Spenden, technischen Vorschlägen und schwärmerischen Elogen unterstützt. Die Flottenangelegenheiten wurden von einer Marineabteilung und einer technischen Marinekommission im Reichs-Handelsministerium in Zusammenarbeit mit dem Marineausschuß des Parlaments betrieben. Joseph Maria von Radowitz, Mitglied dieses Ausschusses, verkündete am 26. Mai 1848: »Wir wollen die Einheit Deutschlands gründen, es gibt kein Zeichen für diese Einheit, das in dem Maße innerhalb Deutschlands und außerhalb Deutschlands diesen Beschluß verkündet, als die Schöpfung einer deutschen Flotte.« Aus Mangel an Geld, Sachverstand und Zeit war das Unternehmen jedoch zum Scheitern verurteilt. Die deutsche Flotte verfügte nur über wenige Kriegsschiffe, meist umgebaute Handelsschiffe, und wurde völkerrechtlich nicht anerkannt. 1852 wurde die kleine Flottille, die in Brake vor Anker lag, offiziell aufgelöst und versteigert. *R.S.*

Lit.: P. Brückmann, Die deutsche Marine (1848 – 1852). In: Archiv für Waffen- und Uniformkunde, 2. Jg. 1919, Nr.1. S. 26ff.; Valentin 1998, Bd. II, S. 324f.; Frankfurt 1998, Nr. 466-471.

265
Zwei Sessel aus dem Sitzungssaal der Deutschen Bundesversammlung
um 1820/30
Holz, Leder; H. 92, Br. 60, T. 54 cm; Holz, grüner Damastbezug H. 92,0, Br. 62,5, T. 55,0 cm
Nürnberg, Germanisches Nationalmuseum; o. Inv.Nr.

Zu den Hinterlassenschaften des Deutschen Bundes, die dem Germanischen Nationalmuseum 1867 überwiesen wurden, gehörten Einrichtungsgegenstände aus dem Sitzungszimmer der Deutschen Bundesversammlung im Palais Thurn und Taxis in Frankfurt. August Essenwein, 1. Vorstand des Museums, hatte sich darum bemüht, daß auch »der grüne Tisch von dem Deutschlands Schicksale ein halbes Jahrhundert geleitet wurden, sowie die Sessel, auf denen die Bevollmächtigten aller Staaten des Bundes Platz genommen haben« als historische Reliquien in die Sammlung des Museum gelangten. Seinem Wunsch wurde nur zum Teil entsprochen. Der österreichische Bevollmächtigte bei der Bundesliquidationskommission Dumreicher stellte mehrere Sessel aus dem Sitzungszimmer, die österreichisches Eigentum waren, zur Verfügung. Für Essenwein scheinen diese Relikte fürstlicher Kabinettspolitik nicht weniger bedeutsam gewesen zu sein als die Gegenstände aus der Paulskirche. Drei der Sessel wurden 1938 mit der »Reichsbibliothek« an die Deutsche Bücherei in Leipzig abgegeben. Die beiden verbliebenen, von denen einer einen neuen Damastbezug erhielt, wurden im Museum nicht immer als Reliquien angesehen, sondern waren noch nach dem 2. Weltkrieg als Büromöbel in Gebrauch. *R.S.*

Lit.: Anzeiger 1867, S. 81, 209; Burian in: Deneke/Kahsnitz 1978, S. 171 ff.; Nürnberg 1989, Nr. 556.

Bibliographie

ADB:
Allgemeine Deutsche Biographie. Hrsg. von der Historischen Commissin bei der Köngl. Akademie der Wissenschaften, Leipzig 1875ff.

Agulhon 1979:
Agulhon, Maurice: Marianne au combat. L'imagerie et la symbolique républicaine de 1789 à 1880, Paris 1979

Aretin 1976:
Aretin, Karl Otmar von: Bayerns Weg zum souveränen Staat. Landstände und konstitutionelle Monarchie 1714 – 1818, München 1976

Arndt 1976:
Arndt, Monika: Die Goslarer Kaiserpfalz als Nationaldenkmal, Hildesheim 1976

Arnscheidt 1978:
Arnscheidt, Margrit: Politische Druckgraphik der Revolution 1848/49. (Bildhefte des Städtischen Reiss-Museums Mannheim, Kunst- und Kulturgeschichtliche Sammlungen, Nr. 2), Mannheim 1978

Assion 1991:
Assion, Peter: Der Heckerkult. Ein Volksheld von 1848 im Wandel seiner geschichtlichen Präsenz. In: Zeitschrift für Volkskunde, 87. Jg./1991, S. 53ff.

Assion in Frei 1993:
Assion, Peter: »Es lebe Hecker! Stoßet an!« Die Popularität und Verehrung Friedrich Heckers von 1848/49 bis zur Gegenwart. In: Frei 1993, S. 117ff.

Aufseß 1853:
Aufseß, Hans Frhr. von und zu: System der deutschen Geschichts- und Alterthumskunde, entworfen zum Zwecke der Anordnung der Sammlungen des germanischen Museums, Leipzig 1853

Bach 1977:
Bach, Ines: Studien zur Karikatur in den »Düsseldorfer Monatsheften«. Diss. TU Berlin 1977

Bahns in Deneke/Kahsnitz 1978:
Bahns, Jörn: Die Museumsbauten von der Übernahme der Kartause im Jahre 1857 bis gegen 1910. In: Deneke / Kahsnitz 1978, S. 357ff.

Bamberg 1911:
Katalog der Bibliothek des Freiherrn Emil Marschalk von Ostheim. Königliche Bibliothek Bamberg, 3 Bde., Bamberg 1911

Baudelaire 1962:
Baudelaire, Charles: Curiosités esthétiques, Paris 1962

Baur 1974:
Baur, Otto: Bestiarium Humanum. Mensch-Tier-Vergleich in Kunst und Karikatur, Gräfelfing vor München 1974

Belting 1997:
Belting, Isabella: Mode und Revolution. Deutschland 1848/49. (Historische Texte und Studien, Bd. 15), Hildesheim u.a. 1997

Berlin 1971:
Börsch-Supan, Helmut (Hrsg.): Die Kataloge der Berliner Akademie-Ausstellungen 1786 – 1850, 3 Bde., Berlin 1971

Berlin / Dürers Gloria 1971:
Dürers Gloria. Kunst – Kult – Konsum. Ausst.-Kat. Staatliche Museen Preußischer Kulturbesitz Berlin, Kunstbibliothek 1971

Berlin 1972:
Kunst der bürgerlichen Revolution von 1830 bis 1848/49. Neue Gesellschaft für bildende Kunst Berlin. Zusammengestellt und herausgegeben aus Anlaß der Ausstellung im Schloß Charlottenburg. Ausst.-Kat. Berlin 1972/73

Berlin 1981:
Der bunte Rock in Preußen. Militär- und Ziviluniformen 17. bis 20. Jahrhundert in Zeichnungen, Stichen und Photographien aus dem Bestand der Kunstbibliothek Berlin, ausgewählt und bearbeitet von Ekhart Berckenhagen und Gretel Wagner. Ausst.-Kat. Staatliche Museen Preußischer Kulturbesitz Berlin, Kunstbibliothek 1981

Berlin 1984:
Adolph Menzel: Zeichnungen, Druckgraphik und illustrierte Bücher. Bearbeitet von Sigrid Achenbach, Ingrid Becker, Susanne von Falkenhausen. Ein Bestandskatalog der Nationalgalerie, des Kupferstichkabinetts und der Kunstbibliothek. Staatliche Museen Preußischer Kulturbesitz, Berlin 1984

Berlin 1990:
Bismarck, Preußen, Deutschland und Europa. Ausst.-Kat. Deutsches Historisches Museum, Berlin 1990

Berlin / Bildwerke 1990:
Bloch, Peter: Bildwerke 1780 – 1910. Aus den Beständen der Skulpturengalerie und der Nationalgalerie (Bildwerke der Skulpturengalerie Berlin, Bd. 3), Berlin 1990

Berlin / Ethos und Pathos 1990:
Bloch, Peter u.a. (Hrsg.): Ethos und Pathos. Die Berliner Bildhauerschule 1786–1914. Ausstellung der Skulpturengalerie der Staatlichen Museen Preußischer Kulturbesitz im Hamburger Bahnhof, Berlin 1990

Berlin 1996:
Plessen, Marie-Louise von (Hrsg.): Marianne und Germania 1789 – 1889. Frankreich und Deutschland. Zwei Welten – Eine Revue. Ausstellung der Berliner Festspiele GmbH., Ausstellung im Martin-Gropius-Bau, Berlin 1996

Bern 1991:
Zeichen der Freiheit. Das Bild der Republik in der Kunst des 16. bis 20. Jahrhunderts. Ausst.-Kat. Bern 1991

Bloch 1971:
Bloch, Erich: Geschichte der Juden von Konstanz im 19. und 20. Jahrhundert, Konstanz 1971

Bock 1923:
Bock, Elfriede: Adolph Menzel. Verzeichnis seines graphischen Werkes, Berlin 1923

Boehn 1926:
Boehn, Max von: Polizei und Mode, Berlin 1926

Bonn 1989:
Baumunk, Bodo-Michael / Brunn, Gerhard (Hrsg.): Hauptstadt. Zentren, Residenzen, Metropolen in der deutschen Geschichte. Ausst.-Kat. Kunsthalle Bonn, Köln 1989

Bonn 1992:
Vom Zauber des Rheins ergriffen ... Zur Entdeckung der Rheinlandschaft vom 17. bis 19. Jahrhundert. Ausst.-Kat. Rheinisches Landesmuseum Bonn / Mittelrhein-Museum Koblenz, München 1992

Bonn 1995:
Der Rhein, le Rhin, de Waal. Ausst.-Kat. Straßburger Museen, Straßburg / Museum Commanderie van Sint Jan, Nimwegen / Rheinisches Landesmuseum (Kataloge des Rheinischen Landesmuseums Bonn, Bd. 2), Köln 1995

Braunfels 1995:
Braunfels, Veronika: Otto Speckter (1807-1871). Illustrator und Lithograph in Hamburg, Hamburg 1995

Bringemeier 1980:
Bringemeier, Martha: Mode und Tracht. Beiträge zur geistesgeschichtlichen und volkskundlichen Kleidungsforschung. Beiträge zur Volkskultur in Nordwestdeutschland, Heft 15, 1980, S. 210ff.

Bringmann 1982:
Bringmann, Michael: Friedrich Pecht, 1804 – 1903. Maßstäbe der deutschen Kunstkritik zwischen 1850 und 1900, Berlin 1982

Brückmann 1977:
Brückmann, Remigius: Der »Struwwelpeter« und die Haarwuchspomade. Zur Ikonographie von Heinrich Hoffmanns Kinderbuchfigur. In: Philobiblon 21, 1977, S. 17ff.

Brückner 1969:
Brückner, Wolfgang: Populäre Druckgraphik Europas. Deutschland. Vom 15. bis zum 20. Jahrhundert, München 1969

Brunn 1989:
Brunn, G.: Germania und die Entstehung des deutschen Nationalstaates. In: Vogt, R. (Hrsg.): Symbole der Politik, Politik der Symbole, Opladen 1989

Burian in Deneke/Kahsnitz 1978:
Burian, Peter: Das Germanische Nationalmuseum und die deutsche Nation. In: Deneke / Kashnitz 1978, S.127ff.

Busch 1985:
Busch, Werner: Die notwendige Arabeske. Wirklichkeitsaneignung und Stilisierung in der deutschen Kunst des 19. Jahrhunderts, Berlin 1985

Champfleury 1869:
Histoire de l'Imagerie populaire, Paris 1869

Chaudonneret 1987:
Chaudonneret, Marie-Claude: La figure de la République. Le concours de 1848. (Notes et documents des Musées de France, 13), Paris 1987

Coburg 1980:
Kruse, Joachim (Hrsg.): Luthers Leben in Illustrationen des 18. und 19. Jahrhunderts. Ausst.-Kat. Kunstsammlungen der Veste Coburg, Coburger Landesstiftung, Coburg 1980

Cordes 1982:
Cordes, Günter: Württembergischer Landtag bis 1918. In: Von der Ständeversammlung zum demokratischen Parlament. Die Geschichte der Volksvertretungen in Baden-Württemberg. Hrsg. von der Landeszentrale für politische Bildung Baden-Württemberg, Stuttgart 1982

Coupe 1993:
Coupe, William A.: German Political Satires from the Reformation to the Second World War. Part I, 1500-1848. White Plains, New York 1993

Czyba in Rütten 1991:
Czyba, Lucette: Feminismus und Karikatur. Die Scheidungsfrage im Charivari von 1848. In: Rütten 1991, S. 277ff.

Dann 1983:
Dann, Otto von (Hrsg.): Religion – Kunst – Vaterland. Der Kölner Dom im 19. Jahrhundert, Köln 1983

Darmstadt 1979:
Das Bild in Glas. Von der europäischen Kabinettscheibe zum New Glass. Ausst.-Kat. Hessisches Landesmuseum 1979

Deneke 1974:
Deneke, Bernward: Das System der deutschen Geschichts- und Altertumskunde des Hans von und zu Aufseß und die Historiographie im 19. Jahrhundert. In: Anzeiger des Germanischen Nationalmuseums 1974, S. 144ff.

Deneke 1978:
Aufseß, Hans von und zu: System der deutschen Geschichts- und Alterthumskunde entworfen zum Zwecke der Anordnung der Sammlungen des Germanischen Museums (1853). Mit einer Einführung von Bernward Deneke. In: Deneke / Kahsnitz 1978, S. 974ff.

Deneke / Kahsnitz 1978:
Deneke, Bernward / Kahsnitz, Rainer (Hrsg.): Das Germanische Nationalmuseum Nürnberg 1852 – 1977. Beiträge zu seiner Geschichte, München / Berlin 1978

Diezfelwinger 1856:
Diezfelwinger, Wilhelm: Das germanische Museum als National-Denkmal deutscher Geschichte, Wissenschaft und Kunst, in drei Abtheilungen poetisch beschrieben, Nürnberg 1856

Dippel 1989:
Dippel, Horst: Die Französische Revolution und die ersten deutschen Verfassungsprojekte. In: »Sie, und nicht wir«. Die Französische Revolution und ihre Wirkung auf Norddeutschland und das Reich, Bd. 2, Hamburg 1989, S. 671ff.

Dippel 1991:
Dippel, Horst (Hrsg.): Die Anfänge des Konstitutionalismus in Deutschland. Texte deutscher Verfassungsentwürfe am Ende des 18. Jahrhunderts, Frankfurt a. M. 1991

Dollinger 1972:
Dollinger, Hans: Lachen streng verboten! Die Geschichte der Deutschen im Spiegel der Karikatur, München 1972

Donop 1902:
Donop, Lionel von: Katalog der Handzeichnungen, Aquarelle und Ölstudien in der Königlichen National-Galerie, Berlin 1902

Dorgerloh 1896:
Dorgerloh, A.: Verzeichnis der durch Kunstdruck vervielfältigten Arbeiten Adolf Menzels, Leipzig 1896

Dröse 1996:
Dröse, Ruth / Eisermann, Frank / Kingreen, Monica / Merk, Anton: Der Zyklus »Bilder aus dem altjüdischen Familienleben« und sein Maler Moritz Daniel Oppenheim, Hanau 1996

Düding, Dieter / Friedemann, Peter / Münch, Paul (Hrsg.): Öffentliche Festkultur. Politische Feste in Deutschland von der Aufklärung bis zum Ersten Weltkrieg, Reinbek 1988

Duisburg 1991:
Duisburg und der Rhein. Ausst.-Kat. Museum der Deutschen Binnenschiffahrt Duisburg-Ruhrort im Kultur- und Stadthistorischen Museum Duisburg, Oberhausen 1991

Duller 1840:
Duller, Eduard: Geschichte des deutschen Volkes, Leipzig 1840

Ehrle 1979:
Ehrle, Peter Michael: Volksvertretung im Vormärz. Studien zur Zusammensetzung, Wahl und Funktion der deutschen Landtage im Spannungsfeld zwischen monarchischem Prinzip und ständischer Repräsentation, Frankfurt a. M./Bern/Cirencester 1979

von Einem 1969:
Einem, Herbert von: Die Tragödie der Karlsfresken Alfred Rethels, Köln und Opladen 1968

Erfurt 1993/94:
Glasmalerei des 19. Jahrhunderts in Deutschland. Ausst.-Kat. Angermuseum, Erfurt 1993/94

Engels 1958:
Engels, Friedrich: Die Armeen Europas. In: Friedrich Engels: Ausgewählte Schriften, Bd. 1, Berlin 1958, S. 434

Erlangen 1993:
Die Friedrich-Alexander-Universität Erlangen-Nürnberg 1743 – 1993. Ausst.-Kat. Stadtmuseum, Erlangen 1993

Essenwein 1868:
Essenwein, August von: Jahresbericht des Germanischen Nationalmuseums zu Nürnberg. Vierzehnter Bericht, Nürnberg 1868

Essenwein 1881:
Essenwein, August von: Siebenundzwanzigster Jahresbericht des Germanischen Nationalmuseums, Nürnberg 1881

Essenwein 1886:
Essenwein, August von: Dreiunddreißigster Jahresbericht des Germanischen Nationalmuseums, Nürnberg 1886

Das Europa der Bilder I, 1998:
1848: Das Europa der Bilder, Bd. I: Der Völkerfrühling. Ausst.-Kat. Paris, Turin, Prangins, Nürnberg 1988

Fehrenbach 1971:
Fehrenbach, Elisabeth: Über die Bedeutung der politischen Symbole im Nationalstaat. In: Historische Zeitschrift, 213, 1971, S. 296ff.

Fenske 1993:
Fenske, Hans: 175 Jahre badische Verfassung, Karlsruhe 1993

Förster 1874:
Förster, Ernst: Peter von Cornelius. Ein Gedenkbuch aus seinem Leben und Wirken, 2 Bde., Berlin 1874

Foltin 1963:
Foltin, Hans Friedrich: Die Kopfbedeckungen und ihre Bezeichnungen im Deutschen, Giessen 1963

Frankfurt 1977:
Gallwitzer, Klaus (Hrsg.): Die Nazarener. Ausst.-Kat. Städel, Städtische Galerie im Städelschen Kunstinstitut, Frankfurt 1977

Frankfurt 1978:
Trophäe oder Leichenstein? Kulturgeschichtliche Aspekte des Geschichtsbewußtseins in Frankfurt im 19. Jahrhundert. Ausst.-Kat. Historisches Museum Frankfurt a. M. 1978

Frankfurt 1983:
Der Struwwelpeter – Entstehung eines berühmten deutschen Kinderbuchs. Ausst.-Kat. Heinrich-Hoffmann-Museum, Frankfurt a. M. 1983

Frankfurt 1998:
Gall, Lothar (Hrsg.): 1848. Aufbruch zur Freiheit. Eine Ausstellung des Deutschen Historischen Museums und der Schirn Kunsthalle Frankfurt zum 150jährigen Jubiläum der Revolution von 1848/49. 18. Ausst.-Kat. Frankfurt a. M. 1998

Frei 1993:
Frei, Alfred Georg (Hrsg.): Friedrich Hecker in den USA. Eine deutsch-amerikanische Spurensicherung, Konstanz 1993

Fuchs 1901/1903:
Fuchs, Eduard: Die Karikatur der europäischen Völker, 2 Bde., Berlin 1901/1903

Gall 1992:
Gall, Lothar: Die Germania als Symbol nationaler Identität im 19./20. Jahrhundert (Nachrichten der Akademie der Wissenschaften in Göttingen, Jg. 1993, Nr. 2, 1992)

Germanisches Nationalmuseum 1856:
Das Germanische Nationalmuseum. Organismus und Sammlungen. 2. Abtheilung: Kunst- und Alterthumssammlungen, Leipzig 1856

Gierse 1986:
Gierse, Ludwig: Die Papst-Adresse des Zentral-Dombau-Vereins aus dem Jahre 1848. In: Kölner Domblatt, Jahrbuch des Zentral-Dombau-Vereins, 51. Folge 1986, S. 47ff.

Gollwitzer 1986:
Gollwitzer, Heinz: Ludwig I. von Bayern. Königtum im Vormärz. Eine politische Biographie, München 1986

Goncourt o. J.:
Concourt, E. u. J.: Gavarni. Der Mensch und das Werk, Berlin o. J.

Grab 1966:
Grab, Walter: Demokratische Strömungen in Hamburg und Schleswig-Holstein zur Zeit der ersten französischen Republik (Veröffentlichungen des Vereins für hamburgische Geschichte 21), Hamburg 1966

Grab 1989:
Grab, Walter (Hrsg.): Die Revolution von 1848/49, Stuttgart 1998

Gräfnitz 1994:
Gräfnitz, Christiane: Deutsche Papiermaché Puppen 1760-1860, Duisburg / Greiz 1994

Grimm 1988:
Grimm, Dieter: Deutsche Verfassungsgeschichte 1776-1866, Frankfurt a. M. 1988

Groll 1989:
Groll, Karin: Alfred Rethel: »Auch ein Todtentanz aus dem Jahre 1848«, Meßkirch 1989

Grote 1967:
Grote, Ludwig: Die romantische Entdeckung Nürnbergs, München 1967

Hamburg 1983:
Hofmann, Werner (Hrsg.): Luther und die Folgen für die Kunst. Ausst.-Kat. Kunsthalle Hamburg 1983

Hamburg 1995:
Von Napoleon zu Bismarck. Geschichte in der deutschen Druckgraphik. Bearbeitet von David Klemm. Ausst.-Kat. Museum für Kunst und Gewerbe Hamburg, Hamburg 1995

Hampe 1902:
Hampe, Theodor: Das Germanische Nationalmuseum von 1852 bis 1902. Festschrift zur Feier seines fünfzigjährigen Bestehens, Leipzig o. J. (1902)

Hanau 1980:
Hanau im Vormärz und in der Revolution 1848/49, Historisches Museum Hanau, Hanau 1980

Hannover 1984:
Langemeyer, Gerhard / Unverfehrt, Gerd / Guratzsch, Herwig / Stölzl, Christoph (Hrsg.): Bild als Waffe. Mittel und Motive der Karikatur in fünf Jahrhunderten, Ausst.-Kat. Wilhelm-Busch-Museum Hannover 1984

Hansen 1963:
Hansen, Wilhelm: Die Brüder Grimm in Berlin. In: Brüder Grimm Gedenken 1963. Gedenkschrift zur hundertsten Wiederkehr des Todestages von Jacob Grimm. Hrsg. von Ludwig Denecke, Ina-Maria Greveurs und Gerhard Heilfurth, Marburg 1963, S. 227ff.

Hartmann 1976:
Hartmann, Wolfgang: Der historische Festzug. Seine Entstehung und Entwicklung im 19. und 20. Jahrhundert, München 1976

Hartwig / Riha 1974:
Hartwig, Helmut / Riha, Karl: Politische Ästhetik und Öffentlichkeit. 1848 im Spannungsprozeß des historischen Bewußtseins, Steinbach und Wißmar 1974

Hauff 1840:
Hauff, Hermann: Moden und Trachten. Fragmente zur Geschichte des Costüms, Stuttgart / Tübingen 1840

Hecker 1848:
Hecker, Friedrich: Die Erhebung des Volkes in Baden für die deutsche Republik im Frühjahr 1848, Basel 1848

Heine 1997:
Briegleb, Klaus (Hrsg.): Heinrich Heine. Sämtliche Schriften, Bde. 1-5, (1. Aufl 1968), München 1997

Hektor 1863:
Hektor, Enno: Die Geschichte des germanischen Museums von seinem Ursprunge bis zum Jahre 1862. Festschrift zur Feier seines zehnjährigen Bestehens, Nürnberg 1863

Hellfaier 1975:
Hellfaier, Rose (Hrsg.): Ernst von Bandel an Wilhelm Tegeler. Briefe zur Entstehungsgeschichte des Hermannsdenkmals 1850 – 1864 (Nachrichten aus der Lippischen Landesbibliothek Detmold, Heft 5), Detmold 1975

Hettling 1988:
Hettling, Manfred: Revolution, Tod und Opferkult. Alfred Rethels »Auch ein Totentanz« von 1849. In: Archiv für Kulturgeschichte 70, Heft 2, 1988, S. 443ff.

Heuss 1957:
Heuss, Theodor: Alfred Rethel. Auch ein Totentanz. Holzschnittfolge 1849, Stuttgart 1957

Hinrichsen 1848:
Hinrichsen, C. [Pseud. für Carl Manicus]: Die Germanisten und die Wege der Geschichte, Kopenhagen 1848

Höflechner 1992:
Höflechner, Walter / Pochat, Götz (Hrsg.): 100 Jahre Kunstgeschichte an der Universität Graz, Graz 1992.

Hoffmann 1968:
Hoffmann, Detlef: Die Karlsfresken Alfred Rethels, Phil. Diss. Freiburg 1968

Hoffmann 1989:
Hoffmann , Detlef: Germania. Die vieldeutige Personifikation einer deutschen Nation. In: Freiheit-Gleichheit-Brüderlichkeit. 200 Jahre Französische Revolution in Deutschland. Ausst.-Kat. Nürnberg 1989. S. 137ff.

Hoffmann 1980:
Hoffmann, Detlef: Die Erschießung Robert Blums. Argumente für die Einbeziehung des Bildes in den Geschichtsunterricht. In: Geschichtsdidaktik, Heft 4, 1980, S. 357ff.

Hoffmann in Histoire et critique des arts 1980:
Hoffmann, Detlef: Dessins de reportage: les débuts du journalisme illustré en Allemagne. (Actes du colloque »Daumier et le dessin de presse«, Maison de la culture, Grenoble 1979) In: Histoire et critique des arts, 1980, Nr. 1 u. 2, S. 114ff.

Hoffmann 1992:
Hoffmann, Detlef: Darstellungen der Revolution in der Leipziger »Illustrirten Zeitung« 1848/49. In: Künstlerischer Austausch – Artistic Exchange. Akten des XXVIII Internationalen Kongresses für Kunstgeschichte, Berlin 1992, hrsg. von Thomas W. Gaethgens, Berlin 1993, S. 97ff.

Hohenems 1991:
Kleider und Leute. Vorarlberger Landesausstellung 1991 in Hohenems, Bregenz 1991

Huber 1988:
Huber, Ernst Rudolph: Deutsche Verfassungsgeschichte seit 1789, Bd. II, (2. Aufl.), Mainz 1988

Iwitzki 1994:
Iwitzki, Angelika: Europäische Freiheitskämpfe. Das merkwürdige Jahr 1848, Berlin 1994

Jaacks 1986:
Jaacks, Gisela: Hamburger Alltagskleidung um 1845. In: Waffen- und Kostümkunde 45, 1986, S. 49ff.

Jäger 1970:
Jäger, Hans-Wolf: Politische Kategorien in Poetik und Rhetorik der zweiten Hälfte des 18. Jahrhunderts. (Texte Metzler 10), Stuttgart 1970

Jäger 1971:
Jäger, Hans-Wolf: Politische Metaphorik im Jakobinismus und im Vormärz, Stuttgart 1971

Jedding – Gesterling 1988:
Jedding-Gesterling, Maria u.a. (Hrsg.): Die Frisur. Eine Kulturgeschichte der Haarmode von der Antike bis zur Gegenwart, München 1988

Jessen 1973:
Jessen, Hans (Hrsg): Die Deutsche Revolution 1848/49 in Augenzeugenberichten, München 1973

Johann 1995:
Johann, Elisabeth: Trachten in der Wetterau, Gießen 1995

Josephi 1910:
Josephi, Walter: Die Werke plastischer Kunst (Kataloge des Germanischen Nationalmuseums), Nürnberg 1910

Kammel 1996:
Kammel, Frank Matthias: Drei Löwen und ein Tympanon. Gipsabgüsse als Ausweis enzyklopädischen Denkens und Zeugen der Museumsgeschichte. In: Monatsanzeiger. Museen und Ausstellungen in Nürnberg, Nr. 183, 1996, S. 5ff.

Kammel in Krohm 1996:
Kammel, Frank Matthias: Die Sammlung der Abgüsse von Bildwerken der christlichen Epochen an den Berliner Museen. In: Krohm 1996, S. 41ff.

Karlsruhe 1971:
Neuere Meister 19. und 20. Jahrhundert. Staatliche Kunsthalle Karlsruhe 1971

Karlsruhe 1984:
Politische Karikaturen des Vormärz 1815-1848. Ausstellung und Katalog von Remigius Brückmann, Badischer Kunstverein e.V., Karlsruhe 1984

Karlsruhe 1995 (1960):
Schurke oder Held? Historische Räuber oder Räuberbande. Ausst.-Kat. Badisches Landesmuseum Karlsruhe, Sigmaringen 1995

Karlsruhe 1998:
1848/49. Revolution der deutschen Demokraten in Baden. Ausst.-Kat. zur Landesausstellung im Karlsruher Schloß. Hrsg. vom Badischen Landesmuseum Karlsruhe, Karlsruhe 1998

Klötzer 1968:
Klötzer, Wolfgang, Die Frankfurter Paulskirche – Symbol der deutschen Einheit. In : Archiv für Frankfurts Geschichte und Kunst, Bd. 51, 1968, S. 5ff.

Klötzer 1985:
Klötzer, Wolfgang: Ätzbilder aus Frankfurt. In: Archiv für Frankfurts Geschichte und Kunst, 1985, Bd. 60, S. 43ff.

Koch 1991:
Koch, Ursula E.: Der Teufel in Berlin. Von der Märzrevolution bis zu Bismarcks Entlassung. Illustrierte politische Witzblätter einer Metropole 1848-1890, Köln 1991

Koch 1995:
Koch, Ursula E.: La presse et son public à Paris et à Berlin (1848/49). Une étude exploratoire. In: Mieck, Ilja / Möller, Horst / Voss, Jürgen (Hrsg.): Paris und Berlin in der Revolution 1848, Sigmaringen 1995

Koch 1989:
Koch, Rainer (Hrsg.): Die Frankfurter Nationalversammlung 1848/1849. Ein Handlexikon der deutschen verfassungsgebenden Reichs-Versammlung, bearbeitet von Patricia Stahl u.a., Kelkheim 1989

Köln 1980:
Borger, Hugo (Hrsg.): Der Kölner Dom im Jahrhundert seiner Vollendung, Ausst.-Kat. der Historischen Museen in der Josef-Haubrich-Kunsthalle, 2 Bde., Köln 1980

Köln 1988:
Schäfke, Werner (Hrsg.): Der Name der Freiheit 1288 – 1988, Aspekte Kölner Geschichte von Worringen bis heute. Handbuch zur Ausstellung des Kölnischen Stadtmuseums in der Josef-Haubrich-Kunsthalle, 2 Bde., Köln 1988

Köln 1989:
Dewitz, Bodo von und Matz, Reinhard (Hrsg.): Silber und Salz. Zur Frühzeit der Photographie im deutschen Sprachraum, Ausst.-Kat. der Josef-Haubrich-Kunsthalle, Köln 1989

Koetschau 1929:
Koetschau, Karl: Alfred Rethels Kunst vor dem Hintergrund der Historienmalerei seiner Zeit, Düsseldorf 1929

Krempel 1935:
Krempel, Lore: Die deutsche Modezeitschrift. Ihre Geschicht und Entwicklung nebst einer Bibliographie der deutschen, englischen und französischen Modezeitschriften, Coburg 1935

Krohm 1996:
Krohm, Hartmut (Hrsg.): Die Sammlung der Abgüsse von Bildwerken. Meisterwerke mittelalterlicher Skulptur, Berlin 1996

Kruse 1925:
Kruse, Werner: Adolf Schrödter als Graphiker. In: Wallraf-Richartz Jahrbuch, Bd. 2, 1925, S. 122ff.

Kügler 1991:
Kügler, Martin: Politische Motive auf Pfeifenköpfen – Ein Beispiel aus dem Jahre 1846. In: Knasterkopf – Mitteilungen für Freunde irdener Pfeifen, Heft 5/1991, S. 17f.

Kuhn 1976:
Kuhn, Axel: Jakobiner im Rheinland (Stuttgarter Beiträge zur Geschichte und Politik, Bd. 10), Stuttgart 1976

Lankheit 1972:
Lankheit, Karl: Weißenburger Revolutionsgraphik von 1848/49. In: Zeitschrift für die Geschichte des Oberrheins. Bd. 120/NF Bd. 81, 1972

Lepp in Hohenems 1991:
Lepp, Nicola: Revoluzzer und Randalierer. Ausschnitte aus einer Kleidungsgeschichte des Protests. In: Hohenems 1991, S. 256ff.

Ludwigshafen 1988:
Gassen, Richard W. / Hofmann, Karl-Ludwig: Liberalnichtoftsky und der deutsche Michel. Die Karikatur in der Revolution von1848/49. Ausst.-Kat. Stadtmuseum Ludwigshafen 1988

Ludwigshafen 1992:
Mythos Rhein. Ein Fluß – Bild und Bedeutung. Ausst.-Kat. Wilhelm-Hack-Museum Ludwigshafen, Heidelberg 1992

Lutz 1988:
Lutz, Alfred J.: Burg Aufseß. Ein Führer durch Burg und Geschichte eines fränkischen Adelsgeschlechtes, Bayreuth 1988

Mackowsky 1951:
Mackowsky, Hans: Die Bildwerke Gottfried Schadows, Berlin 1951

Maillinger 1876:
Maillinger, Joseph: Bilder-Chronik der Königlichen Haupt- und Residenzstadt München..., Bd. III, München 1876

Mainberger 1850:
Mainberger, Carl (Hrsg): Neues Adreßbuch der Stadt Nürnberg, Nürnberg 1850

Malke 1997:
Malke, Lutz: »Gutenberg redivivus«. Eine Gedenkmedaille und ein Gedenkblatt Menzels. In: Museums Journal. Berichte aus den Museen, Schlössern und Sammlungen in Berlin und Potsdam. 11. Jg., Nr. 1, 1997, S. 40ff.

Mannheim 1998:
Mit Zorn und Eifer. Karikaturen aus der Revolution 1848/49. Der Bestand des Reiss-Museums Mannheim, Ausst.-Kat. bearbeitet von Grit Arnscheidt, Mannheim 1998

Markowitz 1969:
Markowitz, Irene: Die Düsseldorfer Malerschule. Kataloge des Kunstmuseums Düsseldorf IV, 2, Düsseldorf 1969

Maué 1982:
Maué, Hermann: Das Germanische Nationalmuseum. Die Bauten und ihre Geschichte, München / Berlin 1982

Maué in Deneke / Kahsnitz 1978:
Maué, Hermann: Die Bauten der Kartause von ihrer Gründung 1380 bis zur Übernahme durch das Museum im Jahre 1857. In: Deneke / Kahsnitz 1978, S. 315ff.

Menke-Schwinghammer 1994:
Menke-Schwinghammer, Annemarie: Weltgeschichte als ›Nationalepos‹. Wilhelm von Kaulbachs kulturhistorischer Zyklus im Treppenhaus des Neuen Museums in Berlin, Berlin 1994

Mende 1969:
Mende, Matthias: Die Transparente der Nürnberger Dürer-Feier von 1828. Ein Beitrag zur Dürerverehrung der Romantik. In: Anzeiger des Germanischen Nationalmuseums, Nürnberg 1969, S. 177ff.

Mende 1986:
Mende, Matthias: Standbild Albrecht Dürers. Eine Gustav Blaeser (1813-1874) zugeschriebene Kleinbronze. In: Monatsanzeiger. Museen und Ausstellungen in Nürnberg, Nr. 60, 1986, S. 482.

Mende 1992:
Mende, Matthias: Im Namen Dürers. Druckgraphische Jahresblätter des Albrecht-Dürer-Vereins in Nürnberg 1833-1874, Nürnberg 1992

Mende 1996:
Mende, Matthias: Johann Jakob Kirchner (1796-1837), Zeichner, Maler, Kupferstecher. In: Fränkische Lebensbilder, Bd. 16, 1996, S. 164f.

Mende 1998:
Mende, Matthias: Zum Dürer-Stammbuch von 1828. In: Anzeiger des Germanischen Nationalmuseums, Nürnberg 1988, S. 43ff.

Mick 1988:
Mick, Günter: Die Paulskirche. Streiten für Einigkeit und Recht und Freiheit, Frankfurt a. M. 1988

Moldenhauer 1968:
Moldenhauer, Rüdiger: Die Petitionen aus der Freien Stadt Frankfurt an die Deutsche Nationalversammlung 1848/1849. In: Archiv für Frankfurts Geschichte und Kunst, Bd. 51, 1968, S. 23ff.

Müller / Kunter 1971:
Müller, Heinrich / Kunter, Fritz: Europäische Helme – Aus den Sammlungen des Museums für deutsche Geschichte, Berlin (Ost) 1971

Müller-Kloke 1990:
Müller-Kloke, Anette: Friedrich Georg Weitsch: Ein Maler zwischen zwei Epochen. Magisterarbeit FU Berlin 1990

München 1986:
»Vorwärts, vorwärts sollst Du schauen...« Geschichte, Politik und Kunst unter Ludwig I. Ausst.-Kat. Germanisches Nationalmuseum, München 1986, (Veröffentlichung zur Bayerischen Geschichte und Kultur 8/86), München 1986

München 1987:
Biedermeiers Glück und Ende ... Die gestörte Idylle 1815–1848. Ausst.-Kat. Münchner Stadtmuseum, München 1987

Münster 1983:
Ereigniskarikaturen. Geschichte in Spottbildern 1600–1930. Ausst.-Kat. Münster 1983

Neustadt 1982:
Hambacher Fest. Freiheit und Einheit. Deutschland und Europa 1832-1982. Ausst.-Kat. Neustadt a. d. Weinstraße 1982

Nipperdey 1968:
Nipperdey, Thomas: Nationalidee und Nationaldenkmal in Deutschland im 19. Jahrhundert. In: Historische Zeitschrift, Bd. 206, München 1968, S. 529ff.

Nürnberg 1853:
Eye, August von: Das Germanische Museum. Wegweiser durch dasselbe für die Besuchenden, Leipzig 1853

Nürnberg 1860:
Das Germanische Nationalmuseum und seine Sammlungen. Wegweiser für die Besuchenden, Nürnberg 1860

Nürnberg 1971:
Nürnberger Dürerfeiern 1828–1928. Ausst.-Kat. der Stadt Nürnberg und des Stadtarchivs Nürnberg im Dürerhaus, Nürnberg 1971

Nürnberg 1972:
Hans Freiherr von und zu Aufseß und die Anfänge des Germanischen Nationalmuseums. Ausst.-Kat. Germanisches Nationalmuseum, Nürnberg 1972

Nürnberg 1973:
Das Dürer-Stammbuch von 1828. Bearbeitet von Matthias Mende und Inge Hebecker. Ausst.-Kat. Museen der Stadt Nürnberg, Nürnberg 1973

Nürnberg 1981:
Die Meistersinger und Richard Wagner. Die Rezeptionsgeschichte einer Oper von 1868 bis heute. Ausst.-Kat. Germanisches Nationalmuseum, Nürnberg 1981

Nürnberg 1985:
Wilckens, Leonie von (Hrsg.): Spiel. Spiele. Kinderspiel. Ausst.-Kat. Germanisches Nationalmuseum Nürnberg, 1985

Nürnberg 1989:
Freiheit-Gleichheit-Brüderlichkeit. 200 Jahre Französische Revolution in Deutschland, bearbeitet von Rainer Schoch. Ausst.-Kat. Germanisches Nationalmuseum, Nürnberg 1989

Nürnberg 1992:
Künstlerleben in Rom. Bertel Thorvaldsen, der dänische Bildhauer und seine deutschen Freunde. Ausst.-Kat. Germanisches Nationalmuseum, Nürnberg 1992

Nürnberg 1995:
Lukatis, Christiane / Schoch, Rainer: Mein blauer Salon. Zimmerbilder der Biedermeierzeit. Ausst.-Kat. Germanisches Nationalmuseum, Nürnberg 1995

Oppenheim 1924:
Oppenheim, Alfred (Hrsg.): Moritz Oppenheim, Erinnerungen, Frankfurt a. M. 1924

Otto 1982:
Otto, Ulrich: Die historisch-politischen Bilder und Karikaturen des Vormärz und der Revolution von 1848/1849, Köln 1982

Paret 1988
Paret, Peter: The German Revolution and Rethels »Dance of Death«. In: Rotberg, Robert I. / Raab, Theodor K. (Hrsg.), Art history. Images and their Meaning, Cambridge / New York 1988, S. 233ff.

Paret 1990:
Paret, Peter: Kunst als Geschichte. Kultur und Politik von Menzel bis Fontane, München 1990

Paris 1983:
Deutsche Emigranten in Frankreich. Französische Emigranten in Deutschland, 1685-1945. Ausst.-Kat. Goethe-Institut, Paris 1983

Pecht 1894:
Pecht, Friedrich: Aus meiner Zeit. Lebenserinnerungen, Bd. I, München 1894

Piltz 1976:
Piltz, Georg: Geschichte der europäischen Karikatur, Berlin 1976

Ponten 1911:
Ponten, Josef: Alfred Rethel, Stuttgart 1911

Ponten 1912:
Ponten, Josef (Hrsg.): Alfred Rethel's Briefe in Auswahl, Berlin 1912

Ponten 1922:
Ponten, Josef: Studien über Alfred Rethel, Stuttgart 1922

Potsdam 1995:
Friedrich Wilhelm IV. Künstler und König. Zum 200. Geburtstag. Ausst.-Kat. Neue Orangerie im Park von Sanssouci, Stiftung Preußischer Schlößer und Gärten Berlin, Frankfurt 1995

Raabe 1990:
Raabe, Paul: Gutenbergfeiern 1840. Zu den Feiern in Leipzig und Braunschweig. In: Gutenberg. 550 Jahre Buchdruck in Europa, Wolfenbüttel 1990

Radau 1991:
Spielkarten. Bearbeitet von Sigmar Radau und Georg Himmelheber (Kataloge des Bayerischen Nationalmuseums München, Bd. 21), München / Berlin 1911

Radecke 1993:
Radecke, Erich: Polizeiabzeichen. Helme – Heraldik – Historie. Bd. 1. Zeitraum bis 1918, Hamburg 1993

Rattelmüller 1969:
Rattelmüller, Paul Ernst: Das bayerische Bürgermilitär. Mit 12 Lithographien von Dietrich Monten, München 1969

Reiter 1994:
Reiter, Annette: Die Sammlung A. W. Heil. Politische Druckgraphik des Vormärz und der Revolution 1848/49, Stuttgart 1994

Riha 1977:
Riha, Karl in seinem Nachwort zu: Daumier, Robert Macaire, der unsterbliche Betrüger. Frankfurt 1977, S. 205ff.

Riha 1984:
Riha, Karl (Hrsg.): Henry Ritter Der politische Struwelpeter 1849, vollständiges Faksimile mit einem Nachwort von Karl Riha, Düsseldorf 1849, Reprint, Köln 1984

Riha / Rudolph 1979:
Düsseldorfer Monatshefte, Reprint mit einem Nachwort von Karl Riha und Gerhard Rudolph, Düsseldorf 1979

Roepke 1972:
Roepke, Claus-Jürgen: Die Protestanten in Bayern, München 1972

Rütten 1991:
Rütten, Raimund u.a. (Hrsg.): Die Karikatur zwischen Republik und Zensur. Bildsatire in Frankreich 1830 bis 1880 – eine Sprache des Widerstands?, Marburg 1991

Sandgruber 1986:
Sandgruber, Roman: Bittersüße Genüsse. Kulturgeschichte der Genussmittel, Wien/Köln/Graz 1986

Schapire 1911/1912:
Schapire, Rosa: Otto Speckters Lithographie auf das Jahr 1848. In: Zeitschrift für Bücherfreunde, Neue Folge 1911/1912, Heft 2, S. 33ff.

Scheel 1980:
Scheel, Heinrich: Süddeutsche Jakobiner. Klassenkämpfe und republikanische Bestrebungen im deutschen Süden Ende des 18. Jahrhunderts, 2. Aufl., Vaduz 1980

Schneider 1916:
Schneider, Eugen: König Wilhelm I. und die Entstehung der württembergischen Verfassung. In: Württembergische Vierteljahreshefte für Landesgeschichte, N. F. 25 (1916), S. 120

Schneider 1990:
Schneider, Ulrich: Echt – Im Kern alt – Falsch? Bewertung eines Depotinsassen. In: Monatsanzeiger. Museen und Ausstellungen in Nürnberg, Nr. 111, 1990, S. 886ff.

Schoch 1975:
Schoch, Rainer: Das Herrscherbild in der Malerei des 19. Jahrhunderts. (Studien zur Kunst des 19. Jahrhunderts, Bd. 23), München 1975

Schümann 1971:
Schümann, Carl-Wolfgang: »In Erwartung des Jüngsten Gerichts«. Zur Ausstattung eines von F. A. Stüler geplanten Berliner Doms. In: Kunst in Hessen und am Mittelrhein, 11, 1971, S. 85ff.

Schuster-Preiner in Höflechner 1992:
Schuster-Preiner, Michaela: Das »Kunsthistorische Museum« des Instituts für Kunstgeschichte in Graz und die Entwicklung der Abgußsammlungen an den österreichischen Hochschulen. In: Höflechner 1992, S. 151ff.

Stafski in Deneke/Kahsnitz 1978:
Stafski, Heinz: Die Skulpturensammlung. In: Deneke / Kahsnitz 1978, S. 607ff.

Steen in Düding 1988:
Steen, Jürgen: Vormärzliche Gutenbergfeste (1827–1840). In: Düding 1988, S. 147ff.

Steigelmann 1974:
Steigelmann, Helmut: Zeugnisse der Revolution 1848/49 im Wehrgeschichtlichen Museum Rastatt. In: Landkreis Rastatt Heimatbuch 1, 1974, S. 159ff.

Sten. Berichte 1848:
Wigard, Franz (Hrsg.): Stenographischer Bericht über die Verhandlungen der deutschen constituirenden Nationalversammlung zu Frankfurt a. M., 8 Bde., Frankfurt a. M. 1848/49

Struminger in Rütten 1991:
Struminger, Laura S.: Die Vésuviennes: Bilder von Kriegerinnen im Jahre 1848 und ihre Bedeutung für die französische Geschichte. In: Rütten 1991, S. 260ff.

Stuttgart 1977:
Die Zeit der Staufer. Geschichte, Kunst, Kultur. Ausst.-Kat. Württ. Landesmuseum, Stuttgart 1977

Stuttgart 1987:
Geschichte auf Spielkarten. 1789 – 1871. Bearbeitet von Detlef Hofmann und Margot Dietrich. Ausst.-Kat. Deutsches Spielkarten-Museum, Leinfelden-Echterdingen, Stuttgart 1987

Suhr 1981:
Suhr, Norbert: Karikaturen von Philipp Veit. In: Mainzer Zeitschrift, 1981, Bd. 76, S. 1ff.

Suhr 1985:
Suhr, Norbert: Christian Lotsch, Philipp Veit und Eduard von Steinle. Zur Künstlerkarikatur des 19. Jahrhunderts, Diss. Phil. Worms 1985

Suhr 1991:
Suhr, Norbert: Philipp Veit (1793-1877), Leben und Werk eines Nazareners. Monographie und Werkverzeichnis, Weinheim 1991

Suhr 1995:
Suhr, Norbert: Vor 100 Jahren. Die Gründung des Kupferstichkabinetts 1895. Ausst.-Kat. Landesmuseum Mainz 1996

Theilmann 1979:
Theilmann, Rudolph (Hrsg.): Detmold / Schrödter, Thaten und Meinungen des Abgeordneten Piepmeyer. Mit einem Nachwort von Rudolph Theilmann, Dortmund 1979

Thiel 1980:
Thiel, Erika: Geschichte des Kostüms. Die europäische Mode von den Anfängen bis zur Gegenwart, Berlin 1980

Thiemann-Stoedtner 1965:
Thiemann-Stoedtner, Ottilie: Johann Baptist Scholl d. J., ein hessischer Bildhauer, Zeichner und Maler der Spätromantik, Darmstadt 1965

Transfeldt 1945.
Transfeldt, Walter: Wort und Brauch im deutschen Heer, 4. Aufl., Hamburg 1945, S. 138f.

Valentin 1998 (1930/31):
Valentin, Veit: Geschichte der deutschen Revolution 1848–1849., 2 Bde., 1. Ausg. Berlin 1930/31, Neuausgabe Weinheim 1998

Vischer 1922:
Vischer, Friedrich: Über neuere deutsche Karikatur. Zitiert nach: Friedrich Theodor Vischer, Kritische Gänge. Bd. 5, München 1922

Vollmer 1983:
Vollmer, Franz Xaver: Der Traum von der Freiheit. Vormärz und 48er Revolution in Süddeutschland in zeitgenössischen Bildern, Stuttgart 1983

Weber-Kellermann 1985:
Weber-Kellermann, Ingeborg: Der Kinder neue Kleider. Zweihundert Jahre deutsche Kindermoden, Frankfurt a. M. 1985

Wegner 1998:
Wegner, Reinhold: Dürerkult in der Romantik. Das Mittelalterbild der Nazarener. In: Anzeiger des Germanischen Nationalmuseums, Nürnberg 1988, S. 25ff.

Wendel 1927:
Wendel, Friedrich: Das Schellengeläut – Kulturkritische Karikaturen des 19. Jahrhunderts, Berlin 1927

Witzmann 1987:
Witzmann, Erich: Herr Biedermeier auf der Barrikade. Wiener Karikaturen aus dem Revolutionsjahr 1848, Wien 1987

Wolf 1982:
Wolf, Sylvia: Politische Karikaturen in Deutschland 1848/49, Mittenwald 1982

Wolf 1896:
Wolf, Carl / Jung, Rudolf: Die Baudenkmäler in Frankfurt am Main, Bd. I, Frankfurt 1896, S. 281ff.

Wrocklage 1989:
Wrocklage, Ute: Spiegelbilder von Ostfriesland, »Gegenstände die sich selbst in unnachahmlicher Treue machten …«. In: Hofmann / Thiele (Hrsg.): Lichtbilder – Lichtspiele. Anfänge der Fotografie und Kunst in Ostfriesland, Marburg 1989, S. 28ff.

Würzburg 1985:
Wider Zopf und Philisterey. Deutsche Studenten zwischen Reformzeit und Revolution, 1800-1850. Ausst.-Kat. Universitätsbibliothek Würzburg, Würzburg 1985

Ziegler 1862:
Ziegler, Alexander: Das Germanische Museum in Nürnberg. Ein Deutsches National-Unternehmen. In: Deutsche National-Unternehmungen, Dresden 1862

Ziemke 1972:
Die Gemälde des 19. Jahrhunderts. Bearbeitet von Hans-Joachim Ziemke. (Kataloge der Gemälde im Städelschen Kunstinstitut Frankfurt a. M., I), Frankfurt a. M. 1972

Personenregister

Bildnachweis

Die Photovorlagen für die Katalog-
abbildungen verdanken wir den
jeweiligen Leihgebern.
Folgende Photographen sind
namentlich zu nennen:

Jörg P. Anders (Kat.149, 186),
Thomas Berg (Kat. 169),
Ursula Edelmann (Kat. 147),
Gerstenberg (Kat. 88),
Martina Pipprich (Kat. 179),
Stefan und Eberhard Renno (Kat.13),
Ursula Seitz-Gray (Kat. 21a, 21c,
22a, 58, 102g, 107a, 107b,
107c, 107d).